Microsoft SQL Serve

System Administrat

Curso oficial de certificación MCSE

Microsoft SQL Server 7.0 System Administration

Curso oficial de certificación MCSE

MICROSOFT CORPORATION

Traducción
Procesos Integrales de Formación, S. L.

Revisión técnica
ANTONIO VAQUERO SÁNCHEZ
Catedrático de Lenguajes y Sistemas Informáticos
Escuela Superior de Informática
Universidad Complutense de Madrid

MADRID • BUENOS AIRES • CARACAS • GUATEMALA • LISBOA • MÉXICO
NUEVA YORK • PANAMÁ • SAN JUAN • SANTAFÉ DE BOGOTÁ • SANTIAGO • SÃO PAULO
AUCKLAND • HAMBURGO • LONDRES • MILÁN • MONTREAL • NUEVA DELHI • PARÍS
SAN FRANCISCO • SIDNEY • SINGAPUR • ST. LOUIS • TOKIO • TORONTO

Contenido

Acerca de este libro

Bienvenido al módulo de formación sobre la administración de sistema de *Microsoft SQL Server 7.0*. Este libro le proporciona los conocimientos y las habilidades técnicas requeridas para instalar, configurar y solucionar problemas sobre la administración de bases de datos cliente/servidor del Microsoft SQL Server versión 7.0. El contenido de este libro refleja los cambios significativos en el producto en comparación con las versiones anteriores, y proporciona una visión práctica sobre el diseño de bases de datos y sobre las importantes características que SQL Server proporciona a los administradores.

Nota: Para obtener más información sobre cómo convertirse en MCSE (Microsoft Certified System Engineer), vea la sección titulada "El Programa MCP" más adelante en esta sección.

Cada capítulo de este libro se divide en lecciones. La mayoría de las lecciones incluyen ejercicios prácticos que le permitirán practicar o demostrar un concepto o una habilidad en concreto. Cada lección termina con un pequeño resumen y cada capítulo termina con una serie de preguntas de revisión para poner a prueba su conocimiento sobre el material del capítulo en cuestión.

La sección "Antes de empezar" proporciona instrucciones de instalación importantes que describen los requisitos de hardware y de software necesarios para completar los ejercicios de este curso. También proporciona información sobre la configuración de la red que será necesaria para completar algunos de los ejercicios prácticos. Léase esta sección minuciosamente antes de empezar las lecciones.

Audiencia

Este libro ha sido desarrollado para los profesionales de los sistemas de información (IS) y administradores de bases de datos que necesitan instalar, administrar y mantener un servidor de Microsoft SQL Server 7, o quienes planean realizar el examen MCP 70-028: *Administering Microsoft SQL Server 7.0.*

Requisitos

Antes de empezar a trabajar con el material en este módulo de formación se recomienda que tenga:

- Completado el Curso 922, *Supporting Microsoft Windows NT 4.0 Core Technologies*, o conocimientos equivalentes, que incluyen el saber cómo:
  - Compartir y acceder a los recursos de red.
  - Configurar reflejo de disco y bandas de disco con paridad de Microsoft Windows NT.
  - Describir la diferencia entre un dominio y un grupo de trabajo (esto es importante para poder entender cómo se administra la seguridad).
  - Cambiar la configuración de red y la configuración internacional (idioma y fecha predeterminados) utilizando el Panel de control.
  - Ver e interpretar datos de registro de aplicación de Windows NT.
  - Ver e interpretar datos del Monitor de rendimiento de Windows NT.
  - Utilizar Administrador de usuarios para dominios para instalar cuentas de usuarios de Windows NT.
  - Modificar el registro.
- Un entendimiento básico de conceptos de base de datos relacional, incluyendo:
  - Diseño lógico y físico de bases de datos.
  - Integridad de datos.
  - Relaciones entre tablas y columnas (claves principal y exterior, una a una, una a varias y varias a varias).
  - Cómo se almacenan los datos en tablas (filas y columnas).
- Conocimiento de la sintaxis básica de Transact-SQL (instrucciones SELECT, INSERT y UPDATE).
- Un entendimiento del papel de administrador de base de datos.

Materiales de referencia

Puede encontrar útil el siguiente material de referencia:

- Libros rojos y estudios de casos prácticos de SQL Server disponibles en línea en http://www.microsoft.com/sql/index.htm.
- Libros electrónicos sobre SQL Server (en inglés) disponibles en el CD-ROM del producto.

Acerca de los CD-ROM

El CD-ROM del material suplementario del curso contiene una variedad de ayuda informativa que puede ser utilizada a lo largo de este libro. Ésta incluye representaciones multimedia, datos de muestra y archivos utilizados en ejercicios prácticos.

Las representaciones multimedia (en inglés) suplementan algunos de los conceptos clave incluidos en este libro. Debería ver estas representaciones cuando sea sugerido y, luego, utilizarlas como una herramienta de revisión mientras trabaja con el material. También existe una versión completa de este libro (en inglés), disponible en línea, que dispone de una variedad de opciones de vista. Para obtener más información sobre la utilización del libro electrónico, vea la sección "Acerca del libro electrónico" más adelante en esta introducción. (El otro CD-ROM contiene una versión de Evaluación de Microsoft SQL Server versión 7.0 de 120 días.)

El CD-ROM del material suplementario del curso también contiene archivos requeridos para llevar a cabo los ejercicios prácticos e información diseñada para suplementar los materiales de la lección. Estos archivos pueden ser utilizados directamente desde el CD-ROM o copiados a su disco duro utilizando el programa de Instalación. Los archivos incluyen demostraciones de conceptos clave, archivos de práctica para los ejercicios y archivos de muestra adicionales.

Las demostraciones requieren Microsoft Media Player y un navegador HTML. Si tiene instalado en su sistema Microsoft Internet Explorer y Media Player, simplemente, haga doble clic en cualquiera de estos archivos para verlos.

Características de este libro

Cada capítulo comienza con una sección "Antes de que empezar", la cual le prepara para completar el capítulo.

► Siempre que sea posible, las lecciones contienen ejercicios que le dan una oportunidad para utilizar las habilidades que están siendo introducidas o para explorar la parte de la aplicación que está siendo descrita. Todos los ejercicios están identificados con un símbolo de viñeta como el que se encuentra a la izquierda de este párrafo.

La sección "Revisión" al final de cada capítulo, le permite poner a prueba lo que ha aprendido en la lección.

El Apéndice A, "Preguntas y respuestas" contiene todas las preguntas de ejercicios y revisiones del libro y sus correspondientes respuestas.

Notas

Notas aparecen a lo largo de las lecciones.

■ Las notas marcadas como **Sugerencia** contienen explicaciones de posibles resultados o métodos alternativos.

■ Las notas marcadas como **Importante** contienen información esencial para la realización de los procesos.

■ Las notas macadas como **Nota** contienen información adicional.

■ Las notas marcadas como **Precaución** contienen avisos sobre la posible pérdida de datos.

Convenciones

■ Los caracteres y los comandos que escriba aparecerán en el tipo **negrita**.

■ *Cursiva* en la sintaxis indica marcadores de posición para información variable. También se utiliza *cursiva* para títulos de libros.

■ Los nombres de archivos o libros aparecen en Mayúsculas, excepto cuando los tiene que escribir directamente. A menos que se indique lo contrario, puede utilizar todas las letras minúsculas cuando escriba un nombre de archivo en un cuadro de diálogo o en un símbolo del sistema.

- Las extensiones de los archivos aparecen en mayúsculas.
- Los acrónimos aparecen todos en mayúsculas.
- Los escritos en Monospace representan muestras de códigos, ejemplos de texto en pantalla, o entradas que pueda escribir en un símbolo del sistema o en archivos de inicio.
- Los corchetes [ ] se utilizan en instrucciones de sintaxis para encerrar elementos opcionales. Por ejemplo, [*nombredearchivo*] en sintaxis de comando indica que puede escoger el escribir un nombre de archivo con el comando. Escriba sólo la información entre los corchetes, no los corchetes en sí.
- Llaves { } se utilizan en instrucciones de sintaxis para encerrar elementos requeridos. Escriba sólo la información entre las llaves, no las llaves en sí.
- Los iconos representan secciones especificas del libro, como se indica a continuación:

Icono	Representa
	Una presentación multimedia. Encontrará la presentación multimedia aplicable en el CD-ROM del material suplementario del curso (en inglés).
	Un archivo que se encuentra en el CD-ROM. Algunos archivos son necesarios para completar los ejercicios prácticos; otros contienen información adicional sobre el tema que está siendo explicado. El propósito del archivo y su ubicación se describe en el texto que acompaña la imagen.
	Un ejercicio práctico. Deberá realizar las prácticas para así darse una oportunidad para utilizar las habilidades presentadas en la lección.
	Preguntas de repaso del capítulo. Estas preguntas, al final del cada capítulo, le permiten probar lo que ha aprendido en las lecciones. Encontrará las respuestas a las preguntas de los revisiones en el Apéndice A, "Preguntas y respuestas" al final del libro.

Convenciones de teclado

- Un signo de suma (+) entre dos nombres de tecla significa que deberá presionar esas dos teclas juntas. Por ejemplo, "Presione ALT+TAB" significa que debe mantener presionada ALT mientras presiona TAB.
- Puede escoger comandos de menú con el teclado. Presione la tecla ALT para activar la barra del menú y después, sucesivamente, las teclas que correspondan a la letra destacada o subrayada del nombre del menú y del nombre del comando. Para algunos comandos también puede presionar la combinación de teclas listada en el menú.
- Puede activar o desactivar casillas de verificación o botones de opción en cuadros de diálogo con el teclado. Presione la tecla ALT y, a continuación, presione la tecla que corresponde a la letra subrayada del nombre de la opción. O puede presionar TAB hasta que la opción se encuentre destacada, y después presiona la barra espaciadora para activar o desactivar la casilla de verificación o el botón de opción.

■ Puede cancelar la presentación de un cuadro de diálogo presionando la tecla ESC.

Visión general de capítulos y apéndices

Este curso combina apuntes, ejercicios prácticos, presentaciones multimedia y preguntas de repaso para enseñarle métodos de administración del sistema para la utilización de SQL Server 7. Está diseñado para ser completado de principio a fin, pero puede escoger un camino personalizado y completar sólo las secciones que le interesen. (Para más información vea la siguiente sección, "Cómo encontrar el mejor punto de partida".) Si decide escoger la opción del camino personalizado, vea la sección "Antes de empezar" en cada capítulo. Cualquier ejercicio práctico que requiera trabajo preliminar de los capítulos anteriores, hace referencia a dichos capítulos.

El libro de formación independiente está dividido en los siguientes capítulos:

■ "Acerca de este libro" (este capítulo) contiene una visión general sobre la formación independiente e introduce los componentes de dicha formación. Lea esta sección minuciosamente para adquirir el valor educacional más amplio de esta formación independiente y para así planear qué lecciones completará.

■ Capítulo 1, "Visión general de SQL Server", presenta SQL Server. Define algunas de las características importantes de SQL Server y explica los entornos para los que ha sido diseñado. Se le presentarán las diferentes partes del producto y se le dará una idea general sobre el papel jugado por dichas partes.

■ Capítulo 2, "Instalación," explica cómo instalar SQL Server 7. Lista los requisitos de hardware y software del programa, y explica la información concreta que tendrá que proporcionar y las decisiones que debe tomar durante el proceso de instalación. El capítulo concluye con una argumentación de los pasos que debería tomar para probar su nueva instalación para asegurarse de que el proceso de instalación ha sido completado correctamente.

■ Capítulo 3, "Cómo actualizar a SQL Server 7.0," explica cómo actualiza una instalación de SQL Server 6.x completa a SQL Server 7. En este capítulo aprenderá a utilizar el Asistente de Actualización de SQL Server y cómo llevar a cabo otras tareas asociadas con la actualización ordenada de sus servidores SQL Server actuales.

■ Capítulo 4, "Configuración y arquitectura del sistema," le muestra cómo utilizar algunas de las utilidades de administración del cliente y cómo configurar SQL Server. También aprenderá sobre los antecedentes que necesitará para crear y administrar bases de datos de SQL Server.

■ Capítulo 5, "Archivos de bases de datos," argumenta sobre las bases de datos de SQL Server. Las bases de datos están almacenadas en archivos principales y secundarios y utilizan archivos de registro para asegurar la integridad de los datos. El capítulo muestra cómo crear bases de datos y argumenta maneras de administrarlas, cómo estimar requisitos de espacio, y la utilización de técnicas avanzadas de administración como la utilización de múltiples archivos y discos.

■ Capítulo 6, "Cómo transferir datos," muestra cómo transferir datos y objetos de bases de datos a y desde bases de datos de SQL Server. SQL Server proporciona varios mecanismos de transferencia de datos. La mayor parte del capítulo se centra en uno de ellos: Servicio de transferencia de datos. El resto se menciona brevemente.

- Capítulo 7, "Publicación en Web e indexación de texto," explica cómo generar paginas Web automáticamente desde sus bases de datos de SQL Server. El capítulo también argumenta la indexación y búsqueda de texto en SQL Server 7, lo cual le proporciona la habilidad de realizar búsquedas lingüísticas complejas que, normalmente, no son posibles en texto o datos de caracteres en una base de datos relacional.

- Capítulo 8, "Visión general y estrategia sobre la realización de copias de seguridad y la restauración," presenta una visión general de los procesos de copia de seguridad y restauración de SQL Server y argumenta temas que debería tener en cuenta cuando planifique una estrategia de realización de copias de seguridad y restauración para una base de datos de SQL Server.

- Capítulo 9, "Cómo realizar copias de seguridad de bases de datos," argumenta los medios que puede utilizar cuando cree copias de seguridad de SQL Server y cómo realizar copias de seguridad utilizando el Administrador corporativo de SQL Server o la instrucción BACKUP de Transact-SQL.

- Capítulo 10, "Cómo restaurar bases de datos," le enseña cómo restaurar copias de seguridad en el caso de un fallo de base de datos o de servidor. Aprenderá sobre el proceso de recuperación de SQL Server y cómo restaurar bases de datos de usuario y de sistema, realizar una copia de seguridad del registro de transacciones en caso de un fallo de base de datos, reconstruir las bases de datos de sistema e implementar SQL Server en espera.

- Capítulo 11, "Inicios de sesión, cuentas y funciones de usuarios," introduce tres niveles de acceso que son verificados antes de que un usuario pueda acceder a datos en una base de datos de SQL Server. El capítulo explica cómo crear y administrar inicios de sesión, usuarios y funciones. En este capítulo también se argumenta la importante diferencia entre inicios de sesión que son identificados por Windows NT y los que son identificados por SQL Server.

- Capítulo 12, "Permisos y plan de seguridad," argumenta cómo SQL Server comprueba los permisos cada vez que intenta ejecutar una instrucción o utilizar objetos en una base de datos. En este capítulo, aprenderá a conceder y denegar permisos a usuarios y funciones en una base de datos y cómo planificar los permisos para cada usuario y función.

- Capítulo 13, "Cómo automatizar tareas administrativas," argumenta las herramientas de SQL Server 7 para realizar un mantenimiento repetitivo, responder a las demandas continuas del servidor y ser alertado sobre los problemas a medida que se ocasionen de manera automática. El capítulo explica cómo se implementan estas herramientas y le enseña a utilizarlas.

- Capítulo 14, "Cómo monitorizar y mantener SQL Server," le muestra cómo monitorizar SQL Server para enterarse de cuándo las cosas no están desarrollándose de una manera normal y de ese modo llevar a cabo los pasos necesarios para rectificar el problema antes de que se disparen las alertas. El capítulo también presenta el Asistente para planes de mantenimiento de bases de datos, el cual puede utilizar para crear automáticamente todos los trabajos y tareas que deberían formar parte de su plan de mantenimiento de bases de datos.

- Capítulo 15, "Introducción a la duplicación," es el primero de tres capítulos que trata de la duplicación de SQL Server. En este capítulo aprenderá sobre los conceptos y la terminología asociada con la duplicación.

- Capítulo 16, "Cómo planear y configurar la duplicación," argumenta la planificación de una implementación de duplicación y la realización de varias tareas de duplicación, incluyendo la configuración de servidores, crear publicaciones y configurar suscripciones.
- Capítulo 17, "Cómo administrar la duplicación," le muestra cómo monitorizar los agentes de duplicación y cómo utilizar varias herramientas en SQL Server para solucionar problemas de duplicación. El capítulo también explica cómo publicar datos a suscriptores que no son SQL Server, duplicar datos de base de datos que no son SQL Server y hacer que la publicación esté disponible para suscripción en Internet.
- Apéndice A, "Preguntas y respuestas", lista todas las preguntas de práctica y revisión del libro, mostrando las respuestas sugeridas.
- Apéndice B, "Esquemas de bases de datos," le proporciona diagramas de esquemas gráficos de las bases de datos de muestra de SQL Server 7, Northwind y pubs, que muestran las tablas, columnas y relaciones en estas bases de datos.

Cómo encontrar el mejor punto de partida

Ya que este libro es de formación independiente, puede saltar algunas lecciones y verlas más tarde. Sin embargo, tenga en cuenta, que debe completar los procedimientos en el Capítulo 2, "Instalación," antes de poder realizar procedimientos en los otros capítulos. Utilice la siguiente tabla para encontrar el mejor punto de partida para usted:

Si usted	Siga este camino de aprendizaje
Se está preparando para realizar el Examen MCP 70-028, *Administering Microsoft SQL Server 7.0.*	Trabaje a través de los Capítulos 1 al 17, en orden.
Quiere revisar información sobre temas específicos del examen.	Utilice la sección "Dónde encontrar conceptos específicos en este libro" que se encuentra a continuación de esta tabla.

Dónde encontrar conceptos específicos en este libro

La siguiente tabla proporciona una lista completa de las habilidades medidas en el examen de certificación 70-028, *Administering Microsoft SQL Server 7.0*. Las tablas proporcionan la habilidad y el lugar en este libro donde encontrará la lección relacionada con dicha habilidad.

Nota: Las habilidades del examen están sujetas a cambios sin previo aviso y a la única discreción de Microsoft.

Cómo planificar

Habilidad medida	Ubicación en el libro
Desarrollar una estrategia de seguridad.	
Determinar si utilizar cuentas de Microsoft NT o de Microsoft SQL Server.	Capítulo 11, Lecciones 1 y 2
Determinar si influenciar a la estructura de grupo de Windows NT.	Capítulo 11, Lecciones 1 y 2
Planificar la utilización y estructura de funciones de SQL Server. Las funciones del servidor incluyen servidor fijo, base de datos fija y base de datos definida por el usuario.	Capítulo 11, Lección 3
Determinar si asignar grupos de Windows NT directamente en una base de datos o si asignarlos a una función.	Capítulo 11, Lección 3
Determinar qué cuentas de Windows NT serán utilizadas para ejecutar servicios de SQL Server.	Capítulo 2, Lección 1
Planificar una estrategia de seguridad de nivel n, determinando si utilizar funciones de aplicaciones u otros mecanismos de seguridad de nivel medio como Servidor de transacciones de Microsoft.	Capítulo 1, Lección 3
Planificar los requisitos de seguridad para bases de datos vinculadas.	Capítulo 6, Lección 4

Habilidad medida	Ubicación en el libro
Desarrollar un plan de capacidad de SQL Server.	
Planificar los emplazamientos físicos de los archivos, incluyendo archivos de datos y archivos de registro.	Capítulo 5, Lecciones 1 y 4
Planificar la utilización de grupos de archivos.	Capítulo 5, Lección 4
Planificar para crecimiento a través del tiempo.	Capítulo 5, Lección 5
Planificar el sistema de hardware físico.	Capítulo 2, Lección 1 y Capítulo 5, Lección 4
Determinar los requisitos de comunicación.	Capítulo 1, Lección 3 y Capítulo 2, Lección 1
Desarrollar una solución de disponibilidad de datos.	
Escoger la estrategia adecuada de copias de seguridad y restauración. Las estrategias incluyen copias de seguridad completas y copia de seguridad del registro de transacción; copia de seguridad diferencial con copia de seguridad completa y copia de seguridad del registro de transacción y copia de seguridad de archivos de base de datos y copia de seguridad del registro de transacción.	Capítulo 8, Lecciones 1 y 2

Habilidad medida	Ubicación en el libro
Determinar si utilizar un servidor en espera.	Capítulo 10, Lección 4
Determinar si utilizar agrupamientos.	Capítulo 10, Lección 4
Desarrollar un plan de transferencia.	
Planificar una actualización desde una versión anterior de SQL Server.	Capítulo 3, Lección 1
Planificar la transferencia de datos desde otras fuentes de datos.	Capítulo 6, Lecciones 1 y 2
Desarrollar una estrategia de duplicación.	
Establecido un escenario, diseñe el modelo de duplicación apropiado. Los modelos de duplicación incluyen un editor único, múltiples suscriptores; único suscriptor, múltiples editores; múltiples editores, múltiples suscriptores y un servidor de distribución remoto.	Capítulo 15, Lecciones 1, 2 y 4
Escoger el tipo de duplicación. Los tipos de duplicación incluyen instantánea, transaccional y mezcla.	Capítulo 15, Lecciones 1, 2 y 3

Instalación y configuración

Habilidad medida	Ubicación en el libro
Instalar SQL Server 7.	
Escoger un juego de caracteres.	Capítulo 2, Lección 1
Escoger una secuencia de intercalador Unicode.	Capítulo 2, Lección 1
Escoger la forma de ordenación apropiada.	Capítulo 2, Lección 1
Instalar bibliotecas de red y protocolos.	Capítulo 2, Lección 1
Instalar servicios.	Capítulo 2, Lecciones 1 y 2

Habilidad medida	Ubicación en el libro
Instalar y configurar un cliente SQL Server.	Capítulo 4, Lección 1
Realizar una instalación desatendida.	Capítulo 2, Lección 3
Actualizar desde una base de datos SQL Server 6.x.	Capítulo 3, Lecciones 1 y 2
Configurar SQL Server.	
Configurar SQL Mail.	Capítulo 13, Lecciones 1 y 2
Configurar valores predeterminados ANSI.	Capítulo 4, Lección 1
Instalar y configurar el servicio de búsqueda de texto.	
Instalar el servicio de búsqueda de texto.	Capítulo 7, Lección 2

(continúa)

Habilidad medida	Ubicación en el libro
Habilitar búsquedas de texto para columnas y tablas especificas.	Capítulo 7, Lección 2
Crear y administrar índices para soportar búsquedas de texto.	Capítulo 7, Lección 2

Configurar y administrar seguridad

Habilidad medida	Ubicación en el libro
Asignar acceso a SQL Server a cuentas de Windows NT, cuentas de inicio de sesión de SQL Server y cuentas de administrador incorporadas.	Capítulo 11, Lección 1
Asignar acceso a bases de datos a cuentas de Windows NT, cuentas de inicio de sesión de SQL Server, la cuenta de usuario invitado y la cuenta de usuario dbo.	Capítulo 11, Lección 3
Crear y asignar funciones de SQL Server. Las funciones de servidor incluyen servidor fijo, base de datos fija, pública, base de datos definida por el usuario y aplicación.	Capítulo 11, Lección 3
Otorgar a usuarios y funciones de bases de datos los permisos apropiados para objetos e instrucciones de bases de datos.	Capítulo 12, Lecciones 1 y 2
Auditar la actividad de servidor y de bases de datos utilizando el Analizador de SQL Server.	Capítulo 14, Lección 2

Administrar y mantener datos

Habilidad medida	Ubicación en el libro
Crear y administrar bases de datos, crear archivos de datos grupos de archivos y archivos de registro de transacción.	Capítulo 5, Lecciones 1, 2 y 3
Crear y administrar bases de datos, especificar características de crecimiento.	Capítulo 5, Lección 2
Cargar datos utilizando varios métodos. Los métodos incluyen la instrucción INSERT, la instrucción SELECT INTO, bcp, Servicios de transformación de datos (DTS), BULK INSERT, Host Data Replicator (HDR) y Administrador de transferencias.	Capítulo 6, Lección 1
Realizar copias de seguridad de sistema y de bases de datos de usuario realizando una copia de seguridad completa, una copia de seguridad del registro de transacción, una copia de seguridad diferencial y una copia de seguridad de grupo de archivos.	Capítulo 9, Lecciones 1 y 2

(continúa)

Habilidad medida	Ubicación en el libro
Restaurar bases de datos de sistema y de usuario desde una copia de seguridad completa, una copia de seguridad de registro de transacción, una copia de seguridad diferencial y una copia de seguridad de grupo de archivos.	Capítulo 10, Lecciones 1, 2, 3 y 5
Administrar duplicación.	
Configurar servidores, incluyendo servidores de distribución, publicación y suscripción.	Capítulo 16, Lecciones 1 y 2
Crear publicaciones.	Capítulo 16, Lección 3
Instalar y administrar suscripciones.	Capítulo 16, Lección 4
Automatizar tareas administrativas.	
Definir trabajos.	Capítulo 13, Lección 2
Definir alertas.	Capítulo 13, Lección 3
Definir operadores.	Capítulo 13, Lección 2
Instalar correo de Agente SQL Server para notificaciones de trabajo y alertas.	Capítulo 13, Lecciones 1 y 2
Habilitar acceso a datos remotos.	Capítulo 6, Lección 4
Instalar servidores vinculados. Instalar seguridad para bases de datos vinculados.	Capítulo 6, Lección 4

Monitorizar y optimizar

Habilidad medida	Ubicación en el libro
Monitorizar el rendimiento de SQL Server utilizando el Monitor de rendimiento y el Analizador.	Capítulo 14, Lección 2 Capítulo 14, Lecciones 1 y 2
Afinar y optimizar memoria de SQL Server y utilización de CPU.	Capítulo 14, Lección 1
Limitar los recursos utilizados por consultas utilizando Regulador de consultas.	

Solución de problemas

Habilidad medida	Ubicación en el libro
Diagnosticar y resolver problemas cuando actualice desde SQL Server 6.*x*.	Capítulo 3, Lección 3
Diagnosticar y resolver problemas con operaciones de copias de seguridad y restauración.	Capítulo 9, Lección 2 y Capítulo 10, Lección 5
Diagnosticar y resolver problemas de duplicación.	Capítulo 17, Lección 1

(continúa)

Habilidad medida	Ubicación en el libro
Diagnosticar y resolver fallos de trabajos o alertas.	Capítulo 13, Lección 4
Diagnosticar y solucionar problemas de consultas distribuidas.	Capítulo 6, Lección 4
Utilizar la Utilidad de configuración de cliente para diagnosticar y resolver problemas de conectividad del cliente.	Capítulo 4, Lección 1
Diagnosticar y solucionar problemas con los accesos a SQL Server, bases de datos y objetos de bases de datos.	Capítulo 4, Lección 1

Antes de empezar

Este programa de formación independiente contiene procedimientos de ejercicios prácticos para ayudarle a aprender acerca de Microsoft SQL Server 7.0.

Precaución: Varios ejercicios pueden requerir que efectúe cambios en su servidor. Esto puede tener efectos no deseados si se encuentra conectado a una red más amplia. Consulte con su administrador de red antes de intentar realizar estos procedimientos.

Requisitos de hardware

Cada ordenador debe tener la siguiente configuración mínima. Todo el hardware debe encontrarse en la lista de compatibilidad de hardware del Microsoft Windows NT Server 4.0.

- Ordenador Intel o compatible (Pentium 166 MHz o más rápido, Pentium PRO o Pentium II).
- Por lo menos 64 MB de memoria.
- Por lo menos 300 MB de espacio libre en el disco duro.
- Tarjeta de sonido y altavoces.
- Unidad de CD-ROM.

Requisitos de software

Se requiere el siguiente software para completar los ejercicios de este curso. Una copia de evaluación de 120 días del Microsoft SQL Server 7.0 se incluye en CD-ROM en este módulo.

- El servidor Microsoft Windows NT Server 4.0 con Service Pack 4, preferiblemente instalado como Controlador del Dominio Primario.
- La edición estándar del Microsoft SQL Server 7.0.

Precaución: La edición de evaluación de 120 días no es el producto completo y se proporciona sólo con el propósito de formación y evaluación. El soporte técnico de Microsoft no apoya esta versión de evaluación. Para información adicional sobre el soporte técnico relacionado con este libro y sus CD-ROM (incluyendo respuestas a las preguntas más frecuentes sobre instalación y utilización), visite la Web de soporte técnico de Microsoft Press en http: //mspress.microsoft.com/mspress/support/.

Instrucciones de instalación

Configure su ordenador de acuerdo con las instrucciones del fabricante.

Precaución: Si su ordenador es parte de una red más amplia, *deberá* comprobar con su administrador de red que el nombre del ordenador, nombre del dominio y otra información utilizada en la instalación de Microsoft SQL Server 7, como se describe en el Capítulo 2, no entra en conflicto con operaciones de la red. Si entra en conflicto, solicite a su administrador de red que le proporcione valores alternativos y utilice esos valores en todos los ejercicios de este libro.

Edición de evaluación de 120 días de Microsoft SQL Server 7.0

Instalará Microsoft SQL Server 7.0 en el Capítulo 2, "Instalación." Sólo podrá realizar los procedimientos del resto de los capítulos si ha realizado la instalación de SQL Server como se indica en el Capítulo 2. No debe realizar los procedimientos de los capítulos de este libro en un SQL Server que esté siendo utilizado por otros usuarios.

Cómo instalar los archivos de ejercicios

El CD-ROM de material suplementario del curso contiene un grupo de archivos de ejercicio que necesitará instalar en su disco duro para completar muchos de los procedimientos de este libro.

▶ **Para instalar los archivos de ejercicio en su disco duro:**

1. Inserte el CD-ROM de material suplementario del curso en su unidad de CD-ROM.
2. Seleccione Ejecutar del menú de Inicio en su escritorio y escriba: **D:\Setup.exe** (donde D: es el nombre de su unidad de CD-ROM).

   Esto iniciará el proceso de instalación que instalará los archivos de ejercicio en su disco duro.

3. Siga las instrucciones del Asistente de instalación.

Importante: Este libro opera partiendo de la base de que su disco duro se denomina C y el Asistente de instalación instala los archivos de los ejercicios a una carpeta predeterminada nombrada c:\sqlimpl. Si altera el nombre de esta carpeta predeterminada durante la instalación, la referencia a los archivos de los ejercicios de este libro será diferente de las verdaderas ubicaciones de los archivos en su disco duro.

Cómo instalar los archivos multimedia

El CD-ROM de material suplementario del curso contiene un grupo de archivos de demostración audiovisuales que puede ver ejecutando los archivos desde el CD-ROM. Encontrará símbolos dentro del libro indicando cuándo se deberá ejecutar la demostración. Deberá tener instalado Media Player y un navegador de Internet en su ordenador para ver estos archivos. (Microsoft Internet Explorer y Media Player están incluidos en este CD-ROM. Para instalar cualquiera de estos productos de software, vea las instrucciones de instalación en los archivos Readme.txt en el CD-ROM.)

▶ **Para ver las demostraciones:**

1. Inserte el CD-ROM de material suplementario del curso en su unidad de CD-ROM.
2. Seleccione Ejecutar del menú de Inicio en su escritorio y escriba: **D:\Media*nombrearchivo_demostración*** (donde D es el nombre de su unidad de CD-ROM).

Esto ejecutará la demostración apropiada en su navegador de Internet.

Cómo utilizar la base de datos StudyNwind

La base de datos de muestra Northwind se proporciona con SQL Server 7. La base de datos StudyNwind es una copia de la base de datos Northwind. Hay cambios menores en algunos de los datos en StudyNwind, pero el esquema de la base de datos es el mismo que el de Northwind. El Capítulo 6 y muchos de los capítulos que lo siguen en este libro utilizan la base de datos StudyNwind.

Para instalar la base de datos StudyNwind en su servidor, ejecute el archivo por lotes C:\Sqladmin\Exercise \Setup\Maknwind.cmd que instaló en su disco duro desde el CD-ROM de material suplementario del curso en el símbolo de sistema. Debe especificar el nombre de su servidor y la contraseña del inicio de sesión **sa** (si la hubiere) como parámetros de la línea de comandos cuando ejecute el archivo por lotes. Por ejemplo, si el nombre de su servidor es SQLSERVER y la contraseña **sa** está en blanco, ejecutaría el siguiente comando:

```
maknwind SQLSERVER
```

Otro ejemplo es, si el nombre de su servidor es SQLSERVER y la contraseña **sa** es database, ejecutaría el siguiente comando:

```
maknwind SQLSERVER database
```

Puede instalar la base de datos más de una vez. Si modifica los datos en la base de datos, o la propia base de datos, por ejemplo, si elimina una tabla o un índice puede reinstalar la base de datos para devolverla a su estado original. Antes de intentar reinstalar la base de datos, asegúrese de que no sea la base de datos actual en la ventana de Analizador de consultas de SQL Server o de Administrador corporativo de SQL Server o, simplemente, cierre esas aplicaciones. Si no, la base de datos se encuentra abierta y el archivo por lotes no puede eliminarla y reinstalarla.

Cómo instalar el libro electrónico

El CD-ROM también incluye una versión del libro en pantalla que puede ver utilizando Microsoft Internet Explorer 4.01 con SP1.

► **Para utilizar el libro electrónico:**

1. Inserte el CD-ROM de material suplementario del curso en su lector de CD-ROM.
2. Seleccione Ejecutar del menú de Inicio en su escritorio y escriba: **D:\Ebook\Setup.exe** (donde D es el nombre de su unidad de CD-ROM).

   Esto instalará el libro en pantalla en su disco duro.

3. Haga clic en aceptar para salir del Asistente de instalación.

El programa MCP

El programa MCP de Microsoft le proporciona el mejor método de probar su actual control sobre los productos y las tecnologías de Microsoft. Microsoft, un líder industrial en la certificación, se encuentra al frente de las pruebas metodológicas. Nuestros exámenes y sus correspondientes certificados están desarrollados para validar su dominio de competencias críticas mientras diseña y desarrolla, o implementa y soporta, soluciones con productos y tecnologías de Microsoft. Los profesionales informáticos que se convierten en titulados de Microsoft son reconocidos como expertos y son solicitados por toda la industria.

El programa MCP ofrece seis certificaciones, basándose en áreas especificas de especialización técnica:

■ *MCP, Microsoft Certified Professional.* Conocimiento profundo demostrado de, por lo menos, un sistema operativo de Microsoft. Los candidatos pueden aprobar exámenes de certificación de Microsoft adicionales para desarrollar aún más sus habilidades con productos de Microsoft BackOffice, herramientas de desarrollo o programas de escritorio.

■ *MCP + I, Microsoft Certified System Engineer + Internet.* Los MCP con una especialidad en Internet se encuentran calificados para planear seguridad, instalar y configurar productos de servidores, administrar recursos de servidores, aumentar servidores para que ejecuten secuencias de comandos CGI o ISAPI, monitorizar y analizar el rendimiento y solucionar problemas.

■ *MCSE, Microsoft Certified Systems Engineer.* Calificado para planear, implementar, mantener, y soportar eficazmente sistemas de información en una amplia gama de entornos informáticos con Microsoft Windows 95, Microsoft Windows 98, Microsoft Windows NT y la familia integrada de software de servidor Microsoft BackOffice.

■ *MCSE + I, Microsoft Certified Systems Engineer + Internet.* MCSE con una calificación avanzada para ampliar, desplegar y administrar soluciones sofisticadas de intranet e Internet que incluyan un navegador, un servidor proxy, servidores host, base de datos y componentes de mensajes y comerciales. Además un profesional certificado MCSE+Internet es capaz de administrar y analizar sitios Web.

- *MCDBA, Microsoft Certified Database Administrator.* Cualificado para derivar diseños físicos de bases de datos, desarrollar modelos de datos lógicos, crear bases de datos físicas, crear servicios de datos utilizando Transact-SQL, administrar y mantener bases de datos, configurar y administrar seguridad, monitorizar y optimizar bases de datos e instalar y configurar Microsoft SQL Server.
- *MCSD, Microsoft Certified Solution Developer.* Calificado para diseñar y desarrollar soluciones personalizadas para negocios con herramientas, tecnologías y plataformas de desarrollo de Microsoft, incluyendo Microsoft Office y Microsoft BackOffice.
- *MCT, Microsoft Certified Trainer.* Calificado pedagógica y técnicamente para enseñar un Microsoft Official Curriculum a través de un Centro Certificado de Educación Técnica de Microsoft.

Beneficios de las certificaciones de Microsoft

Las certificaciones de Microsoft, uno de los programas de certificaciones más completos disponible para la adquisición y mantenimiento de técnicas relacionadas con el software es una valiosa medida del conocimiento y especialidad de un individuo. Los certificados de Microsoft se entregan a individuos que han demostrado con éxito su habilidad para llevar a cabo tareas específicas e implementado soluciones con productos de Microsoft. Esto no sólo proporciona una medida objetiva a ser considerada por el empresario, también proporciona una guía de lo que un individuo debería saber para ser un experto. Y como cualquier aportación adicional de habilidades y medida de punto de referencia, los certificados conllevan una serie de beneficios al individuo, y al empresario y las organizaciones.

Beneficios de las certificaciones de Microsoft para individuos

Como Profesional Certificado de Microsoft, usted recibe muchos beneficios:

- Reconocimiento empresarial de sus conocimientos y especialidad con productos y tecnologías de Microsoft.
- Acceso a información técnica y de productos directamente de Microsoft a través de un área segura de sitio Web MCP.
- Logotipos que le permiten identificarse como Microsoft Certified Professional (MCP) de a sus colegas o clientes.
- Invitaciones a conferencias, sesiones de formación técnica y eventos especiales de Microsoft.
- Un certificado MCP.
- Suscripción a la revista *Microsoft Certified Professional Magazine* (sólo para Norteamérica), una revista de desarrollo profesional y de carrera.

  Los beneficios adicionales, dependiendo de su certificado y ubicación geográfica, incluyen:

- Una suscripción complementaria de un año a la Red de Información Técnica de Microsoft TechNet, proporcionando información valiosa en CD-ROM mensuales.
- Una suscripción de un año a un programa de Evaluación Beta de Microsoft. Este beneficio le proporciona hasta 12 CD-ROM mensuales gratis que contienen software beta (sólo en inglés) para muchos de los productos más recientes de Microsoft.

Beneficios de las certificaciones de Microsoft para empresarios y organizaciones

A través de la certificación, los profesionales informáticos pueden maximizar el retorno de su inversión en la tecnología Microsoft. Las investigaciones muestran que las certificaciones Microsoft proporcionan a las organizaciones lo siguiente:

- Excelente retorno de las inversiones de formación y certificación mediante la disposición de un método estándar de determinar las necesidades de formación y la medición de resultados.
- Satisfacción del cliente aumentada y disminución de los gastos de soporte a través de un servicio mejorado, un aumento en la productividad y una mayor autonomía técnica.
- Un punto de referencia fiable para contratar, promover o planear una carrera.
- Reconocimiento y bonificaciones para empleados productivos mediante la validación de su especialidad.
- Opciones de reformación para los empleados actuales para que así puedan trabajar más eficazmente con nuevas tecnologías.
- Seguridad de calidad cuando subcontrate los servicios de informática.

Requisitos para convertirse en un profesional certificado de Microsoft

Los requisitos para convertirse en un MCP son diferentes para cada certificado y son específicos para los productos y funciones mencionados por las certificaciones.

Para convertirse en un MCP deberá aprobar rigurosos exámenes de certificación que proporcionan una medida válida y fiable de especialidad y capacidad técnica. Estos exámenes están diseñados para poner a prueba su especialidad y habilidad para llevar a cabo una función o tarea con un producto, y están desarrollados con la aportación de los profesionales de la industria. Las preguntas en el examen reflejan cómo se utilizan los productos de Microsoft en organizaciones reales, dándoles así relevancia "práctica".

Se requiere al Microsoft Certified Product Specialist que apruebe un examen de sistema operativo. Los candidatos pueden aprobar exámenes de certificación de Microsoft adicionales para desarrollar aún más sus habilidades con productos de Microsoft BackOffice, herramientas de desarrollo o programas de escritorio.

Se requiere a los candidatos a Microsoft Certified Professional – Specialist: Internet que aprueben una serie de exámenes determinados de Microsoft Windows NT Server 4.0, TCP/IP y de Sistema de Información de Internet de Microsoft.

Se requiere a los Microsoft Certified System Engineer el aprobar una serie de exámenes básicos del sistema operativo y de redes de Microsoft Windows y exámenes de tecnología electiva de BackOffice.

Se requiere a los Microsoft Certified Solution Developer el aprobar dos exámenes básicos de tecnología del sistema operativo de Microsoft Windows y dos exámenes de tecnología electiva de BackOffice.

Se requiere a los Microsoft Certified Trainer el cumplir con los requisitos instructivos y técnicos específicos para cada curso del Microsoft Official Curriculum que tengan certificado para impartir.

Formación técnica para profesionales informáticos

La formación técnica se encuentra disponible en una variedad de maneras, con clases impartidas por un profesor, formación en línea o formación independiente disponible en miles de lugares en todo el mundo.

Formación independiente

Para personas motivadas por aprender y que estén preparadas para el desafío, la formación independiente es la manera más flexible y más rentable de aumentar sus conocimientos y habilidades.

Un conjunto de materiales de formación independiente en impreso y en soporte magnético se encuentran disponibles directamente desde la fuente: Microsoft Press. Los cursos de computación de Microsoft Official Curriculum de Microsoft Press están diseñados para profesionales avanzados de sistemas informáticos y se encuentran disponibles en Microsoft Press y en la División de Desarrollo de Microsoft. Estos cursos de formación independiente de Microsoft Press incluyen material de formación en impreso, además de un CD-ROM con software del producto, presentaciones multimedia, ejercicios prácticos, y archivos de práctica. La serie avanzada proporciona formación interactiva profunda en CD-ROM para desarrolladores experimentados. Ambos son maneras muy buenas de prepararse para los exámenes MCP.

Formación on-line

Para una alternativa más flexible de las clases impartidas por un profesor, fíjese en la formación on-line. Está tan cerca como Internet y está preparada cuando usted lo esté. Aprenda a su propio paso y con su propio horario en una clase virtual, la mayoría de las veces con un fácil acceso a un profesor en línea. Sin dejar nunca su mesa, puede adquirir la experiencia que necesita. La formación on-line cubre una variedad de productos y tecnologías de Microsoft. Incluye opciones desde el Microsoft Official Curriculum a opciones que no se encuentran disponibles en ninguna otra parte. Es formación a demanda, con acceso a recursos de aprendizaje 24 horas al día.

La formación on-line se encuentra disponible a través de los centros educativos autorizados de Microsoft.

Centros certificados de educación teórica de Microsoft

Los centros certificados de educación teórica de Microsoft (CTEC) son la mejor fuente para la formación dirigida por un profesor que le podrá ayudar a prepararse para convertirse en un profesional certificado de Microsoft. El programa de CTEC de Microsoft es una red mundial de organizaciones de formación técnica cualificadas que proporcionan entrega autorizada de Microsoft Official Curriculum por formadores certificados de Microsoft a profesionales informáticos.

Visite la página web http://www.microsoft,com/spain/train_cert/ctec/default.asp para obtener una lista de CTEC de España.

Asistencia técnica

Se han realizado todos los esfuerzos posibles para asegurar la exactitud de este libro y del contenido del disco que lo acompaña. Si tiene comentarios, preguntas o ideas relacionadas con este libro o con el disco que lo acompaña, por favor, envíelas a Microsoft Press utilizando cualquiera de los siguientes métodos:

Correo electrónico:

profesional@mcgraw-hill.es

Correo postal:

McGraw-Hill/Interamericana de España, S. A. U.
c/ Basauri, 17
28023 Aravaca Madrid España

Microsoft Press proporciona correcciones para los libros a través de World Wide Web en la siguiente dirección:

http://mspress.microsoft.com/support/

Por favor, fíjese en que no se ofrece soporte del producto a través de la dirección de correo anterior. Para más información relacionada con las opciones de soporte de software de Microsoft, por favor, conéctese a http://www.microsoft.com/support/.

Asistencia para ediciones de software de evaluación

La edición de evaluación de Microsoft SQL Server 7.0 incluida en este libro no tiene soporte ni por parte de Microsoft, ni de Microsoft Press, ni de McGraw-Hill y no debería ser utilizada en un ordenador de trabajo principal. Para información sobre asistencia técnica relacionada con la versión completa del servidor Microsoft SQL 7.0 que puede ser que sea aplicable también a la versión de evaluación se puede conectar a: http://support.microsoft.com/.

Para información sobre la petición de la versión completa de cualquier software de Microsoft, por favor, póngase en contacto con Microsoft Ibérica o visite www.microsoft.es. La información sobre cualquier tema relacionado con la utilización de esta versión de evaluación con este curso de formación se encuentra en la sección de asistencia de la pagina Web de Microsoft Press (http://mspress.microsoft.com/support/).

C A P Í T U L O   1

Visión general de SQL Server

Acerca de este capítulo

Este capítulo le introduce en SQL Server. Define algunas de las características clave de SQL Server y explica los entornos en los que ha sido diseñado para funcionar. Se le presentarán las diferentes partes del producto y se le proporcionará alguna idea de los roles desarrollados por dichas partes. La mayoría de los temas presentados en este capítulo se cubrirán detalladamente más adelante en este libro. Las bases de datos no se presentan en este capítulo; leerá por primera vez información relacionada con las bases de datos en el Capítulo 3 "Configuración y arquitectura del sistema" después de haber instalado SQL Server.

Antes de empezar

Para completar las lecciones en este capítulo deberá tener:

- Un ordenador con Microsoft Windows 95/98 o Microsoft Windows NT y Microsoft Internet Explorer 4.01 con SPI o posterior.
- El CD-ROM de la Edición de evaluación de Microsoft SQL Server 7.0 incluido en este libro o una copia del CD-ROM de Microsoft SQL Server 7.0.

Lección 1: ¿Qué es SQL Server?

SQL Server es un sistema de administración de base de datos relacional cliente/servidor que utiliza Transact-SQL para enviar peticiones entre un cliente y SQL Server. Las siguientes secciones definen y explican estos términos.

Después de esta lección podrá:

- Describir Microsoft SQL Server versión 7.0.
- Listar las plataformas de sistemas operativos soportadas por SQL Server.
- Describir cómo SQL Server aprovecha las características del sistema operativo Windows NT.
- Describir cómo SQL Server se integra con otros productos de Microsoft BackOffice.

Tiempo estimado de la lección: 30 minutos

Arquitectura cliente/servidor

Los términos *cliente, servidor* y *cliente/servidor* pueden ser utilizados para referirse a conceptos muy generales o a elementos específicos de hardware o de software. En el nivel más general, un *cliente* es cualquier componente de un sistema que requiere servicios o recursos de otro componente de un sistema. Un *servidor* es cualquier componente de un sistema que proporciona servicios o recursos a otros componentes de un sistema.

Por ejemplo, cuando imprime un documento desde su estación de trabajo en una red, la red es el cliente y la impresora es el servidor.

Cualquier sistema cliente/servidor basado en datos se compone de los siguientes elementos:

- **El servidor**. Un conjunto de elementos de datos y objetos de soporte organizados y presentados para la facilitación de servicios, tales como búsquedas, ordenación, recombinación, recuperación, actualización y análisis de datos. La base de datos se compone del almacenaje físico de los datos y de los servicios de la base de datos. Todo acceso a los datos tiene lugar a través del servidor, el cliente nunca accede a los datos físicos directamente.
- **El cliente.** Un programa de software que puede ser utilizado interactivamente por una persona o que puede ser un proceso automático. Esto incluye todo el software que interactúa con el servidor, ya sea pidiendo datos desde la base de datos o enviando datos a ésta. Los ejemplos son utilidades de administración (aquellas que forman parte del producto SQL Server y aquellas que se compran separadamente), consultas *ad hoc* y software de informe, aplicaciones personalizadas, aplicaciones almacenadas y aplicaciones basadas en un servidor Web.
- **La comunicación entre el cliente y el servidor**. La comunicación entre el cliente y el servidor depende en gran parte en cómo están implementados el cliente y el servidor. Se pueden identificar ambas capas de comunicación física y lógica.

Cuando se comunica con alguien utilizando un teléfono, el sistema de teléfonos es la parte física y el idioma natural hablado es la parte lógica de la comunicación. Para un sistema basado en datos, la comunicación física puede ser la red, si el servidor y el cliente se encuentran en ordenadores diferentes. Puede ser un proceso de comunicación interno si el servidor y el cliente se encuentran en el mismo ordenador. La estructura de la comunicación lógica de la capa física pueden ser llamadas de sistemas operativos de bajo nivel, un lenguaje de acceso de datos de propietario o el lenguaje de consulta estructurado abierto (SQL).

Todas las implementaciones de los sistemas basados en datos se resumen en una de las tres categorías siguientes:

- **Sistemas basados en archivos.** Encontrado normalmente en PC, estos sistemas utilizan una aplicación que accede directamente a los archivos de datos en un disco duro local o en un servidor de archivos de red. Estos sistemas implementan los servicios de bases de datos y la capa lógica de comunicación como parte de la aplicación cliente, sólo la capa física de comunicación y el almacenaje físico de datos son externos a la aplicación cliente. En esta implementación, la aplicación cliente cumple la función del cliente y la función del servidor. (Véase la Figura 1.1.)

- **Sistemas basados en un host.** Normalmente utilizados en entornos de ordenadores centrales legados y de miniordenadores, estos sistemas implementan todos o la mayoría de los servicios de base de datos y funcionalidad de cliente en un gran ordenador central. El usuario ve e interactúa con la aplicación cliente remotamente utilizando un terminal. La comunicación entre el cliente y la base de datos se realiza en el ordenador host y tanto la capa lógica como física son implementadas en el software y el hardware del host. En esta implementación el ordenador host cumple la función de cliente y la función de servidor. (Véase la Figura 1.2.)

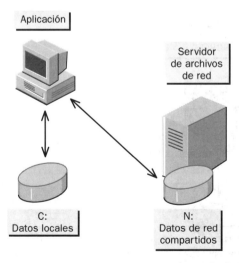

Figura 1.1. Sistema basado en archivos.

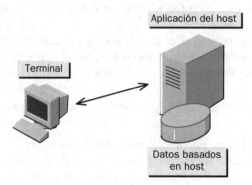

Figura 1.2.   Sistema basado en un host.

- **Sistemas cliente/servidor.** Estos sistemas están diseñados para separar del cliente los servicios de base de datos, permitiendo que la comunicación entre ellos sea más flexible y abierta. Los servicios de base de datos son implementados en un ordenador potente permitiendo una administración centralizada, seguridad y recursos compartidos. Por tanto, el *servidor* en *cliente/servidor* es la base de datos y sus servicios. Las aplicaciones cliente se implementan en una variedad de plataformas, utilizando una variedad de herramientas permitiendo flexibilidad y aplicaciones de usuario de alta calidad; éste es el *cliente* en *cliente/servidor*. El cliente se comunica de una manera lógica con una base de datos a través de la interfaz de programación de aplicaciones (API) de base de datos, y el servidor realiza el acceso físico a la base de datos, normalmente, en el sistema de archivo del servidor. (Véase la Figura 1.3.)

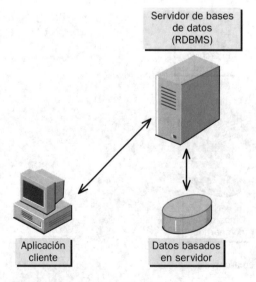

Figura 1.3.   Sistema cliente/servidor.

La tabla siguiente compara algunas de las ventajas y desventajas de los sistemas basados en archivos, en hosts y sistemas de cliente/servidor. Muchas organizaciones utilizan actualmente una mezcla de estos sistemas. Por ejemplo, la captura de datos puede ser realizada en un sistema basado en un host con miles de terminales. Los datos pueden ser entonces consultados, manipulados y analizados por un sistema cliente/servidor, ya sea directamente en el host o después de transferir los datos a otra base de datos.

Basada en archivos	Basada en un host	Cliente/servidor
Bajo coste	Coste inicial alto	Coste variable
Baja seguridad	Alta seguridad	Seguridad media, alta
Baja fiabilidad	Alta fiabilidad	Fiabilidad media, alta
Desarrollo de aplicación posible con pocas habilidades	Desarrollo de aplicación requiere personal formado	Desarrollo de aplicación requiere personal formado
Adecuado para bases de datos de usuarios finales y bases de datos pequeñas	No es apropiado para bases de datos de usuarios finales y bases de datos pequeñas	Puede ser utilizado para bases de datos pequeñas. No apropiado para bases de datos de usuarios finales
Ampliable a bases de datos medianas (± 50 MB)	Ampliable a bases de datos de gran volumen (1000s de GB)	Ampliable a bases de datos de gran volumen (1000s de GB)
Administración centralizada mínima	Administración centralizada excelente	Administración centralizada excelente
Interfaz del usuario final altamente flexible	Interfaz del usuario final inflexible	Interfaz del usuario final flexible
Medio a bajo bloqueo de vendedor	Alto bloqueo de vendedor	Medio bloqueo de vendedor
Utiliza la red ineficazmente	Utiliza la red eficazmente	Puede utilizar la red eficazmente

Hay miles de sistemas basados en archivos comerciales y disponibles, desde aquellos que comprenden una única aplicación ejecutándose en un único PC a aquellos que comprenden cientos de aplicaciones ejecutándose en redes complicadas de ordenadores centrales, miniordenadores y PC. Todos tienen los tres componentes básicos listados anteriormente: un servidor (la base de datos), un cliente y algún medio de comunicación entre ambos. Intente identificar estos componentes cada vez que vea un sistema basado en datos. En un gran sistema, cada componente puede tener capas subyacentes, pero siempre debería poder distinguir los tres componentes básicos.

Nota: La clave para entender sistemas de cliente/servidor (y concretamente SQL Server) es darse cuenta de que el servidor de bases de datos (SQL Server) es un proceso o aplicación funcional completa que proporciona servicios de base de datos; compare esto con un archivo en un servidor de archivos de red, la cual es únicamente una estructura de almacenaje estática. Los clientes interactúan con estos servicios de bases de datos a través una interfaz de comunicación claramente definida, permitiendo un control y seguridad firmes. Los clientes no tienen acceso directo a los datos; siempre se comunican con el servidor de la base de datos, el cual, a su vez, interactúa con los datos físicos. Las utilidades de administración propias de SQL Server son clientes que pueden ejecutarse en el mismo ordenador o en otro ordenador y, como los demás clientes, tampoco tienen acceso directo a los datos.

Sistema de administración de bases de datos relacionales (RDBMS)

Una *base de datos relacional* es un conjunto de datos organizados en tablas bidimensionales que consisten en columnas con nombre y filas. Cada tabla representa el concepto matemático de una relación como se define en la teoría establecida. En la teoría establecida, las columnas se conocen como *atributos* y las filas se conocen como *tuples*. Las operaciones que se pueden realizar en las tablas se basan igualmente en manipulación de las relaciones para producir nuevas relaciones, normalmente, conocidas como consultas o vistas.

Las bases de datos relacionales difieren de las bases de datos no relacionales en que el usuario de la base de datos no es consciente de las dependencias del sistema, si las hubiere, almacenadas en los datos. No se requiere ningún conocimiento de la base de datos subyacente; los datos pueden ser consultados y actualizados utilizando lenguajes estándar (estos lenguajes juntos constituyen el lenguaje de consulta estructurado o SQL) los cuales producen un resultado consistente. Las bases de datos SQL Server son relacionales.

Un sistema de administración de bases de datos relaciones (RDBMS) es responsable de lo siguiente:

- Almacenar y hacer que los datos estén disponibles en tablas.
- Mantener la relación entre las tablas en la base de datos.
- Asegurando la integridad de los datos asegurando que las reglas que dominan los valores de los datos y definen las relaciones entre las tablas no sean violadas.
- Recuperación de todos los datos hasta un punto de consistencia conocida en caso de un fallo del sistema.

Transact-SQL

SQL Server utiliza Transact-SQL, una versión del lenguaje de consulta estructurado (SQL), como su consulta de base de datos y su lenguaje de programación. SQL es un conjunto juego de comandos que le permite especificar la información que quiere recuperar o modificar. Con Transact-SQL, puede acceder a los datos y consultar, actualizar y administrar un sistema de bases de datos relacionales.

El Instituto nacional americano de normalización (ANSI) y la Organización internacional de normalización (ISO) han definido estándares para SQL. Transact-SQL soporta los últimos estándares de ANSI SQL publicados en 1992, llamados ANSI SQL-92, además de muchas extensiones para proporcionar un funcionamiento aumentado.

Plataformas de SQL Server

SQL Server se ejecuta en los sistemas operativos mostrados en la Figura 1.4. El software de SQL Server versión 7.0 se ejecuta solamente en sistemas operativos de Windows de 32 bits basados en API, pero puede utilizar algunas o todas las plataformas del sistema operativo para crear y ejecutar aplicaciones cliente.

La tabla siguiente proporciona más detalles sobre sistemas operativos y cómo soportan o no SQL Server 7.0.

Plataforma	Software servidor	Sistema operativo del cliente
Microsoft Windows 95 o posterior	Sí; se ejecuta como una aplicación	Sí
Microsoft Windows NT Workstation 4.0 o posterior	Sí; se ejecuta como un servicio	Sí
Windows NT Server	Sí; se ejecuta como un servicio	Sí
Windows NT Server Enterprise Edition	Sí; se ejecuta como un servicio	Sí
Windows 3.x	No	Sí (solamente a través de SQL Server versiones 6.0 y 6.5)
MS-DOS	No	Sí (solamente a través de SQL Server versiones 6.0 y 6.5)
Tercera parte	No	Sí; como por ejemplo UNIX y Apple Macintosh

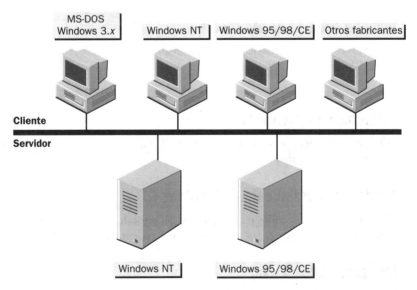

Figura 1.4.   Sistemas operativos en los que se puede ejecutar el software de cliente y servidor de SQL Server.

Integración de SQL Server con Windows NT

SQL Server está altamente integrado con la plataforma de 32 bits de Windows. Concretamente, está diseñado para poder aprovecharse de las características del sistema operativo Windows NT para organización en gran escala y bases de datos empresariales.

Seguridad

SQL Server está integrado con el sistema de seguridad en Windows NT. Esta integración permite un único nombre de usuario y contraseña para acceder a SQL Server y a Windows NT. SQL Server proporciona su propia seguridad para clientes que no utilicen productos Microsoft.

SQL Server también puede utilizar las características de cifrado de Windows NT para seguridad de red utilizando la biblioteca multiprotocolo de red.

Nota: La seguridad de SQL Server 7.0 está más integrada con Windows NT y es más flexible que en las versiones anteriores. Ahora, los permisos de bases de datos pueden ser asignados directamente a usuarios de Windows NT. Ahora también puede gestionar accesos y permisos de bases de datos utilizando grupos de Windows NT.

Soporte de multiprocesador

SQL Server soporta las capacidades de multiprocesado simétrico (SMP) de Windows NT. SQL Server se aprovecha automáticamente de cualquier procesador adicional que se añada al ordenador servidor.

Visor de eventos de Microsoft

SQL Server escribe mensajes a los registros de eventos de aplicación, seguridad y sistema de Windows NT, proporcionando un mecanismo consistente para la visión y el rastreo de problemas.

Servicios de Windows NT

SQL Server se ejecuta como un servicio en Windows NT, permitiéndole iniciar y detener SQL Server remotamente.

Monitor de rendimiento de Windows NT

SQL Server envía leyendas rendimiento al Monitor de rendimiento de Windows NT, capacitándole para monitorizar el rendimiento del sistema de SQL Server.

Microsoft Index Server

SQL Server utiliza Microsoft Index Server; un indexador y un motor de búsqueda de texto soportado por varios productos Microsoft BackOffice.

Microsoft Cluster Server

Microsoft Cluster Server (MSCS), una característica de Microsoft Windows NT Server Enterprise Edition, soporta la conexión de dos servidores, o nodos, en un clúster para mayor disponibilidad y mejor administrabilidad de datos y aplicaciones. SQL Server trabaja conjuntamente con MSCS para conmutar automáticamente al nodo secundario si el nodo primario falla.

Integración de SQL Server con Microsoft BackOffice

SQL Server se integra bien con otros productos de Microsoft BackOffice. BackOffice es un grupo de aplicaciones de servidor que trabajan conjuntamente para ayudarle a construir soluciones de negocios, como ilustra la Figura 1.5.

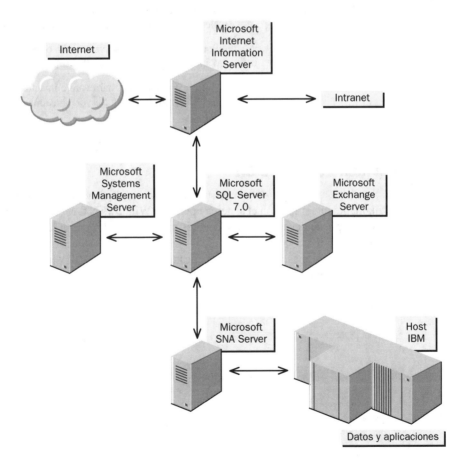

Figura 1.5. Integración de SQL Server con otros productos de BackOffice.

La tabla siguiente describe algunas de las aplicaciones más comúnmente utilizadas de BackOffice que trabajan con o utilizan SQL Server

Aplicación BackOffice	Descripción
Microsoft Internet Information Server (IIS)	Permite a los clientes del navegador de Internet el acceso a datos vía SQL Server.
Microsoft Exchange Server	SQL Server puede enviar mensajes de correo electrónico utilizando Microsoft Exchange Server u otros proveedores que cumplan con Messaging Application Programming Interface (MAPI).
	SQL Server puede enviar mensajes cuando ocurre un error o cuando una tarea programada (como, por ejemplo, una copia de seguridad de una base de datos) se realiza con éxito o falla.
Microsoft SNA Server	Vincula entornos IBM ejecutando el protocolo de System Network Architecture (SNA) con redes basadas en PC.
	Puede integrar SQL Server con un ordenador central IBM o aplicaciones y datos AS/400 utilizando un servidor SNA.
Microsoft Systems Management Server (SMS)	Administra software, hardware e inventario de ordenadores. SMS requiere SQL Server para almacenar sus bases de datos.

Resumen de la lección

SQL Server es un sistema de administración de bases de datos relacionales cliente/servidor, altamente integrado con el sistema operativo Windows NT. Mediante la utilización de SQL Server puede desarrollar aplicaciones modernas que separan la aplicación cliente y los servicios de bases de datos.

SQL Server Transact-SQL soporta el estándar ANSI SQL-92 y proporciona extensiones al lenguaje SQL.

Lección 2: Componentes de SQL Server

SQL Server proporciona componentes de base de datos, de cliente y de comunicación:

- El componente de bases de datos de SQL Server se implementa como un grupo de aplicaciones de 32 bits de Windows o de servicios de Windows NT. También se proporcionan las herramientas para instalar, configurar y administrar estas aplicaciones y servicios.
- El componente del cliente de SQL Server incluye un servidor y utilidades de administración de bases de datos basados en símbolos del sistema y en Windows de 32 bits, así como utilidades de consulta Transact-SQL. Se proporcionan un número de interfaces de programación de aplicaciones y modelos de objetos para habilitar el desarrollo de la aplicación personalizada.
- La comunicación del cliente a la base de datos en SQL Server se consigue mediante dos piezas de software: la interfaz de la base de datos y la biblioteca de la red. Éstas se instalan en el cliente y se incluyen como parte de la instalación de servidor. Se proporciona una utilidad para configurar el software del cliente de la biblioteca de la red.

Después de esta lección podrá:

- Describir los componentes que forman los servicios de bases de datos de SQL Server.
- Describir los componentes del cliente de SQL Server.
- Utilizar la ayuda y los libros en pantalla de SQL Server.

Tiempo estimado de la lección: 45 minutos

Servicios de SQL Server

Los servicios de SQL Server son MSSQLServer, Agente SQL Server y Coordinador de transacciones distribuidas de Microsoft (MS DTC).

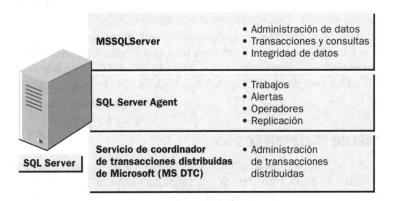

Figura 1.6.   Los servicios de SQL Server.

La Figura 1.6 muestra estos servicios y las funciones principales que proveen. El Servicio de Microsoft Search es un servicio opcional que puede ser instalado durante la instalación inicial, posteriormente, o no ser instalado.

Todos los servicios de SQL Server se ejecutan como servicios en Windows NT o como aplicaciones en las plataformas de 32 bits de Windows.

Servicio de MSSQLServer

El servicio de MSSQLServer es el Sistema de administración de bases de datos relacional (RDBMS). Es el componente que procesa todas las instrucciones Transact-SQL y administra todos los archivos que comprenden las bases de datos en el servidor. Los demás servicios de SQL Server dependen del servicio de MSSQLServer y existen para ampliar o complementar la funcionalidad de este servicio. El servicio de MSSQLServer:

- Asigna recursos informáticos entre múltiples usuarios concurrentes.
- Evita los problemas lógicos, como, por ejemplo, las peticiones de distribución de tiempo de los usuarios que quieren actualizar los mismos datos al mismo tiempo.
- Aplica consistencia e integridad de los datos.
- Aplica seguridad.

Servicio de agente SQL Server

El Agente de SQL Server es un servicio que funciona en conjunto con SQL Server para crear y administrar trabajos, alertas y operadores locales o multiservidor.

Servicio de coordinador de transacciones distribuidas de Microsoft (MS DTC)

El Coordinador de transacciones distribuidas de Microsoft (MS DTC), también un componente de Microsoft Transaction Server, es un administrador de transacciones que permite a los clientes incluir varias fuentes diferentes de datos en una transacción. El MS DTC coordina la finalización apropiada de las transacciones distribuidas para asegurarse que todas las actualizaciones en todos los servidores son permanentes o, en el caso de errores, que todas las modificaciones sean canceladas. Esto se consigue utilizando un proceso llamado confirmación de dos fases. El MS DTC es un administrador de transacciones que cumple con X/Open XA. (X/Open XA es un estándar de transacciones abierto.)

Servicio de Microsoft Search

El servicio de Microsoft Search proporciona capacidades de búsqueda de texto para datos en columnas de texto. Este servicio opcional puede ser instalado durante la instalación estándar de SQL Server o más adelante.

Software del cliente de SQL Server

SQL Server incluye una variedad de software del cliente para el diseño y la creación de bases de datos, consulta de datos y administración del servidor.

Snap-in de Administrador corporativo de SQL Server para Microsoft Management Console

El Administrador corporativo de SQL Server es un cliente de administración del servidor y un cliente de administración de bases de datos. Es un Snap-in de Microsoft Management Console (MMC). MMC es una interfaz de usuario compartida para administración de servidor de BackOffice. Esta consola compartida proporciona un entorno conveniente y consistente para herramientas de administración.

Analizador de consultas de SQL Server

El Analizador de consultas de SQL Server es una herramienta de consulta de Transact-SQL utilizada para enviar instrucciones Transact-SQL individuales o por lotes a SQL Server. También proporciona análisis de consultas, información estadística y la habilidad de administrar consultas múltiples en diferentes ventanas simultáneamente.

Nota: El Analizador de consultas de SQL Server sustituye el ISQL/w encontrado en versiones anteriores de SQL Server.

Asistentes y herramientas administrativas de SQL Server

SQL Server proporciona una serie de herramientas y asistentes administrativos que ayudan con aspectos concretos del SQL Server. La tabla siguiente describe estas herramientas y asistentes.

Herramienta gráfica	Función
Configuración del cliente de SQL Server	Utilidad empleada para administrar los componentes de comunicación en clientes de SQL Server.
Monitor de rendimiento de SQL Server	El archivo de configuraciones del Monitor de rendimiento de Windows NT proporciona una vista preconfigurada de algunos contadores comunes de SQL Server.
Analizador de SQL Server (anteriormente llamado Trazo de SQL)	Utilidad empleada para capturar un registro continuo de la actividad del servidor y proporcionar una capacidad de auditoria.
Administrador de servicios de SQL Server	Utilidad gráfica empleada para iniciar, detener y poner en pausa los servicios de SQL Server.

(continúa)

Herramienta gráfica	Función
Instalación de SQL Server	Aplicación empleada para instalar y reconfigurar SQL Server y los clientes de SQL Server.
Asistentes de SQL Server	Conjunto de herramientas que guía a los usuarios a través de tareas complejas.
Servicios de transformación de datos	Un conjunto de componentes que le permite importar, exportar y transformar los datos entre múltiples fuentes heterogéneas utilizando una arquitectura basada en OLE DB.

Herramientas de administración de símbolos del sistema de SQL Server

Las herramientas de administración de símbolos del sistema de SQL Server le permiten introducir instrucciones Transact-SQL y ejecutar archivos de secuencias de comandos. La tabla siguiente describe las utilidades de símbolos del sistema comúnmente utilizadas proporcionadas con SQL Server. Cada archivo es un programa ejecutable.

Utilidad	Descripción
osql	Una utilidad que emplea la conectividad abierta de bases de datos (ODBC) para comunicarse con SQL Server. Utilizado primariamente para ejecutar archivos por lotes que contengan una o más instrucciones SQL.
bcp	Utilidad por lotes empleada para exportar e importar datos hasta y desde SQL Server y bases de datos que no son de SQL Server. El bcp copia datos en o desde un archivo de texto estándar o binario.

Nota: La utilidad osql sustituye a la utilidad isql encontrada en versiones anteriores de SQL Server. La utilidad **isql**, que utiliza la biblioteca de base de datos para comunicarse con SQL Server está disponible para la compatibilidad con las versiones anteriores.

Ayuda de SQL Server y libros electrónicos de SQL Server

SQL Server ofrece documentación extensiva y diferentes tipos de ayuda para asistirle. La tabla siguiente describe cada tipo de ayuda proporcionada por SQL Server.

Utilidad	Descripción
Ayuda de aplicación	Diversas herramientas SQL Server, incluyendo al Administrador corporativo de SQL Server, Analizador de SQL Server y el Analizador de consultas de SQL Server, que proporcionan ayuda de contexto en la interfaz de aplicación.
	Haga clic en el botón de Ayuda, seleccione un comando del menú de Ayuda o presione F1 (a veces) para abrir ayuda de aplicación.

(continúa)

Utilidad	Descripción	*(continuación)*
Ayuda de Transact-SQL	Cuando utilice el Analizador de consultas de SQL Server, resalte un nombre de instrucción y presione MAYÚS+F1.	
Libros en pantalla de SQL Server	Los libros en pantalla de SQL Server proporcionan acceso en pantalla indexado y con posibilidad de búsqueda a toda la documentación de SQL Server.	

Puede utilizar los libros manuales en pantalla de SQL Server directamente desde el CD-ROM de Microsoft SQL Server 7.0 en cualquier ordenador basado en Windows de 32 bits sin la instalación previa de SQL Server. Se debe instalar en el ordenador Internet Explorer 4.01 con SP1 o una versión posterior para utilizar los libros en pantalla de SQL Server. Si Internet Explorer 4.01 con SP1 o una versión posterior no está instalado en el ordenador, puede instalarlo seleccionando Instalar los requisitos SQL Server 7.0 en el cuadro de diálogo de Microsoft SQL Server cuando inserte el CD-ROM de Microsoft SQL Server 7.0.

Ejercicio: Cómo utilizar los libros en pantalla de SQL Server

En este ejercicio verá y buscará los contenidos de los libros en pantalla de SQL Server y se familiarizará con las convenciones utilizadas en la documentación.

▶ Para ver el contenido de los libros en pantalla de SQL Server

1. Inserte el CD-ROM de Microsoft SQL Server 7.0 en la unidad de CD-ROM y cuando aparezca el cuadro de diálogo del Microsoft SQL Server haga clic en Examinar libros en pantalla.
2. En el árbol de consola, revise la organización de los Libros en pantalla de SQL Server.
3. En la pestaña de contenidos, expanda Empezar.
4. En el panel de detalles, revise la lista de temas.
5. Haga clic en Convenciones de documentación y revise el contenido.
6. En el árbol de la consola, haga clic en Encontrar información en Internet y, luego, revise el contenido en el panel de detalles.

▶ Para utilizar el índice de los libros en pantalla de SQL Server

1. En la pestaña de Índice, escriba tablas del sistema.
2. Haga doble clic en la palabra funciones en la lista de temas y, luego, vea la información en el panel de detalles.

▶ Para buscar una palabra o frase en los libros en pantalla de SQL Server

1. En la pestaña de Búsqueda, escriba algunas palabras para encontrar el tema "Cómo configurar un cliente para que utilice TCP/IP (Configuración de Cliente)".

    No tiene que escribir todas las palabras en la frase para buscar el tema. Por ejemplo, puede introducir **cliente TCP/IP** para encontrar el tema.

2. Haga clic en Listar temas o presione INTRO para ejecutar la búsqueda.
3. Haga doble clic en "Cómo configurar un cliente para que utilice TCP/IP (Configuración de Cliente)" para abrir el tema.

▶ **Para encontrar una palabra o frase dentro de un tema de los Libros en pantalla de SQL Server**

1. En la pestaña de Contenidos, expanda Empezar y haga clic en "Cómo utilizar el visor de ayuda de HTML".
2. Haga clic en el panel de detalles para convertirlo en el panel activo.
3. Presione CTRL+F.
4. En el cuadro de Buscar, escriba **operadores**.
5. Haga clic en Buscar siguiente.
6. Observe que la palabra *operadores* se encuentra destacada.
7. Repita los pasos 5 y 6 para encontrar cada ocurrencia de la palabra *operadores*.
8. Haga clic en Cancelar para cerrar el cuadro de diálogo Buscar. Cierre los Libros en pantalla de SQL Server.

Resumen de la lección

SQL Server tiene varios componentes de servidor que se ejecutan como servicios de Windows NT y como aplicaciones en Windows 95/98. Los componentes de servidor proporcionan los servicios de base de datos de SQL Server.

Los componentes de cliente de SQL Server se ejecutan como aplicaciones en la plataforma de Windows de 32 bits.

Los componentes de cliente de SQL Server son utilidades para la administración, programación y análisis de funcionalidad de SQL Server. Las utilidades de cliente se pueden instalar en cualquier sistema Windows de 32 bits en red para permitir la administración y programación remota del equipo de SQL Server.

Lección 3: Visión general de la arquitectura de SQL Server

SQL Server proporciona un número de arquitecturas estructuradas que esconden detalles técnicos subyacentes, simplificando el desarrollo, mantenimiento y administración de las aplicaciones de sus bases de datos. Esta lección proporciona una visión general de cómo comunican los clientes de SQL Server con el servidor, la estructura de las aplicaciones de cliente de SQL Server y el modelo de administración de SQL Server.

Después de esta lección podrá:

- Describir cómo comunica SQL Server con los clientes.
- Describir las interfaces de bases de datos disponibles para los desarrolladores de aplicaciones.
- Describir los componentes administrativos SQL Server.
- Describir el diseño de aplicación de SQL Server.

Tiempo estimado de la lección: 30 minutos

Arquitectura de comunicación

SQL Server utiliza una arquitectura de comunicación en capas para aislar las aplicaciones de la red y protocolos subyacentes (vea la Figura 1.7). Esta arquitectura le permite desplegar la misma aplicación en diferentes entornos de red. Los componentes de la arquitectura de comunicación incluyen aplicaciones, interfaces de bases de datos, bibliotecas de red y servicios abiertos de datos.

Aplicaciones

Una aplicación se desarrolla utilizando una interfaz de programación de aplicaciones de bases de datos (API) o modelo de objeto. La aplicación no tiene conocimiento de los protocolos de red subyacentes utilizados para comunicar con SQL Server. En los ejemplos de las aplicaciones cliente se incluyen el Administrador corporativo de SQL Server, el

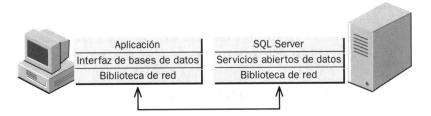

Figura 1.7. Arquitectura de comunicación en capas.

Analizador de consultas de SQL Server, osql, consultas *ad hoc* y escritores de informes, aplicaciones basadas en el servidor de Web y las aplicaciones corporativas.

Interfaces de bases de datos

La aplicación emplea la interfaz de bases de datos para enviar pedidos a SQL Server. También recibe los resultados devueltos por SQL Server y los pasa a la aplicación, a veces, procesa primero los resultados. La interfaz puede procesar los resultados antes de pasarlos a la aplicación. Las interfaces de bases de datos de SQL Server son OLE DB, ODBC y la biblioteca de bases de datos.

Biblioteca de la red

Una biblioteca de red es un componente de software de comunicación que empaqueta los pedidos y resultados de transmisión de la base de datos por el protocolo de red apropiado. Una biblioteca de red debe estar instalada en ambos, el cliente y el servidor.

Los clientes y los servidores pueden utilizar más de una biblioteca de red al mismo tiempo, pero deben utilizar una biblioteca de red común para poder comunicarse con éxito. SQL Server tiene bibliotecas de red que soportan protocolos de red como TCP/IP, canalizaciones con nombre, Novell IPX/SPX, Banyan VINES/IP y AppleTalk ADSP.

Algunas bibliotecas de red sólo soportan un protocolo de red, por ejemplo, la biblioteca de red TCP/IP Sockets soporta sólo el protocolo de red TCP/IP. Otras bibliotecas de red, como la biblioteca de red Multiprotocolo, soportan protocolos de red múltiples. Todas las interfaces de la base de datos SQL Server funcionan en cualquiera de las bibliotecas de red.

Considere dos criterios principales a la hora de seleccionar una biblioteca de red. Primero, revise las capacidades de las bibliotecas de red y compárelas con sus necesidades. Por ejemplo, la biblioteca de red multiprotocolo soporta el cifrar datos enviados a través de la red, pero no soporta la enumeración de nombres de servidores. Segundo, igualar la biblioteca de red con su infraestructura de red y software de red de cliente.

Servicios abiertos de datos

Los servicios abiertos de datos funcionan como la interfaz entre bibliotecas de red del servidor y aplicaciones basadas en el servidor. El propio SQL Server y los DLL del procedimiento almacenado extendido son ejemplos de aplicaciones basadas en el servidor. Este componente controla las conexiones de red, transmitiendo los pedidos del cliente a SQL Server para su procesado y devolviendo cualquier resultado y contestación a los clientes de SQL Server. Los servicios abiertos de datos atienden automáticamente en todas las bibliotecas de red del servidor que estén instaladas en el servidor.

Arquitectura de acceso a datos

Los usuarios utilizan las bases de datos de SQL Server a través de una aplicación que utiliza una interfaz de objetos de datos o un API para ganar acceso a SQL Server (vea la Figura 1.8).

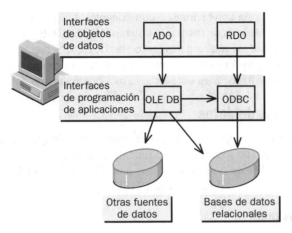

Figura 1.8.   La arquitectura de acceso a datos.

SQL Server soporta interfaces de bases de datos emergentes y comúnmente utilizadas. Soporta la API nativos de bajo nivel, así como las interfaces de objetos de datos fáciles de utilizar.

Interfaces de programación de aplicación (API)

Una API de base de datos define cómo escribir una aplicación para conectarse a una base de datos y transferir instrucciones a la base de datos. SQL Server proporciona soporte nativo para dos clases principales de API de base de datos, que a su vez determinan la interfaz de objetos de datos que puede utilizar. Utilice la API de bases de datos para tener un mayor control sobre el comportamiento y el rendimiento de aplicaciones. La API de bases de datos ODBC y OLE DB soportan un acceso total a SQL Server 7.0. La API de biblioteca de base de datos utilizadas en las versiones anteriores de SQL Server proporciona compatibilidad con las versiones anteriores, pero no soporta la nueva funcionalidad encontrada en SQL Server 7.0.

OLE DB

La interfaz OLE DB es una interfaz de acceso de datos basado en Modelo de objetos componentes (COM). Soporta aplicaciones escritas para utilizar OLE DB o interfaces de objetos de datos que utilicen OLE DB. La OLE DB está diseñada para trabajar con bases de datos relacionales (como las que se encuentran en SQL Server) así como con las fuentes de datos no relacionales (como un índice de texto o un almacén de mensajes de correo electrónico).

La OLE DB utiliza un proveedor para obtener acceso a una fuente de datos en concreto. Los proveedores para SQL Server, Oracle, Jet (bases de datos de Microsoft Access) y ODBC se proveen con SQL Server. Utilizando el proveedor de la OLE DB para ODBC, OLE DB puede utilizar OLE DB para obtener acceso a cualquier fuente de datos de ODBC.

ODBC

La interfaz ODBC es una interfaz de nivel de llamada. Accede directamente al protocolo

TDS de SQL Server y soporta aplicaciones o componentes que están escritos para utilizar ODBC o interfaces de objetos de datos que utilizan ODBC. ODBC está diseñado para trabajar sólo con bases de datos relacionales (como las de SQL Server), aunque hay controladores de ODBC limitados disponibles para algunas fuentes de datos no relacionales.

ODBC utiliza un controlador para obtener acceso a una fuente de datos en concreto.

Interfaces de objetos de datos

En general, las interfaces de objetos de datos son más fáciles de utilizar que la API de bases de datos, pero pueden no tener la misma funcionalidad que un API. ADO (ActiveX Data Objects) es la interfaz de objetos de datos para OLE DB y RDO (Remote Data Objects) es la interfaz de objetos de datos para ODBC.

ActiveX Data Objects (ADO)

ActiveX Data Objects (ADO) reúne el API de OLE DB en un objeto modelo simplificado que reduce los costes de desarrollo de aplicaciones y mantenimiento. El ADO puede ser utilizado desde el modelo de objeto de secuencia de comandos de Microsoft Visual Basic, Visual Basic para aplicaciones, Active Server Pages (ASP) y el Microsoft Internet Explorer.

Remote Data Objects (RDO)

Remote Data Objects (RDO) reasigna y encapsula la API de ODBC. Puede ser utilizado desde Microsoft Visual Basic y Visual Basic para aplicaciones.

Arquitectura administrativa

SQL Server proporciona una variedad de herramientas de administración que minimizan y automatizan las tareas administrativas rutinarias.

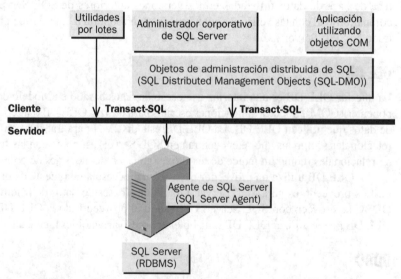

Figura 1.9. La arquitectura administrativa.

La Figura 1.9 muestra cómo utilizan las herramientas administrativas interfaces diferentes para comunicarse con SQL Server.

Administración de SQL Server

Puede administrar SQL Server utilizando:

- Utilidades por lotes proporcionadas con SQL Server, como osql y bcp.
- Herramientas gráficas administrativas proporcionadas con SQL Server (Administrador corporativo de SQL Server, Analizador de consultas de SQL Server y Analizador de SQL).
- Aplicaciones compatibles con COM, escritas en lenguajes como Visual Basic.

Todas estas herramientas utilizan instrucciones Transact-SQL para iniciar acciones en SQL Server. En algunos casos especificará las instrucciones de Transact-SQL explícitamente; en otros, la herramienta generará las instrucciones de Transact-SQL por usted.

Objetos de administración distribuida de SQL

Objetos de administración distribuida (SQL-DMO) es un modelo de objetos basado en COM proporcionado por SQL Server. SQL-DMO oculta los detalles de las instrucciones Transact-SQL; es apropiado para escribir aplicaciones administrativas y secuencias de comandos para SQL Server. Las herramientas administrativas gráficas proporcionadas con SQL Server están escritas utilizando SQL-DMO. SQL-DMO no es un modelo de interfaz de datos; no debería ser considerado para escribir aplicaciones de bases de datos estándar.

Agente de SQL Server

El agente de SQL Server es un servicio que trabaja conjuntamente con SQL Server para habilitar las siguientes capacidades administrativas: administración de alertas, notificación, ejecución del trabajo y duplicación.

Administración de alertas

Las alertas proporcionan información sobre el estado de un proceso como, por ejemplo, cuando se ha terminado un trabajo o cuando ha ocurrido un error. El Agente de SQL Server monitoriza el registro de eventos de la aplicación de Windows NT en busca de eventos, sobre los cuales se basa para generar las alertas.

Notificación

El Agente de SQL Server puede mandar mensajes de correo electrónico, localizar a un operador o iniciar otras aplicaciones cuando ocurra una alerta. Por ejemplo, puede establecer una alerta para cuando una base de datos o un registro de transacciones se encuentren casi llenos y después hacer que la alerta genere una notificación para informar a alguien de que la alerta ha ocurrido.

Ejecución del trabajo

El Agente de SQL Server incluye un motor de creación de trabajo y planificación. Los trabajos pueden ser simples operaciones de un único paso o pueden ser complejas tareas de varios pasos que requieren planificación. También puede crear pasos de trabajo con Transact-SQL, lenguajes de secuencia de comandos o comandos del sistema operativo.

Administración de duplicación

La duplicación es el proceso de copiar datos o transacciones de un SQL Server a otro. El Agente de SQL Server es responsable de administrar el proceso sincronizando los datos entre servidores, monitorizar los datos en busca de cambios y duplicar la información para otros servidores.

Arquitectura de aplicaciones

Antes de que diseñe una aplicación para SQL Server es importante dedicar algo de tiempo diseñando una base de datos para modelar la empresa con precisión. Una base de datos bien diseñada requiere menos cambios y, normalmente, funciona con más eficacia. La planificación del diseño de una base de datos requiere conocimiento de las funciones empresariales que quiera modelar y los conceptos de la base de datos y las características que quiera utilizar para representar las funciones empresariales.

Varias arquitecturas de aplicaciones pueden ser utilizadas con SQL Server. La arquitectura de aplicación que seleccione depende de su diseño de la base de datos y de sus necesidades empresariales y afecta a cómo desarrollará, desplegará y administrará su aplicación de software. Esta sección presenta algunos de los diseños de arquitectura y opciones de despliegue más comunes.

Capas de las aplicaciones

La selección de una aplicación por capas permite flexibilidad y una selección de opciones de administración. Puede dividir las aplicaciones de software en tres capas lógicas. Cada capa, que puede residir físicamente en uno o más servidores, proporciona servicios claramente definidos, como se muestra en la Figura 1.10. Las tres capas son las siguientes:

- **Servicios de presentación.** Dan formato y presentan la información a los usuarios y proporcionan una interfaz para la entrada de datos.
- **Servicios empresariales.** Implementan las reglas de negocios, por ejemplo, al comprobar los limites, validar datos y proporcionar datos calculados o resumidos.
- **Servicios de datos.** Proporciona almacenaje, recuperación, seguridad e integridad de los datos.

Una vez que se han definido estas capas, se pueden implementar de varios modos, tal y como se describe en las secciones siguientes.

Servidor inteligente (dos niveles)

Con una arquitectura de dos niveles, utilizando un servidor inteligente, la mayoría del procesamiento ocurre en el servidor, con los servicios de presentación manejados en el cliente. En muchos casos, la mayoría de la lógica de los servicios empresariales se implemen-

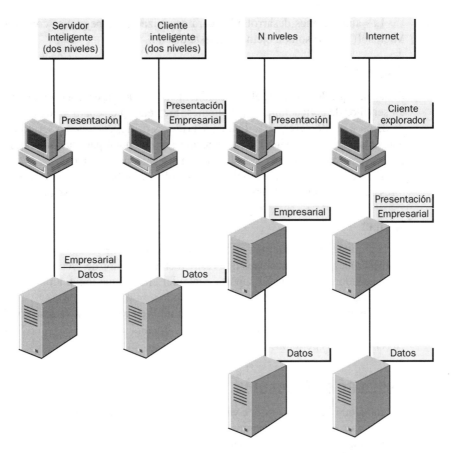

Figura 1.10.   Una arquitectura de aplicación por capas.

ta en la base de datos. Este diseño es útil cuando los clientes no tienen suficientes recursos para procesar la lógica empresarial. Sin embargo, el servidor se puede convertir en un cuello de botella, ya que la base de datos y los servicios empresariales compiten por los mismos recursos de hardware. La utilización de la red puede ser ineficaz porque el cliente tiene que enviar todos los datos al servidor para su verificación, a veces, incluso, reenviar los mismos datos muchas veces hasta que han sido aprobados por el servidor.

Las aplicaciones corporativas diseñadas desde un punto de vista céntrico de una base de datos son un ejemplo de este diseño.

Cliente inteligente (dos niveles)

Con una arquitectura de dos niveles, utilizando un servidor inteligente, la mayoría del procesamiento ocurre en el cliente con los servicios de datos manejados en el servidor. Este diseño es el entorno tradicional cliente/servidor que es extensamente utilizado. De todas formas, el trafico de la red puede ser denso y las transacciones más largas (esto quiere decir, los clientes pueden bloquear los datos por largos períodos), lo que a su vez puede afectar al rendimiento.

Las aplicaciones desarrolladas para organizaciones pequeñas con productos como Microsoft Access son un ejemplo de este diseño.

N niveles

En un enfoque de *n* niveles, el procesamiento se divide entre un servidor de bases de datos, un servidor de aplicaciones y los clientes. Este enfoque separa la lógica de los servicios de datos y puede agregar fácilmente servidores de aplicaciones o servidores de base de datos cuando los necesite. De todas formas, el potencial para la complejidad aumenta y este enfoque puede resultar más lento para aplicaciones pequeñas.

Las aplicaciones empresariales multinivel y las aplicaciones desarrolladas con monitores de procesamiento de transacciones son ejemplos de este diseño.

Internet

En la arquitectura de Internet, el procesamiento se divide en tres capas, con los servicios empresariales y presentaciones que residen en el servidor de Web y los clientes utilizando navegadores simples. Se soporta cualquier cliente que tenga un navegador y el software no necesita ser mantenido en el cliente.

Un ejemplo de esta arquitectura es un sitio Web que utiliza varios servidores de Web para administrar conexiones a los clientes y una única base de datos de SQL Server que da servicio a las peticiones de datos.

Resumen de la lección

Debido a que SQL Server tiene varios componentes es importante comprender cómo trabajan juntos dichos componentes.

Las interfaces de bases de datos proporcionan una interfaz consistente a los servicios de bases de datos para los programadores que desarrollan aplicaciones cliente para SQL Server. La arquitectura administrativa de SQL Server permite a los administradores crear fácilmente planes de mantenimiento complejos para las bases de datos de SQL Server, incluyendo planificaciones de trabajo automáticas y reacciones a eventos.

Las aplicaciones deberían ser diseñadas utilizando una arquitectura por capas que defina claramente dónde serán implementados los diferentes servicios en la aplicación.

Lección 4: Visión general de seguridad SQL Server

SQL Server valida a los usuarios en dos niveles: la autenticación de inicio de sesión y validación de permisos. La autenticación de inicio de sesión asegura que el usuario es un usuario y válido de SQL Server. La validación de permisos comprueba que el usuario está autorizado para utilizar una instrucción u objeto en la base de datos.

Después de esta lección podrá:

- Describir la autenticación de inicio de sesión.
- Describir la validación de permisos.
- Describir los usuarios y sus funciones de la base de datos SQL Server.

Tiempo estimado de la lección: 30 minutos

Autenticación de inicio de sesión

Un usuario debe tener una cuenta de inicio de sesión para conectarse con SQL Server. SQL Server reconoce dos mecanismos de autenticación de inicio de sesión —la autenticación de SQL Server y la autenticación de Windows NT— cada una de las cuales tiene una cuenta de inicio de sesión diferente (vea la Figura 1.11).

Autenticación de SQL Server

Cuando se utiliza la autenticación de SQL Server, un administrador de sistemas SQL Server define una cuenta y una contraseña para el inicio de sesión en SQL Server. Los usuarios deben aplicar el inicio de sesión y la contraseña de SQL Server cuando se conecten a SQL Server.

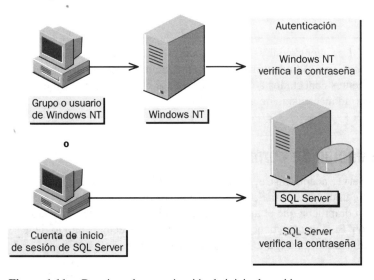

Figura 1.11. Dos tipos de autenticación de inicio de sesión.

Autenticación de Windows NT

Cuando se utiliza una autenticación de Windows NT, la cuenta de un usuario o grupo de Windows NT controla el acceso del usuario a SQL Server: un usuario no proporciona una cuenta de inicio de sesión cuando se conecta a SQL Server. Un administrador de sistema SQL Server debe otorgar acceso a SQL Server, bien a la cuenta de usuario de Windows NT o a la cuenta de grupo de Windows NT.

Modos de autenticación

Cuando SQL Server está siendo ejecutado en Windows NT, un administrador de sistema puede especificar que se ejecute en uno de los dos modos de autenticación.

Nota: Las versiones anteriores de SQL Server soportaban tres modos de autenticación. En SQL Server 7.0 el modo estándar ya no se soporta.

Modo de autenticación de Windows NT

Cuando SQL Server está utilizando el modo de autenticación de Windows NT, sólo se permite la autenticación de Windows NT. Los usuarios no pueden especificar una cuenta de inicio de sesión SQL Server. Éste modo no es soportado por SQL Server instalado en Windows 95/98.

Modo mixto

Cuando SQL Server está utilizando un modo mixto, los usuarios se pueden conectar a SQL Server con la autenticación de Windows NT o con la autenticación de SQL Server.

Nota: Los clientes que se conecten a un servidor que se esté ejecutando en el modo de autenticación de Windows NT deberán utilizar una conexión identificada de Windows NT. Los clientes conectados a un servidor que se esté ejecutando en el modo mixto pueden escoger un mecanismo de autenticación.

Validación de permisos

SQL Server acepta instrucciones Transact-SQL después de que se ha identificado con éxito un inicio de sesión de usuario. Cada vez que un usuario envía una instrucción, SQL Server comprueba que el usuario tiene permiso para ejecutar la acción pedida por la instrucción. Si el usuario tiene permiso, la acción se ejecuta, si no lo tiene se le devuelve un error al usuario. La Figura 1.12 ilustra este proceso.

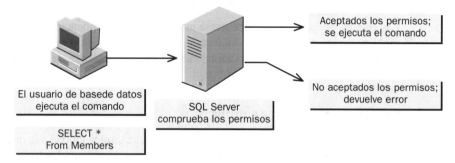

Figura 1.12. Validación de permisos en SQL Server.

Nota: En la mayoría de los casos, los usuario estarán interactuando con una interfaz de usuario de aplicación, inconscientes de las instrucciones Transact-SQL que sus acciones están generando.

Cuentas y funciones de usuarios de base de datos

Las cuentas y funciones del usuario, que identifican un usuario que ha realizado el inicio de sesión con éxito dentro de una base de datos, se utilizan para controlar la propiedad de los objetos. Los permisos para la ejecución de instrucciones y la utilización de objetos en una base de datos son otorgados a los usuarios y funciones. Cada cuenta de usuario es asignada a un inicio de sesión SQL Server (vea la Figura 1.13).

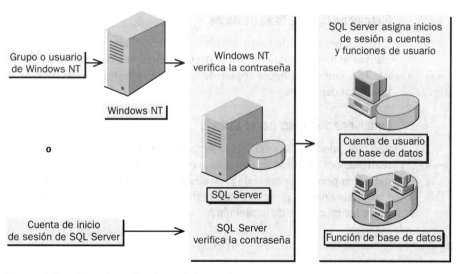

Figura 1.13. Usuarios y funciones de bases de datos.

Cuentas de usuario de base de datos

Las cuentas del usuario anteriormente utilizadas para la aplicación de permisos de seguridad son asignadas a cuentas de usuario o de grupo de Windows NT o cuentas de inicio de sesión de SQL Server. Las cuentas de usuario son una base de datos y no pueden ser utilizadas en otras bases de datos.

Funciones de bases de datos

Las funciones le habilitan para reunir usuarios en una única unidad a la que puede aplicar permisos. Existen tanto las funciones al nivel de servidor como las funciones al nivel de base de datos. Un usuario puede ser miembro de más de una función.

SQL Server proporciona funciones de servidor y de base de datos predefinidas para funciones administrativas comunes para que pueda asignar una selección de permisos administrativos a un usuario en concreto, simplemente haciéndole miembro de las funciones apropiadas. También puede crear sus propias funciones de base de datos definidas por el usuario.

Nota: Las funciones sustituyen los conceptos de alias y grupos de SQL Server versión 6.5.

Funciones fijas del servidor

Las funciones fijas del servidor proporcionan agrupaciones de privilegios administrativos al nivel de servidor. Se administran independientemente de las bases de datos. Algunos ejemplos de funciones fijas del servidor son las funciones para los administradores de sistema, creadores de bases de datos y administradores de seguridad.

Funciones fijas de base de datos

Las funciones fijas de bases de datos proporcionan agrupaciones de privilegios administrativos al nivel de base de datos. Algunos ejemplos de funciones fijas de bases de datos son funciones para hacer copias de seguridad y restaurar una base de datos para leer y modificar datos.

Funciones definidas por el usuario

También puede crear sus propias funciones de bases de datos para representar un trabajo realizado por un grupo de empleados en su organización. No tiene que garantizar, revocar o denegar permisos para cada persona. Si el cometido de una función cambia, puede cambiar fácilmente los permisos para la función y los cambios se aplican automáticamente a todos los miembros de la función.

Resumen de la lección

SQL Server acepta conexiones de usuarios que puede identificar o de aquellos que ya han sido identificados por Windows NT. Una vez que los usuarios que han iniciado la sesión han sido identificados, se les asignan cuentas de usuarios y funciones en una o más bases de datos. Un inicio de sesión tiene que ser asignado a una cuenta de usuario en una base de datos para poder utilizar ésta. Un inicio de sesión no puede ser asignado a más de un usuario en una base de datos, pero puede ser miembro de varias funciones. Los permisos son concedidos a las cuentas de usuarios y funciones en cada base de datos.

Revisión

Con las siguientes cuestiones se pretende reforzar la información clave presentada en el capítulo. Si no es capaz de responder una pregunta, revise la lección correspondiente e intente volver a contestarla. Las respuestas a las preguntas puede encontrarlas en el Apéndice A, "Preguntas y respuestas".

1. Tiene una aplicación que utiliza equipos cliente de SQL Server y de Windows 95 y de Windows NT Workstation. Otro departamento que utiliza la red Novell quiere acceder a la base de datos. ¿Es esto posible?
2. Quiere desarrollar una aplicación de SQL Server utilizando ADO o OLE DB. ¿Cuáles son algunos de los factores a tener en cuenta?

Instalación

Acerca de este capítulo

Antes de instalar SQL Server 7.0, debe asegurarse de conocer los requisitos de hardware y software del programa. Durante la instalación, deberá proporcionar cierta información y tomar varias decisiones. Por último, necesitará probar su nueva instalación para asegurarse de que el programa de instalación se ha completado correctamente. Este capítulo le guiará a través de estas fases para ayudarle a instalar con éxito SQL Server 7.0.

Antes de empezar

Para completar las lecciones en este capítulo debe tener:

■ Microsoft Windows NT Server 4.0 con SP4 o posterior instalado en su ordenador. (El equipo deberá estar configurado como controlador de dominio principal del dominio STUDYSQL. Si no es así, se deberá dar permiso a su configuración al realizar los ejercicios de este capítulo.)

■ Por lo menos 180 MB disponibles de espacio de disco sin utilizar en su ordenador.

Lección 1: Cómo prepararse

El conocer los requisitos de instalación de hardware y software antes de instalar SQL Server le permite seleccionar la plataforma adecuada en la que instalar SQL Server.

El programa de instalación le presenta varias opciones de instalación. El identificar la configuración adecuada para estas opciones asegura que su sistema está configurado para satisfacer sus necesidades.

Después de esta lección podrá:

- Determinar los requisitos de hardware y software para la versión 7.0 de Microsoft SQL Server y las herramientas de administración de SQL Server.
- Determinar las opciones de la instalación de SQL Server que son apropiadas para su sistema.

Tiempo estimado de la lección: 60 minutos

Requisitos de hardware y software

La siguiente tabla describe los requisitos de hardware y software para una instalación de SQL Server. Para más información acerca del hardware soportado vea Microsoft Windows NT Hardware Compatibility List (HCL) en http://www.microsoft.com/ntserver/info/ hwcompatibility.htm.

Componente	Requisitos
Ordenador	Sistemas Intel y compatible. Sistemas DEC Alpha y compatible.
Memoria	Un mínimo de 32 MB; se recomienda memoria adicional para bases de datos y duplicación de gran tamaño.
Espacio en el disco duro	Únicamente la instalación del servidor, sin herramientas de administración, requiere 74 MB. Una instalación típica requiere 163 MB, una instalación completa requiere 190 MB. Únicamente la instalación de herramientas de administración requiere 73 MB.
Sistema de archivos	NTFS o FAT; se recomienda NTFS para la instalación del servidor debido a sus ventajas de seguridad y recuperación.
Sistema operativo	Windows NT Server 4.0 o Windows NT Workstation 4.0 con Service Pack 3 y Windows NT Mini-Service Pack, o un *service pack* posterior o Microsoft Windows 9*x*.
Otro software	Todos los sistemas operativos requieren Microsoft Internet Explorer 4.01 o posterior.

Nota: Debe instalar Microsoft Internet Explorer 4.01 o posterior para poder utilizar SQL Server Enterprise Manager.

Precaución: Normalmente, si el disco duro del ordenador tiene un controlador de disco de escritura de caché, deshabilítelo. A menos que el controlador de disco de escritura de caché esté diseñado específicamente para una base de datos es una amenaza seria para la integridad de los datos de SQL Server.

Opciones de instalación de SQL Server

Las siguientes opciones estarán disponibles cuando se instale SQL Server 7. Muchas de estas opciones estarán omitidas si se realiza una instalación típica, pero pueden configurarse todas ellas al realizar una instalación personalizada.

Modo de licencia

Durante la instalación, el programa de instalación requiere que seleccione un contrato de licencia y que, luego, acepte los términos de dicho contrato. Tiene la opción de dos tipos de contrato, por servidor y por asiento:

- Con el contrato *por servidor,* las licencias de acceso de clientes se asignan a un servidor en concreto. El número máximo de estaciones de trabajo conectadas simultáneamente que se permiten debe ser igual al número de licencias de acceso de clientes que se asignan a este servidor.
- Con contrato *por asiento* se asigna una licencia de acceso de clientes a una estación de trabajo en concreto. Cada estación de trabajo que se conecte a SQL Server con software de cliente proporcionado por Microsoft o software de terceras partes requiere una licencia de acceso de clientes. Este modo permite un número ilimitado de conexiones simultáneas de estaciones de trabajo a varios servidores, sin comprar contratos adicionales para cada servidor.

Si no está seguro de qué tipo de modo de contrato escoger, elija la opción por servidor. El contrato de licencia le ofrece una opción única y en una dirección de cambiar del modo de contrato por servidor al modo de contrato por asiento. Por ejemplo, si tiene un servidor, 30 usuarios y 30 licencias de acceso de clientes y más tarde instala un segundo servidor, puede configurar el segundo servidor con un contrato por servidor (y después comprar 30 licencias de acceso de clientes). O puede convertir el primer servidor a por asiento y configurar el segundo servidor como por asiento (y no comprar ninguna licencia de acceso de cliente adicional).

Si se quiere conectar SQL Server 7 edición Standard a SQL Server edición Desktop para realizar replicaciones o utilizar los servicios de transformación de datos (DTS), SQL Server 7 edición Standard deberá instalarse con licencia Por presto.

Nota: Las conexiones de estaciones de trabajo y de usuario no son las mismas. Una estación de trabajo puede ejecutar diferentes clientes, cada uno utilizando varias conexiones de usuario con una licencia de acceso de clientes.

Ruta de instalación

Puede instalar SQL Server en cualquier disco duro local y en cualquier carpeta.

Ruta de instalación predeterminada

La ruta de instalación predeterminada para el programa y los archivos de datos es C:\Mssql7.

Nota: Algunos comandos SQL no pueden reconocer espacios incrustados en nombres de carpetas (por ejemplo, BACKUP DATABASE TO DISK…). Por esta razón, utilice el estilo de nombres de carpeta "8.3" para asegurar la compatibilidad.

Puede aceptar la ruta de instalación predeterminada para SQL Server o especificar otra unidad o carpeta para los archivos del programa, archivos de datos, o ambos. El programa de instalación también instala archivos en la carpeta del sistema. La localización de los archivos del sistema no puede ser cambiada.

Asegúrese de tener suficiente espacio libre disponible en la unidad que especifique. Si cambia la localización de los archivos del programa o de los archivos de datos, no incluya ningún espacio en el nuevo nombre de la carpeta.

Precaución: Una instalación típica requiere aproximadamente 72 MB de espacio en la unidad de sistema, independientemente de la localización de los archivos de programa y datos.

Archivos de programa

La localización de los archivos de programa es la carpeta raíz donde el programa de instalación crea carpetas que contienen todos los archivos del programa. Los archivos de programa incluyen la máquina de base de datos relacional, herramientas centrales, como las utilidades osql y bcp, herramientas de actualización, objetos de duplicación y la máquina de búsqueda de texto completo de Microsoft.

Estos archivos no crecerán de tamaño en ningún momento.

Archivos de datos

La carpeta donde se crearán las bases de datos, archivos de registro de transacción registro de sistema, copia de seguridad y archivos de duplicación de datos. El programa de instalación crea en esta localización, archivos de base de datos y de registros de transacción para las bases de datos de **master**, **model**, **msdb**, **pubs**, **northwind** y **tempdb**. Podrá especificar otras localizaciones para archivos de datos creados después de la instalación. Estos archivos deberían encontrarse en una unidad que tenga suficiente espacio para que estos archivos crezcan en tamaño.

Definición de caracteres

Durante la instalación, usted escoge la página de códigos que contiene la definición de caracteres que soporta el lenguaje que utiliza. Una página de códigos almacena los códigos que transforman la definición de caracteres que usted utiliza. Escoge una definición de caracteres para todas las bases de datos del servidor. Una *definición de caracteres* es un juego de 256 letras en mayúsculas y minúsculas, dígitos y símbolos que SQL Server reconoce en sus bases de datos. Los primeros 128 valores son iguales para todas las definiciones de caracteres. Los últimos 128 caracteres (a veces denominados caracteres expandidos) son diferentes de juego en juego y contienen lenguaje especifico de letras y símbolos.

Juego de caracteres predeterminado

El Programa de instalación selecciona la página de códigos 1252 (juego de caracteres de ISO) como el juego de caracteres predeterminado. Toda base ligada a un determinado SQL Server utiliza la misma página de código. La Tabla 2-2 describe los juegos de caracteres normalmente seleccionados.

Juego de caracteres	Descripción
Páginas de código 1252 (ISO 8859-1, Latin 1 o ANSI)	Este es el juego de caracteres predeterminado. Es compatible con los caracteres ANSI utilizados por los sistemas operativos de Windows NT y Windows. Utilice este juego de caracteres si pretende utilizar clientes basados exclusivamente en Windows NT y Windows, o si debe mantener compatibilidad exacta con un entorno de SQL Server para UNIX o VMS.
Páginas de código 850 (multilingüe)	Este es un juego de caracteres multilingüe todos los caracteres utilizados por la mayoría de los idiomas de países europeos, norteamericanos y sudamericanos. Este juego de caracteres es una buena elección para utilizar en compañías internacionales o para su utilización con clientes basados en MS-DOS que utilizan caracteres extendidos.
Páginas de código 437 (inglés EE.UU.)	Este es el juego de caracteres más comúnmente utilizado en Estados Unidos e incluye muchos caracteres para gráficos que no están almacenados normalmente en las bases de datos. A menos que tenga una razón que le compense para seleccionar este juego de caracteres, escoja la páginas de código 1252, que proporciona más compatibilidad con idiomas que no sea el inglés de Estados Unidos

Cómo seleccionar páginas de código

Las páginas de código que escoja para SQL Server no tienen que coincidir con las que utiliza el sistema operativo de Windows NT. De todas formas, si los datos en un servidor ejecutando SQL Server contienen caracteres expandidos, debe determinar con cuidado las páginas de código que son utilizadas en la base de datos y en los clientes. Si SQL Server y un cliente utilizan páginas de códigos diferentes y se utilizan caracteres extendidos, existe la posibilidad de conflictos de traducción.

SQL Server sólo reconoce un juego de caracteres a la vez. Cuando seleccione un juego de caracteres, considere los siguientes hechos y directrices:

- Elija unas páginas de código que contengan los caracteres para el idioma que utiliza su base de datos.
- Si quiere almacenar datos en varios idiomas en el mismo servidor, escoja el juego de caracteres predeterminado y utilice tipos de datos Unicode cuando construya sus bases de datos.

    Cuando utilice tipos de datos Unicode para SQL Server, una columna puede almacenar cualquier carácter definido por el Unicode estándar, lo que incluye todos los caracteres que están definidos en los varios juegos de caracteres. Los tipos de datos Unicode pueden soportar 65.536 letras mayúsculas y minúsculas diferentes, dígitos y símbolos.

- Utilice el mismo juego de caracteres en el cliente y servidor, a menos que sus bases de datos utilicen sólo los primeros 128 caracteres de cualquier juego de caracteres.

Precaución: Si tiene que cambiar el juego de caracteres después de haber instalado SQL Server, debe reconstruir todas sus bases de datos.

Forma de ordenación

Una *forma de ordenación* determina cómo se comparan los caracteres de los datos, en qué secuencia se devuelven los caracteres de los datos en una consulta y qué caracteres se consideran iguales cuando se comparan. La selección de una forma de ordenación depende del juego de caracteres que escoja.

Nota: La forma de ordenación sólo se aplica a datos Unicode. El siguiente tema argumenta la intercalación de Unicode.

Cómo seleccionar una forma de ordenación

El programa de instalación selecciona de manera predeterminada la forma de ordenación alfabética (diccionario), que no distingue entres mayúsculas y minúsculas.

La mayoría de los usuarios escogen la forma de ordenación predeterminada, ya que seleccionar una forma de ordenación no predeterminada puede afectar al conjunto de resultados de una búsqueda, a la realización y al desarrollo de clientes, tal y como se muestra en los siguientes ejemplos:

- **El juego de resultados.** Por ejemplo, si escoge una forma de ordenación que distinga las mayúsculas y las minúsculas y un usuario realiza una consulta en la que lastname='MacDonald', el juego de resultados sólo incluye los nombres que coincidan con lo escrito. Mientras que si escoge una forma de ordenación que no distingue las mayúsculas de las minúsculas, el juego de resultados incluye todas las variaciones de MacDonald, incluyendo Macdonald y macdonald.
- **Rendimiento.** El escoger una forma de ordenación que no distinga las mayúsculas de las minúsculas puede mejorar el rendimiento, ya que los caracteres en mayúsculas y minúsculas no tienen que ser comparados y ordenados de otra forma que no sea alfabéticamente (por ejemplo, una *A* mayúscula es tratada de la misma manera que una *a* minúscula).
- **Desarrollo de clientes.** El escoger una forma de ordenación que distinga las mayúsculas de las minúsculas requiere que el cliente transforme los caracteres y haga referencia a los objetos con el tipo de letra apropiado.

No puede tener bases de datos con diferentes formas de ordenación en el mismo servidor, y no puede realizar copias de seguridad y restaurar bases de datos entre servidores que tienen configuraciones de formas de ordenación diferentes. Si tiene varias instalaciones de SQL Server, con diferentes juegos de caracteres y formas de ordenación, y planea mover datos entre estos servidores, debe considerar las consecuencias. Por ejemplo, los resultados pueden tener formas diferentes, los juegos de resultados pueden ser diferentes y se pueden perder caracteres.

Nota: Si cambia la forma de ordenación después de haber instalado SQL Server, debe reconstruir todas las bases de datos. Ejecute **sp_helpsort** para verificar la forma de ordenación actual.

Intercalación Unicode

SQL Server 7.0 soporta tipos de datos Unicode y no Unicode para las tablas en una base de datos. Una intercalación Unicode actúa como una forma de ordenación para datos Unicode. Ésta es separada de la forma de ordenación para los datos no Unicode.

Una *intercalación Unicode* se compone de un local y estilos varios de comparación. Los locales, normalmente llamados así por países o regiones culturales, ordenan los caracteres siguiendo la manera estándar de esa área. La intercalación Unicode proporciona, además, una forma de ordenación para todos los caracteres en Unicode estándar, pero da preferencia al local especificado.

Intercalación Unicode predeterminada

El programa de instalación selecciona de manera predeterminada la no distinción de mayúsculas y minúsculas, de anchura y de Kana, basándose en el juego de caracteres y la forma de ordenación que usted ha escogido.

Cómo seleccionar una intercalación Unicode

Se recomienda seleccionar la misma intercalación para datos Unicode y datos no Unicode. De todas formas, puede escoger una intercalación que no sea la predeterminada, pero lleve a cabo esta opción con cuidado. Cuando escoge un valor diferente, la transferencia de datos de no Unicode a Unicode es más difícil y los datos Unicode y no Unicode pueden organizarse de manera diferente.

Nota: Si cambia la intercalación Unicode después de instalar SQL Server, deberá reconstruir todas las bases de datos.

Soporte de red

SQL Server utiliza bibliotecas de red para comunicarse con un protocolo de red específico y para pasar paquetes de red entre un cliente y SQL Server. El servidor escucha simultáneamente varias bibliotecas de red; un cliente se comunica con el servidor utilizando una biblioteca de red específica. Esto permite que el mismo servidor sea utilizado por diferentes tipos de clientes.

Nota: El seleccionar el soporte de red apropiado para SQL Server requiere un entendimiento profundo de la topografía de red de Windows NT.

Bibliotecas de red predeterminadas

El programa de instalación selecciona canalizaciones con nombre, TCP/IP Sockets, y las bibliotecas de red multiprotocolo como las predeterminadas cuando se instala SQL Server en Windows NT. Los TCP/IP Sockets y las bibliotecas de red multiprotocolo se seleccionan como predeterminadas para la instalación de SQL Server en Windows 95/98, ya que Windows 95/98 no soportan canalizaciones con nombre. El programa de instalación también establece canalizaciones con nombre en Windows NT y TCP/IP Sockets en Windows 95/98 como la biblioteca de red predeterminada para las herramientas de administración del cliente. La biblioteca de red del cliente tiene que coincidir con una de las bibliotecas de red de SQL Server.

Cómo seleccionar una biblioteca de red

Cuando seleccione una biblioteca de red considere los siguientes hechos:

- Su elección de biblioteca de red requiere que estén instalados en su ordenador Windows NT o 95/98 los protocolos de red apropiados.
- Para utilizar la identificación de Windows NT se requiere la biblioteca de red canalizaciones con nombre o multiprotocolo.
- La utilización de códigos de Windows NT requiere la biblioteca de red multiprotocolo.

  La siguiente tabla describe las bibliotecas de red soportadas por SQL Server.

Biblioteca de red	Descripción
Canalizaciones con nombre	Se instala de manera predeterminada; permite que los clientes se conecten con canalizaciones con nombre con cualquier protocolo de transporte proporcionado por Microsoft. No soportado en Windows 95/98.
TCP/IP Sockets	Se instala de manera predeterminada; permite a los clientes comunicarse utilizando Windows Sockets estándar a través de TCP/IP.
Multiprotocolo	Se instala de manera predeterminada; se aprovecha de los procedimientos remotos de Windows NT denominados (RPC) facilidades. Se comunica con canalizaciones con nombre, TCP/IP Sockets, NWLink IPX/SPX y otros mecanismos IPC.
NWLink IPX/SPX	Permite conectarse a clientes Novell SPX.
AppleTalk ADSP	Permite que se conecten clientes basados en Apple Macintosh a SQL Server utilizando AppleTalk original (en lugar de TCP/IP).
Banyan VINES	Soporta Banyan VINES Sequenced Packet Protocol (SPP) como el método IPC a través del protocolo de red IP de Banyan VINES IP.

Nota: Para cambiar una biblioteca de red a SQL Server después de la instalación, utilice SQL Server Network Utility.

Cuenta de servicios SQL Server

Cada servicio de SQL Server se ejecuta en el contexto de seguridad de una cuenta de servicios asignada. La cuenta de servicios asignada puede ser una cuenta de dominio de usuario o la cuenta local de sistema.

Cuenta de servicios predeterminada de SQL Server

El Programa de instalación selecciona una cuenta de dominio de usuario como predeterminada. En general, utilice la misma cuenta de servicio para todos los servicios de SQL Server.

Cómo utilizar una cuenta de dominio de usuario

Si utiliza una cuenta de dominio de usuario, los servicios de SQL Server se pueden comunicar con servidores remotos utilizando conexiones de confianza.

Cuando selecciona una cuenta de dominio de usuario, el programa de instalación otorga el derecho al usuario de dominio a conectarse como un servicio al ordenador SQL Server.

Cuando utilice una cuenta de dominio de usuario, considere los siguientes hechos y directrices:

- La cuenta de dominio de usuario que seleccione debe ser miembro del grupo local de administradores en el ordenador SQL Server.
- La duplicación de datos o las actividades de administración en varios servidores asume que una cuenta de dominio de usuario es el contexto de seguridad para los servicios de SQL Server.
- Si utiliza SQL Server para enviar notificaciones a través de correo electrónico, debe utilizar una cuenta de dominio de usuario.
- Si se instalan varios productos Microsoft BackOffice como Microsoft Exchange Server y SQL Server, en un único ordenador, y los servicios deben comunicarse entre ellos, debe utilizar una cuenta de dominio de usuario de Windows NT.
- Utilice una cuenta de dominio de usuario para la cuenta de servicios de SQL Server, deseleccione "el usuario debe modificar la contraseña en la proxima conexión", seleccione el atributo "contraseña nunca caduca" y permita conexiones a todas horas.
- SQL Server se instala a menudo en entornos que se componen de uno o más dominios de Windows NT. En estos entornos, instale SQL Server en un dominio que tenga acceso a todas las cuentas de usuario para todos los dominios.
- No se recomienda la instalación de SQL Server en Primary Domain Controller (PDC) o Backup Domain Controller (BDC) ya que estos ordenadores realizan tareas intensivas de recursos de mantener y duplicar la base de datos de cuentas de red y realizan la identificación de conexión a la red.

Nota: Si cambia la cuenta de servicios después de la instalación, utilice SQL Server Enterprise Manager para establecer la cuenta de servicios, ya que establece los derechos requeridos automáticamente.

Cómo utilizar la cuenta local de sistema

La cuenta local de sistema es una cuenta integrada que tiene la misma autoridad que el sistema operativo NT, pero sólo para recursos locales. Si escoge la cuenta local de sistema, los servicios de SQL Server no se pueden comunicar con servidores remotos utilizando conexiones de confianza. Si instala SQL Server en un ordenador que ejecuta Windows NT que no es parte de un dominio, puede utilizar una cuenta local de sistema. Esto no se recomienda normalmente, pero significa que no necesita crear una cuenta de Windows NT para servicios de SQL Server.

Servicios de auto iniciar

De manera predeterminada, el programa de instalación instala el servicio MSSQL Server (el motor de la base de datos) para que se ejecute como un servicio de Windows NT de inicio automático. El beneficio de iniciar este servicio automáticamente es que el administrador del sistema no tiene que conectarse para iniciarlo cada vez que se inicia Windows NT. También puede hacer, de manera opcional, que los otros servicios relacionados SQL Server (SQL Server Agent, Microsoft Distributed Transaction Coordinator y Full-text Search) se inicien automáticamente.

Ejercicio: Concesión de derechos de administrador a las cuentas de usuarios

En este ejercicio se conectará a su ordenador local con la cuenta del administrador local y agregará la cuenta de dominio de usuario SQLService al grupo local de Administradores. La cuenta de dominio de usuario SQLService se utilizará para la cuenta de servicios de SQL Server.

El agregar la cuenta de dominio de usuario SQLService al grupo local de Administradores otorga a la cuenta de dominio del usuario SQLService derechos de administrador en el ordenador local. Esto se requiere para poder instalar SQL Server en el ordenador local con la cuenta de dominio de usuario SQLService para la cuenta de servicios SQL Server.

▶ **Para otorgar derechos de administrador local a una cuenta de dominio de usuario SQLService**

1. Conéctese a su ordenador local como administrador o a través de otra cuenta que sea miembro del grupo local de administradores.
2. Inicie "gestor de usuarios por dominio".
3. Agregue un nuevo usuario denominado SQLService.
4. Establezca la contraseña del nuevo usuario como **contraseña**.
5. Asegúrese de que las casillas de verificación El usuario no puede modificar la contraseña y La contraseña nunca caduca están activadas y que las casillas de verificación El usuario debe modificar la contraseña en la proxima conexión y Cuenta desactivada están desactivadas.
6. Haga clic en el botón Grupos.
7. Agregue SQLService al grupo local de Administradores (los administradores deben aparecer en el cuadro de lista Miembros de). Si su ordenador es parte de un dominio Windows NT, agregue también SQLService al grupo global Dominio admin.
8. Haga clic en Aceptar para cerrar el diálogo de miembros del grupo y después haga clic en Añadir para agregar el usuario SQLService.

Resumen de la lección

Familiarícese con los requisitos hardware y softwarede SQL Server 7 antes de realizar la instalación. Las siguientes opciones serán configuradas durante la instalación: modo de licencia, ubicaciones de archivos, juego de caracteres, intercalación Unicode, soporte de red y cuentas de servicios de SQL Server.

Lección 2: Cómo ejecutar el programa de instalación de SQL Server y verificar la instalación

El programa de instalación se ejecuta desde el CD-ROM de SQL Server o desde la carpeta de red compartida. Antes de poder instalar SQL Server o cualquiera de sus componentes, debe conectarse al ordenador en el cual planea realizar la instalación de SQL Server con una cuenta que sea miembro del grupo local de Administratores.

Después de esta lección podrá:

- Identificar diferentes tipos de instalación de SQL Server.
- Instalar SQL Server y herramientas de administración de SQL Server utilizando el programa de instalación de SQL Server.
- Verificar la instalación de SQL Server.

Tiempo estimado de la lección: 90 minutos

Tipos de instalación de SQL Server

SQL Server tiene tres tipos de instalación para ajustarse a los diferentes niveles de usuarios y distintas configuraciones predeterminadas.

La siguiente tabla describe los tipos de programas de instalación ofrecidos por el programa de instalación de SQL Server.

Tipo de instalación	Descripción
Típica	Instala SQL Server con las opciones de instalación predeterminadas e incluye las herramientas administrativas de SQL y la documentación en línea. Una instalación típica no incluye búsqueda de texto completo, herramientas de desarrollo y muestras de código. Puede escoger la cuenta de servicios de SQL Server para todos los servicios de SQL Server y la carpeta de destino para los archivos de programa y de datos.
Compacta	Instala SQL Server con las opciones de instalación predeterminadas, pero sin las herramientas de administración. Puede escoger la cuenta de servicios de SQL Server para todos los servicios de SQL Server y la carpeta de destino para los archivos de programa y de datos.
Personalizada	Instala cualquier o todos los componentes y presenta todas las opciones de instalación del servidor. Puede elegir componentes y opciones de instalación del servidor. Puede escoger la cuenta de servicios de SQL Server para todos los servicios de SQL Server y la carpeta de destino para los archivos de programa y de datos.
	Seleccione una instalación personalizada para instalar sólo las herramientas de administración. Esto le permite administrar SQL Server desde otro ordenador de la red.

El programa de instalación selecciona una instalación típica de manera predeterminada. Si quiere cambiar cualquiera de los valores predeterminados de la instalación, realice una instalación personalizada. Puede instalar utilidades de administración en otros ordenadores en su red para que sea posible administrar SQL Server sin tener que ir al ordenador de SQL Server. Para instalar las herramientas de administración realice sólo una instalación personalizada.

Ejercicio: Instalación de SQL Server

En este ejercicio, ejecutará el programa de instalación e instalará SQL Server y todas las herramientas de administración en su ordenador local.

▶ **Para instalar SQL Server**

1. Conéctese a su ordenador Windows NT como administrador u otro usuario que sea miembro del grupo local de administradores.
2. Inserte el disco compacto de SQL Server 7.0. Cuando aparezca el cuadro de diálogo de Microsoft SQL Server, haga clic en instalar componentes SQL Server 7.0.
3. Haga clic en **servidor de base de datos** y después haga clic en estándar.
4. Utilice la información de la tabla siguiente para completar la instalación.
5. Si aparece el diálogo de convertir datos actuales de SQL Server, no seleccione la casilla de verificación Sí, correr el asistente de actualización de SQL Server. Puede utilizar el asistente después de la instalación si necesita convertir datos. Se hablará de la actualización en el Capítulo 3, "Cómo actualizar a SQL Server 7.0".

Nota: Si necesita instalar los archivos de programa o los archivos de datos en una localización diferente que la sugerida a continuación, acuérdese de sustituir las localizaciones que seleccione en los ejercicios posteriores.

Opción	Valor
Método de instalación	Instalación local. Instalar en el equipo local.
Nombre	Su nombre.
Empresa	El nombre de su empresa.
Número de serie	Número de serie de su copia de SQL Server.
Tipo de instalación	Personalizada.
Archivos de programa	C:\Mssql7.
Archivos de datos	C:\Mssql7.
Componentes y subcomponentes	Aceptar todos los valores predeterminados.
Juego de caracteres	Grupo de caracteres de ISO.

(continúa)

Opción	Valor	*(continuación)*
Forma de ordenación	Orden alfabético, no distinguir entre mayúsculas y minúsculas.	
Intercalación de Unicode	General, no distinguir entre mayúsculas, minúsculas, anchura y Kana.	
Bibliotecas de red	Canalización con nombre. TCP/IP Sockets. Multiprotocolo.	
Cuenta de servicio de SQL Server	Misma cuenta para todos los servicios y auto iniciar servicio de SQL Server.	
Configuración de servicio	Cuenta de dominio de usuario.	
Nombre del usuario	SQL Service.	
Contraseña	Contraseña (todo minúsculas).	
Dominio	STUDYSQL.	
Modo de licencia	Por servidor.	
Número de licencias	50.	

Cómo verificar la instalación

El verificar y probar la instalación de SQL Server requiere revisar los resultados de la instalación, iniciar los servicios de SQL Server y conectarse a SQL Server.

Cómo revisar los resultados de la instalación

Después de ejecutar el programa de instalación e instalar SQL Server es importante que comprenda que se ha instalado. La siguiente tabla resume lo que se instala típicamente mediante el programa de instalación de SQL Server. La lista exacta de lo que se ha instalado depende de las opciones seleccionadas durante la instalación.

Utilidad	Descripción
Servicios de SQL Server	MSSQL Server SQL Server Agent MSDTC (Microsoft Distributed Transaction Coordinator) Microsoft Search
Herramientas de administración	Grupo de herramientas que se utiliza para administrar SQL Server.
Bases de datos	master, model, msdb, pubs, northwind, tempdb
Carpetas y archivos	Motor relacional de base de datos y todas las herramientas en C:\Mssql7\Binn, bases de datos en C:\Mssql7\Data, otros archivos y carpetas varias en C:\Mssql7.

(continúa)

Utilidad	Descripción	*(continuación)*
Opciones de inicio predeterminadas	Un juego de opciones predeterminadas que se escriben en el registro de Windows NT.	
Modo de seguridad predeterminado	Mixto permite a los usuarios conectarse con la identificación de Windows NT o la identificación de SQL Server.	
Cuenta de login sa de SQL Server	Una cuenta de login de administrador sin contraseña incorporada en SQL Server.	
Cuenta de SqlAgentCmdExec	Una cuenta de local de usuario de Windows NT que xp_cmdshell puede utilizar cuando no-administradores ejecutan comandos a través de xp_cmdshell. De manera predeterminada, SQL Server Agent service utiliza esta cuenta para ejecutar tipos de trabajos específicos que son ejecutados por no-administradores.	

Cómo iniciar los servicios de SQL Server

Después de ejecutar el programa de instalación, debe iniciar el servicio MSSQL Server para utilizar SQL Server.

Cómo iniciar automáticamente SQL Server

Si, durante el proceso de instalación configura SQL Server para que se inicie automáticamente, SQL Server se inicia cada vez que se inicie Windows NT.

Si quiere que los servicios de SQL Server se inicien automáticamente, pero no eligió la opción de autoiniciar durante la instalación, puede configurar los servicios para que se inicien automáticamente utilizando SQL Server Enterprise Manager o Services en el panel de control.

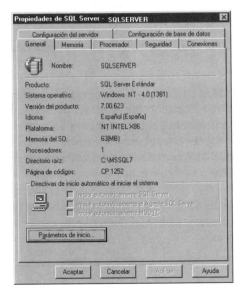 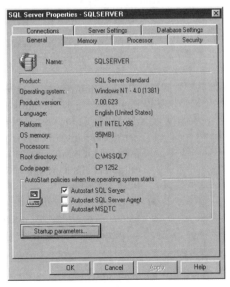

Figura 2.1. Cómo configurar el Autoinicio en SQL Server Enterprise Manager.

Ejercicio: Cómo iniciar el servicio de SQL Server y el servicio SQL Server Agent

En este ejercicio utilizará SQL Server Service Manager para verificar que los servicios de MSSQL Server y de SQLServerAgent han sido iniciados.

▶ **Para verificar que el servicio de SQL Server se ha iniciado y para iniciar el servicio SQL Server Agent**

1. En la barra de tareas haga doble clic en el icono SQL Server Service Manager.
2. Verifique que el servicio MSSQLServer se está ejecutando.
3. Seleccione SQLServerAgent en el cuadro de lista Servicios (services). Haga clic en el botón Iniciar/Continuar (Star/Continue) para iniciar el servicio SQLServerAgent.
4. Seleccione MSSQLServer en el cuadro de lista servicios (Services).
5. Cierre SQL Server Service Manager. Fíjese que el icono SQL Server Service Manager permanece en la barra de tareas.

Cómo iniciar, poner en pausa y detener un servicio manualmente

Puede iniciar, poner en pausa y detener los servicios de SQL Server manualmente utilizando:

- SQL Server Service Manager.
- SQL Server Enterprise Manager.
- **Servicios** en el panel de control.
- Un comando de red en la raiz, como inicio de red de mssqlserver, pausa de red de mssqlserver o detención de red de SQLServerAgent.

Ya que SQL Server está integrado con Windows NT, usted puede iniciar, poner en pausa y detener el servicio de SQL Server local o remotamente. El iniciar, poner en pausa y detener los servicios de SQL Server tiene los siguientes efectos en SQL Server:

- El iniciar MSSQL Server permite a los usuarios establecer nuevas conexiones. Puede automatizar actividades y activar alertas después de iniciar el servicio SQLServer-Agent.
- El poner en pausa el servicio MSSQL Server evita nuevas conexiones. Los usuarios que ya están conectados no se ven afectados. Puede querer poner en pausa el servicio de MSSQL Server para prepararse para el mantenimiento del servidor. El poner en pausa evita que nuevos usuarios se conecten. También le permite suficiente tiempo para mandar un mensaje que les pide a los usuarios actuales que se desconecten. El poner en pausa el servicio de SQLServerAgent evita que se produzcan actividades automáticas y alertas.
- El detener el servicio de MSSQL Server evita nuevas conexiones y desconecta a los usuarios actuales. El detener el servicio de SQLServerAgent evita que se produzcan actividades automáticas y alertas.

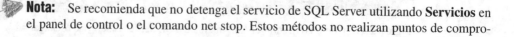 **Nota:**   Se recomienda que no detenga el servicio de SQL Server utilizando **Servicios** en el panel de control o el comando net stop. Estos métodos no realizan puntos de compro-

bación en cada base de datos antes de apagarse y, por tanto, puede incrementar el tiempo de recuperación la próxima vez que se inicie el servicio de SQL Server.

Cómo sustituir las opciones de inicio predeterminadas

El servicio MSSQL Server se inicia con una serie de opciones predeterminadas. Puede cambiar estas opciones de inicio predeterminadas o puede iniciar SQL Server utilizando opciones de inicio no predeterminadas.

Para cambiar las opciones de inicio predeterminadas, seleccione parámetros de inicio de las propiedades del servidor en SQL Server Enterprise Manager. Aparece un cuadro de diálogo que permite añadir y eliminar los parámetros de inicio, tal y como se muestra en la Figura 2.2.

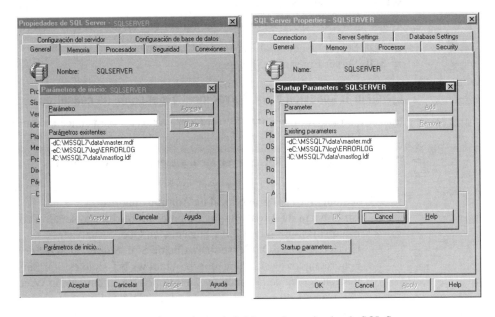

Figura 2.2.   Cómo cambiar las opciones de inicio predeterminadas de SQL Server.

Inicie SQL Server desde la raíz de comandos o desde servicios en el panel de control para utilizar opciones de inicio no predeterminadas.

Por ejemplo, puede querer iniciar SQL Server en modo de usuario único o configuración mínima (aprenderá más acerca de este tema en el Capítulo 7):

 ■ Para cambiar las opciones de configuración de un servidor o para recuperar una base de datos dañada, utilice el modo de usuario único. Para utilizar el modo de usuario único, escriba **sqlservr –m** en command prompt.

 ■ Para corregir problemas de configuración que evitan que se inicie un servidor, utilice el modo de configuración mínima. Para utilizar el modo de configuración mínima, escriba **sqlservr –f** en el comando prompt.

Cómo conectarse a SQL Server

El conectarse a SQL Server es la tarea final en la verificación de la instalación de SQL Server. Puede conectarse a SQL Server utilizando una de las herramientas de administración gráfica de SQL Server o en la utilidad raíz de comandos.

Cuando se conecte a SQL Server, debe utilizar su cuenta de usuario de Windows NT o una cuenta de login de SQL Server. La primera vez que se conecte a SQL Server, debe utilizar una cuenta de administrador de Windows NT o utilizar una cuenta de login sa de SQL Server. Si se conecta a SQL Server con éxito, entonces podrá configurar y utilizar SQL Server.

Ejercicio práctico: Cómo utilizar una utilidad gráfica para conectar a SQL Server

Para conectarse a SQL Server debería utilizar una de las siguientes utilidades gráficas:

- SQL Server Query Analyzer.
- SQL Server Enterprise Manager.

Ejercicio 1: Conexión a SQL Server local y ejecución de consultas

En este ejercicio utilizará SQL Server Query Analyzer para conectarse a su SQL Server y ejecutará una consulta para verificar la versión de su instalación.

▶ **Para conectarse a su SQL Server local y ejecutar una consulta**

1. Conéctese a su ordenador local como Administrador o a través de otra cuenta que sea miembro del grupo local de Administradores.
2. En la barra de tareas, haga clic en el botón Inicio, señale Programas, señale Microsoft SQL Server 7.0 y haga clic en Query Analyzer.
3. Conéctese a su SQL Server para tipo de SQL Server en SQLServer (o el nombre del ordenador de su ordenador de Windows NT si no es SQLServer). Para información acerca de la conexión seleccione Use autenticación Windows NT.

   Su cuenta es miembro del grupo local de Administradores de Windows NT, la cual es automáticamente comparada al rol de SQL Server sysadmin.
4. Verifique que su base de datos es master.
5. Escriba y ejecute la siguiente consulta:

   ```
   SELECT @@VERSION
   ```

   @@VERSION es una variable de sistema global que devuelve información acerca de la versión actual del producto.

   El panel de resultados presenta la versión instalada de SQL Server.

Ejercicio 2: Verificación de las bases de datos instaladas

En este ejercicio ejecutará un consulta para verificar las bases de datos instaladas.

▶ **Para verificar las bases de datos instaladas**

1. Escriba y ejecute la siguiente consulta:

```
SELECT * FROM SYSDATABASES
```

El panel de resultados presenta los nombres y otra información acerca de las bases de datos instaladas: master, model, msdb, northwind, pubs y tempdb.

2. En el menú Consultas, haga clic en ejecute consultas a la cuadrícula. Fíjese que la información se muestra en una cuadrícula, la cual es más fácil de leer que la simple salida de datos.

Ejercicio 3: Verificación de los archivos instalados

En este ejercicio verificará los archivos instalados.

▶ **Para verificar los archivos instalados**

1. Abra Windows NT Explorer y expanda la carpeta C:\Mssql7.
2. Abra cada subcarpeta y revise los archivos instalados. Fíjese en los archivos en las carpetas C:\Mssql7\Binn, C:\Mssql7\Log y C:\Mssql7\Data.

Ejercicio 4: Cómo utilizar la utilidad osql Command Prompt

La utilidad osql utiliza el protocolo conectividad de base de datos abierta (ODBC) para comunicarse con SQL Server.

Nota: En SQL Server 7.0 osql sustituye la utilidad de SQL Server 6.5 denominada isql. isql, la cual utiliza bibliotecas BD para comunicarse con SQL Server, todavía se encuentra disponible. La biblioteca BD permanece en el nivel de funcionalidad de SQL Server versión 6.5. Las aplicaciones de biblioteca BD como isql no soportan algunas de las características de SQL Server 7.0. Por ejemplo, no pueden recuperar datos Unicode ntext. La utilidad osql tiene una interfaz de usuario modelo en isql y soporta el juego de características completo de SQL Server 7.0.

▶ **Para conectarse a SQL Server utilizando una utilidad raíz de comandos**

1. En la raíz de comandos escriba y ejecute el siguiente comando, el cual conecta a SQL Server denominado SQLServer utilizando una conexión fiable.

```
osql -E -SSQLServer
```

Nota: osql y su predecesor isql utilizan líneas de comando de argumentos que distinguen las mayúsculas y las minúsculas. Por ejemplo, los modificadores –q y –Q tienen efectos ligeramente diferentes. Para una lista completa de modificadores, ejecute osql -?

---

2. En la raíz escriba las siguientes instrucciones, presionando Intro después de cada línea.

```
SELECT CONVERT (varchar(30), name) FROM SYSDATABASES
GO
```

Debería ver una lista de bases de datos similar a la que vio cuando utilizaba SQL Server Query Analyzer.

3. En la raíz escriba el siguiente comando y presione Intro para salir osql.

```
QUIT
```

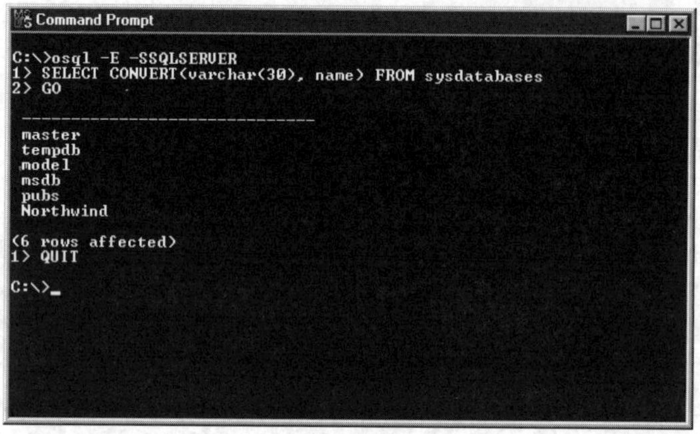

```
C:\>osql -E -SSQLSERVER
1> SELECT CONVERT(varchar(30), name) FROM sysdatabases
2> GO

------------------------------
 master
 tempdb
 model
 msdb
 pubs
 Northwind

(6 rows affected)
1> QUIT

C:\>_
```

Figura 2.3. Utilización de la utilidad osql para mostrar una lista de bases de datos.

Resumen de la lección

Existen tres tipos de instalación disponibles: típica, compacta y personalizada. El tipo de instalación hace posible que los usuarios con diferentes niveles de experiencia puedan instalar todos o algunos componentes de SQL Server. Tras la instalación de SQL Server 7, combruebe ésta iniciando y conectando el servidor.

Lección 3. Cómo realizar una instalación desatendida

Existen tres métodos para ejecutar una instalación desantendida de SQL Server 7:

- Utilizando los archivos de ejemplo de instalaciones desatendidas incluidos en el CD-ROM.
- Generando o creando su propio archivo de instalación desatendida personalizado.
- Utilizando Microsoft Systems Management Server (SMS).

Después de esta lección podrá:

- Describir las opciones para instalaciones desatendidas de SQL Server 7.

Tiempo estimado de la lección: 30 minutos

Utilización de los archivos de ejemplo de instalaciones desatendidas

La forma más sencilla de ejecutar una configuración desatendida es usar los archivos por lotes y las secuencias de comandos (scripts) de inicialización de la instalación proporcionados en la carpeta raíz del CD-ROM de SQL Server. Para usar una de esas instalaciones, ejecute el archivo por lotes, que lanzará el programa de instalación de SQL Server asociado utilizando la secuencia de comandos (script) de inicialización de la instalación. La siguiente tabla describe estos archivos:

Archivo por lotes	Secuencia de comandos	Resultado
Sql70cli.bat	sql70cli.iss	Instala las herramientas de administración de SQL Server.
Sql70ins.bat	Sql70ins.iss	Instala la instalación típica de la edición SQL Server Standard.
Sql70cst.bat	Sql70cst.iss	Instala la instalación personalizada de la edición SQL Server Standard.
Deskeins.bat	Deskeins.iss	Instala la instalación típica de la edición SQL Server Desktop.
Deskecst.bat	Deskecst.iss	Instala la instalación personalizada de la edición SQL Server Desktop.
Sql70rem.bat		Elimina SQL Server.

Generación o creación de un archivo de secuencia de comandos de inicialización de la instalación

Se puede crear un archivo de secuencia de comandos de inicialización de la instalación de dos formas distintas: ejecutando SQL Server de forma interactiva o utilizando un editor de texto que cree manualmente dicho archivo de inicialización de la instalación.

Ejecución del programa de instalación de SQL Server de forma interactiva

El programa de instalación de SQL Server puede generar un archivo .ISS sin tener instalado en ese momento SQL Server. En el directorio \x86\Setup o \Alpha\Setup del CD-ROM de SQL Server, ejecute este programa desde el símbolo del sistema:

```
Setupsql.exe k=Rc
```

Ejecutando Setupsql.exe con la opción k=Rc origina que el programa de instalación de SQL Server escriba el archivo Setup.iss en el directorio \Windows o \WinNT mientras se seleccionan las opciones de configuración, mejor que esperar hasta que los archivos sean copiados. Cuando el programa de instalación le indica que está listo para comenzar a copiar archivos, haga clic sobre Cancelar (Cancel) para salir sin instalar SQL Server. Cuando se sale de la instalación sin haber instalado SQL Server, el archivo Setup.iss creado con la opción k=Rc está incompleto. Se deberán añadir las secciones [SdStartCopy-0] y [SdFinish-0] que se detallan en el libro electrónico de SQL Server.

Utilización del editor de texto para crear manualmente el archivo de inicialización de la instalación

Si se crea un archivo de inicialización de la instalación de forma manual, el archivo debería guardarse con el tipo de archivo .ISS y deberá ser compatible con el formato de archivo de inicialización de Windows. Véase la sección "Creación de un archivo de inicialización de la instalación" en el libro electrónico de SQL Server para completar la lista de entradas requeridas y sus significados.

Cómo invocar el programa de instalación

Una vez que el archivo .ISS está creado, el programa de instalación se invoca con los siguientes argumentos:

■ El argumento –f1 <initialization_file_path> selecciona el archivo de inicialización del programa de instalación desatendida.

■ El indicador –s origina que el programa de instalación se ejecute en modo silencioso sin interfaz de usuario.

La siguiente sintaxis es un ejemplo de invocación del programa de instalación:

```
Start /wait setupsql.exe -f1 C:\SQL7.iss -SMS -s
```

El comando start/wait, junto con la opción –SMS, devuelve el control al símbolo del sistema sólo tras la finalización del programa de instalación.

Utilización de Microsoft Systems Management Server

Se puede utilizar la versión 1.2 o superior de Microsoft Systems Management Server para instalar Microsoft SQL Server automáticamente en múltiples servidores que estén ejecutando Windows Nt en su empresa.

El CD-ROM de SQL Server contiene el archivo .PDF (Package Definition Format) Smssql70.pdf, que automatiza la creación de un paquete SQL Server en SMS. El paquete SQL Server puede entonces ser distribuido e instalado en equipos SMS.

El archivo Smssql70.pdf incluye instrucciones para la ejecución de tres archivos de comandos de instalación incluidos en el CD-ROM de SQL Server. Para ejecutar un archivo de comando personalizado que haya creado, haga una copia del archivo Smssql70.pdf y edítelo para ejecutar su propio archivo de comandos.

Resumen de la lección

Se pueden ejecutar instalaciones desatendidas de SQL Server 7 ejecutando el programa de instalación con una secuencia de comandos de inicialización de la instalación. Las secuencias de comando estándares se proporcionan en el CD-ROM de SQL Server o se pueden crear secuencias de comandos personalizadas. Alternativamente, se pueden ejecutar instalaciones desatendidas de SQL Server 7 utilizando SMS.

Revisión

Las siguientes preguntas tienen la intención de reforzar la información clave presentada en el capítulo. Si usted no es capaz de responder a estas preguntas, revise la lección apropiada e inténtelo de nuevo. Las respuestas a estas preguntas puede encontrarlas en el Apéndice A.

1. Está usted instalando varios servidores SQL Servers. Quiere que sus servicios de SQL Server se conecten a los recursos de la red a través de una conexión fiable. ¿En que contexto de seguridad deberían ser ejecutados los servicios SQL Server? ¿Porque?

2. Está usted instalando SQL Server en un entorno que tiene clientes de Windows y de Novell. Quiere utilizar la identificación de Windows NT. ¿Qué bibliotecas de red debe instalar?

3. Ha instalado usted SQL Server con la configuración predeterminada. Más adelante, decide agregar una base de datos que requiere caracteres que no forman parte del juego de caracteres predeterminado. ¿Qué debe hacer para soportar el nuevo juego de caracteres?

Cómo actualizar a SQL Server 7.0

Acerca de este capítulo

Microsoft SQL Server 7.0 proporciona la habilidad para actualizar una instalación completa de SQL Server 6.*x* a SQL Server 7.0. En este capítulo aprenderá a utilizar el Asistente para actualización de SQL Server y cómo llevar a cabo otras tareas asociadas con actualizar sin problemas sus SQL Server actuales.

Antes de empezar

Este capítulo proporciona una explicación teórica acerca del proceso de actualización. No hay requisitos para completar las lecciones en este capítulo.

Lección 1: Introducción a actualizar SQL Server

Como parte de su plan de actualización debería analizar los requisitos de software y solucionar cualquier consideración de actualización. También debe llevar a cabo ciertas tareas para preparar la base de datos SQL Server 6.x para el proceso de actualización.

Después de esta lección podrá:

- Describir el proceso de actualización.
- Identificar y solucionar problemas potenciales antes de actualizar una base de datos.

Tiempo estimado de la lección: 15 minutos

Proceso de actualización

El Asistente para actualización de SQL Server automatiza el proceso de actualización de bases de datos SQL Server 6.x a SQL Server 7.0. Puede utilizar otras herramientas como Servicios de transformación de datos o la utilidad de símbolo del sistema bcp para mover una base de datos de producción a SQL Server 7.0 manualmente. No obstante, utilizar el Asistente para actualización de SQL Server hace que sea relativamente fácil configurar y transferir datos, además, realiza la actualización más rápidamente que con otros métodos.

Cómo utilizar el Asistente para actualización de SQL Server

El Asistente para actualización de SQL Server puede transferir esquemas, objetos y datos, como inicios de sesión y usuarios de bases de datos. También transfiere configuraciones de réplica, configuraciones SQL Executive (denominada Agente de SQL Server en SQL Server 7.0), y muchas más opciones de configuración de SQL Server 6.x.

El Asistente para actualización de SQL Server no elimina SQL Server 6.x del ordenador. Después de la actualización tendrá dos instalaciones de SQL Server y dos conjuntos de datos. Las instalaciones de SQL Server 6.x y SQL Server 7.0 están completamente separadas e independientes. Debería dejar SQL Server 6.x en su ordenador hasta que verifique que la actualización se ha realizado con éxito. Opcionalmente, puede eliminar los dispositivos de SQL Server 6.x para ahorrar espacio de disco si utiliza la opción de actualización mediante una cinta.

Cómo cambiar entre SQL Server 6.x y SQL Server 7.0

Para cambiar de una versión de SQL Server a otra, utilice la aplicación Microsoft SQL Server-Switch en el menú Inicio, o ejecute Vswitch.exe en el directorio \Mssql7\Binn.

Precaución: No cambie de versión mientras se está ejecutando el Asistente para actualización ya que esto puede causar que falle la actualización.

Consideraciones de actualización

Antes de ejecutar el Asistente para actualización de SQL Server debería considerar estos temas de actualización:

Requisitos de Software

Para poder actualizar una base de datos SQL Server 6.x, el ordenador de SQL Server debe tener instalado el siguiente software:

- Microsoft Windows NT Server Enterprise Edition 4.0 con Service Pack 4 (SP4) o posterior; Windows NT Server 4.0 con SP4 o posterior; Windows NT Workstation 4.0 con SP4 o posterior.
- SQL Server 6.0 con SP 3 o SQL Server 6.5 con SP 3 o posterior.
- SQL Server 7.0.

Protocolos de red

Las instalaciones de SQL Server 6.5 y SQL Server 7.0 deben tener instalados como la biblioteca de red canalizaciones con nombre, aunque esté utilizando la opción de actualización mediante una cinta. SQL Server 6.x y SQL Server 7.0 deben atender a la canalización predeterminada, \\.\pipe\sql\query.

Versiones de SQL Server a actualizar

Sólo puede actualizar las bases de datos SQL Server 6.x a SQL Server 7.0. No puede actualizar el software o bases de datos SQL Server 4.2 directamente a SQL Server 7.0. En vez de esto, debe actualizar su software o bases de datos SQL Server 4.2 a SQL Server 6.5, y después, actualizarlo a SQL Server 7.0.

Requisitos de espacio de disco

Además del espacio utilizado en el disco por SQL Server 7.0, deberá tener espacio en el disco de aproximadamente 1,5 veces el tamaño de las bases de datos de SQL Server 6.x.

Puede utilizar el Asistente para actualización de SQL Server para determinar el espacio de disco necesario para actualizar SQL Server 6.x a SQL Server 7.0. El asistente puede determinar los siguientes requisitos de espacio:

- Tamaño de las bases de datos de SQL Server 7.0.
- Tamaño de los registros de SQL Server 7.0.
- Cantidad de espacio de disco requerido para la base de datos tempdb en SQL Server 7.0.

Nota: Las cifras de espacio requerido que proporciona el asistente para actualización son estimadas, no son tamaños exactos.

Duplicación y actualización

Cuando se actualizan servidores corporativos implicados en duplicación debe actualizar el Distribuidor antes de actualizar cualquier otro servidor. Puede realizar la conversión de servidores por fases en su topología de duplicación al actualizar primero el Distribuidor y, después, actualizar los demás servidores cuando se lo permitan el tiempo y los recursos.

Nota: No podrá utilizar muchas de las nuevas características de duplicación hasta que no haya actualizado todos los servidores implicados en su topología de duplicación.

Tareas de actualización

Después de instalar SQL Server 7.0 y antes de utilizar el Asistente para actualización de SQL Server, debe realizar las siguientes tareas:

- Ejecute Comprobaciones DBCC en todas las bases de datos de SQL Server 6.x para asegurarse de que se encuentran en estado consistente y, después, realice copias de seguridad de todas las bases de datos de SQL Server 6.x (incluyendo las bases de datos del sistema).
- Configure la base de datos tempdb en SQL Server 6.x a, por lo menos, 10 MB. El tamaño recomendado para la base de datos tempdb cuando se actualiza es de 25 MB.
- Cree inicios de sesión en la base de datos master para todos los usuarios de bases de datos y asegúrese de que la base de datos predeterminada para cada inicio de sesión es una base de datos que va a ser actualizada. El Asistente para actualización de SQL Server examina la base de datos master cuando determina qué usuarios de bases de datos y objetos va a importar. Si la base de datos predeterminada para un inicio de sesión no va a ser actualizada, ese inicio de sesión no se creará en SQL Server 7.0. Los objetos en una base de datos de usuario no pueden ser importados si el inicio de sesión para el propietario del objeto no está listado como un usuario para la base de datos.
- Deshabilite cualquier procedimiento almacenado de inicio. El Asistente para actualización de SQL Server inicia y detiene SQL Server 6.x durante el proceso de actualización. Los procesos almacenados establecidos para ser ejecutados en el inicio pueden hacer que el proceso de actualización se quede colgado.
- Si está llevando a cabo la actualización de dos ordenadores, asigne un nombre de dominio y una contraseña al servicio MSSQL Server en las instalaciones de SQL Server 6.x y Server 7.0 en lugar de utilizar la cuenta de sistema local o una cuenta de usuario local. La cuenta de usuario del dominio deberá pertenecer a los grupos de Administradores de ambos ordenadores implicados en la actualización. (La cuenta de sistema local es suficiente para la actualización de un ordenador.)
- Apague el servidor parando la duplicación y asegúrese de que el registro de duplicación está vacío y apagadas todas las aplicaciones, incluyendo todos los servicios que dependen de SQL Server.

Si ha copiado sus bases de datos de SQL Server 6.x a un nuevo ordenador para realizar la actualización, puede necesitar actualizar la nueva base de datos master de SQL Server 6.x como se describe a continuación:

- Cambie las referencias del nombre de servidor anterior al nombre de servidor actual en la base de datos master de SQL Server 6.*x*.
- Actualice las ubicaciones de los archivos de dispositivos en la base de datos master de SQL Server 6.*x*.
- Asegúrese de que todos los usuarios de la base de datos transferida tienen inicios de sesión en la base de datos master de SQL Server 6.*x*.

Resumen de la lección

SQL Server 7.0 tiene muchas características diseñadas para que sea lo más fácil posible actualizar desde versiones anteriores. El Asistente para actualización de SQL Server le permite actualizar desde SQL Server 6.*x* con un trabajo mínimo. El proceso utiliza la nueva instalación de SQL Server 7.0 y la antigua instalación de SQL Server 6.*x* para copiar a través de todas las bases de datos antiguas y objetos de bases de datos que seleccione. El proceso incluye la posibilidad de cambiar a la versión antigua en el mismo ordenador. La actualización debería llevarse a cabo con problemas si se prepara cuidadosamente, comprobando todos los requisitos antes de empezar.

Lección 2: Cómo utilizar el Asistente para actualización de SQL Server

Esta lección describe cómo actualizar SQL Server utilizando el Asistente para actualización de SQL Server. Cuando utilice el Asistente para actualización de SQL Server para actualizar desde SQL Server 6.*x* a SQL Server 7.0 debe:

- Decidir si utilizará uno o dos ordenadores para realizar la actualización.
- Determinar cómo transferir los datos desde SQL Server 6.*x* a SQL Server 7.0.
- Especificar qué bases de datos, configuración de servidores, configuración de duplicaciones, configuración de SQL Executive y características de bases de datos quiere importar.

Cada uno de estos temas se trata en esta lección.

Después de esta lección podrá:

- Actualizar una base de datos de Microsoft SQL Server 6.*x* a SQL Server 7.0.

Tiempo estimado de la lección: 30 minutos

Cómo escoger un método de actualización

Cuando actualiza SQL Server 6.*x* debe escoger si actualizará utilizando un ordenador o dos ordenadores y, a continuación, seleccionar el método de transferencia de datos y objetos.

Cómo actualizar con un ordenador

Puede realizar una actualización en un solo ordenador utilizando una canalización con nombre de disco a disco o una actualización mediante una cinta. Cuando la actualización está completada, SQL Server 7.0 inmediatamente ocupa el lugar de servidor de producción.

Para una actualización con un solo ordenador, el mismo ordenador es el servidor de importación y exportación.

Cómo actualizar con dos ordenadores

Puede instalar SQL Server 7.0 en un ordenador y después conectarlo a otro ordenador donde esté instalado SQL Server 6.*x*. La actualización tiene lugar utilizando una canalización con nombre para transmisión de datos. Cuando la actualización está completada, SQL Server 7.0 inmediatamente ocupa el lugar de servidor de producción.

Si está llevando a cabo una actualización con dos ordenadores, asigne un nombre y una contraseña de dominio al servicio de MSSQL Server en las instalaciones de SQL Server 6.x y Server 7.0, en lugar de utilizar la cuenta de sistema local o una cuenta de usuario local. La cuenta de usuario del dominio deberá pertenecer a los grupos de Administradores de ambos ordenadores. Los dos ordenadores deben pertenecer al mismo dominio.

En una actualización con dos ordenadores, el ordenador SQL Server 6.*x* es el servidor de exportación y el ordenador SQL Server 7.0 es el servidor de importación.

Nota: Si está actualizando un servidor utilizado en duplicación debe utilizar un ordenador.

Métodos de transferencia de datos

SQL Server presenta varios métodos para la transferencia de datos desde SQL Server 6.*x* a SQL Server 7.0. Estos métodos dependen de la elección de actualización con un ordenador o con dos ordenadores y de la cantidad de espacio disponible en el disco del servidor de importación. La Figura 3.1 muestra la pantalla en la que hacer su elección.

Canalizaciones con nombre

Para la actualización con un ordenador, una canalización directa le permite al Asistente para actualización de SQL Server transferir datos en la memoria desde SQL Server 6.*x* a

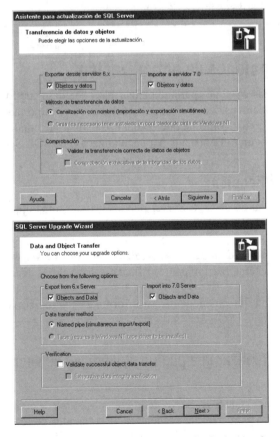

Figura 3.1.   Cómo seleccionar el método de transferencia de datos y objetos.

SQL Server 7.0. El método de la canalización con nombre es el más fiable y proporciona el mejor rendimiento. Cuando realice una actualización con un único ordenador utilizando canalizaciones con nombre, no puede reutilizar el espacio de disco ocupado por SQL Server 6.x y los dispositivos de SQL Server 6.x hasta que el proceso de actualización de versión haya sido completado.

Cinta

Puede utilizar la opción de copia de seguridad mediante una cinta cuando quiera realizar una actualización con un ordenador, pero el espacio del disco es limitado. El Asistente para actualización de SQL Server hace una copia de seguridad en cinta de todas las bases de datos de SQL Server 6.x que decida actualizar. También puede utilizar la actualización de SQL Server para eliminar todos los dispositivos de SQL Server 6.x, liberando espacio en el disco antes de que se creen los archivos de SQL Server 7.0.

Precaución: El Asistente para actualización de SQL Server elimina todos los dispositivos SQL Server 6.x, no sólo los que quiere actualizar. Debería actualizar todas las bases de datos si elige eliminar los dispositivos de SQL Server 6.x.

Cómo elegir las opciones de actualización

SQL Server presenta varias opciones para actualizar bases de datos de SQL Server 6.x a SQL Server 7.0. Estas opciones determinan qué información es importada desde la instalación de SQL Server 6.x, así como de qué manera se realiza la actualización. Revise estas opciones antes de ejecutar el Asistente para actualización de SQL Server.

Cómo realizar la verificación

El Asistente para actualización de SQL Server puede verificar qué objetos, incluyendo esquemas, procedimientos y datos almacenados, han sido correctamente transferidos.

También puede escoger el realizar una verificación exhaustiva de integridad de datos. El Asistente para actualización de SQL Server realiza una suma de verificación de cada tabla antes y después de la actualización para verificar que los valores de los datos no han cambiado.

Cualquier discrepancia que se encuentre se informa en los registros de salida del Asistente para actualización de SQL Server.

Cómo especificar actualizar una página de códigos de secuencia de comandos

El Asistente para actualización de SQL Server requiere una página de códigos de secuencias de comandos, utilizado para crear las secuencias de comandos de actualización.

La Figura 3.2 muestra la pantalla de selección de página de códigos del asistente.

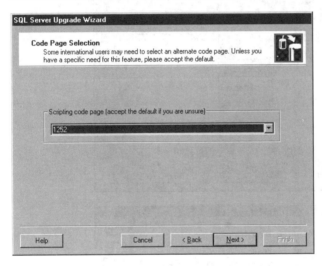

Figura 3.2.   Cómo especificar una página de códigos.

La página código de secuencia de comandos predeterminada es la página de códigos registrada en la base de datos master. Si sabe que la página de códigos actual es diferente de la página de códigos registrada, seleccione la página de códigos actual de la lista. La mayoría de los usuarios sólo necesitan aceptar la página de códigos predeterminada.

Si escoge una página de códigos de secuencia de comando que no sea la predeterminada se recomienda que no actualice la configuración de duplicaciones. Si el servidor está implicado en duplicación, reconfigure la configuración de duplicaciones manualmente una vez que haya realizado la actualización.

Cómo seleccionar las bases de datos a actualizar

Puede escoger actualizar algunas o todas sus bases de datos de SQL Server 6.*x*. La Figura 3.3 muestra la tabla en la que se especifican las bases de datos que se quieren incluir o excluir.

Las bases de datos master, msdb y distribution, y cualquier base de datos de muestra, no se encuentran expresamente disponibles para esta selección. Sin embargo, puede actualizar los inicios de sesión y la configuración del servidor almacenada en la base de datos master, la configuración de duplicaciones almacenadas en la base de datos distribution y las tareas almacenadas en la base de datos msdb seleccionando las opciones presentadas por el asistente.

Debería actualizar todas las bases de datos con dependencias cruzadas de base de datos al mismo tiempo.

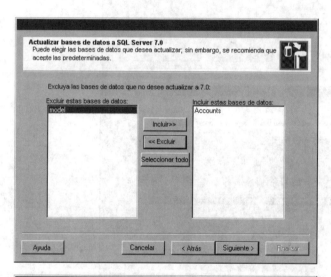

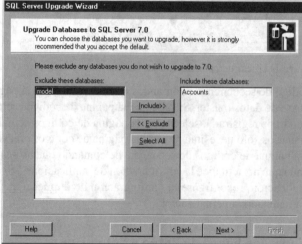

Figura 3.3.   Cómo seleccionar las bases de datos a actualizar.

Nota: Debería actualizar todas las bases de datos con dependencias de bases de datos cruzadas a la vez

Si ejecuta el Asistente para actualización de SQL Server otra vez después de haber actualizado las bases de datos, las bases de datos previamente actualizadas pasarán de manera predeterminada a la lista de excluidas. Si quiere actualizar una base de datos otra vez, muévala a la lista de incluidas en el asistente. Debe eliminar la base de datos en SQL Server 7.0 antes de ejecutar la actualización otra vez.

Configuración de una nueva base de datos

La pantalla que se muestra en la Figura 3-4 ofrece opciones para la creación de archivos de bases de datos y registros de SQL Server 7.0. Puede hacer que el asistente cree la nueva base de datos automáticamente o puede especificar una configuración personalizada.

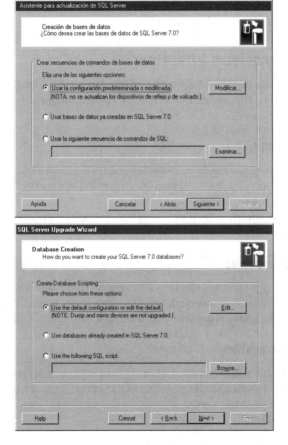

Figura 3.4. Cómo especificar la configuración de una base de datos.

Cómo utilizar el Asistente para actualización de SQL Server (por defecto)

El asistente de actualización creará automáticamente nuevas bases de datos, basando el tamaño y la ubicación de los archivos de datos y de registro en el tamaño y la ubicación de los dispositivos existentes. Puede ver y editar la configuración predeterminada de bases de datos en el Asistente para actualización. Por cada base de datos y archivo de registro puede modificar el nombre y la ruta del archivo, el tamaño inicial del archivo y el incremento de crecimiento automático.

Cómo especificar la configuración personalizada

Usted puede especificar su propia configuración de una o dos maneras: utilizando bases de datos y registros que crea en SQL Server 7.0 antes de ejecutar el Asistente para actualización, o utilizando un archivo de secuencia de comandos de Transact-SQL que usted proporciona. Si proporciona un archivo de secuencia de comandos debe utilizar la nueva sintaxis de instrucción CREATE DATABASE de SQL Server 7.0. No utilice la secuencia de comandos que utilizó para crear sus bases de datos en SQL Server 6.*x*. Si no está familiarizado con la nueva instrucción CREATE DATABASE, no utilice una secuencia de comandos Transact-SQL para crear las nuevas bases de datos.

Cómo determinar los objetos a transferir

Cuando se actualizan bases de datos de sistema, el Asistente para actualización de SQL Server puede transferir la configuración del servidor y varias configuraciones de servicios, como se muestra en la Figura 3.5.

Configuración del servidor

Cuando la opción de Configuración del servidor está activada, inicios de sesión y opciones de configuración del servidor relevantes a SQL Server 7.0 son transferidas como parte del proceso de actualización de versión.

Las opciones de configuración de SQL Server 6.*x* que no son utilizadas en SQL Server 7.0 no se transfieren.

Configuración de duplicaciones

Cuando la opción de Configuración de duplicaciones está activada todos los artículos, suscripciones y publicaciones de cada base de datos seleccionada, incluyendo la base de datos distribution, si las hubiere, son transferidas y actualizadas.

Configuración de SQL Executive

Cuando la opción de SQL Executive está activada todas las tareas programadas por SQL Executive son transferidas y actualizadas para que SQL Server 7.0 pueda programar y ejecutar las tareas en Agente de SQL Server.

Nulos ANSI

La opción ANSI_NULLS controla la nulabilidad predeterminada de bases de datos y la

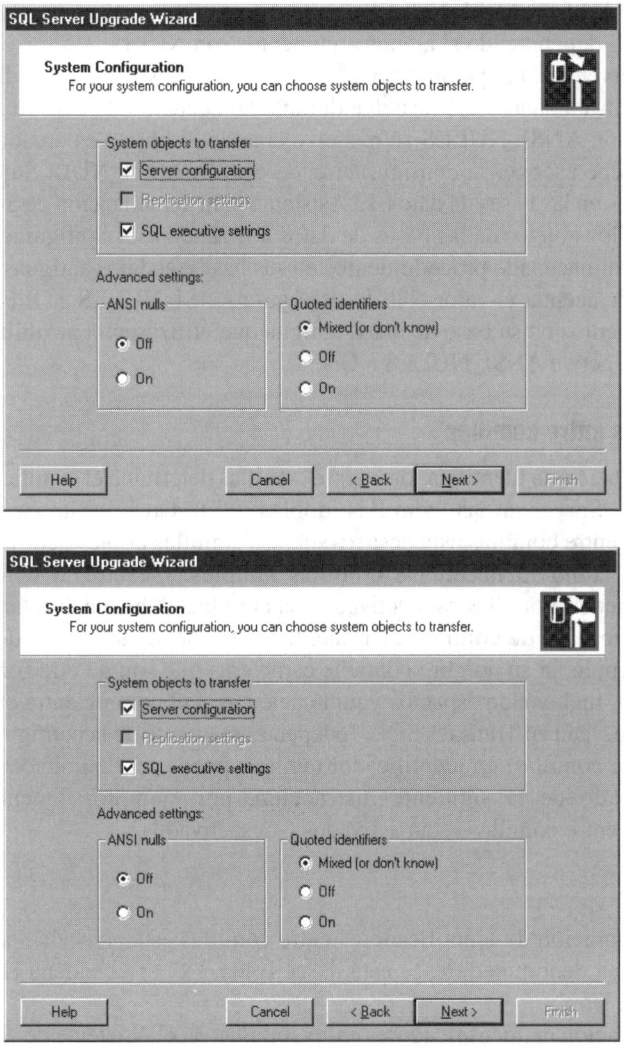

SQL Server Upgrade Wizard

System Configuration
For your system configuration, you can choose system objects to transfer.

System objects to transfer
☑ Server configuration
☐ Replication settings
☑ SQL executive settings

Advanced settings:

ANSI nulls
⦿ Off
○ On

Quoted identifiers
⦿ Mixed (or don't know)
○ Off
○ On

Help   Cancel   < Back   Next >   Finish

SQL Server Upgrade Wizard

System Configuration
For your system configuration, you can choose system objects to transfer.

System objects to transfer
☑ Server configuration
☐ Replication settings
☑ SQL executive settings

Advanced settings:

ANSI nulls
⦿ Off
○ On

Quoted identifiers
⦿ Mixed (or don't know)
○ Off
○ On

Help   Cancel   < Back   Next >   Finish

Figura 3.5. Cómo seleccionar objetos de sistema a transferir y las características de datos.

comparación contra los valores nulos. Cuando actualice SQL Server 6.*x* a SQL Server 7.0, debe establecer la opción ANSI_NULLS en ON u OFF.

Cuando el Asistente para actualización de SQL Server crea las tablas de bases de datos de SQL Server 7.0, la nulabilidad predeterminada de bases de datos determinada por la opción ANSI_NULLS no es un problema. Todas las columnas son explícitamente cualificadas como NULL o NOT NULL basándose en su estatus en SQL Server 6.*x*.

La opción ANSI_NULLS es importante en relación con su comparación contra valores nulos, cuando el Asistente para actualización de SQL Server crea los objetos de base de datos de SQL Server 7.0. Con ANSI_NULLS establecidos en ON, los operadores de comparación EQUAL (=) y NOT EQUAL (<>) siempre devuelven NULL (UNKNOWN) cuando uno de sus argumentos es NULL. (Este es el estándar ANSI SQL-92 para manejar valores NULL.) Con ANSI_NULLS establecido en OFF, estos operadores devolverán TRUE o FALSE dependiendo si ambos argumentos son NULL.

En SQL Server 6.*x*, la opción ANSI_NULLS en objetos como procedimientos almacenados y desencadenadores se resuelve durante la ejecución de consulta. En SQL Server 7.0, la opción ANSI_NULLS se resuelve cuando el objeto es creado. Cuando está actualizando debe escoger la configuración de opción ANSI_NULLS que quiere para todos los objetos en las bases de datos. El Asistente para actualización de SQL Server crea entonces todos los objetos de las bases de datos utilizando esta configuración.

Si usted ha almacenado procedimientos en sus bases de datos antiguas, que utilizaran la posibilidad de aceptar el valor NULL, configure ANSI_NULLS a OFF. Si ha almacenado procedimientos en su base de datos antigua que utilizasen la posibilidad de aceptar el valor NULL, active ANSI_NULLS a ON.

Identificadores entre comillas

La configuración de Identificadores entre comillas determina el significado que le proporciona SQL Server a las comillas dobles (""). Cuando la configuración de Identificadores entre comillas está desactivada, las comillas dobles delimitan una cadena de caracteres, como lo hacen las comillas simples. Cuando la configuración de Identificadores entre comillas está activada, las comillas dobles delimitan un identificador, como un nombre de columna. Un identificador debe estar cercado por comillas dobles, por ejemplo, si su nombre contiene caracteres que son de otra forma ilegales en un identificador, incluyendo espacios y puntuación, o si el nombre entra en conflicto con una palabra reservada en Transact-SQL. Independientemente de la configuración de identificadores entre comillas, un identificador también puede ser delimitado con corchetes.

El significado de la siguiente instrucción, por ejemplo, dependen de si los Identificadores entre comillas están activados o desactivados:

```
SELECT "x" FROM T
```

Si la configuración de Identificadores entre comillas está activada, "x" se interpreta como la columna denominada *x*. Si está desactivada, "x" es la cadena constante *x* y es equivalente a la letra *x*.

La configuración de Identificadores entre comillas en el Asistente de actualización de SQL Server corresponde con la configuración de QUOTED_IDENTIFIER de SQL Server.

Si el ejemplo de instrucción SELECT anterior fuese parte de un procedimiento almacenado creado cuando QUOTED_IDENTIFIER estaba en ON, entonces "x" siempre querría decir la columna denominada **x**. Aunque más adelante, la configuración de QUOTED_IDENTIFIER fuese cambiada y establecida en OFF, el procedimiento almacenado actuaría como si estuviese en ON y trataría "x" como la columna denominada **x**.

Cuando el Asistente para actualización de SQL Server recrea objetos de bases de datos en SQL Server versión 7.0, la configuración QUOTED_IDENTIFIER determina cómo se comportan todos estos objetos. Si todos los objetos de base de datos hubieran sido creados en SQL Server 6.*x* con la misma configuración de Identificadores entre comillas, haga clic en esa configuración de Identificadores entre comillas y actívela o desactívela. Si los objetos fueron creados en SQL Server 6.*x* con una mezcla de las dos configuraciones, o si no está seguro de la configuración utilizada, haga clic en Mixta.

Con la opción Mixta, el Asistente para actualización de SQL Server primero convierte todos los objetos que contengan comillas dobles con QUOTED_IDENTIFIER establecido en ON. El Asistente convierte cualquier objeto que no haya sido creado con QUOTED_IDENTIFIER en OFF.

Cómo ejecutar la actualización

Una vez que haya seleccionado todas las opciones de actualización se ejecuta el proceso de actualización. El cuadro de diálogo del Intérprete de secuencias de comandos de actualización de SQL Server le mantendrá informado a medida que se complete cada paso del proceso (vea Figura 3.6).

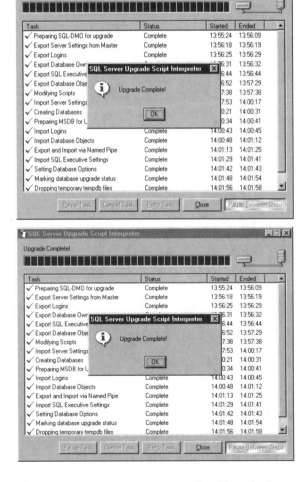

Figura 3.6.   Cómo ejecutar la actualización.

Resumen de la lección

Puede realizar una actualización en uno o dos ordenadores, y puede transferir los datos durante la actualización utilizando canalizaciones con nombre de transferencia directa o una transferencia mediante una cinta. Compruebe que los objetos de bases de datos sean transferidos antes de realizar la actualización. En el Asistente de actualización debe especificar un número de opciones que determinan cómo son transferidos y creados los objetos.

Lección 3: Después de utilizar el Asistente para actualización de SQL Server

Debido a mejoras y cambios significativos realizados en SQL Server 7.0 es posible que algunos objetos en una base de datos actualizada no vayan a ser correctamente creados en SQL Server 7.0. Debería ser consciente de los cambios en SQL Server 7.0 y planear para cambiar sus bases de datos para que utilicen opciones soportadas por completo por SQL Server 7.0.

Después de esta lección podrá:

- Solucionar problemas de actualizaciones de bases de datos.
- Determinar el nivel de compatibilidad de las bases de datos.

Tiempo estimado de la lección: 30 minutos

Cómo eliminar SQL Server 6.5

Después de actualizar las bases de datos SQL Server 6.x a SQL Server 7.0, puede querer dejar SQL Server 6.x en su ordenador hasta que esté seguro de que no lo va a necesitar más. Cuando esté preparado, puede eliminar SQL Server 6.x utilizando la aplicación de eliminación de SQL Server 6.x en el menú Inicio.

Precaución: Si necesita reinstalar SQL Server 6.x, primero debe eliminar SQL Server 7.0. SQL Server 6.x no puede ser instalado en un ordenador junto con una instalación de SQL Server 7.0.

Cómo solucionar problemas de actualización

Si encuentra dificultades en la actualización, identifique el problema y vea los archivos de registro actualizados.

Cómo identificar problemas comunes de la actualización

No puede actualizar algunos objetos y configuraciones a SQL Server 7.0 sin modificarlos. Si encuentra problemas durante el proceso de actualización, compruebe los siguientes puntos:

Objetos con entrada inexacta o inexistente en syscomments

Para poder actualizar objetos, la descripción de texto almacenada en la tabla syscomments en SQL Server 6.x debe estar intacta. Los objetos no serán actualizados si:

- El texto en syscomments ha sido eliminado.
- Han sido renombrados utilizando sp_rename. Este procedimiento almacenado de sistema no altera la entrada en syscomments para un objeto.
- Son procedimientos almacenados que han sido creados dentro de otros procedimientos almacenados. No hay entrada en syscomments para estos procedimientos almacenados.

Nota: Los objetos credos con texto cifrado en la tabla syscomments son actualizados.

Cómo corregir el nombre del servidor para que coincida con el nombre de ordenador

El nombre del ordenador en el cual se ejecuta SQL Server debe coincidir con el nombre de servidor devuelto por @@SERVERNAME. Si los nombres no coinciden, el Asistente para actualización de SQL Server puede fallar. Para corregir este problema, cambie el nombre de servidor devuelto por @@SERVERNAME para que coincida con el nombre del ordenador, utilizando los procedimientos almacenados del sistema sp_dropserver y sp_addserver.

Procedimientos almacenados que modifican y referencian a tablas de sistema

Los procedimientos almacenados con las siguientes funciones no serán actualizados:

- Modifiquen tablas de sistema.
- Hagan referencia a tablas o columnas de sistema que no existen en SQL Server 7.0.

Restricciones en la creación de tablas

Durante el proceso de actualización, puede encontrar los siguientes problemas al actualizar tablas y vistas:

- Las tablas y vistas con nombres de columnas NULL no se actualizarán, ya que el asistente no puede hacer la secuencia de comandos de estos objetos.
- Las tablas creadas por el administrador del sistema en nombre de otro usuario que no tiene permisos para crear tablas no serán actualizadas. Al no tener el propietario del objeto permisos CREATE, la secuencia de comandos para crear el objeto fracasa.

Cómo ver los archivos de registro de actualización

El Asistente para actualización de SQL Server crea una carpeta en el directorio C:\Mssql7\Upgrade cada vez que se ejecuta. El nombre de la carpeta consiste en el nombre del servidor y la fecha y hora actuales, para poder distinguir entre varias ejecuciones del Asistente para actualización de SQL Server. Por ejemplo, el nombre SQL-CONV1_092198_151900, indica que el asistente fue ejecutado en SQL Server denominado SQLCONV1 el 21/9/98 a las 15:19.

Esta carpeta contiene un número de archivos dc registro nombrados descriptivamente que describen cada paso de la actualización. La carpeta contiene subcarpetas para cada base de datos actualizada, incluyendo la base de datos master. Estas subcarpetas contienen archivos de registro, indicando el éxito o el fracaso de la creación de objetos en la base de datos.

Los archivos con extensión .OK indican que todas las instancias de ese tipo de objeto fueron creadas con éxito. Los archivos con extensión .err indican que por lo menos una instancia de ese tipo de objeto no ha sido creada con éxito. Los archivos de error listan cada instrucción de creación de objeto fracasada y la razón por la que no se ha creado ese objeto con éxito.

Cualesquiera archivos de registro que indiquen un problema están listados al final de la actualización, en el Asistente para actualización de SQL Server, para su fácil acceso.

Cómo especificar niveles de compatibilidad

Si está actualizando bases de datos a SQL Server 7.0 lo más seguro es que tenga objetos en la base de datos actualizada que utilicen características que han cambiado. SQL Server 7.0 soporta diferentes niveles de compatibilidad para hacer que la transición desde las versiones anteriores de SQL Server sea lo más fácil posible.

¿Qué es un nivel de compatibilidad?

Cuando se ejecuta con configuraciones predeterminadas, la mayoría de las aplicaciones de SQL Server 6.*x* trabajan sin cambios después de una actualización a SQL Server 7.0 por el Asistente para actualización de SQL Server.

Se pueden establecer niveles de compatibilidad para cualquier base de datos de SQL Server 7.0 utilizando el procedimiento almacenado de sistema sp_dbcmptlevel. El nivel puede ser establecido en 60, 65 o 70 de acuerdo con la versión de SQL Server con la que requiere compatibilidad. Está predeterminado a 70 para bases de datos nuevas.

Cuando actualiza sistemas existentes con aplicaciones existentes, puede utilizar la configuración del nivel de compatibilidad de bases de datos para mantener comportamientos anteriores si sus aplicaciones existentes dependen de estos comportamientos. El establecer un nivel de compatibilidad le da tiempo a actualizar aplicaciones de una manera planeada y ordenada, aunque se recomienda que actualice todas sus secuencias de comandos a compatibilidad total con SQL Server 7.0 lo antes posible. Las versiones futuras de SQL Server no ofrecerán necesariamente compatibilidad con versiones anteriores a SQL Server 7.0. Muchas aplicaciones no son afectadas por el cambio de comportamiento.

Los efectos de la configuración de nivel de compatibilidad, normalmente, se limitan al comportamiento de un pequeño número de instrucciones Transact-SQL que también existen en versiones anteriores de SQL Server. Cuando el nivel de compatibilidad de bases de datos se establece en 60 o 65, las aplicaciones todavía obtienen casi todos los beneficios de las mejoras de rendimiento de SQL Server 7.0.

Configuración inicial

Puede seleccionar una configuración inicial de niveles de compatibilidad para las bases de datos del usuario, model y master.

Bases de datos del usuario

El Asistente para actualización de SQL Server establece el nivel de compatibilidad de las bases de datos actualizadas en el número de la versión del servidor de exportación.

Por ejemplo, si su servidor es SQL Server 6.5 y actualiza a SQL Server 7.0, el nivel de compatibilidad de todas las bases de datos existentes definidas por el usuario se establece en 65. Esta configuración permite a las aplicaciones existentes ejecutarse con un número mínimo de cambios después de una actualización.

Base de datos model

El nivel de compatibilidad de una base de datos model actualizada está establecido en 70. Si cambia esta configuración se propagará a nuevas bases de datos.

Base de datos master

El nivel de compatibilidad de una base de datos master actualizada está establecido en 70. No debería alterar esta configuración. Si un procedimiento almacenado actualizado en la base de datos master requiere un nivel de compatibilidad de SQL Server 6.x, debe moverla fuera de la base de datos master.

Detalles de compatibilidad con las versiones anteriores

Si ha estado utilizando una versión anterior de SQL Server debería estar al corriente de los grandes cambios de características que afectan la operatividad de SQL Server 7.0. Estos cambios se encuentran agrupados en cuatro niveles:

- **Nivel 1.** Instrucciones, procedimientos almacenados u otros elementos que han sido eliminados en SQL Server 7.0. El código o secuencias de comandos que utilicen estos elementos deben ser cambiados antes de utilizarlos con SQL Server 7.0.

  Ejemplo: Los comandos DISK REINIT y DISK REFIT.

- **Nivel 2.** Cambios que provoquen un comportamiento significativamente diferente en SQL Server 7.0. El código o secuencias de comandos que utilicen estos elementos probablemente necesitan ser cambiados; el nuevo comportamiento debe ser por lo menos bien comprendido, para que no le sorprenda.

  Ejemplo: Cuando restaure varios registros de transacción, la última instrucción RESTORE debe especificar la opción WITH RECOVERY, las demás instrucciones RESTORE deben especificar la opción WITH NORECOVERY.

- **Nivel 3.** Los elementos que son completamente soportados en SQL Server 7.0, pero sólo para compatibilidad con las versiones anteriores. Las versiones futuras de SQL Server pueden no soportar estos elementos por lo que debería empezar a utilizar el sustituto de SQL Server 7.0 lo antes posible.

  Ejemplo: DBCC ROWLOCK habilitaba Insertar bloqueo de filas. El bloqueo de filas es ahora automático por lo que no se requiere DBCC ROWLOCK.

- **Nivel 4.** Cambios que producen ligeras modificacioness de comportamiento en SQL Server 7.0.

  Ejemplo: La sintaxis SQL-92 para uniones exteriores (LEFT OUTER JOIN y RIGHT OUTER JOIN en lugar de *= y =*) debería ser utilizada.

Su plan de actualización debería incluir la comprobación de sus bases de datos y secuencias de comandos existentes por elementos que entran en cualquiera de estos niveles y sustituirlos, cuando sea necesario, antes o después de la actualización.

Cómo registrar SQL Server 6.5 utilizando el Administrador corporativo de SQL Server

Puede registrar un servidor 6.5 en el Administrador corporativo de SQL Server. El servidor 6.5 puede ser iniciado y detenido, y el seleccionar el servidor 6.5 ejecuta la versión 6.5 del Administrador corporativo de SQL Server. SQL Server Enterprise Manager versión 6.5 debe estar instalado en su ordenador. Se pueden instalar en su ordenador, donde está instalado SQL Server 7.0, ambas versiones del Administrador corporativo y otras utilidades de clientes de SQL Server o en cualquier ordenador de red de Windows 95/98 o Windows NT.

Resumen de la lección

Uno de los temas más importantes de la realización de una actualización es probar la actualización y revisar los archivos de registro de actualización para asegurarse de que la actualización ha transferido correctamente sus bases de datos.

Es posible que tenga que crear algunos objetos manualmente después de cambiar las secuencias de comandos antiguas por estos objetos para utilizar la nueva sintaxis de SQL Server 7.0. Después de la actualización, debería empezar a actualizar todas sus secuencias de comandos para utilizar la sintaxis de SQL Server 7.0, aunque los objetos se hayan transferido correctamente con el Asistente de actualización.

Puede utilizar el nivel de compatibilidad para forzar a SQL Server 7.0 a que utilice ciertas funcionalidades de SQL Server 6.x para ciertas instrucciones Transact-SQL. Se han definido cuatro niveles de cambios para ayudarle a priorizar los cambios que necesita hacer a sus códigos y secuencias de comandos.

Revisión

Con las siguientes cuestiones se pretende reforzar la información clave presentada en el capítulo. Si no es capaz de responder una pregunta, revise la lección correspondiente e intente volver a contestarla. Las respuestas a las preguntas puede encontrarlas en el Apéndice A, "Preguntas y respuestas" al final del libro.

1.   Usted tiene una base de datos de SQL Server 6.5 ejecutándose en Windows NT Server. SQL Server y Windows NT Server tienen instalado Service Pack 2. El tamaño de la base de datos tempdb en SQL Server 6.5 es de 8 MB. Después de instalar SQL Server 7.0 en el mismo ordenador hay 100 MB de espacio libre en el disco. El tamaño de la base de datos de SQL Server 6.5 que quiere actualizar es de 90 MB. ¿Qué debe hacer para actualizar esta base de datos?

2. Durante el proceso de actualización, el Asistente para actualización de SQL Server no actualiza un procedimiento almacenado en las bases de datos de usuarios de SQL Server 6.5. ¿Qué puede causar este fallo?

3. Acaba de actualizar una base de datos de tarjetas de crédito a SQL Server 7.0 y tiene una aplicación de cliente que contiene la siguiente consulta:

```
SELECT t.title AS cross
FROM titles t
```

Quiere utilizar los comandos BACKUP y RESTORE como parte de los trabajos de mantenimiento que quiere crear. Para permitir estos comandos, establece el nivel de compatibilidad de la base de datos en 70. ¿Qué impacto tiene esta configuración en su aplicación?

CAPÍTULO 4

Configuración y arquitectura del sistema

Acerca de este capítulo

Habiendo completado la instalación, ahora está preparado para utilizar Microsoft SQL Server. En este capítulo, aprenderá a empezar a utilizar algunas de las utilidades de la administración del cliente y cómo configurar SQL Server. Aprenderá también algunas de las bases para crear y administrar bases de datos de SQL Server.

Antes de empezar

Para completar las lecciones en este capítulo deberá:

- Tener instalado SQL Server 7.0. Vea el Capítulo 2 "Instalación" para instrucciones de instalación.
- Poder iniciar una sesión en SQL Server como Administrador.
- Tener instalados los archivos de ejercicios del CD-ROM de material adicional del curso en su disco duro. Vea la sección "Antes de empezar" en "Sobre este libro" para instrucciones de instalación.

Lección 1: Cómo prepararse para utilizar SQL Server

Después de instalar SQL Server, debería configurar el Administrador corporativo de SQL Server y SQL Server.

Después de esta lección podrá:

- Configurar el Administrador corporativo de SQL Server para trabajar con su servidor y otros SQL Server.
- Configurar SQL Server y comprender la configuración dinámica de SQL Server 7.0.

Tiempo estimado de la lección: 45 minutos

Cómo configurar el Administrador corporativo de SQL Server

Para administrar un servidor local o remoto con el Administrador corporativo de SQL Server debe registrar el servidor con el Administrador corporativo de SQL Server. El servidor local se registra automáticamente cuando instala SQL Server. Para administrar un servidor remoto con el Administrador corporativo de SQL Server debe registrar el servidor remoto manualmente.

Cómo registrar servidores

El registrar un servidor en el Administrador corporativo configura el Administrador corporativo para conectarse a SQL Server; no afecta al servidor de ninguna manera y el servidor no tiene registro del registro. La información de registro de SQL Server se mantiene en el registro de Windows NT. El Administrador corporativo de SQL Server utiliza la información cada vez que se conecta a un SQL Server registrado.

Debe especificar el nombre del servidor, la autenticación de Windows NT o la autenticación de SQL Server y un grupo servidor. Cuando registre un servidor, el Administrador corporativo procura conectarse al servidor; si no logra conectarse se presenta un mensaje y se le pregunta si quiere registrar el servidor de todas formas.

Utilice el Asistente para registro de SQL Server para registrar varios SQL Server con el Administrador corporativo, esto le permite administrar todos los servidores desde un ordenador. Debe ser miembro de la función de servidor fijo de sysadmin para poder administrar un servidor. De forma predeterminada, el grupo local de Administradores de Windows NT del ordenador en el que se ha instalado SQL Server es un miembro de la función sysadmin. Ya que el grupo global de administradores de dominio de Windows NT es miembro del grupo local de Administradores, los administradores de dominio pueden administrar todos los SQL Server en un dominio.

La biblioteca de red predeterminada que el Administrador corporativo utiliza para conectarse a un servidor es Canalizaciones con nombre (Named Pipes). Si un servidor remoto no está utilizando Canalizaciones con nombre (los servidores basados en Windows 95/98 no pueden utilizar canalizaciones con nombre), utilice Herramienta de red de cliente para cambiar la biblioteca de red que utiliza para conectarse al SQL Server remoto. Esta utilidad se puede encontrar en el grupo de programas Microsoft SQL Server 7.0.

Ejercicio: Cómo verificar y editar su registro de servidor

En este ejercicio verificará y modificará su registro de SQL Server en Administrador corporativo de SQL Server.

▶ **Para verificar y editar su registro de SQL Server en el Administrador corporativo de SQL Server**

1. Abra el Administrador corporativo de SQL Server.
2. En el árbol de la consola, expanda Microsoft SQL Servers y, a continuación, expanda Grupo de Servidores SQL.

   Fíjese que su ordenador SQL Server queda automáticamente registrado.
3. Haga clic con el botón derecho en su servidor y, a continuación, haga clic en Modificar propiedades de registro de SQL Server. ¿Qué tipo de autenticación se utiliza de manera predeterminada para conectarse a su SQL Server?
4. Seleccione las opciones de **Mostrar bases de datos y objetos del sistema**. Haga clic en Aceptar.
5. En el árbol de la consola, expanda su servidor para verificar que se puede conectar a su SQL Server.

   ¿Cómo puede decir si su SQL Server está iniciado y si está conectado a su SQL Server?

Crear grupos de servidores

Cuando registra un servidor, puede posicionar su servidor en su grupo de Servidores SQL Server predeterminado o crear nuevos grupos de servidores. Los grupos en el Administrador corporativo proporcionan una manera de organizar servidores en una gran organización con más servidores. Le permiten agrupar servidores en la interfaz del Administrador corporativo. Los grupos son únicamente una herramienta del Administrador corporativo; SQL Server no utiliza grupos de servidores y cada servidor no tiene registro de formar parte de ningún grupo. Si utiliza el Administrador corporativo en dos ordenadores diferentes, puede crear distintos grupos de servidores SQL Server en los dos ordenadores sin afectar a los servidores de forma alguna. Los grupos en el Administrador corporativo no tienen nada que ver con la seguridad.

Cómo acceder a la información de registro

El Administrador corporativo le permite mantener información de registro compartida o privada:

■ De manera predeterminada, la información de registro es privada, lo cual evita que otros tengan acceso a su configuración del Administrador corporativo.
■ Tiene la opción de especificar que la información de registro puede ser compartida, esto le permite que varios usuarios utilicen la misma configuración del Administrador

corporativo en un ordenador o que varios usuarios en distintos ordenadores obtengan su configuración del Administrador corporativo desde un ordenador central.

Para configurar información de registro privada o compartida, seleccione Opciones del menú Herramientas en el Administrador corporativo. Aparecerá el cuadro de diálogo de Propiedades del Administrador corporativo de SQL Server.

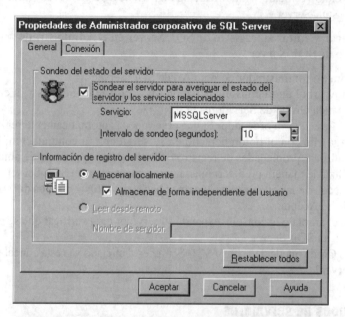

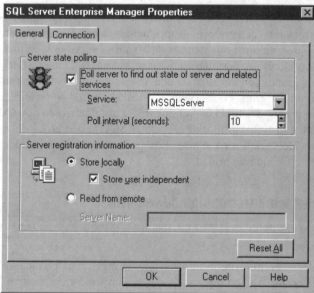

Figura 4.1. El cuadro de diálogo de Propiedades del Administrador corporativo de SQL Server.

Ejercicio: Cómo crear información de registro compartida

En este ejercicio creará información de registro compartida utilizando el Administrador corporativo de SQL Server.

▶ **Para crear información compartida de registro**

1. En el menú Herramientas, haga clic en Opciones.
2. En el cuadro de diálogo Propiedades del Administrador corporativo de SQL Server, desactive la casilla de verificación Almacenar de forma independiente del usuario y haga clic en Aceptar.
3. Expanda Grupo de Servidores SQL Server. ¿Hay algún servidor registrado? ¿Por qué o por qué no?
4. Haga clic derecho en Grupo de servidores SQL Server, después haga clic en Nuevo registro de SQL Server. Aparece el Asistente para registro de servidor SQL Server.
5. Haga clic en Siguiente.
6. Su nombre de servidor debería estar en el cuadro de texto Servidores disponibles. Si no es así haga clic en su servidor o (local) en la lista de Servidores disponibles. Haga clic en Agregar para agregar su servidor a la lista de Servidores agregados. Haga clic en Siguiente.
7. Haga clic en Siguiente otra vez para aceptar la autenticación de Windows NT como el modo de autenticación para este registro.
8. Haga clic en Crear un nuevo grupo de nivel superior para agregarle los servidores SQL Server y escriba **Grupo de información de registro compartida** en el cuadro de Nombre de grupo. Haga clic en Siguiente.
9. Haga clic en Finalizar para registrar su servidor.
10. El diálogo Registrar mensajes de SQL Server confirma que su servidor ha sido registrado con éxito. Haga clic en Cerrar.
    Fíjese que hay dos grupos listados bajo Servidores Microsoft SQL Server.
11. Expanda el grupo de información de registro compartida.
    El Administrador corporativo de SQL Server ha registrado con éxito su servidor.
12. En el menú Herramientas, haga clic en Opciones.
13. En el cuadro de diálogo Propiedades del Administrador corporativo de SQL Server, active Almacenar de forma independiente del usuario y haga clic en Aceptar.
14. Grupo de información de registro compartida ya no aparece bajo Servidores Microsoft SQL Server y su servidor se encuentra otra vez en el grupo de Servidores SQL Server predeterminado.

Ejercicio: Cómo configurar el servicio de Agente SQL Server

En este ejercicio modificará las propiedades de SQL Server de su servidor para iniciar y reiniciar el servicio de Agente SQL Server automáticamente.

▶ **Para configurar el servicio Agente SQL Server para iniciar automáticamente**
y reiniciar automáticamente

1. Haga clic derecho en su servidor y después en Propiedades.

2. Seleccione la casilla de verificación iniciar automáticamente Agente SQL Server y después haga clic en Aceptar.

Instalación de clientes

Las herramientas de administración de SQL Server pueden ser instaladas separadamente para así administrar SQL Server en otro ordenador de red. El proceso para realizar esta acción es el mismo que para instalar la versión completa de SQL Server. Puede instalar las herramientas de cliente seleccionándolas específicamente en la pantalla de opciones de la instalación personalizada y dejando los componentes del servidor sin activar.

Si intenta instalar una versión de SQL Server que no es válida para un sistema operativo concreto (por ejemplo, si intenta instalar la edición estándar en Windows 98), el programa de instalación mostrará automáticamente la pantalla de opciones de instalación personalizada con las herramientas seleccionadas.

Una vez estén utilizadas las herramientas, deberá registrar los servidores SQL Server que quiera administrar. Recuerde que el cliente y el servidor deben estar utilizando las mismas bibliotecas de red. Esto es muy importante para los ordenadores bajo Windows 95 y Windows 98. La biblioteca predeterminada de SQL Server es Canalizaciones con nombre, la cual no está disponible en los entornos de Windows 95 y Windows 98. Después de la instalación, utilice la Herramienta de red de cliente para especificar la biblioteca de red correcta.

Cómo configurar SQL Server

La primera vez que utilice SQL Server, deberá asignar a la cuenta de inicio de sesión sa de SQL Server una contraseña y revisar las opciones de configuración.

Cómo asignar contraseña a la cuenta de inicio de sesión sa SQL Server

Cuando se ha instalado SQL Server, el programa de configuración no asigna una contraseña para la cuenta de inicio de sesión sa de SQL Server. Debería asignar una contraseña a esta cuenta para evitar que usuarios no autorizados la utilicen para iniciar sesiones en SQL Server con privilegios de administrador de SQL Server. Asigne una contraseña utilizando el Administrador corporativo de SQL Server o el procedimiento almacenado de sistema sp_password.

Administración dinámica de recursos dinámicos

SQL Server administra la mayoría de los recursos de SQL Server dinámicamente, basándose en los requisitos actuales del sistema y del usuario. En la mayoría de los casos, SQL Server puede administrar estos recursos más eficazmente de lo que podría hacer un administrador de sistema. No se recomienda configurar manualmente las opciones de SQL Server.

Sin embargo, en algunas situaciones, puede necesitar establecer las opciones del servidor manualmente, como cuando quiere limitar el número de conexiones de usuarios y controlar la utilización de memoria. Puede utilizar el Administrador corporativo de SQL Server o el procedimiento almacenado de sistema sp_configure para configurar o ver estas opciones. Para más información sobre este tema, busque por "Cómo configurar conexiones de usuarios" o " Cómo configurar la memoria" en los libros en pantalla de SQL Server.

Cómo configurar las opciones predeterminadas ANSI

SQL Server muestra cierto comportamiento que es distinto de los estándares establecidos por ANSI SQL-92. En estos casos, tiene la opción de utilizar el comportamiento de SQL Server o el comportamiento especificado por SQL-92. Estas opciones pueden ser especificadas para una base de datos o para una conexión.

Para especificar el comportamiento para una base de datos, utilice el Administrador corporativo de SQL Server o el procedimiento almacenado de sistema sp_dboption para establecer el nulo ANSI predeterminado, nulo ANSI, identificador entre comillas y las opciones ANSI de avisos de base de datos.

Utilice el comando SET para activar o desactivar el comportamiento ANSI para una única conexión. Por ejemplo, el comando SET QUOTED_IDENTIFIER se utiliza para especificar si los nombres de identificadores pueden ser cercados por comillas dobles. Las opciones especificadas en el nivel de conexión reemplazan las opciones especificadas para una base de datos. Muchas de estas opciones son establecidas automáticamente por el software de interfaz de bases de datos cuando un cliente se conecta a SQL Server. Por ejemplo, el controlador ODBC de SQL Server establece todas las opciones a compatibles con ANSI cuando se conecta.

Cómo solucionar problemas de instalación de SQL Server

Si encuentra dificultades en instalar o en conectarse a SQL Server después de la instalación, intente identificar el problema revisando el archivo Cnfgsrv.out, viendo información de registro y probando la conectividad de la red.

Revise el archivo Cnfgsvr.out

El archivo Cnfgsvr.out es un archivo de salida generado por las secuencias de comandos que se ejecutan durante la instalación; registra los mensajes de error del Comprobador de Database Consistency Checker (DBCC). Este archivo de texto que puede ver con el Bloc de notas, se encuentra en la carpeta c:\Mssql7\Install.

Ver información de registro

SQL Server y Windows NT registran información acerca de la instalación y operación de SQL Server. Cada vez que se inician los servicios de SQL Server y Agente SQL Server, se crean nuevos registros. Los sucesos de aplicación se encuentran adjuntos al registro de sucesos de aplicación de Windows NT. La tabla siguiente describe los diferentes registros que puede ver.

Registro	Descripción	Localización	Ver
Sqlstp.log	Proporciona información sobre el proceso de instalación de SQL Server	c:\Winnt	Cualquier editor de texto.
Registro de sucesos de aplicación de Windows NT	Proporciona información sobre sucesos relacionados con aplicaciones de Windows NT		Visor de eventos de Microsoft.
Registro de errores de SQL Server	Proporciona información sobre sucesos de SQL Server	C:\Mssql7\Log	Administrador corporativo de SQL Server o cualquier editor de texto.
Registro de errores Agente SQL Server	Proporciona información sobre avisos y errores específicos a Agente SQL Server	C:\Mssql7\Log	Administrador corporativo de SQL Server o cualquier editor de texto

Ejercicio: Cómo ver el Registro de errores de SQL Server

En este ejercicio revisará las entradas en el registro de errores de SQL Server.

▶ **Para ver el registro de errores de SQL Server**

1. En el árbol de la consola del Administrador corporativo, expanda su servidor, expanda Administración y después expanda Registros de SQL Server.
2. Haga clic en Actual para abrir el registro de errores actual.
3. Desplácese a través del registro de errores.

   ¿Qué ha causado todas las entradas en este archivo?

Ejercicio: Cómo ver los registros de sucesos de sistema de aplicación de Windows NT

En este ejercicio abrirá los registros de sucesos de sistema y de aplicación de Windows NT y revisará las entradas que se relacionan con la instalación y el inicio de SQL Server.

▶ **Para ver los registros de sucesos del sistema y de aplicación de Windows NT**

1. En la barra de tareas, haga clic en el botón Inicio, apunte a Programas, apunte a Herramientas Administrativas, después haga clic en Visor de eventos.

   ¿Contiene el registro del sistema cualquier entrada que haya sido generada por la instalación o inicio de SQL Server?
2. En el menú Registro, haga clic en Aplicación.

   ¿Contiene el registro de sucesos de aplicación de Windows NT cualquier entrada que haya sido generada por la instalación o inicio de SQL Server?

Comprobar conexiones de red

Si un cliente local puede conectarse a SQL Server, pero un cliente de red no puede, utilice las utilidades makepipe, readpipe, odbcping o ping para determinar la fuente del problema.

Algunos problemas comunes

El encontrar una solución para un problema involucra aislar y verificar el síntoma. La tabla siguiente describe soluciones a problemas comunes. Para más información busque "Cómo solucionar problemas de instalación" en los libros en pantalla de SQL Server.

Síntoma	Problema	Solución
Un servicio de SQL Server no inicia.	Los servicios de SQL Server no pueden acceder a un controlador de dominio.	Restablezca el acceso a un controlador de dominio o reconfigure el servicio de SQL Server para utilizar la cuenta de sistema local.
"Error 1069: El servicio no se inició debido a un problema de inicio de sesión."	Se ha cambiado la contraseña para la cuenta de usuario del dominio.	Utilice los Servicios en el panel de control para especificar la nueva contraseña para el servicio de SQL Server.
	La cuenta de servicio de SQL Server requiere los permisos apropiados en el ordenador local.	Verifique que la cuenta de usuarios del dominio tiene los derechos de usuario local requeridos en el ordenador SQL Server.
El servicio de SQL Server no se inicia.	Las entradas de SQL Server en el registro de Windows NT están corruptas.	Ejecute la utilidad regrebld para reconstruir las entradas de registro de SQL Server.
Una herramienta de administración de SQL Server no se puede conectar a SQL Server.	El servicio de SQL Server no ha sido iniciado.	Verifique que el servicio de SQL Server se ha iniciado.
"No se ha podido establecer una conexión a [nombre de servidor]."	Las bibliotecas de red del cliente y del servidor no coinciden.	Modifique la biblioteca de red predeterminada en el cliente, agregue una biblioteca de red al servidor, o ambos.
	No tiene permiso para administrar el ordenador SQL Server.	Inicie una sesión en Windows NT con una cuenta que tenga permiso para administrar el ordenador de SQL Server o conéctese con una cuenta de inicio de sesión de SQL Server como, por ejemplo, sa.

Resumen de la lección

Después de haber instalado SQL Server es importante que compruebe si se ha completado la instalación. SQL Server y Windows NT proporcionan un número de características que le permiten identificar posibles problemas con su instalación. Una vez se haya completado la instalación, SQL Server 7 proporciona herramientas intuitivas que un administrador puede utilizar para modificar las opciones de configuración.

Lección 2: Cómo trabajar con SQL Server

El resto del libro describe cómo administrará y gestionará SQL Server. Utilizará el Administrador corporativo de SQL Server y el Analizador de consultas de SQL Server para la mayoría de las tareas administrativas. Esta lección presenta estas dos importantes herramientas.

Después de esta lección podrá:

- Describir las actividades de administración e implementación de SQL Server.
- Describir cómo se utilizan las herramientas cliente/servidor para administrar SQL Server.
- Utilizar el Administrador corporativo de SQL Server.
- Utilizar el Analizador de consultas de SQL Server.

Tiempo estimado de la lección: 60 minutos

Actividades de SQL Server

Las actividades de SQL Server, normalmente, están comprendidas en una de las dos siguientes categorías: la implementación de una base de datos de SQL Server, lo cual es normalmente el trabajo de un desarrollador y la administración de una base de datos de SQL Server. Esta sección lista algunas de las tareas involucradas en cada una de estas categorías. Este libro se centra en la administración de una base de datos de SQL Server.

Cómo implementar una base de datos de SQL Server

El implementar una base de datos de SQL Server significa planificar, crear y mantener un número de componentes interrelacionados.

La naturaleza y complejidad de una aplicación de base de datos, así como el proceso de planearla, puede variar enormemente. Por ejemplo, una base de datos puede ser relativamente simple, diseñada para su uso por una única persona, o puede ser grande y compleja, diseñada para controlar todas las transacciones bancarias de cientos de miles de clientes.

Independientemente del tamaño y de la complejidad de la base de datos, el implementar una base de datos normalmente implica:

- Diseñar la base de datos para que su aplicación utilice hardware de manera óptima y permita crecimiento futuro, identificar y modelar objetos de bases de datos y lógica de aplicación y especificar los tipos de información para cada objeto y los tipos de relaciones entre objetos.
- Crear las bases de datos y los objetos de la base de datos, incluyendo tablas, mecanismos de integridad de datos, objetos de entrada y recuperación de datos (a menudo procedimientos almacenados), índices apropiados y seguridad.
- Diseñar una base de datos para rendimiento. Quiere asegurar que la base de datos realizará importantes funciones correcta y rápidamente. En conjunto con el diseño correc-

to de base de datos, la utilización correcta de índices, RAID y los grupos de archivos son esenciales para obtener un buen rendimiento.

■ Planear el despliegue, el cual incluye, analizar la cantidad de trabajo y recomendar una configuración de índice óptima para su base de datos de SQL Server.

■ Administrar una aplicación después del despliegue, lo cual incluye configurar servidores y clientes, monitorizar el rendimiento del servidor, gestionar trabajos, alertas y operadores, gestionar la seguridad y gestionar procedimientos de copias de seguridad de bases de datos.

Este libro no cubre estas actividades de implementación de bases de datos.

Cómo administrar una base de datos de SQL Server

Administrar una base de datos de SQL Server implica:

■ Instalar y configurar SQL Server y establecer seguridad de red.

■ Actualizar a nuevas versiones de SQL Server.

■ Construir bases de datos, esto incluye asignar espacio de disco a la base de datos y al registro de transacción y a la administración continuada de la utilización del espacio del disco.

■ Transferir datos a y desde bases de datos.

■ Planificar e implementar una estrategia de copias de seguridad y recuperaciones.

■ Definir e implementar seguridad de usuarios y aplicaciones de bases de datos.

■ Automatizar trabajos para tareas repetitivas y alertas para informar de errores.

■ Monitorizar y afinar las bases de datos y el servidor.

■ Configurar réplicas para publicar datos en múltiples sitios.

Herramientas cliente/servidor

Todas las herramientas de administración de SQL Server son clientes. Se conectan al servicio de SQL Server (MSSQLServer) como las aplicaciones del usuario. Esto es siempre verdad, ya sea cuando las herramientas de administración se están ejecutando en el ordenador SQL Server o en otro ordenador en la red. El servicio de SQL Server toma un número de parámetros de inicio. Además de estos parámetros de inicio, la única manera de interactuar con el servicio de SQL Server es realizando una conexión de cliente y enviando comandos Transact-SQL. Ninguna de las herramientas interactúa directamente con los archivos de bases de datos.

El servidor tiene que estar ejecutándose para que las herramientas se puedan conectar. Si el servidor no se está ejecutando, la mayoría de las herramientas administrativas mostrarán un mensaje de error; el Administrador corporativo, sin embargo, puede iniciar automáticamente el servidor. Cuando el Administrador corporativo se conecta al servidor, utiliza las configuraciones de seguridad guardadas en el registro del servidor para que usted no le pida conectarse. Mientras usted utiliza la interfaz gráfica, el Administrador corporativo utiliza Transact-SQL y la interfaz SQL-DMO para comunicarse con el servidor.

Algunas operaciones de bases de datos requieren que no haya ningún otro usuario utilizando la base de datos cuando realice la operación. Por lo que se refiere al servidor, cada conexión es completamente independiente, así que es posible que las herramientas que se estén ejecutando en el mismo ordenador interfieran las unas con las otras. Si tiene abiertos el Administrador corporativo y el Analizador de consultas al mismo tiempo, entonces tiene por lo menos dos conexiones con SQL Server (más, si tiene más de una ventana de consulta abierta en el Analizador de consultas). Por ejemplo, si el Analizador de consultas está utilizando una base de datos y usted intenta realizar una operación exclusiva en esa base de datos con el Administrador corporativo. La conexión del Analizador de consultas evitará que la conexión del Administrador corporativo consiga acceso exclusivo a la base de datos y la operación fracasará.

En esta sección nos centraremos en el Administrador corporativo y en el Analizador de consultas. Otras herramientas cliente disponibles con SQL Server incluyen la herramienta de configuración de cliente de SQL Server, el monitor de rendimiento de SQL Server, SQL Server Profiler, instalación de SQL Server y los asistentes de SQL Server.

El Administrador corporativo de SQL Server

El Administrador corporativo es un cliente de administrador de servidor y de bases de datos. Es un snap-in de Microsoft Management Console (MMC). MMC es una interfaz de usuarios compartida para la administración de servidor de BackOffice que proporciona un entorno conveniente y consistente para herramientas de administración. Uno o más snap-in se cargan y configuran en MMC para crear una consola. El Administrador corporativo es una consola preconfigurada de MMC. Es posible configurar sus propias consolas que incluyan otros snap-in BackOffice o de terceras partes. La Figura 4.2 muestra las partes principales de la ventana del Administrador corporativo.

- **Barra de herramientas MMC.** El Administrador corporativo no utiliza esta barra de herramientas; la utiliza usted para administrar consolas si tiene otras herramientas administrativas abiertas en MMC.
- **Barra de herramientas de el Administrador corporativo.** Esta barra de herramientas, que es parte de la ventana de la consola, es la barra de herramientas en la que encontrará las herramientas del Administrador corporativo de SQL Server. Hay tres menús y una serie de iconos en la barra de herramientas.
  - Menú acción. Una lista de acciones sensibles al entorno para el elemento actual seleccionado en el árbol de la consola.
  - Menú ver. Una lista de vistas que puede seleccionar para el panel de detalles. También le permite ocultar o mostrar varias ventanas y componentes de ventana.
  - Menú herramientas. Una lista de herramientas y asistentes administrativos que pueden ser ejecutados desde el Administrador corporativo. Algunos de ellos son parte del Administrador corporativo; otros son herramientas separadas que se proporcionan aquí por conveniencia.
- **Árbol de consola.** El árbol de consola presenta un árbol jerárquico de carpetas y listas de iconos que utiliza para desplazarse por los componentes administrativos de SQL Server. Si hay un símbolo + al lado del elemento entonces puede hacer clic en el símbolo + para expandir los detalles de ese elemento. Haga clic derecho para un menú emergente de operaciones para ese elemento. Haga clic en un elemento para ver los detalles de ese elemento en el panel de detalles.

■ **Panel de detalles.** Este panel presenta detalles sobre el elemento actualmente seleccionado en el árbol de la consola. Puede ver los detalles como un juego de pequeños o grandes iconos, una lista de iconos o una lista de detalles bastante parecida a la lista de archivos en Windows Explorer. La Figura 4.3 muestra la vista de la lista de detalles para una base de datos.

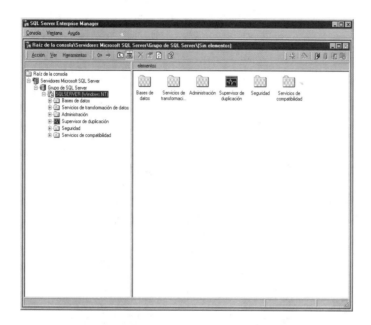

Barra de herramientas MMC · · · · Barra de herramientas Enterprise Manager

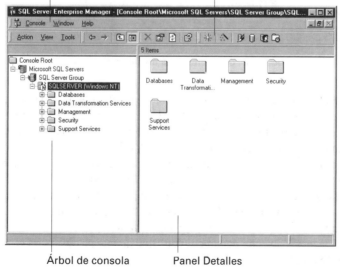

Árbol de consola · · · · Panel Detalles

Figura 4.2. Las partes principales de la ventana del Administrador corporativo.

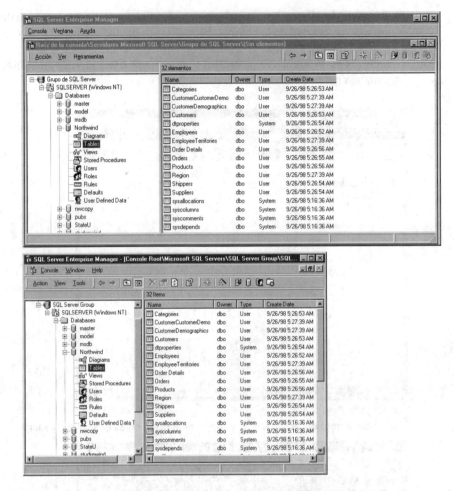

Figura 4.3.   La vista de la lista de detalles para una base de datos.

Para un número de elementos que seleccione en el árbol de la consola, también puede ver un Bloc de tareas en el panel de detalles. Un *Bloc de tareas* puede presentar tareas relacionadas con el elemento seleccionado o un informe resumido que contiene información y estadísticas útiles sobre un componente de SQL Server. Para cambiar entre una de las vistas de iconos y la vista de Bloc de tareas, haga clic derecho en el elemento en el árbol de la consola, apunte a Vista y después haga clic en Bloc de tareas. Si no hay opción de Bloc de tareas en el menú Vista significa que no hay Bloc de tareas para ese elemento. Los Bloc de tareas son páginas HTML, que pueden tener vínculos en los que puede hacer clic de la misma manera que hace clic cuando ve una página web en su navegador. Por esta razón, cuando hace clic derecho en un Bloc de tareas, observará el menú emergente de Internet Explorer, no el menú emergente del Administrador corporativo que puede ver cuando aparece una de las vistas del elemento. La Figura 4.4 muestra el Bloc de tareas para una base de datos.

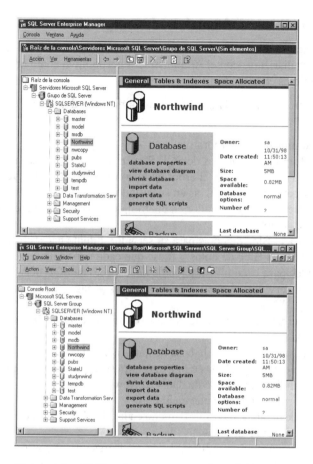

Figura 4.4.   El Bloc de tareas para una base de datos.

Muchas veces necesita actualizar vistas en el Administrador corporativo para ver la versión de información de servidor más actualizada, especialmente si ejecuta comandos Transact-SQL en el Analizador de consultas u otras herramientas. Haga clic derecho en un elemento en el árbol de la consola y haga clic en Actualizar para actualizar ese elemento. Si quiere actualizar todo rápidamente, haga clic derecho en su servidor y haga clic en Desconectar. Ahora, cuando expanda su servidor de nuevo, el Administrador corporativo realiza una nueva conexión al servidor y recupera copias actualizadas de todos los elementos. Fíjese que la presencia de una línea zigzagueante roja junto al icono del servidor indica que está conectado al servidor.

Nota: En las versiones anteriores de SQL Server, el Administrador corporativo tenía una ventana de consulta en la que podía ejecutar consultas interactivas. Aunque el Administrador corporativo ya no tiene su propia ventana de consulta, ahora puede ejecutar el Analizador de consultas desde el menú de herramientas para ejecutar consultas interactivas.

Ejercicio: Cómo utilizar el Administrador corporativo

En este ejercicio explorará las principales características de la interfaz del Administrador corporativo para familiarizarse con el Administrador corporativo como preparación para el resto de los ejercicios en este libro.

▶ **Para explorar algunas de las características de la interfaz del Administrador corporativo**

1. Abra el Administrador corporativo.
2. Expanda Grupo de servidores de SQL Server, después expanda su servidor.
3. Haga clic en su servidor en el árbol de la consola. Hay iconos grandes listados para las carpetas administrativas en su servidor.
4. Haga clic derecho en su servidor en el árbol de la consola, apunte a Vista y haga clic en Bloc de notas.

    Se muestra el Bloc de notas para su servidor. Intente hacer clic en algunos de los vínculos en el Bloc de notas y fíjese que cada uno le lleva a otra página que lista vínculos para la administración de un aspecto de SQL Server.
5. Expanda su servidor, expanda Bases de datos y haga clic en la base de datos Northwind.
6. Haga clic derecho en la base de datos Northwind, apunte a Vista y haga clic en Bloc de notas.
7. Revise la información sobre la base de datos Northwind.
8. Haga clic en el vínculo Tablas e índices para ver información sobre el tamaño de las tablas e índices en la base de datos Northwind.
9. Expanda Northwind y haga clic en Tablas.
10. En el panel de detalles, haga clic derecho en la tabla Products, apunte a abrir tabla y haga clic en Devolver todas las filas.

    Verá una cuadrícula modificable, la cual presenta el contenido de la tabla Products. La cuadrícula es parte del generador de consultas gráficas del Administrador corporativo. Puede utilizar el constructor de consultas para generar y ejecutar consultas basadas en una o más tablas.
11. En el menú Herramientas haga clic en Propiedades de configuración de SQL Server. (Es posible que tenga que cerrar la vista de la tabla antes de acceder al menú Herramientas.)
12. Haga clic en las varias pestañas en el cuadro de diálogo Propiedades de SQL Server y revise las propiedades de servidor de su servidor. No cambie ninguno de los valores predeterminados.

    En la pestaña Conexiones fíjese que la opción de Número máximo de conexiones de usuarios simultáneos está establecida en 0. Esto significa que SQL Server configura automáticamente el número de conexiones de usuarios hasta un máximo de 32.767. Las lista de Opciones de conexión predeterminadas le permiten configurar valores predeterminados ANSI para las conexiones de usuario. Cuando una aplicación de cliente se conecta a SQL Server, a los datos enviados entre el cliente y el servidor se les puede dar formato de varios modos. Estas opciones especifican los valores predeterminados para el formato que se debería dar a los datos. Por ejemplo, SQL Server puede aceptar o no identificadores, como nombres de bases de datos o tablas, que estén entre comillas dobles (identificador entre comillas). Estos valores predeterminados pueden ser suplantados por los clientes.

En la pestaña de Memoria fíjese que SQL Server está configurado para controlar dinámicamente la utilización de la memoria.

13. Haga clic en Cancelar para cerrar el cuadro de diálogo Propiedades de SQL Server sin guardar los cambios.

El Analizador de consultas de SQL Server

El Analizador de consultas de SQL Server es una interfaz gráfica interactiva de usuario para el diseño y la comprobación de instrucciones Transact-SQL, lotes y secuencias de comandos de forma interactiva.

Nota: El Analizador de consultas sustituye a la herramienta ISQL/w encontrada en versiones anteriores de SQL Server.

El Analizador de consultas proporciona las siguientes características:

■ Editor de texto de formato libre para teclear, guardar, reutilizar y ejecutar instrucciones y secuencias de comandos de Transact-SQL.

■ Codificación en color de la sintaxis de Transact-SQL para mejorar la legilibilidad de instrucciones complejas.

■ Los resultados se presentan en una ventana cuadriculada o de texto de formato libre.

■ Diagramas gráficos de información showplan mostrando los pasos lógicos construidos en el plan de ejecución de una instrucción Transact-SQL.

Esto les permite a los programadores determinar qué parte en concreto de una consulta que rinde pobremente está utilizando muchos recursos. Por lo que, después, pueden explorar el cambiar la consulta de manera que se minimice la utilización de recursos mientras todavía se devuelven los datos deseados.

■ Análisis de índices para analizar una instrucción Transact-SQL y las tablas a las que hace referencia para ver si al agregar índices adicionales se mejora el rendimiento de la consulta. (Aprenderá sobre la salida y análisis de showplan gráfico en el Capítulo 14 "Cómo monitorizar y mantener SQL Server.)

Se definen a continuación las partes principales de la ventana del Analizador de consultas mostradas en la Figura 4.5

■ **Barra de título.**   Muestra el nombre del servidor, base de datos actual e inicio de sesión login para la conexión.

■ **Base de datos actual (Base de datos en la barra de herramientas de la consulta).** Muestra y le permite cambiar la base de datos actual para la conexión.

■ **Panel de consulta.**   Editor de códigos Transact-SQL con codificación en color para introducir consultas que serán enviadas a SQL Server (ejecutadas).

■ **Panel de resultados.**   Presenta los resultados de ejecución de una consulta. Aparecerá una o más de las siguientes pestañas en el panel de resultados.

- Pestaña Mensajes: Muestra información y mensajes de error devueltos desde el servidor.
- Pestaña Resultados: Muestra resultados como texto de formato libre. Seleccione Resultados en texto del menú Consultas para mostrar resultados de este modo.
- Pestaña Cuadrícula de resultados: Muestra los resultados en una simple cuadrícula de desplazamiento. La cuadrícula de resultados no es modificable. Algunas consultas harán que el servidor devuelva más de un conjunto de resultados, en este caso habrá más de una pestaña de cuadrícula de resultados. Si la cuadrícula de resultados está vacía después de haber ejecutado una consulta, entonces la consulta no ha devuelto ningún conjunto de resultados. Compruebe la pestaña Mensajes en busca de mensajes de error o introduzca una consulta que devuelva un conjunto de resultados. Seleccione Resultados en cuadrícula desde el menú Consultas para ver los resultados en una cuadrícula.
- Pestaña Plan de ejecución: Muestra un diagrama gráfico del plan de ejecución de la consulta actual. Seleccione Mostrar plan de ejecución del menú Consultas para mostrar esta pestaña.

Puede abrir varias ventanas de consulta en el Analizador de consultas. Esto le permite trabajar en diferentes bases de datos o ejecutar diferentes secuencias de comandos a la vez. Cada ventana realiza su propia conexión separada al servidor (puede utilizar credenciales de inicio de sesión diferentes para las diferentes ventanas). Estas conexiones mantienen configuraciones diferentes y cada una tiene su propia base de datos actual. Si intenta realizar una operación exclusiva desde una ventana mientras otra ventana está utilizando la base de datos, la operación fracasará. Para abrir una nueva ventana de consulta utilizando las credenciales y configuraciones de inicio de sesión de una ventana existente, seleccione Nueva consulta en el menú Consultas. Para abrir una nueva ventana de consulta utilizando credenciales de inicio de sesión y configuraciones predeterminadas diferentes seleccione Conectar en el menú Archivo.

Fíjese en lo siguiente cuando utilice el Analizador de consultas:

- Puede escribir nuevas consultas o abrir consultas guardadas. Cuando ha terminado de trabajar con una consulta la puede guardar en un archivo para reutilizarla.
- Las consultas pueden ser una única instrucción o varias instrucciones. Algunas instrucciones no se pueden ejecutar como parte de la misma secuencia de consulta con otras instrucciones. En este caso, separe las instrucciones con el separador de secuencias Transact-SQL, que es la palabra clave GO.
- Las instrucciones se pueden escribir en una única línea o en varias líneas. Muchas de las instrucciones Transact-SQL son demasiado largas para caber en una línea. Se recomienda escribirlas en varias líneas ya que hace que sea más fácil leer la instrucción.
- Si no se selecciona ningún código en el panel de consulta cuando ejecute la consulta, entonces se ejecuta el contenido completo del panel de consulta. Si selecciona un código, entonces sólo se ejecuta el código seleccionado; esto hace que sea más fácil probar instrucciones individuales sin abrir nuevas ventanas de consulta.
- Cuando ejecuta una consulta, el Analizador de consultas envía ésta a SQL Server y luego espera una respuesta. La barra de estado de la ventana de la consulta muestra el estado de la consulta, cuánto tiempo se lleva ejecutando la consulta y el número de filas

devuelto por la consulta (también hay un globo animado girando en la barra de herramientas de la consulta).

■ Seleccione Analizar del menú Consultas para analizar una consulta. El Analizador de consultas envía la consulta al servidor y éste la analiza, pero no la ejecuta. El servidor devuelve un mensaje indicando que la consulta es correcta o un mensaje de error.

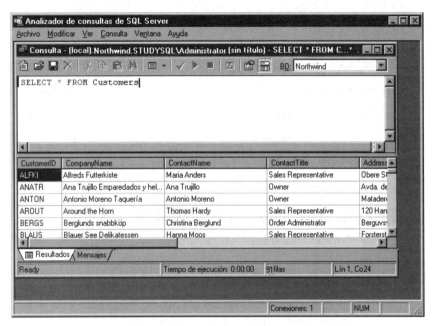

Nivel de consulta   Ventana de consulta   Barra de datos actual

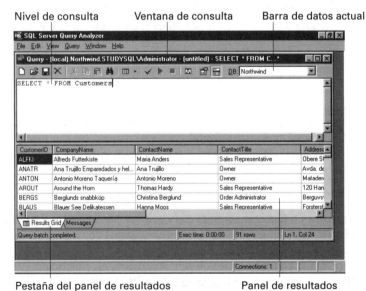

Pestaña del panel de resultados   Panel de resultados

Figura 4.5.   Partes principales de la ventana del Analizador de consultas.

La tabla siguiente lista un número de métodos abreviados de teclado que puede utilizar en el Analizador de consultas.

Acción	Método abreviado de teclado
Ejecutar	CTRL+E o F5
Buscar	CTRL+F
Cambiar texto seleccionado a mayúsculas	CTRL+SHIFT+U
Cambiar texto seleccionado a minúsculas	CTRL+SHIFT+L
Resultados en texto	CTRL+T
Resultados en cuadrícula	CTRL+D
Ayuda acerca de la utilización del Analizador de consultas	F1
Ayuda acerca de una instrucción Transact-SQL seleccionada	SHIFT+F1

Ejercicio: Cómo utilizar el Analizador de consultas

En este ejercicio utilizará el Analizador de consultas y explorará muchas de sus características.

▶ **Utilizar el Analizador de consultas**

1. Inicie una sesión en Windows NT como Administrador o en otra cuenta que sea miembro del grupo local de Administradores.
2. Abra el Analizador de consultas desde el menú Inicio de programas de Microsoft SQL Server 7.0. Conéctese a SQL Server utilizando la autenticación de Windows NT.
3. En el panel de consulta escriba

```
SELECT @@version
```

4. Haga clic en Ejecutar consulta en la barra de herramientas. La consulta devuelve información en el panel de resultado indicando la versión de SQL Server y Windows NT que está utilizando.
5. En el cuadro de Bases de datos seleccione Northwind. En el panel de consulta escriba

```
SELECT * FROM Customers
```

6. Haga clic en Ejecutar consulta en la barra de herramientas. La consulta devuelve filas de datos de la tabla Customers en el panel de resultados. Los datos se presentan en texto de formato libre.
7. En el menú Consultas haga clic en Resultados en cuadrícula.
8. Haga clic en Ejecutar consulta en la barra de herramientas. La consulta devuelve filas de datos de la tabla Customers en el panel de resultados. La salida se presenta en una cuadrícula.

9. Haga clic en la pestaña Mensajes en el panel de resultados. El panel de resultados presenta mensajes que han sido devueltos cuando se ejecutó la consulta.

10. En el cuadro de Bases de datos seleccione pubs. En el panel de consulta escriba:

```
EXEC sp_help
```

11. Haga clic en Ejecutar consulta en la barra de herramientas. La consulta devuelve información sobre la base de datos actual (pubs) en el panel de resultados. Hay dos cuadrículas de resultados en el panel de resultados, ya que el procedimiento almacenado de sistema sp_help devuelve una lista de objetos y una lista de tipos de datos en la base de datos.

12. En el menú Archivo haga clic en Abrir. Un cuadro de diálogo le advierte de que va a perder el contenido actual del panel de consulta. Haga clic en No, ya que no es necesario guardar los cambios en este caso.

13. Desplácese y abra C:\Sqladmin\Exercise\Ch03\Savedqry.sql.

14. Haga clic en el botón Analizar consulta en la barra de herramientas. Se presenta un mensaje de error en el panel indicando que la consulta no es válida.

15. Cambie la cláusula INNERJOIN en la línea 12 a INNER JOIN (agregue un espacio entre INNER y JOIN). El cambio de color de codificación indica que la cláusula ha sido reconocida. Haga clic en Analizar consulta en la barra de herramientas otra vez. El mensaje en el panel de resultados ahora indica que la consulta es válida. Esto no quiere decir, necesariamente, que la consulta se ejecutará, sólo que la sintaxis de la consulta es correcta.

16. Haga clic en el botón Ejecutar consulta en la barra de herramientas. El panel de resultados indica que ha ocurrido un error al ejecutar la consulta. Cambie el nombre *Categoria* en la línea 11 a *NombreCategoria*. Haga clic en Ejecutar consulta en la barra de herramientas otra vez. Se muestran dos cuadrículas de resultados y algunos mensajes en el panel de resultados.

17. En el menú Archivo, haga clic en Guardar para guardar la consulta corregida.

18. Haga clic en el botón Nueva consulta en la barra de herramientas. Se abre una segunda ventana de consulta. Esta ventana de consulta abre una conexión separada a SQL Server.

19. En la nueva ventana de consulta, en el cuadro de Bases de datos seleccione master. Esto hace de la base de datos master la base de datos actual para la segunda ventana de consulta. La base de datos Northwind todavía es la base de datos actual para la primera ventana de consulta.

20. En la nueva ventana de consulta, en el panel de consulta escriba:

```
SELECT * FROM sysdatabases
```

(sysdatabases es una tabla de sistema sobre la que aprenderá en la lección siguiente).

21. Haga clic en el botón Ejecutar consulta en la barra de herramientas. Se presenta una lista de las bases de datos del servidor en el panel de resultados.

Resumen de la lección

SQL Server 7 proporciona varias herramientas de cliente para ser utilizadas en la administración de un servidor y en la implementación de una base de datos. El Administrador corporativo proporciona una interfaz de usuario amigable con la que un administrador puede configurar SQL Server y construir objetos de bases de datos. El Analizador de consultas puede ser utilizado para varias tareas, incluyendo la ejecución de consultas en tablas de bases de datos, ejecutar procedimientos almacenados que recuperan o modifican información en una base de datos y ejecutar procedimientos almacenados de sistema que modifican o recuperan opciones de configuración.

Lección 3: Bases de datos de SQL Server

Un entendimiento de la estructura de base de datos de SQL Server le ayudará a desarrollar e implementar su base de datos eficazmente. Esta lección trata los tipos de bases de datos encontrados en SQL Server y también describe dos tipos de elementos estructurales: objetos de bases de datos y tablas de sistema.

Después de esta lección podrá:

- Describir el sistema SQL Server y las bases de datos de usuarios.
- Entender cómo se nombran y referencian los objetos de las bases de datos en SQL Server.
- Describir el propósito de las tablas de sistema de SQL Server.
- Definir metadatos y saber cómo recuperarlos.

Tiempo estimado de la lección: 30 minutos

Tipos de bases de datos

Cada SQL Server tiene dos tipos de bases de datos: bases de datos de sistema y bases de datos de usuario. Estructuralmente no hay ninguna diferencia entre las bases de datos de sistema y de usuario. Sin embargo, SQL Server reconoce y requiere bases de datos de sistema para su propia utilización. Las bases de datos de sistema almacenan información sobre SQL Server como un conjunto. SQL Server utiliza estas bases de datos para operar y administrar el sistema. Las bases de datos de usuario son bases de datos creadas por los usuarios. Una copia de SQL Server puede administrar una o más bases de datos de usuarios. Cuando se instala SQL Server, la instalación de SQL Server crea cuatro bases de datos de sistema y dos muestras de bases de datos de usuario.

Bases de datos de sistema

La tabla siguiente describe cada base de datos de sistema.

Base de datos	Descripción
master	Controla las bases de datos de usuario y la ejecución de SQL Server en su conjunto manteniendo un seguimiento de información como cuentas de conexión, variables de entorno configurables, ubicación de bases de datos y mensajes de error del sistema.
model	Proporciona una plantilla o prototipo para nuevas bases de datos de usuario.
tempdb	Proporciona áreas de almacenamiento para tablas temporales y otras necesidades temporales de almacenamiento de trabajo.
msdb	Soporta el Agente SQL Server y proporciona un área de almacenamiento para programar información e historia del trabajo
distribution	Almacena los datos de historial y transacción utilizados en la duplicación.

Nota: La base de datos distribution sólo está instalada cuando configure SQL Server para actividades de duplicación.

Aunque es posible modificar y eliminar datos en las bases de datos de sistema, no se recomienda. Debería crear todos los objetos de usuarios en bases de datos de usuario y sólo utilizar procedimientos almacenados de sistema para leer y modificar datos en las bases de datos de sistema.

Hay un caso en el cual puede modificar una base de datos de sistema directamente. Si quiere que ciertos objetos que ha creado (como procedimientos almacenados, tipos de datos, valores predeterminados y reglas), sean agregados a todas las nuevas bases de datos de usuario, puede agregar estos objetos a la base de datos model. Los contenidos de la base de datos model son copiados a todas las bases de datos nuevas.

Bases de datos de usuario

Las bases de datos de muestra pubs y Northwind se instalan cuando instala SQL Server. Éstas proporcionan ejemplos útiles que usted puede utilizar mientras aprende cómo trabajar con SQL Server. No se requieren para que SQL Server opere correctamente.

Objetos de bases de datos

Una base de datos es una colección de datos almacenados en tablas y los objetos que soportan el almacenaje, recuperación, seguridad e integridad de estos datos.

La tabla siguiente resume los objetos de bases de datos de SQL Server.

Objeto de bases de datos	Descripción
Tabla	Almacena los datos como una colección de filas y columnas.
Tipo de datos	Define los tipos de valores de datos permitidos para una columna o variable. SQL Server proporciona tipos de datos proporcionados por el sistema. Los usuarios pueden crear tipos de datos definidos por el usuario.
Restricción	Se utiliza para definir reglas de integridad para una columna o conjunto de columnas en una tabla y es el mecanismo estándar para aplicar la integridad de datos.
Valores predeterminados	Define un valor que se almacena en una columna si no se proporciona ningún otro valor.
Regla	Define una expresión que se utiliza para comprobar la validez de los valores que están almacenados en una columna o tipo de datos.
Índice	Es una estructura de almacenaje que proporciona orden y acceso rápido para recuperación de datos y puede aplicar la unicidad de datos.
Vista	Proporciona una manera de ver los datos de una o más tablas y otras vistas en una base de datos.

(continúa)

Objeto de bases de datos	Descripción	*(continuación)*
Procedimiento almacenado	Es una colección con nombre de instrucciones Transact-SQL o secuencias que se ejecutan juntas.	
Desencadenador	Es una forma especial de procedimiento almacenado que se ejecuta automáticamente cuando el usuario modifica datos en una tabla.	

Nota: En el Administrador corporativo, las bases de datos de sistema y los objetos de sistema se encuentran ocultos de manera predeterminada. Puede cambiar la configuración predeterminada modificando la información de registro del servidor y activando la opción de Mostrar bases de datos y objetos del sistema.

Cómo referenciar objetos de SQL Server

Se puede referir a los objetos de SQL Server de varias maneras. Puede especificar el nombre completo del objeto (su nombre completo calificado), o especificar sólo parte del nombre del objeto y hacer que SQL Server determine el resto del nombre basándose en el contexto en el que está trabajando.

Nombres completamente cualificados

El nombre completo de un objeto de SQL Server incluye cuatro identificadores: el nombre del servidor, nombre de la base de datos, nombre del propietario y el nombre del objeto en el siguiente formato:

```
servidor.basededatos.propietario.objeto
```

Un nombre que especifica las cuatro partes se conoce como un nombre completamente cualificado. Cada objeto creado en SQL Server debe tener un nombre único completamente cualificado. Por ejemplo, puede haber dos tablas denominadas Orders en la misma base de datos, siempre y cuando pertenezcan a propietarios distintos. Además, los nombres de las columnas deben ser únicos dentro de una tabla o vista.

Nombres parcialmente especificados

Cuando se hace referencia a un objeto, no siempre tiene que especificar el servidor, base de datos y propietario. Los identificadores principales se pueden omitir. Los identificadores intermedios pueden ser omitidos, siempre y cuando su posición se indique por puntos. Los formatos válidos de los nombres de objetos son como se muestra a continuación:

```
servidor.basededatos.propietario.objeto
servidor.basededatos..objeto
servidor..propietario.objeto
servidor...objeto
basededatos.propietario.objeto
```

```
servidor..objeto
propietario.objeto
objeto
```

Cuando crea un objeto, SQL Server utiliza los siguientes valores predeterminados si diferentes partes del nombre no están especificadas:

- El servidor está predeterminado al servidor local.
- Valores predeterminados de la base de datos a la base de datos actual.
- El propietario está predeterminado al del usuario en la base de datos especificada asociada con el ID de inicio de sesión de la conexión actual. (Los nombres de usuarios se unen a los ID de inicio de sesión al crearse.)

Un usuario que es un miembro de una función puede especificar explícitamente la función como propietario del objeto. Un usuario que es un miembro de la función db_owner o db_ddladmin en la base de datos Northwind puede especificar la cuenta de usuario dbo como propietario del objeto. Se recomienda este tipo de práctica.

El siguiente ejemplo crea una tabla order_history en la base de datos Northwind.

```
CREATE TABLE northwind.dbo.order_history
        (
            OrderID INT
        , ProductID int
        , UnitPrice money
        , Quantity int
        , Discount decimal
        )
```

La mayoría de las referencias de objetos utilizan nombres de tres partes y tienen el servidor local como predeterminado. Los nombres de cuatro partes se utilizan normalmente para consultas distribuidas o llamadas a procedimientos almacenados remotos.

Tablas del sistema

Las tablas de sistema almacenan información, denominada metadatos, sobre el sistema y los objetos en las bases de datos. Los metadatos son información sobre datos.

Catálogo de la base de datos

Cada base de datos (incluida la master) contiene un grupo de tablas de sistema que almacenan metadatos sobre esa base de datos en concreto. Este grupo de tablas de sistema se denomina catálogo de la base de datos.

Catálogo de sistema

El catálogo de sistema, encontrado sólo en la base de datos master, es un grupo de tablas de sistema que almacenan metadatos sobre el sistema completo y sobre todas las otras bases de datos.

Las tablas del sistema empiezan todas con el prefijo sys. La tabla siguiente identifica algunas tablas del sistema comúnmente utilizadas.

Tabla de sistema	Base de datos	Función
sysxlogins	Master	Contiene una fila por cada cuenta de conexión que se puede conectar a SQL Server. Si necesita acceder a información en sysxlogins deberá hacerlo a través de la vista de syslogins.
sysmessages	Master	Contiene una fila por cada error de advertencia del sistema que puede devolver SQL Server.
sysdatabases	Master	Contiene una fila por cada base de datos en SQL Server.
sysusers	Todas	Contiene una fila por cada usuario de Windows NT, grupo de Windows NT, usuario de SQL Server o función de SQL Server en una base de datos.
sysobjects	Todas	Contiene una fila por cada objeto en la base de datos.

Cómo recuperar metadatos

Puede consultar una tabla de consulta como lo haría con cualquier otra tabla para recuperar información acerca del sistema. Sin embargo, no debería escribir secuencias de comandos que consulten directamente tablas de sistema, ya que si las tablas de sistema cambian en versiones futuras del producto, sus secuencias de comandos pueden fallar o no proporcionar información exacta.

Precaución: No se recomienda escribir secuencias de comandos que modifiquen directamente las tablas de sistema. El cambiar una tabla de sistema puede hacer que sea imposible para SQL Server operar normalmente.

Cuando escriba aplicaciones que recuperen metadatos de tablas de sistema, debería utilizar procedimientos almacenados del sistema, funciones de sistema o vistas de esquema de información proporcionadas por el sistema.

Procedimientos almacenados del sistema

Para hacer que le sea más fácil reunir información sobre el estado del servidor y los objetos de bases de datos, SQL Server proporciona un grupo de consultas escritas denominadas procedimientos almacenados del sistema.

La mayoría de los nombres de los procedimientos almacenados del sistema empiezan con el prefijo *sp_* prefix. La tabla siguiente describe tres procedimientos almacenados del sistema comúnmente utilizados.

Procedimiento almacenado del sistema	Descripción
sp_help [*nombre_objeto*]	Proporciona información acerca de objetos especificados de base de datos.
sp_helpdb [*nombre_basededatos*]	Proporciona información acerca de la base de datos especificada.
sp_helpindex [*nombre_tabla*]	Proporciona información acerca del índice para la tabla especificada.

El siguiente ejemplo ejecuta un procedimiento almacenado del sistema para obtener información sobre la tabla employee.

```
sp_help employee
```

Muchos procedimientos almacenados del sistema se utilizan para crear o modificar información del sistema u objetos de bases de datos mediante la modificación de las tablas del sistema. Por ejemplo, el procedimiento almacenado del sistema sp_addlogin crea una nueva cuenta de conexión en la tabla del sistema master..sysxlogins.

Como puede observar, hay procedimientos almacenados del sistema que consultan y modifican las tablas por usted, para que no lo tenga que hacer usted directamente.

Funciones del sistema

Las funciones del sistema proporcionan un método para consultar tablas del sistema desde dentro de las instrucciones Transact-SQL. Las funciones del sistema devuelven valores únicos específicos. La tabla siguiente describe funciones del sistema comúnmente utilizadas y la correspondiente información que devuelven.

Función del sistema	Parámetros pasados	Resultados
BD_ID	Nombre de la base de datos	Devuelve el ID de la base de datos.
USER_NAME	ID del usuario	Devuelve el nombre del usuario.
COL_LENGTH	Nombres de tabla y columna	Devuelve el ancho de la columna.
STATS_DATE	Los ID de tabla e índice	Devuelve la fecha en la que se actualizaron por última vez las estadísticas para el índice especificado.
DATALENGTH	Expresión	Devuelve la longitud actual del valor de una expresión de cualquier tipo de datos.

El siguiente ejemplo utiliza una función del sistema en una consulta para obtener el nombre del usuario para el ID de usuario de 10.

```
SELECT USER_NAME(10)
```

Vistas de esquema de información

Las vistas de esquema de información proporcionan una visión interna independiente de tablas del sistema de los metadatos de SQL Server. Estas vistas son de conformidad con la definición del estándar ANSI SQL para el esquema de información. Las vistas de esquema de información permiten que las aplicaciones funcionen correctamente, aunque las versiones futuras del producto cambien las tablas del sistema significativamente.

En SQL Server, todas las vistas de esquema de información son propiedad de un usuario predefinido de information_schema.

Cada vista de esquema de información contiene metadatos para los objetos de datos almacenados en una base de datos en concreto. La tabla siguiente describe vistas de esquema de información comúnmente utilizadas.

Vista de esquema de información	Descripción
information_schema.tables	Lista de tablas en la base de datos.
information_schema.columns	Información acerca de columnas definidas en la base de datos.
information_schema.tables_privileges	Información de seguridad para tablas en la base de datos.

El siguiente ejemplo consulta una vista de esquema de información para obtener una lista de tablas en una base de datos.

```
SELECT * FROM information_schema.tables
```

Resumen de la lección

La recuperación de metadatos —información acerca de objetos y su configuración— ha sido convertida en una tarea mucho más sencilla en SQL Server 7. Las vistas de esquemas de información, nuevas en esta versión, proporcionan una manera de recuperar información valiosa de las tablas de sistema sin que usted tenga que escribir una consulta para estas tablas. SQL Server continúa ofreciendo soporte para los procedimientos almacenados del sistema, los cuales pueden ser reconocidos por su prefijo *sp_*, para reunir información valiosa acerca de los objetos de base de datos.

Revisión

Las siguientes preguntas tienen la intención de reforzar información clave presentada en este capítulo. Si no puede contestar una pregunta, revise la lección apropiada e intente responder la pregunta otra vez. Las respuestas a las preguntas se pueden encontrar en el Apéndice A, "Preguntas y respuestas."

1. Usted quiere ver metadatos acerca de objetos en una base de datos de SQL Server. ¿Qué métodos utilizaría?

2. ¿Qué herramienta puede utilizar para registrar servidores SQL Server remotos en el Administrador corporativo?

3. ¿Es posible tener dos tablas denominadas "Authors" en una base de datos?

4. ¿Qué procedimiento almacenado del sistema puede ser utilizado para recuperar información acerca de una base de datos concreta?

5. ¿Qué tabla del sistema contiene una fila para cada objeto de base de datos?

Archivos de bases de datos

Acerca de este capítulo

Una base de datos Microsoft SQL Server es una colección de información, tablas y otros objetos usados para facilitar la búsqueda, ordenación y combinación de datos. Las bases de datos son almacenadas en archivos de datos primarios y secundarios y usan archivos de registro para asegurar la integridad de los datos.

Este capítulo muestra cómo crear bases de datos y las formas de administrarlos, incluyendo avanzadas técnicas de administración que utilizan múltiples archivos y discos. Conceptos relacionados tratados en este capítulo son el registro de transacciones, archivos de bases de datos y grupos de archivos, y técnicas para estimar los requerimientos del tamaño de las bases de datos.

Antes de empezar

Para completar las lecciones de este capítulo, debe tener:

- Instalado SQL Server 7.0. Mire el Capítulo 2 "Instalación", para ver las instrucciones de Instalación.
- La habilidad para iniciar una sesión en SQL Server como Administrador.
- Tener instalados los archivos de ejercicios del CD-ROM de Material adicional del curso en su disco duro, usando el archivo Setup.exe mencionado en la sección "Antes de empezar".

Lección 1: Introducción a las bases de datos

Cuando se crea una base de datos se establece una estructura de almacenamiento de datos. Esta estructura incluye, al menos, un archivo de datos y un archivo de registro de transacciones. Antes de crear una base de datos es importante entender dos conceptos: cómo almacena SQL Server 7.0 los datos y la función del archivo de registro de transacciones.

Después de esta lección podrá:

- Describir cómo se almacenan los datos en las bases de datos y los registros de transacciones.
- Evaluar consideraciones acerca del almacenamiento de bases de datos.

Tiempo estimado de la lección: 15 minutos

Cómo se almacenan los datos

La comprensión de cómo almacena SQL Server los datos le facilitará a la hora de planear la capacidad, integridad de los datos y rendimiento. La Figura 5.1 demuestra cómo una base de datos asigna el espacio.

Archivos de bases de datos de SQL Server

SQL Server 7.0 introduce una nueva arquitectura para bases de datos. Los dispositivos de bases de datos utilizados en versiones anteriores, no se necesitan más como unidades de almacenamiento para una base de datos. En su lugar, las bases de datos se almacenan en sus propios archivos. La siguiente lección muestra estos archivos que componen una base de datos.

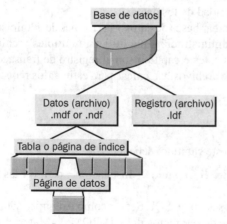

Figura 5.1. Asignación de almacenamiento de una base de datos.

Tipos de archivos de bases de datos

Hay tres tipos de archivos de bases de datos:

1. **Archivo de datos principales**. Como su nombre indica este archivo es clave. Cada base de datos debe incluir única y exclusivamente un archivo de datos primarios principal. Estos archivos tienen normalmente la extensión .MDF.

2. **Archivos de datos secundarios**. Estos archivos pueden contener todos los datos y objetos que no estén incluidos en el archivo de datos principal. Los archivos de datos secundarios no son requeridos. Se puede elegir si usarlos o no, o crear múltiples archivos secundarios. Los nombres de estos archivos tienen normalmente la extensión .NDF.

3. **Archivos de registros**. Estos archivos contienen toda la información de registro de transacciones requerida para recuperar la base de datos. Cada base de datos tiene al menos un archivo de registro. Los nombres tienen normalmente la extensión .LDF.

Consideraciones de archivos de bases de datos

Antes de crear una base de datos debe considerar una serie de puntos. Para administrar de manera efectiva los recursos que utilizará la base de datos, se debe entender cómo almacena SQL Server la información. La siguiente lista resume cómo asigna SQL Server el espacio a una base de datos y a objetos de bases de datos.

- Cuando se crea una base de datos, se hace una copia de la base de datos, que incluye las tablas del sistema a la nueva base de datos creada. Por tanto, el espacio mínimo de una base de datos es igual o mayor que el tamaño de la base de datos modelo.

- Los datos se almacenan en bloques de 8 KB de espacios de disco contiguos. Estos bloques se llaman *páginas*. Una base de datos puede almacenar 128 páginas por megabyte (MB).

- Las filas no pueden extenderse sobre las páginas. La máxima cantidad de datos que se puede almacenar en una fila es de 8.060 bytes. La máxima cantidad de espacio que puede ser usado por todas las filas en una página es de 8.094 bytes. Cada fila tiene algún exceso asociado con ella y es por lo que la máxima longitud de una fila es más pequeña que el espacio disponible en cada página para almacenar filas.

Nota: SQL Server 7.0 difiere significativamente de la SQL Server 6.5 en lo referente al almacenamiento de datos. SQL Server 6.5 utiliza páginas de 2 KB, por ello, limita cada fila a 1.962 bytes. Muchas otras capacidades han sido incrementadas en la SQL Server 7.0; para más información busque en "Especificaciones de máxima capacidad" en los libros en pantalla de SQL Server.

- Tablas, objetos de bases de datos e índices son almacenados como extensiones. Una *extensión* está formada por 8 páginas contiguas o 64 KB en tamaño; por ello, una base de datos tiene 16 extensiones por megabyte. Cuando hasta 8 pequeños objetos comparten una extensión se denomina *extensión mixta*. Cuando una tabla alcanza 8 páginas utiliza su propia *extensión uniforme*.

■ Los a*rchivos de registro de transacciones* contienen toda la información necesaria para recuperar la base de datos en caso de fallo del sistema. Por defecto, el tamaño del registro de transacción es el 25 por 100 del tamaño de los archivos de datos. Cuando planifique una base de datos use este porcentaje como guía y ajústelo en relación a las necesidades de su aplicación.

Cómo funciona el registro de transacciones

El registro de transacciones graba las modificaciones de datos –instrucciones INSERT, UPDATE y DELETE- cuando son ejecutadas.

El proceso de registro, mostrado en la Figura 5.2 sucede de la manera siguiente:

1. La aplicación envía una modificación de datos.
2. Las páginas de datos afectadas se cargan desde el archivo de datos en memoria (llamado *caché de datos*) sino están ya en la caché de datos de una consulta anterior.
3. Cada instrucción de modificación de datos se registra cuando se ejecuta en lo que se llama un registro de escrituras adelantadas. El cambio siempre se registra en el registro y se escribe en el archivo de registro antes de que se realice el cambio en la base de datos.
4. Una vez que las páginas de datos están en la caché de datos y que las páginas de registro están registradas en el disco, en el archivo de registro de transacciones, el proceso de punto de comprobación escribe todas las transacciones confirmadas a la base de datos en el disco.

Una transacción única puede incluir varias modificaciones de datos. Cada transacción comienza con el marcador BEGIN TRANSACTION. Si la aplicación completa correctamente todas las modificaciones de datos, la transacción termina con el marcador COMMIT TRANSACTION. Esta transacción es enviada como una transacción confirmada.

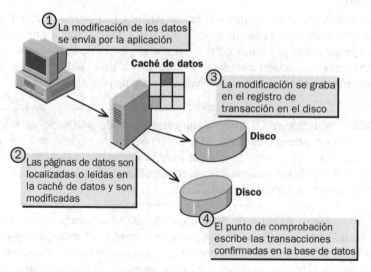

Figura 5.2.   Forma de trabajar del registro de transacciones.

Durante una operación normal el proceso de punto de comprobación realiza una búsqueda de transacciones confirmadas de manera rutinaria que no se han escrito en el archivo de datos. El proceso de punto de comprobación escribe las modificaciones en el archivo de datos y comprueba la transacción para indicar que ha sido escrita en el archivo de datos.

Si el sistema falla, el proceso de recuperación automática comienza cuando se reinicia SQL Server. Este proceso usa el registro de transacciones para realizar (aplicar las modificaciones a los datos) todas las transacciones confirmadas que no han sido comprobadas y devuelve (elimina) cualquier transacción incompleta.

El registro de transacciones en SQL Server no es opcional. No se puede desactivar y todas las modificaciones normales de datos deben pasar por el registro de transacciones. Por esta razón, es importante que el registro de transacciones nunca se llene, ya que esto puede impedir modificaciones en la base de datos. SQL Server permite, sin embargo, dos métodos de carga masiva de datos pasando por alto el registro de transacción: el programa de copia masiva (BCP) y la instrucción SELECT INTO.

Precaución: Bajo la mayoría de las circunstancias, si el disco duro del ordenador tiene un controlador de la caché de disco se debe deshabilitar. A menos que el controlador de la caché de disco esté diseñada específicamente para una base de datos, puede ser seriamente perjudicial para la integridad de datos de SQL Server. Consulte con su vendedor para determinar si el mecanismo de caché de escritura de su disco duro ha sido diseñado para con un servidor de bases de datos.

Resumen de la lección

El comprender la estructura de una base de datos es crucial para administrar los recursos de una manera eficaz. La utilización apropiada del registro de transacción puede llevar a un procesado de datos más rápido, así como a una recuperación de datos más fácil en el caso de una pérdida de datos. El comprender cómo utiliza el espacio una base de datos permite un mejor planeamiento y, por tanto, un menor desperdicio.

Lección 2: Cómo crear y eliminar bases de datos

La base de datos es el contenedor que almacena todos los objetos de la base de datos, incluyendo tablas, procedimientos almacenados, reglas y valores predeterminados. Como ya se explicó en la lección anterior, una base de datos puede consistir en archivos primarios y archivos secundarios, así como de un registro de transacciones. Esta lección describe cómo crear una base de datos y cómo administrar una ya existente.

Después de esta lección podrá:

- Crear una base de datos, especificando el tamaño y las opciones de crecimiento automático.
- Eliminar bases de datos que no se necesiten.

Tiempo estimado de la lección: 45 minutos

Cómo crear bases de datos

Se puede crear una base de datos utilizando el asistente de creación de bases de datos, el Administrador corporativo de SQL Server o la instrucción CREATE DATABASE. Durante la creación de una base de datos se creará al mismo tiempo un registro de transacciones para esa base de datos.

Usando ejercicios de muestra, esta lección describe estos tres procedimientos paso a paso y muestra cómo especificar el nombre de la base de datos y designar el tamaño y ubicación de los archivos de la base de datos. Cuando se crea una nueva base de datos es un duplicado de la base de datos modelo. Todas las opciones o configuraciones se copian a la nueva base de datos. Esta lección enseña también cómo eliminar una base de datos.

Precaución: La información acerca de cada base de datos de SQL Server está almacenada en la tabla del sistema sysdatabases en la base de datos master. Por ello, se debe realizar una copia de la base de datos master cada vez que se cree, modifique o elimine una base de datos.

Sintaxis de la instrucción CREATE DATABASE

Los que estén familiarizados con la sintaxis CREATE DATABASE de SQL Server 6.5 advertirán cambios significativos en SQL Server 7.0. Por ejemplo, la nueva versión no utiliza dispositivos, así que ahora ya no es necesario crear un dispositivo utilizando la instrucción DISK INIT. Ahora basta con especificar la información del archivo como parte de la instrucción CREATE DATABASE.

```
CREATE DATABASE database_name
[ON
    { [PRIMARY] (NAME = logical_file_name,
```

```
        FILENAME = 'os_file_name'
        [, SIZE = size]
        [, MAXSIZE = max_size]
        [, FILEGROWTH = growth_increment] )
    } [,...n]
]
[LOG ON
    { ( NAME = logical_file_name,
        FILENAME = 'os_file_name'
        [, SIZE = size] )
    } [,...n]
]
[FOR RESTORE]
```

La opción PRIMARY

La opción PRIMARY especifica los archivos en el grupo de archivos principales. El grupo de archivos principales contiene todas las tablas del sistema de bases de datos. Contiene además todos los objetos no asignados a los grupos de archivos definidos por el usuario (explicados más adelante en este capítulo). Una base de datos sólo contiene un archivo principal. El archivo primario es el punto de partida de la base de datos y apunta al resto de los archivos de la base de datos. La extensión recomendada para un archivo principal es .MDF. Si la palabra clave PRIMARY no se especifica, el primer archivo listado en la instrucción se convierte en el archivo de datos principal.

La opción FILENAME

La opción FILENAME especifica el nombre y la ruta del archivo. La ruta en *os_file_name* debe especificar una carpeta en el disco duro local del servidor donde está instalado SQL Server.

Sugerencia: Si su ordenador tiene más de un disco duro y no está usando el sistema RAID, coloque el archivo de datos y el registro de transacciones en discos físicos separados. Esto incrementa el rendimiento y puede ser usado, en conjunción con reflejos de discos, para reducir la posibilidad de una pérdida de datos en caso de que surja cualquier fallo.

La opción SIZE

La opción SIZE especifica el tamaño inicial de cada archivo. Se puede especificar el tamaño en megabytes usando el sufijo MB (por defecto), o en kilobytes usando el sufijo KB. El valor mínimo que se puede asignar a un archivo es de 512 KB. Si no se especifica el tamaño para el archivo principal, por defecto, tendrá el tamaño del archivo principal de la base de datos modelo. Si no se especifica ningún archivo de registro, por defecto, se crea un archivo de registro que tiene un tamaño del 25 por 100 del tamaño total de los archivos de datos o que tiene un tamaño de 512 KB, escogiendo el que sea más grande. Si no se especifica tamaño para archivos de datos secundarios o para archivos de registro secundarios, por defecto, tendrán un tamaño de 1MB.

La opción SIZE especifica el tamaño mínimo del archivo. El archivo puede crecer, pero no reducirá menos del tamaño mínimo especificado. Para reducir el tamaño mínimo de un archivo se utiliza la instrucción DBCC SHRINKFILE.

La opción MAXSIZE

La opción MAXSIZE especifica el tamaño máximo que un archivo puede alcanzar. Se puede especificar el tamaño en megabytes, utilizando el sufijo MB (predeterminado) o en kilobytes, usando el sufijo KB. Si no se especifica ningún tamaño, el tamaño puede aumentar hasta llenar el disco.

La opción FILEGROWTH

La opción FILEGROWTH especifica el incremento de crecimiento de un archivo. Cuando se necesita, SQL Server aumenta el tamaño del archivo en la proporción especificada en la opción FILEGROWTH. Un valor de 0 indica que no aumentará. El valor se puede especificar en megabytes (predeterminado) en kilobytes o como porcentaje (%). Se asigna un valor predeterminado de 10 por 100, si no se especifica la opción FILEGROWTH. El valor mínimo que se puede asignar es de 64 KB y el tamaño especificado es redondeado automáticamente en múltiplos de 64 KB.

Ejemplo: Cómo crear una base de datos

El siguiente ejemplo crea una base de datos llamada sample, que tiene un archivo principal de datos de 10 MB y un archivo de registro de 3 MB. El archivo de datos principal puede crecer hasta un máximo de 15 MB en incrementos del 20 por 100. En otras palabras, la primera que vez necesite más espacio, su tamaño se incrementará en 2 MB. El archivo de registro tendrá un tamaño máximo de 5 MB en incrementos de 1 MB.

```
CREATE DATABASE sample
ON
  PRIMARY ( NAME=sample_data,
  FILENAME='c:\mssql7\data\sample.mdf',
  SIZE=10MB,
MAXSIZE=15MB,
FILEGROWTH=20%)
LOG ON
  ( NAME=sample_log,
  FILENAME='c:\mssql7\data\sample.ldf',
  SIZE=3MB,
MAXSIZE=5MB,
FILEGROWTH=1MB)
```

Ejercicio: Cómo crear una base de datos utilizando el Asistente de creación de bases de datos

En este ejercicio, creará una base de datos utilizando el Asistente de creación de bases de datos.

▶ **Para crear una base de datos utilizando el Asistente de creación de bases de datos**

1. Inicie una sesión en su ordenador como Administrador u otro usuario que sea miembro parte del grupo local de administradores.
2. Inicie el Administrador corporativo de SQL Server.
3. Expanda su grupo del servidor y luego expanda su servidor.
4. Haga clic en su servidor.
5. En el menú de Herramientas, haga clic en Asistentes. En la ventana de Seleccionar asistente, expanda el tema Bases de datos, haga clic en Asistente de creación de bases de datos y haga clic en Aceptar.
6. Use la información de la siguiente tabla para crear una base de datos con el asistente. Para el nombre de base de datos, escriba **sample_wizard** y cuando se le pida que introduzca una ubicación para los archivos de base de datos escriba **C:\Mssql7\Data**. No cree en este momento una planificación de mantenimiento. Use los valores predeterminados del asistente para cualquier otra opción no especificada.

Archivo	Tamaño inicial	Crecimiento automático de archivos	Tamaño del crecimiento	Crecimiento sin restricciones
Base de datos	2MB	Sí	2MB	Sí
Registro	2MB	Sí	1MB	Sí

7. Expanda la carpeta bases de datos, haga clic con el botón derecho en la base de datos sample_wizard y haga clic en Propiedades para comprobar que la base de datos ha sido creada correctamente.

Ejercicio: Cómo crear una base de datos usando el Administrador corporativo de SQL Server

En este ejercicio creará una base de datos usando el Administrador corporativo de SQL Server.

▶ **Para crear una base de datos usando el Administrador corporativo de SQL Server**

1. Expanda su grupo de servidores, luego expanda su servidor.
2. Haga clic con el botón derecho sobre bases de datos, a continuación, haga clic en Nueva base de datos.
3. Escriba **sample_ssem** como nombre de la nueva base de datos.

4. Cree los archivos de base de datos y los archivos de registro en la ubicación predeterminada: c:\Mssql7\Data. Utilice los valores que se indican en la siguiente tabla para cambiar las propiedades de la base de datos. Deberá utilizar la pestaña General para cambiar las propiedades de la base de datos y la pestaña Registro de transacciones para cambiar las características del registro de transacciones.

Archivo	Tamaño inicial	Crecimiento	Tamaño máximo del archivo
Base de datos	2MB	1MB	15MB
Registro	1MB	1MB	5MB

5. Haga clic en Aceptar para crear la nueva base de datos.
6. Expanda la carpeta Bases de datos, haga clic con el botón derecho en la base de datos sample_ssm y, a continuación, haga clic en Propiedades para comprobar las propiedades de su nueva base de datos.

Ejercicio: Cómo crear una base de datos utilizando instrucciones TRANSACT-SQL

En este ejercicio se utilizará la instrucción CREATE DATABASE para crear una base de datos con las características que se muestran en la siguiente tabla:

Archivo	Nombre	Nombre de archivo	Tamaño inicial	Crecimiento de archivo	Tamaño máximo del archivo
Base de datos	sample_sql_data	c:\mssql7\data\sample_sql.mdf	2MB	1MB	15MB
Registro	sample_sql_log	c:\mssql7\data\sample_sql.ldf	1MB	1MB	5MB

▶ **Para crear una base de datos utilizando intrucciones TRANSACT-SQL**

1. Abra el Analizador de consultas de SQL Server (se puede acceder desde el menú de Herramientas del Administrador corporativo) e inicie una sesión en el server (local) con la autenticación de Windows NT. Su cuenta es miembro del grupo de Administradores de Windows NT, que automáticamente le situará en la función de sysadmin SQL Server.

2. Ejecuta la instrucción CREATE DATABASE siguiente para crear la base de datos. Encontrará la secuencia de comandos de este ejercicio en c:\sqladmin\ Exercise\Ch05\Creasmpl.sql. En el menú del Analizador dc consultas, haga clic en Archivo y, a continuación, seleccione Abrir. Diríjase al directorio referenciado arriba para abrir Creasmpl.sql.

```
CREATE DATABASE sample_sql
ON
  PRIMARY (NAME=sample_sql_data,
  FILENAME='c:\mssql7\data\sample_sql.mdf',
  SIZE=2MB,
  FILEGROWTH=2MB)
LOG ON
  (NAME=sample_sql_log,
  FILENAME='c:\mssql7\data\sample_sql.ldf',
  SIZE=1MB,
  MAXSIZE=10MB,
  FILEGROWTH=1MB)
```

3. Use sp-helpdb para ver las Propiedades de la base de datos para comprobar que la base de datos se ha creado correctamente.

Cómo eliminar una base de datos

Puede eliminar una base de datos usando el Administrador corporativo de SQL Server o ejecutando la instrucción DROP DATABASE. Fíjese que eliminar una base de datos significa que la base de datos y los archivos de disco usados por la base de datos serán borrados definitivamente.

Sintaxis del comando DROP DATABASE

La sintaxis del comando DROP DATABASE es como se describe a continuación:

```
DROP DATABASE nombre_database [..n]
```

El siguiente ejemplo elimina múltiples bases de datos usando una instrucción

```
DROP DATABASE mydb1, mydb2
```

Consideraciones para eliminar una base de datos

Antes de eliminar una base de datos, considere los siguientes hechos y directrices:

- Con el Administrador corporativo de SQL Server puede eliminar sólo una base de datos a la vez.
- Con Transact-SQL puede eliminar varias bases de datos a la vez.
- Después de eliminar una base de datos, los ID de inicio de sesión por los que la base de datos particular fue la base de datos predeterminada, no tendrá una base de datos predeterminada.
- Haga una copia de seguridad de la base de datos master después de eliminar la base de datos.
- SQL Server no dejará eliminar una base de datos master, model y tempdb, pero permite eliminar la base de datos del sistema msdb.

Restricciones a la eliminación de una base de datos

Debido a ciertas restricciones, no se puede eliminar:

- Una base de datos que esté en proceso de ser restaurada.
- Una base de datos que este abierta en modo lectura o escritura por algún usuario.
- Una base de datos que esté publicando alguna de sus tablas como parte de una duplicación de SQL Server.

Pese a que SQL Server le permite eliminar la base de datos del sistema msdb, no se debe eliminar si utiliza o se intenta utilizar alguna de las siguientes funciones:

- Agente SQL Server.
- Duplicación.
- Asistente de Web de SQL Server.
- Servicios de transformación de datos (DTS).

Ejercicio: Cómo eliminar una base de datos utilizando el Administrador corporativo de SQL Server

En este ejercicio, utilizará el Administrador corporativo de SQL Server para eliminar la base de datos sample_wizard que creó anteriormente.

▶ **Para eliminar una base de datos utilizando el Administrador corporativo de SQL Server**

1. Expanda su grupo de servidores, a continuación, expanda su servidor.
2. Expanda Bases de datos, haga clic con el botón derecho en la base de datos sample_wizard y haga clic en Eliminar.
3. Compruebe que la base de datos sample_wizard ha sido eliminada.

Ejercicio: Cómo eliminar una base de datos utilizando instrucciones Transact-SQL

En este ejercicio utilizará instrucciones Transact-SQL para eliminar la base de datos sample_sql que creó anteriormente. Encontrará la secuencia de comandos para este ejercicio en C:\Sqladmin\Exercise\Ch05\Dropdb.sql.

▶ **Para eliminar una base de datos utilizando instrucciones Transact-SQL**

1. Abra o cambie al Analizador de consultas de SQL Server.
2. Ejecute la siguiente instrucción DROP DATABASE para eliminar la base de datos sample_sql:

```
DROP DATABASE sample_sql
```

3. Ejecute el siguiente procedimiento del sistema para generar una lista de bases de datos y compruebe que ha eliminado la base de datos sample_sql.

```
EXEC sp_helpd
```

4.   Utilice el Administrador corporativo de SQL Server para confirmar que la base de datos sample_sql ha sido eliminada.

Si la base de datos aparece listada en la carpeta de Bases de datos en el Administrador corporativo de SQL Server, haga clic con el botón derecho sobre la carpeta Bases de datos y haga clic en Actualizar. La base de datos sample_sql será eliminada de la lista.

Sugerencia: El Administrador corporativo de SQL Server no actualiza automáticamente la información que ha sido cambiada fuera del Administrador corporativo de SQL Server. Para ver la información actualizada, utilice la opción Actualizar, que está disponible en el menú de acceso directo haciendo clic en varias carpetas.

Resumen de la lección

La creación de una base de datos se puede realizar utilizando el administrador corporativo o una secuencia de comandos en el analizador de consultas de SQL. Una de las mejores características de SQL Server 7 es la habilidad para dejar que los archivos de bases de datos crezcan. Aunque no elimina la responsabilidad del administrador de monitorizar la utilización de espacio, sí proporciona una mayor flexibilidad en esta área.

Lección 3: Cómo administrar bases de datos

Cuando aumenta la actividad de modificación de datos o cuando el tamaño de los datos se incrementa, el tamaño de la base de datos y archivos de registro puede necesitar ser aumentado. SQL Server 7 incrementa, automáticamente, el tamaño de los archivos de la base de datos si las opciones de ésta están configuradas para permitirlo. Se puede aumentar o reducir manualmente el tamaño de los archivos de bases de datos utilizando las instrucciones ALTER DATABASE, DBCC SHRINKDATABASE y SHRINKFILE.

Debe controlarse de manera regular la cantidad de actividad que se produce en su registro de transacciones, para estar seguro de que el registro de transacciones no quede sin espacio. El Monitor de rendimiento de SQL Server proporciona objetos para monitorizar el tamaño del registro de transacciones.

Después de esta lección podrá:

- Describir opciones que pueden ser configuradas para una base de datos.
- Aumentar o reducir una base de datos.
- Monitorizar el tamaño del registro de transacciones.
- Aumentar o reducir los archivos de bases de datos

Tiempo estimado de la lección: 75 minutos

Opciones de bases de datos

Después de crear una base de datos, puede ver información de la base de datos y cambiar varias de sus opciones.

Las opciones de bases de datos determinan las características de una base de datos. Por ejemplo, se puede hacer una base de datos de sólo lectura o especificar que las entradas de registro serán eliminadas del registro de transacciones cada vez que se efectúe un punto de comprobación.

Cómo visualizar entradas de información de bases de datos

Se puede utilizar el Administrador corporativo de SQL Server o Transact-SQL para obtener información sobre bases de datos.

▶ **Para ver información de bases de datos utilizando el Administrador corporativo de SQL Server**

1. Expanda su grupo de servidores y, a continuación, expanda su servidor.
2. Expanda Bases de datos y haga clic en la base de datos sample_ssem.
3. En el panel de detalles haga clic en la pestaña Espacio asignado para ver información sobre el espacio del registro de bases de datos y transacciones.
4. En el árbol de Consola haga clic en la base de datos Northwind.
5. En el panel de detalles haga clic en la pestaña Tablas & Índices para ver información sobre el espacio en las tablas e índices.

La siguiente tabla muestra la lista de procedimientos del sistema usados más habitualmente para mostrar información sobre las bases de datos y las opciones de bases de datos.

Procedimiento del sistema	Descripción
Sp_dboption	Lista todas las opciones disponibles.
Sp_helpdb	Informa sobre todas las bases de datos del servidor. Muestra el nombre de la base de datos, tamaño, dueño, ID, fecha de creación y opciones.
Sp_helpdb nombre_base_datos	Informa sobre una única base de datos. Muestra el nombre de la base de datos, tamaño, dueño, ID fecha de creación y opciones. Adicionalmente muestra detalles sobre cada archivo de datos y de registros.
Sp_spaceused [nombre_objeto]	Resume el espacio de almacenamiento utilizado por la base de datos actual o por una tabla de la base de datos actual.

Nota: El tamaño informado por sp_helpdb y sp_spaceused es el espacio total actual de la base de datos, incluyendo el tamaño de los archivos de registro. Para determinar el tamaño de los datos en la base de datos, reste el espacio de los archivos de registro del tamaño total de la base de datos.

Ejercicio: Visualizar información acerca de bases de datos utilizando instrucciones Transact-SQL

En este ejercicio, utilizará procedimientos del sistema almacenados para ver información acerca de las base de datos creadas anteriormente. Encontrará la secuencia de comandos en C:\Sqladmin\Exercise\Ch05\Dbinfo.sql.

▶ **Para ver información acerca de bases de datos utilizando instrucciones Transact-SQL**

1. Abrir o cambiar al Analizador de consultas de SQL Server.
2. Ejecute el siguiente procedimiento almacenado de sistema para generar una lista de todas las bases de datos.

    ```
    EXEC sp_helpdb
    ```

3. Ejecute el siguiente procedimiento almacenado de sistema para mostrar información sobre la base de datos sample_ssem.

    ```
    EXEC sp_helpdb sample_ssem
    ```

4. Ejecute el siguiente procedimiento almacenado de sistema para mostrar información acerca de la utilización del espacio en la base de datos sample_ssem.

```
USE sample_ssem
EXEC sp_spaceused
```

5. Ejecute el siguiente procedimiento almacenado de sistema para mostrar información acerca de la utilización de espacio para la tabla de autores en la base de datos pubs.

```
USE pubs
EXEC sp_spaceused autores
```

Cómo configurar opciones de bases de datos

La mayoría de las opciones de bases de datos pueden ser configuradas utilizando el Administrador corporativo de SQL Server. Todas las opciones de bases de datos pueden ser configuradas utilizando el procedimiento almacenado de sistema sp_dboption. Sólo se pueden configurar las opciones de una base de datos cada vez. Si se quiere que las opciones sean aplicadas en las futuras bases de datos debe modificar la base de datos modelo.

La siguiente tabla lista algunas de las opciones más frecuentemente utilizadas:

Opciones de bases de datos	Descripción
Dbo uso exclusivo	Limita el uso de una base de datos al propietario de la base de datos; usado normalmente durante el desarrollo.
Sólo lectura	Define una base de datos en modo sólo lectura; usado normalmente para establecer la seguridad de las bases de datos de soporte de decisiones.
Select into/ copia masiva	Permite a una base de datos aceptar operaciones no registradas usado normalmente durante una copia masiva de datos o cuando se usa SELECT INTO para conservar espacio del registro de transacciones.
único usuario	Restringe el acceso a una base de datos a un usuario usado a la vez mientras se efectúa el mantenimiento.
Truncar registro en punto de comprobación	Origina que el registro de transacciones sea truncado (las transacciones confirmadas son eliminadas) cada vez que se produce un proceso de punto de comprobación, usado durante el desarrollo para conservar espacio en el registro de transacciones. **Precaución: Si establece esta opción necesitará realizar copias de seguridad de bases de datos completas para asegurar la recuperación en caso de error de servidor o de medio. Ya que esta opción niega la utilidad de copias de seguridad de registro de transacción, rara vez está habilitada en una base de datos de producción.**
Autoshrink	Determina si el tamaño de una base de datos disminuye automáticamente.

Ejercicio: Cómo visualizar y cambiar opciones de bases de datos utilizando instrucciones Transact-SQL

En este ejercicio, utilizará el procedimiento almacenado de sistema sp_dboption para ver y modificar las opciones de bases de datos. Encontrará la secuencia de comandos para este archivo en C:\Sqladmin\Exercise\Ch05\Dboption.sql. Para visualizar y modificar opciones de bases de datos utilizando instrucciones Transact-SQL:

1. Cambie al Analizador de consultas de SQL Server (si fuese necesario).
2. Ejecute el procedimiento almacenado de sistema para visualizar una lista de opciones de bases de datos:

    ```
    EXEC sp_dboption
    ```

3. Ejecute el procedimiento almacenado de sistema sp_dboption para ver una lista de opciones de bases de datos que están activas para la base de datos sample_ssem (una lista vacía es el resultado correcto).

    ```
    EXEC sp_option sample_ssem
    ```

4. Ejecute el procedimiento almacenado de sistema sp_dboption para truncar el registro de transacciones sample_ssem cuando se produce un punto de comprobación:

    ```
    EXEC sp_option sample_ssem, 'trunc. Log son chkpt.'.'true'
    ```

5. Ejecute el procedimiento almacenado de sistema sp_dboption para comprobar que el registro de transacciones de la base de datos sample_ssem será truncado cuando se produzca un punto de comprobación:

    ```
    EXEC sp_option sample_ssem
    ```

Cómo administrar el crecimiento de los archivos de datos y registro

Cuando su base de datos crece, o cuando las modificaciones en la base de datos se incrementan, se necesita aumentar el tamaño de los archivos de datos o de registro. Puede controlar el tamaño de la base de datos mediante:

- La configuración indica que los archivos de datos y registro crecen de modo automático.
- El incremento manual del tamaño actual o máximo de los archivos de datos y registro existentes.
- Añadiendo manualmente archivos de datos secundarios o archivos de registro.

Cómo utilizar el crecimiento automático de archivos

Al utilizar la instrucción ALTER DATABASE o el Administrador corporativo de SQL Server puede optar porque los archivos de bases de datos se expandan de modo automático por una cantidad específica cuando sea necesario. La opción de crecimiento automático reduce las tareas de administración implicadas en el mantenimiento del tamaño de bases de datos y reduce, al mismo tiempo, la posibilidad de que inesperadamente una base de datos se quede sin espacio.

Esta opción le permite especificar el tamaño inicial, el tamaño máximo y el incremento de crecimiento de cada archivo. Si no especifica un tamaño de archivo máximo, un archivo puede seguir creciendo hasta que haya utilizado todo el espacio disponible en el disco.

La sintaxis para modificar una base de datos es como sigue:

```
ALTER DATABASE basededatos
{    ADD FILE <archivoespecificado> [TO FILEGROUP grupodearchivo]
     [FOR RESTORE]
     | ADD LOG FILE <archivoespecificado>
     | DROP FILE archivo_lógico
     | CREATE FILEGROUP nombre_grupodearchivo
     | DROP FILEGROUP grupodearchivo
     | MODIFY FILE <archivoespecificado>
}
<archivoespecificado> ::=
(NAME = 'nombre_archivo_lógico'
[, FILENAME = 'nombre_archivo_os' ]
[, SIZE = tamaño]
[, MAXSIZE = { tamaño_máximo  | UNLIMITED } ]
[, FILEGROWTH = incremento_crecimiento] )
```

La opción MODIFY FILE

La opción MODIFY FILE le permite cambiar las opciones de un archivo existente. En las especificaciones del archivo (filespec) para MODIFY FILE se especifica sólo el nombre y la opción que se desea cambiar. Sólo se puede cambiar una opción a la vez; para cambiar más de una opción, ejecute múltiples instrucciones ALTER DATABASE. Se puede no especificar el nombre de archivo.

Cómo expandir archivos de bases de datos

Si una base de datos existente no está configurada en el modo de crecimiento automático, todavía se puede aumentar su tamaño. Si se aumenta la configuración del tamaño por encima del tamaño máximo actual sin incrementar la instrucción MAXSIZE, el tamaño máximo será igualado al nuevo tamaño. Un valor de incremento de 0 (FILEGROWTH) indica que no crece automáticamente.

La opción SIZE configura el tamaño mínimo de un archivo. El archivo puede crecer, pero no puede reducir por debajo del tamaño designado. No se puede reducir el tamaño del archivo usando la instrucción ALTER DATABASE. Para reducir el tamaño mínimo de un archivo, utiliza la instrucción DBCC SHRINKFILE.

Cómo añadir archivos secundarios o archivos de registro

Otra manera de aumentar el tamaño de la base de datos es crear archivos de datos secundarios. El tamaño máximo de un archivo de datos individual es de 32 terabytes y el máximo tamaño de un archivo de registro es de 4 terabytes. Es improbable que necesite agregar archivos debido a espacio insuficiente. En vez de esto, utilice archivos secundarios de datos o archivos de registro para utilizar discos físicos separados cuando no se emplee la utilidad de discos con bandas de los sistemas RAID.

Ejemplo: Cómo aumentar el tamaño de archivos y agregar un archivo de datos secundario

El siguiente ejemplo aumenta el tamaño del archivo actual de datos y añade un archivo secundario de datos a la base de datos sample

```
ALTER DATABASE sample
MODIFY FILE ( NAME = 'sample_data',
SIZE = 20MB)
GO
ALTER DATABASE sample
ADD FILE
(NAME = 'sample_data2' ,
FILENAME='c:\mssql7\data\sample2.ndf',
SIZE=10MB ,
MAXSIZE=20MB)
GO
```

Ejercicio: Cómo modificar una base de datos utilizando el Administrador corporativo de SQL Server

En este ejercicio, agregará un archivo de datos a la base de datos sample_ssem y cambiará la especificación de tamaño máximo de un archivo de datos.

▶ **Para modificar una base de datos utilizando el Administrador corporativo de SQL Server**

1. Expanda su grupo de servidores, a continuación, expanda su servidor.
2. Expanda Bases de datos, haga clic con el botón derecho en la base de datos sample_ssem y haga clic en Propiedades.
3. En la columna Nombre del archivo, haga clic en la siguiente fila vacía y escriba el nombre de archivo sample_ssem_data2. Este es el archivo de datos que contendrá el espacio adicional. Fíjese que la ubicación del archivo se genera automáticamente y se le da la extensión .NDF.
4. Cambie el valor de la columna Espacio asignado a 2 MB. Este es el tamaño inicial del archivo.
5. Para especificar que el archivo debe aumentar por incrementos fijos, cambie Crecimiento del archivo en megabytes y cambie el valor a 2.

6. Para permitir que el archivo pueda crecer cuando se necesite más espacio, deje la opción Tamaño máximo del archivo en Crecimiento sin restricciones.

7. Haga clic en Aceptar para aceptar todos los cambios y que se apliquen a la base de datos.

Cómo expandir un registro de transacciones

Si su registro de transacciones se queda sin espacio, SQL Server no puede registrar transacciones y no permitirá cambios en la base de datos. Cuando una base de datos crece, o cuando se aumenta el número de modificaciones, puede necesitar expandir el registro de transacciones.

Cómo controlar el Registro

Controlar el registro ayuda a determinar cuándo es necesario expandirlo. Se puede monitorizar el registro de transacciones manualmente con el Administrador corporativo de SQL Server o el Monitor de rendimiento de Microsoft Windows NT.

SQL Server añade un número de objetos y contadores al Monitor de rendimiento de Windows NT. Utilice el contador de porcentaje utilizado del registro de SQL Server, Objeto administrador de bases de datos, para controlar la cantidad de espacio actualmente en uso en el registro de transacciones de cada base de datos. La siguiente tabla lista los contadores de SQL Server: objeto administrador de registros que se puede utilizar para monitorizar estadísticas avanzadas de rendimiento para el registro de transacciones de bases de datos individuales.

Contador de SQL Server: Objeto administrador de registros	Muestra
Bytes de registro por vaciado	Número de bytes en el búfer del registro cuando el búfer está activado.
Vaciado de registros	Número de registros activados.
Tiempo de espera de vaciado de registros	Tiempo total en milisegundos.
Esperas al vaciar el registro	Número de cancelaciones que están esperando a la activación del registro.

Cómo expandir manualmente el registro de transacciones

Si el registro no está configurado para crecer automáticamente, todavía se puede expandir manualmente el registro de transacciones, bien con el Administrador corporativo de SQL Server o con la instrucción ALTER DATABASE.

Cómo administrar el incremento de actividad de registro

Las situaciones que producen una aumento de la actividad de registro de transacciones incluyen:

- Ejecutando una carga masiva de datos registrada en una tabla que tiene índices (se registran todas las instrucciones, cambios de índices y asignaciones de extensiones).

Sugerencia: Bajo ciertas condiciones, es posible tener introducciones no registradas cuando se ejecutan cargas masivas de datos utilizando la herramienta bcp y la opción de bases de datos SELECT INTO / copia masiva. En este caso, si se eliminan los índices antes de la carga, sólo se registran las asignaciones extendidas

---

- Las transacciones que efectúan varias modificaciones (instrucciones INSERT, UPDATE y DELETE) a una tabla en una sola transacción. Esto ocurre normalmente cuando la instrucción carece de la cláusula WHERE, o cuando la cláusula WHERE es demasiado general, ocasionando que un gran número de registros sean afectados.
- Datos de texto o imagen en una tabla a la que son añadidos o modificados utilizando la instrucción UPDATE. Estos archivos son normalmente grandes y pueden ocasionar que el registro de transacciones se llene rápidamente. Para evitar esta situación, utilice las instrucciones WRITETEXT o UPDATETEXT. Si se usan correctamente, estas instrucciones ejecutan actualizaciones de texto e imagen sin registrar para conservar el espacio del registro de transacciones.

Nota: El aumento de actividad puede ampliar drásticamente el tamaño del registro de transacciones. Una vez incrementado, el espacio puede ser liberado rápidamente haciendo una copia de seguridad o truncando el registro, pero es difícil reducir de nuevo el registro a su tamaño original. La disminución del registro es una operación diferida que no puede ser forzada para que suceda.

Ejemplo: Cómo aumentar el tamaño del archivo de registro

El siguiente ejemplo aumenta el tamaño del archivo actual del registro de la base de datos sample:

```
ALTER DATABASE sample
MODIFY FILE ( NAME = 'sample_log',
SIZE = 10MB)
GO
```

Ejercicio: Cómo utilizar Transact-SQL para aumentar el tamaño del registro de transacciones

En este ejercicio incrementará el tamaño máximo del archivo de registro a 20 MB para la base de datos sample_ssem. Encontrará la secuencia de comandos para este archivo en C:\Sqladmin\Exercise\Ch05\Modismpl.sql.

► **Para incrementar el tamaño máximo del registro de transacciones utilizando instrucciones Transact-SQL**

1. Cambie al Analizador de consultas.

2. Ejecute la siguiente instrucción ALTER DATABASE para cambiar el tamaño máximo del archivo de registro de la base de datos sample_ssem a 20 MB:

```
ALTER DATABASE sample_ssem
MODIFY FILE (NAME = 'sample_ssem_log',
MAXSIZE=20MB)
```

3. Vea las propiedades de la base de datos en el Administrador corporativo de SQL Server o utilice sp_helpdb para comprobar que la base de datos ha sido modificada correctamente.

Nota: El Administrador corporativo de SQL Server no actualiza automáticamente la información que no ha sido cambiada en el Administrador corporativo de SQL Server. Para obtener información actualizada, utilice la opción Actualizar en las carpetas modificadas con frecuencia.

Cómo reducir una base de datos o un archivo

Cuando se ha asignado demasiado espacio o el espacio ya no se necesita, se puede reducir la base de datos entera o reducir archivos de datos específicos de la base de datos.
Existen tres maneras de reducir una base de datos:

- Eliminar el espacio libre de los archivos de bases de datos utilizando la instrucción DBCC SHRINKDATABASE. Cuando se elimina el espacio libre, no se puede reducir el tamaño del archivo por debajo de su tamaño mínimo (el SIZE especificado en las instrucciones CREATE DATABASE o ALTER DATABASE utilizadas para crear o modificar el archivo).
- Reducir el espacio mínimo de los archivos de bases de datos utilizando la instrucción DBCC SHRINKFILE. Se puede utilizar también DBCC SHRINKFILE para vaciar los archivos de manera que puedan ser eliminados con la instrucción ALTER DATABASE.
- Configurar la base de datos en el modo de disminución automática.

Cómo reducir una base de datos completa

Se puede reducir una base de datos completa utilizando el Administrador corporativo de SQL Server o ejecutando la instrucción SHRINKINGDATABASE del Comprobador de Database Consistency Checker (DBCC). Esta instrucción disminuye el tamaño de todos los archivos de la base de datos. Los archivos de registro son disminuidos utilizando una operación diferida, que sucederá un poco después de que el registro ha sido copiado o truncado. No se puede forzar la disminución de los archivos de registro incluso después de hacer una copia o truncar el registro.
La sintaxis del comando DBCC SHRINKDATABASE es:

```
DBCC SHRINKDATABASE (nombre basededatos [, porcentaje_objetivo] [,
{NOTRUNCATE | TRUNCATEONLY}])
```

La opción porcentaje objetivo

La opción porcentaje objetivo especifica el porcentaje de espacio libre que debe dejarse en los archivos de datos después de que la base de datos ha sido reducida. Los archivos de bases de datos no pueden reducirse por debajo de su tamaño original, incluso si esto significa que no se ha conseguido el porcentaje objetivo.

Cuando utiliza el porcentaje objetivo, con o sin la opción NOTRUNCATE, provoca que las páginas utilizadas sean recolocadas desde el final del archivo al principio del archivo. El espacio liberado lo utiliza el sistema operativo (predeterminado) o permanece en el archivo (si se especifica NOTRUNCATE). Utilizar la opción TRUNCATEONLY causa que el archivo se libera al sistema operativo sin mover ninguna página. Se ignora opción de porcentaje objetivo cuando se utiliza la opción TRUNCATEONLY.

El siguiente ejemplo establece un objetivo de 25 por 100 del espacio libre para la base de datos, utilizando la instrucción

```
DBCC SHRINKDATABASE (sample 25)
```

La siguiente tabla muestra los resultados cuando se ha conseguido el objetivo:

Archivo de datos	Tamaño original	Tamaño actual	Espacio utilizado	Tamaño después de la reducción	Porcentaje libre
Sample_data	20MB	30MB	15MB	20MB	25%
Sample_data2	10MB	15MB	9MB	12MB	25%
Total	30MB	45MB	24MB	32MB	25%

La siguiente tabla muestra los resultados cuando no se ha obtenido el objetivo porque para llegar a ellos habría que reducir los archivos a tamaños más pequeños que su tamaño original. Estos resultados no muestran archivos de registro, porque no son afectados.

Archivo de datos	Tamaño original	Tamaño actual	Espacio utilizado	Tamaño después de la reducción	Porcentaje libre
Sample_data	20MB	30MB	12MB	20MB	40%
Sample_data2	10MB	15MB	3MB	10MB	70%
Total	30MB	45MB	15MB	30MB	50%

Ejercicio: Cómo reducir una base de datos

En este ejercicio, utilizará la instrucción DBCC SHRINKDATABASE para reducir el tamaño de la base de datos sample_ssem de manera que contenga sólo el 25 por 100 del espacio actual disponible. Encontrará la secuencia de comandos para este ejercicio en c:\Sqladmin\Exercise\Ch05\Shrink.sql.

▶ **Para reducir una base de datos**

1. Cambie al Analizador de Consultas SQL Server.
2. Ejecute la siguiente instrucción para reducir el tamaño de la base de datos sample_ssem para que contenga sólo el 25 por 100 de espacio libre.

```
DBCC SHRINKDATABASE (sample_sssem, 25)
```

Nota: No verá ningún cambio en la base de datos, porque los archivos tienen todavía su tamaño original y reducir la base de datos no la reduce por debajo de su tamaño original.

Cómo reducir un archivo de datos en la base de datos

Se puede reducir un archivo de datos de una base de datos, bien utilizando el Administrador corporativo de SQL Server o ejecutando la instrucción DBCC SHRINKFILE (mostrada en el siguiente ejemplo).

```
DBCC SHRINKFILE ({nombre_archivo | id_archivo} [, tamaño_objetivo] [,
{ EMPTYFILE | NOTRUNCATE | TRUNCATEONLY}])
```

Éstas son las únicas formas de reducir un archivo por debajo de su tamaño original.

Opción de tamaño_objetivo

La opción de tamaño_objetivo especifica el tamaño del archivo de datos en megabytes, expresado en formato entero. Si no se especifica el tamaño_objetivo o el tamaño_objetivo es menor que la cantidad de espacio en uso, DBCC SHRINKFILE reduce el tamaño tanto como pueda.

Opción EMPTYFILE

La opción EMPTYFILE migra todos los datos de un archivo especificado a otros archivos en el mismo grupo de archivos. Una vez que el archivo se haya vaciado, SQL Server no permite que ningún dato sea introducido en el archivo. El archivo vacío es eliminado utilizando la instrucción ALTER DATABASE con la opción REMOVE FILE.

Ejemplo: Cómo reducir un archivo de datos

Este ejemplo reduce el tamaño de un archivo de datos (sample_data) de la base de datos sample a 10 MB:

```
DBCC SHRINKFILE (sample_data, 10)
```

Ejercicio: Cómo reducir un archivo de bases de datos

En este ejercicio, utilizará la instrucción DBCC SHRINKFILE para reducir el tamaño del archivo secundario de bases de datos en la base de datos sample_ssem a 1 MB. Encontrará la secuencia de comandos para este ejercicio en c:\Sqladmin\Exercise\Ch05\Shrinkfl.sql.

► **Para reducir un archivo de base de datos**

1. Cambie al Analizador de Consultas SQL Server.
2. Ejecute la siguiente instrucción para reducir el tamaño del archivo de base de datos sample_ssem_data2 a 1 MB. Asegúrese de que libera el espacio al sistema operativo.

```
USE sample_ssem
DBCC SHRINKFILE (sample_ssem_data2, 1)
```

3. Vea las propiedades de la base de datos para comprobar que el tamaño del archivo de base de datos ha sido reducido a 1 MB.

Cómo reducir una base de datos automáticamente

Se puede configurar una opción de bases de datos para recuperar automáticamente el espacio no utilizado estableciendo la opción de autorreducción de base de datos a verdadera. Esta opción puede ser cambiada también por el Administrador corporativo de SQL Server o sp_sboption.

Considere las siguientes directrices antes de reducir una base de datos o archivo de datos:

■ La base de datos resultante debe ser más grande que la base de datos model y lo suficiente grande para contener los datos existentes.
■ Antes de reducir una base de datos o archivo de datos, haga una copia de seguridad de la base de datos y de la base de datos master.
■ Las instrucciones DBCC SHRINKDATABASE y SHRINKFILE se ejecutan de manera diferida, de modo que puede no ver la reducción.

Resumen de la lección

Cuando la actividad de modificación de datos se ve incrementada, o cuando crecen los archivos de datos, puede necesitarse el expandir el tamaño de los archivos de datos y de registro. SQL Server 7 proporciona una manera para que estos archivos crezcan automáticamente. Para aumentar y disminuir manualmente el tamaño de los archivos de bases de datos, utilice la instrucción ALTER DATABASE y la instrucción DBCC SHRINKDATABASE.

Se recomienda monitorizar la actividad de su registro de transacción. El monitor de rendimiento de SQL Server es una excelente herramienta para la realización de esta tarea.

Lección 4: Cómo administrar bases de datos en varios discos

Si la implementación de su base de datos utiliza varios discos es posible que pueda utilizar RAID para aumentar la tolerancia de errores, conseguir mejor rendimiento y acomodar el crecimiento de las bases de datos más fácilmente.

Puede usar también colecciones con nombres de archivos de base de datos (denominadas grupos de archivos) para guardar datos y archivos de registro en discos separados para simplificar tareas administrativas, eliminar conflictos entre controladores de discos y reducir el tiempo que lleva hacer copias de seguridad de archivos indispensables.

Nota: Pese a las medidas de tolerancia de fallos, debe proteger su base de datos haciendo copias de seguridad frecuentemente.

Después de esta lección podrá:

- Describir estrategias para administrar bases de datos en discos múltiples.
- Crear grupos de archivos.
- Identificar modos para mejorar el rendimiento de bases de datos utilizando múltiples discos.

Tiempo estimado de la lección: 30 minutos

Cómo equilibrar la tolerancia de fallos en Windows NT Server

El sistema de almacenamiento *RAID* utiliza discos que son configurados en una matriz y administrados como si fueran un disco muy grande. Las configuraciones RAID no son fáciles de administrar, pero también proporcionan rendimiento mejorado (debido a la actividad de discos simultáneos) y fiabilidad (si un disco falla, otros continúan funcionando). La *tolerancia de errores* es la habilidad del sistema operativo de continuar funcionando sin pérdida de datos cuando parte del sistema falla. Windows NT soporta las implementaciones de software del RAID en tres niveles: 0, 1 y 5. Los niveles son clasificados numéricamente de acuerdo con su habilidad de proporcionar tolerancia a fallos. RAID 0 no proporciona tolerancia de fallos, mientras que RAID 5 proporciona la mejor tolerancia de fallos. Windows NT Server implementa los niveles RAID 0, 1 y 5 que pueden ser usados con SQL Server.

Cómo utilizar bandas de discos (RAID 0)

Bandas discos basadas en bandas de discos escribe datos en múltiples discos uniformemente.

- Microsoft Windows NT Server implementa el nivel 0 de RAID. Este es el más alto nivel de rendimiento de RAID, pero no ofrece tolerancia de fallos.
- Si un disco falla, todos los datos en el grupo de bandas son inaccesibles.

Cómo utilizar espejos de disco (RAID 1)

Los *Espejos de discos* (RAID 1) protegen contra fallos de medio manteniendo una copia completamente redundante de una partición de otro disco.

- Los espejos de discos basados en Windows NT Server son una forma continua de hacer copias de seguridad e implementar el nivel de RAID 1.
- Los espejos de discos basados en Windows NT Server requieren mucho espacio del disco. El 50 por 100 del disco duro es redundante.
- Los espejos de disco minimizan pérdidas de tiempo y otros costes relacionados con la recuperación y restauración de datos.

Nota: Las versiones anteriores de SQL Server soportaban espejos de dispositivos; sin embargo, SQL Server 7.0 no lo hace. Utilice RAID basado en hardware o software.

Cómo utilizar bandas de discos con paridad (RAID 5)

Bandas de discos con paridad escribe datos a través de múltiples discos uniformemente e incluye datos de paridad redundantes.

- Bandas de discos con paridad basados en Windows NT Server implementan el nivel de RAID 5. Este nivel de RAID ofrece excelente rendimiento y tolerancia de fallos.
- Se puede obtener protección de tolerancia de fallos que iguala a espejos de discos, pero que utiliza menos espacio del disco. El tamaño de un disco en el grupo de discos es redundante. Por ejemplo, si se tienen 5 discos cada uno de 1GB de tamaño, 1GB del espacio sería redundante, haciendo que la capacidad del grupo de bandas con paridad sea de 4 GB.
- Si cualquier disco falla, los datos perdidos son regenerados desde los discos restantes del grupo de bandas. En este caso, bandas de discos con paridad pierden su ventaja de rendimiento debido a que la recuperación de los datos lleva más tiempo.
- Bandas de discos con paridad requieren más memoria del sistema (RAM) que los espejos de disco.

Nota: Las soluciones RAID basadas en hardware rinden mejor que la implementación de software en Windows NT Server y pueden soportar características avanzadas como reemplazar un disco mientras el sistema es operativo. La principal desventaja de las soluciones basadas en hardware es que son más caras.

Cómo utilizar RAID con SQL Server

La siguiente tabla lista y compara las soluciones RAID normalmente utilizadas con SQL Server para mostrar varios niveles de redundancia y errores de tolerancia

Implementación de RAID	Ventajas	Desventajas
RAID nivel 3 o 5 basado en hardware	Rendimiento excelente. No compite por ciclos de procesos	Coste
RAID nivel 1 basado en hardware	Tiene la mejor redundancia. No compite por ciclos de procesos	Coste
RAID nivel 1 basado en Windows NT	Buena redundancia. Coste bajo	Usa recursos de procesamiento del sistema
RAID nivel 5 basado en Windows NT	Excelente rendimiento de lectura. Coste bajo	Usa recursos de procesamiento del sistema

Cómo crear grupos de archivos

Si la configuración de su hardware incluye múltiples controladores de discos y no utiliza RAID, puede colocar archivos de base de datos en distintos discos tal y como se muestra en la Figura 5.3

Esta implementación permite construir bases de datos muy grandes que pueden mejorar el rendimiento, ya que los discos funcionan simultáneamente. Para simplificar la administración de archivos de base de datos múltiples, SQL Server proporciona grupos de archivos. *Grupos de archivos* son colecciones con nombre. Cada base de datos tiene un grupo de archivos predeterminado y se pueden crear tantos grupos de archivos adicionales como se necesiten.

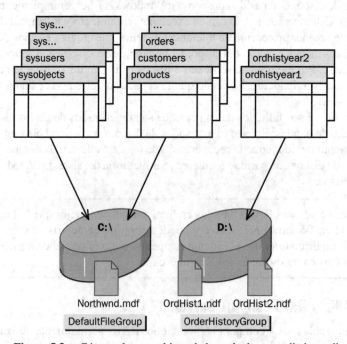

Figura 5.3. Cómo colocar archivos de base de datos en distintos discos.

Se pueden asignar tablas específicas, índices o los datos de texto, ntext e imagen desde una tabla a un determinado grupo de archivos. En la Figura 5.3 los archivos Ordhist1.ndf y Ordhist2.ndf son situados en discos separados para mantener los archivos que son altamente consultados de los que son altamente modificados y reducir los conflictos de controladores de discos.

Los administradores de sistemas pueden hacer copias de seguridad y restaurar archivos individuales o grupos de archivos en vez de hacer copias de seguridad o restaurar una base de datos completa.

Nota: Los archivos de registro no son parte de un grupo de archivos. El espacio de registro es administrado separadamente del espacio de datos. Los grupos de archivos son utilizados solamente para administrar archivos de datos.

Consideraciones en el momento de utilizar grupos de archivos

Utilizar grupos de archivos es una avanzada técnica de diseño de base de datos. Debe comprenderse la estructura de bases de datos, datos, transacciones y consultas para determinar la mejor manera de colocar tablas e índices en determinados grupos de archivos. En muchos casos, utilizar las posibilidades de bandas de los sistemas RAID proporciona más o el mismo rendimiento que se puede obtener con grupos de archivos, sin agregar la tarea administrativa de definir y gestionar los grupos de archivos.

Tipos de grupos de archivos

SQL Server ofrece los siguientes tres tipos de grupos de archivos:

- El *grupo de archivos principal* contiene el archivo de datos principal y cualquier archivo que no forme parte de ningún grupo de archivos. Todas las tablas del sistema son colocadas en el grupo de archivos principal. Por esta razón es muy importante que el grupo de archivos principal disponga de espacio suficiente.
- *Grupos de archivos definidos por el usuario*, que son especificados con la palabra clave FILEGROUP en las instrucciones CREATE DATABASE o ALTER DATABASE.
- *Grupos de archivos predeterminados*, que pueden ser cualquier grupo de archivos en la base de datos. Inicialmente el grupo de archivos principal es el grupo de archivos predeterminado, pero los miembros de la función fija de base de datos db_owner pueden cambiar el grupo de archivos predeterminado en cualquier momento. Todas las tablas e índices para los que no se especificó un grupo de archivos en el momento de creación se sitúan en el grupo de archivos predeterminado.

Como ajustar el tamaño del grupo de archivos predeterminado

Es muy importante ajustar el tamaño del grupo de archivos principal correctamente. Debe ser los suficientemente grande como para contener todas las tablas del sistema, y si se mantiene como el grupo de archivos predeterminado, para contener todas las tablas no asignadas a un grupo de archivos definido por el usuario.

Si el grupo de archivos principal se queda sin espacio, no puede ser añadida nueva información a las tablas del sistema. Si un grupo de archivos definido por el usuario se queda sin espacio, sólo se verán afectados los archivos de usuario que estén situados en el grupo de archivos afectado. El grupo de archivos principal sólo podrá llenarse si la opción de crecimiento está desactivada o el disco que contiene al grupo de archivos principal está lleno. Para permitir crecer al grupo de archivos principal, reactive la opción de crecimiento automático o libere más espacio en el disco. Para más información acerca de crecimiento automático busque "crecimiento automático" en los libros en pantalla de SQL Server.

Ejemplo: Cómo crear un grupo de archivos definido por el usuario

El siguiente ejemplo crea un grupo de archivos definido por el usuario en la base de datos Northwind y añade un archivo de datos secundario al grupo de archivos definido por el usuario.

```
ALTER DATABASE Northwind
ADD FILEGROUP orderhistorygroup
GO

ALTER DATABASE northwind

ADD FILE
( NAME = 'ordhistyear1',
  FILENAME = 'c:\mssql7\data\ordhist1.ndf',
  SIZE = 5MB)
TO FILEGROUP orderhistorygroup
GO
```

Cómo visualizar información de los grupos de archivos

La siguiente tabla muestra los procedimientos almacenados de sistema que muestran información acerca de las bases de datos y grupos de archivos.

Procedimiento almacenado de sistema	Descripción
sp_helpfile ' nombre_archivo_lógico'	Devuelve los nombres y atributos físicos de todos los archivos o un archivo especificado asociado con la base de datos actual.
sp_helpfilegroup 'nombre_grupodearchivo'	Devuelve los nombres y atributos de grupos de archivos asociados con la base de datos actual. Si se especifica un nombre de grupo de archivos sp_helpfilegroup devuelve una lista de los archivos del grupo.

Consideraciones acerca del rendimiento

Si se quiere obtener el mejor rendimiento de su base de datos, considere las siguientes directrices:

Utilice RAID para mejorar el rendimiento o tolerancia de fallos

Se puede utilizar RAID bien para obtener acceso más rápido a datos o para incrementar la seguridad de sus datos. Utilice el nivel RAID adecuado para conseguir rendimientos deseados manteniendo al mismo tiempo los niveles de tolerancia de fallos requeridos.

Cuando sólo se desee incrementar el rendimiento, escoja bandas de disco de RAID en vez de grupos de archivos.

Eliminar conflictos entre controladores de discos

Coloque archivos de datos y archivos de registro de transacciones en distintos discos físicos con controladores entrada/salida (E/S) distintos, para que las escrituras en el registro de transacciones simultáneas no competan con las acciones de INSERT, UPDATE o DELETE a las bases de datos.

El uso apropiado de grupos de archivos puede eliminar conflictos entre discos. SQL Server 7.0 usa un algoritmo de asignación de espacio proporcional. Por ejemplo, si un grupo de archivos tiene dos archivos, uno de los cuales tiene dos veces más de espacio libre que el otro, dos páginas serán asignadas del archivo con más espacio libre por cada página asignada desde el otro archivo. Esto significa que cada archivo en un grupo de archivos debería tener un porcentaje similar de espacio utilizado.

Utilice grupos de archivos para simplificar las copias de seguridad

Utilice grupos de archivos para colocar objetos de bases de datos en discos separados. Esto le permite planear estrategias individuales de copias de seguridad basadas en la frecuencia en que los datos son modificados. Si tiene un grupo de archivos que cambian a menudo, puede hacer copias de seguridad solamente de aquellas tablas u objetos frecuentemente.

Resumen de la lección

SQL Server 7.0 se puede aprovechar de las características de Windows NT para almacenar y recuperar datos de una manera rápida y segura. En esta lección ha aprendido a utilizar las características de tolerancia predeterminadas de Windows NT para reducir el riesgo de pérdida de datos y eliminar los conflictos de controladores de disco. Se considera que es mejor el evitar la utilización de grupos de archivos en SQL Server, en su lugar utilice RAID para un acceso más rápido y una mejor protección.

Lección 5: Cómo planear la capacidad

Una de las funciones principales de un administrador de sistema es asignar, administrar y monitorizar el espacio y los requisitos de almacenamiento de una base de datos. Estimar el espacio que requiere una base de datos le puede ayudar a planear su arquitectura de almacenamiento y a determinar los requisitos de hardware.

Después de esta lección podrá:

- Estimar los requisitos de espacio para una base de datos.

Tiempo estimado de la lección: 15 minutos

Cómo estimar el tamaño mínimo de una base de datos

La Figura 5.4 lista varios factores que debería considerar cuando intente determinar los requisitos de espacio de su base de datos.

Considere lo siguiente cuando determine la cantidad de espacio que ocupará su base de datos:

- El tamaño de la base de datos model y de las tablas de sistema (incluya el crecimiento proyectado). Esto, normalmente, no es un gran porcentaje del tamaño de la base de datos.
- La cantidad de datos en sus tablas (incluya el crecimiento proyectado).
- El número de índices y el tamaño de cada uno, especialmente, el tamaño del valor clave, el número de filas y la configuración del factor de llenado.
- El tamaño del registro de transacción. Su estimación debería tener en cuenta factores tales como la cantidad y frecuencia de la actividad de modificación, el tamaño de cada transacción y con que frecuencia realiza una copia de seguridad (vuelca) del registro.

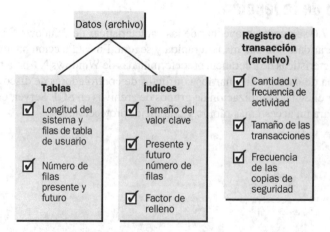

Figura 5.4.   Factores a considerar cuando determine los requisitos de espacio de una base de datos.

Nota: Como punto de partida, debería asignar el 25 por 100 del tamaño de la base de datos al registro de transacción para entorno de proceso de transacciones en línea (OLTP). Puede asignar un porcentaje más pequeño para bases de datos que se utilizan principalmente para ser consultadas.

Cómo estimar la cantidad de datos en las tablas

Después de haber considerado la cantidad de espacio que se asigna a la base de datos model, debería estimar la cantidad de datos mínima de cada tabla, incluyendo el crecimiento esperado. Esto se puede calcular determinando el número total de filas, el tamaño de las filas, el número de filas que cabe en una página y el número total de páginas requerido para cada tabla en la base de datos.

Cómo estimar el número de páginas en una tabla

Para estimar el número de páginas mínimo requerido por una tabla, vea el número de caracteres por fila y el número aproximado de filas que tendrá la tabla. Calcule el número de páginas utilizando el siguiente método:

1. Calcule el número de bytes por fila calculando el número total de bytes que contiene cada columna. Si una o más columnas están definidas como de longitud variable —como las columnas para nombres— puede agregar el promedio de la columna al total. Agregue 9 bytes al total, ya que cada fila tiene un exceso de 9 bytes.
2. Determine el número máximo de filas en cada pagina de datos. Para realizar esta operación divida 8.094 por el número de bytes en una fila. Redondee el resultado hacia abajo hasta el número entero más próximo, ya que SQL Server no permite que una fila cruce páginas. En la práctica, es poco probable que haya este número de filas almacenadas en una pagina. SQL Server mantiene algo de espacio libre en cada página para permitir un pequeño crecimiento individual de fila por página, cuando los datos de longitud variable se actualizan a un tamaño mayor.
3. Divida el número de filas aproximado en la tabla por el número de filas que contiene cada página de datos. El resultado es igual al número de páginas mínimo para almacenar su tabla.

Ejemplo: Cómo calcular el tamaño de una tabla

Este ejemplo calcula el tamaño de una tabla que tiene cuatro columnas int, tres columnas char(30) y una columna datetime. La tabla tendrá 250.000 filas.

1. Tamaño total de la fila: 4 * 4 bytes (columnas int) + 3 * 30 bytes (columnas char) + 1 * 8 bytes (columna datetime) + 9 bytes (exceso de fila) = 123 bytes.
2. Número de filas por página: 8094 / 123 = 65 filas por página.
3. Número de páginas en la tabla: 250.000 / 65 = 3847 páginas.
4. Tamaño de la tabla: 3847 * 8 KB = 30.776 KB o más o menos 31 MB.

En este ejemplo, SQL Server almaceno 63 filas por página para esta tabla. El número total de páginas es de 3.969 y el tamaño de la tabla es 31.752 KB.

Cómo estimar el tamaño de datos en los índices

El estimar el espacio de los índices es más difícil cuando los índices tienen dos tipos de páginas. El primer tipo denominado *páginas de hoja,* contiene los valores clave del índice. El segundo tipo forma el árbol de búsqueda binaria que acelera la búsqueda indexada y la recuperación.

Las páginas de índice se pueden dejar sin llenar a propósito especificando un factor de llenado de menos del 100 por 100 cuando se genere el índice. Esto aumenta el número de páginas en el índice, pero hace que las inserciones de filas de tablas y las actualizaciones sean más rápidas ya que se necesitan asignar menos páginas de índice nuevas durante estas operaciones.

Índices agrupados frente a índices sin agrupar

Un *índice agrupado* almacena las filas de datos de una tabla en el orden indexado de los valores clave del índice. Una tabla sólo puede tener un índice agrupado. Un *índice sin agrupar* es una estructura separada que almacena una copia de los valores clave de la tabla en orden indexado y un puntero a cada fila de datos correspondiente en la tabla.

El espacio extra para un índice agrupado sólo es ocupado por las páginas de índices de árbol b ya que las filas de datos de la tabla son las páginas hoja del índice. Además, si se especifica un factor de llenado cuando se genera un índice agrupado, las páginas de datos de la tabla se llenan sólo hasta el nivel especificado por el factor de llenado, haciendo que la tabla sea más grande.

Un índice sin agrupar se compone de las páginas de índice de árbol b del índice. Las páginas de hoja contienen un puntero a y una copia indexada del valor clave de cada fila en la tabla. Si la tabla tiene un índice agrupado, el puntero en el índice sin agrupar es el valor clave del índice agrupado. Por esta razón, debería utilizar valores claves pequeños para los índices agrupados de una tabla que vaya a tener índices sin agrupar, sino, los índices sin agrupar pueden llegar a ser de gran tamaño.

Ejemplo de tamaño de índice

La siguiente tabla muestra algunos ejemplos del tamaño de varios índices agregados a la tabla para la que se calculó el tamaño en el ejemplo anterior.

La tabla proporciona el valor de un índice basado en columna de clave char(30) cuando no hay ningún índice agrupado en la tabla. Después, se proporciona el tamaño del mismo índice una segunda vez cuando sí hay un índice agrupado en la tabla. Por último, se proporciona otra vez el tamaño del índice cuando éste tiene un factor de llenado del 50 por 100 y hay un índice agrupado en la tabla. ¡Fíjese que el índice es más grande que la tabla! El índice agrupado ha utilizado una columna de clave char(30), esto no se recomienda y muestra el aumento dramático de tamaño de los índices sin agrupar si utiliza una columna de clave tan grande para un índice agrupado.

Después se repiten las mismas cifras para un índice basado en una columna de clave int en lugar de en una columna de clave char(30).

Recordatorio: la tabla tiene 250.000 filas y tiene un tamaño de 3.969 páginas o 31.752 KB.

Clave	Agrupado en tabla	Factor de llenado	Páginas	Tamaño
Columna de un char(30)	No	100	1.360	10.880 KB
Columna de un char(30)	Sí	100	2.296	18.368 KB
Columna de un char(30)	Sí	50	4.548	36.384 KB
Columna de un int	No	100	560	4.480 KB
Columna de un int	Sí	100	1.492	11.936 KB
Columna de un int	Sí	50	2.944	23.552 KB

Resumen de la lección

Existen varios factores involucrados en la estimación de requisitos de espacio para una base de datos. Algunos de los factores importantes son: el tamaño de las filas en sus tablas, el crecimiento esperado de las tablas, el número y tamaño de los índices y el factor de llenado de los índices. Esta lección le ha proporcionado las herramientas para estimar los requisitos de tamaño de una base de datos, permitiéndole administrar sus recursos de una manera más eficaz.

Revisión

Las siguientes preguntas tienen la intención de reforzar la información clave presentada en este capitulo. Si no puede contestar una pregunta, revise la lección apropiada e intente responder la pregunta otra vez. Las respuestas a las preguntas se pueden encontrar en el Apéndice A, "Preguntas y respuestas."

1. Está creando una base de datos que espera tenga una gran actividad de INSERT, UPDATE y DELETE. ¿Debería aceptar el tamaño de registro de transacción predeterminado del 25 por 100 del tamaño total de la base de datos? ¿Qué factores debe considerar, si la base de datos se va a utilizar principalmente para realizar consultas?

2. Está creando una base de datos en múltiples discos que será consultada de manera intensa por los usuarios. ¿Cuáles son algunos de los pasos que puede realizar para mejorar el rendimiento y evitar conflictos de disco?

3. Durante una monitorización rutinaria de los archivos de datos y del registro de transacción, se da cuenta de que el registro de transacción está casi lleno. ¿Qué ocurriría si se llenase el registro? ¿Qué medidas puede tomar para evitar quedarse sin espacio en el registro de transacción?

C A P Í T U L O   6

Cómo transferir datos

Acerca de este capítulo

En este capítulo aprenderá cómo transferir datos y objetos de bases de datos a y desde bases de datos de Microsoft SQL Server. SQL Server proporciona varios mecanismos de transferencia de datos. El grueso del capítulo se centra en uno de estos servicios de transformación de datos (DTS). Los otros tan sólo son presentados. Los libros en pantalla de SQL Server 7.0, que se encuentran en el grupo de programas SQL Server 7, proporcionan más detalles.

Antes de empezar

Para completar las lecciones en este capítulo deberá:

- Tener instalado SQL Server 7.0. Véase el Capítulo 2, "Instalación" para ver las instrucciones de instalación.
- Poder iniciar una sesión en SQL Server como administrador.
- Tener instalada la base de datos StudyNwind. Véase la sección "Cómo comenzar" en las instrucciones de instalación de la base de datos StudyNwind.

- Tener instalados los archivos de ejercicios del CD-ROM de material adicional del curso en su disco duro, usando el archivo Setup.exe mencionado en la sección "Antes de empezar".

Lección 1: Introducción a la transferencia de datos

Puede importar y exportar datos de SQL Server con varias herramientas e instrucciones Transact-SQL. Además, con los modelos de programación y las interfaces de programación de aplicaciones (API) que están disponibles con SQL Server, como el objeto modelo de Servicio de transformación de datos, puede escribir sus propios programas para importar y exportar datos.

Esta lección proporciona una visión general del proceso de transferencia de datos y describe las herramientas que puede utilizar para transferir datos en SQL Server 7.0.

Después de esta lección podrá:

- Describir la exposición razonada y el proceso de transferencia y transformación de datos.
- Describir las herramientas para la transferencia de datos en SQL Server 7.0.

Tiempo estimado de la lección: 45 minutos

Por qué transferir datos

Como administrador de sistema, debe comprender cómo administrar datos y transferirlos entre aplicaciones y entornos. Casi todos los entornos requieren algún grado de transferencia de datos por una o más de las siguientes razones:

- Para mover datos a otro servidor o ubicación.
- Para realizar una copia de datos.
- Para archivar datos.
- Para migrar datos.

El proceso de copiar datos de un entorno a otro, normalmente, involucra:

- Identificación del origen de datos.
- Especificación del destino de datos.
- La manipulación o transformación de datos entre el origen y el destino (opcional).

El simple importar y exportar datos es la manera más básica de transferir datos. Incluso este simple proceso puede transformar datos, por ejemplo, usted especifica un tipo de datos diferente para una columna o guarda un archivo en otra versión o formato del producto.

Un administrador de SQL Server necesita frecuentemente transferir datos entre entornos heterogéneos. Por ejemplo, puede transferir información de ventas de una base de datos Oracle a una base de datos SQL Server o transferir datos desde un sistema de procesado de transacción en pantalla a un almacén de datos.

Por qué transformar datos

La migración y transferencia de datos entre entornos diferentes es una ocurrencia común que, normalmente, involucra la manipulación y transformación de datos. La transformación de datos puede ser tan simple como asignar tipos de datos de transformación o tan compleja como la programación de lógica de datos para administrar transformaciones de datos.

Durante la transformación de datos se pueden agregar valores que falten y resumir, descodificar, descomponer, convertir y traducir valores de columna a una medida o formato común. Los datos capturados normalmente son integrados, hechos consistentes, validados y reestructurados antes de ser almacenados en su destino.

Cuando transforme datos, puede querer realizar una o más de las acciones siguientes:

Modificar el formato de los datos

Trasformar datos frecuentemente requiere cambiar su formato. Por ejemplo, un valor 100 se almacena en la columna Active_Customer en su base de datos, pero los datos que quiere transferir a su base de datos representan los datos como valores texto "verdadero" o "falso". Puede cambiar los valores "verdadero" y "falso" a valores 1 o 0 cuando transfiera los datos a su base de datos. Los formatos numéricos y de fecha se cambian con frecuencia.

Reestructurar y asignar datos

Cuando reestructura y asigna datos, normalmente combina datos de varios orígenes, tablas y columnas a un único conjunto de datos en el destino. Por ejemplo, puede preprocesar los datos (agregación o resumen de datos) y almacenar los datos preprocesados en su destino.

Hacer que los datos sean consistentes

Cuando importe datos desde otro origen, debería comparar la consistencia de los nuevos datos con la de los datos existentes. Esto, a veces, se denomina *cancelación de datos*. Los datos pueden ser inconsistentes de varias maneras:

- Los datos son consistentes, pero la representación no es consistente con cómo la quiere almacenar en su destino. Por ejemplo, una calificación de créditos es representada por los valores 1, 2 y 3. El hacer los datos consistentes puede requerir el traducir estos datos a valores de cadena de caracteres de Bueno, Regular y Malo.
- La representación de los datos es correcta, pero están representados de forma inconsistente. Por ejemplo, el nombre de una compañía se puede almacenar de varias maneras, como ABC Corp., ABC o ABC Corporation. En este caso, puede hacer que los datos sean consistentes requiriendo que el destino siempre almacene el nombre de la compañía como ABC Corporation.

Normalmente, puede hacer que los datos sean consistentes traduciendo códigos o valores a cadenas legibles o convirtiendo valores mixtos en valores únicos.

Validar datos

Cuando valida datos, comprueba la validez y exactitud de los datos que importa. Por ejemplo, puede comprobar que los datos cumplen una condición específica para ser incluidos con sus datos de destino. Otro ejemplo puede ser la comprobación de que el ID del cliente ya existe en el destino antes de transferir información adicional del cliente a los datos de destino.

Si descubre algunos datos no válidos, intente determinar dónde se ha originado el error y corrija los procesos que están contribuyendo al error. Guarde la información no válida en un registro para examinarla más tarde y determinar por qué es incorrecta.

Herramientas para la transferencia de datos en SQL Server

SQL Server proporciona varias herramientas e instrucciones Transact-SQL. Los datos que puede transferir se encuentran, normalmente, en la forma de tablas o archivos. El método que escoja para importar y exportar datos depende de varios requisitos del usuario, que incluyen:

- El formato de los datos de origen y destino.
- La ubicación de los datos de origen y destino.
- Si la importación o exportación es una ocurrencia que sucede una vez o una tarea continua.
- Si se prefiere una herramienta de símbolo del sistema, una instrucción Transact-SQL o una interfaz gráfica (para uso fácil).
- El tipo de la operación de importación o exportación.

La tabla siguiente describe las herramientas que SQL Server proporciona para transferir datos.

Herramienta	Descripción	Utilidad
Asistente para importación con DTS y Asistente para exportación con DTS	Permite a los usuarios crear paquetes DTS de forma interactiva que pueden ser utilizados para importar, exportar y transformar datos.	Transferencia de datos entre orígenes de datos heterogéneos o transferencia de todos los objetos en una base de datos de SQL Server 7.0 a otra base de datos de SQL Server 7.0.
Diseñador DTS	Permite a administradores de base de datos experimentados importar, exportar y transformar datos y definir flujos de trabajo de datos complejos.	Transferir datos homogéneos y heterogéneos desde múltiples orígenes y para establecer grupos de trabajo complejo.
Herramienta dtsrun	Una herramienta de símbolo de sistema que le permite ejecutar paquetes DTS.	Ejecutar un paquete DTS como parte de un trabajo programado por lotes.
Programa de copia masiva (herramienta bcp)	Una herramienta de símbolo de sistema que importa y exporta archivos de datos nativos SQL Server o archivos de texto ASCII.	Importar datos a una tabla SQL Server desde un archivo o exportar datos desde una tabla SQL Server a un archivo.

(continúa)

Herramienta	Descripción	Utilidad	*(continuación)*
Instrucción Transact-SQL	SELECT INTO e INSERT SELECT	Seleccionar datos que agregar a una tabla de una tabla SQL Server existente, SELECT INTO crea una nueva tabla e INSERT SELECT requiere una tabla existente.	
	BULK INSERT	Copiar un archivo de datos a una tabla de base de datos en un formato especificado por el usuario. La manera más rápida de cargar grandes cantidades de datos en una tabla.	
	BACKUP y RESTORE	Copiar una base de datos SQL Server completa (todos los datos y objetos) a otro SQL Server.	
sp_attach_db	Adjunta una base de datos a un servidor.	Mover o copiar una base de datos SQL Server completa (todos los datos y objetos) a otro SQL Server copiando los archivos de la base de datos.	
Duplicación	Mantiene el duplicado del esquema de tabla, datos o definiciones de procedimientos almacenados de una base de datos de origen a una base de datos de destino, normalmente en servidores separados.	Mantener copias de datos intermitentemente en múltiples bases de datos (no garantiza que los datos sean consistentes todos los momentos). Es un proceso continuado.	
Duplicador de datos del host	Proporciona la duplicación hacia y desde SQL Server y bases de datos mainframe, tales como IBM DB2. Se ejecuta en conjunción con Microsoft SNA Server, un gateway y plataforma de integración de aplicaciones, que forma parte de BackOffice. Además soporta transformaciones de datos, como conversiones de fechas. Los datos pueden reemplazar tablas existentes o ser mezclados fila por fila.	Transferir datos entre SQL Server y las bases de datos mainframe, tales como IBM DB2.	

Nota: DTS no se ha creado con la intención de sustituir la duplicación de SQL Server. La duplicación utiliza una base de datos de almacenamiento y reenvío para capturar cambios en una ubicación y después reenviarlos a múltiples destinos. La duplicación captura cambios de orígenes de datos relacionales y, normalmente, proporciona muy poca limpieza y capacidades de transformación de datos. Utilizar DTS en lugar de la duplicación requiere la ejecución de una transformación completa para cada destino.

Nota: El Administrador de transferencias de SQL Server, encontrado en versiones previas de SQL Server, ya no se encuentra disponible. DTS proporciona toda la funcionalidad que proporcionaba el Administrador de transferencias de SQL Server.

Sugerencia: Para migrar datos de SQL Server 6.5 a SQL Server 7.0 utilice el Asistente para actualización de SQL Server, tal y como se describió en el Capítulo 3 "Cómo actualizar a SQL Server 7.0".

Ejercicio: Cómo habilitar copias masivas

En este ejercicio, establecerá las opciones apropiadas en la base de datos StudyNwind para habilitar la copia masiva rápida.

Nota: Va a utilizar la base de datos StudyNwind por primera vez en este ejercicio. StudyNwind es una copia de la base de datos de muestra Northwind que se instala con SQL Server. Debe utilizar el archivo por lotes C:\Sqladmin\Exercise\Setup\Ma knwind.cmd para crear la base de datos StudyNwind, como se explica en la sección "Antes de empezar" en el material de "Acerca de este libro" al principio del libro. Puede recrear StuyNwind cuantas veces quiera ejecutando el archivo por lotes otra vez durante este curso, por lo que es libre de cambiar los datos sin preocuparse de hacer que la base de datos sea inservible.

▶ **Para configurar la base de datos StudyNwind para una copia masiva**

1. Inicie el Administrador corporativo de SQL Server.
2. Expanda su servidor. Expanda Bases de datos.
3. Haga clic derecho en el icono de base de datos StudyNwind y después haga clic en Propiedades.
4. Haga clic en la pestaña Opciones y compruebe que la opción Select Into / copia masiva esté activada, si no es así, actívela y después haga clic en Aceptar.

Ejercicio: Cómo importar datos con la herramienta bcp

En este ejercicio, creará un archivo por lotes para utilizar la herramienta bcp para importar más de 1.000 registros desde un archivo de texto delimitado por tabuladores, a la tabla Products en la base de datos StudyNwind. Sqladmin\Exercise\Ch06\Runbcpa.cmd es un archivo por lotes completo para este ejercicio.

▶ **Para importar datos con la herramienta bcp**

1. Abra el Bloc de notas y escriba el siguiente comando bcp.
   bcp StudyNwind..Products in C:\Sqladmin\Exercise\Ch06\Newprods.txt /c /t","" /r\n /e C:\Sqladmin\Exercise\Ch06\Newprods.err /b250 /m50 /SSQLSERVER /Usa.

Importante: Debe introducir el comando en una única fila (no inserte ningún INTRODUCIR). La sintaxis de comando para la herramienta bcp debe incluir sólo una línea de información. Los argumentos distinguen entre mayúsculas y minúsculas. Sustituya el nombre de servidor con su nombre de servidor. Para más información, buscar "herramienta bcp" en los libros electrónicos de SQL Server.

Se proporciona una explicación de los parámetros en la tabla siguiente:

Parámetro	Valor
Base de datos y tabla	StudyNwind..Products.
Dirección de datos	In.
Archivo de transferencia	C:\Sqladmin\Exercise\Ch06\Newprods.txt.
Datos: sólo carácter	/c.
Terminador de campo: coma	/t","".
Terminador de fila: nueva línea	/r\n.
Archivo de error	/eC:\Sqladmin\Exercise\Ch06\Newprods.err.
Tamaño del lote	/b250.
Errores máximos	/m50.
Nombre del servidor (sustituya SQLSERVER con su nombre de servidor si su servidor no se denomina SQLSERVER)	/SSQLSERVER.
Nombre de usuario	/Usa.

2. Guarde el archivo con el nombre Runbcp.cmd en la carpeta C:\Sqladmin\ Exercise\Ch06.

3. Desde un símbolo del sistema, ejecute el archivo C:\Sqladmin\Exercise\Ch06\ Runbcp.Cmd. Se le pedirá una contraseña, escriba la contraseña para el inicio de sesión sa y presione INTRODUCIR o, simplemente, presione INTRODUCIR si su contraseña sa está en blanco.

   ¿Cuántas filas han sido copiadas?

4. En el bloc de notas revise la salida del archivo de error C:\Sqladmin\Exercise\ Ch06 \Newprods.err.

   ¿Ha ocurrido algún error?

5. Cambie al Administrador corporativo de SQL Server.

6. Haga clic derecho en la base de datos StudyNwind y después haga clic en Propiedades.

7. En el cuadro de diálogo Propiedades, haga clic en la pestaña Opciones, desactive la casilla de verificación Select Into /copia masiva y haga clic en Aceptar.

Resumen de la lección

Esta lección proporciona una visión general de los procesos de transferencia de datos y describe las herramientas que puede utilizar para transferir datos en SQL 7. Puede importar y exportar datos desde SQL Server con varias herramientas e instrucciones Transact-SQL. Además, con los modelos de programación y las API que se encuentran disponibles en SQL Server, como el objeto modelo DTS, puede escribir sus propios programas para importar y exportar datos.

El método que elija para importar o exportar datos depende de una variedad de requisitos de usuario, incluyendo el formato de los datos, la ubicación de los datos, con qué frecuencia tendrá lugar la transferencia, el tipo de importación o exportación y, por ultimo, comodidad de uso.

Lección 2: Introducción a servicios de transformación de datos

Muchas organizaciones centralizan los datos para facilitar la toma de decisiones corporativas. No obstante, muchas veces estos datos están almacenados en una gran variedad de formatos en varios sistemas diferentes. Utilizando DTS, puede importar, exportar y transformar datos entre muchos orígenes y destinos homogéneos y heterogéneos utilizando una arquitectura basada en OLE DB.

Esta lección le introduce a DTS y describe la manera de crear un paquete DTS.

Después de esta lección podrá:

- Crear un paquete DTS con los asistentes para importación y exportación de DTS.

Tiempo estimado de la lección: 60 minutos

Visión general de DTS

DTS proporciona la funcionalidad para importar, exportar y transformar datos entre SQL Server y cualquier OLE DB, Conectividad objeto de bases de datos (ODBC) o formato de archivo de texto. Cuando utilice DTS, podrá:

- Copiar esquemas de tablas y datos entre sistemas de administración de bases de datos (DBMS).
- Crear objetos de transformación personalizados que puedan ser integrados en productos de terceras partes.
- Construir almacenes y tiendas de datos en SQL Server importando y transfiriendo datos de forma interactiva de múltiples orígenes heterogéneos o automáticamente de forma regular mediante una programación.
- Acceder a aplicaciones utilizando proveedores OLE DB de terceras partes. Esto permite aplicaciones para las que existe un proveedor OLE DB que sean utilizadas como orígenes o destino de datos.

DTS puede ser utilizada con cualquier origen y destino de datos OLE DB; no se requiere que utilice SQL Server 7.0 para el origen o destino. Esto hace de DTS una herramienta de transformación y transferencia de datos de uso general con un amplio abanico de aplicaciones.

Nota: DTS sólo mueve esquemas de tabla y datos entre orígenes de datos heterogéneos. Los desencadenadores, procedimientos almacenados, reglas, valores predeterminados, restricciones y tipos de datos definidos por el usuario pueden ser transferidos solamente si el origen y el destino es SQL Server 7.0.

El proceso DTS

El proceso de transferencia de datos es una parte integral de todo sistema de administración de bases de datos. DTS proporciona una arquitectura extendible basada en un Modelo de objetos componentes (COM) que permite a clientes, distribuidores independientes de software (ISV) y asesores crear nuevos orígenes y destinos de datos, tareas y transformaciones OLE DB.

Con DTS, los usuarios pueden crear y ejecutar un paquete DTS, el cual describe todo el trabajo que es realizado como parte del proceso de transferencia y transformación.

El paquete DTS

Un paquete DTS define uno o más pasos de transformación de datos. Los pasos son ejecutados en una secuencia coordinada, que usted puede controlar. Cada paso puede realizar un tipo distinto de operación. Por ejemplo, el paso 1 copia y transforma datos desde un origen OLE DB a un destino OLE DB utilizando un bombeo de datos DTS. El paso 2 ejecuta una secuencia de comandos . El paso 3 carga y ejecuta un programa externo (.exe) o incluso un archivo por lotes (.cmd o .bat).

La Figura 6.1 muestra el paquete DTS descrito.

Los paquetes DTS son independientes y pueden ser ejecutados desde el Administrador corporativo de SQL Server o utilizando una utilidad dtsrun. Los paquetes DTS pueden ser almacenados en la base de datos msdb en SQL Server, vinculados al Depósito de Microsoft o guardados como archivos de almacenaje estructurados como COM.

Estas opciones y sus implicaciones se describen en la Lección 3.

Origen y destino de los datos DTS

Cuando utilice DTS, el origen y destino de los datos pueden ser heterogéneos. No se requiere la utilización de SQL Server como origen o destino de datos. DTS puede ser simplemente el mecanismo que transfiere datos entre dos orígenes de datos.

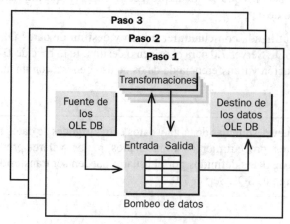

Figura 6.1.   Ejemplo de un paquete DTS.

DTS utiliza proveedores OLE DB para importar, exportar y transformar datos. La utilización de OLE DB permite acceso a una gran variedad de tipos de orígenes y destinos de datos. OLE DB es un mecanismo de acceso de datos basado en interfaz COM. OLE DB puede acceder a cualquier formato de almacenamiento de datos (bases de datos, hojas de cálculo, archivos de texto y demás) para los que hay un proveedor de OLE DB disponible. Un proveedor OLE DB es un componente de software que expone una interfaz OLE DB. Cada proveedor OLE DB es específico a un mecanismo de almacenaje específico como bases de datos de SQL Server, bases de datos de Microsoft Access u hojas de cálculo Microsoft Excel.

Nota: OLE DB es una extensión evolutiva de ODBC. ODBC está limitada a bases de datos relacionales basadas en SQL. OLE DB proporciona acceso a cualquier formato de datos. Los proveedores OLE DB son prácticamente los mismos que los controladores ODBC. El proveedor OLE DB para ODBC hace que sea posible utilizar las aplicaciones OLE DB, como DTS, para cualquier origen de datos para los que tenga un controlador ODBC.

La tabla siguiente describe los proveedores OLE DB disponibles con SQL Server. Hay otros proveedores disponibles de distribuidores de terceras partes.

Origen o destino de los datos	Descripción
OLE DB nativo	Accede a aplicaciones, como Microsoft SQL Server, Excel y Access, así como a bases de datos de grupos de trabajo y de empresas.
ODBC	Accede a Oracle, Access y DB2 utilizando el proveedor OLE DB para ODBC.
Archivos de texto ASCII	Accede a archivos de texto de longitud de campo fijada ASCII y a archivos de texto delimitados ASCII utilizando el OLE DB sin formato DTS SQL Server.
Personalizados	Soporta proveedores de terceras partes e ISV OLE DB.

Al utilizar pasos DTS, también es posible crear paquetes que hagan cosas como realizar inserciones de alta velocidad sin iniciar una sesión (utilizando bcp o BULK INSERT), transformar y publicar datos como HTML o exportar datos a tablas dinámicas en Microsoft Excel.

Bombeo de datos DTS

El Bombeo de datos DTS es un proveedor de servicios OLE DB que proporciona la infraestructura para importar, exportar y transformar datos entre almacenes de datos heterogéneos. Es un servidor de alta velocidad de proceso COM que mueve y transforma conjuntos de filas OLE DB. El Bombeo de datos DTS utiliza OLE DB porque OLE DB proporciona acceso al intervalo más amplio posible de almacenes de datos relacionales y no relacionales.

El Bombeo de datos DTS proporciona la arquitectura extendible basada en COM que permite validaciones y transformaciones complejas de datos mientras los datos se mueven del origen al destino. El Bombeo de datos expone los conjuntos de filas de origen y destino OLE DB a lenguajes de secuencias de comandos, como VBScript, Microsoft JScript y PerlScript en un paquete DTS. Esta habilidad permite la expresión de lógica de procedimiento compleja como secuencias de comandos reutilizables ActiveX. Las secuencias de comandos pueden validar, convertir o transformar valores de columna a medida que se mueven desde el origen a través del Bombeo de datos al destino.

Herramientas DTS

Las herramientas DTS incluyen los Asistentes para importación de DTS, el Asistente para exportación de DTS, el Diseñador DTS, las utilidades dtswiz y dtsrun del símbolo del sistema y el nodo de servicios de transformación de datos en el árbol de la consola del Administrador corporativo de SQL Server.

Asistentes para importación y exportación de DTS

Los Asistentes para importación y exportación de DTS ofrecen muchas maneras para personalizar o simplificar el método en que se copian los datos desde el origen al destino. Con los Asistentes de DTS, puede:

- Definir los paquetes DTS en una interfaz de usuario que es fácil de utilizar e interactiva en una interfaz de usuario. El resultado de la utilización del asistente es un paquete que puede guardar y editar directamente con el Diseñador DTS si quiere.
- Copiar datos entre orígenes de datos heterogéneos.
- Programar paquetes DTS para que se ejecuten más tarde.
- Copiar una tabla entera, o los resultados de una consulta SQL, como consultas que involucran combinaciones de múltiples tablas o hasta consultas distribuidas. El Generador de consultas de dentro del asistente permite al usuario que no tiene experiencia con el lenguaje SQL generar consultas de forma interactiva.

Sugerencia: Cuando se copia una tabla, de manera predeterminada, los Asistentes de DTS no copian índices, desencadenadores o restricciones. Si la tabla va a ser creada por el paquete, puede editar manualmente Transact-SQL que es utilizado para crear la tabla y agregar las instrucciones necesarias para crear índices, desencadenadores o restricciones.

- Copiar todos los objetos de una base de datos de SQL Server 7.0.

Puede iniciar el Asistente para importación de DTS y el Asistente para exportación de DTS desde el Administrador corporativo de SQL Server, desde el grupo de programas Microsoft SQL Server 7.0 en el menú Inicio o utilizando la herramienta dtswiz de símbolo de sistema.

Nota: El Asistente para importación de DTS y el Asistente para exportación de DTS son la misma herramienta. Puede mover datos a o desde SQL Server o cualquier otro origen de datos OLE DB utilizando cualquiera de los dos asistentes. Sólo cambia el texto en la barra de título dependiendo de qué asistente seleccione.

Ejercicio: Cómo importar datos con el Asistente para importación de DTS

En este ejercicio importará datos de resumen a una nueva tabla utilizando el Asistente para importación de DTS.

▶ **Para importar datos de una consulta SQL**

1. Haga clic derecho en su servidor, apunte a Todas las tareas y después haga clic en Importar datos. Esto inicia el Asistente de servicios de transformación de datos.

2. Haga clic en Siguiente.

   En los siguientes pasos, si no se especifica una opción, acepte los valores predeterminados.

3. En Origen seleccione Proveedor Microsoft OLE DB para SQL Server.

4. En Servidor seleccione (local).

5. Seleccione Utilizar autenticación de Windows NT.

6. En Base de datos seleccione StudyNwind. Haga clic en Siguiente.

7. En Destino seleccione Proveedor Microsoft OLE DB para SQL Server.

8. En Servidor seleccione (local).

9. Seleccione Utilizar autenticación de Windows NT.

10. En Base de datos seleccione StudyNwind. Haga clic en Siguiente.

11. Seleccione Utilizar una consulta para especificar los datos a transferir. Haga clic en Siguiente.

12. En Instrucción de consulta, escriba:

    ```
    SELECT ProductName, SUM(o.UnitPrice * Quantity) AS Total
    FROM [Order Details] o
    INNER JOIN Products p ON o.ProductID = p.ProductID
    GROUP BY ProductName
    ```

    Si no quiere escribir la consulta haga clic en Examinar y abra C:\Sqladmin\ Exercise\Ch06\Query.sql.

13. Haga clic en Analizar, un mensaje de confirmación dice si ha escrito la instrucción correctamente:

    ```
    Lainstrucción SQL es válida.
    ```

    Haga clic en Siguiente.

14. En la lista de Tabla(s) haga clic en el valor de la columna Destination Table (el valor predeterminado es Results). Ya que está creando una nueva tabla de destino, no puede seleccionar el nombre de la tabla de destino de la lista desplegable. Escriba el nombre de la nueva tabla **ProductTotals**.

15. Haga clic en el botón elipsis de la columna Transform.

16. Haga clic en Eliminar y recrear tabla de destino. Desactive Aceptar nulo para Total bajo asignaciones. Haga clic en Aceptar para cerrar el cuadro de diálogo de Asignaciones de columnas y transformaciones. Haga clic en Siguiente.

17. Active solamente Ejecutar inmediatamente en la sección Cuando.

18. Active Guardar paquete DTS y seleccione SQL Server en la sección Guardar. Haga clic en Siguiente.

19. En Nombre escriba **StudyNwind Product Totals**, en Description escriba **Year to date product totals**.

20. Para Server name, seleccione (local). Seleccione Utilizar autenticación de Windows NT. Haga clic en Siguiente.

21. Haga clic en Finalizar. El cuadro de diálogo de Transfiriendo datos indicará el progreso de la transferencia de datos. Ocurrirá un error en el paso Eliminar tabla ProductTotals Step, esto es normal, ya que la tabla no existe actualmente no afectará a la transferencia de datos.

22. Un cuadro de diálogo indica cuándo se ha completado con éxito la transferencia. Haga clic en Aceptar para cerrar el cuadro de diálogo y haga clic en Hecho para cerrar el cuadro de diálogo de Transfiriendo datos.

23. Expanda su servidor, expanda Servicios de Transformación de datos, haga clic en el icono Paquetes locales. Fíjese que su nuevo paquete DTS esta listado en el panel de detalles.

24. Abra el Analizador de consultas de SQL Server.

25. Para ver los resultados importados en la tabla ProductTotals, ejecute la siguiente instrucción Transact-SQL.

```
SELECT * FROM StudyNwind..ProductTotals
```

Ejercicio: Cómo exportar datos con el Asistente para exportación de DTS

En este ejercicio exportará datos utilizando el Asistente para exportación de DTS y guardará el paquete DTS. El paquete DTS copiará una lista de clientes sudamericanos a un archivo de texto delimitado.

▶ **Para exportar datos utilizando el Asistente para exportación de DTS**

1. Haga clic derecho en su servidor, apunte a Todas las tareas y después haga clic en Exportar datos. Esto inicia el Asistente de servicios de transformación de datos.

2. Haga clic en Next.
   En los siguientes pasos, si no se especifica una opción, acepte los valores predeterminados.

3. En Origen seleccione Proveedor Microsoft OLE DB para SQL Server.

4. En Servidor seleccione (local).

5. Seleccione Utilizar autenticación de Windows NT.

6. En Base de datos seleccione StudyNwind. Haga clic en Siguiente.

7. En Destino selección Archivo de texto.

8. En Nombre de archivo escriba **C:\Sqladmin\Exercise\Ch06\Sacust.txt**. Haga clic en Siguiente.

9. Seleccione Utilizar una consulta para especificar los datos a transferir. Haga clic en Siguiente.

10. Haga clic en Generador de consultas. Haga clic en Clientes, entonces haga clic en > para agregar todas las columnas de la tabla Customers a la lista Columnas seleccionadas.

11. En la lista Columnas seleccionadas, haga clic en Phone y haga clic en < para eliminarlo de la lista. Haga lo mismo con Fax. Haga clic en Siguiente.

12. Mueva Country y CompanyName a la lista Ordenación (asegúrese de que Country está encima de CompanyName). Haga clic en Siguiente.

13. Haga clic en Only Rows meeting criteria.

14. En la lista desplegable de Column seleccione [Customers].[Country], en la lista desplegable Oper. seleccione = y e Valor/Columna escriba **'Argentina'** (incluya las comillas sencillas). En la siguiente línea seleccione OR de la lista desplegable de operadores lógicos. En la lista desplegable de Column seleccione [Customers].[Country]; en la lista desplegable Oper. seleccione = y en Value/Column escriba **'Brazil'** (incluya las comillas sencillas). Haga clic en Siguiente.

15. La consulta que devolverá sólo los países sudamericanos ha sido rellenada por usted en Query statement. Haga clic en Analizar (si la instrucción no es válida vuelva al paso 10). Haga clic en Siguiente.

16. Para el formato de archivo seleccione Delimitado

17. Establezca Column delimiter o Tab. Haga clic en Siguiente.

18. Active Ejecutar inmediatamente y programar paquete DTS para ejecutar más adelante en la sección Cuando.

19. Haga clic en el botón elipses al lado de Programar paquete DTS para ejecutar más adelante.

20. Haga clic en Weekly. Establezca la sección Semanal a Cada 1 semana(s) el Lun, Mie y Vie.

21. En la sección Frecuencia diaria seleccione Ocurre una vez a las y establezca el tiempo en 9:00 A.M. Haga clic en OK, haga clic en siguiente.

22. En Name escriba **Clientes sudamericanos**, en Descripción escriba **Lista de clientes sudamericanos**.

23. Para Server name, seleccione (local). Seleccione Use Windows NT authentication. Haga clic en Siguiente.

24. Haga clic en Finish. El cuadro de diálogo Transferir datos indicará el progreso de la transferencia de datos.

25. Un cuadro de diálogo indica cuándo ha sido completada la transferencia con éxito. Haga clic en Aceptar para cerrar el cuadro de diálogo y haga clic en Finalizar para cerrar el cuadro de diálogo Transferir datos.

26. Abra el Bloc de notas para revisar el archivo de texto (C:\Sqladmin\Exercise \Ch06\Sacust.txt). El archivo debería contener todas las filas, donde customer.country es igual a Argentina o Brasil. Debería ver todas las columnas excepto Phone o Fax.

Ejercicio: Cómo revisar el programa de trabajo

En este ejercicio, revisará el programa de trabajo que fue creado para ejecutar su paquete DTS.

▶ **Para verificar que el programa ha sido creado**

1. Para ver el programa que fue creado en el árbol de la consola de Administrador corporativo expanda Administración y expanda el icono Agente SQL Server, después haga clic en Trabajos.
2. En el panel de detalles, haga clic derecho en el nombre del trabajo, Clientes sudamericanos, después haga clic en Propiedades. Revise las propiedades del trabajo que fue creado por el asistente de DTS. Fíjese que el paso de comando del trabajo no se puede ver porque está cifrado. Haga clic en OK para cerrar el trabajo.

Diseñador DTS

El Diseñador DTS es un editor de paquetes DTS gráfico. El área de trabajo incluye una barra de herramientas y una herramienta de paleta extendible que puede utilizar para agregar objetos de paquete y especificar el flujo de trabajo.

Cuando cree un nuevo paquete DTS desde el árbol de la consola, el área de trabajo del Diseñador DTS se abre en una nueva ventana de Microsoft Management Console (MMC). Dos paletas de herramientas contienen iconos para tareas de transformación y conexiones de datos.

Los usuarios experimentados pueden utilizar el Diseñador DTS para integrar, consolidar y transformar datos de múltiples orígenes heterogéneos utilizando flujos de trabajo complejos para simplificar el proceso de generación de un almacén de datos. La lección siguiente describe las transformaciones de datos.

Resumen de la lección

DTS es una herramienta de transferencia y transformación de datos de uso general con una amplia gama de aplicaciones. Proporciona la habilidad de copiar esquemas de tabla y datos entre DBMS, crea objetos de transformación personalizados, aplicaciones de acceso utilizando proveedores OLE DB de terceras partes y construye almacenes de datos y data marts en SQL Server. DTS puede ser utilizado con cualquier origen y destino de datos OLE DB; no se requiere que utilice SQL Server 7 como origen o destino.

Las herramientas DTS incluyen el Asistente para importación de DTS, el Asistente para exportación de DTS, el Diseñador DTS, las herramientas de símbolo de sistema dtswiz y dtsrun y el nodo de servicios de transformación de datos en el árbol de consola del Administrador corporativo de SQL Server.

Lección 3: Cómo transformar datos con DTS

La transformación de datos con DTS involucra planear y diseñar la transformación y crear y ejecutar un paquete DTS. Esta lección le guiará a través de este proceso.

Después de esta lección podrá:

- Describir los pasos de diseño y planificación antes de utilizar DTS.
- Describir el proceso de transformación de datos utilizados por DTS.
- Utilizar el Diseñador DTS para crear, modificar y guardar transformaciones complejas de datos.

Tiempo estimado de la lección: 105 minutos

Cómo reestructurar y asignar datos

La transformación de datos involucra dar formato y modificar datos que son extraídos del origen en valores mezclados o derivados que son más útiles en el destino. Los nuevos valores pueden ser fácilmente calculados desde una o más columnas en el conjunto de filas de origen, y una única columna de origen puede descomponerse en múltiples columnas de destino.

Cómo asignar tipos de datos

DTS le permite especificar los atributos de las columnas de destino e indexar cómo se asignan las columnas de origen a las columnas de destino. Los indicadores de transformación especifican si los datos de un tipo en el origen pueden ser convertidos a otro tipo en el destino. Por ejemplo, puede permitir la promoción de tipos de datos, como convertir enteros de 16 bits a enteros de 32 bits, o degradación de tipos de datos, como convertir enteros de 32 bits a enteros de 16 bits (se pueden perder datos en este caso). También puede requerir una coincidencia exacta entre los tipos de datos de origen y de destino.

Cada base de datos define sus propios tipos de datos al igual que sus convenciones de nombre, columna y objeto. DTS intenta definir la mejor coincidencia de tipo de datos posible entre el origen y el destino. No obstante, puede suplantar las asignaciones de DTS y especificar tipos de datos, tamaño, precisión y escala de propiedades de destino diferentes.

Cómo mezclar y separar datos

Puede mezclar y separar datos de varias maneras:

A nivel de archivo

Puede combinar información de varios orígenes y emplazarla en una única tabla, o puede coger información de un único origen y emplazarla en varias tablas. Las combinaciones heterogéneas son un ejemplo de combinar varios orígenes en un único conjunto de resultados que se guarda en el destino.

A nivel de columna

Puede combinar información de varias columnas y emplazarla en una única columna, o puede coger información de una única columna y emplazarla en varias columnas. Por ejemplo, puede resumir sumas totales de ventas mensuales para cada producto, o puede descomponer un número de teléfono que está almacenado en una columna para almacenar el código de área en una columna y el número de teléfono en otra.

Cómo definir los pasos de transformación

Un paquete DTS se compone de uno o más pasos, los cuales puede definir. Un paso define una unidad de trabajo que se realiza como parte del proceso de transformación. Un paso puede:

- Ejecutar una instrucción SQL.
- Mover y transformar datos homogéneos o heterogéneos desde un origen OLE DB a un destino OLE DB utilizando el bombeo de datos DTS.
- Ejecutar una secuencia de comandos JScript, PerlScript o VBScript script. Estas secuencias de comandos pueden realizar cualquier operación que soporte sus lenguajes de secuencias de comandos, permitiendo la implementación de cualquier procedimiento lógico complejo que se requiera. Las secuencias de comandos ActiveX también pueden acceder y manipular datos utilizando objetos de datos ActiveX (ADO) o cualquier componente de automatización COM.
- Iniciar un programa externo.
- Recuperar y ejecutar otros paquetes DTS.

Por ejemplo, puede crear un paquete DTS que resuma la información de ventas de cada producto en un mes dado. El paquete DTS elimina (si existe) y crea la tabla en el destino, obtiene datos de la conexión de origen (OLE DB), procesa la transformación (resumir) y, por último, envía los datos a la conexión de destino (OLE DB).

Cómo crear un paquete DTS

Cuando utiliza DTS para transferir y transformar datos, crea paquetes DTS que describen todo el trabajo a ser realizado como parte del proceso de transformación. Puede crear un paquete DTS de forma interactiva, utilizando los asistentes DTS o el Diseñador DTS, o programándolo, utilizando un lenguaje que soporte la automatización OLE, como Microsoft Visual Basic.

Cómo guardar un paquete DTS

Guardar el paquete DTS le permite modificar, reutilizar o programarlo para su ejecución más adelante. Si no guarda el paquete DTS, éste se ejecuta inmediatamente. Debe guardar el paquete DTS para poder programarlo para que se ejecute más adelante.

Puede guardar un paquete DTS que haya creado de una de las tres maneras siguientes:

- **En SQL Server.** Estos se denominan paquetes locales. Los paquetes locales se almacenan en la base de datos msdb, son los paquetes más eficaces y están disponibles para otros Servidores SQL Server. Los paquetes guardados en SQL Server se listan en el nodo de Paquetes locales bajo los Servicios de transformación de datos en el árbol de la consola.

- **En Microsoft Repository.** Microsoft Repository es una base de datos que almacena información descriptiva acerca de componentes de software y sus relaciones. Consiste en un conjunto de interfaces COM publicadas y modelos de información que definen el esquema de base de datos y las transformaciones de datos a través de metadatos compartidos.

  El guardar un paquete DTS en Microsoft Repository hace que los metadatos del paquete sean reutilizables y disponibles en otras aplicaciones. El utilizar Microsoft Repository también le permite seguir el linaje de datos del paquete y nivel de fila de una tabla, lo que le permite determinar el origen de cada pieza de datos y las transformaciones que se le aplican.

  Cuando guarda un paquete en Microsoft Repository, el paquete todavía está almacenado en la base de datos msdb, pero el paquete de metadatos puede ser importado al depósito. Los paquetes almacenados de esta manera están listados en el nodo de Paquetes depositados bajo los Servicios de transformación de datos en el árbol de consola. Después de importar los metadatos del paquete al depósito, puede verlos utilizando el Examinador de metadatos en el nodo de Metadatos bajo los Servicios de transformación de datos en el árbol de consola.

- **En archivo.** El guardar un paquete DTS en un archivo de almacenamiento estructurado con COM hace que sea fácil el distribuir un paquete DTS utilizando el correo electrónico o servidores de archivos de red. Los paquetes DTS guardados como archivos no aparecen en el árbol de consola del Administrador corporativo de SQL Server. Para abrir un archivo de paquete para su modificación, haga clic derecho en Servicios de transformación de datos en el árbol de consola, apunte a Todas tareas y haga clic en Abrir paquete.

Cómo implementar seguridad en los paquetes

Puede cifrar los paquetes DTS que son guardados en SQL Server o en archivos de almacenamiento estructurados con COM para proteger los nombres y las contraseñas de usuarios sensibles. Cuando un paquete DTS es cifrado, todos sus conjuntos y propiedades son cifrados, excepto por el nombre, descripción, ID, versión y fecha de creación del paquete.

Los paquetes DTS proporcionan dos niveles de seguridad: contraseña del propietario y contraseña del operador.

Contraseña del propietario

Este nivel de seguridad proporciona acceso completo a todos los conjuntos y propiedades. De manera predeterminada, los paquetes DTS sin contraseñas del propietario no son cifrados y pueden ser leídos por cualquier usuario con acceso al paquete.

Contraseña del operador

Este nivel de seguridad permite a un usuario el ejecutar, pero no editar nivel de la definición del paquete. Si se especifica una contraseña del operador, entonces se debe proveer una contraseña de propietario.

Cómo definir flujos de trabajo

Con DTS, puede definir un flujo de trabajo que controle la secuencia de ejecución de cada paso. El control lógico del flujo y el procesado condicional se consigue utilizando restricciones de precedencia. Las tareas DTS también pueden ser ordenadas por prioridad. Esta sección argumenta la utilización del Diseñador DTS para modificar y personalizar paquetes.

Pasos, tareas y restricciones de precedencias

Los flujos de trabajo controlan el flujo de ejecución para el paquete. Un paquete se compone de conexiones de datos (orígenes y destinos) y tareas que son realizadas utilizando esas conexiones. La acción de ejecutar una tarea está controlada por un paso. Un paso puede estar sujeto a una o más restricciones de precedencia. Un paso sin restricciones de precedencia se ejecuta inmediatamente. Si un paso tiene restricciones de precedencia, no se puede ejecutar hasta que todas sus restricciones de precedencia hayan sido satisfechas.

En el diseñador DTS, los pasos están representados por iconos de tareas y por una flecha sólida de Transformación de datos entre dos iconos de conexión de datos. Las restricciones de precedencia están representadas por flechas de puntos azules (conclusión), verde (éxito) o rojo (sin éxito). Una flecha apunta al paso que está sujeto a la restricción de precedencia: esto se denomina paso de destino. Si el paso de destino es una transformación de datos, entonces la flecha apunta al origen de conexión de los datos del paso. Una flecha apunta desde el paso que tiene que ser completado para satisfacer la restricción de precedencia: esto se denomina paso de origen. Si el paso de origen es una transformación de datos, entonces la flecha apunta desde el destino de conexión de los datos del paso.

Para hacer sus diagramas del Diseñador DTS más fáciles de leer puede agregar la misma conexión al diagrama más de una vez. Cuando agregue la conexión, especifíquela como una conexión existente. Si una conexión está involucrada en más de una transformación, se recomienda que agregue la conexión una vez por cada transformación. Si no hace esto, el diagrama tendrá un único icono de conexión de datos con un gran número de flechas (transformaciones de datos y restricciones de precedencia) apuntando a y desde él.

Nota: Los términos origen y destino se utilizan para referirse a conexiones de datos y pasos en el diseñador DTS. Cuando trabaje con un origen o con un destino, asegúrese de saber siempre si es una conexión de origen o de destino o un paso de origen o de destino.

Además, se utilizan flechas para representar a restricciones de precedencia y transformaciones de datos en el diseñador DTS. Cuando trabaje con una flecha en un diagrama DTS, asegúrese de saber si es una restricción o una flecha de transformación de datos.

Los pasos son definidos utilizando el cuadro de diálogo de Propiedades de flujos de trabajo. Para abrir el cuadro de diálogo de Propiedades de flujo de trabajo, haga clic derecho en el paso de destino (en el icono de tarea o en la flecha de transformación de datos si el paso es un paso de transformación de datos). Entonces seleccione Propiedades de flujo de trabajo (puede necesitar apuntar a Flujo de trabajo para acceder a la opción de Propiedades de flujo de trabajo) desde el menú contextual. También puede abrir el cuadro de diálogo de Propiedades de flujo de trabajo haciendo clic derecho en una flecha de restricción de precedencia, pero esto no se recomienda ya que es confuso y no permite acceso a la pestaña General.

La pestaña Precedencia del cuadro de diálogo de Propiedades de flujo de trabajo le permite agregar o eliminar restricciones de precedencia del paso. El orden de las restricciones de precedencia en la lista no es importante. Puede agregar restricciones de precedencia desde el menú de Flujo de trabajo o desde la barra de herramientas en el Diseñador DTS, aunque no es recomendable, ya que es fácil confundir los pasos de destino y origen utilizando este método. La pestaña General del cuadro de diálogo de propiedades de Flujo de trabajo le permite establecer propiedades de Flujo de trabajo como prioridad de tareas y administración de transacciones para la tarea del paso de destino.

Tipos de restricciones de precedencia

El tipo de restricciones de precedencia que seleccione determina el requisito para la ejecución del paso:

- Éxito: indica que el paso de origen debe ser completado con éxito antes de ejecutar el paso de destino.
- Sin éxito: indica que el paso de origen deber ser completado con una indexación de sin éxito antes de que se ejecute el paso de destino.
- Conclusión: indica que el paso de origen debe estar completado (con o sin éxito) antes de que se ejecute el paso de destino.

Las restricciones de precedencia crean una relación de término-inicio entre el paso que está siendo ejecutado (paso de origen) y el paso que será ejecutado (paso de destino). Dados dos pasos A y B, una restricción de precedencia dice:

```
El paso B no puede iniciarse hasta que el paso A termine
NO
Si el paso A termina entonces el paso B se inicia
```

Esto es importante cuando hay múltiples pasos involucrados, ya que un paso puede tener muchas restricciones de precedencia que deben haber sido satisfechas antes de poder ser ejecutado.

Cómo controlar la ejecución de pasos

Bajo el control de restricciones precedentes, los pasos se ejecutan en secuencia, en paralelo o en una combinación de éstos:

■ Algunos pasos deben ejecutarse en una cierta secuencia.

Por ejemplo, los datos sólo pueden ser cargados en una tabla (paso B) después de que la tabla haya sido creada con éxito (paso A).

■ Los pasos múltiples se pueden ejecutar en paralelo para mejorar el rendimiento.

Por ejemplo, un paquete puede cargar datos desde Oracle y DB2 a tablas separadas simultáneamente.

■ Los pasos pueden utilizar una combinación de ejecuciones paralelas y secuenciales.

Por ejemplo, un paquete puede cargar datos de varios archivos heterogéneos diferentes a un conjunto de tablas. La carga de datos puede ser realizada en paralelo, pero sólo después de la creación de las tablas.

La Figura 6.2 muestra un paquete con seis pasos que demuestran una combinación de ejecución paralela y secuencial. Los pasos A, B y C no tienen restricciones de precedencia y se ejecutan inmediatamente. El paso D espera a que el paso A se complete con éxito antes de ejecutarse. El paso E espera a que se complete sin éxito el paso D antes de ejecutarse. El paso F espera a que se concluya el paso C (con o sin éxito) antes de ejecutarse. Los pasos A, D y E se ejecutan secuencialmente. Los pasos C y F se ejecutan secuencialmente. Los pasos A (y sus pasos secuenciales), paso B y paso C (y sus pasos secuenciales) se ejecutan en paralelo.

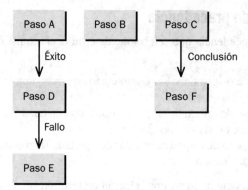

Figura 6.2. Un paquete con pasos que se ejecutan de manera paralela y secuencial.

La Figura 6.3 muestra cómo un paso puede tener múltiples restricciones de precedencia. En este caso, el paso C sólo se puede ejecutar cuando se hayan completado con éxito los pasos A y B.

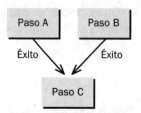

Figura 6.3. Un paso con múltiples restricciones de precedencia.

Procesado condicional

El procesado condicional utilizando la lógica básica IF-THEN-ELSE permite a un paquete DTS responder a condiciones de tiempos de ejecución que varían. Para implementar el procesado condicional utilice una combinación de pasos con restricciones de precedencia con y sin éxito como se muestra en la Figura 6.4. En la figura el paso B sólo se ejecutará si el paso A se completa con éxito, el paso C se ejecutará si el paso A no tiene éxito. El paso C, normalmente, mandaría una notificación, como por ejemplo, un mensaje de correo electrónico, o llevaría a cabo acciones de corrección que, a su vez, es la condición de otra restricción de precedencia que entonces permitiría al paso original ser repetido.

Cómo especificar la prioridad de tareas

Puede especificar la prioridad de tareas. Sin embargo, si unas operaciones son más críticas que otras, puede asignar una prioridad de ejecución a cada paso. De manera predeterminada, cada subproceso dentro del paquete DTS se ejecuta en la misma prioridad que el paquete DTS. Sin embargo, puede especificar cada paso para que se ejecute con una prioridad inactiva, normal o alta.

Ejercicio: Cómo crear un paquete con el Diseñador DTS

En este ejercicio creará un paquete utilizando el Diseñador DTS. El paquete transferirá a algunas de las columnas de la tabla Products en una base de datos de Access a una nueva tabla en una base de datos SQL Server. El paquete utilizará una transformación de datos personalizada para examinar y después convertir los valores de datos de la tabla de Access a los nuevos valores en la tabla de SQL Server. Utilizará una secuencia de comandos ActiveX para convertir los valores.

▶ **Cómo utilizar el diseñador DTS para crear un paquete**

1. Haga clic derecho en Servicios de transformación de datos en el árbol de consola, haga clic en Nuevo paquete.
2. En la paleta de herramientas de Datos haga clic en el icono de Microsoft Access.
3. En Nueva conexión escriba **Conexión Access**.
4. En Nombre de archivo escriba **C:\Sqladmin\Exercise\Ch06\Nwind.mdb**. Haga clic en Aceptar para agregar una conexión de datos de Microsoft Access.
5. En la paleta de herramientas de Datos haga clic en el icono Proveedor Microsoft OLE DB para SQL Server.
6. En Nueva conexión escriba **Conexión SQL Server**.

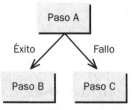

Figura 6.4. Procesado condicional utilizando restricciones de precedencia.

7. En Base de datos seleccione StudyNwind. Haga clic en Aceptar para agregar la conexión de datos de SQL Server.

8. En la paleta de herramientas de Tarea haga clic en el icono de Ejecute tarea SQL.

9. En Descripción escriba **Eliminar ProductsCopy**. En Conexión existente seleccione Conexión SQL Server.

10. En Instrucción SQL escriba

```
DROP TABLE StudyNwind..ProductsCopy
```

11. Haga clic en Analizar consulta para confirmar que ha escrito la instrucción correctamente. Haga clic en Aceptar para cerrar los cuadros de diálogo y guardar la tarea.

12. En la paleta de herramientas de Tarea haga clic en el icono de Ejecute tarea SQL.

13. En Descripción escriba **Crear ProductsCopy**. En Conexión existente seleccione Conexión SQL Server.

14. En Instrucción SQL escriba:

```
CREATE TABLE StudyNwind..ProductsCopy (
    ProductID int NOT NULL ,
    ProductName nvarchar (40) NOT NULL ,
    QuantityPerUnit nvarchar (20) NULL ,
    UnitPrice money NULL ,
    IsAnimal char (3) NULL
)
```

15. Haga clic en Parse Query para confirmar que ha escrito la instrucción correctamente. Haga clic en OK para cerrar los cuadros de diálogo y guardar la tarea.

16. Haga clic en Paquete en el menú y haga clic en Guardar. En Nombre de paquete escriba **Copiar productos Access a SQL Server**.

17. Los valores predeterminados en el cuadro de diálogo Guardar paquete DTS guardarán el paquete en SQL Server. Haga clic en Aceptar para guardar el paquete.

18. En la barra de tareas haga clic en Ejecutar. Esto prueba el paquete para ver que las conexiones y las tareas están funcionando y también crea la tabla, la cual necesita estar en el servidor cuando agregue la transformación de datos.

    El primer paso indicará que se ha producido un error; esto es normal, ya que la tabla no puede se eliminada la primera vez que se ejecuta un paquete.

19. En el área de trabajo del Diseñador DTS, haga clic en Conexión Access, ahora mantenga presionada la tecla CTRL y haga clic en Conexión SQL Server.

20. Haga clic en Flujo de trabajo en el menú y haga clic en Agregar transformación. Se agregará al área de trabajo una flecha de Transformación de datos que apunte desde la conexión Access a la conexión SQL Server.

21. Haga clic derecho en la flecha de Transformación de datos y haga clic en Propiedades.

22. En Descripción escriba **Copiar datos de Access a SQL Server**.

23. En Nombre de tabla seleccione Productos. Haga clic en la pestaña Destino.

24. En Nombre de tabla seleccione [StudyNwind].[dbo].[ProductsCopy].

25. Haga clic en la pestaña Avanzada. Haga clic en Búsqueda.

26. Haga clic en agregar en la columna Name escriba Búsqueda, en la columna

Conexión seleccione Conexión Access, después haga clic en el botón elipsis en la columna Consulta.

27. Escriba la siguiente consulta en el panel de código del generador de consultas:

```
SELECT CategoryName
FROM Categories
HERE (CategoryID = ?)
```

28. Haga clic en Aceptar para cerrar el generador de consultas, después haga clic en Aceptar para cerrar el diálogo Búsquedas de transformación de datos y guarde los datos de búsqueda para su transformación.
29. Haga clic en la pestaña Transformaciones.
30. Haga clic en la línea que apunta desde SupplierID a QuantityPerUnit y haga clic en Eliminar. Haga clic en la línea que apunta desde CategoryID a UnitPrice y haga clic en Eliminar. Haga clic en la línea que apunta desde QuantityPerUnit a IsAnimal y haga clic en Eliminar.
31. Haga clic en QuantityPerUnit en las columnas de Source table y Destination table y después haga clic en Nueva. Haga clic en UnitPrice en las columnas Source table y Destination table y después haga clic en Nueva.
32. Haga clic en CategoryID en la columna Source table e IsAnimal en la columna Destination table, en Nueva transformación seleccione Secuencia de comandos ActiveX y después haga clic en Nueva.
33. Reemplace el código predeterminado en Secuencia de comandos con el siguiente VBScript

```
Function Main()
Select Case _
  DTSLookups("myLookup").Execute(DTSSource("CategoryID").Value)
Case "Dairy Products", "Meat/Products", "Seafood"
    DTSDestination("IsAnimal") = "Yes"
Case Else
    DTSDestination("IsAnimal") = "No"
End Select
Main = DTSTransformStat_OK
End Function
```

34. Haga clic en Aceptar para guardar la secuencia de comandos de transformación.

Sugerencia: Para modificar las transformaciones individuales de columnas necesita hacer clic derecho en las líneas que apunta desde la lista de Tabla de origen a la lista de Tabla de destino.

---

35. Haga clic en Aceptar para cerrar el cuadro de diálogo Propiedades de transformación de datos y guardar sus cambios a la transformación de datos.
36. Haga clic derecho en Create ProductsCopy en el área superficie de trabajo. Apunte a Flujo de trabajo y haga clic en Propiedades de flujo de trabajo.

37. En el cuadro de diálogo Propiedades de flujo de trabajo haga clic en Nueva para agregar una restricción de precedencia para el paso Create ProductsCopy.

38. En la columna Source Step seleccione Eliminar ProductsCopy. En la columna Precedent seleccione Completion. Observe que no puede cambiar Destination Step mientras modifica las restricciones de precedencia para Create ProductsCopy, que es el Paso de destino. Haga clic en Aceptar para cerrar el cuadro de diálogo Propiedades de flujo de trabajo y guardar las restricciones de precedencia para Create ProductsCopy.

39. Ahora agregará una restricción de precedencia al paso de transformación de datos. Al contrario que el paso Create ProductsCopy, que está representado por su icono, el paso de transformación de datos está representado por una flecha conectando las dos conexiones de datos.

40. Haga clic derecho en la flecha de Transformación de datos (la flecha desde conexión Access a Conexión SQL Server en el área de trabajo. Haga clic en Propiedades de flujo de trabajo.

41. En el cuadro de diálogo Propiedades de flujo de trabajo haga clic en Nueva para agregar una restricción de precedencia para el paso de transformación de datos.

42. En la columna Source Step seleccione Drop ProductsCopy. En la columna Precedent seleccione Completion. Fíjese que no puede cambiar Paso de destino, ya que está editando la restricción de precedencia para Create ProductsCopy, que es el paso de destino. Haga clic en Aceptar para cerrar el cuadro de diálogo Propiedades de flujo de trabajo y guardar las restricciones de precedencia para Create ProductsCopy.

43. En el menú Paquete haga clic en Guardar. Cierre el cuadro de diálogo del Diseñador DTS.

Ejercicio: Cómo ejecutar el nuevo paquete

En este ejercicio ejecutará el paquete que acaba de crear y después verá los datos en la nueva tabla.

▶ **Para ejecutar el nuevo paquete y comprobar sus resultados**

1. En el árbol de consola, expanda Servicios de transformación de datos y haga clic en Paquetes locales.

2. Haga clic derecho en Copiar productos Access a SQL Server en el panel de detalles y haga clic en Ejecutar paquete.

3. El cuadro de diálogo Ejecutando paquete DTS aparece e indica el progreso de cada uno de los pasos mientras se ejecuta el paquete.

4. Haga clic en Aceptar y haga clic en Hecho para cerrar los cuadros de diálogo.

5. En el árbol de consola, expanda Bases de datos, expanda StudyNwind y después haga clic en Tablas.

6. En el panel de detalles, haga clic derecho en ProductsCopy (si no ve esta tabla actualice el Administrador corporativo), apunte a Abrir tabla y haga clic en Devolver todas las filas. Una cuadrícula presenta la tabla que ha sido creada por el paquete DTS. Fíjese en los valores en la columna IsAnimal que fueron establecidos por la secuencia de comandos ActiveX y por la búsqueda.

Cómo ejecutar y programar un paquete DTS

Cada paquete DTS es independiente después de que usted lo cree. Un paquete es una descripción completa de todo el trabajo que debe ser realizado como parte del proceso de transformación. Esta sección describe cómo ejecutar y programar un paquete DTS que usted haya creado.

Cómo ejecutar un paquete DTS

Después de guardar un paquete DTS, puede recuperarlo y ejecutarlo utilizando el Administrador corporativo de SQL Server o la herramienta de símbolo de sistema dtsrun.

En el siguiente ejemplo, la herramienta de símbolo de sistema dtsrun está siendo utilizada para ejecutar un paquete DTS que crea y llena una tabla de resumen en la base de datos StudyNwind en SQL Server denominado SQLSERVER. La opción /U especifica el inicio de sesión sa. Si el inicio de sesión especificado tiene una contraseña, debe ser especificada con la opción /P. Fíjese que el nombre del paquete está encerrado entre comillas dobles, esto es necesario si el nombre contiene espacios. Recuerde que el paquete DTS es una descripción completa de todo el trabajo a ser realizado como parte del proceso de transformación.

```
dtsrun /SSQLSERVER /Usa /N"StudyNwind Product Totals"
```

Cómo programar un paquete DTS

Puede programar un paquete DTS guardado para su ejecución en un momento específico, como diariamente a media noche, o en intervalos recurrentes como el primer o el último día del mes, o semanalmente, el domingo a las 6 de la mañana.

Puede programar la ejecución de un paquete DTS utilizando:

- Los asistentes para importación o exportación de DTS cuando guarde el paquete DTS en la base de datos SQL Server msdb.
- El Administrador corporativo de SQL Server para crear un trabajo SQL Server que ejecute el paquete DTS ejecutando la herramienta de símbolo de sistema dtsrun. Realice esto manualmente para los paquetes guardados como archivos. Para paquetes locales y paquetes depositados, haga clic derecho en el paquete y seleccione Programar paquete en el menú contextual.

Ejercicio: Cómo transferir una base de datos

En este ejercicio utilizará el Asistente para importación de DTS para crear una copia de la base de datos Northwind entera.

▶ **Cómo transferir una base de datos completa utilizando DTS**

1. Haga clic en su servidor en el árbol de consola en el Administrador corporativo de SQL Server.
2. Haga clic en el menú Herramientas y después haga clic en Asistentes.
3. En el cuadro de diálogo Seleccionar asistente, expanda Servicios de transformación de datos. Haga doble clic en Asistente de importación de DTS. Haga clic en Siguiente.

4. En el cuadro de diálogo Escoger un origen de datos, para Database seleccione Northwind. Haga clic en Siguiente.

5. En el cuadro de diálogo Escoger un destino, para Base de datos seleccione <nueva>. Aparecerá un cuadro de diálogo Crear base de datos.

6. En Name escriba **NwindTransfer**. Haga clic en Aceptar para cerrar el cuadro de diálogo Crear Base de datos y crear la nueva base de datos vacía. Haga clic en Siguiente.

7. Haga clic en Transfer objects and data between SQL Server 7.0 databases. Haga clic en Siguiente.

8. Revise las opciones predeterminadas del cuadro de diálogo Seleccionar objetos a transferir. Estas opciones realizarán una copia exacta de Northwind a NwindTransfer.

9. En Directorio de archivos de secuencia de comandos escriba **C:\Mssql7\Transfer.** Haga clic en Siguiente.

10. Haga clic en Siguiente otra vez. Quiere ejecutar la transferencia inmediatamente sin guardarla.

11. Haga clic en Finish. El cuadro de diálogo Transfiriendo datos muestra el progreso de la transferencia. La transferencia puede tardar algunos minutos.

12. Cuando la transferencia se ha completado, el cuadro de diálogo transfiriendo datos indica si la transferencia ha tenido éxito o no. Si hay errores en la transferencia serán guardados en archivos con la extensión .LOG en el Directorio de archivos de secuencia de comandos (C:\Mssql7\Transfer en este ejercicio). Haga clic en Hecho.

13. En el árbol de consola, haga clic derecho en Bases de datos y haga clic en Actualizar.

14. En el árbol de consola, expanda Bases de datos, después expanda NwindTransfer. Haga clic en Tablas, Vistas y Procedimientos almacenados en el árbol de consola y fíjese que todos los objetos de la base de datos Northwind han sido copiados a la base de datos NwindTransfer y están presentados en el panel de detalles.

15. En el árbol de consola, haga clic en Tablas. En el panel de detalles haga clic derecho en Clientes, apunte a Abrir tabla y haga clic en Devolver todas las filas. La cuadrícula de la consulta presenta los datos de la tabla Customers mostrando que todos los datos de la base de datos Northwind han sido copiados a la base de datos NwindTransfer. Cierre la cuadrícula de la consulta.

16. Haga clic derecho en NwindTransfer en el árbol de consola y haga clic en Eliminar. Haga clic en Sí para eliminar la base de datos NwindTransfer ya que no la volverá a necesitar.

Resumen de la lección

Un paquete DTS se compone de uno o más pasos, los cuales puede definir usted. Un paso es una unidad de trabajo con muchas acciones posibles. Puede realizar un número de acciones, incluyendo ejecutar instrucciones SQL e iniciar programas externos.

Con DTS puede controlar la secuencia de ejecución de cada paso. Las restricciones de precedencia y el procesado condicional le permiten priorizar los pasos.

Lección 4: Servidores vinculados

SQL Server le permite crear vínculos a orígenes de datos OLE DB denominados servidores vinculados. Esta sección examina la creación de servidores vinculados y su utilización en las consultas

---

Después de esta lección podrá:

- Agregar un servidor vinculado.
- Ejecutar una consulta distribuida.

Tiempo estimado de la lección: 50 minutos

Introducción a servidores vinculados

SQL Server le permite crear vínculos a orígenes de datos OLE DB denominados servidores vinculados. Esto permite a los clientes de SQL Server realizar consultas y transacciones completamente distribuidas. Después de vincularse a un origen de datos OLE DB, puede:

- Hacer referencia a conjuntos de filas de los orígenes de datos OLE DB como tablas en instrucciones Transact-SQL enviadas a SQL Server. Esto significa que el software del cliente no necesita utilizar muchos dialectos diferentes del leguaje SQL y puede acceder a muchos servidores diferentes a través de una única conexión a SQL Server.
- Hacer referencia a múltiples servidores vinculados y realizar operaciones de actualización de lectura en cada servidor vinculado individual. Una única consulta distribuida puede realizar operaciones de lectura en algunos servidores vinculados y operaciones de actualización en otros servidores vinculados. Los tipos de consultas ejecutadas en los servidores vinculados dependen del nivel de soporte para transacciones presente en los proveedores OLE DB.

La Figura 6.5 ilustra cómo funcionan los servidores vinculados

Cómo agregar servidores vinculados

Una definición de servidor vinculado especifica un proveedor OLE DB y un origen de datos OLE DB.

Un proveedor OLE DB es una biblioteca de vínculos dinámicos (DLL) que administra e interactúa con un origen de datos específico. Un origen de datos OLE DB es cualquier almacén de datos accesible a través de OLE DB. Aunque los orígenes de datos consultados a través de definiciones de servidores vinculados son normalmente servidores de base de datos (como SQL Server u Oracle), los proveedores OLE DB existen para una amplia variedad de archivos y formatos de archivos, incluyendo las bases de datos basadas en archivos (como Microsoft Access o Visual FoxPro), archivos de texto, datos de hojas de cálculo y los resultados de búsquedas de contenido de texto. La tabla siguiente muestra ejemplos de los proveedores OLE DB más comunes y orígenes de datos para SQL Server.

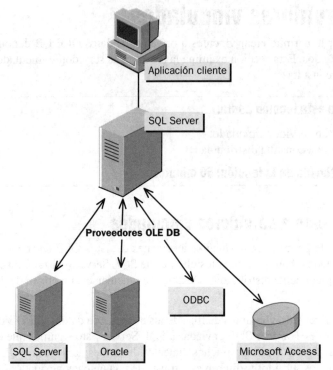

Figura 6.5. Cómo funcionan los servidores vinculados.

Proveedor OLE BD	Origen de datos OLE DB
Proveedor Microsoft OLE DB para SQL Server	Base de datos SQL Server, como pubs o Northwind.
Proveedor Microsoft OLE DB para Jet	Ruta y nombre de archivo de base de datos .MDB.
Proveedor Microsoft OLE DB para ODBC	Nombre de origen de datos ODBC (apuntando a una base de datos en concreto).
Proveedor Microsoft OLE DB para Oracle	SQL*Net alias que apunta a una base de datos Oracle.
Proveedor Microsoft OLE DB para el Servicio de indexación	Archivos de contenidos en los que se pueden ejecutar búsquedas de propiedad o de texto.

Para que un origen de datos devuelva datos a través de un servidor vinculado, el proveedor OLE DB (DLL) para ese origen de datos debe estar presente en el mismo servidor que SQL Server.

Cuando se configure un servidor vinculado, registre la información de conexión y de origen de datos con SQL Server. Una vez se ha completado el registro, siempre se puede hacer referencia al origen de datos con un único nombre lógico.

Nota: Se ha probado el soporte de servidores vinculados con el proveedor Microsoft OLE DB para SQL Server, el proveedor Microsoft OLE DB para Jet, el proveedor Microsoft OLE DB para Oracle, el proveedor Microsoft OLE DB para el Servicio de indexación y el proveedor Microsoft OLE DB para ODBC. Sin embargo, las consultas distribuidas de SQL Server están diseñadas para funcionar con todos los proveedores OLE DB que implementen el requisito de interfaces OLE DB.

Puede crear o eliminar una definición de servidor vinculado con procedimientos almacenados de sistema o a través del Administrador corporativo de SQL Server.

Para una tabla de los diferentes valores de parámetros que necesite especificar cuando cree un servidor vinculado vea sp_addlinkedserver en los libros electrónicos de SQL Server.

Consideraciones de seguridad para servidores vinculados

Cuando ejecuta una consulta en un servidor vinculado, SQL Server debe proporcionar un nombre de inicio de sesión y una contraseña al servidor vinculado en nombre del usuario ejecutando la consulta.

El nombre de inicio de sesión y la contraseña proporcionada al servidor vinculado pueden ser explícitamente especificados agregando un inicio de sesión asignado para el servidor vinculado. Si muchos usuarios necesitan utilizar el servidor vinculado, puede no ser práctico agregar inicios de sesión asignados para cada usuario. Si no se ha creado un inicio de sesión asignado para un usuario que esté intentando utilizar el servidor vinculado, puede ocurrir uno de los siguientes eventos:

- Que le sea denegado el acceso.
- Que esté asignado a un único inicio de sesión especificado para todos los usuarios que no tienen un inicio de sesión asignado.
- Que SQL Server no proporcione ningún inicio de sesión o contraseña. Esto funciona para orígenes de datos que no aplican la seguridad.
- Que SQL Server proporcione a SQL Server del usuario credenciales de inicio de sesión, esto requiere que el usuario tenga el mismo nombre de inicio de sesión y contraseña en el servidor vinculado. Lo que se denomina *representación*.

Cuando se crean inicios de sesión asignados para usuarios, puede especificar un nombre y contraseña de inicio de sesión para ser utilizados en el servidor vinculado o puede especificar que el usuario sea representado en el servidor vinculado. Las asignaciones de inicios de sesión son almacenadas en SQL Server, el cual pasa la información de inicio de sesión relevante al servidor vinculado cuando sea necesario.

Al especificar que a los usuarios sin un inicio de sesión asignado se les debe denegar el acceso, puede controlar el acceso a otros orígenes de datos en el nivel de SQL Server o proporcionar control de acceso a orígenes de datos que no proporcionen su propia seguridad. Por ejemplo, podría emplazar un archivo de base de datos de Microsoft Access en una unidad Windows NT y utilizar permisos NTFS para desautorizar el acceso a todos los usuarios. Sólo los usuarios que tienen inicios de sesión de SQL Server podrían ganar acceso a la base de datos de Access como un servidor vinculado.

Procedimientos almacenados de sistema para trabajar con servidores vinculados

SQL Server proporciona procedimientos almacenados de sistema para trabajar con servidores vinculados. Por ejemplo, el procedimiento almacenado de sistema sp_addlinkedserver se utiliza para crear una definición de servidor vinculado, y el procedimiento almacenado de sistema sp_linkedservers se utiliza para ver información acerca de servidores vinculados. La tabla siguiente proporciona una lista de procedimientos almacenados de sistema que pueden ser utilizados para trabajar con servidores vinculados:

Procedimiento de sistema almacenado	Propósito
sp_addlinkedserver	Crear una definición de servidor vinculado.
sp_linkedservers	Ver información acerca de servidores vinculados.
sp_dropserver	Eliminar definición de un servidor vinculado.
sp_addlinkedsrvlogin	Agregar una asignación de inicios de sesión de servidores vinculados.
sp_droplinkedsrvlogin	Eliminar una asignación de inicio de sesión de servidores vinculados.

Cómo ejecutar una consulta distribuida

Cuando ejecute una consulta distribuida en un servidor vinculado, incluya un nombre de tabla de cuatro partes cualificado para cada origen de datos a consultar. Este nombre de cuatro partes debería tener el formato

linked_server_name.catalog.schema.object_name

En SQL Server, *catálogo* se refiere al nombre de la base de datos y *esquemas* se refiere al propietario de la tabla. El siguiente ejemplo muestra una consulta que recupera datos de bases de datos vinculadas de SQL Server y Oracle:

```
SELECT emp.EmloyeeID, ord.OrderID, ord.Discount
FROM SQLServer1.Northwind.dbo.Employees emp INNER JOIN
OracleSvr.Catalog1.SchemaX.Orders ord
ON ord.EmployeeID = emp.EmployeeID
WHERE ord.Discount > 0
```

▶ **Para configurar un servidor vinculado de Microsoft Access**

1. En el árbol de consola expanda su servidor, expanda Seguridad, después haga clic derecho en Servidores vinculados. Haga clic en Nuevo servidor vinculado.
2. En Servidor vinculado introduzca el nombre LINKEDJET para el nuevo servidor vinculado.
3. En Tipo de servidor haga clic en Otro origen de datos.

4. Para Nombre de proveedor, seleccione Proveedor Microsoft Jet 4.0 OLE DB de la lista de proveedores.

5. En Origen de datos, introduzca la ruta al servidor vinculado base de datos Microsoft Jet: **C:\Sqladmin\Exercise\Ch06\Nwind.mdb**.

6. En la pestaña de Seguridad, haga clic en Serán asignados y escriba **Admin** en Usuario remoto. Esto asigna todos los inicios de sesión de SQL Server al inicio de sesión Admin, que es el nombre de usuario predeterminado para bases de datos Access que no tienen seguridad habilitada.

7. Haga clic en Aceptar para cerrar el cuadro de diálogo Propiedades del servidor vinculado y agregar el nuevo servidor vinculado.

8. En el árbol de consola expanda LINKEDJET, después haga clic en Tablas. En el panel de detalles aparecerá una lista de tablas del archivo de Access Nwind.mdb.

9. Cambie a, o abra, Analizador de consultas. Seleccione Northwind en el cuadro de lista Bases de datos.

10. En el panel de consulta escriba y ejecute la siguiente consulta:

```
SELECT ProductName, CategoryName, DATALENGTH(ProductName)
FROM LINKEDJET...Products Prd JOIN Categories Cat
ON Prd.CategoryID = Cat.CategoryID
```

Esta consulta recupera datos de la tabla Category en la base de datos de SQL Server Northwind y la combina con los datos recuperados de la tabla Products en el archivo de base de datos de Access Nwind.mdb.

La sintaxis JOIN de esta consulta es válida en Transact-SQL, pero no funcionará en Microsoft Access (se tendría que especificar INNER JOIN). La consulta utiliza la función Transact-SQL DATALENGTH, la cual no está disponible en Microsoft Access. La función DATALENGTH devuelve la longitud de los datos en la columna especificada. El valor devuelto es dos veces el número de caracteres en la columna porque los datos están almacenados utilizando caracteres Unicode de dos bytes por carácter.

Resumen de la lección

Un servidor vinculado le permite tener acceso a consultas heterogéneas en orígenes de datos OLE DB. Por ejemplo, se puede acceder a información desde una base de datos de Oracle o Access utilizando una conexión de SQL Server. SQL Server proporciona procedimientos almacenados de sistema para crear y ver información acerca de servidores vinculados. Una vez se ha creado el servidor vinculado, se puede ejecutar una consulta que utilice tablas de SQL Server y tablas de otros orígenes de datos OLE DB.

Revisión

Las siguientes preguntas tienen la intención de reforzar información clave presentada en este capítulo. Si no puede contestar una pregunta, revise la lección apropiada e intente responder la pregunta otra vez. Las respuestas a las preguntas se pueden encontrar en el Apéndice A, "Preguntas y respuestas."

1. Quiere crear un paquete DTS utilizando una consulta básica. ¿Qué herramienta es la más apropiada?

2. Quiere asegurarse de que el paquete DTS está seguro para que nadie pueda copiarlo o ver información sensible. ¿Qué puede hacer para asegurar este paquete DTS?

3. Tiene planeado actualizar el hardware que actualmente ejecuta su SQL Server 7.0. El nuevo hardware será más rápido. ¿Qué herramienta seleccionaría para transferir la base de datos y todos sus objetos al nuevo hardware?

4. Le piden que recomiende una solución para una organización que tiene una base de datos actual Oracle y una base de datos nueva SQL Server. Las aplicaciones utilizando la base de datos de SQL Server necesitan acceso a una tabla en el servidor Oracle. Considere cuál de los siguientes proporcionaría la mejor solución y ¿por qué?:

   A. Establezca la duplicación de SQL Server para duplicar la tabla de Oracle a SQL Server.
   B. Cree un paquete DTS y prográmelo para que transfiera los contenidos de la tabla desde Oracle al servidor SQL Server una vez cada hora.
   C. Agregue la base de datos Oracle como un servidor vinculado en SQL Server.
   D. Instale el software de servidor de Oracle y de SQL Server en cada ordenador de usuario y acceda a la tabla de Oracle directamente de la aplicación.

Publicación en Web e indexación de texto

Acerca de este capítulo

Los datos de una base de datos se publican comúnmente en páginas Web de Internet e intranet. En este capítulo, aprenderá a generar automáticamente páginas Web desde las bases de datos de SQL Server.

La indexación y búsqueda de texto en SQL Server 7.0 hacen que sea posible realizar complicadas búsquedas lingüísticas que no son posibles, normalmente, en datos de texto o caracteres en una base de datos relacional. En este capítulo aprenderá a establecer indexaciones de texto y se le introducirá a la realización de búsquedas de texto.

Antes de empezar

Para completar las lecciones en este capítulo deberá:

- Tener instalado SQL Server 7.0.
- Poder iniciar una sesión como administrador en SQL Server.
- Tener instalados los archivos de ejercicios del CD-ROM de Material adicional del curso en su disco duro, usando el archivo Setup.exe mencionado en la sección "Antes de empezar".
- Tener instalada la base de datos StudyNwind. Véase la sección "Como comenzar" en las instrucciones de instalación de la base de datos StudyNuvind.

Lección 1: Cómo publicar datos de una base de datos en páginas Web

Puede generar páginas Web de lenguaje HTML desde una tabla de datos de SQL Server con el Asistente de ayudante de web de SQL Server. El asistente proporciona una interfaz de usuario al procedimiento almacenado del sistema sp_makewebtask, el cual crea trabajos del Ayudante de web. En esta lección se proporciona una visión general de la publicación en Web y se describe cómo utilizar el Ayudante de web para crear y actualizar páginas Web.

Después de esta lección podrá:

- Crear una página Web con el Asistente de ayudante de web de SQL Server.
- Utilizar procedimientos almacenados de sistema de publicaciones de Web.
- Programar un trabajo del Ayudante de web para que sea ejecutado en intervalos regulares.
- Hacer que un trabajo del Ayudante de web actualice una página Web cuando cambien los datos.

Tiempo estimado de la lección: 90 minutos

Cómo funciona la publicación en Web

Puede generar varias páginas Web HTML desde SQL Server utilizando el Ayudante de web de SQL Server. Puede crear, con esta misma herramienta, trabajos que publiquen y den formato a la información de una base de datos. Estos trabajos se ejecutan automáticamente o a petición (véase la Figura 7.1)

Cuando se crea un trabajo del Ayudante de web utilizando el Asistente de ayudante de web o el procedimiento almacenado de sistema sp_makewebtask, pueden ser creados varios objetos.

Para todos los trabajos del Ayudante de web:

- Se agrega una fila a la tabla del sistema en la base de datos del sistema msdb. Esta entrada registra el nombre del trabajo del Ayudante de web en la ubicación del archivo HTML que será generado por el trabajo.
- Se crea un procedimiento almacenado con el mismo nombre que el trabajo en la base de datos especificada cuando se crea el trabajo. Este procedimiento almacenado contiene la consulta Transact-SQL para el trabajo. Cuando se ejecuta el trabajo, se ejecuta el procedimiento almacenado y se genera una página Web HTML que contenga los resultados de la consulta.

Si el trabajo del Ayudante de web se crea para una única ejecución, la entrada en msdb y el procedimiento almacenado son inmediatamente eliminados después de que el trabajo se haya ejecutado.

Un trabajo de Ayudante de web se puede ejecutar manualmente en cualquier momento utilizando el Administrador corporativo de SQL Server o el procedimiento almacena-

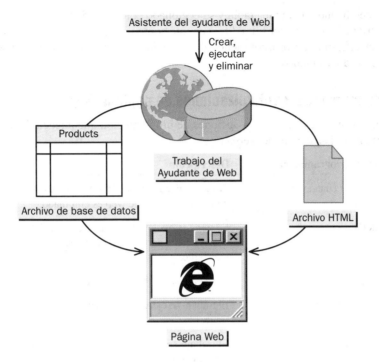

Figura 7.1.   Cómo crear una página Web con publicación en Web de SQL Server.

do de sistema sp_runwebtask. Para que un trabajo de Ayudante de web se ejecute automáticamente, uno de los siguientes será creado cuando se ejecute el trabajo:

- Se crea un trabajo del Agente SQL Server con el mismo nombre que el trabajo del Ayudante de web para trabajos programados del Ayudante de web.
- Se crean tres desencadenadores para cada trabajo del Ayudante de web que se ejecutan cuando cambian los datos. Éstos son nombrados según el trabajo del Ayudante de web con un número adjunto a cada uno para hacer que los nombres sean únicos.

Cómo especificar características de páginas Web

Los trabajos del Ayudante de web producen documentos HTML, los cuales contienen el/los conjunto(s) de resultado(s) de una consulta. Cuando utilice el Asistente de ayudante de web para definir un trabajo de Ayudante de web y la página Web que generará, debe proporcionar información de consulta, tiempo de actualización, ubicación del archivo y formato.

Cómo especificar la consulta

El Asistente de ayudante de web le permite seleccionar los datos que son presentados en la página Web:

- Especificando una única tabla y seleccionado columnas de la tabla.
- Introduciendo una consulta directamente como texto.
- Especificando un procedimiento almacenado que devuelve uno existente o más conjuntos de resultados.

Cómo automatizar actualizaciones de páginas Web

La tabla siguiente describe las opciones de programación que puede utilizar cuando cree un trabajo del Ayudante de web.

Opción de programación	Descripción
Sólo una vez cuando complete el asistente	Sólo una ejecución inmediata. Después de la ejecución, el trabajo del Ayudante de web es eliminado.
A petición	Se tiene la opción de ejecutarlo inmediatamente y el trabajo del Ayudante de web se guarda para que pueda ser ejecutado más tarde.
Sólo una vez en…	El trabajo se ejecuta una vez en una fecha y hora específicos.
En intervalos regulares programados	El trabajo se ejecuta en intervalos regulares que usted especifique.
Cuando cambien los datos de SQL Server	El trabajo se ejecuta cuando los datos subyacentes de SQL Server cambien.

Actualizaciones programadas de página web

Cuando programa un trabajo del Ayudante de web, se crea un trabajo de Agente SQL Server para ejecutarlo, como se muestra en la Figura 7.2.

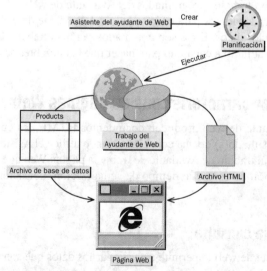

Figura 7.2. Cómo programar actualizaciones de páginas Web.

No confunda estos dos tipos de trabajos, aprenderá más acerca de la creación de trabajos del Agente de SQL Server en el Capítulo 13. El agente SQL Server se debe estar ejecutando para que se ejecuten los trabajos programados.

Es el trabajo del agente de SQL Server el que está programado, no el trabajo del Ayudante de web. Cuando el trabajo del agente de SQL Server se ejecuta según lo programado, ejecuta a su vez el trabajo del Ayudante de web utilizando el procedimiento almacenado de sistema sp_runwebtask. El trabajo del Agente de SQL se crea mediante el procedimiento almacenado del sistema sp_makewebtask.

Para cambiar el programa de un trabajo del Ayudante de web programado necesita modificar el programa del trabajo del agente de SQL Server; no puede modificar un trabajo del Ayudante de web. Si elimina el trabajo del Ayudante de web utilizando el Administrador corporativo de SQL Server o el procedimiento almacenado del sistema sp_dropwebtask, el trabajo del Agente SQL Server también se elimina automáticamente.

Actualizaciones de páginas Web desencadenadas

Cuando cree un trabajo del Ayudante de web, que actualice la página Web cuando cambien los datos, se agregan tres desencadenadores a la tabla que contiene los datos objetivo (véase Figura 7.3). Estos desencadenadores se disparan cuando se insertan, actualizan

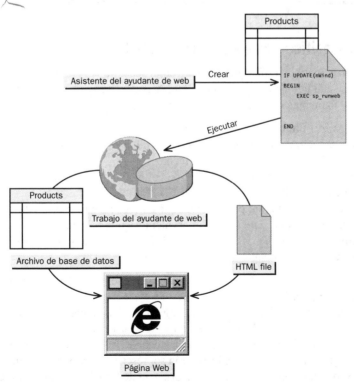

Figura 7.3. Actualizaciones de páginas Web desencadenadas.

eliminan datos de la tabla. El trabajo del Ayudante de web puede consultar una tabla diferente a la tabla en la que están definidos los desencadenadores.

Los desencadenadores ejecutan el trabajo del Ayudante de web utilizando el procedimiento almacenado de sistema sp_runwebtask. Si elimina el trabajo del Ayudante de web utilizando el Administrador corporativo de SQL Server o el procedimiento almacenado de sistema sp_dropwebtask, los desencadenadores son automáticamente eliminados de la tabla.

Cómo establecer la ubicación del archivo de salida

El Asistente de ayudante de web le permite especificar el nombre del archivo de salida y la ruta para la página Web. Esto puede ser en el ordenador local o en uno remoto. La carpeta que especifique ya debe existir.

Precaución: La carpeta predeterminada es c:\mssql7\html. Se recomienda que utilice otra carpeta, ya que la carpeta predeterminada se utiliza para almacenar archivos que son utilizados por el Administrador corporativo de SQL Server. Si almacena sus archivos en esta carpeta y después elimina algunos de los archivos del Administrador corporativo de SQL Server por error, éste no funcionará correctamente.

Cómo especificar las opciones de formato

Si no utiliza un archivo plantilla HTML (en la sección "Cómo utilizar un archivo plantilla HTML" más adelante en esta lección), el Asistente de ayudante de web le permite especificar las siguientes opciones para el archivo HTML que se genera:

- Texto para el título de la página Web.
- Texto y tamaño del título de la tabla que contiene los resultados de la consulta.
- Si incluir o no una marca de hora y fecha.
- Si incluir o no encabezados y bordes de columna para la tabla que contiene los resultados de la consulta.
- Características de fuente para la tabla que contiene los resultados de la consulta.
- Si se deberían incluir uno o más hipervínculos en la página.
- Un límite para el número total de filas que devuelve la consulta y para cuántas filas son presentadas en cada página.

El Asistente de ayudante de web proporciona valores predeterminados para opciones que usted no especifique.

Después de que se ha generado una página Web, la puede modificar manualmente y agregar otros rótulos HTML para mejorar el formato y la presentación de los datos. No haga esto para páginas que son regeneradas cuando se actualicen los datos o de acuerdo con un programa, ya que sus cambios serán sobrescritos la primera vez que se regenere la página. Si desea poder personalizar la apariencia de las páginas, se recomienda que utilice un archivo plantilla.

Ejercicio: Cómo crear una página Web estática

En este ejercicio, iniciará el Asistente de ayudante de web de SQL Server desde dentro de el Administrador corporativo de SQL Server para crear una página Web estática.

▶ **Para crear una página Web utilizando el Asistente de ayudante de web**

1. Abra el Administrador corporativo de SQL Server y haga clic en su servidor.
2. En el menú Herramientas, haga clic en Asistentes.
3. Expanda Administración y después haga doble clic en Asistente de ayudante de web.
4. Cree una página HTML con la información de la tabla siguiente. Acepte valores predeterminados para cualquier opción que no esté listada.

Opción	Valor
Base de datos	StudyNwind
¿Qué nombre quiere ponerle a este trabajo del Ayudante de web?	Current_stock
¿Qué datos quiere publicar en la tabla en la página Web?	Datos de la instrucción Transact-SQL que yo especifique.
Consulta Transact-SQL	SELECT ProductName, UnitsInStock FROM Products ORDER BY ProductName.
¿Cuándo debería el Ayudante de Web actualizar la página?	Sólo una vez cuando yo complete este asistente.
¿Dónde quiere publicar la página Web?	c:\sqladmin\exercise\ch07\instock.htm
¿Quiere que el Ayudante de web le ayude a dar formato al diseño de la página Web?	Sí, ayúdeme a dar formato a la página Web.
¿Qué título le quiere poner a la página Web?	Northwind Traders Current Stock.
¿Qué título le quiere poner a la tabla HTML que contiene los datos?	Inventory of Items.
Escriba Transact-SQL al archivo	c:\temp\instock.sql

Ejercicio: Cómo visualizar la página Web

En este ejercicio verá la página Web y el origen HTML creado por el trabajo del Ayudante de web.

▶ **Para ver la página Web creada**

1. Abra Internet Explorer.

2. Abra el archivo c:\sqladmin\exercise\ch07\instock.htm y vea la página Web.
3. En el menú Ver, haga clic en Origen y después revise el HTML.

Ejercicio: Cómo visualizar la secuencia de comandos de Transact-SQL

En este ejercicio verá la secuencia de comandos de Transact-SQL que el Asistente de ayudante de web de SQL Server ha generado.

▶ **Para ver la secuencia de comandos Transact-SQL generada**

1. Abra el Analizador de consultas de SQL Server e inicie una sesión en el servidor (local) con autenticación de Microsoft Windows NT.
2. Abra el archivo c:\temp\instock.sql y revise los contenidos. Fíjese que el Asistente de ayudante de web de SQL Server genera una única llamada al procedimiento almacenado de sistema sp_makewebtask proporcionando valores de parámetros de acuerdo con sus elecciones en las pantallas del asistente.
    ¿Cuál es el significado del parámetro @whentype = 1?

Cómo utilizar un archivo plantilla HTML

Puede utilizar un archivo plantilla HTML para dar formato a una página Web. Una plantilla proporciona el diseño para una página Web que usted cree. Con una plantilla, puede especificar de forma precisa cómo presentar los datos de una base de datos. Cuando se genera la página Web, los resultados de la consulta se mezclan con el archivo plantilla HTML.

Cómo especificar un archivo plantilla HTML

Cree el archivo plantilla tal y como crearía cualquier otro archivo HTML estándar. Los archivos plantilla HTML, normalmente, tienen la extensión .tpl.

Cómo dar formato a un archivo plantilla HTML

Para poder especificar dónde se deben presentar los resultados de la consulta, el archivo debe contener una de las siguientes opciones:

-   Un único rótulo <%insert_data_here%> en el lugar donde quiera que SQL Server mezcle los resultados de la consulta en el documento. Los resultados de la consulta son insertados como un única tabla HTML.
-   Un bloque comenzando con el rótulo <%begindetail%> y finalizando con el rótulo <%enddetail%>. Entre estos rótulos especifique un diseño de fila completo con un rótulo <%insert_data_here%> para cada columna en la consulta. Normalmente, estos rótulos serían emplazados entre rótulos <TR></TR> y <TD></TD> para poder dar formato a los resultados en una tabla HTML.

Cuando el trabajo del Ayudante de web es ejecutado, los resultados de la consulta serán insertados en las posiciones indicadas por los rótulos especiales; el resto del archivo plantilla HTML se dejará como está. Por tanto, tiene control absoluto de la salida del Ayudante de web.

El ejemplo siguiente muestra el contenido de un archivo plantilla simple que puede ser utilizado con el trabajo del Ayudante de web para crear una página Web que liste los productos vendidos por Northwind Traders y los precios para cada producto. La tabla siguiente explica el significado de los rótulos HTML de la plantilla. Todo en la plantilla es lenguaje HTML estándar, excepto por los rótulos <%begindetail%>, <%enddetail%> y <%insert_data_here%>.

```
<HTML>
<HEAD>
<TITLE>Northwind Traders Price List</TITLE>
</HEAD>
<BODY>
<H1>Items For Sale</H1>
<HR>
<P>
<TABLE BORDER>
<TR><TH><I>Product Name</I></TH><TH>Price</TH></TR>
<%begindetail%>
<TR>
<TD><I><%insert_data_here%></I></TD>
<TD ALIGN=RIGHT><B>$<%insert_data_here%></B></TD>
</TR>
<%enddetail%>
</TABLE>
<P>
<A HREF = "http://www.microsoft.com">Microsoft</A>
<P>
</BODY>
</HTML>
```

Rótulos HTML	Los contenidos comprendidos entre los rótulos se traducen a
<HTML> </HTML>	El documento HTML completo.
<HEAD> </HEAD>	Encabezado del documento.
<TITLE> </TITLE>	Título (normalmente presentado en la barra de título del navegador).
<BODY> </BODY>	Cuerpo del documento.
<H1> </H1>	Encabezado: primer nivel.
<HR>	Regla horizontal.
<P>	Marcador de párrafo.
<TABLE BORDER> </TABLE>	Estructura de tabla con bordes.
<TR> </TR>	Fila de tabla.
<TH> </TH>	Encabezado de columna de tabla.

(continúa)

Rótulos HTML	Los contenidos comprendidos entre los rótulos se traducen a	*(continuación)*
\<TD> \</TD>	Datos de tabla.	
\<TD ALIGN=RIGHT> \</TD>	Datos de tabla, alineados a la derecha.	
\<I> \</I>	Texto en cursiva.	
\<B> \</B>	Texto en negrita.	
\<%begindetail%> \<%enddetail%>	Formato del conjunto de resultados para una fila completa.	
\<%insert_data_here%>	Datos de una única columna que son devueltos de una consulta Transact-SQL.	
\<A HREF> \</A>	Hipervínculo URL.	

Ejercicio: Cómo examinar un archivo plantilla

En este ejercicio, examinará un archivo plantilla que utilizará más tarde para crear una página Web.

▶ **Para revisar un archivo plantilla**

1. Abra el Bloc de notas.
2. Abra c:\sqladmin\exercise\ch07\pricelst.tpl y revise los contenidos.
    Fíjese en la ubicación de los rótulos \<%insert_data_here%>.

Ejercicio: Cómo crear y ejecutar un trabajo del Ayudante de web

En este ejercicio ejecutará una secuencia de comandos Transact-SQL que genera una página Web basándose en una plantilla HTML.

▶ **Para crear y ejecutar un trabajo del Ayudante de web con el procedimiento almacenado del sistema sp_makewebtask**

1. Cambie al Analizador de consultas de SQL Server, abra c:\sqladmin\exercise \ch07\pricelst.sql y revise su contenido.
    Fíjese en el valor de cada parámetro, el nombre del archivo de salida y la referencia al archivo plantilla c:\sqladmin\exercise\ch07\pricelst.tpl.
2. Ejecute la secuencia de comandos.

Ejercicio: Cómo ver la página Web

En este ejercicio verá la página Web y el origen HTML.

▶ **Para ver la página Web generada**

1. Cambie a Internet Explorer.
2. Abra el archivo c:\sqladmin\exercise\ch07\pricelst.htm y vea la página Web.
3. En el menú Ver, haga clic en Origen y después revise el HTML.

Cómo administrar trabajos del Ayudante de web

Puede utilizar el Administrador corporativo de SQL Server o procedimientos almacenados del sistema para administrar trabajos del Ayudante de web.

Cómo ver trabajos del Ayudante de web

Para ver trabajos de Ayudante de web en el Administrador corporativo de SQL Server, expanda Administración en el árbol de consola y después haga clic en Publicaciones Web. No puede listar todos los trabajos del Ayudante de web utilizando Transact-SQL.

Cómo ejecutar un trabajo del Ayudante de web

Para ejecutar un trabajo del Ayudante de web en el Administrador corporativo de SQL Server, en el árbol de consola, expanda Administración, haga clic en Publicaciones Web, haga clic derecho en el trabajo en el panel de detalles y haga clic en Iniciar trabajo del Asistente de web.

Puede ejecutar el trabajo del Ayudante de web con el procedimiento almacenado de sistema sp_runwebtask:

```
sp_runwebtask {[@procname =] procname | [,@outputfile = ]
 'outputfile'}
```

Donde *procname* es el nombre del trabajo del Ayudante de web a ejecutar y *outputfile* es el nombre del archivo HTML a ser creado. El parámetro *procname* se denomina así porque el procedimiento almacenado en la base de datos se ejecuta cuando se ejecuta el trabajo. Puede especificar cualquiera de los parámetros o los dos. El/los parámetro(s) que especifique deben coincidir exactamente con los parámetros especificados cuando se creó el trabajo del Ayudante de web.

El ejemplo siguiente ejecuta un trabajo del Ayudante de web utilizando un parámetro @outputfile de C:\Web\Myfile.html y un parámetro @procname de "My Web Assistant Job".

```
sp_runwebtask @procname = [My Web Assistant Job], @outputfile =
 'C:\Web\Myfile.Html'
```

Cómo eliminar un trabajo del Ayudante de web

Para eliminar un trabajo del Ayudante de web en el Administrador corporativo de SQL Server, en el árbol de consola, expanda Administración, haga clic en Publicación en Web, haga clic derecho en el trabajo en el panel de detalles y haga clic en Eliminar.

También puede eliminar un trabajo del Ayudante de web con el procedimiento almacenado de sistema sp_dropwebtask:

```
sp_dropwebtask {[@procname =] procname | [,@outputfile = ]
 'outputfile'}
```

El parámetro *procname* se llama así porque el procedimiento almacenado en la base de datos se elimina cuando se elimina el trabajo.

Este ejemplo elimina un trabajo del Ayudante de web denominado MYHTML que tiene un archivo de salida de C:\Web\Myfile.html.

```
sp_dropwebtask MYHTML, 'c:\Web\Myfile.Html'
```

Nota: Cuando ejecute sp_runwebtask o sp_dropwebtask, debe utilizar la misma base de datos que fue especificada en el Asistente de ayudante de web de SQL Server o con el parámetro dbname del procedimiento almacenado de sistema sp_makewebtask cuando el trabajo del Ayudante de web fue creado.

Ejercicio: Cómo crear un trabajo del Ayudante de web que actualice la página Web cuando cambien los datos

En este ejercicio utilizará el Asistente de ayudante de web de SQL Server para crear un trabajo del Ayudante de web que es ejecutado por un desencadenador para actualizar una página Web cuando cambien los datos en la base de datos.

▶ **Para crear un trabajo del Ayudante de web que actualice una página Web cuando cambien los datos especificados**

Utilice el Asistente de Ayudante de web de SQL Server para crear una página HTML basada en las opciones de la tabla siguiente. Acepte los valores predeterminados para cualquier opción que no esté listada.

Opción	Valor
Base de datos	StudyNwind.
¿Qué nombre le quiere poner a este trabajo del Ayudante de web?	Web_trigger.
¿Qué datos quiere publicar en la tabla en la página Web?	Datos de tablas y columnas que yo seleccione.
¿Qué tabla y columnas quiere publicar en la página Web?	Tabla Products. Columnas ProductName, UnitsInStock, UnitPrice.
¿Qué filas de la tabla quiere publicar en la página Web?	Sólo aquellas filas que cumplan el siguiente criterio.
Columna	[Products].UnitsInStock
Operador	<
Valor	3
¿Cuándo debería el Ayudante de web actualizar la página Web?	Cuando cambien los datos de SQL Server.
Generar una página Web cuando el asistente se complete	Activado.
¿Qué tabla y columnas debería monitorizar el Ayudante de web?	Tabla Products. Columna UnitsInStock.
¿Dónde quiere publicar la página Web?	c:\sqladmin\exercise\ch07\lowstock.htm

(continúa)

Opción	Valor	*(continuación)*
¿Quiere que el Ayudante de web le ayude a dar formato al diseño de la página Web?	Sí, ayúdeme a dar formato a la página Web.	
¿Qué título le quiere poner a la página Web?	Northwind Traders Low Stock.	
¿Qué título le quiere poner a la tabla HTML que contiene los datos?	Low Stock List.	
Escriba Transact-SQL al archivo	c:\temp\invtrig.sql	

Ejercicio: Cómo ver la secuencia generada de comandos

En este ejercicio verá la secuencia de comandos Transact-SQL que el Asistente de ayudante de web de SQL Server ha generado. Esta secuencia de comandos ejecuta sp_make-webtask con parámetros que hacen que cree el trabajo del Ayudante de web y los desencadenadores que ejecutan el trabajo de actualizar la página cuando los datos en la columna UnitsInStock cambien.

▶ **Para ver la secuencia de comandos Transact-SQL generada**

1. Cambie a Analizador de consultas de SQL Server.
2. Abra el archivo c:\temp\invtrig.sql y revise su contenido. ¿Cuál es el significado de los parámetros @whentype = 10 y @datachg = N'TABLE = Products COLUMN = UnitsInStock'?

Ejercicio: Cómo ver el trabajo

En este ejercicio utilizará el Administrador corporativo de SQL Server para ver el trabajo que el Ayudante de web creó en el ejercicio anterior.

▶ **Para ver el trabajo Web_Trigger**

1. En el árbol de consola, expanda Administración, después haga clic en Publicación en web.
2. En el panel de detalles, haga clic derecho en el trabajo Web_Trigger y después haga clic en Propiedades.
3. En el cuadro de diálogo Propiedades de Web_Trigger revise las propiedades del trabajo.
4. Haga clic en Cancelar para cerrar el diálogo.

Ejercicio: Cómo ver el desencadenador

En este ejercicio utilizará el Administrador corporativo de SQL Server para examinar el desencadenador que el Asistente de ayudante de web de SQL Server ha creado.

▶ **Para ver el desencadenador**

1. En el árbol de consola, expanda Bases de datos, expanda la base de datos StudyNwind y después haga clic en Tablas.

2. En el panel de detalles, haga clic derecho en la tabla Products, apunte a Todas las tareas y después haga clic en Administrar desencadenadores.
3. Examine todos los desencadenadores del tabla Products seleccionando los desencadenadores varios de la lista desplegable Nombre.

¿Qué desencadenadores existen?

Ejercicio: Cómo ver la página Web

En este ejercicio verá la página Web y el origen HTML.

▶ **Para ver la página Web generada**

1. Cambie a Internet Explorer.
2. Abra el archivo c:\sqladmin\exercise\ch07\lowstock.htm y vea la página Web.
3. En el menú Ver, haga clic en Origen y después revise el HTML.

Ejercicio: Cómo probar el desencadenador

En este ejercicio insertará nueva información en la tabla **Products**, lo que causará que el desencadenador INSERT se dispare. Esto ejecutará el trabajo del Ayudante de web que actualiza la página Web Low Stock.

▶ **Para probar el desencadenador**

1. Abra el Analizador de consultas de SQL Server e inicie una sesión en el servidor (local) con autenticación de Microsoft Windows NT.
2. Escriba las siguientes instrucciones:

```
USE StudyNwind
UPDATE Products SET UnitsInStock = (UnitsInStock - 38)
WHERE ProductName = 'Chai'
```

Cambiar el valor de la columna UnitsInStock inicia el desencadenador que crea una nueva versión de la página Web.

3. Cambie a Internet Explorer y después actualice y vea el archivo c:\sqladmin\exercise\ch07\lowstock.htm. El producto Chai se habrá agregado a la tabla en la página Web.

Resumen de la lección

El Ayudante de web de SQL Server le permite generar páginas de Web HTML a partir de los datos de las tablas de SQL Server. El asistente proporciona una interfaz de usuario para el procedimiento almacenado del sistema sp_makewebtask, el cual crea trabajos del Ayudante de web. SQL Server utiliza desencadenadores para actualizar automáticamente las páginas de Web cuando se han realizado cambios a los datos.

Lección 2: Cómo indexar y buscar texto

SQL Server 7.0 permite a los usuarios utilizar consultas de texto con datos simples de caracteres en las tablas de SQL Server, incluyendo palabras, frases y formas diferentes de una palabra o frase.

Después de esta lección podrá:

- Describir el servicio de Microsoft Search.
- Establecer indexación de texto en tablas en una base de datos.
- Llenar un catálogo de texto.
- Realizar búsquedas de texto básicas.

Tiempo estimado de la lección: 75 minutos

Introducción a búsqueda de texto

En las versiones anteriores de SQL Server, la capacidad de consultar datos de texto era muy limitada. Con SQL Server 7.0, puede consultar datos basados en caracteres en tablas utilizando búsquedas de texto. El componente de SQL Server 7.0 que realiza las consultas de texto es el servicio de Microsoft Search.

El servicio de Microsoft Search

El servicio de Microsoft Search en un motor de búsqueda de indexación de texto. El mismo motor se utiliza con Internet Information Server, donde se denomina Index Server. El servicio sólo puede ser instalado cuando SQL Server está instalado en Windows NT Server (no puede ser instalado en Windows NT Workstation o Windows 95/98).

Instalación

Puede instalar la Búsqueda de texto durante la instalación inicial de SQL Server si realiza una instalación personalizada. Si no lo ha instalado durante la instalación de SQL Server, puede instalar la búsqueda de texto al ejecutar el programa de instalación de SQL Server. La Búsqueda de texto no se instala con la instalación predeterminada. En el cuadro de diálogo Select Components desactive las casillas de verificación de todos los componentes y, luego, active la casilla de verificación de Búsqueda de texto. Debe desactivar todos los componentes (incluyendo Componentes del servidor) antes de activar Búsqueda de texto u otros componentes puedan ser instalados.

Indexación

El servicio de Microsoft Search opera de manera separada de SQL Server. No almacena información en las bases de datos, tablas o índices de SQL Server. Se comunica simplemente con SQL Server para realizar indexación y búsqueda. Un índice de texto y un índice estándar de SQL Server son muy diferentes.

Los índices de texto son almacenados en archivos en una estructura de carpetas en el sistema de archivos, denominado catálogo. De manera predeterminada, estas carpetas se crean bajo c:\mssql7\ftdata. Se puede utilizar un único catálogo para uno o más índices en la misma base de datos, pero las bases de datos no pueden compartir catálogos. Puede crear muchos catálogos para una sola base de datos.

El servicio de Microsoft Search acepta una petición para llenar el índice de texto de una tabla en concreto a un catálogo de texto después de que la tabla ha sido preparada para una indexación de texto. Procesa algunas o todas las filas de una tabla y extrae palabras clave de las columnas especificadas para la búsqueda de texto. Estas palabras se almacenan en un índice en el catálogo.

Cómo realizar una consulta

El servicio de Microsoft Search procesa consultas de búsqueda de texto recibidas desde el servicio de MSSQLServer. Proporciona capacidades de búsqueda avanzadas como proximidad y búsquedas lingüísticas en varios idiomas.

Búsqueda de texto con SQL Server 7.0

Las versiones anteriores de SQL Server sólo soportaban búsquedas básicas de caracteres en columnas en una base de datos:

- Busca un valor de carácter igual que, menor que o mayor que una constante de carácter.
- Busca un valor de carácter que contenga una cadena específica o una cadena comodín.

En SQL Server 7.0, el servicio de Microsoft Search permite a SQL Server soportar complejas búsquedas en datos de caracteres o texto en una base de datos o en archivos fuera de cualquier base de datos.

Cómo almacenar datos de texto

Puede almacenar datos de texto dentro o fuera de la base de datos. Normalmente, la mayoría de los datos de texto de una gran organización están almacenados en archivos de varios tipos, externos a cualquier base de datos. Puede almacenar de 4K a 2GB de texto en un único campo de base de datos de SQL Server con los tipos de datos char, varchar, text, ntext, nchar o nvarchar. Estos datos de texto, así como los datos de texto en documentos de procesadores de texto, hojas de cálculo y otros documentos pueden ser indexados y buscados con el servicio de Microsoft Search.

Cómo consultar datos de texto

El requisito de diseño principal para la indexación y consulta de texto es la presencia de un índice único de una sola columna en todas las tablas que estén registradas para una búsqueda de texto. Un índice de texto asocia palabras con el valor clave de índice único de cada fila en las tablas de SQL Server.

Cuando SQL Server recibe una consulta que requiere una búsqueda de texto, transmite el criterio de búsqueda a Microsoft Search, el cual procesa la búsqueda y devuelve el valor clave y un valor de categoría para cada fila que contiene equivalentes. El servicio de MSSQLServer utiliza esta información para generar el conjunto de resultados de la consulta.

Cómo eliminar palabras vacías

Para evitar que el índice de texto se hinche de palabras que no ayudan en la búsqueda, palabras extrañas (conocidas como palabras vacías) como "un", "y", "es" o "el" son ignoradas. Por ejemplo, especificar la frase "los productos pedidos durante estos meses de verano" es lo mismo que especificar la frase "productos pedidos durante meses verano".

Se proporcionan listas de palabras vacías para muchos idiomas y están disponibles en la carpeta \Mssql7\Ftdata\Sqlserver\Config, la cual se crea cuando instala la Búsqueda de texto en su servidor.

Los administradores pueden utilizar cualquier editor de texto para modificar el contenido de estas listas. Por ejemplo, los administradores de sistemas de compañías de alta tecnología pueden agregar la palabra "ordenador" a su lista de palabras vacías. Las modificaciones a la lista sólo tendrán efecto cuando se vuelvan a llenar los índices de texto.

Introducción a la creación de índices de texto

El soporte de texto para datos de SQL Server 7.0 involucra dos características: la habilidad de emitir consultas contra datos de caracteres y la creación y mantenimiento de los índices subyacentes que facilitan estas consultas.

Cuando trabaje con índices de texto, debe recordar que:

- Los índices de texto son almacenados en el sistema de archivos, pero son administrados a través de la base de datos.
- Sólo hay un índice de texto por tabla.
- La agregación de datos a un índice de texto, conocida como llenado, debe ser requerida a través de un requerimiento programado o específico.
- Uno o más índices de texto dentro de la misma base de datos son recogidos en un catálogo de texto.
- Puede ser beneficioso crear catálogos separados para las tablas más grandes en su base de datos. Cuando llena índices de texto se llena un catálogo completo, así que el crear catálogos diferentes reduce la cantidad de datos que deben ser llenados a la vez.

Cómo mantener índices de texto

Antes de que pueda implementar una búsqueda de texto en una base de datos dada, debe asegurarse de que los índices de búsqueda de texto son llenados regularmente.

Cómo llenar índices de texto

Puede actualizar un índice de texto utilizando uno de los siguientes métodos:

Llenado total

Un llenado total actualiza los índices de catálogos de texto para todas las filas en una tabla independientemente de si las entradas de índice han sido cambiadas desde el último llenado. Esta opción se utiliza, normalmente, la primera vez que se llena un catálogo.

Llenado incremental

Un llenado incremental actualiza los índices de catálogos de texto para las filas que han cambiado desde el último llenado. Un llenado incremental resulta automáticamente en un llenado total, en los siguientes casos:

- Se habilita una columna sin marca de hora para indexación de texto.
- Se han habilitado nuevas columnas para procesado de texto desde el último llenado.
- Se ha modificado de cualquier manera el esquema de tabla desde el último llenado.

Cómo actualizar índices de texto

Al contrario de los índices relacionales de base de datos, los índices de texto no son modificados inmediatamente cuando los valores en las columnas habilitadas para texto se actualizan, cuando se agregan filas a tablas de texto registradas o cuando se eliminan filas de tablas habilitadas para texto. Debe iniciar el llenado manualmente, o programarlo para que ocurra en intervalos regulares. Los índices de texto son llenados asincrónicamente, porque:

- Normalmente requiere más tiempo el actualizar un índice de texto que un índice estándar.
- Las búsquedas de texto son, normalmente, menos precisas que las búsquedas estándar, así que la necesidad de un índice dinámico sincronizado no es muy grande.

Cómo desactivar índices de texto

Puede desactivar el índice de texto de una tabla para que no participe en el llenado del catálogo de texto. Los metadatos del índice de texto permanecen y puede reactivar la tabla.

Después de haber desactivado el índice de texto de una tabla en concreto, el índice de texto existente permanece en su lugar hasta el próximo llenado total. Este índice no se utiliza, porque SQL Server bloquea las consultas a las tablas desactivadas.

Si reactiva la tabla, pero no llena el índice, el viejo índice todavía estará disponible para realizar consultas contra cualquier columna habilitada de texto que haya quedado (pero no para las nuevas). Los datos de las columnas eliminadas son acoplados en consultas que especifican una búsqueda de texto de todas las columnas (*).

Debe utilizar el procedimiento almacenado del sistema sp_fulltext_table para desactivar el índice de texto para una tabla.

Cómo configurar una búsqueda de texto

Antes de poder utilizar consultas de texto se debe asegurar de que se está ejecutando el servicio de Microsoft Search y crear índices de texto en las tablas que serán consultadas.

Cómo iniciar el servicio de Microsoft Search

Puede iniciar y detener el servicio de una de las siguientes maneras:

- Utilice el menú contextual del objeto de la búsqueda de texto en el Administrador corporativo de SQL Server.
- Utilice Administrador de servicios de SQL Server y seleccione Microsoft Search.
- Ejecute el inicio de red mssearch (o la detención de red mssearch) desde el símbolo del sistema.

Cómo crear índices de texto

Puede instalar y administrar características de texto en SQL Server utilizando Asistente de indexación de texto y los menús contextuales en el Administrador corporativo de SQL Server, o utilizando procedimientos almacenados de sistema.

Importante: Si tiene una base de datos seleccionada en el árbol de consola cuando ejecute el asistente, podrá trabajar solamente con esa base de datos en el asistente. Para seleccionar cualquier base de datos en el asistente deberá ejecutar el asistente con su servidor seleccionado en el árbol de la consola.

La tabla siguiente lista los procedimientos almacenados de sistema que son utilizados para establecer indexación de texto.

Procedimiento almacenado	Función
sp_fulltext_database	Inicializa la indexación de texto o elimina todos los catálogos de texto de la base de datos actual.
sp_fulltext_catalog	Crea o elimina un catálogo de texto e inicia o detiene la acción de indexación de un catálogo.
	Puede crear múltiples catálogos de texto para cada base de datos.
sp_fulltext_table	Marca o desmarca una tabla para indexación de texto.
sp_fulltext_column	Especifica si una columna en concreto de una tabla participa en la indexación de texto.
sp_fulltext_service	Cambia las propiedades del servicio de Microsoft Search (búsqueda de texto) y limpia un catálogo de texto en un servidor.

Cómo obtener información acerca de búsquedas de texto

Puede obtener información acerca de los índices y catálogos de búsqueda de texto utilizando procedimientos almacenados del sistema de búsqueda de texto y el Administrador corporativo de SQL Server.

Cómo utilizar procedimientos almacenados del sistema para obtener información acerca de índices

Puede utilizar los procedimientos almacenados del sistema en la tabla siguiente para obtener información acerca de los índices de texto.

Procedimiento almacenado	Función
sp_help_fulltext_catalogs	Devuelve el ID, nombre, directorio raíz, estado y número de las tablas indexadas de texto para un catálogo de texto específico.
sp_help_fulltext_tables	Devuelve una lista de tablas que están habilitadas para indexación de texto.
sp_help_fullltext_columns	Devuelve una lista de columnas que están habilitadas para indexación de texto.

Como utilizar el Administrador corporativo de SQL Server para obtener información acerca de catálogos

Puede obtener información acerca de catálogos de búsqueda de texto en la base de datos haciendo clic en el objeto Catálogos de texto en cualquier base de datos del árbol de consola y, a continuación, haciendo doble clic en un catálogo en el panel de detalles. El cuadro de diálogo Propiedades de catálogo de texto indica la siguiente información acerca del catálogo:

- Nombre, ubicación y nombre físico.
- Estado: el estado de llenado actual del catálogo.
- Cuenta de elementos: el número total de elementos indizados de texto en el catálogo.
- Tamaño del catálogo en MB.
- Cuenta de palabras únicas: el número total de palabras únicas en el catálogo (esto excluye palabras vacías ya que se eliminan antes de la creación del índice).
- Última fecha de llenado: la fecha y hora en la que el catálogo fue llenado por última vez.

Ejercicio: Cómo agregar búsqueda de texto a una tabla

En este ejercicio establecerá una búsqueda de texto en la tabla Employees en la base de datos Studywind utilizando el Asistente para indexación de texto.

▶ **Para establecer una búsqueda de texto utilizando Full-Text Indexing Wizard**

1. Abra el Administrador corporativo de SQL Server.
2. En el árbol de consola, expanda Bases de datos, expanda Studywind y haga clic en Tablas.
3. En el panel de detalles haga clic derecho en la tabla Employees, apunte a Tabla de índice de texto y después haga clic en Definir indexación de texto en una tabla.
4. Utilice la información de la tabla siguiente para completar el asistente. Acepte valores predeterminados para las opciones que no estén especificadas.

Opción	Valor
Seleccione un único índice	PK_Employees
Columnas agregadas	Notas
¿Crear nuevo catálogo?	Comprobado.
Nuevo catálogo – Nombre	Emp_catalog
Seleccione o cree programas de llenado (Opcional)	No.

El cuadro de diálogo final del asistente confirma que el índice de texto para la tabla Employees ha sido definido, pero no llenado. Llenará el índice de texto en el ejercicio siguiente.

5. Abra el Analizador de consultas de SQL Server e inicie una sesión en el servidor (local) con autenticación de Microsoft Windows NT.
6. Ejecute el siguiente procedimiento almacenado de sistema y confirme que la indexación de texto está habilitada para la tabla Employees:

```
USE StudyNwind
EXEC sp_help_fulltext_tables
```

Necesitará deslizar hacia la derecha la salida, en el panel de resultados, para poder ver la información sobre la indexación de texto de la tabla Employees.

Ejercicio: Cómo llenar un índice de texto

En este ejercicio verá información de catálogo y llenará el índice de texto para Emp_Catalog, habilitándolo para búsqueda de texto.

▶ **Para crear un índice de texto**

1. Cambie al Administrador corporativo de SQL Server.
2. En el árbol de consola, haga clic en Catálogos de texto bajo la base de datos Studywind.
3. En el panel de detalles, haga clic derecho en Emp_Catalog y después haga clic en Propiedades. Vea la información acerca del catálogo. Fíjese que el estado de llenado está actualmente inactivo y que la cuenta de elementos es actualmente 0. Haga clic en Cancelar para cerrar el cuadro de diálogo Propiedades.
4. Haga clic derecho en Emp_Catalog, apunte a Iniciar llenado y después haga clic en Llenado total para llenar el índice de texto.
5. Haga clic derecho en Emp_Catalog y después haga clic en Propiedades. Vea la información acerca del catálogo. Si abre el cuadro de diálogo Propiedades rápidamente, el estado de llenado puede mostrar que hay un llenado total en progreso. Haga clic en Actualizar hasta que el estado esté inactivo. La cuenta de elementos es ahora de 10 y hay 178 palabras únicas en el catálogo (sus valores pueden variar). Haga clic en Cancelar para cerrar el cuadro de diálogo Propiedades.

Cómo escribir consultas de texto

Con una consulta de texto, puede realizar búsquedas avanzadas de datos de texto en tablas habilitadas para búsqueda de texto. Al contrario que el operador LIKE, el cual es utilizado para buscar patrones de caracteres, la búsqueda de texto opera en combinaciones de palabras y frases. La búsqueda de texto también sopesa términos de consulta e informa lo bien que ha puntuado una equivalencia o su *ranking* contra el término original buscado.

Cómo utilizar predicados y funciones de Transact-SQL

Puede utilizar los siguientes predicados y funciones de valor de fila de Transact-SQL para escribir consultas de texto:

- Utilice predicados CONTAINS y FREETEXT en cualquier condición de búsqueda (incluyendo una cláusula WHERE) de una instrucción SELECT.
- Utilice funciones CONTAINSTABLE y FEETEXTTABLE en la cláusula FROM de una instrucción SELECT.

Aunque la instrucción Transact-SQL utilizada para especificar la condición de búsqueda de texto es la misma para los predicados y las funciones, hay diferencias considerables en la manera de utilización.

Cuando trabaje con estos componentes de Transact-SQL, considere los siguientes hechos y directrices:

- CONTAINS y FREETEXT devuelven un valor TRUE o FALSE, por lo que, normalmente, están especificados en la cláusula WHERE de una instrucción SELECT.
- CONTAINS y FREETEXT sólo pueden ser utilizados para especificar criterios de selección, lo que SQL Server utiliza para determinar la condición de miembro del conjunto de resultados.
- CONTAINSTABLE y FREETEXTTABLE devuelven una tabla de cero, una o más filas basándose en el criterio de selección, así que se deben especificar siempre en la cláusula FROM.
- La tabla devuelta por CONTAINSTABLE y FREETEXTTABLE tiene una columna denominada KEY que contiene los valores clave de texto y una columna denominada RANK que contiene valores entre 0 y 1.000.

  Los valores en la columna KEY son los valores únicos de las filas que coinciden con el criterio de selección que está especificado en la condición de búsqueda de texto.

  Los valores en la columna RANK se utilizan para categorizar las filas devueltas de acuerdo con lo bien que cumplen el criterio de selección.
- CONTAINS y CONTAINSTABLE se utilizan para coincidencias exactas o "borrosas" (menos exactas) de palabras únicas y frases, palabras con una separación concreta o coincidencias ponderadas.
- FREETEXT y FREETEXTTABLE coinciden en el significado, pero no en la redacción exacta del texto en la cadena de texto libre especificada.

```
CONTAINS({columna | *}, '<contains_search_condition>' )
FREETEXT({columna | * }, 'cadena_textolibre')
CONTAINSTABLE(tabla, {columna | *}, '<contains_search_condition>')
FREETEXTTABLE (tabla, {columna | *}, 'cadena_textolibre')
```

Donde *columna* especifica el nombre de la columna indexada de texto a buscar, o *
especifica para indicar que todas las columnas indexadas de texto deberían ser buscadas
y *tabla* especifica el nombre de la tabla que debería ser buscada.

La siguiente consulta devuelve plant_id, common_name y price para todas las filas
donde la frase "English Thyme" esté presente en cualquiera de las columnas de texto habilitadas.

```
SELECT plant_id, common_name, price
FROM plants
WHERE CONTAINS( *, ' "English Thyme" ' )
```

La siguiente consulta devuelve las filas donde la descripción de columna indexada de
texto contenga texto como "Jean LeDuc siempre ha amado el hockey sobre hielo" o "Jean
Leduc mejor hockey sobre hielo"

```
SELECT article_id
FROM hockey_articles
WHERE CONTAINS (description, ' "Jean LeDuc"
AND "ice hockey" ' )
```

El siguiente ejemplo utiliza un predicado FREETEXT en una columna denominada
description.

```
SELECT * FROM news_table WHERE
FREETEXT (description, ' "The Fulton County Grand Jury said Friday an
investigation of Atlanta's recent primary election produced no
evidence that any irregularities took place." ')
```

Se devolverán las filas con texto en la columna de description que coincidan con palabras, frases y significado del texto libre especificado.

Ejercicio: Cómo escribir y ejecutar consultas de texto

En este ejercicio escribirá y ejecutará consultas de texto con instrucciones SELECT que
utilizan los predicados CONTAINS y FREETEXT.

▶ **Para escribir y ejecutar consultas de texto**

1. Abra o cambie al Analizador de consultas de SQL Server.
2. Escriba y ejecute tres instrucciones SELECT que seleccionen las columnas
   LastName, Title, HireDate y Notes de la tabla Employees. Utilice tres términos
   de búsqueda diferentes en la columna Employees.notes como se proporcionan en
   las instrucciones SELECT siguientes:

   ```
   USE StudyNwind
   SELECT lastname, title, hiredate, notes
   FROM employees
   WHERE CONTAINS(notes, '"sales management"')
   ```

```
USE StudyNwind
SELECT lastname, title, hiredate, notes
FROM employees
WHERE CONTAINS(notes, '"sales" AND "management"')

USE StudyNwind
SELECT lastname, title, hiredate, notes
FROM employees
WHERE CONTAINS(notes, '"sales" NEAR "management"')
```

3. Escriba una instrucción SELECT con el predicado CONTAINS que seleccione las columnas lastname, title, hiredate y notes de la tabla employees, donde la columna employees.notes contenga cualquier forma de la palabra *graduate*.

```
USE StudyNwind
SELECT lastname, title, hiredate, notes
FROM employees
WHERE CONTAINS(notes, 'FORMSOF(INFLECTIONAL, "graduate")')
```

4. Escriba una instrucción SELECT con el predicado FREETEXT que seleccione las columnas lastname, title, hiredate y notes de la tabla employees, donde la columna employees.notes contenga las palabras *cold* y *toast*.

```
USE StudyNwind
SELECT lastname, title, hiredate, notes FROM Employees
WHERE FREETEXT (notes, 'cold toast')
```

Resumen de la lección

Las versiones anteriores de SQL Server sólo soportaban búsquedas de caracteres sencillos en columnas de las bases de datos. SQL Server 7 soporta consultas de texto.

Las consultas de texto pueden realizar búsquedas de datos de texto avanzadas en las tablas habilitadas para las búsquedas de texto. Con las búsquedas de texto puede buscar combinaciones de palabras o frases. Las consultas de texto también sopesan los términos de la consulta e informan del *ranking* de coincidencia en relación con el término original.

Revisión

Las siguientes preguntas tienen la intención de reforzar información clave presentada en este capitulo. Si no puede contestar una pregunta, revise la lección apropiada e intente responder la pregunta otra vez. Las respuestas a las preguntas se pueden encontrar en el Apéndice A, "Preguntas y respuestas."

1. Cuando cambia la temporada, el proveedor establece precios diferentes en ciertos elementos. ¿Cómo puede utilizar el Asistente de ayudante de web para republicar la lista de precios para que refleje estos cambios?

2. ¿Crea el Asistente para publicación en web paginas de Web dinámicas para las que los usuarios puedan especificar valores de parámetros variables y ver datos en tiempo real?

3. Ha creado un trabajo de Asistente de web y lo ha programado para que actualice sus paginas de Web HTML semanalmente. Si recibe una nueva lista de precios del departamento de marketing y actualiza la base de datos con la nueva información, ¿tiene que esperar a que el trabajo del Asistente de web se ejecute de acuerdo con la programación?, o ¿puede ejecutar el trabajo inmediatamente para actualizar las paginas de Web?

4. El departamento de marketing de su firma ha estado introduciendo una gran cantidad de texto libre acerca de los clientes en la base de datos de clientes durante muchos meses. El director del departamento de marketing dice que están teniendo que esforzarse mucho para crear informes basados en perfiles de clientes. ¿Puede usted sugerir un método para que sea posible realizar consultas mas eficaces a esta información?

5. Cuando está intentando crear un índice de texto en una tabla utilizando el Administrador corporativo de SQL Server se encuentra con que todos los menús de la indexación de texto están en gris (no disponibles). ¿Cuál puede ser la causa de esto?

Visión general y estrategia sobre la realizacion de copias de seguridad y la restauración

Acerca de este capítulo

Este capítulo presenta una visión general de los procesos de copia de seguridad y restauración de SQL Server y argumenta temas que debería considerar cuando planee una estrategia de copia de seguridad y restauración para una base de datos de SQL Server. En los Capítulos 9 y 10 aprenderá a realizar copias de seguridad y restauraciones.

Antes de empezar

No hay requisitos para este capítulo.

Lección 1: Visión general de copias de seguridad

La pérdida y la corrupción de datos son dos de las preocupaciones principales de cualquier administrador de base de datos. SQL Server proporciona un sofisticado mecanismo de copia de seguridad que hace que sea posible el minimizar y hasta el eliminar la pérdida y corrupción de datos. Esta lección presenta el proceso de copia de seguridad de SQL Server y los tipos de planes de copias de seguridad que pueden ser implementados. Debería analizar cuidadosamente los requisitos de protección de datos de su organización y producir una estrategia de copia de seguridad que cumpla estos requisitos.

Después de esta lección podrá:

- Describir el mecanismo de copia de seguridad en línea de SQL Server.
- Determinar los momentos apropiados para realizar copias de seguridad.

Tiempo estimado de la lección: 45 minutos

Cómo prevenir la pérdida de datos

La necesidad de prevención de pérdida de datos es uno de los temas más críticos que se encuentra un administrador de sistema. Se puede minimizar la pérdida de datos teniendo una estrategia de copia de seguridad y realizando copias de seguridad regularmente.

Tenga una estrategia de copia de seguridad

Debe tener una estrategia de copia de seguridad para minimizar la pérdida de datos y recuperar datos perdidos. Puede perder datos como resultado de fallos de hardware o software o debido a cualquiera de los siguientes errores:

- Utilización accidental o maliciosa de la instrucción DELETE.
- Utilización accidental o maliciosa de la instrucción UPDATE, por ejemplo, no utilizar la cláusula WHERE con la instrucción UPDATE (se actualizan todas las filas en lugar de actualizar una única fila en una tabla en concreto).
- Virus destructivos.
- Desastres naturales como fuego, inundación y terremotos.
- Robo.

Si usted tiene una estrategia de copia de seguridad apropiada, puede restaurar datos con un coste mínimo al tiempo de producción y minimizar la posibilidad de pérdida de datos permanente. Piense en una estrategia de copia de seguridad como una póliza de seguros. Su estrategia de copia de seguridad debería colocar su sistema de vuelta a donde estaba antes de que ocurriese el problema. Tal y como lo haría con una póliza de seguros, pregúntese, "¿cuánto estoy dispuesto a pagar, y qué cantidad de pérdida es aceptable?"

Los costes asociados con una estrategia de copia de seguridad incluyen la cantidad de tiempo que se utiliza diseñando, implementando, automatizando y probando el proceso de copia de seguridad. Aunque no puede prevenir la pérdida de datos completamente, debería diseñar su estrategia de copia de seguridad para minimizar la extensión del daño.

Cuando planee su estrategia de copia de seguridad, considere la cantidad aceptable de tiempo que el sistema puede estar inoperativo, así como la cantidad aceptable de pérdida de datos (si la hubiera) en el caso de un fallo de sistema.

Realice copias de seguridad regularmente

La frecuencia con la que realice copias de seguridad de su base de datos depende de la cantidad de datos que esté dispuesto a perder y al volumen de la actividad de la base de datos. Cuando realice copias de seguridad de bases de datos de usuario, considere los siguientes hechos y directrices:

- Puede realizar copias de seguridad frecuentemente si su sistema está en un entorno de procesado de transacción en línea (OLTP).
- Puede realizar copias de seguridad con menos frecuencia si su sistema tiene poca actividad o se utiliza principalmente para soporte de decisiones.
- Debería intentar programar copias de seguridad cuando SQL Server no esté en un proceso de mucha modificación.
- Puede realizar copias de seguridad de bases de datos y de partes de bases de datos diferentes independientemente para que pueda diseñar sus bases de datos para soportar copias de seguridad más regulares de datos frecuentemente modificados.

Cómo utilizar una copia de seguridad y restauración con otro propósito

La realización de copias de seguridad y restauración de bases de datos son útiles para otros propósitos, como mover o copiar una base de datos de un servidor a otro. Al realizar una copia de seguridad de una base de datos en un ordenador y restaurarla en otro puede copiar rápida y fácilmente una base de datos.

Copia de seguridad de SQL Server

SQL Server le permite realizar varios tipos diferentes de copia de seguridad. Esta sección describe los tipos de copias de seguridad que pueden realizarse y ofrece una visión general sobre el proceso de dichas copias de seguridad.

Nota: Las versiones anteriores de SQL Server utilizaban los términos *volcado* para copia de seguridad y *carga* para restaurar. Aún verá estos términos en alguna documentación e instrucciones Transact-SQL, por ejemplo sp_addumpdevice.

Copias de seguridad de bases de datos completas

Cuando realiza una copia de seguridad completa de una base de datos, SQL Server realiza una copia de seguridad de:

- Esquema y estructura de archivos.
- Datos.
- Partes de los archivos de registro de transacciones.

La parte del registro de transacción de la que se realiza la copia de seguridad contiene actividades de bases de datos desde el principio del proceso de copia de seguridad.

Una copia de seguridad completa de bases de datos registra todas las páginas de datos activas de la base de datos. Las páginas sin utilizar no son copiadas, por lo que la copia de seguridad, normalmente, será más pequeña que la base de datos. SQL Server registra las especificaciones de los archivos originales de la base de datos. Estas copias de seguridad se utilizan para regenerar todos los archivos de la base de datos en sus ubicaciones originales, completos con objetos y datos, cuando restaura una base de datos.

Copias de seguridad de registros de transacción

En una copia de seguridad de registros de transacción sólo se realiza una copia de seguridad del registro de transacción. Las copias de seguridad del registro de transacción registran las transacciones que han modificado una base de datos desde la última copia de seguridad completa de base de datos, base de datos diferencial o de registro de transacción.

Después de que se ha realizado la copia de seguridad del registro de transacción, la parte inactiva del registro de transacción se trunca (elimina); esto libera espacio en el registro de transacción para que no se llene. Las copias de seguridad del registro de transacción no pueden ser utilizadas si se realizan transacciones sin registro en la base de datos (la opción de bases de datos trunc. log en chkpt. es verdadera). Las copias de seguridad del registro de transacción no pueden ser restauradas sin una previa copia de seguridad de la base de datos.

Copias de seguridad de bases de datos diferenciales

Las copias de seguridad de bases de datos diferenciales registran las páginas de datos que han cambiado desde la última copia de seguridad de base de datos completa, realizando una copia de seguridad más pequeña que una copia de seguridad de base de datos. Las copias de seguridad diferenciales le permiten realizar copias de seguridad con menos frecuencia. Las copias de seguridad diferenciales no pueden ser restauradas sin una copia de seguridad de base de datos completa. Si necesita restaurar una base de datos, se necesita restaurar la copia de seguridad de base de datos completa más reciente y la copia de seguridad diferencial más reciente.

Cómo comprender las copias de seguridad completas, de registros de transacción y diferenciales

Para comprender las diferencias entre las copias de seguridad completas, de registro de transacción y diferenciales, piense en un manual como en una carpeta de tres anillas. Puede almacenar una copia del manual o cambios al manual de varias maneras:

- Podría tener una copia del manual en la carpeta; esto representa una copia de seguridad completa.
- Por ejemplo, podría reemplazar todas las apariciones del término "surgir una alerta" con el término "disparar una alerta". Entonces se revisaría el manual completo buscando el término "surgir una alerta", tachándolo y escribiendo el término "disparar una alerta". Esto es parecido a aplicar una copia de seguridad de registro de transacción a una base de datos.

■ Podría tener copias de páginas de sustitución que representen todas las actualizaciones del manual hasta una fecha dada. Entonces eliminaría las páginas antiguas de la carpeta y las sustituiría por las nuevas. Esto es parecido a restaurar una copia de seguridad de base de datos diferencial.

Copias de seguridad de archivos o de grupos de archivos

Las copias de seguridad de archivos o grupos de archivos son la forma especializada de copia de seguridad de una base de datos. Se realizan copias de seguridad de archivos o grupos de archivos individuales de una base de datos. Esto se realiza, normalmente, cuando no hay suficiente tiempo para realizar una copia de seguridad a la base de datos. Para hacer uso de una copia de seguridad de archivo o de grupo de archivos, también se deben crear copias de seguridad del registro de transacción.

Cómo realizar y almacenar copias de seguridad

Puede realizar copias de seguridad de bases de datos ejecutando instrucciones Transact-SQL o utilizando el Administrador corporativo de SQL Server. Cuando planee la estrategia de copia de seguridad, asigne a alguien la responsabilidad de realizar las copias de seguridad y de comprobar que el proceso de copia de seguridad se está completando correctamente. También considere dónde almacenará sus copias de seguridad.

Quién realiza las copias de seguridad

Los miembros de las siguientes funciones tienen permiso para realizar una copia de seguridad de una base de datos:

■ Los miembros de la función de servidor fijo sysadmin pueden realizar una copia de seguridad de todas las bases de datos en el sistema.
■ Los miembros de la función fijo de base de datos db_owner pueden realizar copias de seguridad de esa base de datos en la que son un miembro de db_owner.
■ Los miembros de la función fijo de base de datos db_backupoperator pueden realizar copias de seguridad de esa base de datos en la que sean miembros de db_backupoperator.

Se pueden crear funciones adicionales y otorgar permisos para realizar copias de seguridad de una o más bases de datos.

Cómo decidir dónde almacenar las copias de seguridad

SQL Server puede realizar copias de seguridad al disco duro, cinta o dispositivos de canalizaciones con nombre. Para determinar qué método de almacenamiento de copias de seguridad es el más conveniente para usted, considere lo siguiente:

■ Los archivos de disco (local o red) son el medio más común utilizado para el almacenamiento de copias de seguridad. Una vez se ha realizado una copia de seguridad de una base de datos a un archivo de disco, al archivo de disco se le puede, a su vez, realizar una copia de seguridad a una cinta como parte del sistema regular de archivos de copia de seguridad. En caso de un fallo de medio, los archivos de disco deberán ser restaurados desde la cinta y después la base de datos ser restaurada en SQL Server, desde los archivos de disco.

Importante: Si quiere realizar una copia de seguridad a un archivo de disco de red entonces debe utilizar el comando Transact-SQL BACKUP, no puede realizar la copia de seguridad utilizando el Administrador corporativo de SQL Server.

- Cuando realice una copia de seguridad a una cinta, la unidad de cinta debe estar enlazada localmente a SQL Server. Si realiza copias de seguridad a cintas, las copias de seguridad pueden ser almacenadas en otra ubicación.

- SQL Server proporciona la habilidad de realizar copias de seguridad a canalizaciones con nombre para permitir a los usuarios aprovecharse de las características de copia de seguridad y restauración de paquetes de software de terceras partes.

Proceso de copia de seguridad de SQL Server en línea

Cuando SQL Server realiza una copia de seguridad de una base de datos en línea (una base de datos que esté constantemente siendo utilizada por clientes), realiza los siguientes pasos:

1. Emite un punto de comprobación en la base de datos y registra el número de secuencia de registro (LSN) del registro de transacción activo registrado más antiguo.
2. Escribe todas las páginas al medio de copia de seguridad leyendo los discos directamente (omitiendo el caché de datos).
3. Escribe todos los registros del registro de transacción desde el LSN capturado en el paso 1 a través del final del registro.

Actividades que se encuentran restringidas durante una copia de seguridad

Puede realizar una copia de seguridad de una base de datos mientras la base de datos se encuentra en línea y activa. Sin embargo, algunas operaciones (listadas a continuación) no se pueden realizar durante el proceso de copia de seguridad.

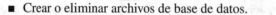

- Crear o eliminar archivos de base de datos.
- Crear índices.
- Realizar operaciones sin registrar.
- Reducir una base de datos.

Nota: El crecimiento automático de una base de datos no puede ocurrir durante la operación de copia de seguridad.

Si intenta iniciar una operación de copia de seguridad cuando se está realizando una de estas operaciones, la operación de copia de seguridad es interrumpida. Si la operación de copia de seguridad ya se está realizando y se intenta realizar una de estas operaciones, la operación no tiene éxito y la operación de copia de seguridad continúa.

Si el registro de transacción se llena

Si no realiza copias de seguridad regulares del registro de transacción, el registro de transacción se llenará en un determinado momento; crecerá a su MAXSIZE o el disco se quedará sin espacio, evitando que proceda al crecimiento automático. Cuando esto ocurra, SQL Server evitará más modificaciones de base de datos hasta que usted libere espacio en el registro de transacción. Si no ha planeado utilizar las copias de seguridad del registro de transacción como parte de su estrategia de copia de seguridad realice una de las siguientes opciones:

- Libere espacio en el registro de transacción regularmente utilizando la instrucción BACKUP LOG con la opción WITH TRUNCATE_ONLY.

Precaución: Si utiliza la opción TRUNCATE_ONLY con la instrucción BACKUP LOG, no podrá restaurar desde la copia de seguridad, ya que la copia de seguridad no ha sido escrita a un dispositivo de copia de seguridad.

- Establezca la opción de base de datos trunc. log on chkpt. a verdadera. Cuando utilice esta opción, el registro de transacción se trunca automáticamente cuando quiera que ocurra un punto de comprobación. El registro de transacción no contiene los cambios que han sido realizados a la base de datos desde la última copia de seguridad de base de datos.

Precaución: Si establece la opción trunc. log on chkpt. a verdadera, no puede utilizar copias de seguridad de registro de transacción como parte de su estrategia de copia de seguridad, ya que el registro no contendrá todas las transacciones.

Cuándo realizar copias de seguridad de bases de datos

Cómo y con qué frecuencia realiza copias de seguridad de su base de datos depende de su entorno empresarial. También hay veces en las que necesita realizar copias de seguridad sin programar. Por ejemplo, después de cargar datos o realizar el mantenimiento de la base de datos puede necesitar realizar una copia de seguridad de una base de datos de un usuario en concreto o de una base de datos de sistema.

Cómo realizar copias de seguridad de bases de datos de sistema

Las bases de datos de sistema almacenan información importante acerca de SQL Server y de todas las bases de datos de usuarios. Por tanto, debería realizar copias de seguridad de bases de datos de sistema regularmente y, además, de cuando realice acciones que las modifiquen.

La base de datos master contiene información de sistema e información de alto nivel acerca de todas las bases de datos de SQL Server. Si la base de datos master resulta dañada, SQL Server puede no iniciarse y las bases de datos de usuario no se encontrarán disponibles. En este caso, master debe ser restaurada desde una copia de seguridad antes de que las bases de datos de usuarios puedan ser restauradas o referenciadas.

Nota: Sin una copia de seguridad actual de la base de datos master, debe regenerar todas las bases de datos del sistema con el programa Rebuild Master (rebuildm). Este programa de utilidad regenera todas las bases de datos del sistema como una unidad.

Cuando ejecuta ciertas instrucciones o procedimientos almacenados de sistema, SQL Server modifica la base de datos master. Por lo tanto, realice una copia de seguridad de la base de datos master cuando utilice:

- Las instrucciones CREATE DATABASE, ALTER DATABASE y DROP DATABASE, que crean, alteran o eliminan bases de datos. El crecimiento automático de archivos no afecta a master. El eliminar archivos o grupos de archivos sí afecta a la base de datos master.
- Los procedimientos almacenados de sistema sp_addlogin, sp_addremotelogin, sp_droplogin, sp_dropremotelogin, sp_grantlogin y sp_password, que trabajan con inicios de sesión o con operaciones relacionadas con seguridad de inicios de sesión. Las operaciones relacionadas con seguridad, como agregar funciones o asignar permisos de base de datos, no afectan a master.
- Los procedimientos almacenados de sistema sp_addserver, sp_addlinkedserver y sp_dropserver, que agregan y eliminan servidores.
- Los procedimientos almacenados de sistema sp_addumpdevice y sp_dropdevice, que agregan y eliminan dispositivos de copia de seguridad.
- El procedimiento almacenado de sistema sp_renamedb, que renombra una base de datos.
- Los procedimientos almacenados de sistema sp_dboption, sp_configure y sp_serveroption, que cambian las opciones de configuración del servidor y de base de datos.

También debería realizar una copia de seguridad de la base de datos master después de utilizar el Administrador corporativo de SQL Server para realizar cualquiera de las operaciones arriba mencionadas.

Sugerencia: Se recomienda que los objetos de usuarios no sean creados en la base de datos master. De otra manera, se necesitará realizar una copia de seguridad más frecuentemente. Además, los objetos del usuario compiten con los objetos del sistema por espacio.

Nota: Las copias de seguridad del registro de transacción y diferenciales no se pueden realizar en la base de datos master. La base de datos master sólo puede ser restaurada en una única operación, así que sólo se permiten copias de seguridad completas de la base de datos master.

La base de datos msdb

Realice una copia de seguridad de la base de datos msdb después de modificar información acerca de trabajos, alertas y operadores que sean utilizados por el Agente SQL Server. Si no tiene una copia de seguridad actual de la base de datos msdb, deberá regenerar todas las bases de datos de sistema en caso de un fallo de sistema y después regenerar cada trabajo, alerta y operador.

Sugerencia: Se recomienda que los objetos de usuarios no sean creados en la base de datos msdb. De otra manera, se necesitará realizar una copia de seguridad de msdb más frecuentemente. Además, los objetos del usuario compiten con los objetos del sistema por espacio.

La base de datos model

Haga una copia de seguridad de la base de datos model si la modifica para incluir la configuración predeterminada para todas las bases de datos de usuarios nuevos. Si se regeneran las bases de datos master o msdb, la base de datos model también es regenerada y, por tanto, se pierden los cambios. Puede restaurar una copia de seguridad de su base de datos model personalizada en caso de un fallo de sistema.

Nota: Los objetos de usuario creados en la base de datos model se agregan a cada nueva base de datos creada. Por tanto, no debería agregar objetos de usuario a la base de datos model a menos que quiera que se creen en cada base de datos nueva.

La base de datos tempdb

SQL Server no permite que se realice una copia de seguridad de la base de datos tempdb ya que sólo contiene datos temporales que nunca necesitarán ser restaurados.

Cómo realizar copias de seguridad de bases de datos de usuarios

Debería planear el realizar copias de seguridad de bases de datos de usuarios regularmente. También debería realizar una copia de seguridad después de que se haya creado una base de datos o un índice y cuando ciertas operaciones sin registrar sean ejecutadas.

Después de crear bases de datos

Realice una copia de seguridad de una base de datos después de que haya sido creada o cargada con datos. Sin una copia de seguridad completa, no puede restaurar copias de seguridad de registro de transacción o diferenciales de base de datos porque debe tener una base para estas copias de seguridad.

Después de crear índices

El registro de transacción sólo registra el hecho de que se ha creado un índice, no las modificaciones de páginas de datos en sí. Por tanto, aunque no se requiera hacerlo, debería realizar una copia de seguridad de la base de datos después de crear índices en tablas grandes.

El realizar una copia de seguridad después de que se haya creado un índice asegura que la copia de seguridad de la base de datos contiene los datos y la estructura de los índices. Así, si se pierde una base de datos, ahorrará tiempo durante el proceso de restauración.

Si realiza una copia de seguridad únicamente del registro de transacción después de que se haya creado un índice, SQL Server debe regenerar el índice cuando restaure el registro de transacción. Para tablas grandes, la cantidad de tiempo requerida para regenerar un índice puede ser mayor que la cantidad de tiempo que se tarda en restaurar una copia de seguridad de base de datos.

Después de liberar espacio en el registro de transacción

Debería realizar una copia de seguridad completa de base de datos después de liberar espacio en el registro de transacción con la instrucción BACKUP LOG WITH TRUNCATE_ONLY. Después de ejecutar esta instrucción, el registro de transacción ya no contiene un registro de la actividad de la base de datos y no puede ser utilizado para recuperar cambios a la base de datos.

Después de realizar operaciones sin registrar

Las operaciones que no son registradas en el registro de transacción se denominan operaciones sin registrar; normalmente se utilizan para evitar que el registro de transacción se llene rápidamente y para mejorar el rendimiento cuando se realicen operaciones grandes.

No puede recuperar cambios realizados por las siguientes operaciones sin registrar:

- Utilización de las instrucciones WRITETEXT o UPDATETEXT. Estas instrucciones modifican datos en columnas de texto. De manera predeterminada, debido al tamaño de estos cambios, no se registra esta actividad en el registro de transacción. Tenga en cuenta que puede especificar la opción WITH LOG para que estas actividades se registren normalmente.
- La utilización de la instrucción SELECT INTO cuando la opción de base de datos trunc. log on chkpt. se establece en verdadera.
- Copia masiva rápida utilizando la utilidad de línea de comando bcp cuando la opción de base de datos trunc. log on chkpt. se establece en verdadera.

Debería realizar una copia de seguridad de la base de datos después de realizar una operación sin registrar porque el registro de transacción no tiene registro de los datos que han sido agregados o modificados en la base de datos.

Resumen de la lección

Una estrategia de copia de seguridad apropiada le permitirá restaurar datos con un coste mínimo al tiempo de producción y también le permitirá reducir la posibilidad de una pérdida permanente de datos. Las copias de seguridad de base de datos de SQL Server pueden ser realizadas utilizando Transact-SQL o el Administrador corporativo de SQL Server.

Existen tres tipos de copia de seguridad: completa, diferencial y de registro de transacción. Cuando decida cuál utilizar y con qué frecuencia utilizarla, tenga en cuenta su entorno empresarial. De vez en cuando necesitará realizar copias de seguridad no programadas debido a actividades que modifiquen las bases de datos de sistema o a las operaciones sin registrar.

Lección 2: Estrategia de copias de seguridad

En la Lección 1, ha aprendido acerca del proceso de copia de seguridad de SQL Server. En esta lección, aprenderá a aplicar estos procesos para desarrollar una estrategia de copia de seguridad fiable que sea adecuada para los requisitos de su organización. Esta lección presenta muestras de varias estrategias de copia de seguridad que le ayudarán a desarrollar su propia estrategia.

Después de esta lección podrá:

- Diseñar una estrategia de copia de seguridad apropiada.

Tiempo estimado de la lección: 30 minutos

Cómo planificar una estrategia de copia de seguridad

Hay dos estrategias generales de copia de seguridad y restauración, cada una con sus propias ventajas y desventajas:

- Realizar una copia de seguridad de la base de datos solamente. Se realiza una copia de seguridad de la base de datos completa regularmente. En caso de fallo, perderá todas las transacciones confirmadas que han tenido lugar después de la copia de seguridad más reciente.

  La ventaja principal de utilizar sólo copias de seguridad de base de datos es su simplicidad. La copia de seguridad es una única operación, normalmente programada en intervalos regulares. Si fuese necesario restaurar, se podría hacer fácilmente en un único paso.

- Realizar una copia de seguridad de la base de datos y del registro de transacción. Se realiza una copia de seguridad de la base de datos completa con menos frecuencia; se realiza una copia de seguridad del registro de transacción frecuentemente, entre cada copia de seguridad de base de datos. En el caso de un fallo, podrá recuperar todas las transacciones de las que se haya realizado una copia de seguridad y, probablemente, hasta las transacciones confirmadas (completas) que hayan tenido lugar desde la realización de la última copia de seguridad del registro de transacción. Sólo se perderán las transacciones sin confirmar (incompletas).

  Las copias de seguridad de registros de transacción proporcionan la información necesaria para rehacer cambios realizados después de que se realizase una copia de seguridad de base de datos. Las copias de seguridad de registro de transacción hacen que sea posible realizar copias de seguridad de bases de datos de producción grandes en intervalos cortos. Las copias de seguridad de registro de transacción hacen que sea posible el restaurar la base de datos a un momento dado.

Precaución: La recuperación del registro de transacción activo sólo será posible si los archivos del registro de transacción y los archivos de datos principales no están dañados. Por esta razón, considere emplazar registros de transacción y archivos de datos principales en discos que toleren errores.

Cada una de estas estrategias puede ser incrementada mediante la utilización de copias de seguridad diferenciales de la base de datos para incrementar la velocidad de los procesos de copia de seguridad y restauración.

Por último, es posible realizar copias de seguridad de base de datos de archivos o grupos de archivos individuales, segmentado la copia de seguridad de base de datos en procedimientos de copia de seguridad más pequeños que pueden ser completados en menos tiempo. Esto puede ser necesario para bases de datos muy grandes y ocupadas.

Estrategia de copia de seguridad de base de datos

Cuando se utiliza la estrategia de copia de seguridad de base de datos, se realiza una copia de seguridad de base de datos completa cada vez que se realiza una copia de seguridad. La Figura 8.1 muestra esta estrategia de copia de seguridad. El tamaño y la frecuencia de modificación de datos de una base de datos determina el tiempo y recursos involucrados en la implementación de una estrategia de copia de seguridad de base de datos.

Utilice la copia de seguridad de base de datos si:

- La base de datos es pequeña. La cantidad de tiempo requerido para realizar una copia de seguridad de una base de datos pequeña es razonable.
- La base de datos tiene pocas modificaciones de datos o es de sólo lectura. Si la base de datos produce un error entre copias de seguridad, los datos modificados entre copias de seguridad se perderán, así que no serán posibles las recuperaciones al minuto, ni hasta un momento dado.
- Está dispuesto a aceptar la pérdida de datos cambiados si la base de datos falla entre copias de seguridad y debe ser restaurada.

Considere el siguiente ejemplo de un plan de copia de seguridad y los pasos que tomaría para restaurar su base de datos. Asuma lo siguiente:

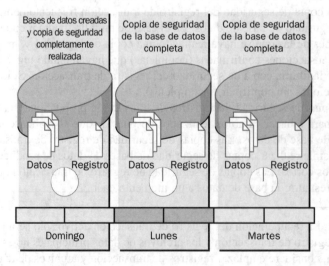

Figura 8.1. Estrategia de copia de seguridad de bases de datos.

- La base de datos contiene 10 megabytes (MB) de datos.
- El proceso de copia de seguridad tarda solamente unos minutos en completarse.
- La base de datos se utiliza, principalmente, para ayuda de toma de decisiones y se modifica muy poco cada día.
- La posibilidad de perder un día de cambios de la base de datos es aceptable. Estos cambios pueden ser regenerados fácilmente.
- El administrador del sistema no quiere monitorizar el tamaño del registro o realizar ningún mantenimiento en el registro de transacción.
- La opción trunc. log on chkpt. está establecida en verdadero, para asegurarse de que el registro de transacción no se llena. El registro de transacción no guarda un registro de cambios a la base de datos a través del tiempo y no puede ser utilizado para restaurar la base de datos en caso de un fallo de sistema.
- La copia de seguridad de base de datos se realiza a las 6:00 p.m.
- La base de datos se corrompe a las 10:00 a.m.

Para recuperar la base de datos, restaure la copia de seguridad de base de datos de la noche anterior a las 6:00 p.m., sobrescribiendo la versión corrupta de la base de datos.

La limitación de este enfoque es que todas las modificaciones de datos que han sido realizadas desde la última copia de seguridad de base de datos a las 6:00 p.m. se han perdido.

Nota: A lo mejor puede recuperar los cambios desde la copia de seguridad de la noche anterior si el registro de transacción y el archivo de datos principal no están dañados (utilizando la instrucción BACKUP LOG con la opción NO_TRUNCATE). De todas formas, la pérdida potencial de datos es demasiado grande, debería considerar la implementación de una estrategia de copia de seguridad que incluya copias de seguridad periódicas del registro de transacción.

Estrategia de copia de seguridad de base de datos y registro de transacción

Cuando utilice una estrategia de copia de seguridad de base de datos y registro de transacción, las copias de seguridad completas de base de datos se realizan en intervalos regulares menos frecuentes. Entre las copias de seguridad de base de datos se realizan copias de seguridad del registro de transacción, para que tenga un registro de todas las actividades de base de datos que han ocurrido entre copias de seguridad de base de datos. La Figura 8.2 muestra esta estrategia de copia de seguridad comúnmente utilizada.

Cuando se implementa una estrategia de copia de seguridad de base de datos y de registro de transacción, una base de datos se restaura en dos pasos. Primero, restaure la copia de seguridad de base de datos completa más reciente. Después aplique todas las copias de seguridad de registro de transacción que se hayan creado desde la copia de seguridad de base de datos completa más reciente.

Utilice una estrategia de copia de seguridad de base de datos y registro de transacción cuando no pueda permitirse perder cambios desde la copia de seguridad de base de datos completa más reciente o cuando necesite poder restaurar los datos a un momento dado.

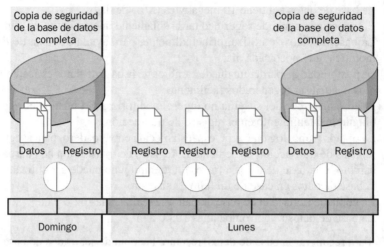

Figura 8.2. Estrategia de copia de seguridad de base de datos y registro de transacción.

Considere el siguiente ejemplo de plan de copia de seguridad y los pasos que tomaría para restaurar su base de datos. Asuma lo siguiente:

■ La base de datos y los registros de transacción están almacenados en archivos separados en medios físicos separados.
■ Se realiza una copia de seguridad de base de datos cada noche a las 6:00 p.m.
■ Las copias de seguridad del registro de transacción se realizan cada día a las 9:00 a.m., 12:00 del mediodía y 3:00 p.m.
■ El medio físico que contiene el/los archivo(s) de datos secundarios se daña a la 1:30 p.m.

Ejecute los siguientes pasos para recuperar la base de datos:

1. Realice una copia de seguridad del registro de transacción utilizando la opción WITH NO_TRUNCATE (esto sólo es posible si el registro de transacción y los archivos de datos principales están disponibles).
2. Restaure la copia de seguridad de base de datos que fue creada la noche anterior a las 6:00 p.m.
3. Aplique todos los registros de transacción que fueron creados ese día (9:00 a.m. y 12:00 p.m.).
4. Aplique la copia de seguridad de registro de transacción que fue creada al principio del proceso de restauración (si se ha creado una).

Al aplicar el registro de transacción creado al principio de la restauración hace que la base de datos vuelva al estado en el que se encontraba antes de que fuese dañada. Si no es capaz de realizar una copia de seguridad del registro de transacción antes de comenzar la restauración, podrá restaurar la base de datos en el estado en el que estaba a las 12:00 del mediodía.

Muestra: Estrategia de copia de seguridad diferencial

La Figura 8.3 muestra la estrategia de copia de seguridad diferencial. Utilice esta estrategia de copia de seguridad diferencial para incrementar una estrategia de copia de seguri-

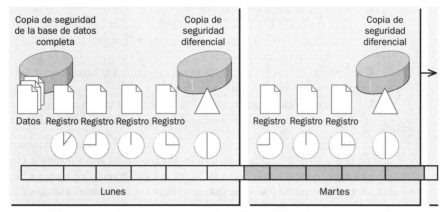

Figura 8.3. Estrategia de copia de seguridad diferencial.

dad de base de datos o una estrategia de copia de seguridad de base de datos y de registro de transacción. Las copias de seguridad diferenciales consisten únicamente en las porciones de las bases de datos que han cambiado desde la última copia de seguridad de base de datos.

La recuperación utilizando una copia de seguridad diferencial requiere que restaure la copia de seguridad de base de datos completa más reciente y la copia de seguridad diferencial más reciente. Si también se han realizado copias de seguridad del registro de transacción, sólo hace falta aplicar aquéllas tomadas desde la copia de seguridad diferencial más reciente para recuperar la base de datos completamente. Utilice esta estrategia para reducir el tiempo de recuperación si se daña la base de datos.

Por ejemplo, en lugar de aplicar muchos registros de transacción, utilice la copia de seguridad diferencial más reciente desde la copia de seguridad de base de datos completa y después aplique sólo las copias de seguridad de registro de transacción realizadas desde esa copia de seguridad diferencial.

Considere el siguiente ejemplo de plan de copia de seguridad y los pasos que tomaría para restaurar su base de datos. Asuma lo siguiente:

- Se realiza una copia de seguridad de base de datos una vez a la semana. La última copia de seguridad de base de datos se realizó el domingo a la 1:00 a.m.
- Se realiza una copia de seguridad diferencial al final de cada día hábil. Se ha realizado una copia de seguridad diferencial el lunes y martes a las 6:00 p.m.
- Las copias de seguridad de registro de transacción se realizan cada hora durante los días hábiles (8:00 a.m. a 5:00 p.m.). Una copia de seguridad de registro de transacción fue realizada el miércoles a las 8:00 a.m. y otra vez a las 9:00 a.m.
- La base de datos se corrompe el miércoles a las 9:30 a.m.

Ejecute los siguientes pasos para recuperar la base de datos:

1. Realice una copia de seguridad del registro de transacción utilizando la opción WITH NO_TRUNCATE (esto sólo es posible si el registro de transacción y los archivos de datos principales están disponibles).
2. Restaure la copia de seguridad de base de datos que se creó el domingo a la 1:00 a.m.

3. Restaure la copia de seguridad diferencial que fue creada el martes a las 6:00 p.m. Esta copia de seguridad es la última copia de seguridad diferencial y contiene todos los datos que han cambiado desde la copia de seguridad de base de datos del domingo a la 1:00 a.m.
4. Aplique las copias de seguridad del registro de transacción que fueron creadas el miércoles a las 8:00 a.m. y 9:00 a.m.
5. Aplique la copia de seguridad de registro de transacción que fue creada al principio del proceso de restauración (si se ha creado una).

La aplicación de la última copia de seguridad del registro de transacción hace que la base de datos vuelva al estado en el que se encontraba antes de sufrir cualquier daño. Si no se es capaz de realizar la copia de seguridad del registro de transacción antes de la restauración, entonces se podrá recuperar la base de datos en el estado en el que se encontraba a las 12:00 del mediodía.

Estrategia de copia de seguridad de archivo o de grupo de archivos

La Figura 8.4 muestra la estrategia de copia de seguridad de archivo o de grupo de archivos. La estrategia de grupo de archivos de base de datos funcionaría de manera parecida, excepto que trabaja con grupos de archivos en lugar de con archivos individuales. Cuando implementa una estrategia de copia de seguridad de archivo o grupo de archivos, debe realizar una copia de seguridad del registro de transacción como parte de la estrategia.

Utilice esta estrategia para bases de datos muy grandes que estén divididas entre varios archivos. Cuando se combina con copias de seguridad de registro de transacción frecuentes, esta técnica hace que sea posible realizar copias de seguridad cuando el tiempo es limitado.

Por ejemplo, si sólo tiene una hora para realizar una copia de seguridad de una base de datos (que normalmente tardaría cuatro horas), podría crear la base de datos utilizando cuatro archivos de datos, realice una copia de seguridad de un archivo cada noche y, aun así, asegure la consistencia de datos. Las copias de seguridad de registro de transacción podrían ser realizadas en pequeños intervalos a lo largo del día.

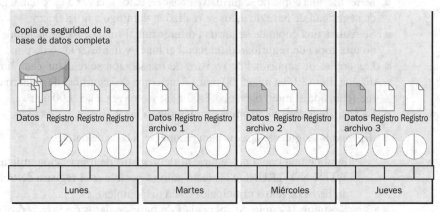

Figura 8.4. Estrategia de copia de seguridad de archivo de base de datos.

Considere el siguiente ejemplo de plan de copia de seguridad y los pasos que tomaría para restaurar su base de datos. Asuma lo siguiente:

- Los datos en una base de datos están divididos entre los archivos de datos archivo1, archivo2 y archivo3.
- Se realiza una copia de seguridad de base de datos cada semana. Se ha realizado una copia de seguridad de base de datos completa el lunes a la 1:00 a.m.
- Se realiza una copia de seguridad en una base rotante de los archivos seleccionada cada día a la 1:00 a.m.
  - Se realiza la copia de seguridad del archivo1, el martes y el viernes a la 1:00 a.m.
  - Se realiza la copia de seguridad del archivo2, el miércoles y el sábado a la 1:00 a.m.
  - Se realiza la copia de seguridad del archivo3, el jueves y el domingo a la 1:00 a.m.
- Las copias de seguridad de registro de transacción se realizan cada hora entre copias de seguridad de bases de datos.
- El jueves a las 8:00 a.m., el medio físico del archivo2 se daña.

Ejecute los siguientes pasos para recuperar la base de datos:

1. Realice una copia de seguridad del registro de transacción utilizando la opción WITH NO_TRUNCATE (esto sólo es posible si el registro de transacción y los archivos de datos principales están disponibles).
2. Restaure la copia de seguridad del archivo2 que fue creada el miércoles a la 1:00 a.m.
3. Aplique las copias de seguridad del registro de transacción realizadas desde el miércoles a la 1:00 a.m. (2:00 a.m. del miércoles hasta las 7:00 a.m. del jueves)
4. Aplique la copia de seguridad del registro de transacción que fue creada al principio del proceso de restauración (si se ha creado una).

El rendimiento que se obtiene utilizando esta estrategia es un resultado del hecho de que sólo los eventos de registro de transacción que afectan a los datos almacenados en el archivo que ha fallado necesitan ser aplicados. En este ejemplo sólo las transacciones para el archivo2 después del miércoles a la 1:00 a.m. se aplican. Si el archivo1 hubiese fallado, la aplicación de las copias de seguridad de registro de transacción realizadas después del martes a la 1:00 a.m. hubieran sido necesarias. Si el archivo3 hubiese fallado, la aplicación de las copias de seguridad de registro de transacción realizadas después del jueves a la 1:00 a.m. hubieran sido necesarias.

Consideraciones de rendimiento

Considere algunos de los temas que tienen un impacto en el rendimiento de SQL Server cuando realiza copias de seguridad de base de datos:

- La realización de copias de seguridad a varios dispositivos físicos es, generalmente, más rápida que la utilización de un único dispositivo físico. SQL Server se aprovecha de varios dispositivos de copia de seguridad escribiendo los datos a cada copia de seguridad en paralelo.

- El tiempo necesario para realizar una copia de seguridad de una base de datos depende de la velocidad del dispositivo físico. Las unidades de cinta son generalmente más lentas que los dispositivos de disco.

- Debe minimizar la actividad actual cuando realiza la copia de seguridad de la base de datos. La actividad concurrente en SQL Server puede tener un impacto en el tiempo necesario para realizar la copia de seguridad de su base de datos.

Resumen de la lección

Existen dos aproximaciones que pueden tomar los administradores cuando planeen una estrategia de copia de seguridad. Pueden realizar copias de seguridad sólo de la base de datos a intervalos frecuentes, o puede realizar copias de seguridad de las bases de datos y de los registros de transacción. La primera estrategia permite una restauración de base de datos simple en el caso de una perdida de datos, pero puede resultar en una perdida de datos entre los intervalos de las copias de seguridad. La segunda estrategia puede significar más trabajo en lo que se refiere a la restauración de datos, pero a menudo puede devolver a su base de datos al estado en el que estaba en el momento antes de la pérdida.

Revisión

Las siguientes preguntas tienen la intención de reforzar información clave presentada en este capítulo. Si no puede contestar una pregunta, revise la lección apropiada e intente responder la pregunta otra vez. Las respuestas a las preguntas se pueden encontrar en el Apéndice A, "Preguntas y respuestas."

1. Su base de datos consiste en 5 gigabytes (GB) de datos y está almacenada en un archivo de base de datos. Esta base de datos se utiliza como un sistema de recepción de pedidos para una compañía de pedidos por catálogo. Los operadores reciben pedidos 24 horas al día. La compañía, normalmente, recibe unos 2.000 pedidos cada día. Describa un plan apropiado de copia de seguridad para esta base de datos.

2. Su base de datos contiene datos de imagen que se reúnen desde un satélite meteorológico y que son continuamente actualizados. La base de datos es de 700 GB. Cada tabla existe en un grupo de archivos separado en la base de datos. Si fuese a realizar una copia de seguridad de la base de datos, el proceso tardaría unas 20 horas. ¿Cómo podría minimizar la cantidad de tiempo que se utiliza realizando copias de seguridad cada día y asegurar una buena recuperación de datos en caso de un fallo del sistema?

CAPÍTULO 9

Cómo realizar copias de seguridad de bases de datos

Acerca de este capítulo

En este capítulo aprenderá acerca de los medios que puede utilizar cuando cree copias de seguridad de SQL Server y cómo realizar copias de seguridad utilizando el Administrador corporativo de SQL Server o la instrucción BACKUP Transact-SQL.

Antes de empezar

Para completar las lecciones en este capítulo debe:

- Tener SQL Server 7.0 instalado en su ordenador. Los procedimientos de instalación se cubren en el Capítulo 2 "Instalación". Los ejercicios asumen que está trabajando en Windows NT Server configurado como controlador de dominio, aunque puede completar los ejercicios utilizando SQL Server instalado en una estación de trabajo Windows NT Workstation o en un servidor independiente de Windows NT. Puede completar todos los ejercicios para este capítulo en un SQL Server instalado en Windows 95 o Windows 98.
- Haber instalado la base de datos StudyNwind. Consulte la sección "Antes de empezar" en "Acerca de este libro" para las instrucciones de instalación de la base de datos StudyNwind.
- Tener experiencia en la utilización del Administrador corporativo de SQL Server y el Analizador de consultas de SQL Server.
- Tener instalados los archivos de ejercicios del CD-ROM de Material adicional del curso en su disco duro, usando el archivo Setup.exe mencionado en la sección "Antes de empezar".

Lección 1: Dispositivos de copia de seguridad

Una parte importante de la estrategia del administrador para la realización de copias de seguridad y recuperación de datos es el tipo de dispositivo que contendrá la copia de seguridad de los datos: el dispositivo de copia de seguridad. Un dispositivo de copia de seguridad es utilizado por SQL Server para realizar copias de seguridad de bases de datos, registros de transacción y archivos de datos. Los dispositivos de copia de seguridad incluyen dispositivos de disco, de cinta y canalizaciones con nombre.

Después de esta lección podrá:

- Crear dispositivos de copia de seguridad con nombre.
- Describir dispositivos de copia de seguridad temporales.
- Describir copias de seguridad por bandas.

Tiempo estimado de la lección: 45 minutos

Visión general

Los dispositivos de copia de seguridad siempre tienen un nombre físico que se refiere al nombre utilizado por el sistema operativo para acceder al dispositivo. Los dispositivos de copia de seguridad también pueden tener un nombre lógico almacenado en las tablas del sistema. Los dispositivos que tienen un nombre lógico se denominan dispositivos de copia de seguridad lógicos, permanentes o con nombre. Los dispositivos que no tienen un nombre lógico se denominan dispositivos de copia de seguridad físicos o temporales. No hay una diferencia en los propios dispositivos, sólo si se puede o no utilizar un nombre lógico para referirse al dispositivo. Cuando se realizan copias de seguridad o restauraciones puede utilizar nombres lógicos o físicos.

Nota: El término *archivo de copia de seguridad* se utiliza a veces en lugar de *dispositivo de copia de seguridad*. Se prefiere *dispositivos de copia de seguridad* porque las copias de seguridad se pueden realizar a cintas y canalizaciones con nombre así como a archivos de disco. Cuando vea el término *archivo de copia* de seguridad, normalmente se referirá a un dispositivo de copia de seguridad de disco en concreto, el cual está almacenado como un archivo en el sistema de archivos del ordenador SQL Server o en una unidad de red compartida.

Cómo crear dispositivos de copia de seguridad con nombre

Si quiere utilizar un nombre lógico para un dispositivo de copia de seguridad debe crear un dispositivo de copia de seguridad con nombre antes de utilizarlo. Cuando utilice el dispositivo para realizar copias de seguridad y restauraciones hará referencia al dispositivo por su nombre lógico únicamente.

Por qué crear dispositivos de copia de seguridad con nombre

Los dispositivos de copia de seguridad con nombre son más fáciles de utilizar ya que tienen nombres más cortos. El Administrador corporativo de SQL Server sólo lista dispositivos de copia de seguridad en el árbol de consola (puede utilizar nombres físicos para dispositivos de copia de seguridad en algún otro lugar del Administrador corporativo de SQL Server cuando sea necesario). Puede crear dispositivos de copia de seguridad con el Administrador corporativo de SQL Server o ejecutando el procedimiento almacenado de sistema sp_adddumpdevice.

Cómo utilizar el procedimiento almacenado del sistema sp_addumpdevice

Ejecute el procedimiento almacenado de sistema sp_addumpdevice para crear un dispositivo de copia de seguridad con nombre en disco o en cinta, o para dirigir datos a una canalización con nombre. Cuando cree dispositivos de copia de seguridad con nombre, considere estos hechos:

- El dispositivo no está físicamente creado hasta que es utilizado. Por ejemplo, si mira en la carpeta C:\Mssql7\Backup después de crear un nuevo dispositivo con un nombre físico denominado C:\Mssql7\Backup\Mydev.bak, no verá un archivo denominado Mydev.bak. Después de realizar la copia de seguridad al nuevo dispositivo, Mydev.bak estará presente en la carpeta.
- SQL Server crea nombres lógicos y físicos en la tabla del sistema sysdevices en la base de datos master.
- Debe especificar los nombres lógicos o físicos de los dispositivos de copia de seguridad.
- Si quiere crear un dispositivo de copia de seguridad utilizando un archivo de disco de red, debe especificar la ubicación del archivo de disco de red. La ubicación puede utilizar una ruta de nombre UNC o letra de unidad asignada.

Cuando cree un dispositivo de copia de seguridad con el Administrador corporativo de SQL Server, SQL Server ejecuta el procedimiento almacenado de sistema sp_addumpdevice por usted.

La sintaxis para la instrucción sp_addumpdevice se describe a continuación:

```
sp_addumpdevice [@devtype = ] 'device_type',
[@logicalname = ] 'logical_name',
[@physicalname = ] 'physical_name'
```

donde *device_type* es {DISK | TAPE | PIPE}.

El ejemplo siguiente crea un dispositivo de copia de seguridad en un disco local, mediante la utilización de la instrucción sp_addumpdevice

```
USE master
EXEC sp_addumpdevice 'disk', 'mybackupfile',
'C:\Mssql7\Backup\Mybackupfile.bak'
```

El ejemplo siguiente crea un dispositivo de copia de seguridad en un disco de red, mediante la utilización de la instrucción sp_addumpdevice

```
USE master
EXEC sp_addumpdevice 'disk', 'mynetworkbackup',
'\\servername\sharename\path\mynetworkbackup.bak'
```

El ejemplo siguiente crea un dispositivo de copia de seguridad con nombre en una cinta con un nombre lógico mytape1 y un nombre físico \\.\tape0, mediante la utilización de la instrucción sp_addumpdevice

```
USE master
EXEC sp_addumpdevice 'tape', 'mytape1', '\\.\tape0'
```

Ejercicio: Cómo crear dispositivos de copia de seguridad con el Administrador corporativo de SQL Server

En este ejercicio utilizará el Administrador corporativo de SQL Server para crear dos dispositivos de copia de seguridad con nombre.

▶ **Para crear un dispositivo de copia de seguridad con el Administrador corporativo de SQL Server**

1. Inicie una sesión en su ordenador como Administrador u otra cuenta que sea miembro del grupo de administradores local.
2. Inicie el Administrador corporativo de SQL Server.
3. En el árbol de consola, expanda Administración, haga clic derecho en Copia de seguridad y después haga clic en Nuevo dispositivo de copia de seguridad.
4. Utilice la información en la tabla siguiente para crear dos nuevos dispositivos de copia de seguridad con nombre.

Nombre	Nombre de archivo
NwA	C:\Mssql7\Backup\Nwa.bak
Nwlog	C:\Mssql7\Backup\Nwlog.bak

5. Cierre el Administrador corporativo de SQL Server.

Ejercicio: Cómo crear dispositivos de copia de seguridad con Transact-SQL

En este procedimiento creará dos nuevos dispositivos de copia de seguridad con nombre utilizando el procedimiento almacenado de sistema sp_addumpdevice. Encontrará la secuencia de comandos para este ejercicio en C:\Sqladmin\Exercise\Ch09\ Makedev2.sql.

▶ **Para crear un dispositivo de copia de seguridad permanente con Transact-SQL**

1. Abra el Analizador de consultas de SQL Server e inicie una sesión en el servidor (local) con autenticación de Microsoft Windows NT. Su cuenta de Administrador es miembro del grupo administrador de Windows NT, que es asignado automáticamente a la función de SQL Server sysadmin.

2. Escriba y ejecute la instrucción Transact-SQL para crear dos dispositivos de copia de seguridad con nombre basados en la información de la tabla siguiente.

Tipo de dispositivo	Nombre lógico	Nombre físico
Disco	NwstripeA	C:\Mssql7\Backup\NwstripeA.bak
Disco	NwstripeB	C:\Mssql7\Backup\NwstripeB.bak

Cómo eliminar dispositivos de copia de seguridad con nombre

Puede eliminar dispositivos de copia de seguridad utilizando el Administrador corporativo de SQL Server o el procedimiento almacenado de sistema sp_dropdevice. Si utiliza el Administrador corporativo de SQL Server para eliminar un dispositivo de copia de seguridad con nombre y el dispositivo es un dispositivo de disco, el archivo de dispositivo de copia de seguridad no será eliminado del disco. Debe eliminar el archivo manualmente de C:\Mssql7\Backup (u otra ubicación si no ha sido creado en la ubicación predeterminada). Si utiliza sp_dropdevice para eliminar un dispositivo de copia de seguridad con nombre y el dispositivo es un dispositivo de disco, puede especificar la opción DELFILE para que el archivo sea eliminado por sp_dropdevice, como se muestra en el siguiente ejemplo.

```
USE master
EXEC sp_dropdevice 'mybackupfile', DELFILE
```

Cómo crear dispositivos de copia de seguridad temporales

Cuando cree un dispositivo de copia de seguridad con nombre, es preferible utilizar un nombre lógico para hacer referencia a este dispositivo, puede hacer referencia a un dispositivo de copia de seguridad con su nombre físico únicamente.

Por qué crear dispositivos de copia de seguridad temporales

Si no planea reutilizar un dispositivo de copia de seguridad, puede utilizar un dispositivo de copia de seguridad temporal. Esto hace que no sea necesario utilizar el procedimiento almacenado de sistema sp_addumpdevice para agregar el dispositivo antes de utilizarlo. Por ejemplo, si está realizando una copia de seguridad de una base de datos una única vez o está probando la operación de copia de seguridad que está automatizando, puede querer utilizar un dispositivo de copia de seguridad temporal.

Cómo crear un dispositivo de copia de seguridad con nombre de un dispositivo de copia de seguridad temporal

Cuando especifique la ubicación de un dispositivo de copia de seguridad con nombre en el Administrador corporativo de SQL Server o como un parámetro de nombre físico del procedimiento almacenado del sistema sp_addumpdevice, puede especificar una ubicación de un dispositivo de copia de seguridad temporal existente. El dispositivo de copia de seguridad temporal es ahora un dispositivo de copia de seguridad con nombre, el cual puede ser referenciado por su nombre lógico y administrado en el Administrador corporativo de SQL Server. Si intenta agregar un dispositivo que ya es un dispositivo de copia de seguridad con nombre, la operación no tendrá éxito.

Cómo iniciar un dispositivo

SQL Server inicializa un dispositivo de copia de seguridad la primera vez que es utilizado. Para los dispositivos de copia de seguridad con nombre el dispositivo se inicializa con el nombre físico que fue especificado cuando el dispositivo fue creado. Para dispositivos de copia de seguridad temporales el dispositivo se inicializa con el nombre físico especificado en la instrucción BACKUP.

Si crea un dispositivo de copia de seguridad temporal debe:

- Especificar un tipo de medio (DISK, TAPE o PIPE).
- Especificar la ruta y el nombre de archivo completos para los dispositivos de disco y cinta. Si quiere utilizar un archivo de disco de red, debe especificar una ubicación de archivo de disco de red utilizando un nombre de ruta UNC o una letra de unidad asignada.
- Especifique el nombre de la canalización para dispositivos de canalización con nombre.

La sintaxis parcial para la instrucción BACKUP DATABASE se describe a continuación:

```
BACKUP DATABASE {nombre_basedatos
TO {nombre_dispositivo_copiaseguridad}
{DISK | TAPE | PIPE} = 'archivo_temp_copiaseguridad' |,…n}
```

El siguiente ejemplo utiliza un dispositivo de copia de seguridad con nombre para realizar un copia de seguridad de la base de datos Northwind.

```
USE master
BACKUP DATABASE northwind TO mybackupfile
```

El siguiente ejemplo utiliza un dispositivo de copia de seguridad temporal en un disco para realizar una copia de seguridad de la base de datos Northwind.

```
USE master
BACKUP DATABASE northwind TO DISK = 'C:\Temp\Mynwind.bak'
```

Cómo utilizar múltiples dispositivos de copia de seguridad para almacenar copias de seguridad

SQL Server puede escribir a varios dispositivos de copia de seguridad a la vez (en paralelo). Cuando tiene múltiples dispositivos de copia de seguridad, los datos son divididos en bandas a través de todos los dispositivos que son utilizados para crear la copia de seguridad. Estos dispositivos almacenan un conjunto de copia de seguridad por bandas. Un conjunto de copia de seguridad es el resultado de una única operación de copia de seguridad en uno o más dispositivos. La Figura 9.1 muestra cómo se pueden realizar copias de seguridad a múltiples dispositivos de copia de seguridad y cómo una única copia de seguridad a través de todos los dispositivos forma un conjunto de copia de seguridad.

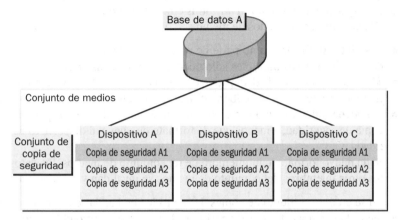

Figura 9.1.   Utilice múltiples dispositivos para almacenar copias de seguridad.

Cómo almacenar copias de seguridad en múltiples dispositivos de copia de seguridad

El realizar las copias de seguridad a múltiples dispositivos reduce el tiempo total que se tarda en realizar un copia de seguridad de una base de datos. Por ejemplo, si una operación de copia de seguridad que utiliza una unidad de cinta normalmente tarda cuatro horas para completarse, puede agregar una segunda unidad de cinta y, posiblemente, reducir la longitud de la operación de copia de seguridad a sólo dos horas.

Cuando utilice múltiples dispositivos para almacenar sus copias de seguridad, considere los siguientes hechos:

- Todos los dispositivos utilizados en una operación de copia de seguridad múltiple deben ser del mismo tipo de medio (disco o cinta).
- Los dispositivos utilizados en una operación de copia de seguridad no necesitan ser del mismo tamaño u operar a la misma velocidad.
- Puede utilizar una combinación de dispositivos con nombre y físicos conjuntamente.
- No es necesario utilizar el mismo número de dispositivos, cuando se restaure desde una copia de seguridad de múltiples dispositivos, como cuando se creó la copia de seguridad.

Conjuntos de medios

Un conjunto de medios es una colección de dispositivos de copia de seguridad que se utilizan para contener uno o más conjuntos de copias de seguridad. Un conjunto de medios puede ser un único dispositivo de copia de seguridad. Si los dispositivos de copia de seguridad en un conjunto de medios de dispositivos múltiples son unidades de disco, entonces cada dispositivo de copia de seguridad es un único archivo. Si los dispositivos de copia de seguridad en un conjunto de medios de dispositivos múltiples son unidades de cinta, entonces cada dispositivo de copia de seguridad se compone de una o más cintas, las que conjuntamente se denominan una *familia de medios*. La primera cinta de familia de medios se denomina *medio inicial;* otras cintas se denominan *medios de continuación*.

Cuando utilice conjuntos de medios:

- Las cintas utilizadas como parte de un conjunto de medios para una copia de seguridad de dispositivos múltiples sólo pueden ser utilizadas en SQL Server.
- Si define un número de dispositivos de copia de seguridad como miembros de un conjunto de medios, siempre deberá utilizar los dispositivos de copia de seguridad juntos.
- No puede utilizar sólo un miembro de un conjunto de medios para una operación de copia de seguridad, a menos que dé formato de nuevo al dispositivo de copia de seguridad.
- Si da nuevo formato a un miembro de un conjunto de medios, los datos contenidos en los otros miembros del conjunto de medios se invalidan y no se pueden utilizar.

Si se creó un conjunto de copias de seguridad en bandas en dos dispositivos de copia de seguridad, ahora estos dos dispositivos de copia de seguridad forman parte de un conjunto de medios. Todas las operaciones sucesivas que involucren este conjunto de medios deben utilizar estos dos mismos dispositivos de copia de seguridad. Puede adjuntar conjuntos de copia de seguridad en bandas adicionales a este conjunto de medios utilizando estos dos dispositivos de copia de seguridad. Sin embargo, si quiere utilizar sólo uno de estos dispositivos de copia de seguridad para realizar una copia de seguridad de otra base de datos o como parte de otro conjunto de medios, debe dar un nuevo formato al dispositivo de copia de seguridad.

Resumen de la lección

Uno de los primeros pasos para planear una estrategia de copia de seguridad que tenga éxito, es decidir, el medio que va a utilizar. ¿Va a realizar la copia de seguridad a disco, cinta o dispositivo de canalización con nombre? Una vez se haya elegido el tipo de dispositivo, el proceso de copia de seguridad puede hacerse más eficaz utilizando dispositivos de bandas.

SQL Server puede escribir a varios dispositivos de seguridad a la vez (en paralelo). Cuando tiene varios dispositivos de copia de seguridad, los datos se dividen en bandas a través de todos los dispositivos de seguridad que se utilizan para realizar la copia de seguridad. Estos dispositivos almacenan un conjunto de copia de seguridad en bandas. Un *conjunto de copia de seguridad* es el resultado de una única operación de copia de seguridad en uno o mas dispositivos.

Lección 2: Cómo realizar copias de seguridad

Una vez la estrategia de copia de seguridad esté preparada y se haya decidido cuál va a ser el dispositivo de copia de seguridad, estará preparado para realizar las copias de seguridad. Las copias de seguridad pueden ser realizadas utilizando el Administrador corporativo SQL Server o Transact-SQL.

Después de esta lección podrá:

- Realizar una copia de seguridad de una base de datos.
- Realizar una copia de seguridad de un registro de transacción.
- Realizar una copia de seguridad diferencial.
- Realizar una copia de seguridad de un archivo o grupo de archivos.

Tiempo estimado de la lección: 90 minutos

Cómo utilizar la instrucción BACKUP

Puede realizar operaciones de copia de seguridad con el Administrador corporativo de SQL Server, el Asistente de copia de seguridad o Transact-SQL. Debería estar familiarizado con ciertas opciones de copia de seguridad cuando utilice cualquiera de los métodos de copia de seguridad de SQL Server.

La sintaxis para la instrucción BACKUP DATABASE se describe a continuación:

```
BACKUP DATABASE {nombre_basededatos | @nombre_basededatos_var}
TO <backup_device> [, ...n]
[WITH
    [[, ] FORMAT]
    [[,] {INIT | NOINIT}]
    [[, ] RESTART]
    [[,] MEDIANAME = {nombre_de_medio  | @nombre_de_medio_variable}]
]
```

Nota: La instrucción BACKUP sustituye a la instrucción DUMP encontrada en versiones anteriores de SQL Server. DUMP todavía es soportado para mayor compatibilidad con las versiones anteriores. Debería utilizar la instrucción BACKUP.

Cómo utilizar la opción MEDIANAME

Puede utilizar la opción MEDIANAME de la instrucción BACKUP o la opción Nombre de medio en el Administrador corporativo de SQL Server para especificar el nombre del conjunto de medios para la copia de seguridad. Si se especifica para un nuevo dispositivo de copia de seguridad o un dispositivo de copia de seguridad a la que se le está dando formato, este nombre será escrito en el encabezado de medios. Si se especifica para copias de seguridad posteriores SQL Server comprobará que el nombre especificado coincide con el nombre del medio y la copia de seguridad no tendrá éxito si los nombres no coinciden, evitando la utilización accidental de los medios incorrectos.

Cuando utiliza múltiples dispositivos para realizar una copia de seguridad de una base de datos, el nombre del conjunto de medios también se utiliza para asociar los dispositivos de copia de seguridad los unos con los otros. Puede ser utilizado para comprobar que los medios correctos son utilizados para las copias de seguridad posteriores.

Los nombres pueden tener hasta 128 caracteres si se especifican con la opción MEDIANAME de la instrucción BACKUP y hasta 64 si se especifican con la opción Nombre de medio en el Administrador corporativo de SQL Server.

Cómo utilizar la opción INIT o NOINIT

Cuando realiza una copia de seguridad de una base de datos, puede sobrescribir datos existentes en el dispositivo de copia de seguridad o adjuntar el conjunto de copia de seguridad después de los datos existentes en el dispositivo de copia de seguridad.

Utilice la opción NOINIT para adjuntar un conjunto de copia de seguridad a un dispositivo de copia de seguridad existente. Éste es el valor predeterminado.

Si utiliza la opción INIT, SQL Server escribe el conjunto de copia de seguridad al principio del dispositivo, sobrescribiendo cualquier dato existente en el medio de copia de seguridad, pero reteniendo el encabezado del medio.

La operación de copia de seguridad no tiene éxito y los datos no son sobrescritos si:

- La opción EXPIREDATE fue especificada para los conjuntos de copia de seguridad en el dispositivo de copia de seguridad y los conjuntos de copia de seguridad en el dispositivo de copia de seguridad todavía no han caducado.
- El parámetro *nombre_de_medio* que especificó en la opción MEDIANAME no coincide con el nombre del medio del dispositivo de copia de seguridad.
- Intenta sobrescribir un miembro de un conjunto de medios anteriormente mencionado. SQL Server detecta que el dispositivo es un miembro de un conjunto de medios y que sobrescribir su contenido haría que todo el conjunto fuese inutilizado.

Cómo utilizar la opción FORMAT

Utilice la opción FORMAT para sobrescribir el contenido de un dispositivo de copia de seguridad y dividir un conjunto de medios:

- Un encabezado de medio nuevo se escribe en todos los dispositivos utilizados para esta operación de copia de seguridad.
- SQL Server sobrescribe el encabezado de medio y el contenido del dispositivo de copia de seguridad existentes.

Utilice la opción FORMAT con cuidado. El dar formato a un único dispositivo de copia de seguridad de un conjunto de medios hace que todo el conjunto sea inutilizable. El nombre de medio de los medios no se comprueba cuando se utiliza la opción FORMAT haciendo que sea posible cambiar el nombre de medio de un dispositivo existente. Ésta es otra razón para utilizar la opción FORMAT con precaución, no se le avisará si está utilizando el medio equivocado accidentalmente.

Cómo utilizar la opción RESTART

Si quiere que SQL Server reinicie la operación de copia de seguridad desde el punto de interrupción, utilice la opción RESTART. Debe reiniciar el proceso de copia de seguridad manualmente ejecutando la instrucción BACKUP original con la opción RESTART.

Cómo realizar una copia de seguridad a un dispositivo de cinta

Las cintas son un medio conveniente de copia de seguridad porque son económicas, proporcionan una gran cantidad de almacenaje y pueden ser almacenadas fuera del lugar donde se realiza la copia mayor seguridad y protección de los datos.

Cuando realice una copia de seguridad a una unidad de cinta, ésta debe estar adjuntada localmente a SQL Server.

Cómo registrar información de copia de seguridad en la etiqueta de la cinta

Cuando realice una copia de seguridad a una cinta, SQL Server registra información de copia de seguridad en la etiqueta de la cinta, la cual incluye:

- Nombre de la base de datos.
- Hora.
- Fecha.
- Tipo de copia de seguridad.

Cómo almacenar copias de seguridad de SQL Server y de no SQL Server

SQL Server utiliza un formato de copia de seguridad estándar denominado Formato de cinta de Microsoft para escribir copias de seguridad a cintas. Por tanto, se pueden almacenar datos en la misma cinta de SQL Server y que no sean de SQL Server.

Esto no quiere decir que SQL Server puede utilizar copias de seguridad escritas en una cinta por otra utilidad. Simplemente significa que las copias de seguridad de SQL Server pueden existir en la misma cinta que copias de seguridad escritas por otras aplicaciones que utilicen el formato MTF. Por ejemplo, si realiza una copia de seguridad de SQL Server a un disco. Entonces utiliza Windows NT Backup para copiar archivos de copia de seguridad a cinta. Para restaurar los archivos a disco deberá utilizar Windows NT Backup y después restaurar la copia de seguridad de SQL Server desde el dispositivo de copia de seguridad de disco utilizando SQL Server; no puede restaurar la copia de seguridad de Windows NT backup directamente desde la cinta con SQL Server.

Cómo especificar las opciones de la cinta

Cuando realiza una copia de seguridad a una cinta, puede utilizar opciones que son específicas de este medio. Esta sección describe las opciones específicas de cinta.

La opción UNLOAD

SQL Server rebobina y descarga automáticamente la cinta de la unidad de cinta después de que se ha realizado la copia de seguridad. La opción UNLOAD es la predeterminada de SQL Server y permanece establecida hasta que usted selecciona la opción NOUN-LOAD.

La opción NOUNLOAD

Utilice esta opción si no quiere que SQL Server rebobine y descargue el medio de cinta de la unidad de cinta automáticamente después de una copia de seguridad. La opción NOUNLOAD permanece establecida hasta que usted seleccione UNLOAD.

La opción BLOCKSIZE

Utilice esta opción para cambiar el tamaño del bloque físico en bytes si está sobrescribiendo un medio de cinta con las opciones FORMAT, SKIP e INIT. Cuando realiza una copia de seguridad a una cinta, SQL Server selecciona un tamaño de bloque apropiado. Puede suplantar la selección de tamaño de bloque utilizando la opción BLOCKSIZE y especificando el tamaño de bloque.

La opción FORMAT

Utilice esta opción para escribir un encabezado en todos los volúmenes (archivos de disco o cintas) que son utilizados para una copia de seguridad. SQL Server sobrescribe todos los encabezados y copias de seguridad en el medio. El encabezado incluye información que se encuentra en las opciones MEDIANAME y MEDIADESCRIPTION.

Cuando utiliza la opción FORMAT para realizar una copia de seguridad a un dispositivo de cinta, las opciones INIT y SKIP están implícitas, y por tanto, no necesita especificar estas opciones.

Utilice esta opción con precaución ya que el medio será sobrescrito con la copia de seguridad nueva sin comprobar el encabezado y la contraseña existente (si la hubiere) en el medio. Si el medio forma parte de un conjunto de medios existente que ha sido utilizado para un conjunto de copias de seguridad por bandas, ese conjunto de copia de seguridad será inutilizable.

La opción SKIP

Utilice esta opción para omitir los encabezados. SQL Server ignora cualquier etiqueta ANSI de cinta existente en el dispositivo de cinta. La etiqueta ANSI de una cinta puede proporcionar información de aviso acerca de la fecha de caducidad de la cinta, así como aplicar permisos escritos.

La opción NOSKIP

Utilice esta opción si quiere que SQL Server lea las etiquetas de cinta ANSI. SQL Server lee las etiquetas de cinta ANSI de manera predeterminada.

Cómo realizar una copia de seguridad de una base de datos completa

Una copia de seguridad completa de base de datos le sirve como base en caso de un fallo del sistema. Cuando realiza un copia de seguridad completa de una base de datos, SQL

Server realiza una copia de seguridad de todo en la base de datos, incluyendo cualquier porción del registro de transacción necesario para asegurar la consistencia de datos cuando se restaure la copia de seguridad.

El siguiente ejemplo crea un dispositivo de copia de seguridad con nombre con el nombre lógico nwndbac y realiza una copia de seguridad completa de la base de datos.

```
USE master
EXEC sp_addumpdevice 'disk', 'nwndbac',
'c:\mssql7\backup\nwndbac.bak'
BACKUP DATABASE Northwind TO nwndbac
```

El siguiente ejemplo realiza una copia de seguridad completa de base de datos al dispositivo nwndbac y sobrescribe cualesquiera copias de seguridad anteriores en ese dispositivo.

```
BACKUP DATABASE Northwind TO nwndbac WITH INIT
```

El siguiente ejemplo adjunta una copia de seguridad completa de base de datos al dispositivo nwndbac. Las copias de seguridad previas realizadas en este dispositivo se dejan intactas.

```
BACKUP DATABASE Northwind TO nwndbac WITH NOINIT
```

El siguiente ejemplo crea y realiza una copia de seguridad completa de base de datos a un dispositivo de copia de seguridad temporal.

```
BACKUP DATABASE Northwind TO
DISK = 'D:\Temp\Mytempbackup.bak'
```

Ejercicio: Cómo eliminar las opciones establecidas para la base de datos StudyNwind

Antes de completar varios ejercicios en los que realizará copias de seguridad de bases de datos, en este ejercicio eliminará cualquier opción de base de datos que esté establecida para la base de datos StudyNwind.

▶ **Para eliminar las opciones de base de datos**

1. Abra el Administrador corporativo de SQL Server.
2. En el árbol de consola, expanda la carpeta Bases de datos.
3. Haga clic derecho en el icono de la base de datos StudyNwind y después haga clic en Propiedades.
4. En la pestaña Opciones, desactive cualesquiera opciones que se encuentren seleccionadas.
5. Haga clic en Aceptar.

Ejercicio: Cómo utilizar el Administrador corporativo de SQL Server para realizar una copia de seguridad de la base de datos StudyNwind

En este ejercicio realizará una copia de seguridad completa de la base de datos StudyNwind al dispositivo de copia de seguridad nwA.

► **Para realizar una copia de seguridad de base de datos con el Administrador corporativo de SQL Server**

1. Cambie al Administrador corporativo de SQL Server.
2. En el árbol de consola, expanda Bases de datos, haga clic derecho en la base de datos StudyNwind, apunte a Todas las tareas y después haga clic en Copia de seguridad de base de datos.
3. En el cuadro de diálogo Copia de seguridad de SQL Server, haga clic en la pestaña General si no está seleccionada.
4. Asegúrese de que StudyNwind está seleccionada en Base de datos.
5. En Nombre, escriba el nombre del conjunto de copia de seguridad **Study-NwindFull**.
6. En Descripción, escriba la descripción **Primera copia de seguridad de Study-Nwind**.
7. Bajo Copia de seguridad, haga clic en Base de datos (completa).
8. Bajo Destino, Disco debería estar seleccionado. Si no tiene una unidad de cinta conectada a su ordenador, Disco y Cinta estarán ambas en gris y Disco estará seleccionado; esto es correcto.
9. Bajo Destino, haga clic en Agregar para agregar el dispositivo de copia de seguridad nwA.
10. En el cuadro de diálogo Seleccionar destino de copia de seguridad, haga clic en Dispositivo de copia de seguridad y seleccione nwA de la lista desplegable de dispositivos (si nwA no está en la lista, puede haberlo agregado ya como destino o puede que no lo haya creado todavía).
11. Haga clic en Aceptar para cerrar el cuadro de diálogo y agregue nwA a la lista Copia de seguridad en.
12. Si hay otros dispositivos en la lista Copia de seguridad en, márquelos y haga clic en Eliminar para eliminarlos.
13. Bajo Sobrescribir, haga clic en Sobrescribir medio existente para sobrescribir cualesquiera copias de seguridad existente en el dispositivo de copia de seguridad.
14. Haga clic en la pestaña Opciones.
15. Active Comprobar copia de seguridad a concluir, asegúrese de que todas las opciones no están activadas.
16. Haga clic en Aceptar para realizar la copia de seguridad.

Ejercicio: Cómo utilizar Transact-SQL para adjuntar una copia de seguridad al dispositivo nwA

En este ejercicio escribirá y ejecutará una instrucción Transact-SQL para realizar otra copia de seguridad completa de la base de datos StudyNwind y adjuntar la copia de seguridad al dispositivo de copia de seguridad nwA. Encontrará la secuencia de comandos para este ejercicio en C:\Sqladmin\Exercise\Ch09\ Append.sql.

► **Para adjuntar una copia de seguridad posterior a un dispositivo de copia de seguridad Transact-SQL**

1. Cambie al Analizador de consultas de SQL Server.

2. Escriba y ejecute una instrucción Transact-SQL que realice una copia de seguridad de la base de datos StudyNwind y adjunte la copia de seguridad al dispositivo de copia de seguridad nwA. Utilice las opciones en la tabla siguiente:

Opción	Valor
Nombre de la base de datos	StudyNwind.
Dispositivo de copia de seguridad	nwA.
Adjuntar, sobrescribir o inicializar	(WITH NOINIT).
Nombre	StudyNwindFull2.
Descripción	La segunda copia de seguridad completa de StudyNwind.

Ejercicio: Cómo ver el contenido de un dispositivo de copia de seguridad

En este ejercicio utilizará el Administrador corporativo de SQL Server para ver el contenido del dispositivo de copia de seguridad nwA para asegurarse de que contiene dos copias de seguridad de base de datos completas.

▶ **Para ver el contenido de un dispositivo de copia de seguridad**

1. Cambie al Administrador corporativo de SQL Server.
2. En el árbol de consola, expanda Administración, haga clic en Copia de seguridad.
3. En el panel de detalles, haga clic derecho en el dispositivo de copia de seguridad nwA y después haga clic en Propiedades.
4. Haga clic en Ver contenido.
5. Confirme que el dispositivo de copia de seguridad contiene dos copias de seguridad de base de datos completas.
6. Utilice el explorador de Windows NT para ver la carpeta C:\Mssql7\Backup. Fíjese en el tamaño del archivo nwA.bak, el cual es el dispositivo de copia de seguridad que contiene dos conjuntos de copia de seguridad de base de datos.

Ejercicio: Cómo utilizar Transact-SQL para sobrescribir una copia de seguridad

En este ejercicio escribirá y ejecutará una instrucción Transact-SQL para realizar una copia de seguridad de la base de datos StudyNwind y sobrescribir cualesquiera copias de seguridad existentes en el dispositivo de copia de seguridad nwA. Encontrar la secuencia de comandos para este ejercicio en C:\Sqladmin\Exercise\Ch09\ Overwrit.sql.

▶ **Para sobrescribir una copia de seguridad existente con Transact-SQL**

1. Cambie al Analizador de consultas de SQL Server.
2. Escriba y ejecute la instrucción Transact-SQL para realizar una copia de seguridad de la base de datos StudyNwind al dispositivo de copia de seguridad nwA. Utilice la información en la tabla siguiente.

Opción	Valor
Nombre de la base de datos	StudyNwind
Dispositivo de copia de seguridad	nwA
Adjuntar, sobrescribir o inicializar	Sobrescribir (WITH INIT)
Nombre	StudyNwindFull3
Descripción	La tercera copia de seguridad completa de StudyNwind, sobrescribe a las otras

3. Utilice el Administrador corporativo de SQL Server, como hizo en el ejercicio anterior, para ver el contenido de nwA y confirmar que las otras copias de seguridad fueron sobrescritas.

Ejercicio: Cómo realizar una copia de seguridad de la base de datos StudyNwind a múltiples dispositivos de copia de seguridad

En este ejercicio utilizará el Administrador corporativo de SQL Server para realizar una copia de seguridad de base de datos completa de la base de datos StudyNwind en dos dispositivos de copia de seguridad existentes: nwstripeA y nwstripeB. También sobrescribirá los datos existentes, incluyendo la información del encabezado.

▶ **Para realizar una copia de seguridad de una base de datos a múltiples dispositivos de copia de seguridad**

1. Cambie al Administrador corporativo de SQL Server.
2. En el árbol de consola, expanda Base de datos, haga clic derecho en base de datos StudyNwind, apunte a Todas las tareas y después haga clic en Copia de seguridad de base de datos.
3. En el cuadro de diálogo Copia de seguridad de SQL Server, haga clic en la pestaña General si no está seleccionada.
4. Asegúrese de que StudyNwind está seleccionada en Base de datos.
5. En Nombre, escriba el nombre del conjunto de copia de seguridad **StudyNwind con bandas**.
6. En Descripción, escriba la descripción **Una copia de seguridad paralela de StudyNwind**.
7. Bajo Copia de seguridad, haga clic en Base de datos (Completa).
8. Bajo Destino, Disco debería estar seleccionado. Si no tiene una unidad de cinta conectada a su ordenador, Disco y Cinta estarán ambas en gris y Disco estará seleccionado; esto es correcto.
9. Bajo Destino, haga clic en Agregar para agregar nwstripeA.
10. En el cuadro de diálogo Seleccionar destino de copia de seguridad, haga clic en Dispositivo de copia de seguridad y seleccione nwstripeA de la lista desplegable de dispositivos (si nwstripeA no está en la lista, puede haberlo agregado ya como destino o puede que no lo haya creado todavía).
11. Haga clic en Aceptar para cerrar el cuadro de diálogo y agregar nwstripeA a la lista Copia de seguridad en.

12.   Repita los pasos 9, 10 y 11 para el dispositivo nwstripeB.

13.   Si nwA o cualesquiera otros dispositivos aparecen en la lista Copia de seguridad en, márquelos y después haga clic en Eliminar para eliminarlos.

14.   Bajo Sobrescribir, haga clic en la opción Sobrescribir medio existente para sobrescribir cualesquiera copias de seguridad existentes en el dispositivo de copia de seguridad.

15.   Haga clic en la pestaña Opciones.

16.   Compruebe Inicializar y etiqueta medio, asegúrese de que todas las otras opciones están desactivadas.

17.   Escriba **nwstripe** para Nombre de conjunto de medio.

18.   Escriba **Copia de seguridad con bandas de StudyNwind** para Descripción de conjunto de medios.

19.   Haga clic en Aceptar para realizar la copia de seguridad.

Ejercicio: Cómo ver el contenido de los dispositivos de copia de seguridad

En este ejercicio utilizará el Administrador corporativo de SQL Server para ver el contenido de los dispositivos de copia de seguridad nwstripeA y nwstripeB para asegurarse de que contiene una copia de seguridad de base de datos con bandas.

▶ **Para ver el contenido de múltiples dispositivos de copia de seguridad**

1.   Cambie al Administrador corporativo de SQL Server.

2.   En el árbol de consola, expanda Administración, después haga clic en Copia de seguridad.

3.   En el panel de detalles, haga clic derecho en el dispositivo de copia de seguridad nwstripeA y después haga clic en Propiedades.

4.   Haga clic en Ver Contenido.

5.   Confirme que el dispositivo de copia de seguridad contiene una copia de seguridad de base de datos.

6.   Fíjese en el nombre del medio y la secuencia de medios del medio.

7.   Repita los pasos del 3 al 6 para nwstripeB.

   Fíjese que ambos dispositivos son parte del conjunto de medios nwstripe, pero que cada dispositivo contiene una familia diferente del conjunto de medios. Para estos dispositivos de disco, el número de medio es siempre 1, para dispositivos de cinta cada cinta en una familia tendrá un número diferente.

8.   Utilice el explorador de Windows NT para ver la carpeta C:\Mssql7\Backup. Fíjese en el tamaño de los archivos nwstripeA.bak y nwstripeB.bak, los cuales son los dispositivos de copia de seguridad que contienen cada uno una parte del conjunto de copia de seguridad con bandas de base de datos.

Ejercicio: Cómo realizar una copia de seguridad de la base de datos StudyNwind a un dispositivo temporal

En este ejercicio escribirá y ejecutará una única instrucción Transact-SQL para realizar una copia de seguridad de la base de datos StudyNwind a un dispositivo de copia de segu-

ridad nuevo. Encontrará la secuencia de comandos para este ejercicio en C:\Aqladmin
\Exercise\Ch09\Bactonew.sql en el disco compacto.

▶ **Para realizar una copia de seguridad de una base de datos y crear un dispositivo
de copia de seguridad temporal**

1. Cambie al Analizador de consultas de SQL Server.
2. Escriba y ejecute una única instrucción Transact-SQL que realice una copia de
   seguridad de la base de datos StudyNwind a un dispositivo de copia de seguridad
   nuevo. Utilice las opciones mostradas en la tabla siguiente.

Opción	Valor
Nombre de la base de datos	StudyNwind
Ubicación del archivo	C:\Mssql7\Backup\Mynewbackup.bak
Adjuntar, sobrescribir o inicializar	Inicializar (WITH FORMAT)
Nombre	MyNewBackup
Descripción	Dispositivo de copia de seguridad nuevo, no registrado como un dispositivo de copia de seguridad con nombre

3. Inicie el explorador de Microsoft Windows NT.
4. Expanda la carpeta C:\Mssql7\Backup y examine Mynewbackup.bak para comprobar que este dispositivo de copia de seguridad fue creado y llenado.

Cómo realizar una copia de seguridad de registro de transacción

Usted realiza una copia de seguridad del registro de transacción para registrar modificaciones a la base de datos desde la última copia de seguridad de la base de datos o registro
de transacción. No realice una copia de seguridad del registro de transacción a menos que
haya realizado una copia de seguridad completa de base de datos, por lo menos una vez,
ya que los registros de transacción no pueden ser restaurados sin una copia de seguridad
de base de datos correspondiente.

Cómo realizar las copias de seguridad de registro de transacción SQL Server

Cuando realiza una copia de seguridad de un registro de transacción, SQL Server realiza
las siguientes acciones:

- Realiza la copia de seguridad del registro de transacción desde el punto donde termi-
  nó la última copia de seguridad del registro de transacción actual realizada con éxito.
- Trunca el registro de transacción hasta el principio de la parte activa del registro de
  transacción. La parte activa del registro de transacción se inicia al principio del punto

de comprobación más reciente o de la transacción abierta más antigua y continúa hasta el final del registro de transacción.

La sintaxis para la instrucción BACKUP LOG se describe a continuación:

```
BACKUP LOG {nombre_basededatos | @nombre_basededatos_var}
TO <backup_device> [, ...n]
[WITH
    [[,] {INIT | NOINIT}]
    [[,] [NAME = {nombre_conjunto_backup | @nombre_conjunto_backup_var}]
]
```

Nota: La instrucción BACKUP LOG reemplaza la instrucción DUMP TRANsaction encontrada en versiones anteriores de SQL Server. Todavía se soporta DUMP TRANsaction sólo para compatibilidad con las versiones anteriores. Debería utilizar la instrucción BACKUP LOG.

El siguiente ejemplo crea un dispositivo de copia de seguridad con nombre y realiza una copia de seguridad del registro de transacción de la base de datos Northwind.

```
USE master
EXEC sp_addumpdevice 'disk', 'nwndbaclog',
    'c:\mssql7\backup\nwndbaclog.bak'
BACKUP LOG Northwind TO nwndbaclog
```

Ejercicio: Cómo utilizar el Administrador corporativo de SQL Server para realizar una copia de seguridad del registro de transacción de StudyNwind

En este ejercicio utilizará el Administrador corporativo de SQL Server para realizar una copia de seguridad del registro de transacción para la base de datos StudyNwind al dispositivo de copia de seguridad nwlog.

▶ **Para realizar una copia de seguridad del registro de transacción con el Administrador corporativo de SQL Server**

1.   Cambie al Administrador corporativo de SQL Server.
2.   En el árbol de consola, expanda Bases de datos, haga clic derecho en la base de datos StudyNwind, apunte a Todas las tareas y después haga clic en Copia de seguridad de base de datos.
3.   En el cuadro de diálogo Copia de seguridad de SQL Server, haga clic en la pestaña General si no está seleccionada.
4.   Asegúrese de que StudyNwind está seleccionado en Base de datos.
5.   En Nombre, escriba el nombre del conjunto de copia de seguridad **Study-NwindLog**.
6.   En Descripción, escriba **Copia de seguridad de registro de transacción de StudyNwind**.
7.   Bajo Copia de seguridad, haga clic en Registro de transacción.

8.   Bajo Destino, Disco debería estar seleccionado. Si no tiene una unidad de cinta conectada a su ordenador, Disco y Cinta estarán ambas en gris y Disco estará seleccionado; esto es correcto.

9.   Bajo Destino, haga clic en Agregar para agregar el dispositivo de copia de seguridad nuevo nwlog.

10. En el cuadro de diálogo Seleccionar destino de copia de seguridad, haga clic en Dispositivo de copia de seguridad y seleccione nwlog de la lista desplegable de dispositivos (si nwlog no está en la lista, puede haberlo agregado ya como destino o puede que no lo haya creado todavía).

11. Haga clic en Aceptar para cerrar el cuadro de diálogo y agregar nwlog a la lista Copia de seguridad en.

12. Si hay cualesquiera otros dispositivos en la lista Copia de seguridad en, márquelos y haga clic en Eliminar para eliminarlos.

13. Bajo Sobrescribir, haga clic en la opción Sobrescribir medio existente para sobrescribir cualesquiera copias de seguridad existentes en el dispositivo de copia de seguridad.

14. Haga clic en Aceptar para realizar la copia de seguridad.

15. Después de que la copia de seguridad sea completada, vea el contenido del dispositivo de copia de seguridad nwlog bajo Administración, Copia de seguridad con el Administrador corporativo de SQL Server.

Ejercicio: Cómo utilizar Transact-SQL para adjuntar una copia de seguridad de registro de transacción

En este ejercicio escribirá y ejecutará una instrucción Transact-SQL para adjuntar una segunda copia de seguridad del registro de transacción al dispositivo de copia de seguridad nwlog. Encontrará la secuencia de comandos para este ejercicio en C:\Sqladmin\Exercise\Ch09\Appendlg.sql en el disco compacto.

▶ **Para realizar una copia de seguridad del registro de transacción con las instrucciones Transact-SQL**

1.   Cambie al Analizador de consultas de SQL Server.

2.   Escriba y ejecute una instrucción Transact-SQL para adjuntar una segunda copia de seguridad del registro de transacción al dispositivo de copia de seguridad nwlog. Utilice las opciones mostradas en la siguiente tabla.

Opción	Valor
Nombre de la base de datos	StudyNwind.
Dispositivo de copia de seguridad	nwlog.
Adjuntar, sobrescribir, o inicializar	Adjuntar (WITH NOINIT).

Cómo liberar espacio en el registro de transacción

Puede utilizar la instrucción BACKUP LOG con las opciones TRUNCATE_ONLY o NO_LOG para liberar espacio en los registros de transacción. Debería realizar copias de seguridad del registro de transacción regularmente para mantenerlo en un tamaño razonable. Si el registro de transacción se llena, los usuarios no pueden actualizar sus bases de datos. Debe truncar el registro de transacción para liberar espacio.

Cómo utilizar la opción TRUNCATE_ONLY o NO_LOG

Para truncar el registro de transacción cuando está lleno o si quiere liberar espacio en el registro de transacción sin mantener una copia de seguridad de los datos, utilice la instrucción BACKUP LOG con la opción TRUNCATE_ONLY o NO_LOG. SQL Server elimina la parte inactiva del registro sin realizar una copia de seguridad del mismo. Esto libera espacio en el archivo de registro de transacción. Fíjese en lo siguiente, en relación a la utilización de estas opciones:

- Puede liberar espacio en el registro de transacción antes de realizar una copia de seguridad de base de datos completa. El liberar espacio en el registro de transacción antes de realizar una copia de seguridad de base de datos puede resultar en una copia de seguridad de base de datos completa más pequeña.
- Ya no podrá recuperar los cambios que fueron registrados en el registro de transacción, una vez haya liberado espacio. Debería ejecutar la instrucción BACKUP DATABASE inmediatamente después de utilizar una de estas opciones para truncar el registro de transacción.
- El utilizar estas opciones rompe la secuencia de copia de seguridad del registro de transacción. Debe realizar una copia de seguridad de base de datos antes de realizar más copias de seguridad normales del registro de transacción.
- No puede utilizar las opciones TRUNCATE_ONLY y NO_LOG en la misma instrucción.
- Las opciones TRUNCATE_ONLY y NO_LOG son sinónimas. En versiones anteriores de SQL Server, tenían funciones diferentes.
- El registro de transacción no será más pequeño después de truncarlo. El espacio se libera dentro del archivo para que las modificaciones de base de datos sean posibles otra vez, pero el propio archivo mantiene su tamaño.
- Para reducir el tamaño del archivo del registro de transacción, utilice la instrucción DBCC SHRINKDATABASE. Recuerde que ésta es una operación diferida y que el archivo del registro de transacción sólo se hará más pequeño cuando haya ocurrido una cierta cantidad de actividad en la base de datos.

La sintaxis para la instrucción BACKUP LOG e describe a continuación:

```
BACKUP LOG {nombre_basededatos | @nombre_basededatos_var}
TO <backup_device> [, ...n]
[WITH {TRUNCATE_ONLY | NO_LOG }]
```

El siguiente ejemplo utiliza la instrucción BACKUP LOG para eliminar la parte inactiva de un registro de transacción sin realizar una copia de seguridad.

```
BACKUP LOG northwind WITH TRUNCATE_ONLY
```

Ejercicio: Cómo utilizar Transact-SQL para liberar espacio en el registro de transacción

En este ejercicio escribirá y ejecutará una instrucción Transact-SQL para liberar espacio en el registro de transacción de la base de datos StudyNwind. Asuma que el registro está lleno. Después de liberar espacio en el registro de transacción debe realizar una copia de seguridad de la base de datos. Encontrará la secuencia de comandos para este ejercicio en C:\sqladmin\Exercise\Ch09\Clearlog.sql.

► **Para limpiar un registro de transacción sin realizar una copia de seguridad**

1. Escriba y ejecute una instrucción Transact-SQL para liberar el registro de transacción de todas las transacciones confirmadas.
2. Escriba y ejecute una instrucción Transact-SQL para realizar una copia de seguridad de base de datos al dispositivo de copia de seguridad nwA.

Cómo establecer la opción trunc. log on chkpt.

Puede establecer la opción trunc. log on chkpt. a TRUE para que SQL Server trunque automáticamente el registro de transacción cuando ocurra un punto de comprobación. Utilice esta opción, para prevenir que el registro de transacción se llene.

Si establece la opción trunc. log on chkpt. a TRUE, no puede realizar una copia de seguridad del registro de transacción y utilizarla para ayudarle a restaurar la base de datos en caso de un fallo del sistema. El registro de transacción ya no almacena los cambios que son realizados a la base de datos desde la última copia de seguridad de base de datos.

Cómo utilizar la opción NO_TRUNCATE

Si se dañan o pierden archivos secundarios que no son parte del grupo principal de archivos, debería realizar una copia de seguridad de base de datos con la opción NO_TRUNCATE. Al utilizar esta opción hace que se realice una copia de seguridad de toda la actividad reciente de la base de datos del registro de transacción.

Si NO_TRUNCATE se especifica, SQL Server realiza las siguientes acciones:

- Realiza una copia de seguridad del registro de transacción, aunque la base de datos esté inaccesible.
- No purga el registro de transacción de transacciones confirmadas.
- Le permite recuperar datos hasta el momento en que se ha producido el fallo del sistema.

Cuando restaure una base de datos, puede restaurar la copia de seguridad de la base de datos y aplicar la copia de seguridad del registro de transacción que ha sido creada con la opción NO_TRUNCATE para recuperar los datos.

Importante: Sólo puede utilizar la opción NO_TRUNCATE si los archivos principales y los archivos del registro de transacción están intactos. Si pretende utilizar esta opción debería crear un archivo secundario en otro grupo de archivos y hacer de éste el grupo de archivos predeterminado. Esto mantendrá el archivo de datos principal pequeño y libre de objetos de usuarios. También debería emplazar los archivos de datos principales y de registro de transacción en discos de reflejo para que todavía estuviesen disponibles incluso si falla un disco.

El siguiente ejemplo utiliza la cláusula WITH NO_TRUNCATE para realizar una copia de seguridad del registro de transacciones sin truncar la parte inactiva del registro

```
USE master
EXEC sp_addumpdevice 'disk', 'nwndnotrunclog',
    'c:\mssql7\backup\nwndnotrunclog.bak'
BACKUP LOG Northwind TO nwndnotrunclog WITH NO_TRUNCATE
```

Cómo realizar una copia de seguridad diferencial

Debería realizar una copia de seguridad diferencial para minimizar el tiempo de copia de seguridad y restauración para bases de datos frecuentemente modificadas. Realice una copia de seguridad referencial sólo si ha realizado una copia de seguridad de base de datos completa.

En una copia de seguridad diferencial, SQL Server realiza copias de seguridad de las partes de la base de datos que han cambiado desde la última copia de seguridad de base de datos completa. Fíjese que copias de seguridad diferenciales posteriores continúan realizando copias de seguridad de todos los cambios desde la última copia de seguridad de base de datos completa, las copias de seguridad diferenciales no son incrementales.

Cuando ejecuta una copia de seguridad diferencial, SQL Server realiza una copia de seguridad extensa más que por páginas individuales (para revisar las extensiones, vea el Capítulo 5 "Archivos de bases de datos"). Se realiza la copia de seguridad de una extensión cuando el LSN de cualquier página es superior al LSN de la última copia de seguridad completa.

Cuando realice una copia de seguridad diferencial, considere los siguientes hechos y directrices:

- Si una cierta fila de la base de datos ha sido modificada varias veces desde la última copia de seguridad de base de datos completa, la copia de seguridad diferencial sólo contiene el último conjunto de valores para dicha fila. Esto es diferente de la copia de seguridad del registro de transacción que contiene el historial de todos los cambios realizados a esa fila.
- Minimiza el tiempo requerido para realizar una copia de seguridad de base de datos porque los conjuntos de copia de seguridad son más pequeños que en copias de seguridad completas y no tiene que aplicar una serie de registros de transacción.
- Debería establecer una convención de nombres para dispositivos de copia de seguridad que contengan copias de seguridad diferenciales para distinguirlos de los dispositivos que contienen las copias de seguridad de base de datos completas.

La sintaxis para la instrucción BACKUP DATABASE se describe a continuación:

```
BACKUP DATABASE {nombre_basededatos | @nombre_basededatos_var}
TO <backup_device> [, ...n]
[WITH
    [[,] DIFFERENTIAL]
]
```

El siguiente ejemplo crea una copia de seguridad diferencial en un dispositivo de copia de seguridad temporal.

```
BACKUP DATABASE Northwind TO
DISK = 'D:\Mydata\Mydiffbackup.bak'
WITH DIFFERENTIAL
```

Ejercicio: Cómo utilizar el Administrador corporativo de SQL Server para realizar la copia de seguridad diferencial de la base de datos StudyNwind

En este ejercicio realizará una copia de seguridad diferencial de la base de datos StudyNwind y adjuntará la copia de seguridad diferencial al dispositivo de copia de seguridad nwdiff.bak. Encontrará una secuencia de comandos para este ejercicio en C:\Sqladmin\Exercise\Ch09\Diffbac.sql en el disco compacto.

▶ **Para realizar una copia de seguridad diferencial con el Administrador corporativo de SQL Server**

1. Cambie al Administrador corporativo de SQL Server.
2. En el árbol de consola, expanda Bases de datos, haga clic derecho en la base de datos StudyNwind, apunte a Todas las tareas y después haga clic en Copia de seguridad de base de datos.
3. En el cuadro de diálogo SQL Server Backup, haga clic en la pestaña General si no está seleccionada.
4. Asegúrese de que StudyNwind está seleccionado en Base de datos.
5. En Nombre, escriba el nombre de conjunto de copia de seguridad **Study-NwindDiff**.
6. En Descripción, introduzca la descripción **Copia de seguridad diferencial de StudyNwind**.
7. Bajo Copia de seguridad, haga clic en Base de datos (Diferencial).
8. Bajo Destino, Disco debería estar seleccionado. Si no tiene una unidad de cinta conectada a su ordenador, Disco y Cinta estarán ambas en gris y Disco estará seleccionado; esto es correcto.
9. Bajo Destino, haga clic en Agregar para agregar el dispositivo de copia de seguridad.
10. En el cuadro de diálogo Seleccionar destino de copia de seguridad, haga clic en Nombre de archivo e introduzca **C:\mssql7\backup\nwdiff.bak** en Nombre de archivo.
11. Haga clic en Aceptar para cerrar el cuadro de diálogo y agregar el dispositivo a la lista Copia de seguridad en.
12. Si hay cualesquiera otros dispositivos en la lista Copia de seguridad en, márquelos y haga clic en Eliminar para eliminarlos.
13. Bajo Sobrescribir, haga clic en Sobrescribir medio existente para sobrescribir cualesquiera copias de seguridad existentes en el dispositivo de copia de seguridad.
14. Haga clic en Aceptar para realizar la copia de seguridad.

15. Después de que se haya completado la operación de copia de seguridad, utilice el explorador de Windows NT para confirmar que el nuevo dispositivo de copia de seguridad está ahora en la carpeta C:\Mssql7\Backup.

Cómo realizar copias de seguridad de archivos de datos o de grupos de archivos

Realice copias de seguridad de archivos o grupos de archivos en bases de datos de gran tamaño (VLDB) y cuando no sea factible el realizar una copia de seguridad de base de datos completa debido a restricciones de tiempo. Los grupos de archivos contienen uno o más archivos de datos. Cuando SQL Server realiza copias de seguridad de archivos o grupos de archivos realiza las siguientes acciones:

■ Realiza una copia de seguridad de sólo los archivos de datos que especifique en la opción FILE o FILEGROUP.

■ Le permite realizar copia de seguridad de archivos específicos en lugar de la base de datos completa.

Cuando realiza copias de seguridad de archivos o grupos de archivos:

■ Debe especificar los nombres lógicos del archivo o grupo de archivos.

■ Deber realizar copias de seguridad de registro de transacción para hacer que los archivos restaurados sean consistentes con el resto de la base de datos. Por esta razón, las copias de seguridad de archivos o grupos de archivo no son posibles si la opción trunc. log on chkpt. está establecida en verdadera.

■ Establezca un plan para realizar una copia de seguridad de cada archivo o grupo de archivos en una base de datos de manera rotativa. Esto es necesario para asegurar que a todos los archivos o grupos de archivos se les realiza una copia de seguridad regularmente.

■ No necesitan crearse copias de seguridad de archivos o grupos de archivos distintos en dispositivos de copia de seguridad distintos aunque puede querer crear dispositivos de copia de seguridad con nombre distintos para que sea más fácil administrar copias de seguridad de archivo o de grupos de archivos.

La sintaxis para hacer copias de seguridad de grupos de archivos con la instrucción BACKUP DATABASE se describe a continuación:

```
BACKUP DATABASE nombre_basedatos
    [<archivo_o_grupoarchivos> [, ...n]] TO <dispositivo_copia
seguridad> [, ...n]]
```

donde <archivo_o_grupoarchivos> es:

```
{FILE = nombre_archivo_lógico
|
FILEGROUP = nombre_grupoarchivos_lógicos
}
```

El siguiente ejemplo realiza una copia de seguridad del archivo Orders2 seguido de una copia de seguridad del registro de transacción. La base de datos phoneorders tiene tres archivos de datos: Orders1, Orders2 y Orders3. El registro de transacción está almacenado en el archivo Orderlog. Estos dispositivos de copia de seguridad ya existen: Orderbackup1, Orderbackup2, Orderbackup3 y Orderbackuplog.

```
BACKUP DATABASE phoneorders
FILE = orders2 TO orderbackup2
BACKUP LOG phoneorders to orderbackuplog
```

Si se ha creado un índice en una tabla en un grupo de archivos, entonces se debe realizar una copia de seguridad del grupo archivos completo. A los archivos del grupo de archivos no se les puede realizar un copia de seguridad individualmente. Además, si se crean índices en grupos de archivos que no sea el grupo de archivos en los que exista su tabla base, se debe realizar una copia de seguridad de todos los grupos de archivos juntos. Esto podría causar tener que realizar copias de seguridad a múltiples grupos de archivos unidos, por lo que debería planear sus requisitos de índice y copia de seguridad cuidadosamente cuando diseñe sus índices y grupos de archivos (véase la Figura 9.2).

Resumen de la lección

Las operaciones de copia de seguridad pueden ser realizadas con el Administrador corporativo de SQL Server, el Asistente de copia de seguridad o Transact-SQL. Debería estar

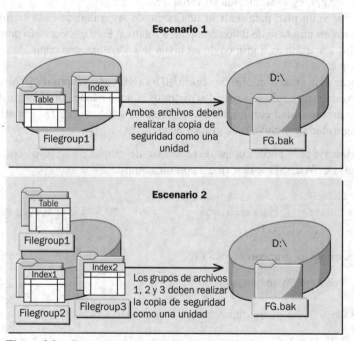

Figura 9.2. Escenarios que muestran restricciones de copias de seguridad de grupos de archivos.

familiarizado con ciertas opciones de copia de seguridad cuando utilice algunos de los métodos de copia de seguridad de SQL Server.

Una copia de seguridad de base datos completa es su base en caso de un error del sistema. Cuando realiza una copia de seguridad de base de datos completa, SQL Server realiza copias de seguridad de todo lo que hay en la base de datos, incluyendo las partes del registro de transacción necesarias para asegurar la consistencia de datos cuando se restaure la copia de seguridad.

Una copia de seguridad diferencial minimiza el tiempo de copia de seguridad y restauración para las bases de datos que son modificadas frecuentemente. Realice una copia de seguridad diferencial, sólo si ha realizado una copia de seguridad de base de datos completa anteriormente.

Revisión

Las siguientes preguntas tienen la intención de reforzar la información clave presentada en este capitulo. Si no puede contestar una pregunta, revise la lección apropiada e intente responder la pregunta otra vez. Las respuestas a las preguntas se pueden encontrar en el Apéndice A, "Preguntas y respuestas."

1. Tiene una base de datos para la que, normalmente, realiza sólo copias de seguridad de base de datos. El registro de transacción existe en un disco físico separado de los archivos de datos secundarios. Se le permite acumular cambios, pero se libera periódicamente. El disco que contiene los archivos de datos secundarios queda dañado. Después de sustituir el disco, ¿qué puede hacer para minimizar la pérdida de datos?

2. ¿Cuáles son las ventajas y desventajas de utilizar copias de seguridad diferenciales como parte de su estrategia de copia de seguridad?

Cómo restaurar bases de datos

Acerca de este capítulo

Este capítulo le enseñará cómo restaurar copias de seguridad en caso de un fallo de base de datos o un fallo de servidor. Aprenderá acerca del proceso de recuperación de SQL Server y cómo restaurar bases de datos de sistema y de usuario, realizar una copia de seguridad del registro de transacción en caso de un fallo de base de datos, regenerar las bases de datos de sistema e implementar SQL Server en espera.

Antes de empezar

Para completar las lecciones en este capítulo debe:

- Tener instalado SQL Server 7.0.
- Poder iniciar una sesión en SQL Server como administrador.
- Tener instalados los archivos de ejercicios del CD-ROM de material adicional del curso en su disco duro, usando el archivo Setup.exe mencionado en la sección "Antes de empezar".

Lección 1: Los procesos de restauración y recuperación de SQL Server

SQL Server tiene procesos manuales y automáticos de recuperación. El proceso de recuperación automática tiene lugar cuando reinicia SQL Server después de un error o apagado de base de datos. Intenta asegurar la consistencia de datos. La recuperación manual es necesaria después de la restauración de una base de datos, para poner la base de datos en un estado consistente mediante la recuperación del registro de transacción restaurado.

Para ver una demostración de vídeo que trata acerca de las transacciones de, ejecute el archivo Trans.htm desde la carpeta \Media en el CD-ROM de materiales suplementarios del curso.

Después de esta lección podrá:

- Describir el proceso de restauración de SQL Server.
- Describir las actividades que tienen lugar durante una restauración de SQL Server.

Tiempo estimado de la lección: 15 minutos

Recuperación de base de datos

Durante la operación de SQL Server, una base de datos existe en dos lugares; la mayoría de las páginas de datos están en un disco en los archivos de datos principales y secundarios, algunas páginas están en la memoria, en la caché de datos. Todas las modificaciones de base de datos se registran en el registro de transacción, como parte de una transacción, mientras ocurren. Una vez se ha registrado la modificación en el registro de transacción, las páginas en la caché de datos se modifican. Los siguientes detalles relacionados con las transacciones tienen que ver con el proceso de recuperación:

- Si una transacción está ocupada modificando páginas en la caché de datos (una transacción sin confirmar), las páginas que están siendo modificadas reflejan un estado inconsistente en la base de datos. Las páginas modificadas por una transacción no se escriben en el disco hasta después de que la transacción esté completada (confirmada), garantizando así la consistencia de las páginas de archivo de datos. Si la transacción es cancelada (deshecha) entonces los cambios a las páginas en la caché de datos serán deshechos.

- Si la transacción que ha modificado páginas en la caché de datos es completada (una transacción confirmada), las páginas son parte del estado consistente de la base de datos y serán escritas al disco en el próximo proceso de punto de comprobación. El proceso de punto de comprobación marcará la transacción en el registro de transacción para indicar que ha sido aplicado a las páginas de archivo de datos.

Cuando el servidor se detiene, de manera esperada o inesperada, puede haber transacciones confirmadas en el registro de transacción que todavía no han pasado por el punto de comprobación. También puede haber transacciones sin confirmar en el registro de transacción; estas transacciones nunca pueden ser confirmadas, ya que el servidor se ha detenido. El proceso de recuperación trata con estas transacciones confirmadas y sin confirmar que han ocurrido después del último punto de comprobación.

El proceso de recuperación de SQL Server es un mecanismo interno que asegura que su base de datos es consistente examinando el registro de transacción y llevando a cabo las acciones apropiadas. El proceso de recuperación se ejecuta automáticamente cuando se inicia SQL Server y puede ser iniciado manualmente durante las operaciones de restauración. El proceso es como se describe a continuación:

1. SQL Server examina el registro de transacción desde el último punto de comprobación. Un punto de comprobación es como un marcador, indicando el punto hasta el que todos los cambios de datos han sido escritos en la base de datos.
2. Si se encuentran transacciones confirmadas, todavía no se han escrito a la base de datos (de otra manera, no se encontrarían después del último punto de comprobación). SQL Server confirma estas transacciones aplicando sus cambios a la base de datos.
3. Si el registro de transacción tiene alguna transacción sin confirmar, SQL Server las deshace (la elimina). El hecho de que el proceso de recuperación se esté efectuando significa que estas transacciones sin confirmar nunca serán confirmadas por lo que no deben ser escritas en la base de datos.

Nota: Aunque parezca que los cambios no son vistos por los usuarios conectados hasta después de que un punto de comprobación tiene lugar, éste no es el caso. Estos cambios se encuentran disponibles en la caché de datos inmediatamente después de que se ha confirmado una transacción. Los usuarios conectados siempre reciben los datos de la caché de datos por lo que verán los cambios confirmados aunque todavía no hayan sido escritos en el disco.

Recuperación automática

Cuando su sistema es reiniciado después de un fallo o apagado, SQL Server inicia el proceso de recuperación automático para asegurar la consistencia de datos. No tiene que iniciar este proceso manualmente, ocurre automáticamente.

Recuperación manual

El proceso de recuperación se inicia opcionalmente como parte del proceso de restauración. El proceso de recuperación que usted inicia es parecido al proceso de recuperación automático que ocurre cuando SQL Server se reinicia.

El proceso de recuperación manual es necesario después de restaurar una base de datos, para poner la base de datos en un estado consistente recuperando el registro de transacción restaurado. La recuperación manual sólo debe ser realizada una vez cuando se restaure una base de datos. Si tiene copias de seguridad de registro de transacción que restaurar, así como una copia de seguridad de base de datos, realice la recuperación manual después de restaurar la copia de seguridad de base de datos y todas las copias de seguridad de registro de transacción. Si sólo está realizando una restauración de copia de seguridad de base de datos, realice la recuperación manual después de la restauración de base de datos; esto es necesario, ya que una copia de seguridad de base de datos incluye una copia del registro de transacción del momento de la copia de seguridad de la base de datos.

Actividades de SQL Server durante el proceso de restauración

Cuando restaura bases de datos, SQL Server realiza automáticamente ciertas acciones para asegurarse de que su base de datos es restaurada rápidamente y con un impacto mínimo en actividades de producción.

Realiza una comprobación de seguridad

SQL Server realiza una comprobación de seguridad cuando ejecuta la instrucción RESTORE DATABASE. Este mecanismo interno evita que sobrescriba accidentalmente una base de datos existente con una copia de seguridad de una base de datos diferente o con información incompleta.

SQL Server no restaura la base de datos en las siguientes situaciones:

- Si está intentando restaurar una base de datos utilizando un nuevo nombre y ya existe una base de datos con ese nombre en el servidor.
- Si el conjunto de archivos de base de datos en el servidor es diferente del conjunto de archivos de base de datos que se encuentra en el conjunto de copia de seguridad.
- Si no se proporcionan todos los dispositivos de copia de seguridad necesarios para restaurar la base de datos o grupo de archivos. SQL Server genera un mensaje de error, especificando qué dispositivos de copia de seguridad deben ser restaurados como una unidad (en una operación de restauración).

Por ejemplo, si intenta restaurar una copia de seguridad de la base de datos Northwind a una base de datos denominada Accounting y Accounting ya existe en el servidor, SQL Server evitará que se lleve a cabo la restauración. Si pretende restaurar una copia de seguridad de Northwind y sobrescribir los datos en Accounting, puede suplantar la comprobación de seguridad con la opción REPLACE de la instrucción RESTORE.

Regenera la base de datos y todos los archivos asociados

Cuando restaura una base de datos de una copia de seguridad de base de datos completa, SQL Server regenera los archivos de base de datos originales y los emplaza en las ubicaciones que fueron registradas cuando se realizó la copia de seguridad. Todos los objetos de base de datos se regeneran automáticamente. No necesita regenerar el esquema de base de datos antes de restaurar la base de datos.

Nota: En versiones anteriores de SQL Server era necesario el regenerar un dispositivo y una base de datos antes de restaurar desde una copia de seguridad. Esto no es necesario en SQL Server 7.0.

Resumen de la lección

El proceso de recuperación de SQL Server es un mecanismo interno que se asegura de que su base de datos sea consistente, examina el registro de transacción y toma las acciones apropiadas. El proceso de recuperación se ejecuta automáticamente cuando se inicia SQL Server y puede ser iniciado manualmente durante las operaciones de restauración.

Lección 2: La instrucción RESTORE

La instrucción RESTORE recupera información acerca de un conjunto de copia de seguridad o acerca de un dispositivo de seguridad antes de que restaure una base de datos, un archivo o un registro de transacción. Esta lección describe cómo utilizar la instrucción RESTORE y sus opciones.

Después de esta lección podrá:

- Utilizar la instrucción RESTORE para obtener información acerca de un conjunto de copia de seguridad o conjunto de dispositivos de copia de seguridad antes de restaurar una base de datos, archivo o registro de transacción.
- Describir el propósito de las varias e importantes opciones de la instrucción RESTORE.

Tiempo estimado de la lección: 30 minutos

Cómo prepararse para restaurar una base de datos

Debería verificar las copias de seguridad antes de restaurarlas. Haga esto para confirmar que está restaurando los datos y objetos que quiere y que la copia de seguridad contiene información válida. Después, antes de restaurar la copia de seguridad, debería realizar ciertas tareas para asegurar un proceso de restauración sin problemas.

Cómo verificar copias de seguridad

Antes de realizar una restauración, debe asegurarse de que el dispositivo de copia de seguridad es válido y que contiene el/los conjunto(s) de copia de seguridad esperado(s). Puede utilizar el Administrador corporativo de SQL Server para ver la hoja de propiedades para cada dispositivo de copia de seguridad. Para obtener información más detallada acerca de las copias de seguridad, puede ejecutar las instrucciones Transact-SQL descritas en la siguiente sección.

La instrucción RESTORE HEADERONLY

Utilice esta instrucción para obtener una lista de información de encabezado de todos los conjuntos de copia de seguridad de dispositivo de copia de seguridad.

Cuando ejecute la instrucción RESTORE HEADERONLY, la información que reciba incluye:

- Nombre y descripción del conjunto de copia de seguridad.
- Método de copia de seguridad: 1 = base de datos completa, 2 = registro de transacción, 4 = archivo y 5 = base de datos diferencial.
- La posición del conjunto de copia de seguridad en el dispositivo es necesaria para la opción FILE de la instrucción RESTORE.
- El tipo de medio de copia de seguridad; 5 o 105 = cinta y 2 o 102 = disco.
- La fecha y hora en la que se realizó la copia de seguridad.
- El tamaño de la copia de seguridad.

La instrucción RESTORE FILELISTONLY

Utilice esta instrucción para obtener información acerca de los archivos de base de datos y registro de transacción originales contenidos en el conjunto copia de seguridad. El ejecutar esta instrucción le puede ayudar a evitar restaurar los archivos de copia de seguridad equivocados.

Cuando ejecuta la instrucción RESTORE FILELISTONLY, SQL Server devuelve la siguiente información:

- El/los nombre(s) lógicos de los datos y del archivo(s) del registro de transacción.
- El/los nombre(s) físicos de los datos y del archivo(s) del registro de transacción.
- El tipo de archivo, como por ejemplo si es de datos (D) o un archivo de registro de transacción (L).
- La afiliación del grupo de archivos.
- El tamaño del conjunto de copia de seguridad, en megabytes (MB).
- El tamaño máximo permitido de archivo, en MB.

La instrucción RESTORE LABELONLY

Utilice esta instrucción para obtener información acerca del medio de copia de seguridad que contiene un dispositivo de copia de seguridad. Esto es útil si está utilizando varios dispositivos de copia de seguridad en un conjunto de medios.

La instrucción RESTORE VERIFYONLY

Utilice esta instrucción para comprobar que el conjunto de copia de seguridad está completo y que todos los dispositivos de copia de seguridad son legibles. SQL Server no comprueba la estructura de los datos que se encuentra en la copia de seguridad.

Cómo realizar tareas específicas antes de restaurar copias de seguridad

Antes de restaurar copias de seguridad, debería restringir el acceso a la base de datos y realizar una copia de seguridad del registro de transacción y cambiar a la base de datos master como se describe en las siguientes secciones.

Establezca la opción base de datos sólo para el uso del DBO

Un miembro de la función sysadmin o db_owner debería establecer la opción de base de datos sólo para el uso del DBO a true antes de restaurar la base de datos. Esto restringe el acceso a la base de datos antes de restaurar una base de datos para que los usuarios no puedan utilizar la base de datos e interferir con la restauración. Puede establecer la opción de base de datos sólo para el uso del DBO, de las siguientes maneras:

- Utilizando la hoja de propiedades en el Administrador corporativo de SQL Server.
- Utilizando el procedimiento almacenado de sistema sp_dboption y estableciendo la opción de base de datos sólo para el uso del DBO a true, como se describe a continuación.

```
EXEC sp_dboption database_name, 'dbo use only', true
```

Realice una copia de seguridad del registro de transacción

La consistencia de base de datos se asegura si realiza una copia de seguridad del registro de transacción antes de realizar cualesquiera operaciones de restauración. Las siguientes opciones son consideradas como relacionadas con la copia de seguridad del registro de transacción:

- La copia de seguridad del registro de transacción se utiliza para recuperar la base de datos como el último paso en el proceso de restauración.
- Si no realiza una copia de seguridad del registro de transacción antes de restaurar las copias de seguridad, pierde modificaciones de datos que han ocurrido entre la última copia de seguridad del registro de transacción y el momento en el que la base de datos fue retirada de la conexión.
- En algunos casos puede no ser posible el realizar una copia de seguridad del registro de transacción antes de iniciar la restauración. Por ejemplo, si la opción de base de datos trunc. log on chkpt. está establecida en verdadero o ha utilizado la instrucción BACKUP LOG con la opción TRUNCATE_ONLY o NO_LOG desde la última copia de seguridad de base de datos completa.

Cambie a la base de datos master

Si está utilizando el Analizador de consultas de SQL Server o ejecutando una secuencia de comandos desde el símbolo del sistema para restaurar copias de seguridad, debería ejecutar el siguiente comando antes de iniciar la restauración de la base de datos

```
USE master
```

Esto asegura que no esté utilizando la base de datos que está intentando restaurar.

Cómo utilizar la instrucción RESTORE

Puede utilizar la instrucción RESTORE o el Administrador corporativo de SQL Server para realizar operaciones de restauración.

Las opciones de restauración le permiten especificar detalles acerca de cómo restaurar copias de seguridad. Cada una de estas opciones tiene un homólogo en el Administrador corporativo de SQL Server. Esta sección describe la instrucción RESTORE y varias opciones de restauración

La sintaxis para la instrucción de base de datos RESTORE se describe a continuación:

```
RESTORE DATABASE nombre_basededatos __
[FROM <backup_device> [, ... n]]
[WITH
    [[,] FILE = número_archivo]
    [[,] MOVE 'nombre_archivo_lógico' TO nombre_archivo_sistema_operativo']
    [[,] REPLACE]
    [[,] {NORECOVERY | RECOVERY | STANDBY = deshacer_nombre_archivo}]]
```

donde *<backup_device>* es

```
{{backup_device_name | @backup_device_name_var}   |
 {DISK | TAPE | PIPE} = {'temp_backup_device' |
  @temp_backup_device_var}
 }
```

Nota: La instrucción RESTORE reemplaza a la instrucción LOAD encontrada en versiones anteriores de SQL Server. LOAD todavía se soporta, sólo para compatibilidad con las versiones anteriores. Debería utilizar la instrucción RESTORE.

El siguiente ejemplo restaura la base de datos Northwind desde un dispositivo de copia de seguridad con nombre.

```
USE master
RESTORE DATABASE northwind
FROM nwindbac
```

La opción RECOVERY

En el Administrador corporativo de SQL Server, la opción RECOVERY se corresponde con seleccionar la opción Base de datos operativa. No se puede restaurar nuevos registros de transacciones de la opción Estado al concluir la recuperación en la etiqueta Opciones del cuadro de diálogo Restaurar base de datos.

Utilice esta opción para devolver la base de datos a un estado consistente cuando restaure:

- La última copia de seguridad del registro de transacción.
- Una copia de seguridad de base de datos completa sin copias de seguridad de registro de transacción.
- Una copia de seguridad de base de datos diferencial sin copias de seguridad de registro de transacción.

Esta opción hace que SQL Server deshaga cualesquiera transacciones sin confirmar y que confirme cualesquiera transacciones confirmadas que fueron restauradas de la copia de seguridad. La base de datos está disponible para su utilización después de que el proceso de recuperación está completado.

Nota: No utilice esta opción si tiene registros de transacción o copias de seguridad diferenciales adicionales que deben ser restauradas, ya que esta opción indica que está restaurando la última copia de seguridad y vuelve a poner las bases de datos en línea.

La opción NORECOVERY

En el Administrador corporativo de SQL Server, esta opción corresponde a especificar Base de datos no operativa, capaz de restaurar nuevos registros de transacciones adicionales para Estado al concluir la operación en la pestaña Opciones del cuadro de diálogo Restaurar base de datos.

Utilice esta opción cuando tenga múltiples copias de seguridad que restaurar:

- Especifique la opción NORECOVERY para restaurar todas las copias de seguridad *excepto* la última.
- SQL Server no deshace ninguna transacción sin confirmar en el registro de transacción ni confirma ninguna transacción confirmada cuando se ha especificado esta opción.
- La base de datos no está disponible para ser utilizada hasta que se recupere la base de datos.

La opción FILE

En el Administrador corporativo de SQL Server, esta opción se especifica activando Restaurar para uno o más conjuntos de copia de seguridad en la lista de restauración en la pestaña General del cuadro de diálogo Restaurar base de datos.

Utilice esta opción para seleccionar una copia de seguridad específica de un dispositivo de copia de seguridad que contenga múltiples copias de seguridad. Debe especificar un número de archivo que corresponda al orden en el que existe el conjunto de copia de seguridad dentro del dispositivo de copia de seguridad. La columna position de la salida de la instrucción RESTORE HEADERONLY proporciona el número de archivo de cada copia de seguridad.

La opción MOVE TO

En el Administrador corporativo de SQL Server esta opción se especifica cambiando el nombre de Restaurar como para uno o más archivos en la lista Restaurar archivos de base de datos como en la pestaña Opciones del cuadro de diálogo Restaurar base de datos.

Utilice esta opción para especificar dónde restaurar archivos de datos o de registro si está restaurando los archivos a una ubicación diferente, como a una unidad de disco diferente, servidor o SQL Server en espera.

Se requiere que especifique el nombre lógico existente y la nueva ubicación para el/los archivo(s) en la copia de seguridad que desee mover. Utilice la instrucción RESTORE FILELISTONLY para determinar los nombres lógicos existentes de los archivos si éstos no son conocidos.

Sugerencia: Puede copiar los archivos de una base de datos a una ubicación o SQL Server diferente y utilizar el procedimiento almacenado de sistema sp_attach_db o sp_attach_single_file_db para traer la base de datos en línea desde su nueva ubicación o desde el nuevo servidor.

La opción REPLACE

En el Administrador corporativo de SQL Server esta opción se especifica activando Forzar restauración sobre base de datos existente en la pestaña Opciones en el cuadro de diálogo Restaurar base de datos.

Utilice la opción REPLACE sólo si quiere reemplazar una base de datos existente con datos de una copia de seguridad o de una base de datos distinta.

De manera predeterminada, SQL Server realiza una comprobación de seguridad que asegura que una base de datos existente no es reemplazada si:

- Está especificando un nuevo nombre para la base de datos que está siendo restaurada y una base de datos con ese nombre ya existe en el servidor objetivo.
- El conjunto de archivos en la base de datos es distinto al conjunto de archivos en el conjunto de copia de seguridad. SQL Server ignora las diferencias en el tamaño de archivos.

Cuando especifica la opción REPLACE no se realiza ninguna comprobación y SQL Server sobrescribe la base de datos existente, si existe una.

Resumen de la lección

Puede utilizar la instrucción RESTORE o el Administrador corporativo de SQL Server para realizar operaciones de restauración. La instrucción RESTORE tiene varias opciones que le permiten especificar cómo se debería restaurar una copia de seguridad. Cada una de estas opciones tienen un homólogo en el Administrador corporativo de SQL Server.

Lección 3: Cómo realizar restauraciones de base de datos

Esta lección explica cómo restaurar copias de seguridad de varios tipos. Antes de iniciar cualquier tipo de operación de restauración, deberá asegurarse de que dispone de un conjunto de copia de seguridad válido y de que tiene todos los dispositivos que contienen el conjunto de copia de seguridad.

Después de esta lección podrá:

- Restaurar copias de seguridad desde diferentes tipos de copia de seguridad.

Tiempo estimado de la lección: 90 minutos

Cómo restaurar desde una copia de seguridad de base de datos completa

Cuando restaura una base de datos de una copia de seguridad de base de datos completa, SQL Server regenera la base de datos o todos sus archivos asociados y después los emplaza en sus ubicaciones originales. Todos los objetos de base de datos se regeneran automáticamente. No necesita regenerar el esquema de base de datos antes de restaurar la base de datos.

Normalmente restaurará desde una copia de seguridad de base de datos completa cuando:

- El disco físico de la base de datos esté dañado.
- La base de datos completa esté dañada, corrompida o haya sido eliminada.
- Una copia idéntica de la base de datos está siendo restaurada a un SQL Server diferente, como un SQL Server en espera.

Cómo especificar una opción de recuperación

La opción RECOVERY inicia el proceso de recuperación para que su base de datos sea devuelta a un estado consistente: utilice las siguientes directrices a la hora de escoger la opción RECOVERY o NORECOVERY.

- Si utiliza una estrategia de copia de seguridad de base de datos completa y no tiene ninguna copia de seguridad de registro de transacción o diferencial, especifique la opción RECOVERY.
- Si existe cualquier copia de seguridad de registro de transacción o diferencial, especifique la opción NORECOVERY para posponer el proceso de recuperación hasta que se haya restaurado la última copia de seguridad.

El siguiente ejemplo asume que existe una copia de seguridad completa en el dispositivo de copia de seguridad con nombre nwindbac y que hay dos conjuntos de copia de seguridad adjuntos a dicho dispositivo. La base de datos Northwind es reemplazada en su totalidad desde el segundo conjunto de copia de seguridad en adelante desde el dispositivo de copia de seguridad con nombre nwindbac. Por último, el proceso de recuperación devuelve a la base de datos a un estado consistente (confirma los cambios confirmados y deshace las actividades sin confirmar).

```
USE master
RESTORE DATABASE northwind
FROM nwindbac
WITH FILE = 2,   RECOVERY
```

Ejercicio: Cómo crear la base de datos nwcopy

En este ejercicio restaurará la base de datos nwcopy desde una copia de seguridad. Utilizará esta base de datos en los otros ejercicios de este capítulo para restaurar bases de datos.

▶ **Para crear la base de datos nwcopy**

1. Inicie una sesión en su ordenador como Administrador u otro usuario que sea miembro del grupo local de administradores.
2. Copie el archivo C:\Sqlqdmin\Exercise\Ch10\Nwc1.bak a C:\Mssql7\Backup en su disco duro local.
3. Abra el Analizador de consultas de SQL Server e inicie una sesión en el servidor (local) con autenticación de Microsoft Windows NT. Su cuenta es miembro del grupo de administradores de Windows NT, la cual es automáticamente asignada a la función de SQL Server sysadmin.
4. Abra y ejecute la secuencia de comandos C:\Sqladmin\Exercise\Ch10 \Setup-nwc.sql.

   Esta secuencia de comandos restaura la base de datos nwcopy que se utiliza en los otros ejercicios de este capítulo.

Ejercicio: Cómo modificar la base de datos nwcopy

En este ejercicio ejecutará la secuencia de comandos que agrega filas a la tabla Products. Entonces escribirá y ejecutará una consulta que devuelva una nueva fila.

▶ **Para modificar la base de datos nwcopy**

1. Abra una ventana de consulta, abra C:\Sqladmin\Exercise\Ch10\Addprod.sql, revise su contenido y después ejecútelo.

   Esta secuencia de comandos agrega el nuevo producto Maple Flavor Pancake Mix a la tabla Products.
2. Revise el resultado para confirmar que la nueva fila ha sido agregada.

Ejercicio: Cómo realizar una copia de seguridad de la base de datos nwcopy

En este ejercicio, ejecutará una secuencia de comandos que realice una copia de seguridad de la base de datos nwcopy a un único dispositivo de copia de seguridad.

▶ **Para realizar una copia de seguridad de la base de datos nwcopy**

Abra C:\Sqladmin\Exercise\Ch10\Makeback.sql, revise su contenido y después ejecútelo.

La secuencia de comandos realiza una copia de seguridad de la base de datos nwcopy a un único dispositivo de copia de seguridad. Este dispositivo de copia de seguridad tiene un nombre lógico de nwc2 y un nombre físico de C:\Mssql7\Backup\Nwc2.bak

Ejercicio: Cómo simular dañar la base de datos

En este ejercicio ejecutará una secuencia de comandos que daña la base de datos actualizando todas las filas de la tabla Products. Entonces escribirá y ejecutará una consulta para confirmar que debido a una actualización errónea el producto Maple Flavor Pancake Mix ya no aparece en la tabla Products.

▶ **Para simular una modificación de datos accidental**

1. Abra una ventana de consulta, abra C:\Sqladmin\Exercise\Ch10\Dataloss.sql, revise su contenido y después ejecútelo.

   Esta secuencia de comandos daña la base de datos actualizando todas las filas en la tabla Products.

2. Revise el resultado para confirmar que el producto, Maple Flavor Pancake Mix ya no puede ser encontrado en la tabla Products, ya que su nombre ha sido incorrectamente cambiado.

3. Cierre la ventana de consulta.

Ejercicio Cómo utilizar el Administrador corporativo de SQL Server para restaurar la base de datos nwcopy

En este ejercicio utilizará el Administrador corporativo de SQL Server para restringir el acceso a la base de datos nwcopy, restaurará de una copia de seguridad de base de datos completa y después permitirá el acceso a la base de datos cuando el proceso de restauración esté completado.

Importante: Debe cerrar la ventana de consulta o seleccionar otra base de datos en la ventana de consulta para poder completar el siguiente ejercicio. La operación de restauración requiere que ningún usuario esté utilizando la base de datos. Compruebe que ninguna otra ventana de consulta esté utilizando la base de datos nwcopy.

▶ **Para restaurar la base de datos nwcopy desde una copia de seguridad de base de datos completa**

1. Abra el Administrador corporativo de SQL Server.

2. En el árbol de consola, expanda la carpeta Bases de datos.

3. En el árbol de consola, haga clic derecho en el icono de la base de datos nwcopy y después haga clic en clic Propiedades.

4. En la pestaña Opción, active Usuario único y Sólo para uso del DBO para restringir acceso a la base de datos durante el proceso de restauración.

5. Haga clic en Aceptar para cerrar el cuadro de diálogo y guardar sus cambios a las opciones de la base de datos.

6. En el árbol de consola, haga clic derecho en el icono de la base de datos nwcopy, apunte a Todas las tareas y después haga clic en Restaurar base de datos.

7. En el cuadro de diálogo Restaurar base de datos, revise las selecciones automáticas.

   - En la pestaña General, Base de datos está seleccionado para Restaurar. Esto permite que se restaure una copia de seguridad de base de datos completa y cualesquiera copias de seguridad asociadas diferenciales y de registro de transacción.

   - La opción primera copia de seguridad a ser restaurada está establecida en la última copia de seguridad de base de datos completa de nwcopy. Si cambia esta selección puede restaurar de copias de seguridad más antiguas cuando sea necesario. El historial de copia de seguridad listado aquí refleja entradas en la base de datos msdb. Si la copia de seguridad ha sido sobrescrita desde entonces no podrá restaurarla.

   - En la lista de conjuntos de copia de seguridad se comprueba la copia de seguridad que realizó previamente, denominada nwcopy-Complete con un nombre de C:\Mssql7\Backup\Nwc2.bak.

8. En la pestaña Opciones, active Base de datos operativa. No se puede restaurar nuevos registros de transacciones, ya que no tiene copia de seguridad de registro de transacción que restaurar. Esto corresponde a la opción RECOVERY de la instrucción RESTORE.

9. Haga clic en Aceptar para realizar la restauración.

Ejercicio: Cómo confirmar la recuperación de datos

En este ejercicio escriba y ejecute una consulta que devuelva el producto Maple Flavor Pancake Mix y otra que liste todos los productos en la tabla Products.

▶ **Para confirmar que los datos han sido recuperados**

Abra una ventana de consulta, abra C:\Sqladmin\Exercise\Ch10\ChkRest.sql, revise su contenido y después ejecútelo.

Cómo restaurar datos de una copia de seguridad diferencial

Cuando restaure una base de datos desde una copia de seguridad de base de datos diferencial:

- Sólo son restauradas las partes de la base de datos que han cambiado desde la última copia de seguridad de base de datos completa.
- La base de datos es devuelta a la condición exacta en la que estaba cuando se realizó la copia de seguridad diferencial.

La restauración muchas veces tarda menos tiempo de lo que se tarda en aplicar una serie de registros de transacción que representa la misma actividad de base de datos.

Cuando restaure de una copia de seguridad referencial analice los siguientes hechos y consideraciones:

- La sintaxis para restaurar una copia de seguridad diferencial es la misma que para restaurar una copia de seguridad de base de datos completa. El dispositivo de copia de seguridad especificado para la cláusula FROM y el número de archivo especificado en la opción FILE, simplemente se refieren a una copia de seguridad diferencial en lugar de una copia de seguridad completa.
- Debe restaurar una copia de seguridad de base de datos completa, especificando la opción NORECOVERY, antes de poder restaurar una copia de seguridad diferencial.
- Especifique la opción NORECOVERY cuando restaure una copia de seguridad de base de datos diferencial si hay cualesquiera registros de transacción que restaurar; de otra manera, especifique la opción RECOVERY.

El siguiente ejemplo restaura una copia de seguridad diferencial sin recuperar la base de datos. El dispositivo nwindbacdiff contiene una copia de seguridad diferencial. El especificar la opción NORECOVERY le permite restaurar registros de transacción. La opción RECOVERY será especificada para la última restauración de registro de transacción.

```
USE master
RESTORE DATABASE northwind
FROM nwindbacdiff
WITH NORECOVERY
```

Cómo restaurar desde una copia de seguridad de registro de transacción

Cuando restaura desde una copia de seguridad de registro de transacción, SQL Server reaplica cambios a la base de datos que están registrados en el registro de transacción.

Normalmente restaurará registros de transacción para aplicar cambios que son realizados a la base de datos desde la última copia de seguridad de base de datos completa o diferencial. Además, puede restaurar registros de transacción para recuperar la base de datos hasta un momento dado.

Consideraciones para la restauración de registros de transacción

Aunque restaurar una copia de seguridad diferencial puede acelerar el proceso de restauración, para asegurar la consistencia de datos, puede tener que restaurar copias de seguridad de registro de transacción adicionales que hayan sido creadas después de una copia de seguridad diferencial.

Antes de restaurar cualesquiera registros de transacción, primero debe restaurar una copia de seguridad de base de datos completa, especificando la opción NORECOVERY. Cuando tenga que aplicar múltiples registros de transacción, especifique la opción NORECOVERY para todos los registros de transacción, excepto para el último. Esto causa que SQL Server suspenda el proceso de recuperación hasta que se ha restaurado el último registro de transacción.

La sintaxis para la instrucción RESTORE LOG se describe a continuación:

```
RESTORE LOG {nombre_basededatos | @nombre_basededatos_var}
[FROM <backup_device> [, ...n]]
[WITH
    [[,] {NORECOVERY | RECOVERY | STANDBY = deshacer_nombre_archivo}]
    [[,] STOPAT = {fecha_hora | @fecha_hora_var}]
```

Nota: La instrucción RESTORE LOG reemplaza la instrucción LOAD TRANsaction encontrada en las versiones anteriores de SQL Server. LOAD TRANsaction todavía se soporta, aunque sólo para compatibilidad con las versiones anteriores. Debería utilizar la instrucción RESTORE LOG.

El siguiente ejemplo asume que existe una copia de seguridad de base de datos completa en el dispositivo de copia de seguridad con nombre nwindbac y que dos copias de seguridad de registros de transacción existen en el dispositivo de copia de seguridad con nombre nwindbaclog. Se realizan tres operaciones de restauración separadas para asegurar la consistencia de base de datos.

1. El primer paso restaura un copia de seguridad de base de datos completa sin recuperar la base de datos.

```
USE master
RESTORE DATABASE northwind
FROM nwindbac
WITH NORECOVERY
```

2. El segundo paso restaura el primer registro de transacción sin recuperar la base de datos. Se presenta el progreso del proceso de restauración.

```
USE master
RESTORE LOG northwind
FROM nwindbaclog
WITH FILE = 1,
     STATS,
     NORECOVERY
```

3. El tercer paso restaura el segundo registro de transacción. La opción RECOVERY devuelve la base de datos Northwind a un estado consistente, confirmando cualesquiera transacciones confirmadas, y deshaciendo cualesquiera transacciones sin confirmar.

```
USE master
RESTORE LOG northwind
FROM nwindbaclog
WITH FILE = 2,
     RECOVERY
```

Cómo restaurar a un momento dado

Cuando restaura registros de transacción puede restaurar a un momento dado con la opción STOPAT. A continuación se proporcionan directrices para la utilización de esta opción:

■ Utilice la opción STOPAT para recuperar la base de datos al estado en el que estaba en el momento exacto antes de la corrupción de datos o antes de que ocurriese cualquier otro evento.

  Por ejemplo, si sabe que una actualización maliciosa a una base de datos ocurrió a las 11:00 a.m., puede restaurar los cambios en el registro de transacción hasta las 10:59 a.m. y no aplicar ningún cambio que ocurriese después de ese punto.

■ Debe especificar la fecha y hora al acabar de cargar un copia de seguridad a una base de datos.

  SQL Server restaura todos los registros de transacción que fueron escritos a la base de datos *antes* de un momento dado.

Nota: La opción STOPAT sólo puede ser especificada cuando se restaure la copia de seguridad del registro de transacción; no puede ser utilizada con copias de seguridad de base de datos completa o diferencial, las cuales son tomadas como una instantánea de una base de datos en un momento dado. Los registros de transacción registran cambios individuales a través del tiempo; por tanto, las copias de seguridad del registro de transacción pueden ser utilizadas para restaurar cambios hasta un momento dado.

El siguiente ejemplo asume que se realizó una copia de seguridad de base de datos completa al dispositivo de copia de seguridad con nombre nwindbac a las 8:00 p.m. el 2 de enero de 1998. Además, se realizaron dos copias de seguridad de registro de transacción a las 10:00 a.m. y a la 1:00 p.m. el 3 de enero de 1998 al dispositivo de copia de seguridad con nombre nwindbaclog. Sólo se deben restaurar los cambios que ocurrieron antes de las 11:00 a.m. el 3 de enero de 1998. Se realizan tres operaciones de restauración separadas para asegurar la consistencia de base de datos.

1. El primer paso restaura una base de datos de una copia de seguridad de base de datos completa sin recuperar la base de datos.

```
USE master
RESTORE DATABASE northwind
FROM nwindbac
WITH NORECOVERY
```

2. El segundo paso restaura el primer registro de transacción sin recuperar la base de datos.

```
USE master
RESTORE LOG northwind
FROM nwindbaclog
WITH FILE = 1,
    NORECOVERY
```

3. El tercer paso restaura el segundo registro de transacción, aplica los cambios que ocurrieron antes de las 11:00 a.m. del 3 de enero de 1998 y recupera la base de datos.

```
USE master
RESTORE LOG northwind
FROM nwindbaclog
WITH FILE = 2,
    RECOVERY,
    STOPAT = 'January 3, 1998 11:00 AM'
```

Cómo restaurar de una copia de seguridad de un archivo o grupo de archivos

Usted restaura de una copia de seguridad de un archivo o un grupo de archivos para reducir el tiempo que se tarda en restaurar parte de una base de datos muy grande. Restaure de un archivo o grupo de archivos cuando se ha eliminado o dañado un archivo concreto.

Cuando restaure de un archivo o grupo de archivos, considere los siguientes hechos:

- SQL Server requiere que restaure las copias de seguridad de grupo de archivos como una unidad si una tabla y sus índices asociados existen en dos grupos de archivos diferentes.
- SQL Server le permite restaurar un archivo de base de datos individual de una copia de seguridad de base de datos completa o de una copia de seguridad de un archivo individual.
- Debe aplicar todos los registros de transacción que hayan sido creados desde la copia de seguridad de la que fue restaurado el archivo, para poder devolver al archivo o grupo de archivos restaurado a un estado de consistencia con el resto de la base de datos. Por esta razón, la opción RECOVERY no se permite cuando se restaura un archivo o grupo de archivos. Si no ha realizado una copia de seguridad de registro de transacción después de la copia de seguridad desde la que está intentando restaurar un archivo o grupo de archivos, la operación de restauración del archivo o grupo de archivos terminará con un error. Si el archivo de datos principal y el archivo de registro de transacción están intactos puede hacer una copia de seguridad de registro de transacción utilizando la opción NO_TRUNCATE, antes de restaurar el archivo o grupo de archivos. SQL Server sólo aplica transacciones que afectan al archivo restaurado.

La sintaxis para la instrucción RESTORE DATABASE se describe a continuación:

```
RESTORE DATABASE {nombre_basededatos | @nombre_basededatos_var}
    <archivo_o_grupodearchivos> [, ...m]
[FROM <backup_device> [, ...n]]
```

donde *<archivo_o_grupodearchivos>* es

```
{FILE = nombre_archivo_lógico | FILEGROUP = logical_nombre_grupodearchivo}
```

El siguiente ejemplo asume que una base de datos existe en tres archivos: Nwind1, Nwind2 y Nwind3. El archivo de base de datos Nwind2 contiene una única tabla y sus índices relacionados. Se realizó una copia de seguridad del archivo de base de datos Nwind2 al dispositivo de copia de seguridad Nwind2bac. Se realizó una copia de seguridad de registro de transacción después de que se realizase la última copia de seguridad de Nwind2. Nwind2 debe ser restaurado porque el medio físico está dañado. La restauración consiste en dos pasos para asegurar la consistencia de la base de datos.

1. El primer paso restaura la copia de seguridad del archivo de base de datos Nwind2 sin confirmar ninguna transacción confirmada ni deshacer ninguna transacción sin confirmar.

```
USE master
RESTORE DATABASE northwind
    FILE = Nwind2
FROM Nwind2bac
WITH NORECOVERY
```

2. El segundo paso restaura la copia de seguridad del registro de transacción. La opción RECOVERY devuelve a la base de datos Northwind a un estado consistente, confirmando cualesquiera transacciones confirmadas y deshaciendo cualesquiera transacciones sin confirmar.

```
USE master
RESTORE LOG northwind
FROM nwindbaclog
WITH RECOVERY
```

Ejemplo práctico: Cómo restaurar una base de datos

En la siguiente serie de ejercicios, primero realizará una serie de modificaciones de datos y copias de seguridad de la base de datos nwcopy. Después simulará un fallo de medio y restaurará la base de datos de sus copias de seguridad.

Ejercicio 1: Cómo realizar una copia de seguridad de la base de datos nwcopy

En este ejercicio ejecutará una secuencia de comandos que realiza una copia de seguridad de base de datos completa de la base de datos nwcopy al dispositivo de copia de seguridad con nombre nwc3. Esta copia de seguridad es la base para la operación de restauración de más adelante.

▶ **Para realizar una copia de seguridad de base de datos completa de la base de datos nwcopy**

Abra una ventana de consulta, abra C:\Sqladmin\Exercise\Ch10\Compback.sql, revise su contenido y después ejecútelo. Esta secuencia de comandos realiza una copia de seguridad de la base de datos nwcopy al dispositivo de copia de seguridad con nombre nwc3.

Ejercicio 2: Cómo modificar la base de datos nwcopy y realizar una copia de seguridad de registro de transacción

En este ejercicio ejecutará una secuencia de comandos que agregue un cliente a la tabla Customers y confirme que el cliente se ha agregado. Entonces, ejecutará otra secuencia de comandos que realice una copia de seguridad del registro de transacción al dispositivo de copia de seguridad con nombre nwchange.

▶ **Para modificar la base de datos nwcopy y realizar una copia de seguridad del registro de transacción**

1. Abra una ventana de consulta, abra C:\Sqladmin\Exercise\Ch10\Addcust1.sql, revise su contenido y después ejecútelo.

    Esta secuencia de comandos agrega Health Food Store como un cliente a la tabla Customers y consulta la tabla para que devuelva el nuevo cliente.

2. Abra una ventana de consulta, abra C:\Sqladmin\Exercise\Ch10\Logback1.sql, revise su contenido y después ejecútelo.

    Esta secuencia de comandos realiza una copia de seguridad del registro de transacción de la base de datos nwcopy al dispositivo de copia de seguridad con nombre nwchange.

Ejercicio 3: Cómo modificar la base de datos nwcopy y realizar una copia de seguridad referencial

En este ejercicio ejecutará una secuencia de comandos que agregue otro cliente a la tabla Customers y devuelva ese cliente para confirmar que el cliente ha sido agregado. Entonces, ejecutará otra secuencia de comandos que realiza una copia de seguridad diferencial y la adjunta al dispositivo de copia de seguridad con nombre nwchange.

▶ **Para modificar la base de datos nwcopy y realizar una copia de seguridad diferencial**

1. Abra una ventana de consulta, abra C:\Sqladmin\Exercise\Ch10\Addcust2.sql, revise su contenido y después ejecútelo.

    Esta secuencia de comandos agrega Volcano Coffee Company a la tabla Customers y consulta la tabla para que devuelva el cliente nuevo.

2. Abra una ventana de consulta, abra C:\Sqladmin\Exercise\Ch10\Diffback.sql, revise su contenido y después ejecútelo.

    La secuencia de comandos realiza una copia de seguridad diferencial para capturar todos los cambios desde la última copia de seguridad de base de datos completa. La copia de seguridad diferencial es adjuntada al dispositivo de copia de seguridad con nombre nwchange.

Ejercicio 4: Cómo modificar la base de datos nwcopy

En este ejercicio ejecutará una secuencia de comandos que agrega un tercer cliente a la base de datos nwcopy y confirma que el cliente fue agregado.

▶ **Para modificar la base de datos nwcopy**

1. Abra una ventana de consulta, abra C:\Sqladmin\Exercise\Ch10\Addcust3.sql, revise su contenido y después ejecútelo.

   Esta secuencia de comandos agrega The Wine Cellar como un cliente a la tabla Customers y consulta la tabla para que devuelva el cliente nuevo.

Nota: Los siguientes ejercicios simulan un fallo de medio y recuperación del fallo. Fíjese que en este momento, tiene copias de seguridad de todas las modificaciones, excepto de la agregación del tercer cliente. Simulará el fallo de medios antes de realizar la copia de seguridad de esa modificación, demostrando la habilidad de SQL Server para realizar una copia de seguridad de transacción después de un fallo de medios.

Ejercicio 5: Cómo simular daño a la base de datos

En este ejercicio simulará dañar los medios que almacenan la base de datos nwcopy.

▶ **Para simular daño a la base de datos**

1. Cambie al Administrador corporativo de SQL Server y salga.
2. Abra el Administrador de servicios de SQL Server y detenga el servicio de SQL Server.
3. Utilice el explorador de Windows NT para cambiar el nombre al archivo de datos secundario de la base de datos nwcopy de C:\Mssql7\Data\Nwcopy_data2.ndf a Nwcopy_Data2.bad. Tenga cuidado para no modificar el archivo de datos primario, C:\Mssql7\Data\Nwcopy_data.mdf o el archivo de registro de transacción C:\Mssql7\Data\Nwcopy_log.ldf.
4. Reinicie el servicio de SQL Server.
5. Abra el Administrador corporativo de SQL Server.
6. En el árbol de consola, expanda la carpeta Bases de datos; después haga clic en el icono de la base de datos nwcopy.
7. En el panel de detalles muestre los iconos de objetos de base de datos, después haga clic derecho en el icono de la base de datos nwcopy, apunte a Ver y después haga clic en Cuadro de tareas.
8. SQL Server muestra un mensaje de error, informando de que ha ocurrido un error mientras se intentaba acceder a la información de la base de datos.
9. Abra Visor de sucesos de Windows NT y examine el contenido del registro de aplicación.

   Debería encontrar un mensaje de información diciendo que ha habido un 'Error de activación de dispositivo' para el archivo C:\Mssql7\Data\Nwcopy_data2.ndf.

   ¿Qué debería hacer para restaurar y recuperar la base de datos nwcopy?

Ejercicio 6: Cómo realizar una copia de seguridad de registro de transacción de la base de datos nwcopy

En este ejercicio ejecutará una secuencia de comandos que realice una copia de seguridad de registro de transacción después del fallo simulado de la base de datos nwcopy. La copia de seguridad se adjunta al dispositivo de copia de seguridad con nombre nwchange.

Nota: La realización de una copia de seguridad del registro de transacción después de un fallo sólo es posible si los archivos de datos principales y de registros de transacción están intactos.

▶ **Para realizar una copia de seguridad al registro de transacción después de un fallo del archivo de datos secundario**

1. Abra una ventana de consulta.
2. Abra C:\Sqladmin\Exercise\Ch10\Logback2.sql, revise su contenido y después ejecútelo.

    Esta secuencia de comandos utiliza la opción NO_TRUNCATE para realizar una copia de seguridad del registro de transacción de la base de datos nwcopy cuando la base de datos no está disponible.

Ejercicio 7: Cómo examinar las copias de seguridad de nwcopy

En este ejercicio utilizará el Administrador corporativo de SQL Server para examinar el contenido y la fecha de creación de todas las copias de seguridad de la base de datos nwcopy.

▶ **Para examinar las copias de seguridad disponibles**

1. Cambie a el Administrador corporativo de SQL Server.
2. En el árbol de consola, expanda la carpeta Administración, después haga clic en Copia de seguridad.
3. En el panel de detalles, haga clic derecho en el dispositivo nwc3 y después haga clic en Propiedades.
4. Haga clic en Ver contenido para examinar el contenido del dispositivo nwc3. Fíjese en el tipo, descripción, fecha y hora del conjunto de copia de seguridad del dispositivo.

    ¿Qué contiene el dispositivo nwc3?
5. Haga clic en Cerrar para cerrar el cuadro de diálogo Contenido del medio de copia de seguridad. Haga clic en Cancelar para cerrar el cuadro de diálogo Propiedades del contenido del medio de copia de seguridad.
6. Repita los pasos 3, 4 y 5 para examinar el contenido del dispositivo nwchange. Fíjese en el tipo, descripción, fecha y hora de cada conjunto de copia de seguridad en el dispositivo.

    ¿Qué contiene el dispositivo nwchange?

Ejercicio 8: Cómo revisar la estrategia de restauración

En este ejercicio revisará la estrategia de restauración que el Administrador corporativo de SQL Server sugiere automáticamente y determinará si es apropiada.

▶ **Para revisar la estrategia de restauración sugerida**

1. En el árbol de consola, haga clic derecho en el icono de la base de datos nwcopy, apunte a Todas las tareas y después haga clic en Restaurar base de datos.

2. Aparece el cuadro de diálogo Restaurar base de datos. Compruebe que la base de datos nwcopy está seleccionada en Restaurar como base de datos.

    Fíjese que hay listados cuatro conjuntos de copia de seguridad. SQL Server selecciona automáticamente la copia de seguridad de base de datos completa más reciente y los correspondientes conjuntos de copias de seguridad diferenciales y/o de registro de transacción que deberían ser restaurados para devolver la base de datos a un estado consistente. Hay tres de cuatro copias de seguridad seleccionadas (base de datos completa, diferencial y un registro de transacción).

    ¿Está usted de acuerdo con qué se deberían restaurar las copias de seguridad seleccionadas?

    ¿Por qué no se ha seleccionado la primera copia de seguridad de registro de transacción?

3. Haga clic en Cancelar para cerrar el cuadro de diálogo Restaurar base de datos.

En los Ejercicios 9, 10 y 11, en lugar de simplemente restaurar la base de datos, los siguientes ejercicios le guían a través de los pasos para restaurar los diferentes conjuntos de copias de seguridad individualmente. Normalmente, si quiere restaurar la base de datos completa podría simplemente hacerlo como lo sugiere el Administrador corporativo de SQL Server.

Ejercicio 9: Cómo restaurar las copias de seguridad completas y diferenciales

En este ejercicio utilizará el Administrador corporativo de SQL Server para restaurar las copias de seguridad de base de datos completas y diferenciales y permitir acceso a la base de datos después de completar el proceso de restauración.

▶ **Para restaurar las copias de seguridad completas y diferenciales**

1. Abra el Administrador corporativo de SQL Server.
2. En el árbol de consola, expanda la carpeta Bases de datos.
3. En el árbol de consola, haga clic derecho en el icono de la base de datos nwcopy, apunte a Todas las tareas y después haga clic en Restaurar base de datos.
4. En el cuadro de diálogo Restaurar base de datos, revise las selecciones automáticas.

    ■ En la pestaña General, Base de datos está seleccionado para Restaurar. Esto permite que se restaure una copia de seguridad de base de datos completa y cualesquiera copias de seguridad asociadas, ya sean diferenciales o de registro de transacción.

- En la lista Restaurar debería ver las cuatro copias de seguridad que ha realizado. La primera (completa), la tercera (diferencial) y la cuarta (registro) copia de seguridad están activadas. Para restaurar sólo los conjuntos de copia de seguridad de base de datos completas y diferenciales, desactive el tercer conjunto de copia de seguridad (nwcopy-Log2) para deseleccionarlo.

5. En la pestaña de Opciones, haga clic en Base de datos de sólo lectura. Capaz de restaurar nuevos registros de transacciones, ya que restaurará las copias de seguridad de registro de transacción más adelante. Esto corresponde a la opción STANDBY de la instrucción RESTORE.

6. Active ambos: Preguntar antes de restaurar cada copia de seguridad y Forzar restauración sobre la base de datos existente.

7. Haga clic en Aceptar para restaurar la copia de seguridad de base de datos completa.

8. Haga clic en Aceptar para restaurar la copia de seguridad de base de datos diferencial.

Ejercicio 10: Cómo examinar el contenido de la base de datos

En este ejercicio ejecutará una secuencia de comandos que liste los clientes nuevos en la tabla Customers para evaluar el proceso de restauración.

▶ **Para examinar el contenido de una base de datos**

1. Abra una ventana de consulta, abra C:\Sqladmin\Exercise\Ch10\Listcust.sql, revise su contenido y después ejecútelo.

   La secuencia de comandos determina si los tres clientes nuevos habían sido agregados previamente a la tabla Customers recuperada.

   ¿Han sido recuperados los tres clientes?

2. Cierre la ventana de consulta.

Importante: Debe cerrar la ventana de consulta o seleccionar otra base de datos en ésta u otra ventana de consulta abierta para poder completar el Ejercicio 11 de esta lección. La operación de restauración requiere que ningún usuario esté utilizando la base de datos

---

Ejercicio 11: Cómo restaurar la copia de seguridad del registro de transacción

En este ejercicio utilizará el Administrador corporativo de SQL Server para restaurar el registro de transacción y después permitir acceso a la base de datos una vez el proceso de restauración esté completado.

▶ **Para restaurar la copia de seguridad del registro de transacción**

1. Cambie al Administrador corporativo de SQL Server.
2. Expanda la carpeta Base de datos.
3. En el árbol de consola, haga clic derecho en el icono de la base de datos nwcopy, apunte a Todas las tareas y después haga clic en Restaurar base de datos.

4.   En el cuadro de diálogo Restaurar base de datos, en la pestaña General, haga clic en Desde dispositivo, en la sección Restaurar.
5.   Haga clic en el botón Seleccionar dispositivos.
6.   En el diálogo Elegir dispositivos para restaurar, haga clic en Disco para Restaurar desde si no está seleccionado.
7.   Haga clic en Agregar para añadir el dispositivo de copia de seguridad a la lista Restaurar desde.
8.   En el cuadro de diálogo Seleccionar destino de la restauración, haga clic en Dispositivo de copia de seguridad.
9.   En la lista desplegable de Dispositivo de copia de seguridad, seleccione nwchange. Haga clic en Aceptar para aceptar el dispositivo nwchange.
10.   Si hay cualesquiera otros dispositivos además de nwchange en la lista Restaurar desde, márquelos y después haga clic en Eliminar para eliminarlos.
11.   Haga clic en Aceptar para aceptar nwchange como el dispositivo desde el cual restaurar.
12.   Haga clic en el botón Ver contenido, para seleccionar un conjunto de copia de seguridad del dispositivo nwchange.
13.   Active la casilla de verificación junto al conjunto de copia de seguridad nwcopy-Log2. Ésta es la copia de seguridad de registro de transacción realizada después del fallo de base de datos simulado. Haga clic en Aceptar para aceptar el conjunto de copia de seguridad seleccionado. Fíjese que Número de copia de seguridad ahora está establecido en 3, esto corresponde a seleccionar el tercer conjunto de copia de seguridad con la opción FILE de la instrucción RESTORE.
14.   Haga clic en las opciones Restaurar conjunto de copia de seguridad y Registro de transacción si no están seleccionados.
15.   En la pestaña Opciones, haga clic en Base de datos operativa. No se puede restaurar nuevos registros de transacciones, ya que no tiene más copias de seguridad de registro de transacción que restaurar. Esto corresponde a la opción RECOVERY de la instrucción RESTORE.
16.   Haga clic en Aceptar para realizar la restauración.
17.   Cambie a el Analizador de consultas de SQL Server. Abra una ventana de consulta, abra C:\Sqladmin\Exercise\Ch10\Listcust.sql y ejecútelo. Ahora se encuentran presentes los tres registros de nuevos clientes, indicando una restauración de transacciones cuya copia de seguridad se realizó después del fallo de base de datos simulado con éxito.

Resumen de la lección

Cuando restaure bases de datos, debería obtener información acerca de las copias de seguridad que tiene intención de restaurar. Asegúrese de que los archivos son validos y contienen todas las copias de seguridad que se necesitan para restaurar la base de datos a su estado consistente. Utilice la opción NORECOVERY si tiene copias de seguridad adicionales que deben ser restauradas. Utilice la opción RECOVERY en la última copia de seguridad para devolver la base de datos a su estado consistente.

Lección 4: Cómo utilizar SQL Server en espera

Si su entorno empresarial requiere que su servidor de producción siempre se encuentre accesible, debería considerar la posibilidad de utilizar un SQL Server de espera. Esta lección describe cómo configurar y utilizar un SQL Server de espera así como la manera de restaurar el servidor de producción una vez se haya solucionado el problema. Esta lección introduce la utilización de agrupación de SQL Server Enterprise Edition.

Después de esta lección podrá:

- Configurar SQL Server en espera y restaurar un servidor de producción.

Tiempo estimado de la lección: 30 minutos

Cómo configurar SQL Server en espera

Si determina que SQL Server en espera es apropiado para su entorno empresarial, debe determinar su propósito y después crearlo y mantenerlo.

Nota: En las versiones anteriores de SQL Server, un servidor en espera se implementaba estableciendo la opción no chkpt. on recovery a verdadero para las bases de datos en el servidor en espera. Esta opción de base de datos ya no se soporta en SQL Server 7.0. Las opciones RECOVERY, NORECOVERY y STANDBY de la instrucción de restauración proporcionan esta funcionalidad ahora.

Propósito de SQL Server en espera

SQL Server en espera es un segundo servidor que refleja el servidor de producción. Puede utilizar SQL Server en espera para reemplazar un servidor de producción en caso de un fallo o para proporcionar una copia de sólo lectura de una o más bases de datos para aplicaciones de ayuda en la forma de decisiones. Además, un servidor en espera puede ser utilizado para validar integridad de base de datos ejecutando DBCC sin incrementar la carga en el servidor principal.

Creación inicial

Cree SQL Server en espera realizando copias de seguridad de las bases de datos y registros de transacción en el servidor de producción y después restaurándolas a otro SQL Server utilizando la opción STANDBY con la instrucción RESTORE.

Cuando restaure copias de seguridad a SQL Server en espera, considere los siguientes hechos y directrices:

- Si SQL Server en espera es un duplicado del servidor de producción, entonces una copia de cada base de datos, incluyendo bases de datos de sistema en el servidor de producción se restaura en SQL Server en espera.

- Utilice la opción MOVE_TO para especificar una nueva ubicación para la base de datos en SQL Server en espera si la ubicación es diferente a la ubicación en el servidor principal. Por ejemplo, los archivos de datos pueden estar almacenados en C:\Mssql7 en el servidor principal y en D:\Standby en el servidor en espera.
- Debe especificar la opción NORECOVERY o STANDBY cuando restaura una copia de seguridad al servidor en espera.

    No recupere la base de datos hasta que reemplace el servidor de producción con SQL Server en espera.

Sugerencia: Una alternativa al restaurar las bases de datos cuando las cree inicialmente en el servidor en espera es copiar los archivos de base de datos de un servidor a otro y después adjuntarlos al servidor en espera utilizando el procedimiento almacenado de sistema sp_attach_db o sp_attach_single_file_db.

La sintaxis para la instrucción RESTORE se describe a continuación:

```
RESTORE {DATABASE | LOG}{nombre_basededatos | @nombre_basededatos_var}
FROM <backup_device> [, …n]
    [[,] MOVE 'nombre_archivo_lógico' TO 'nombre_archivo_sistema_operativo']
    [WITH NORECOVERY | RECOVERY | STANDBY = deshacer_nombre_archivo}]
]
```

La opción STANDBY

La opción STANDBY especifica el nombre de un archivo para deshacer. Este archivo contiene la información utilizada para definir el estado de la base de datos antes de que las transacciones en un estado desconocido sean deshechas. Esto permite a la base de datos estar disponible para operaciones de sólo lectura antes de que se haya llevado a cabo una recuperación para restablecer plenamente la base de datos.

Tenga en cuenta los siguientes puntos cuando especifique el archivo para deshacer:

- Si el archivo especificado por *deshacer_nombre_archivo* no existe, SQL Server lo crea.
- El mismo archivo *deshacer_nombre_archivo* puede ser utilizado para cada operación de restauración de registro de transacción, ya que SQL Server lo eliminará y regenerará cuando sea necesario.
- Si existe *deshacer_nombre_archivo*, SQL Server sobrescribe el archivo a menos que el archivo contenga información de deshacer actual de otra base de datos.
- El tamaño de *deshacer_nombre_archivo* se limita por el espacio del disco que se encuentre disponible donde reside el archivo.

El siguiente ejemplo restaura una copia de seguridad de base de datos y una copia de seguridad de registro de transacción a un servidor en espera. La base de datos en el servidor en espera es de sólo lectura y se pueden aplicar registros de transacción a adicionales. Este ejemplo asume que el servidor en espera y el servidor de producción utilizan las mismas ubicaciones para archivos de base de datos.

```
USE MASTER
RESTORE DATABASE nwcopy FROM nwcomplete
WITH STANDBY = 'c:\mssql7\standby\nwundo.ldf'

RESTORE LOG nwcopy FROM nwlogbackup
WITH STANDBY = 'c:\mssql7\standby\nwundo.ldf'
```

Mantenimiento

Para mantener SQL Server en espera, debe restaurar todas las copias de seguridad adicionales a SQL Server en espera regularmente. El restaurar los registros de transacción asegura que SQL Server en espera es consistente con el servidor de producción. Considere los siguientes hechos y directrices cuando mantenga SQL Server en espera:

- Realice copias de seguridad de registro de transacción regulares en el servidor de producción.
- Cada vez que se realice una copia de seguridad de registro de transacción en el servidor de producción, restaure la copia de seguridad de registro de transacción en SQL Server en espera.
- Especifique la opción NORECOVERY cuando restaure copias de seguridad al servidor en espera si no quiere que el servidor en espera esté disponible hasta que se haya puesto en línea.
- Si quiere que la base de datos esté disponible para actividad de sólo lectura, debe especificar la opción STANDBY y proporcionar un nombre de archivo para que contenga la información de deshacer.
- Si SQL Server en espera se utiliza como una base de datos de sólo lectura, cambie la opción sólo para el uso del DBO a false para hacer que la base de datos esté disponible para lo usuarios.

Cómo utilizar SQL Server en espera como un servidor de sólo lectura

SQL Server en espera puede funcionar como una copia de sólo lectura del servidor de producción, reduciendo la cantidad de actividad en el servidor de producción. La utilización de SQL Server en espera tiene las siguientes ventajas adicionales:

- Los usuarios pueden acceder a los datos para consultas de ayuda en la forma de decisiones en el período entre procesos de restauración de cada registro de transacción.
- Puede ejecutar instrucciones DBCC (por ejemplo, DBCC CHECKDB) para comprobar la validez de la base de datos.
- El restaurar y validar cada copia de seguridad con éxito confirma la fiabilidad de sus copias de seguridad.

Cómo solucionar problemas de corrupción de datos

También puede utilizar SQL Server en espera para determinar en qué punto se ha corrompido una base de datos. Puede utilizar la opción STANDBY para revisar el contenido de la base de datos en busca de corrupción o datos no válidos mientras se aplica cada copia de seguridad de registro de transacción.

Los siguientes pasos ilustran cómo solucionar problemas de corrupción de datos:

1. Aplique un registro de transacción a SQL Server en espera utilizando la opción STANDBY.
2. Compruebe la consistencia y examine el contenido de la base de datos antes de aplicar el siguiente registro de transacción ejecutando instrucciones DBCC para comprobar la corrupción y utilizando consultas para comprobar los datos no válidos.
3. Continúe aplicando la serie de registros de transacción y examinando el contenido de la base de datos después de cada restauración (pasos 1 y 2) hasta que identifique la causa del problema y la hora en la que ocurrió el problema.
4. Restaura la base de datos y los registros de transacción en el servidor de producción utilizando una recuperación de momento dado para recuperar la base de datos al momento antes de que ocurriese el problema.
5. Configure SQL Server en espera para que refleje el estado de la base de datos en el servidor de producción.

Cómo sustituir un servidor de producción con SQL Server en espera

Normalmente utilizará SQL Server en espera como una sustitución del servidor de producción para minimizar el tiempo de inactividad. Debe realizar los siguientes pasos para establecer SQL Server de espera en línea como un servidor de producción:

1. Realice una copia de seguridad de registro de transacción del servidor de producción. Si es posible, utilice la instrucción BACKUP LOG con la opción NO_TRUNCATE para realizar una copia de seguridad de cualesquiera transacciones confirmadas, desde la última copia de seguridad de registro de transacción, para cada base de datos.
2. Retire el servidor de producción de la red.
3. Cambie el nombre del ordenador SQL Server en espera al nombre del servidor de producción.
4. Restaure el último registro de transacción a SQL Server en espera especificando la opción RECOVERY. SQL Server recupera la base de datos y permite a los usuarios leer y escribir transacciones a la base de datos.

   Si SQL Server en espera ha sido utilizado como servidor de sólo lectura y no tiene registros de transacción adicionales que restaurar, realice una recuperación manual en SQL Server en espera ejecutando la instrucción RESTORE DATABASE WITH RECOVERY. En este momento, SQL Server es espera es reconocido como el servidor de producción.

Cómo restaurar el servidor de producción

Normalmente restaurará el servidor de producción después de resolver el problema. Para restaurar el servidor de producción debe realizar los siguientes pasos:

1. Realice copias de seguridad de base de datos completa y de registro de transacción (si fuese necesario) de SQL Server en espera para capturar todos los cambios. Cuando sustituyó el servidor de producción por SQL Server en espera, SQL Server en espera registró todos los cambios en su copia de base de datos y registro de transacción.

2. Restaure la base de datos de registros de transacción de SQL Server en espera al servidor de producción.

3. Retire SQL Server en espera de línea.

4. Traiga el servidor de producción en línea.

5. Realice una copia de seguridad de base de datos completa de todas las bases de datos en el servidor de producción.

6. Restaure las copias de seguridad a SQL Server de espera, pero no recupere la base de datos. Utilice la opción STANDBY, si fuese apropiado. Esto asegura que SQL Server en espera es un duplicado del servidor de producción y permite que se restauren registros de transacción adicionales.

Cómo utilizar clústeres

La utilización de clústeres describe el uso de múltiples servidores Windows NT para proporcionar mayor capacidad y seguridad. La utilización de clústeres está disponible en la edición Enterprise de SQL Server ejecutándose sobre la edición Enterprise de Windows NT. En una instalación con uso de clústeres de SQL Server, los clientes se conectan a un *servidor virtual*, en vez de conectarse al servidor Windows NT actual, tal y como se haría en la instalación típica de SQL Server. Los servidores virtuales aparecen externamente como servidores Windows NT regulares cuando son un grupo de servidores trabajando juntos. Los servidores en un clúster supervisan el estado de cada uno de los otros. Si un fallo de la aplicación es debido a un fallo del servidor, otro servidor toma el control. Este proceso se conoce como *conmutación por error (failover)*.

En un entorno de misión crítica donde se requiere alta disponibilidad de SQL Server y donde está disponible un clúster de Windows NT Server de la edición Enterprise, la edición Enterprise de SQL Server instalada con conmutación por error (failover) proporciona una solución más escalable y segura. Para más información sobre la utilización de clústeres, vea SQL Server Books Online y busque "Configuring SQL Server failover support" (versión en inglés).

Resumen de la lección

Puede utilizar un SQL Server de espera para sustituir un servidor de producción en caso de error o para proporcionar una copia de sólo lectura de una o más bases de datos para las aplicaciones de ayuda de toma de decisiones. Además, se puede utilizar un servidor de espera para validar la integridad de la base de datos ejecutando DBCC sin incrementar la carga en el servidor principal. La edición SQL Server Enterprise puede ser ejecutada en una agrupación de edición Enterprise de Windows NT Server.

Lección 5: Cómo restaurar bases de datos del sistema

Si los medios que contienen las bases de datos de sistema están dañados, puede que tenga que regenerar las bases de datos de sistema. Esta lección describe cómo llevar a cabo estas acciones, además de la manera de restaurar bases de datos del sistema y adjuntar bases de datos de usuarios una vez se hayan regenerado las bases de datos del sistema.

Si se puede iniciar el servicio de SQL Server, puede utilizar la instrucción RESTORE DATABASE o el Administrar corporativo de SQL Server para restaurar las bases de datos del sistema desde una copia de seguridad válida.

Después de esta lección podrá:

- Regenerar las bases de datos del sistema.
- Restaurar bases de datos del sistema dañadas.
- Adjuntar bases de datos de usuarios.

Tiempo estimado de la lección: 15 minutos

Cómo regenerar bases de datos del sistema

Si se daña la base de datos master y no puede iniciar SQL Server, realice los siguientes pasos:

 1. Debe regenerar las bases de datos de sistema con el programa de símbolo de sistema Rebuildm.exe almacenado en C:\Mssql7/Binn.

 2. Iniciar el servicio de SQL Server.

 3. Entonces, restaure las copias de seguridad de las bases de datos del sistema, como se describe en la siguiente sección.

Precaución: La regeneración de las bases del datos del sistema sobrescribe las bases de datos master, model y msdb.

Cómo restaurar bases de datos del sistema

Después de que se han regenerado las bases de datos del sistema y SQL Server se ha iniciado, debería realizar los siguientes pasos:

1. Restaure la base de datos master desde una copia de seguridad, si existe. Si no existe una copia de seguridad válida de master, utilice el Administrador corporativo de SQL Server o ejecute secuencias de comandos para regenerar la información que está almacenada en master. Cree objetos, como por ejemplo, inicios de sesión para todo el servidor. No es necesario crear bases de datos; éstas pueden ser restauradas o adjuntadas como se describe en la siguiente sección.

2. Restaure la base de datos msdb de una copia de seguridad, si existe. Debe restaurar la base de datos msdb cuando regenera la base de datos master. Cuando ejecute el programa rebuildm la base de datos msdb es regenerada. Por tanto, toda la información de programación se pierde.

3. Restaure la base de datos model desde una copia de seguridad, si existe. Debe restaurar la base de datos model cuando regenere la base de datos master. Cuando ejecute la utilidad rebuildm se regenera la base de datos model. Por tanto, los cambios a la base de datos model si los hubiere, se pierden.

Cómo adjuntar o restaurar bases de datos de usuarios

Adjunte o restaura bases de datos de usuario dependiendo de si la base de datos master ha sido regenerada.

Si la base de datos master ha sido restaurada de una copia de seguridad válida, contendrá referencias a cada base de datos de usuario. Si las bases de datos no están dañadas, no se necesita llevar a cabo ninguna acción más. Si las bases de datos están dañadas, restáurelas desde copias de seguridad.

Si la base de datos master ha sido regenerada y no se ha aplicado ninguna copia de seguridad válida, debe realizar una de las siguientes acciones:

■ Si los archivos de base de datos no están disponibles, restaure las bases de datos de usuario desde una copia de seguridad.

■ Si los archivos de base de datos están disponibles, adjúntelos al servidor utilizando el procedimiento almacenado de sistema sp_attach_db o sp_attach_single_file_db.

El adjuntar archivos de base de datos existentes actualiza la base de datos master para que haga referencia correctamente a la base de datos de usuario. El adjuntar una base de datos de usuario es más rápido y fácil que restaurar desde una copia de seguridad y puede ser realizado sin utilizar una copia de seguridad de base de datos. Las copias de seguridad todavía son necesarias en el caso de que los archivos de base de datos se dañen.

El siguiente ejemplo adjunta la base de datos Northwind a la base de datos master.

```
USE master
EXEC sp_attach_single_file_db @dbname = 'Northwind',
@physname = 'C:\Mssql7\Data\Northwind.mdf'
```

Resumen de la lección

En esta sección ha aprendido a regenerar bases de datos del sistema en el caso de que se dañen. El programa rebuildm.exe le permite regenerar las bases de datos de sistema en caso de error. Una vez haya ejecutado este programa, puede restaurar las bases de datos desde copias de seguridad válidas.

Revisión

Las siguientes preguntas tienen la intención de reforzar información clave presentada en este capitulo. Si no puede contestar una pregunta, revise la lección apropiada e intente responder la pregunta otra vez. Las respuestas a las preguntas se pueden encontrar en el Apéndice A, "Preguntas y respuestas."

1. ¿Qué es el proceso de recuperación automático y cuándo se inicia?

2. ¿Qué pasos se deben tomar antes de restaurar una base de datos?

3. Tiene una copia de seguridad de base de datos completa y varias copias de seguridad de registro de transacción. Su base de datos está distribuida entre cuatro archivos. El disco en el cual reside el tercer archivo falla. ¿Qué debería hacer para restaurar y recuperar la base de datos?

4. Tiene una copia de seguridad de base de datos completa y varias copias de seguridad de registro de transacción. Una actualización maliciosa a la base de datos ocurre a las 9:21 a.m. La hora actual es las 9:30 a.m. ¿Qué debe hacer para restaurar y recuperar la base de datos a un estado consistente?

5. En el escenario que se presenta en la pregunta 4, ¿se perderán cambios debido al proceso de restauración?

6. Tiene instalado SQL Server en espera que funciona como un servidor de sólo lectura. ¿Qué debe hacer para reemplazar el servidor de producción por SQL Server en espera?

C A P Í T U L O   1 1

Inicios de sesión, cuentas y funciones de usuario

Acerca de este capítulo

Antes de que un usuario pueda acceder a los datos en una base de datos de Microsoft SQL Server tres niveles de acceso son comprobados:

- El acceso del usuario a SQL Server se autentica con una cuenta de inicio de sesión. Esta autenticación puede ser realizada por Microsoft Windows NT o por SQL Server.
- El acceso del usuario a una base de datos en particular se determina por la cuenta de usuario de base de datos definida en la cuenta de inicio de sesión o la función pertenencia.
- El acceso de usuario a objetos o tareas dentro de una base de datos se determina por los permisos que han sido concedidos a la cuenta o a la función del usuario.

En este capítulo aprenderá a generar y administrar inicios de sesión, usuarios y funciones. También aprenderá acerca de la importante diferencia entre los inicios de sesión que son autenticados por Windows NT y aquellos que son autenticados por SQL Server.

Antes de empezar

Para completar las lecciones en este capítulo debe tener:

- Experiencia en la utilización del Administrador corporativo de SQL Server y el Analizador de consultas de SQL Server.

- Conocimiento de las cuentas de usuario, grupos, Administrador de usuarios para dominios de Windows NT y archivos .CMD (o .BAT) de Windows NT. Este capítulo hace referencia al Administrador de usuarios para dominios de Windows NT, aunque su ordenador basado en Windows NT puede mostrar el Administrador de usuarios de Windows NT. Ambas utilidades funcionan igualmente para el propósito de este capítulo.

  También debe haber hecho lo siguiente:

- Haber instalado los archivos de Ejercicios del CD-ROM de materiales adicionales del curso a su unidad de disco duro. Vea la sección "Antes de empezar" en "Acerca de este libro" para las instrucciones de instalación.
- Configurado su ordenador basado en Windows NT para permitir que el grupo Everyone inicie una sesión localmente. (Puede hacer esto con las opciones de Derechos de los usuarios de Administrador de usuarios para dominios bajo el menú Directivas.) Esto le permite iniciar la sesión como varios usuarios y probar distintas configuraciones de seguridad en los ejercicios.
- Tener instalada la versión 7 de SQL Server. Véase el Capítulo 2, "Instalación," para las instrucciones de instalación.

Importante: Los ejercicios en este capítulo asumen que está trabajando en un servidor Windows NT Server configurado como controlador de dominio, aunque puede completar estos ejercicios utilizando SQL Server instalado bajo una estación de trabajo Windows NT o en un servidor Windows NT Server independiente. No puede completar todos los ejercicios para este capítulo en SQL Server instalado bajo Microsoft Windows 95 o Windows 98.

- Haber creado los usuarios y los grupos (los grupos locales serán suficiente para este ejercicio, pero debería crear grupos globales si está utilizando un servidor Windows NT Server instalado como controlador de dominio) listados en la siguiente tabla, en su dominio Windows NT. Puede crearlos utilizando Windows NT Administrador de usuarios para dominios, o puede ejecutar el archivo por lotes makeusrs.cmd ubicado en la carpeta C:\Sqladmin\Ejercicio\Setup.

Grupo Windows NT	Miembros	Contraseña
Customer_mgmt	Carl	contraseña
	Cathy	contraseña
Domain Users	Carl	contraseña
	Cathy	contraseña
	Paul	contraseña
	Max	contraseña

- Haber instalado la base de datos StudyNwind. Vea la sección "Antes de empezar" en "Acerca de este libro" para las instrucciones de instalación de la base de datos StudyNwind.

Lección 1: Cómo agregar cuentas de inicio de sesión

Para utilizar una base de datos en SQL Server, un usuario primero se conecta al servidor utilizando una cuenta de inicio de sesión. Una cuenta de inicio de sesión puede ser:

- La cuenta de usuario del usuario de Windows NT o la cuenta de cualquier grupo del que el usuario sea miembro.
- Una cuenta de inicio de sesión de SQL Server que cree usted.
- Una cuenta de inicio de sesión de SQL Server predeterminada.

Los inicios de sesión se almacenan en la base de datos master en la tabla de sistema syslogins.

Después de está lección podrá:

- Describir cuentas de inicio de sesión predeterminadas.
- Conceder a usuarios o grupos de Windows NT acceso a SQL Server.
- Describir y generar inicios de sesión de SQL Server.

Tiempo estimado de la lección: 30 minutos

Bases de datos predeterminadas

Cuando se agrega un inicio de sesión a SQL Server, a menudo se le asigna una base de datos predeterminada. El asignar una base de datos predeterminada a una cuenta de inicio de sesión establece el contexto predeterminado para las acciones que realice el usuario; no concede al usuario acceso a la base de datos. Como con cualquier base de datos, para obtener acceso a la base de datos predeterminada asignada, se le debe conceder acceso al usuario, ser un miembro de un grupo de Windows NT al cual se le ha concedido el acceso o ser un miembro de una función de SQL Server a la cual se ha concedido acceso. Si existe la cuenta de usuario invitado predeterminada en la base de datos, puede ser utilizada para obtener acceso a la base de datos predeterminada asignada. Si no asigna una base de datos predeterminada, la base de datos predeterminada será la base de datos master.

Cuentas de inicio de sesión predeterminadas

SQL Server tiene dos cuentas de inicio de sesión predeterminadas: sa y BUILTIN\Administrators.

Administrador de sistema (sa) es un inicio de sesión especial de SQL Server que tiene todos los derechos en SQL Server y en todas sus bases de datos.

BUILTIN\Administrators se proporciona como la cuenta de inicio de sesión predeterminada de Windows NT para todos los administradores Windows NT. Tiene todos los derechos en SQL Server y en todas sus bases de datos.

Cómo conceder una cuenta de acceso Windows NT a SQL Server

Si un usuario se conecta a SQL Server utilizando un inicio de sesión autenticado de Windows NT, ese usuario está representado por su propia cuenta de usuario de Windows NT y las cuentas de todos los grupos de Windows NT de los que sea miembro. Puede utilizar el Administrador corporativo de SQL Server o el procedimiento almacenado de sistema sp_grantlogin para permitir a un usuario o grupo de Windows NT conectarse a SQL Server. Sólo los administradores de sistema o de seguridad pueden conceder acceso a los usuarios o grupos de Windows NT.

Ejercicio: Cómo utilizar el Administrador corporativo de SQL Server para conceder derechos de acceso

En este ejercicio utilizará el Administrador corporativo de SQL Server para conceder acceso a SQL Server a cuentas de usuarios y grupos existentes de Windows NT. Utilice los datos de la siguiente tabla cuando realice el ejercicio.

Nombre	Base de datos predeterminada
STUDYSQL\Paul	StudyNwind
STUDYSQL\Customer_mgmt	StudyNwind

▶ **Para otorgar un usuario o grupo de acceso de Windows NT a SQL Server**

Repita los siguientes pasos para cada inicio de sesión:

1. Expanda su grupo de servidores y después expanda su servidor en el Administrador corporativo de SQL Server.
2. Expanda Seguridad, haga clic derecho en Inicios de sesión y después haga clic en Nuevo inicio de sesión.
3. Haga clic en Autenticación de Windows NT.
4. Seleccione el dominio donde residen las cuentas.
5. Introduzca el nombre de cuenta Microsoft Windows NT para agregar después del nombre del dominio en el campo Nombre.
6. Seleccione StudyNwind como la base de datos predeterminada; deje el idioma predeterminado como está.
7. Haga clic en Aceptar para crear el inicio de sesión.

    (Para una secuencia de comandos que agregue los usuarios en esta tabla, vea C:\Sqladmin\Ejercicio\Ch11\ Ntlogin.sql. Para agregar los usuarios con esta secuencia de comandos en lugar de utilizar el Administrador corporativo de SQL Server y las siguientes instrucciones, abra el archivo de la secuencia de comandos en el Analizador de consultas de SQL Server y ejecútelo.)

Cómo utilizar sp_grantlogin para agregar un inicio de sesión de Windows NT a SQL Server

La sintaxis para la instrucción sp_grantlogin es como se describe a continuación:

```
sp_grantlogin 'login'
```

El siguiente ejemplo utiliza el procedimiento sp_grant_login para agregar el usuario de Windows NT, use Paul como un inicio de sesión de SQL Server.

```
sp_grantlogin 'STUDYSQL\Paul'
```

El parámetro *inicio de sesión* es el nombre del usuario o grupo Windows NT que va a ser agregado. El usuario o grupo Windows NT debe estar cualificado con un nombre de dominio Windows NT. El límite para los nombres combinados de dominio, usuario o grupo es de 128 caracteres.

Considere los siguientes hechos y directrices acerca de agregar inicios de sesión Windows NT a SQL Server:

- Ya que SQL Server tiene un único inicio de sesión para un grupo Windows NT, no se requieren cambios a SQL Server cuando cambian los miembros de un grupo Windows NT. Esto evita los objetos huérfanos (objetos que son propiedad de un usuario que ya no existe en SQL Server), siempre y cuando no elimine al grupo.
- El eliminar un grupo o usuario Windows NT del dominio NT en el Administrador de usuarios para dominios no elimina ese grupo o usuario de SQL Server. Esto evita los objetos huérfanos (objetos cuyos propietarios han sido eliminados de SQL Server).
- Cuando elimina usuarios o grupos Windows NT, debería eliminarlos primero de Windows NT para no permitir el acceso a la red. Entonces, utilice sp_changeobjectowner para cambiar el propietario de los objetos que son propiedad de la cuenta que desea eliminar. Por último, elimine el inicio de sesión de SQL Server.
- Agregue una cuenta de inicio de sesión para un grupo Windows NT si todos los miembros del grupo se conectaran a SQL Server.
- Agregue una cuenta de inicio de sesión de usuario Windows NT sólo si el usuario no es miembro de un grupo al cual se le pueda conceder el permiso colectivamente.
- Aunque los usuarios inician las sesiones en SQL Server como miembros de grupos Windows NT, SQL Server todavía conoce las identidades de los usuarios. La función SUSER_SNAME devuelve los dominios y nombres de inicio de sesión de los usuarios cuando éstos son miembros de un grupo Windows NT.

La siguiente tabla lista otros procedimientos almacenados de sistema que puede utilizar para administrar cuentas de inicio de sesión Windows NT.

Procedimiento almacenado del sistema	Descripción
sp_revokelogin	Elimina las entradas de inicio de sesión para un usuario o grupo Windows NT de SQL Server.
sp_denylogin	Evita que un usuario o grupo Windows NT se conecte a SQL Server.

Nota: Los usuarios pueden modificar sus propias contraseñas en cualquier momento utilizando el procedimiento almacenado de sistema sp_contraseña. Los administradores de sistema pueden modificar la contraseña de cualquier usuario utilizando el Administrador corporativo de SQL Server o sp_contraseña con NULL como la contraseña antigua.

Cómo agregar un inicio de sesión SQL Server

Puede utilizar el Administrador corporativo de SQL Server o el procedimiento almacenado de sistema sp_addlogin para generar un inicio de sesión SQL Server. Sólo los administradores de sistema o de seguridad pueden generar inicios de sesión SQL Server.

Ejercicio: Cómo agregar un inicio de sesión SQL Server utilizando el Administrador corporativo de SQL Server

En este ejercicio, utilizará el Administrador corporativo de SQL Server para agregar tres cuentas de inicio de sesión SQL Server. Utilice los datos de la siguiente tabla cuando cree los inicios de sesión. (Para una secuencia de comandos que agregue los usuarios listados en la siguiente tabla, ver C:\Sqladmin\Ejercicio\Ch11\Sqllogin.sql. Para agregar los usuarios con esta secuencia de comandos en lugar de utilizar el Administrador corporativo de SQL Server y las siguientes instrucciones, abra el archivo de secuencia de comandos en el Analizador de consultas de SQL Server y ejecútelo.)

Nombre	Contraseña	Base de datos predeterminada
Carl	Contraseña	StudyNwind
Cathy	Contraseña	StudyNwind
Umberto	Contraseña	StudyNwind

▶ **Para utilizar el Administrador corporativo de SQL Server para agregar cuentas de inicio de sesión SQL Server**

Repita los siguientes pasos para cada inicio de sesión:

1. Expanda su grupo de servidores y después expanda su servidor en el Administrador corporativo de SQL Server.
2. Expanda Seguridad, haga clic derecho en Inicios de sesión y después haga clic en Nuevo inicio de sesión.
3. Introduzca el nombre del nuevo inicio de sesión SQL Server.
4. Haga clic en Autenticación de SQL Server.
5. Introduzca la contraseña.
6. Seleccione StudyNwind como la base de datos predeterminada; deje el idioma predeterminado como está.
7. Haga clic en Aceptar para crear el inicio de sesión.

Nota: Si recibe un mensaje de error que dice, "El inicio de sesión <*nombre*>no tiene permiso de acceso a la base de datos predeterminada y no podrá tener acceso a ella. ¿Desea continuar?", haga clic en Aceptar. Concederá acceso a esta base de datos más adelante en este capitulo.

Cómo utilizar sp_addlogin para agregar inicios de sesión SQL Server

La sintaxis para la instrucción sp_addlogin es como se describe a continuación:

```
sp_addlogin 'inicio de sesión' [, 'contraseña' [, 'basededatos']]
```

El siguiente ejemplo crea el inicio de sesión Carl con la contraseña *contraseña* en la base de datos StudyNwind.

```
sp_addlogin 'Carl' , 'contraseña' , 'StudyNwind'
```

El procedimiento almacenado de sistema sp_addlogin agrega un registro a la tabla syslogins de la base de datos master. Después de que se ha ejecutado sp_addlogin, el usuario puede iniciar una sesión en SQL Server con una cuenta.

Los inicios de sesión SQL Server pueden contener hasta 128 caracteres, incluyendo letras, símbolos y dígitos. Sin embargo, los inicios de sesión no pueden:

- Contener un carácter de barra inversa (\) además de la requerida para limitar en nombre de dominio de un inicio de sesión Windows NT.
- Ser una cuenta de inicio de sesión reservada —por ejemplo, sa o pública— o una cuenta de inicio de sesión existente.
- Ser NULL o una cadena vacía (' ').

Resumen de la lección

En esta lección ha aprendido que cuando los usuarios se conectan a SQL Server utilizan una cuenta de inicio de sesión, la cual puede ser su cuenta de usuario o de grupo Windows NT o una cuenta de inicio de sesión agregada directamente a SQL Server. Se les debe conceder acceso a las cuentas Windows NT a SQL Server.

Lección 2: Cómo se autentican las cuentas de inicio de sesión cuando se conectan los usuarios

La versión 7 de Microsoft SQL Server soporta dos modos de autenticación, modo de autenticación de Windows NT Mode y modo mixto. Esta lección describe el proceso de autenticación en cada modo y los pasos que debe ejecutar en la implementación de autenticación.

Nota: El modo de autenticación de Windows NT se denominaba seguridad integrada en la versión 6.5 de SQL Server. La seguridad estándar soportada en SQL Server 6.5 ya no está disponible.

Después de esta lección podrá:

- Describir cómo los usuarios son autenticados cuando se conectan a SQL Server.
- Comprender y escoger entre el modo de autenticación de Windows NT Authentication y el modo mixto de seguridad.
- Implementar su elección de modo de autenticación.

Tiempo estimado de la lección: 30 minutos

Proceso de autenticación

En cualquier entorno informativo seguro, los usuarios deben ser identificados y validados. Este proceso se conoce como autenticación.

La autenticación es parecida a utilizar una tarjeta de dinero en un ATM. Su tarjeta le identifica como un propietario de cuenta en el banco. Después introduce su PIN para probar que es el usuario legítimo de esa tarjeta.

Cada usuario SQL Server es identificado por una cuenta de inicio de sesión SQL Server, una cuenta de usuario Windows NT o por pertenencia a un grupo Windows NT. Éstos se conocen en SQL Server como inicios de sesión. La validación que al usuario se le permite realizar el inicio de sesión se realiza por SQL Server o por Windows NT.

Cómo procesa SQL Server inicios de sesión que autentica Windows NT

Los siguientes pasos (mostrados en la Figura 11.1) describen como SQL Server procesa inicios de sesión que autentica Windows NT:

1. Cuando un usuario se conecta a un servidor Windows NT Server, introduce su nombre de usuario y contraseña.
2. Los atributos de seguridad de usuario Windows NT son establecidos y validados utilizando un sofisticado mecanismo de cifrado de contraseña.

3. Cuando se conecta, el cliente abre una conexión fiable y los medios basados en Windows NT son utilizados para pasar los atributos de seguridad del usuario a SQL Server. SQL Server no necesita revalidar la contraseña, ya que Windows NT la ha validado.

4. SQL Server comprueba los atributos de seguridad del usuario Windows NT para ver si una cuenta de usuario Windows NT o una cuenta de grupo Windows NT definida allí coincide con una entrada en la tabla del sistema de SQL Server syslogins.

5. Si se encuentra una, la conexión es aceptada. La cuenta de usuario de inicio de sesión es la cuenta que coincidía con una entrada syslogins, la cuenta de usuario Windows NT o una de las cuentas de grupo a las que pertenece el usuario.

Los nombres de usuarios y de cuentas de grupo Windows NT no se encuentran listados en los atributos de seguridad, sino que un identificador único representa cada cuenta. Estos identificadores únicos se conocen como SID (Identificadores de seguridad). SQL Server almacena los SID de los usuarios y grupos Windows NT a quienes les es concedido acceso a SQL Server en la tabla syslogins. Éstos son comparados con los SID listados en los atributos de seguridad del usuario. Por esta razón, SQL Server no reconocerá grupos que haya eliminado y regenerado en Windows NT. Debe eliminar el grupo de SQL Server y agregarlo otra vez, ya que SQL Server utiliza los SID Windows NT para identificar al grupo.

Fíjese en lo siguiente en relación a la autenticación de Windows NT:

■ Si varios ordenadores SQL Server participan en un dominio o en un grupo de dominios en los que se confía, el iniciar una sesión a un único dominio de red es suficiente para habilitar el acceso a todos los servidores SQL Servers.

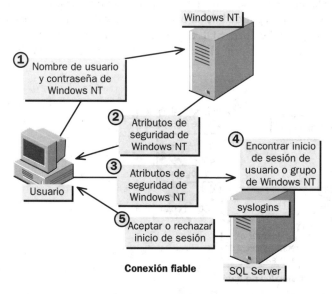

Figura 11.1. Pasos de autenticación de inicio de sesión de Windows NT.

■ La mayoría de las herramientas gráficas no requieren que introduzca un nombre de usuario y contraseña cuando utilice autenticación NT. Las herramientas de línea de comando de SQL Server soportan acciones que le permiten conectarse utilizando una conexión fiable.

■ SQL Server ejecutándose bajo Windows 95 o Windows 98 no soporta el modo de autenticación de Windows NT.

Cómo procesa SQL Server inicios de sesión que autentica

Los siguientes pasos (mostrados en la Figura 11.2) describen cómo procesa SQL Server los inicios de sesión que autentica:

1. Cuando se conecta, el cliente abre una conexión no fiable y pasa una cuenta de inicio de sesión y una contraseña SQL Server.
2. SQL Server comprueba que existe un inicio de sesión en la tabla syslogins y que la contraseña especificada coincide con la contraseña registrada anteriormente.
3. Si SQL Server encuentra que el inicio de sesión y la contraseña son correctos, el usuario está conectado. Si SQL Server no tiene una cuenta de inicio de sesión que coincida o si la contraseña es incorrecta, la autenticación fracasa y la conexión se rechaza.

Cómo escoger un modo de autenticación

En el modo de autenticación de Windows NT, SQL Server sólo acepta inicios de sesión autenticados por Windows NT. En el modo mixto, SQL Server acepta los inicios de sesión autenticados por Windows NT y los inicios de sesión autenticados por el mismo. No hay un modo que acepte sólo inicios de sesión autenticados por SQL Server.

Las necesidades de seguridad de su entorno de servidor y red determinarán el modo de autenticación que utilice para SQL Server. Puede utilizar el Administrador corporativo de SQL Server para establecer el modo de autenticación de su servidor.

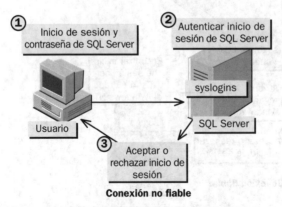

Figura 11.2.   Pasos de autenticación de inicio de sesión SQL Server.

Ventajas del modo de autenticación de Windows NT

Utilice el modo de autenticación de Windows NT en los entornos de red en los que todos los clientes soporten las conexiones fiables. La autenticación de Windows NT ofrece las siguientes ventajas sobre la autenticación de SQL Server:

- Proporciona más características, como la validación segura y el cifrado de contraseñas, auditoria, vencimiento de contraseñas, mínima longitud de contraseña y bloqueo de cuenta después de una contraseña no válida.

- Le permite agregar grupos de usuarios a SQL Server agregando una única cuenta de inicio de sesión.

- Habilita a los usuarios para que se conecten a SQL Server rápidamente, sin tener que introducir otra cuenta de inicio de sesión y contraseña.

Ventajas del modo mixto

Utilice el modo mixto sólo para conectar a clientes no fiables o de Internet. El modo mixto, y el mecanismo de autenticación de SQL Server en particular, ofrece las siguientes ventajas:

- El modo mixto habilita clientes que no sean de Windows NT, clientes de Internet y grupos de clientes mixtos para que se conecten a SQL Server.

- La autenticación de SQL Server le permite agregar otro nivel de seguridad sobre Windows NT.

Pasos en la implementación de uno de los modos de autenticación

Realice las siguientes tareas desde una cuenta de administrador de sistema para implementar su modo de autenticación escogido. Para el modo de autenticación de Windows NT, realice los pasos del 1 al 5; para el modo mixto, realice los pasos del 1 al 6.

1. Utilice la herramienta de red SQL Server (que se encuentra bajo Microsoft SQL Server 7.0 en el menú de inicio) para comprobar que un protocolo que soporte las conexiones fiables (Multi-Protocolo, canalizaciones con nombre o TCP/IP Sockets) está en su lugar para los clientes que utilicen la autenticación de Windows NT (véase la Figura 11.3).

2. Haga clic derecho en su servidor en el Administrador corporativo de SQL Server y seleccione Propiedades para abrir el cuadro de diálogo Propiedades de SQL Server. Seleccione la pestaña de Seguridad (véase la Figura 11.4). Configure el modo de seguridad de inicio de sesión de SQL Server a SQL Server y Windows NT (modo mixto) o a Sólo Windows NT (modo de autenticación de Windows NT).

3. Detenga y reinicie el servicio MSSQLServer para que la opción de seguridad tenga efecto.

4. Genere los usuarios y grupos Windows NT que están autorizados a conectarse a SQL Server a través de conexiones fiables. Si no tiene permiso para administrar

usuarios y grupos Windows NT, haga que un administrador Windows NT realice esta tarea por usted.

5. Utilice el Administrador corporativo de SQL Server o sp_grantlogin para conceder acceso a SQL Server a los grupos y usuarios Windows NT.

6. Para permitir acceso al servidor para aquellos usuarios que no se estén conectando al servidor utilizando conexiones fiables, utilice el Administrador corporativo de SQL Server o sp_addlogin para crear un inicio de sesión SQL Server para cada usuario.

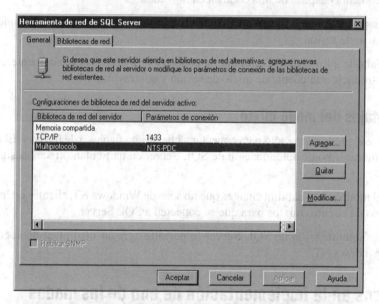

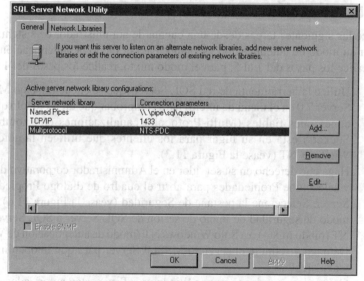

Figura 11.3.   La herramienta de red de SQL Server.

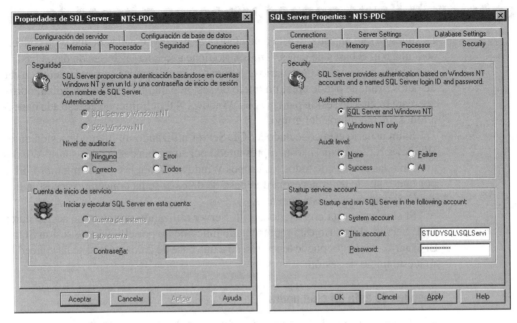

Figura 11.4. Propiedades y seguridad de SQL Server.

▶ **Para comprobar qué modo de autenticación se está utilizando**

1. Haga clic derecho en su servidor en el Administrador corporativo de SQL Server y seleccione Propiedades del menú contextual.
2. Haga clic en la pestaña Seguridad.
3. Confirme que la Autenticación esta configurada al modo de autenticación que estableció en el paso 2 en la lista de pasos anterior.

Resumen de la lección

En esta lección ha aprendido acerca de dos modos de autenticación soportados por SQL Server: el modo de autenticación de Windows NT y el modo mixto. Ahora puede describir los procesos de autenticación de cada modo y los pasos que debe ejecutar para implementar la autenticación. Los dos modos le permiten flexibilidad máxima a la hora de escoger la mejor arquitectura de seguridad para su organización.

Lección 3: Cómo conceder acceso a bases de datos

Después de que un usuario está conectado a SQL Server, necesita que se la conceda acceso a una o más bases de datos. Un usuario tiene acceso a las bases de datos basándose en las cuentas o funciones de usuario generadas y administradas separadamente en cada base de datos. Aunque puede crear un inicio de sesión para un usuario individual, normalmente creará inicios de sesión para grupos Windows NT, permitiendo acceso a la base de datos a todos los miembros del grupo.

Si un usuario está conectado a SQL Server utilizando un inicio de sesión autenticado Windows NT, ese usuario está representado por su propia cuenta de usuario Windows NT, así como las cuentas de todos los grupos Windows NT de las que es miembro. El usuario, por tanto, puede tener acceso a una base de datos si se ha concedido acceso a la base de datos a cualquiera de estas cuentas.

Si el usuario está conectado a SQL Server utilizando un inicio de sesión autenticado SQL Server, el usuario está representado únicamente por el inicio de sesión SQL Server. El usuario, por tanto, puede tener acceso a una base de datos, sólo si se ha concedido acceso a este inicio de sesión.

Después de esta lección podrá:

■ Conceder acceso de base de datos a cuentas de usuario y grupo de Windows NT y a inicios de sesión SQL Server.

■ Describir las dos bases de datos predeterminadas de cuentas de usuario.

■ Asignar inicios de sesión a funciones de servidor fijas.

■ Asignar cuentas de seguridad a funciones de base de datos fijas.

■ Generar y asignar cuentas de seguridad a funciones de base de datos definidas por el usuario.

Tiempo estimado de la lección: 60 minutos

Cómo conceder acceso a bases de datos a inicios de sesión

Para acceder a una base de datos, un *inicio de sesión* (el cual puede ser cualquiera de los siguientes: una cuenta de usuario o grupo Windows NT a la cual se ha concedido acceso a SQL Server [véase la Figura 11.5], un inicio de sesión SQL Server [véase la Figura 11.6], o uno de los inicios de sesión SQL Server predeterminados) utiliza una cuenta de usuario de base de datos asignada o una de las cuentas de base de datos predeterminada. Las cuentas de usuarios pueden ser asignadas a usuarios Windows NT grupos Windows NT o inicios de sesión SQL Server.

Para asignar una cuenta de usuario a un inicio de sesión, puede utilizar el Administrador corporativo de SQL Server o ejecutar el procedimiento almacenado de sistema sp_grantdbaccess. Sólo los propietarios de bases de datos o los administradores de acceso de bases de datos pueden asignar una cuenta de usuario a un inicio de sesión. Se agrega una entrada a la tabla sysusers en la base de datos a la cual se concede acceso.

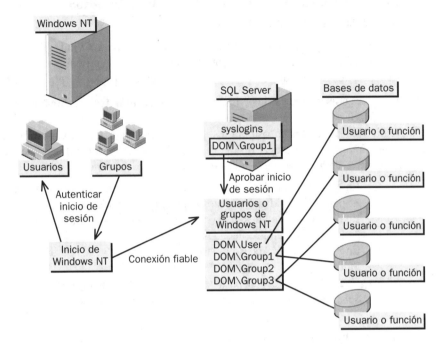

Figura 11.5. Autenticación de inicio de sesión y acceso de base de datos utilizando los inicios de sesión autenticados de Windows NT.

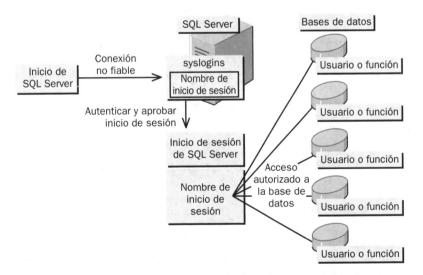

Figura 11.6. Autenticación de inicio de sesión y acceso de base de datos utilizando los inicios de sesión autenticados de SQL Server.

Ejercicio: Cómo conceder acceso a bases de datos con el Administrador corporativo de SQL Server

En este ejercicio concederá acceso a la base de datos StudyNwind a algunos de los inicios de sesión que ha creado anteriormente en este capítulo. Se proporcionan dos métodos para darle práctica utilizando partes diferentes del Administrador corporativo de SQL Server.

▶ **Para conceder acceso a base de datos con el Administrador corporativo de SQL Server**

Realice los siguientes pasos para los inicios de sesión de Carl y Cathy, que se crearon en el ejercicio, "Cómo agregar un inicio de sesión SQL Server utilizando el Administrador corporativo de SQL Server" en la Lección 1 de este capítulo.

1. En el Administrador corporativo de SQL Server, expanda su servidor.
2. Expanda Seguridad y después haga clic en Inicios de sesión.
3. En el panel de detalles, haga clic derecho en el inicio de sesión a modificar y después haga clic en Propiedades.
4. En la pestaña de Acceso a base de datos, active la casilla de verificación junto a StudyNwind.
5. Haga clic en Aceptar para cerrar el cuadro de diálogo de Propiedades de inicio de sesión SQL Server y asignar acceso a base de datos al inicio de sesión.

Realice los siguientes pasos para los inicios de sesión STUDYSQL\Paul y STUDYSQL\ Customer_mgmt creados en un ejercicio anterior.

1. En el Administrador corporativo de SQL Server, expanda su servidor.
2. Expanda Bases de datos y después expanda la base de datos StudyNwind.
3. Haga clic derecho en Usuarios y después haga clic en Nuevo usuario de base de datos.
4. Bajo Nombre de inicio de sesión, haga clic en el nombre del inicio de sesión.
5. Haga clic en Aceptar para cerrar el cuadro de diálogo Propiedades del usuario de base de datos – Nuevo usuario y asignar acceso a base de datos al inicio de sesión.

Cómo conceder acceso a base de datos con sp_grantdbaccess

La sintaxis para la instrucción sp_grantdbaccess es como se describe a continuación:

```
sp_grantdbaccess 'inicio de sesión' [,'nombre_en_bd']
```

El siguiente ejemplo utiliza la instrucción sp_grantdbaccess para conceder acceso a base de datos a los inicios de sesión Carl y Paul.

```
sp_grantdbaccess 'Carl'
sp_grantdbaccess 'STUDYSQL\Paul'
```

Importante: Para secuencia de comandos que proporcionen ejemplos de asignar los inicios de sesión del ejercicio anterior, ver C:\SqlAdmin\Ejercicio\Ch11\Sqllogin.sql and C:\Sqladmin\ Ejercicio\Ch11\Ntlogin.sql. Estas secuencias de comandos pueden ser revisadas y ejecutadas en el Analizador de consultas.

El parámetro de *inicio de sesión* es el nombre del inicio de sesión para la nueva cuenta en la base de datos. Puede ser usuario Windows NT, grupo Windows NT o inicio de sesión SQL Server.

El parámetro *nombre_en_bd* es un nombre opcional para la cuenta en la base de datos.

Sugerencia: Es posible utilizar el procedimiento almacenado de sistema sp_grantdbaccess para conceder acceso a un usuario o grupo Windows NT que no ha sido agregado como un inicio de sesión. Esto no es posible en el Administrador corporativo de SQL Server. El conceder acceso de esta manera, permite a un usuario conectarse a SQL Server utilizando una cuenta Windows NT y después de que se le conceda acceso a base de datos basándose en otra cuenta. Recuerde que cada usuario está representado por su propia cuenta de usuario Windows NT, así como por todas las cuentas de grupo Windows NT de las cuales sea miembro.

La siguiente tabla lista otros procedimientos almacenados de sistema que puede utilizar para administrar acceso a base de datos.

Procedimiento almacenado de sistema	Descripción
sp_revokedbaccess	Elimina una cuenta de seguridad de la base de datos actual.
sp_change_users_login	Cambia la relación entre un inicio de sesión SQL Server y un usuario SQL Server en la base de datos actual.

Cuentas de usuario predeterminadas

Cada base de datos dentro de SQL Server también tiene dos cuentas de usuario predeterminadas: dbo e invitado.

La cuenta del propietario de la base de datos (dbo)

La cuenta de inicio de sesión sa y miembros de la función de administrador del sistema (sysadmin) son asignadas a una cuenta especial de usuario dentro de todas las bases de datos denominada dbo. Cada objeto que genere un administrador de sistema pertenece automáticamente a dbo. El usuario dbo no puede ser eliminado.

La cuenta del usuario invitado

La cuenta de usuario invitado permite inicios de sesión sin acceso de cuenta de usuario a base de datos. Los inicios de sesión asumen la identidad de la cuenta de usuario invitado cuando se cumplen ambas de las siguientes condiciones:

- El inicio de sesión tiene acceso a SQL Server, pero no tiene acceso a base de datos a través de su propia cuenta de usuario.
- La base de datos contiene una cuenta de usuario invitado.

Los permisos pueden ser aplicados a la cuenta de usuario invitado como si fuese cualquier otra cuenta de usuario. Puede eliminar y agregar la cuenta de usuario invitado a cualquier base de datos, excepto las bases de datos master y tempdb. De manera predeterminada, la cuenta de usuario invitado no tiene ningún permiso, pero es miembro de la función pública. Por tanto, debería tener cuidado cuando asigne permisos a la función pública; elimine la cuenta de usuario invitado si es necesario.

Cómo asignar inicios de sesión a funciones

Las *funciones* proporcionan los medios de reunir usuarios en una única unidad a la cual se puedan aplicar permisos.

Nota: Las funciones reemplazan los conceptos de alias y grupos de SQL Server 6.5.

SQL Server proporciona funciones fijas predefinidas de servidor y base de datos para funciones administrativas comunes para que pueda conceder fácilmente una selección de permisos administrativos a un usuario en particular.

También puede generar sus propias funciones de base de datos para representar el trabajo que realiza una clase de empleados en su organización. A medida que los empleados rotan por ciertas posiciones, simplemente los agrega como miembros de la función; cuando roten fuera de las posiciones, elimínelos de la función. No tiene que conceder y revocar permisos repetidamente a medida que los empleados inicien o dejen varias posiciones. Si la función de la posición cambia, es fácil el cambiar los permisos para la función y hacer que los cambios se apliquen automáticamente a todos los miembros de la función.

Funciones fijas de servidor

Las funciones fijas de servidor proporcionadas por SQL Server se listan en la siguiente tabla.

Función fija de servidor	Descripción
Sysadmin	Puede realizar cualquier actividad en SQL Server.
Serveradmin	Puede configurar la configuración del servidor completo.
Setupadmin	Puede instalar duplicación y administrar procedimientos extendidos.
Securityadmin	Puede administrar inicios de sesión del servidor.
Processadmin	Puede administrar los procesos ejecutándose en SQL Server.
Dbcreator	Puede generar y modificar bases de datos.
Diskadmin	Puede administrar archivos de disco.

Los permisos de la función fija del servidor sysadmin abarcan todos las otras funciones fijas de servidor. La función sysadmin es el equivalente del inicio de sesión sa.

Las funciones fijas de servidor proporcionan grupos de privilegios administrativos a nivel de servidor. Se administran independientemente de la base de datos de usuario y se almacenan en la tabla del sistema master..syslogins. No es posible agregar nuevas funciones de servidor.

Cómo asignar una cuenta de inicio de sesión a una función de servidor fija

Puede utilizar el Administrador corporativo de SQL Server o el procedimiento almacenado de sistema sp_addsrvrolemember para agregar una cuenta de inicio de sesión como miembro de una función de servidor fija. Sólo los miembros de las funciones de servidor fijas pueden agregar una cuenta de inicio de sesión como miembro de una función de servidor fija.

▶ **Para utilizar el Administrador corporativo de SQL Server para asignar un inicio de sesión a una función de servidor fija**

1. Expanda su grupo de servidores, después expanda su servidor.
2. Expanda Seguridad y haga clic en Funciones de servidores.
3. En el panel de detalles, haga clic derecho en la función Administradores de seguridad y después haga clic en Propiedades.
4. En la pestaña General, haga clic en Agregar.
5. Haga clic en el inicio de sesión para agregar: STUDYSQL\Paul.
6. Haga clic en Aceptar dos veces para cerrar los cuadros de diálogo y asignar STUDYSQL\Paul a la función de servidor fija Administradores de seguridad.

Cómo utilizar sp_addsrvrolemember para asignar un inicio de sesión a una función de servidor fija

La sintaxis para la instrucción sp_addsrvrolemember es como se describe a continuación:

```
sp_addsrvrolemember 'inicio de sesión', 'función'
```

El siguiente ejemplo agrega el inicio de sesión Paul a la función securityadmin.

```
sp_addsrvrolemember 'STUDYSQL\Paul', 'securityadmin'
```

Nota: Para la secuencia de comandos que agrega un inicio de sesión a una función de servidor fija, vea C:\Sqladmin\Ejercicio\ Ch11\Ntlogin.sql. Puede revisar y ejecutar esta secuencia de comandos en el Analizador de consultas.

Cuando agrega un inicio de sesión a una función de servidor, la fila correspondiente para el inicio de sesión en la tabla syslogins se actualiza para indicar que el inicio de sesión es miembro de la función. Entonces el inicio de sesión tiene los permisos que están asociados con esa función.

Considere los siguientes hechos acerca de la asignación de cuentas e inicio de sesión a funciones de servidor fijas:

■ Las funciones de servidor fijas no pueden ser agregadas, modificadas o eliminadas.

- Cualquier miembro de una función de servidor fija puede agregar otras cuentas de inicio de sesión a la función.
- Puede agregar un usuario o grupo Windows NT a una función, aunque el usuario o grupo todavía no haya sido agregado como inicio de sesión. El usuario o grupo será agregado como inicio de sesión automáticamente cuando ejecute sp_addsrvrolemember.
- El procedimiento almacenado de sistema sp_addsrvrolemember no puede ser ejecutado dentro de una transacción definida por el usuario.

Utilice el procedimiento almacenado del sistema sp_dropsrvrolemember para eliminar un miembro de una función de servidor fija.

Funciones de bases de datos fijas

Las funciones de base de datos fijas proporcionadas por SQL Server están listadas en la siguiente tabla.

Función de base de datos fija	Descripción
db_owner	Puede realizar las actividades de todas las funciones de base de datos, así como otras actividades de mantenimiento y configuración.
db_accessadmin	Puede agregar o eliminar grupos Windows NT, usuarios Windows NT y usuarios SQL Server en la base de datos.
db_datareader	Puede ver cualquier dato de todas las tablas de usuarios en la base de datos.
db_datawriter	Puede agregar, modificar o eliminar datos de todas las tablas de usuario en la base de datos.
db_ddladmin	Puede agregar, modificar y eliminar objetos en la base de datos.
db_securityadmin	Puede administrar funciones y miembros de funciones de base de datos de SQL Server, y puede administrar instrucciones y permiso de objetos en la base de datos.
db_backupoperator	Puede realizar una copia de seguridad en la base de datos.
db_denydatareader	No puede ver ningún dato en la base de datos, pero puede realizar modificaciones de esquema.
db_denydatawriter	No puede cambiar ningún dato de la base de datos.

Los permisos de la función fija de base de datos db_owner abarcan todas las funciones de base de datos fijas.

Las funciones fijas de base de datos proporcionan agrupaciones de privilegios administrativos en la base de datos. Las funciones fijas de base de datos se almacenan en la tabla de sistema sysusers en cada base de datos.

La función pública

Una función de base de datos especial a la que pertenece todo usuario de base de datos, la función pública.

- Mantiene todos los permisos predeterminados para usuarios en la base de datos.
- No se le pueden asignar usuarios, grupos o funciones ya que los usuarios, grupos y funciones ya pertenecen a ella de manera predeterminada.
- Forma parte de todas las bases de datos, incluyendo master, msdb, tempdb, model y todas las bases de datos de usuario.
- No puede ser eliminada.

Sin que se le conceda un permiso especial, un usuario posee los permisos que son concedidos a la función pública y puede:

- Ejecutar instrucciones que no requieren permisos, como por ejemplo, la instrucción PRINT.
- Ver información de tabla de sistema y ejecutar ciertos procedimientos almacenados de sistema para recuperar información de la base de datos master y bases de datos de usuarios a las que tiene acceso.
- Obtener acceso a cualquier base de datos con una cuenta de invitado.

Nota   En las bases de datos pubs y Northwind, se le ha concedido a la función pública todos los permisos. La seguridad esta establecida de esta manera, sólo porque son bases de datos de muestra; nunca deberá conceder todos los permisos a la función pública en bases de datos de producción.

Cómo asignar una cuenta de seguridad a una función fija de base de datos

Utilice el Administrador corporativo de SQL Server o el procedimiento almacenado de sistema sp_addrolemember system stored procedure para agregar una cuenta de seguridad como miembro de una función de base de datos fija. Sólo los miembros de la función db_owner pueden ejecutar el procedimiento almacenado de sistema sp_addrolemember.

▶ **Para utilizar el Administrador corporativo de SQL Server para asignar cuentas de seguridad a una función fija de base de datos**

1. Expanda su grupo de servidores y después expanda su servidor.
2. Expanda Bases de datos y después expanda la base de datos StudyNwind.
3. Haga clic en Usuarios.
4. En el panel de detalles, haga clic derecho en Cathy y después haga clic en Propiedades.
5. Bajo Miembros de la función de base de datos, haga clic en db_datareader y db_datawriter. (Asegúrese de que las casillas de verificación al lado de las funciones están activadas.)
6. Haga clic en Aceptar para cerrar el cuadro de diálogo y agregar Cathy a las funciones fijas de base de datos db_datareader y db_datawriter.

7. En el árbol de consola, haga clic en Funciones.
8. En el panel de detalles, haga clic derecho en la función db_datareader y después haga clic en Propiedades.
9. Bajo Usuario, haga clic en Agregar.
10. Seleccione Carl para agregar.
11. Haga clic en Aceptar dos veces para cerrar todos los cuadros de diálogo y agregar Carl a la función fija de base de datos db_datareader.

Cómo utilizar sp_addrolemember para asignar cuentas de seguridad a una función de base de datos fija

La sintaxis para la instrucción sp_addrolemember se describe a continuación:

```
sp_addrolemember 'función', 'cuenta_de_seguridad'
```

El siguiente ejemplo agrega el usuario Carl a la función db_datareader.

```
sp_addrolemember 'Carl', 'db_datareader'
```

Nota: Para una secuencia de comandos que contenga ejemplos de agregar usuarios a funciones de base de datos finas, ver C:\Sqladmin\Ejercicio\Ch11\Sqllogin.sql. Puede revisar y ejecutar esta secuencia de comandos utilizando el Analizador de consultas.

Considere los siguientes hechos cuando asigne cuentas de seguridad a una función de base de datos fija:

■ Las funciones fijas de base de datos no pueden ser agregadas, modificadas o eliminadas.
■ Cualquier miembro de una función fija de base de datos puede agregar otras cuentas de inicio de sesión a esa función.

Utilice el procedimiento almacenado de sistema sp_droprolemember para eliminar una cuenta de seguridad de una función.

Funciones de base de datos definidas por el usuario

El crear una función de base de datos definida por el usuario le permite crear un grupo de usuarios con un conjunto de permisos comunes. Agregue una función definida por el usuario a la base de datos:

■ Cuando un grupo de personas necesita realizar un conjunto de actividades específicas en SQL Server y no exista ningún grupo Windows NT aplicable.
■ Si no tiene permiso para administrar cuentas de usuarios Windows NT.
■ Cuando esté utilizando el modo mixto de autenticación.

Por ejemplo, una compañía puede formar un nuevo comité de evento de Caridad que incluya empleados de diferentes departamentos a varios niveles distintos. Estos empleados necesitan acceso a una tabla de proyecto especial en la base de datos. No existe un grupo Windows NT que incluya sólo a estos empleados y no hay ninguna otra razón para crear uno en Windows NT. Podría crear una función definida por el usuario, CharityEvent, para este proyecto y después agregar cuentas de usuario Windows NT individuales a la función. Cuando se apliquen los permisos, las cuentas individuales de usuario en la función obtienen acceso a la tabla del proyecto.

Cómo crear una función de base de datos definida por el usuario

Utilice el Administrador corporativo de SQL Server o el procedimiento almacenado de sistema sp_addrole para crear una nueva función de base de datos. Se agrega una entrada a la tabla sysusers de la base de datos actual para cada función definida por el usuario. Sólo los miembros de las funciones db_securityadmin o db_owner pueden ejecutar sp_addrole.

Cómo utilizar sp_addrole para crear una función de base de datos definida por el usuario

La sintaxis para el procedimiento almacenado sp_addrole se describe a continuación:

```
sp_addrole 'función', 'propietario'
```

El siguiente ejemplo utiliza el procedimiento almacenado sp_addrole para crear la función Cust_mgmt.

```
sp_addrole 'Cust_mgmt'
```

El parámetro *owner* debe ser un usuario o una función y que de manera predeterminada revierta a dbo.

Considere los siguientes hechos y directrices cuando cree una función de base de datos:

- El procedimiento almacenado de sistema sp_addrole agrega una nueva función SQL Server a la base de datos actual.
- Cuando aplica permisos a la función, cada miembro de la función obtiene los efectos del permiso como si el permiso se aplicase directamente a la propia cuenta del miembro.

Cómo asignar una cuenta de seguridad a una función de base de datos definida por el usuario

Después de haber agregado una función, utilice el Administrador corporativo de SQL Server o el procedimiento almacenado de sistema sp_addrolemember para agregar usuarios o funciones como miembros de la función. Sólo los miembros de la función de base de datos fija db_owner o un propietario de función pueden ejecutar sp_addrolemember para agregar un miembro a una función de base de datos definida por el usuario.

▶ **Para utilizar el Administrador corporativo de SQL Server para crear una función de base de datos definida por el usuario y asignar una cuenta de seguridad a la función**

    1.   Expanda su grupo de servidores y después expanda su servidor.

2. Expanda Bases de datos y después expanda la base de datos StudyNwind.
3. Haga clic derecho en Funciones y después haga clic en Nueva función de base de datos.
4. Escriba el nombre de la nueva función: **Cust_mgmt**.
5. Haga clic en Agregar para agregar miembros a la función estándar.
6. Seleccione Carl y Cathy.
7. Haga clic en Aceptar dos veces para cerrar los cuadros de diálogo y agregar la nueva función definida por el usuario y sus miembros.

Cómo utilizar sp_addrolemember para asignar una cuenta de seguridad a una función de base de datos definida por el usuario

La sintaxis para el procedimiento almacenado sp_addrolemember se describe a continuación.

```
sp_addrolemember 'función', 'cuenta_de_seguridad'
```

El siguiente ejemplo utiliza sp_addrolemember para agregar Carl a la función Cust_mgmt.

```
sp_addrolemember 'Cust_mgmt', 'Carl'
```

Nota: Para una secuencia de comandos que tenga un ejemplo sobre agregar funciones de base de datos definidas por el usuario y asignar usuarios a la función, véase C:\Sqladmin\Ejercicio\Ch11\Sqllogin.sql. Puede ver y ejecutar esta secuencia de comandos utilizando el Analizador de consultas.

Considere los siguientes hechos cuando asigne cuentas de seguridad a una función de base de datos definida por el usuario:

- Cuando utilice el procedimiento almacenado de sistema sp_addrolemember para agregar una cuenta de seguridad a una función, cualquier permiso aplicado a la función se aplica al nuevo miembro.
- Puede agregar una función SQL Server como miembro de otra función SQL Server, pero no puede crear funciones recursivas. Por tanto, la función A no puede ser agregada como miembro de la función B si ésta ya es un miembro de la función A. Además, la función A no puede ser agregada como miembro de la función C si la función B ya es miembro de la función A y la función C ya es miembro de la función B.
- El anidar funciones varias veces puede disminuir el rendimiento del sistema.

La siguiente tabla lista procedimientos almacenados del sistema, adicionales, que puede utilizar par administrar funciones de base da datos.

Procedimiento almacenado del sistema	Descripción
sp_droprole	Elimina una función SQL Server de la base de datos actual.
sp_droprolemember	Elimina una cuenta de seguridad de una función SQL Server.

Ejercicio: Cómo probar las cuentas que ha generado

En este ejercicio probará las cuentas que ha creado para obtener un mejor entendimiento de cada uno de los diferentes tipos de inicio de sesión, usuario y función.

▶ **Para probar inicios de sesión, usuarios y funciones que ha generado y asignado**

1. Inicie el Analizador de consultas de SQL Server y utilizando la autenticación de SQL Server, conecte a Carl con la contraseña **password**.

   ¿A qué base de datos está conectado y por qué?

2. Ejecute una consulta para recuperar datos de la tabla Products. Por ejemplo,

   ```
   SELECT productname FROM Products
   ```

   ¿Ha recibido algún resultado? ¿Por qué o por qué no?

3. Ejecute una consulta para cambiar datos en la tabla Products. Por ejemplo:

   ```
   UPDATE Products
       SET productname = 'Tofu, unsalted'
       WHERE productname = 'Tofu'
   ```

   ¿Ha tenido éxito la actualización? ¿Por qué o por qué no?

4. Seleccione conectar del menú Archivo y abra una nueva conexión iniciando la sesión como Cathy. ¿Qué ocurre si realiza los pasos 2 y 3 habiendo iniciado la sesión como Cathy?

5. Cierre la sesión de Windows NT e inicielá la sesión otra vez como STUDYSQL\ Carl con la contraseña **password**.

6. Inicie el Analizador de consultas de SQL Server y conéctese con autenticación de Windows NT.

   Fíjese que no puede proporcionar un nombre de inicio de sesión o contraseña cuando se conecta a SQL Server con autenticación de Windows NT y que su nombre de usuario se muestra en la barra de titulo en la ventana de consulta.

   ¿Cómo se ha conectado Carl a la base de datos cuando su inicio de sesión Windows NT no estaba autorizado para utilizar SQL Server?

7. Cierre la sesión desde Windows NT e inicielá otra vez como STUDYSQL\Max con la contraseña **password**.

8. Inicie el Analizador de consultas de SQL Server y conéctese con autenticación de Windows NT.

   ¿Qué ha pasado y por qué?

Resumen de la lección

En esta lección ha aprendido que es necesario conceder acceso a un usuario a bases de datos basado en cuentas de usuario o funciones creados y administrados separadamente en cada base de datos relevante. Aunque puede crear una cuenta de usuario para un usuario individual, normalmente creará cuentas de usuario para grupos Windows NT, concediendo a todos los miembros del grupo acceso a la base de datos.

Un usuario conectado a SQL Server utilizando un inicio de sesión autenticado de Windows NT es representado por su propia cuenta de usuario Windows NT y por las cuentas de todos los grupos Windows NT de las que sea miembro. Esto significa que el usuario puede obtener acceso a una base de datos si se ha concedido acceso a base de datos a cualquiera de estas cuentas.

Un usuario conectado a SQL Server utilizando un inicio de sesión autenticado SQL Server es representado únicamente por el inicio de sesión SQL Server. Esto significa que el usuario puede obtener acceso a una base de datos sólo si se ha concedido acceso a base de datos a este inicio de sesión.

Revisión

Las siguientes preguntas tienen la intención de reforzar información clave presentada en este capitulo. Si no puede contestar una pregunta, revise la lección apropiada e intente responder la pregunta otra vez. Las respuestas a las preguntas se pueden encontrar en el Apéndice A, "Preguntas y respuestas".

1. ¿Qué pueden hacer los usuarios después de que han sido autenticados si sus inicios de sesión no tienen permiso en ninguna base de datos?

2. ¿Qué tipo de modo de autenticación implementaría en un entorno que contenga usuarios que se conectan desde UNIX y Windows NT? ¿Por qué?

Permisos y plan de seguridad

Acerca de este capítulo

Los inicios de sesión conceden acceso a SQL Server. Los usuarios y funciones conceden acceso a una base de datos. Esto es lo mismo que utilizar tarjeta dinero y PIN para obtener acceso a un ATM. Antes de que pueda retirar efectivo de su cuenta, el banco comprobará que tiene fondos suficientes y que no está intentando retirar más del limite diario. De la misma manera, cada vez que intente ejecutar una instrucción o utilizar un objeto en la base de datos, SQL Server comprobará que tiene permiso para realizar estas operaciones.

Los permisos son concedidos o revocados a los usuarios y funciones en una base de datos. Es importante planear los permisos que concede a cada usuario o función. Recuerde que un usuario de una base de datos puede ser un usuario individual de un grupo Microsoft Windows NT. Cada base de datos tiene su sistema de permisos independiente. Este capítulo cubre los permisos y cómo utilizarlos para asegurar su base de datos.

Antes de empezar

Para completar las lecciones en este capítulo debe tener:

- Experiencia en la utilización del Administrador corporativo de SQL Server y el Analizador de consultas de SQL Server.
- Conocimiento de las cuentas de usuario, grupos, Administrador de usuarios para dominios de Windows NT y archivos .CMD (o .BAT) de Windows NT. Este capítulo hace

referencia al Administrador de usuarios para dominios de Windows NT, aunque su ordenador basado en Windows NT puede mostrar Windows NT User Manager. Ambas utilidades funcionan igualmente para el propósito de este capítulo.

También debe haber hecho lo siguiente:

- Haber instalado los archivos de Ejercicios del CD-ROM de materiales adicionales del curso a su unidad de disco duro. Véase la sección "Antes de empezar" en "Acerca de este libro" para las instrucciones de instalación.
- Configurado su ordenador basado en Windows NT para permitir que el grupo Everyone inicie una sesión localmente. Esto le permite iniciar sesión como varios usuarios y probar distintas configuraciones de seguridad en los ejercicios.
- Tener instalado la versión 7 de SQL Server. Véase el Capítulo 2, "Instalación," para las instrucciones de instalación.

Importante: Los ejercicios en este capítulo asumen que está trabajando en un servidor Windows NT Server configurado como controlador de dominio, aunque puede completar estos ejercicios utilizando SQL Server instalado bajo una estación de trabajo Windows NT o en un servidor Windows NT Server independiente. No puede completar todos los ejercicios para este capítulo en SQL Server instalado bajo Microsoft Windows 95 o Windows 98.

- Haber creado los usuarios y los grupos listados en la sección "Antes de empezar" del Capítulo 11 "Inicios de sesión, cuentas y funciones de usuario" en su dominio de Windows NT. Si no ha hecho esto en el Capítulo 11, puede crearlos utilizando el Administrador de usuarios para dominios de Windows NT, o puede ejecutar el archivo por lotes makeusrs.cmd ubicado en la carpeta C:\Sqladmin\Exercise\Setup
- Haber instalado la base de datos StudyNwind. Véase la sección "Empezando" en "Acerca de este libro" para las instrucciones de instalación de la base de datos Study-Nwind.
- Haber completado los ejercicios en el Capítulo 11 para configurar los usuarios y funciones necesarias en los ejercicios de este capítulo. Si no ha hecho esto, ejecute el archivo por lotes Ch12.cmd en la carpeta C:\Sqladmin\Exercise\Setup.

Lección 1: Tipos de permisos

Para permitir que un usuario acceda o cree objetos en SQL Server, se le debe conceder permisos a ese usuario en el objeto. A los usuarios de alto nivel se les puede conceder permisos que les permitan desarrollar objetos en la base de datos. También se les puede conceder permisos los usuarios que les permita acceder a objetos, como la habilidad de seleccionar de una tabla. Esta lección argumenta los tipos de permisos en SQL Server.

Después de esta lección podrá:

■ Describir los tres tipos diferentes de permisos en SQL Server.

Tiempo estimado de la lección: 15 minutos

Los tres tipos de permisos

Hay tres tipos de permisos en SQL Server: instrucción, objeto e implícito. La siguiente tabla resume los permisos de SQL Server, agrupándolos por tipo, e indica a qué base de datos u objeto se aplica el permiso.

Tipo de permiso	Permiso	Se aplica a
Instrucción	CREATE DATABASE	La base de datos master.
	CREATE DEFAULT	Todas las bases de datos.
	CREATE PROCEDURE	Todas las bases de datos.
	CREATE RULE	Todas las bases de datos.
	CREATE TABLE	Todas las bases de datos.
	CREATE VIEW	Todas las bases de datos.
	BACKUP DATABASE	Todas las bases de datos.
	BACKUP LOG	Todas las bases de datos.
Objeto	SELECT	Tablas, vistas y columnas.
	INSERT	Tablas y vistas.
	DELETE	Tablas y vistas.
	UPDATE	Tablas, vistas y columnas.
	REFERENCES (DRI en el Administrador corporativo de SQL Server)	Tablas y columnas.
	EXECUTE	Procedimientos almacenados.
Implícito	Función fija	Depende de la función.
	Propietario de objeto	El propietario del objeto.

Permisos de la instrucción

Las actividades que involucran la generación de una base de datos o elementos en una base de datos requieren una clase de permisos denominados permisos de la instrucción. Estos permisos conceden a los usuarios el privilegio de emitir ciertas instrucciones Transact-SQL. Los permisos de la instrucción, como CREATE DATABASE, son aplicados a la propia instrucción, en lugar de a un elemento especifico que está definido en una base de datos. Sólo los miembros de las funciones sysadmin, db_owner, o db_securityadmin pueden conceder permisos de la instrucción.

Permisos de los objetos

Las actividades que involucran trabajar con datos o la ejecución de procedimientos requieren un tipo de permisos denominados permisos de los objetos.

Permisos de tablas y vistas

Los permisos de los objetos para vistas y tablas controlan la capacidad de los usuarios de obtener acceso utilizando las instrucciones SELECT, INSERT, UPDATE y DELETE en la tabla o vista. Los permisos de los objetos, por tanto, se denominan SELECT, INSERT, UPDATE y DELETE.

El utilizar una cláusula WHERE en una instrucción UPDATE requiere los permisos SELECT y UPDATE.

El permiso REFERENCES

Otro permiso de los objetos denominado REFERENCES se aplica a las tablas. Cuando un usuario agrega filas a una tabla o cambia datos en una tabla con una restricción FOREIGN KEY, SQL Server debe validar los datos en la tabla que es referenciada en la restricción FOREIGN KEY. Si el usuario no tiene permiso SELECT en la tabla referenciada, el permiso REFERENCES para la tabla debe ser concedido al usuario.

En el Administrador corporativo de SQL Server, el permiso REFERENCES se refiere como DRI (Integridad referencial declarada).

Permisos de columnas

Los permisos SELECT, UPDATE y REFERENCES pueden ser aplicados selectivamente a columnas individuales. Esto significa que en lugar de conceder a un usuario o función acceso a una tabla entera, puede conceder acceso a ciertas columnas de la tabla. Para trabajar con permisos de columnas, debe utilizar Transact-SQL. El Administrador corporativo de SQL Server no le permite conceder, revocar o denegar permisos de columna.

Sugerencia: Se recomienda que utilice vistas en lugar de permisos de columna. Las vistas son más fáciles de administrar y ofrecen un mejor rendimiento que la utilización de permisos de columnas.

Permisos de procedimiento almacenado

El permiso EXECUTE es el único permiso de objeto para un procedimiento almacenado. Este permiso permite a un usuario ejecutar el procedimiento almacenado.

Permisos implícitos

Los miembros de funciones fijas y propietarios de objetos de base de datos pueden realizar ciertas actividades además de aquéllas gobernadas por instrucciones normales y permisos de objetos. Los permisos para realizar estas actividades se denominan permisos implicados, predefinidos o implícitos.

Permisos de función fija

Las funciones fijas tienen permisos administrativos implicados. Por ejemplo, un usuario que sea agregado como miembro de la función sysadmin hereda automáticamente permiso completo para hacer o leer cualquier cosa en una instalación de SQL Server. La función sysadmin tiene permisos que no pueden ser modificados, así como permisos implicados a otras cuentas de usuario, como la habilidad de configurar una instalación de SQL Server.

Permisos de propietario de objeto

Los propietarios de objetos también tienen permisos implicados que les permiten realizar todas las actividades en los objetos de los que son propietarios. Por ejemplo, un usuario que es propietario de una tabla, o un miembro de un grupo que está designado como propietario de la tabla, puede realizar cualquier actividad que esté relacionada con la tabla. El usuario puede ver, agregar o eliminar datos, modificar la definición de la tabla y controlar los permisos que permiten a otros usuarios trabajar con la tabla.

Sugerencia: Normalmente no es una buena idea el conceder a las cuentas de usuario individual la habilidad para crear objetos. Agrega un nivel de complejidad a su modelo de seguridad que es difícil de administrar. Una mejor idea es utilizar los permisos implicados de funciones como as db_owner y sysadmin para que todos los objetos sean propiedad de la misma función.

Resumen de la lección

Los permisos de la instrucción son permisos para realizar actividades que involucran generar una base de datos o elementos en una base de datos. Los permisos de los objetos son permisos para realizar actividades que involucran el trabajar con datos o ejecutar procedimientos. Los miembros de funciones fijas y propietarios de objetos de base de datos pueden realizar ciertas actividades además de aquéllas gobernadas por los permisos normales de la instrucción y los objetos. Los permisos para realizar estas actividades se denominan implicados, predefinidos o implícitos.

Lección 2: Cómo asignar permisos a usuarios y funciones

Esta lección explora cómo conceder y denegar permisos a usuarios y funciones, así como revocar permisos. Explorarará cómo interactúan los unos con los otros, los permisos de función y usuario y cómo el asignarlos a más de una función puede afectar a los permisos de un usuario.

Después de esta lección podrá:

- Conceder permisos a usuarios y funciones.
- Denegar permisos a usuarios y funciones.
- Revocar permisos de usuarios y funciones.

Tiempo estimado de la lección: 75 minutos

Estado de permisos

Los permisos para un usuario o función pueden encontrarse en uno de estos tres estados: concedido, denegado o revocado. Los permisos se almacenan como entradas en la tabla de sistema sysprotects. Si se concede o deniega un permiso, se registra una entrada en la tabla sysprotects. Si un permiso no se ha concedido o denegado, o si se ha revocado después de haber sido concedido o denegado, no hay entrada para ese permiso en la tabla de sistema sysprotects. Tenga en cuenta que un permiso se encuentra en el estado de revocado si nunca ha sido concedido o denegado; no tiene que ser revocado con la instrucción REVOKE. La siguiente tabla resume los tres estados de los permisos.

Estado de permiso	Estado de entrada en la tabla sysprotects	Efecto
GRANT	Positiva	Puede realizar acción, puede ser suplantado por la función de miembro.
DENY	Negativa	No puede realizar acción, no puede ser suplantado por la función de miembro.
REVOKE	Ninguno	No puede realizar acción, puede ser suplantado por la función de miembro.

Los permisos concedidos son acumulativos: los usuarios pueden realizar todas las acciones que se les han concedido individualmente o como resultado de pertenecer a un grupo Windows NT, así como todas las acciones concedidas a cualquier función a la que pertenezcan. Las jerarquías de función significan que los usuarios pueden obtener permisos indirectamente al ser miembros de una función que a su vez es miembro de otra función a la que se han concedido permisos.

La instrucción DENY evita que los usuarios realicen acciones. Suplanta un permiso, bien si el permiso ha sido concedido a un usuario directamente o a una función a la que pertenece el usuario.

Los usuarios tienen permiso para realizar una acción sólo si lo siguiente es verdad:

■ Les ha sido concedido el permiso directamente o forman parte de una función a la que se le ha concedido permiso directa o indirectamente.

■ El permiso no se le ha denegado directamente al usuario o a cualquier función de la que es miembro el usuario.

La Figura 12.1 muestra un ejemplo de un usuario que es miembro de un grupo Windows NT (grupo NT A) y una función de base de datos (función C). El grupo NT A es miembro de la función A y la función C es miembro de la función B. La figura muestra cómo acumula permisos el usuario directamente del grupo NT A y de la función C e indirectamente, de las funciones A y B. Fíjese que el permiso DELETE está revocado para la función C, pero esto no evita que los miembros de la función C obtengan el permiso DELETE de la función B.

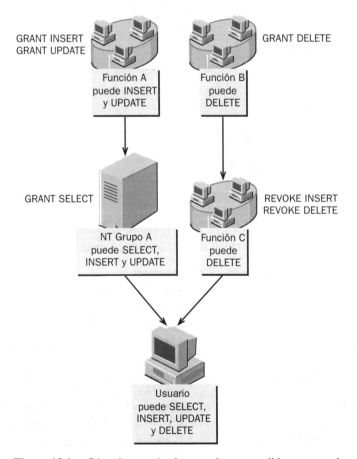

Figura 12.1. Cómo interactúan los permisos concedidos y revocados.

La Figura 12.2 muestra las mismas funciones, grupo NT y usuario que la Figura 12.1. Fíjese que el permiso DELETE es denegado a la función C; esto evita que los miembros de la función C obtengan el permiso de la función B.

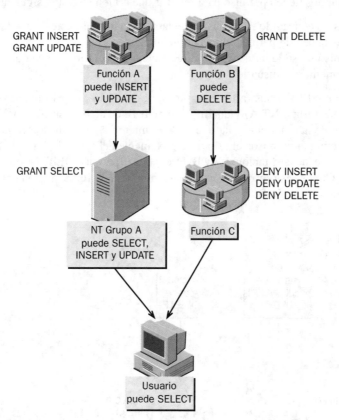

Figura 12.2. Cómo interactúan los permisos concedidos y denegados.

Cada una de las siguientes tablas muestra un ejemplo más de los permisos acumulados.

Cuenta	Permiso asignado	Resultado
Función A	GRANT SELECT	Los miembros de la función A tienen permiso SELECT.
Función B, miembro de la función A	GRANT INSERT	Los miembros de la función B tienen permiso SELECT (ya que la función B es miembro de la función A) y permiso INSERT.
Usuario A, miembro de la función B	DENY INSERT	El usuario A tiene permiso SELECT ya que es miembro de la función A. El usuario A no tiene permiso INSERT ya que INSERT ha sido denegado a este usuario.
Función A	DENY SELECT	Los miembros de la función A no tienen permiso SELECT.

(continúa)

Cuenta	Permiso asignado	Resultado	*(continuación)*
Función B, miembro de la función A	GRANT SELECT	Los miembros de la función B no tienen permiso SELECT, ya que la función B es miembro de la función A, la cual deniega el permiso SELECT.	
Usuario A miembro de la función B	GRANT INSERT	El usuario A sólo tiene permiso SELECT.	
Función A	GRANT SELECT	Los miembros de la función A tienen permiso SELECT.	
Función B, miembro de la función A todavía	REVOKE SELECT	Los miembros de la función B tienen permiso SELECT ya que lo obtienen de la función A.	
Usuario A, miembro de la función B	GRANT INSERT	El usuario A tiene permiso SELECT (ya que el usuario es miembro de la función B) y permiso INSERT.	

Cómo conceder permisos

Le concede permisos a las cuentas de seguridad para permitirles realizar actividades o trabajar con datos en una base de datos.

Considere los siguientes hechos cuando conceda permisos:

- Sólo puede conceder permisos en la base de datos actual.
- El derecho de conceder permisos es predeterminado de las funciones sysadmin, db_owner y db_securityadmin y a los propietarios de objetos.
- El permiso de la instrucción CREATE DATABASE sólo se puede conceder a usuarios y funciones en la base de datos master. Esto es porque se agregan registros a las tablas de sistema en la base de datos master cuando crea una nueva base de datos.

Utilice el Administrador corporativo de SQL Server o la instrucción GRANT para conceder permisos. La sintaxis para la instrucción GRANT para el permiso de la instrucción se describe a continuación:

```
GRANT {ALL | instrucción [,…n]}
TO cuenta_de_seguridad[,…n]
```

La sintaxis para la instrucción GRANT para los permisos de los objetos se describe a continuación:

```
GRANT {ALL [PRIVILEGES] | permiso[,…n]}
    {
        [(columna[,…n])] ON {tabla | ver}
        | ON {tabla | ver}[(columna[,…n])]
        | ON {procedimiento_almacenado | procedimiento_extendido}
```

```
    }
TO cuenta_de_seguridad[,…n]
[WITH GRANT OPTION]
[AS {grupo | función}]
```

Cuando se utiliza para asignar permisos de la instrucción, el argumento ALL especifica que se han concedido todos los permisos de las instrucciones. Cuando se utiliza para asignar los permisos de los objetos, el argumento ALL especifica que todos los permisos a los objetos que se aplican al objeto específico son concedidos. Sólo el administrador de sistema y el propietario de la base de datos puede utilizar el argumento ALL.

Nota: Los nombres de usuarios Windows NT deben estar entre corchetes cuando se les hace referencia en una instrucción, por ejemplo, [STUDYSQL\Paul].

Ejemplo 1

En este ejemplo, los permisos SELECT se conceden a la función orders y se le conceden permisos adicionales a unos cuantos usuarios. Estos usuarios (Eva, Iván y David) tienen todos los permisos en la tabla Products, ya que también son miembros de la función orders. (No intente realizar estos ejemplos en su SQL Server. Realizará ejercicios prácticos utilizando funciones más adelante en este capítulo.)

```
USE Northwind
GRANT SELECT
ON Products
TO orders
GO


GRANT INSERT, UPDATE, DELETE
ON Products
TO Eva, Ivan, David
GO
```

La Figura 12.3 muestra el cuadro de diálogo Propiedades de objeto después de que se han asignado los permisos de este ejemplo.

Ejemplo 2

Este ejemplo demuestra cómo conceder permisos CREATE DATABASE.

```
USE master
GRANT CREATE DATABASE
TO Eva, Ivan, [STUDYSQL\Paul]
```

La Figura 12.4 muestra la pestaña Permisos en el cuadro de diálogo Propiedades Master después de que se ha asignado el permiso de este ejemplo.

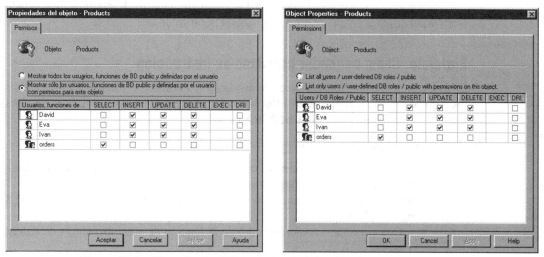

Figura 12.3. El cuadro de diálogo de Propiedades de objeto de la tabla Products después de que se han concedido los permisos.

Ejemplo 3

Este ejemplo demuestra cómo conceder permisos CREATE TABLE.

```
USE Northwind
GRANT CREATE TABLE
TO Eva, Ivan, [STUDYSQL\Paul]
```

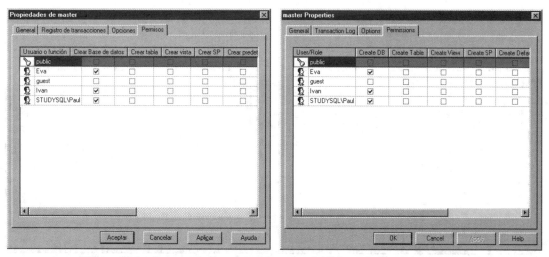

Figura 12.4. La pestaña Permisos del cuadro de diálogo de Propiedades Master después de que se ha concedido el permiso CREATE DATABASE.

La Figura 12.5 muestra la pestaña Permisos del cuadro de diálogo Propiedades Northwind después de que se haya asignado el permiso de este ejemplo.

Ejercicio: Cómo conceder permisos de instrucción

En este ejercicio concederá permisos de instrucción. Permitirá al usuario Cathy crear vistas y procedimientos almacenados. Encontrará la secuencia de comandos para este ejercicio en C:\Sqladmin\Ejercicio\Ch12\StGrant.sql.

► **Para conceder permisos de instrucción**

1. Inicie una sesión Windows NT como administrador u otra cuenta que sea miembro del grupo local de administradores.
2. Inicie el Analizador de consultas de SQL Server y conéctese con autenticación de Microsoft Windows NT.

   Está conectado como miembro de la función de administradores de sistema (sysadmin).
3. Ejecute las siguientes instrucciones para permitir a Cathy crear vistas y procedimientos almacenados.

```
USE StudyNwind
GRANT CREATE VIEW, CREATE PROCEDURE
TO Cathy
```

4. Desde el Administrador corporativo de SQL Server, compruebe los permisos concedidos a Cathy. También puede ver estos permisos haciendo clic derecho en la base de datos StudyNwind y seleccionando Propiedades. En el cuadro de diálogo Propiedades, seleccione la pestaña Permisos.

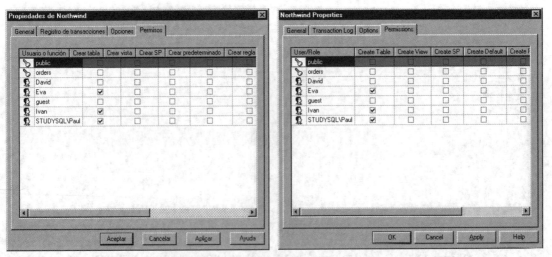

Figura 12.5. La pestaña Permisos del cuadro de diálogo Propiedades Northwind después de que se ha concedido el permiso CREATE TABLE.

Ejercicio: Probando los permisos de instrucción

En este ejercicio probará los permisos de la instrucción asignados a Cathy en el ejercicio anterior. Encontrará la secuencia de comandos para este ejercicio en C:\Sqladmin\Ejercicio\Ch12\TestStat.sql.

▶ **Para probar los permisos de instrucción**

1. Abra una nueva ventana de consulta y conéctese con autenticación de SQL Server como Cathy con la contraseña **password**.

2. Ejecute la siguiente instrucción SQL para crear una vista:

```
USE StudyNwind
GO
CREATE VIEW test_view as
SELECT firstname, lastname
FROM Employees
```

   ¿Ha podido crear la vista?

3. Ejecute la instrucción CREATE TABLE:

```
USE StudyNwind
CREATE TABLE testtable
(column1 INT NOT NULL,
column2 CHAR(10) NOT NULL)
```

   ¿Se ha ejecutado la instrucción con éxito? ¿Por qué o por qué no?

Ejercicio: Cómo conceder permisos de objeto

En este ejercicio concederá permisos de los objetos. Utilice la información en la siguiente tabla para completar este ejercicio. Encontrará la secuencia de comandos para este ejercicio en C:\Sqladmin\Ejercicio\Ch12\ObjGrant.sql.

Función	Objeto	Permiso a asignar
Pública	Tabla categories	GRANT ALL
Pública	Tabla products	GRANT ALL

▶ **Para conceder permisos de objeto**

1. Cambie al Analizador de consultas de SQL Server y cierre todas las ventanas de consulta.

2. Abra una ventana de consulta nueva y conéctese con autenticación de Windows NT.
   Está conectado como miembro de la función de administradores de sistema (sysadmin).

3. Ejecute la siguiente instrucción Transact-SQL para implementar los permisos listados en la tabla anterior:

```
USE StudyNwind
GRANT ALL ON Categories TO public
GRANT ALL ON Products TO public
```

4. Compruebe los permisos que han sido concedidos en el Administrador corporativo de SQL Server. Para ver estos permisos, haga clic derecho en la tabla Categories o Products en Administrador corporativo y seleccione Propiedades. En el cuadro de diálogo Propiedades, haga clic en el botón de Permisos.

Ejercicio: Cómo probar los permisos de objeto

En este ejercicio iniciará una sesión como usuarios diferentes para probar los permisos de usuarios y funciones. Encontrará una secuencia de comandos para este ejercicio en C:\Sqladmin\Ejercicio\Ch12\ TestObj.sql.

► **Para probar los permisos de objeto**

1. Cambie al Analizador de consultas de SQL Server y cierre todas las ventanas de consulta.
2. Abra una nueva ventana de consulta, utilizando autenticación de SQL Server, conecte a Carl con la contraseña **password**.

    Recuerde que Carl es un miembro de las funciones Cust_Mgmt y db_datareader.
3. Ejecute cada una de las siguientes instrucciones Transact-SQL para probar los permisos de Carl:

```
USE StudyNwind
SELECT * FROM Customers
SELECT * FROM Categories
SELECT * FROM Products
SELECT * FROM Orders
```

    ¿Qué tablas puede consultar Carl? ¿Qué tablas no puede consultar? ¿Por qué?
4. Abra una nueva ventana de consulta y utilizando la autenticación de SQL Server conéctese como Umberto con la contraseña **password**.
5. Ejecute cada una de las instrucciones Transact-SQL para probar los permisos para Umberto:

```
USE StudyNwind
SELECT * FROM Customers
SELECT * FROM Categories
SELECT * FROM Products
SELECT * FROM Orders
```

    ¿Qué tablas puede consultar Umberto? ¿Qué tablas no puede consultar? ¿Por qué?

Cómo denegar permisos

Ocasionalmente puede querer limitar los permisos de un cierto usuario o grupo denegando los permisos a esas cuenta de seguridad. El denegar permisos a una cuenta de seguridad realiza lo siguiente:

- Niega los permisos que se habían concedido anteriormente a usuario o función.
- Desactiva los permisos que son heredados de otra función.
- Se asegura de que el usuario o función no hereda permisos de ninguna otra función en el futuro.

Considere los siguientes hechos cuando deniegue permisos:

- Sólo puede denegar permisos en la base de datos actual.
- El permiso para denegar permisos es predeterminado de las funciones the sysadmin, db_owner y db_securityadmin y a los propietarios de objetos.

Utilice el Administrador corporativo de SQL Server o la instrucción DENY para denegar permisos. La sintaxis para la instrucción DENY de permisos de la instrucción se describe a continuación:

```
DENY {ALL | instrucción[,…n]}
TO cuenta_de_seguridad[,…n]
```

La sintaxis para la instrucción DENY para permisos de los objetos se describe a continuación:

```
DENY {ALL [PRIVILEGES] | permiso[,…n]}
    {
        [(columna[,…n])] ON { tabla | ver}
        | ON {tabla | ver} [( columna[,…n])]
        | {procedimiento | procedimiento_extendido}
    }
TO cuenta_de_seguridad
```

Ejemplo 4

En este ejemplo se conceden permisos SELECT a la función orders. Los permisos SELECT, INSERT y UPDATE se deniegan a unos cuantos usuarios que son miembros de la función. Estos usuarios (Eva, Iván y David) no pueden tener estas formas de acceso a la tabla Products, aunque el permiso SELECT se ha concedido a la función orders.

```
USE Northwind
GO

GRANT SELECT
ON Products
TO orders
GO

DENY SELECT, INSERT, UPDATE
ON Products
TO Eva, Ivan, David
```

La Figura 12.6 muestra el cuadro de diálogo de Propiedades de la tabla Products después de que se han asignado los permisos de esta tabla ejemplo.

Ejemplo 5

Este ejemplo deniega a los usuarios Eva, Iván y STUDYSQL\Paul la habilidad de generar bases de datos.

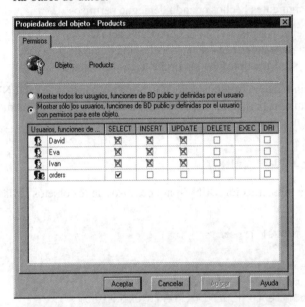

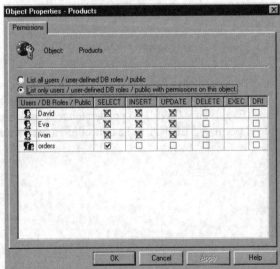

Figura 12.6. El cuadro de diálogo Propiedades de objeto de la tabla Products después de que se han denegado los permisos.

```
USE master
DENY CREATE DATABASE
TO Eva, Ivan, [STUDYSQL\Paul]
```

La Figura 12.7 muestra la pestaña Permisos del cuadro de diálogo Propiedades Master después de que el permiso de este ejemplo ha sido asignado.

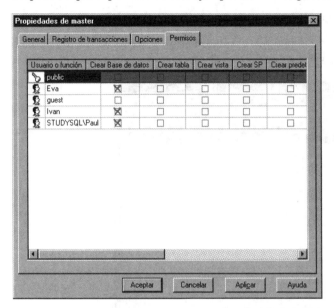

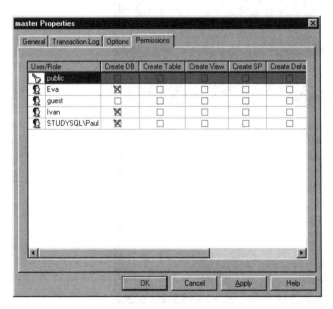

Figura 12.7.   La pestaña Permisos del cuadro de diálogo Propiedades Master después de que se ha denegado el permiso CREATE DATABASE.

Ejemplo 6

Este ejemplo deniega a los usuarios Eva, Iván y STUDYSQL\Paul la habilidad para generar tablas.

```
USE Northwind
DENY CREATE TABLE
TO Eva, Ivan, [STUDYSQL\Paul]
```

La Figura 12.8 muestra la pestaña Permisos shows del cuadro de diálogo Propiedades Northwind después de que el permiso en este ejemplo ha sido asignado.

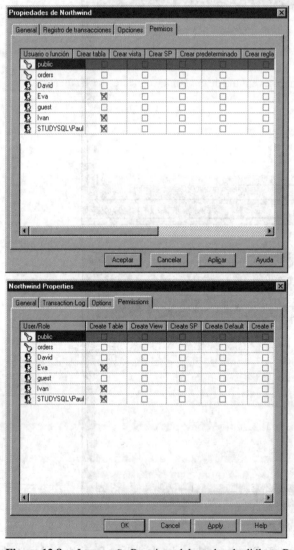

Figura 12.8.   La pestaña Permisos del cuadro de diálogo Propiedades Northwind después de que se ha denegado el permiso CREATE TABLE.

Ejercicio: Cómo denegar permisos de objeto

En este ejercicio denegará permisos de los objetos. Utilice la información en la siguiente tabla para completar este ejercicio. Encontrará la secuencia de comandos para este ejercicio en C:\Sqladmin\Ejercicio\Ch12\ObjDeny.sql.

Función	Objeto	Permiso a asignar
Cust_Mgmt	Tabla Customers	DENY ALL.
Pública	Tabla Categories	DENY ALL.

▶ **Para denegar permisos de objeto**

1. Cambie al Analizador de consultas de SQL Server y cierre todas las ventanas de consulta.
2. Abra una nueva ventana de consulta y conéctese con autenticación de Windows NT.
   Está conectado como miembro de la función de administradores de sistema (sysadmin).
3. Ejecute las siguientes instrucciones Transact-SQL para implementar los permisos listados en la tabla anterior:

```
USE StudyNwind
DENY ALL ON Customers TO Cust_Mgmt
DENY ALL ON Categories TO public
```

4. Compruebe los permisos que han sido concedidos en el Administrador corporativo de SQL Server. Para ver estos permisos, haga clic derecho en la tabla Customers o Categories en Administrador corporativo y seleccione Propiedades. En el cuadro de diálogo de Propiedades, haga clic en el botón de Permisos.

Ejercicio: Cómo probar los permisos de objeto

En este ejercicio iniciará sesiones como usuarios diferentes para probar los permisos de usuarios y funciones. Encontrará la secuencia de comandos para este ejercicio en C:\Sqladmin\Ejercicio\Ch12\ TestObj.sql.

▶ **Para probar los permisos de objeto**

1. Cambie al Analizador de consultas de SQL Server y cierre todas las ventanas de consulta.
2. Abra una nueva ventana de consulta y utilizando autenticación de SQL Server conéctese como Carl con la contraseña **password**.
   Recuerde que Carl es miembro de las funciones Cust_Mgmt y db_datareader.
3. Ejecute cada una de las siguientes instrucciones Transact-SQL para probar los permisos para Carl:

```
USE StudyNwind
SELECT * FROM Customers
```

```
SELECT * FROM Categories
SELECT * FROM Products
SELECT * FROM Orders
```

¿Qué tablas puede consultar Carl? ¿Qué tablas no puede consultar? ¿Por qué?

4. Abra una nueva ventana de consulta y utilizando la autenticación de SQL Server conéctese como Umberto con la contraseña **password**.

5. Ejecute cada una de las siguientes instrucciones Transact-SQL para probar los permisos para Umberto:

```
USE StudyNwind
SELECT * FROM Customers
SELECT * FROM Categories
SELECT * FROM Products
SELECT * FROM Orders
```

¿Qué tablas puede consultar Umberto? ¿Qué tablas no puede consultar? ¿Por qué?

Cómo revocar y denegar permisos concedidos

Puede desactivar un permiso concedido o denegado revocándolo. El revocar es parecido a denegar un permiso, ya que las dos acciones eliminan un permiso concedido. La diferencia es que mientras el revocar un permiso elimina un permiso concedido, no evita que el usuario o función herede dicho permiso en el futuro.

También puede eliminar un permiso denegado anteriormente revocando la instrucción DENY para ese permiso.

Considere los siguientes hechos cuando revoque permisos:

- Sólo puede revocar permisos en la base de datos actual.
- El revocar permisos elimina las entradas en la tabla de sistema sysprotects que fueron creados concediendo o denegando un permiso.
- El permiso para revocar permisos es predeterminado de los miembros de las funciones sysadmin, db_owner y db_securityadmin y del propietario de objetos.

Puede utilizar el Administrador corporativo de SQL Server o la instrucción REVOKE para eliminar un permiso concedido o denegado anteriormente.

La sintaxis para la instrucción REVOKE para permisos de la instrucción se describe a continuación:

```
REVOKE {ALL | instrucción[,...n]}
FROM cuenta_de_seguridad[,...n]
```

La sintaxis para la instrucción REVOKE para permisos de los objetos se describe a continuación:

```
REVOKE [GRANT OPTION FOR]
{ALL [PRIVILEGES] | permiso[,...n]}
  {
```

```
        {[(columna[,…n])] ON {tabla | ver}
        | {procedimiento | extended_procedimiento}
    }
FROM cuenta_de_seguridad[,…n]
[AS {grupo | función}]
```

Ejemplo 7

Este ejemplo elimina varios permisos de la instrucción de varios usuarios.

```
USE Northwind
REVOKE SELECT, INSERT, UPDATE
ON Products
FROM Eva, Ivan
```

La Figura 12.9 muestra el cuadro de diálogo Propiedades de objeto de la tabla Products después de que se hayan asignado los permisos de este ejemplo.

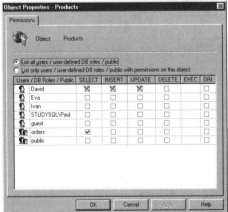

Figura 12.9.   El cuadro de diálogo Propiedades de objeto de la tabla Products después de que se han revocado los permisos.

Ejemplo 8

Este ejemplo revoca los permisos CREATE TABLE concedidos a la usuaria Eva. Elimina los permisos que permitían a Eva generar una tabla a través de su cuenta de usuario; sin embargo, todavía puede generar tablas si se han concedido permisos CREATE TABLE a cualquier función de la que es miembro.

```
USE Northwind
REVOKE CREATE TABLE FROM Eva
```

La Figura 12.10 muestra la pestaña Permisos del cuadro de diálogo Propiedades Northwind después de que el permiso en este ejemplo ha sido asignado.

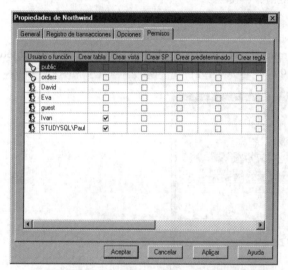

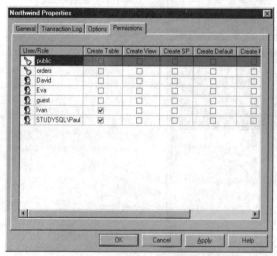

Figura 12.10. La pestaña Permisos del cuadro de diálogo Propiedades Northwind después de que se ha revocado el permiso CREATE TABLE.

Cuándo una revocación no es una revocación

Ya que una revocación elimina permisos concedidos o denegados con anterioridad, el resultado de una revocación puede ser que una cuenta ya no tenga permisos, o puede ser que ahora una cuenta tiene permisos. Por esta razón, debe considerar cuidadosamente el resultado de revocar y denegar permisos. El siguiente ejemplo ilustra este comportamiento algo confuso. Asuma que el Usuario es un miembro de la función A.

1. Se le concede un permiso a la función A: el Usuario tiene permisos basándose en que es miembro de la función A.
2. Se le deniega el permiso al Usuario: el Usuario no tiene permisos. La denegación al Usuario suplanta la concesión de la función A.
3. El permiso se revoca al Usuario: el Usuario *tiene* permisos ya que se revoca el permiso de *denegación* y el Usuario vuelve a tener permiso basándose en que es miembro de la función A.
4. Se revoca el permiso de la función A: el Usuario *no* tiene permisos ya que el permiso *concedido* se revoca de la función de la que el Usuario estaba obteniendo los permisos.

Ejercicio: Cómo revocar permisos de objeto

En este ejercicio revocará permisos de los objetos. Utilice la información en la siguiente tabla para completar este ejercicio. Encontrará una secuencia de comandos completa para este ejercicio en C:\Sqladmin\Ejercicio\Ch12\ObjRevk.sql.

Función	Objeto	Permiso a asignar
Cust_Mgmt	Tabla Customers	REVOKE ALL.
Pública	Tabla Categories	REVOKE ALL.
Pública	Tabla Products	REVOKE ALL.

▶ **Para revocar permisos de objeto**

1. Cambie al Analizador de consultas de SQL Server y cierre todas las ventanas de consulta.
2. Abra una nueva ventana de consulta y conéctese con autenticación de Windows NT.

    Está conectado como miembro de la función de administradores del sistema (sysadmin).
3. Ejecute las siguientes instrucciones Transact-SQL para implementar los permisos listados en la tabla:

```
USE StudyNwind
REVOKE ALL ON Customers FROM Cust_Mgmt
REVOKE ALL ON Categories FROM public
REVOKE ALL ON Products FROM public
```

Ejercicio: Cómo probar los permisos de objeto

En este ejercicio iniciará sesiones como diferentes usuarios para probar los permisos de usuarios y funciones. Encontrará la secuencia de comandos para este ejercicio en C:\Sqladmin\Ejercicio\Ch12\ TestObj.sql.

▶ **Para probar los permisos de objeto**

1. Cambie al Analizador de consultas de SQL Server y cierre todas las ventanas de consulta.
2. Abra una nueva ventana de consulta y utilizando autenticación de SQL Server conéctese como Carl con la contraseña **password**.

   Recuerde que Carl es miembro de las funciones Cust_Mgmt y db_datareader.
3. Ejecute cada una de las siguientes instrucciones Transact-SQL para probar los permisos para Carl:

```
USE StudyNwind
SELECT * FROM Customers
SELECT * FROM Categories
SELECT * FROM Products
SELECT * FROM Orders
```

   ¿Qué tablas puede consultar Carl? ¿Qué tablas no puede consultar? ¿Por qué?
4. Abra una nueva ventana de consulta y utilizando la autenticación de SQL Server conéctese como Umberto con la contraseña **password**.
5. Ejecute cada una de las siguientes instrucciones Transact-SQL para probar los permisos para Umberto:

```
USE StudyNwind
SELECT * FROM Customers
SELECT * FROM Categories
SELECT * FROM Products
SELECT * FROM Orders
```

   ¿Qué tablas puede consultar Umberto? ¿Qué tablas no puede consultar? ¿Por qué?

Resumen de la lección

Los permisos pueden ser concedidos, revocados y denegados a usuarios o funciones. Los permisos concedidos específicamente a un usuario deben ser revocados específicamente a ese usuario. La instrucción DENY suplanta a las demás instrucciones

Lección 3: Cómo planear la seguridad

Esta lección considera la creación de un plan para permitir a los usuarios apropiados acceder a los recursos. También argumenta inicios de sesión y funciones predeterminadas y su utilización en este plan.

Después de esta lección podrá:

- Describir los objetivos para planear la seguridad.
- Describir cinco consideraciones comunes cuando se crea un plan de seguridad.

Tiempo estimado de la lección: 15 minutos

Objetivos en la creación de un plan de seguridad

Los objetivos de crear un plan de seguridad son los siguientes:

- Listar todos los elementos y actividades de la base de datos que deben ser controlados a través de seguridad.
- Identificar los individuos y grupos en la compañía.
- Hacer una referencia cruzada de las dos listas para identificar qué usuarios pueden ver qué datos y realizar qué actividades en la base de datos.

Esta lección presenta cinco consideraciones comunes que le pueden ayudar a crear un plan de seguridad.

Cómo determinar la utilización de inicios de sesión predeterminados

Cuando cree un plan de seguridad, necesita determinar cómo, o si va a utilizar los inicios de sesión sa o BUILTIN\Administrators.

El inicio de sesión sa

Aunque sa es un inicio de sesión de administración acoplado, no debería ser utilizado rutinariamente. En su lugar, los administradores de sistema deberían ser miembros de la función fija de servidor sysadmin o deberían iniciar sesión con sus propios inicios de sesión. El inicio de sesión sa no puede ser eliminado o deshabilitado. Inicie una sesión como sa si elimina todos los miembros de sysadmin accidentalmente.

Sugerencia: Cuando se instala SQL Server, no se le asigna una contraseña al inicio de sesión sa. Se recomienda que cambie la contraseña inmediatamente para evitar acceso no autorizado a SQL Server con el inicio de sesión. ¡Almacene la contraseña en un sitio seguro!

El inicio de sesión BUILTIN \ Administrators

El grupo de administradores local Windows NT se asigna automáticamente al inicio de sesión SQL Server BUILTIN\Administrators. De manera predeterminada, BUILTIN\Administrators es miembro de la función sysadmin.

Si no quiere que todos los administradores de Windows NT tengan en su organización acceso completo a su servidor SQL Server, puede eliminar el inicio de sesión BUILTIN\Administrators o eliminar el inicio de sesión de la función sysadmin. Puede reemplazar el inicio de sesión y asignar permisos al mismo si más adelante decide que quiere utilizarlo.

Otro método de limitar el inicio de sesión BUILTIN\Administrators es eliminar el grupo local Domain Admins del grupo local de administradores en Windows NT.

Cómo determinar los permisos de la función pública

La función pública es una función especial de base de datos a la que pertenece todo usuario de base de datos. Controla los permisos que tienen todos los usuarios de manera predeterminada en cada base de datos. Deberá considerar cuidadosamente qué permisos tendrá la función pública en cada base de datos; de manera predeterminada la función pública no tiene permisos.

Cómo determinar la función de la cuenta de usuario invitado

La cuenta de usuario invitado permite un inicio de sesión sin una cuenta de usuario para obtener acceso a una base de datos. Deberá decidir si sus bases de datos tendrán una cuenta de usuario invitado y, si es así, qué permisos deberá tener la cuenta de invitado en sus bases de datos. Las bases de datos nuevas no tienen un usuario denominado invitado. Si desea habilitar el usuario invitado en una base de datos, debe agregarlo a la base de datos utilizando el Administrador corporativo de SQL Server o sp_grantdbaccess. Cuando agrega un usuario denominado invitado a una base de datos con el Administrador corporativo de SQL Server, no tiene que especificar un nombre de inicio de sesión, ya que el usuario invitado es un usuario especial que no está asociado con el inicio de sesión. Cuando agregue un usuario denominado invitado a una base de datos con sp_grantdbaccess, debe especificar invitado como el nombre de inicio de sesión y como el nombre en la base de datos.

Cómo asignar inicios de sesión a cuentas de usuarios y funciones

Antes de asignar inicios de sesión a una base de datos, decida si va a utilizar cuentas de usuarios o funciones para aplicar permisos. En general, se recomiendan las siguientes asignaciones:

- Si miembros de un grupo Windows NT son los únicos que realizan una serie de tareas, cree una cuenta de usuario para el grupo y aplique permisos al mismo.
- Si más de un inicio de sesión va a realizar un grupo de tareas, cree una función y asigne el inicio de sesión a la función.
- Si un inicio de sesión va a realizar tareas administrativas comunes, asigne el inicio de sesión a la función fija de servidor o base de datos apropiada.

Cómo crear objetos con propietario dbo

Es muy importante el determinar qué usuarios y funciones pueden crear objetos en una base de datos. Normalmente, se recomienda que sólo se permitan crear objetos de base de datos a las funciones fijas de base de datos sysadmin, db_owner y db_ddladmin.

Se recomienda que todos los objetos se definan con el usuario dbo especificado como el propietario del objeto. El definir objetos con dbo como el propietario permite a cualquier usuario en la base de datos hacer referencia al objeto sin incluir el nombre del propietario. Cualquier objeto creado desde la función sysadmin tiene dbo como propietario. Desde cualquier otra función, especifique siempre el usuario dbo como el nombre del propietario cuando cree un objeto; de otra manera, el objeto se creará con su nombre de usuario como propietario del objeto.

Cómo cambiar los propietarios de objetos

Si los objetos no han sido creados con el usuario dbo como propietario del objeto, puede cambiar el propietario de objeto con procedimiento almacenado de sistema sp_changeobjectowner de la siguiente manera:

```
sp_changeobjectowner [@objname =] 'objeto' ,[@newowner =] 'propietario'
```

Considere los siguientes hechos a la hora de cambiar propietarios de objetos de base de datos:

- Sólo los miembros de las funciones fijas de base de datos db_owner y db_ddladmin y miembros de la función de servidor securityadmin pueden cambiar propietarios de objetos de base de datos.
- Los archivos de secuencia de comandos y los archivos por lotes que incluyen el nombre de propietario antiguo en referencia al objeto, necesitan ser actualizados manualmente. SQL Server no puede realizar esta actualización automáticamente.

Resumen de la lección

Un plan de seguridad se fija en los elementos y actividades en una base de datos y en los individuos y grupos en la compañía. Hace una referencia cruzada de ambos, determinando quién necesita acceso a recursos. Cuando se cree un plan de seguridad es importante fijarse en los inicios de sesión acoplados, como sa, y funciones, como db_owner, y decidir cómo serán utilizadas.

Lección 4: Cómo administrar la seguridad de aplicaciones

Ha aprendido a controlar acceso a una base de datos utilizando autenticación de inicios de sesión y permisos. También puede desear el asegurar acceso a una base de datos y nivel de aplicaciones. SQL Server proporciona vistas, procedimientos almacenados y funciones de aplicación para soportar seguridad de aplicaciones.

Después de esta lección podrá:

- Describir la utilización de vistas y procedimientos almacenados para proporcionar seguridad de aplicaciones.
- Describir la utilización y aplicación de funciones para proporcionar seguridad de aplicaciones.

Tiempo estimado de la lección: 60 minutos

Cómo administrar seguridad con vistas y procedimientos almacenados

Las vistas y procedimientos almacenados proporcionan un método secundario de permitir acceso a los usuarios a datos y la habilidad para realizar actividades en una base de datos. Le permiten establecer seguridad con objetos SQL Server que son creados para una aplicación.

Las vistas y procedimientos almacenados le permiten administrar los permisos solamente para la vista o procedimiento almacenado, en lugar de los permisos a los objetos a los que hacen referencia. También escudan a los usuarios de cambios en las tablas subyacentes.

Cómo utilizar vistas para simplificar la seguridad

Puede utilizar vistas para evitar que los usuarios sepan que hay ciertas columnas a las que no tienen acceso en una tabla.

Sugerencia: También puede restringir acceso a ciertas columnas utilizando permisos de columnas. Sin embargo, las vistas son más fáciles de administrar y ofrecen un mejor rendimiento.

Conceda permisos en una vista a usuarios, sin concederles permiso en las tablas subyacentes. Los usuarios pueden utilizar la vista a pesar de no tener acceso a las tablas subyacentes, por tanto, protegiendo las tablas subyacentes.

Por ejemplo, la columna Salary en una tabla contiene información confidencial de empleados, pero el resto de las columnas contienen información a la que los usuarios deben tener acceso. Puede definir una vista que incluya todas las columnas de la tabla con la excepción de la columna Salary. Siempre y cuando la tabla y la vista tenga el mismo propietario, el conceder permisos SELECT en la vista permite a los usuarios ver información de columnas no confidenciales sin permisos a la propia tabla.

Ejemplo 1

Este ejemplo crea una vista que recupera información de empleados de la tabla Employees, pero excluye una columna con datos confidenciales. La Figura 12.11 muestra cómo la vista se utiliza para permitir que un usuario final vea sólo parte de la información de la tabla subyacente. El usuario final no tiene permisos para utilizar la tabla subyacente.

```
CREATE VIEW Employee_View
AS
SELECT EmpID, FirstName, LastName, DOB
FROM Employees
```

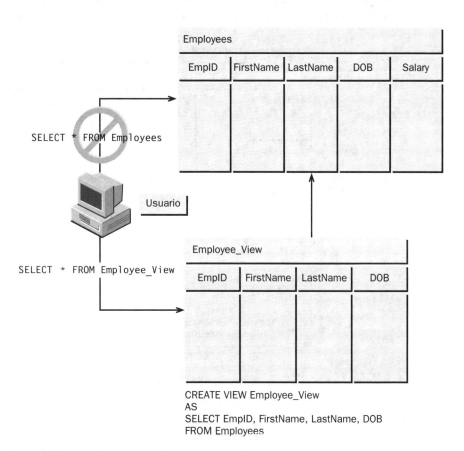

Figura 12.11. Cómo utilizar una vista para evitar que los usuarios vean todas las columnas de una tabla.

Cómo utilizar procedimientos almacenados para simplificar la seguridad

Conceda permisos a usuarios para ejecutar un procedimiento almacenado sin concederles acceso a las tablas que son leídas o modificadas. Entonces sólo las aplicaciones que son escritas para ejecutar el procedimiento almacenado podrán obtener acceso a los datos.

En un escenario de archivo, los datos que son más antiguos que un intervalo especificado son copiados a una tabla de archivo y después eliminados de la tabla principal. Los permisos pueden ser utilizados para evitar que los usuarios eliminen filas de la tabla principal directamente o introduzcan filas en la tabla de archivo. Puede crear un procedimiento almacenado para asegurarse de que ambas actividades son realizadas conjuntamente, y después puede conceder permisos a los usuarios para ejecutar el procedimiento almacenado.

Ejemplo 2

Este ejemplo genera un procedimiento almacenado que puede ser utilizado para introducir una fila en la tabla Employees. La Figura 12.12 muestra un usuario que tiene permiso

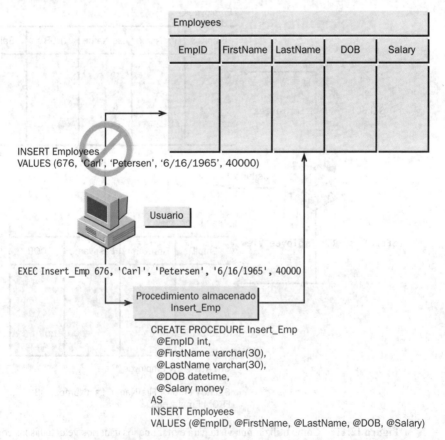

Figura 12.12. Cómo utilizar un procedimiento almacenado para introducir una fila en una tabla.

para ejecutar un procedimiento almacenado para introducir datos en una tabla. El usuario no tiene permiso para insertar datos a la tabla directamente.

```
CREATE PROCEDURE Insert_Emp
  @EmpID int,
  @FirstName varchar(30),
  @LastName varchar(30),
  @DOB datetime,
  @Salary money
AS
INSERT Employees
VALUES (@EmpID, @FirstName, @LastName, @DOB, @Salary)
```

La siguiente consulta ejecuta el procedimiento almacenado.

```
EXEC Insert_Emp 676, 'Carl', 'Petersen', '6/16/1965', 40000
```

Ejercicio: Cómo utilizar una vista o procedimiento almacenado para implementar permisos

En este ejercicio generará una vista denominada Employee_View y un procedimiento almacenado denominado Employee_Proc. Entonces concederá los permisos de función pública a Employee_View y Employee_Proc. Encontrará la secuencia de comandos para este ejercicio en C:\Sqladmin\Ejercicio\Ch12\CrVwSP.sql.

▶ **Para utilizar una vista o procedimiento almacenado para implementar permisos**

1. Cambie al Analizador de consultas de SQL Server, cierre todas la ventanas de consulta e inicie una sesión con autenticación de Microsoft Windows NT.
   Debería estar conectado como miembro de la función sysadmin.
2. Ejecute la siguiente instrucción para generar una vista en la tabla Employees que incluya sólo las columnas FirstName, LastName, y Title:

```
USE StudyNwind
GO
CREATE VIEW Employee_View AS
SELECT FirstName, LastName, Title
FROM Employees
```

3. Ejecute la siguiente instrucción para generar un procedimiento almacenado que consulte las columnas FirstName, LastName y Title de la tabla Employees:

```
USE StudyNwind
GO
CREATE PROCEDURE Employee_Proc AS
SELECT FirstName, LastName, Title
FROM Employees
```

4. Ejecute la siguiente instrucción para permitir que la función pública seleccione de Employee_View y para ejecutar Employee_Proc:

```
USE StudyNwind
GRANT SELECT ON Employee_View TO public
GRANT EXEC ON Employee_Proc TO public
```

Ejercicio: Cómo probar permisos en la vista o procedimiento almacenado

En este ejercicio consultará datos de la vista Employee_View y ejecutará el procedimiento almacenado Employee_Proc. Entonces intentará consultar la tabla Employees directamente. Encontrará la secuencia de comandos para este ejercicio en C:\Sqladmin\Ejercicio \Ch12\TstVwSP.sql.

▶ **Para probar permisos en una vista y procedimiento almacenado**

1. Cambie al Analizador de consultas de SQL Server y cierre todas las ventanas de consulta.
2. Abra una nueva ventana de consulta y utilizando autenticación de SQL Server conéctese como Umberto con la contraseña **password**.

   Umberto no pertenece a ninguna función de base de datos o servidor y no tiene permisos específicos además de los asociados con la función pública.
3. Ejecute la siguiente instrucción para consultar la vista Employee_View:

```
SELECT * FROM Employee_View
```

   ¿Ha podido consultar la vista? ¿Por qué o por qué no?
4. Ejecute el procedimiento almacenado Employee_Proc:

```
EXEC Employee_Proc
```

   ¿Ha podido ejecutar el procedimiento almacenado? ¿Por qué o por qué no?
5. Ejecute la siguiente instrucción para consultar la tabla Employees:

```
SELECT * FROM Employees
```

   ¿Ha podido consultar la tabla? ¿Por qué o por qué no?

Cómo administrar seguridad con funciones de aplicación

Las funciones de aplicación le permiten aplicar seguridad para una aplicación en concreto. Mediante la utilización de funciones de aplicación, puede asegurarse de que los usuarios obtienen acceso a datos a través de aplicaciones específicas únicamente.

La Figura 12.13 muestra cómo puede querer que los administrativos que introducen los pedidos actualicen la tabla Orders cuando utilicen la aplicación de entrada de pedido. No quiere que los administrativos obtengan acceso a las tablas desde otro producto, como Microsoft Excel. En esta situación, podría crear una función de aplicación para la aplicación de entrada de pedidos.

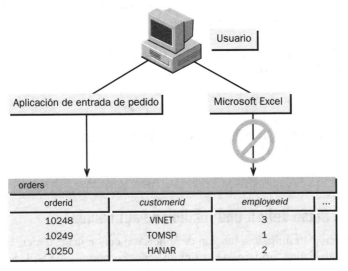

Figura 12.13.   Cómo utilizar funciones de aplicación para controlar el acceso a las aplicaciones.

Las funciones de aplicación son diferentes de las otras funciones. A continuación se listan las diferencias fundamentales entre las funciones de aplicación y otras funciones:

- Las funciones de aplicación no tienen miembros: un usuario utiliza una aplicación que activa una función de aplicación. La función entonces controla todo acceso a base de datos para la conexión del usuario. Por tanto, el usuario obtiene permiso cuando utiliza la aplicación. Esto evita la necesidad de conceder permiso a los usuarios directamente.
- Las funciones de aplicación requieren una contraseña para ser activadas.
- Para proteger la seguridad de la contraseña de la función de aplicación, puede querer utilizar una clave simple cifrada. También podría utilizar un procedimiento almacenado extendido para almacenar la contraseña en el servidor para que no se transmita a través de la red.
- Una función de aplicación activada suplanta los otros permisos del usuario en la base de datos. SQL Server ignora temporalmente todos los permisos que son aplicados a la cuenta del usuario o a otras funciones a las que pertenezca el usuario.

Cómo crear funciones de aplicación

Utilice el Administrador corporativo de SQL Server o el procedimiento almacenado de sistema sp_addapprole para crear una nueva función de aplicación. Sólo los miembros de las funciones db_owner, db_securityadmin y sysadmin pueden ejecutar el procedimiento almacenado del sistema sp_addapprole. La sintaxis para el procedimiento almacenado del sistema sp_addapprole en este caso es la siguiente:

```
sp_addapprole [@rolename =] 'función', [@password =] 'contraseña'
```

Considere los siguientes hechos cuando cree funciones de aplicación nuevas:

- El procedimiento almacenado del sistema sp_addapprole agrega una cuenta de seguridad para la nueva función agregando un registro a la tabla sysusers en la base de datos actual.
- El valor *contraseña* es la contraseña que es requerida para activar la función y se almacena en su forma cifrada.

Ejemplo 3

Este ejemplo agrega la nueva función de aplicación SalesApp a la base de datos actual con la contraseña hg_7532LR.

```
EXEC sp_addapprole SalesApp, hg_7532LR
```

Ejercicio: Cómo definir una función de aplicación

En este ejercicio definirá una función de aplicación denominada Order_Entry en la base de datos StudyNwind, utilizando el Administrador corporativo de SQL Server. Este proceso es muy similar a crear una función de base de datos, con la excepción de que no necesita definir miembros.

▶ **Para definir una función de aplicación**

1. Inicie una sesión en su ordenador como administrador u otra cuenta que sea miembro del grupo local de administradores.
2. Inicie el Administrador corporativo de SQL Server.
3. Expanda su grupo de servidores y después expanda su servidor.
4. Expanda Bases de datos y después expanda la base de datos StudyNwind.
5. Haga clic derecho en Funciones y después haga clic en Nueva función de base de datos.
6. Escriba **Order_Entry** para el nombre de la nueva función.
7. Haga clic en Función de aplicación y escriba **password** para la contraseña.
8. Haga clic en Aceptar para cerrar el cuadro de diálogo y crear la nueva función.

Cómo administrar permisos de función de aplicación

Utilice el Administrador corporativo de SQL Server o las instrucciones GRANT, DENY y REVOKE en Transact-SQL para administrar permisos de funciones de aplicación.

Ejemplo 4

Este ejemplo concede permiso SELECT a la tabla Products a la función de aplicación SalesApp.

```
GRANT SELECT
ON Products
TO SalesApp
```

Ejercicio: Cómo asignar permisos a una función de aplicación

En este ejercicio asignará permisos a la función de aplicación Order_Entry. La siguiente tabla lista los permisos que deben ser asignados a Order_Entry.

Tabla	Permisos
Categories	SELECT.
Customers	SELECT, INSERT, UPDATE.
Order Details	SELECT, INSERT, UPDATE.
Orders	SELECT, INSERT, UPDATE.
Products	SELECT.

▶ **Para asignar permisos a una función de aplicación**

1. Utilizando el Administrador corporativo de SQL Server, seleccione la carpeta Funciones en la base de datos StudyNwind.
2. Haga clic derecho en la función de aplicación Order_Entry y después haga clic en Propiedades.
3. Haga clic en Permisos.
4. En la lista de objetos, active cada uno de los permisos mostrados en la tabla al principio del ejercicio.
5. Haga clic en Aceptar dos veces para cerrar los cuadros de diálogo y aceptar las asignaciones de permisos que ha realizado.

Cómo activar funciones de aplicación

Después de que un cliente se conecta a SQL Server con cualquier cuenta de inicio de sesión, la aplicación del cliente debe ejecutar el procedimiento almacenado del sistema sp_setapprole para activar los permisos que están asociados con la función de aplicación. El procedimiento almacenado sp_setapprole puede ser ejecutado únicamente por instrucciones Transact-SQL directas; no puede ser ejecutado desde otro procedimiento almacenado o desde una transacción definida por el usuario.

La sintaxis para el procedimiento sp_setapprole se describe a continuación:

```
sp_setapprole [@rolename =] 'name' ,
[@password =] {Encrypt N 'password'} | 'password'
[,[@encrypt =] 'encrypt_style']
```

Considere los siguientes hechos cuando active funciones de aplicación:

- La aplicación actual debe proporcionar la contraseña.
- El ámbito de la función de aplicación es únicamente la base de datos actual; si los usuarios se cambian a otra base de datos, se les permite realizar actividades basándose en los permisos de esa base de datos.

- Después de que se ha activado una función de aplicación con el procedimiento almacenado del sistema sp_setapprole, la función no puede ser desactivada en la base de datos actual hasta que el usuario se desconecta de SQL Server.

Ejemplo 5

Este ejemplo activa la función de aplicación SalesApp con una contraseña de hg_7532LR.

```
EXEC sp_setapprole 'SalesApp',' hg_7532LR'
```

Ejemplo 6

El siguiente ejemplo muestra cómo establecer una función de aplicación desde una aplicación Microsoft Visual Basic que utiliza ADO.

```
' Set up a connection
Dim cnADO As ADODB.Connection
Dim strConnect As String

Set cnADO = New ADODB.Connection
strConnect = "driver={SQL Server};" _
 & "uid=Carl;pwd=password;server=sqlserver;database=StudyNwind"
cnADO.Provider = "MSDASQL"
cnADO.ConnectionString = strConnect
cnADO.CursorLocation = adUseNone
cnADO.Open

' Carl is connected using permissions assigned to his account
' or any roles or Windows NT groups to which he belongs

' Initialize variables for the application role
Dim cmADO As ADODB.Command
Dim pmADO As ADODB.Parameter
Dim strRoleName AS String
Dim strRolePass AS String

Set cmADO = New ADODB.Command

' Set values for the role name and password
strRoleName = "SalesApp"
strRolePass = "hg_7532LR"

' Define the command and type (stored procedure)
With cmADO
    .CommandText = "sp_setapprole"
    .CommandType = adCmdStoredProc
End With
```

```
' Set up parameters for role name and password
Set pmADO = cmADO.CreateParameter("rolename", _
 adVarChar, adParamInput, Len(strRoleName), strRoleName)
cmADO.Parameters.Append pmADO
Set pmADO = cmADO.CreateParameter("password", _
 adVarChar, adParamInput, Len(strRolePass), strRolePass)
cmADO.Parameters.Append pmADO

' Execute the command to activate the application role
cmADO.ActiveConnection = cnADO
cmADO.Execute

' Now the application role is active for this connection
' and Carl has only the permissions assigned to the
' application role SalesApp
```

Ejercicio: Cómo activar una función de aplicación

En este ejercicio utilizará el Analizador de consultas de SQL Server para iniciar una sesión como un usuario y activar la función de aplicación Order_Entry. Encontrará la secuencia de comandos para este ejercicio en C:\Sqladmin\Ejercicio\Ch12\ActApp.sql.

▶ **Para activar una función de aplicación**

1. Abra el Analizador de consultas de SQL Server y utilizando autenticación de SQL Server conéctese como Carl con la contraseña **password**.
2. Ejecute el procedimiento almacenado del sistema sp_setapprole para activar la función:

   ```
   EXEC sp_setapprole 'Order_Entry', 'password'
   ```

3. Ejecute las instrucciones SELECT para consultar las tabla Employees y Customers.

   ```
   SELECT * FROM Employees
   SELECT * FROM Customers
   ```

   ¿Qué permisos tiene Carl después de que se ha activado la función de aplicación Order_Entry?

   ¿Cuánto tiempo estará activada la función Order_Entry activada para Carl?
4. Cierre la ventana de consulta para cerrar la sesión. Esto desactivará la función Order_Entry para Carl.

La siguiente tabla lista procedimientos almacenados de sistema adicionales que puede utilizar para administrar funciones de aplicación.

Procedimiento almacenado de sistema	Descripción
sp_dropapprole	Elimina una función de aplicación de la base de datos actual.
sp_approlepassword	Cambia la contraseña para una función de aplicación.

Resumen de la lección

SQL Server proporciona vistas, procedimientos almacenados y funciones de aplicación para soportar seguridad de aplicación. Puede utilizar vistas para limitar columnas y filas accedidas por usuarios. Los procedimiento almacenados pueden ser utilizados para acceder a datos. A los usuarios que necesiten acceder a los datos se les puede conceder acceso sólo al procedimiento almacenado. Una función de aplicación es una función que no tiene miembros: un usuario utiliza una aplicación que activa una función de aplicación. Entonces la función controla todos los accesos de base de datos para la conexión del usuario. Por tanto, el usuario obtiene permiso cuando utiliza la aplicación. Esto evita la necesidad de conceder permisos a los usuarios directamente.

Revisión

Las siguientes preguntas tienen la intención de reforzar información clave presentada en este capitulo. Si no puede contestar una pregunta, revise la lección apropiada e intente responder la pregunta otra vez. Las respuestas a las preguntas se pueden encontrar en el Apéndice A, "Preguntas y respuestas."

1. ¿Cuándo debería asignar permisos a una cuenta de inicio de sesión directamente?

2. ¿Cuándo debería evitar el utilizar el inicio de sesión sa?

3. Si se conceden permisos para actualizar una tabla a un usuario, pero los permisos han sido denegados a una función de la que es miembro el usuario, ¿mantiene la cuenta de seguridad permisos para actualizar la tabla?

Cómo automatizar tareas administrativas

Acerca de este capítulo

Una gran parte del trabajo involucrado con la ejecución de Microsoft SQL Server es mantenimiento repetitivo y de respuesta a las demandas constantes del servidor. SQL Server 7 proporciona herramientas avanzadas para realizar este trabajo automáticamente, alertarle automáticamente de problemas a medida que tienen lugar y responder automáticamente a dichos problemas. Este capítulo explica cómo se implementan estas herramientas y le enseña a utilizarlas.

Antes de empezar

Para completar las lecciones en este capítulo debe:

- Tener instalado la versión 7 de SQL Server. Véase el Capítulo 2, "Instalación," para las instrucciones de instalación.

- Poder iniciar una sesión en SQL Server como administrador.
- Haber instalado los archivos de Ejercicios del CD-ROM de materiales adicionales del curso a su unidad de disco duro. Véase la sección "Antes de empezar" en "Acerca de este libro" para las instrucciones de instalación.

- Haber instalado la base de datos StudyNwind. Véase la sección "Antes de empezar" en "Acerca de este libro" para las instrucciones de instalación de la base de datos StudyNwind.

Lección 1: Introducción a la administración automática de SQL Server

SQL Server proporciona muchas opciones para automatizar tareas de mantenimiento rutinario. Esta lección trata los beneficios de una administración automatizada, los componentes de SQL Server que habilitan una administración automatizada y cómo preparar su servidor para una administración automatizada.

Después de esta lección podrá:

- Explicar cómo interactúan los componentes de la administración automatizada de SQL Server.
- Explicar cómo se procesan los trabajos y las alertas.
- Configurar el Agente SQL Server para utilizar un cliente MAPI para enviar mensajes de correo electrónico.

Tiempo estimado de la lección: 75 minutos

Razones para automatizar

El automatizar las tareas de mantenimiento rutinario en su servidor local o en un entorno de multiservidor le permite pasar tiempo en otras funciones administrativas de bases de datos que carecen de respuestas predecibles. Otro beneficio de la administración automatizada es la habilidad de configurar su servidor para reconocer y responder a problemas potenciales.

Cómo realizar tareas programadas regularmente

Usted realiza varias tareas de mantenimiento y administración rutinariamente en SQL Server como:

- Copias de seguridad de bases de datos.
- Transferencia de datos.
- Mantenimiento de índices.

Puede automatizar estas tareas para que tengan lugar en una programación regular. Por ejemplo, puede definir tareas de mantenimiento de índice para que tengan lugar el primer domingo de cada mes.

Cómo reconocer y responder a problemas potenciales

SQL Server le permite ser proactivo y prepararse para problemas potenciales mediante:

- Responder a errores de SQL Server. Puede definir un trabajo para corregir un problema dado. Por ejemplo, el numero de error 9002 indica que el registro de transacción está lleno. Puede definir un trabajo que, cuando se produzca el error 9002, ejecute una instrucción Transact-SQL para realizar una copia de seguridad y trunque el registro de transacción.

■ Definir condiciones de rendimiento que monitoricen los problemas potenciales. Por ejemplo, puede definir Agente SQL Server para detectar cuándo los bloqueos están impidiendo a los usuarios el modificar datos y notificar a un administrador de sistema que un usuario en concreto está causando los bloqueos que impiden el acceso a los datos.

Antes de automatizar tareas es importante considerar los fundamentos de prepararse para realizar una administración automatizada de SQL Server.

Para una demostración en vídeo que cubre la automatización de tareas administrativas, ejecute el archivo Auto.htm ubicado en la carpeta \Media en el CD-ROM de materiales adicionales del curso.

Componentes de la administración automática de SQL Server

Los componentes de la administración automática de SQL Server incluyen los servicios SQL Server Agent SQLServer MSSQLServer y el servicio de registro de sucesos de Microsoft Windows NT. Como ilustra la Figura 13.1, estos servicios trabajan conjuntamente para permitir la administración automatizada. El término *tarea administrativa* se refiere genéricamente a actividades que realizan administradores de sistema o propietarios de base de datos.

Nota: El Agente SQL Server se denominaba SQL Server Executive en las versiones anteriores de SQL Server.

El servicio de Agente SQLServer

Cuando se inicia el servicio de Agente SQLServer se registra con el registro de sucesos y se conecta al servicio MSSQLServer. Esto permite que el servicio de registro de sucesos notifique al Agente SQL Server cuando los sucesos se escriben en el registro de aplicación de Windows NT. El servicio del Agente SQLServer entonces lee el registro de aplicación de Windows NT para determinar si el suceso fue generado por SQL Server y, si es así, determinar si hay una acción definida a ser tomada en respuesta al suceso.

El servicio de Agente SQLServer se comunica con el servicio MSSQLServer para tomar una acción cuando tiene lugar un suceso. Las acciones incluyen ejecutar trabajos y disparar alertas. Estas acciones están definidas en la base de datos msdb. El Agente SQL Server también puede ejecutar otras aplicaciones.

El servicio de registro de sucesos

El servicio MSSQLServer escribe sucesos al registro de aplicación de Windows NT. Un suceso es cualquier cosa que pasa dentro del sistema o aplicación que requiere atención. Los sucesos se escriben al servicio de registro de sucesos por SQL Server cuando:

- Tienen lugar errores con un nivel de gravedad entre 19 y 25 en SQL Server.
- Se ha definido que los mensajes de error sean escritos al registro de sucesos the Windows NT con los procedimientos almacenados del sistema sp_addmessage o sp_altermessage.
- Se ejecute la instrucción RAISERROR WITH LOG.
- Se ejecute el procedimiento almacenado extendido xp_logevent.

Nota: Windows 95 y Windows 98 no soportan estos servicios. Cuando ejecute SQL Server en Windows 95 o Windows 98, el Analizador SQL Server se utiliza para monitorizar sucesos registrados y los envía al Agente SQL Server.

Cómo procesar trabajos y alertas

Los trabajos y alertas son definidos separadamente y pueden ser ejecutados o disparadas independientemente. Un trabajo es una tarea de mantenimiento o administrativa que se compone de uno o más pasos. Los trabajos se ejecutan de acuerdo con sus programas definidos o como respuesta a una alerta. Puede automatizar el proceso de reconocer y responder a problemas potenciales creando alertas. Las alertas se disparan cuando el Agente SQL Server es notificado acerca de sucesos por el servicio de registro de sucesos o cuando el Agente SQL Server reciba datos de rendimiento del servicio MSSQLServer. La Figura 13.2 ilustra cómo SQL Server procesa trabajos y alertas.

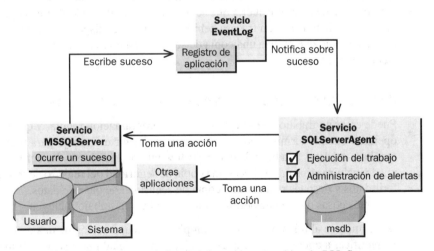

Figura 13.1. Componentes de la administración automática de SQL Server.

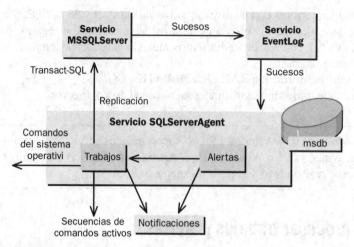

Figura 13.2. Cómo procesar trabajos y alertas.

Nota: Los trabajos se denominaban tareas en las versiones anteriores de SQL Server.

Cómo definir una alerta que ejecuta un trabajo

Normalmente creará una alerta para notificar a un operador cuando tenga lugar un error en una base de datos o para ejecutar un trabajo en respuesta a una alerta disparada. Por ejemplo, puede crear una alerta que se dispare si la realización de una copia de seguridad del registro de transacción fracasa debido a un error del dispositivo de cinta. La alerta ejecuta un trabajo que realiza una copia de seguridad a un dispositivo de disco y se lo notifica al operador.

Cómo definir un trabajo que se ejecuta regularmente

Puede crear un trabajo que se ejecute en una programación regular y que se notifica a un operador cuando termina. Por ejemplo, puede definir un trabajo para transferir datos de otra base de datos a la base de datos Northwind una vez al mes. La definición del trabajo puede incluir varios pasos: hacer una copia de seguridad del registro de transacción, transferir datos y después realizar una copia de seguridad de base de datos.

Otras cosas que puede definir para que realice un trabajo incluyen:

- Eliminarse al mismo cuando se complete, si es una acción de una única vez.
- Notificar a operadores si fracasa la ejecución de cualquier paso del trabajo.
- Escribir el éxito o fracaso del trabajo al registro de aplicación de Windows NT.

Cómo definir una alerta que se puede disparar mientras se ejecuta un trabajo

Los trabajos y las alertas se complementan ya que una alerta se puede disparar como respuesta a un error que ha tenido lugar porque ha fracasado un paso de trabajo. A su vez, la alerta puede ejecutar un trabajo que corrija el problema.

Cómo prepararse para la automatización

Antes de empezar a crear trabajos y definir alertas, debe asegurarse de que el Agente SQL Server se está ejecutando y ha sido configurado apropiadamente. Si tiene la intención de notificar a operadores mediante correo electrónico o localizador, también debería configurar un perfil de correo de Agente SQL Server.

Cómo asegurarse de que el Agente SQL Server se está ejecutando

El Agente SQL Server es un servicio de Windows NT que se debe estar ejecutando para poder ejecutar trabajos automáticamente y disparar alertas definidas. Deberá configurar el servicio de Agente SQL Server para que se inicie automáticamente cuando inicie Windows NT.

Cómo utilizar una cuenta de usuario de Agente SQL Server apropiada

Cuando se instala SQL Server se especifica una cuenta de usuario en las propiedades de inicio del servicio de Agente SQL Server. El Agente SQL Server puede utilizar la cuenta de sistema local o una cuenta de usuario del dominio.

La utilización de la cuenta del sistema local para el Agente SQL Server permite sólo el acceso del servicio al ordenador local. Se requiere una cuenta de usuario del dominio para que el Agente SQL Server tenga permiso para:

- Comunicarse con la mayoría de los sistemas de correo electrónico para enviar o recibir correo electrónico.
- Acceder a recursos a través de la red.
- Realizar la duplicación de SQL Server.
- Ejecutar trabajos administrativos de multiservidor.

Cómo configurar un perfil de correo de Agente SQL Server

Si tiene intención de enviar notificaciones a operadores utilizando correo electrónico o localizador debe:

- Tener un cliente de correo electrónico compatible con MAPI-1.
- Configurar un perfil de correo para el Agente SQL Server para utilizarlo para establecer una sesión de correo con su servidor de mensajería.

El Agente SQL Server requiere un perfil para poder iniciar una sesión de correo y enviar notificaciones por correo electrónico o localizador. Se inicia una sesión de correo del Agente SQL Server cada vez que se inicia el servicio de Agente SQL Server. Puede crear el perfil con un cliente de correo, como Microsoft Outlook, que esté instalado localmente en el ordenador SQL Server.

Si se utiliza el servidor Microsoft Exchange, se debe configurar un perfil de correo para la cuenta de usuario del dominio que el Agente SQL Server utilice.

Para notificaciones de localizador, el Agente SQL Server envía correo electrónico a su servidor de mensajería. En el servidor de mensajería, debe tener software de terceras partes de localizador a correo electrónico y/o hardware que convierta el correo electrónico de entrada en mensajes de localizador.

Cómo compartir un perfil con SQL Mail

SQL Server utiliza para separar las sesiones de correo:

- El servicio MSSQLServer utiliza una sesión de correo a la que se hace referencia como SQL Mail.

    SQL Server utiliza esta sesión de correo cuando sus aplicaciones de base de datos ejecutan el procedimiento almacenado extendido xp_sendmail para enviar un mensaje o conjunto de resultados de consulta a un destinatario o cuando ejecutan el procedimiento almacenado de sistema sp_processmail para procesar correo entrante.
- El servicio de Agente SQL Server utiliza una sesión de correo que es exclusiva a las actividades del Agente SQL Server.

    Si los servicios de Agente SQL Server y MSSQLServer utilizan la misma cuenta de usuario del dominio Windows NT, utilizarán el mismo perfil de correo de manera predeterminada para las sesiones de correo del Agente SQL Server y SQL Mail. Esto permite que ambos servicios compartan un buzón común.

Cómo crear perfiles separados

Puede configurar buzones diferentes para SQL Server y el Agente SQL Server creando perfiles de correo separados. Hay dos maneras de conseguir esto:

- Utilizar cuentas de usuario del dominio separadas para cada servicio. Esto requiere que configure un perfil de correo para cada cuenta de usuario.
- Utilizar la misma cuenta de usuario del dominio para cada servicio y cree múltiples perfiles de correo.

Ejercicio práctico: Cómo configurar perfiles de correo

En este ejercicio práctico utilizará Windows Messaging para configurar el servicio Microsoft Mail y crear perfiles para la cuenta de usuario SQLService para habilitar al Agente SQL Server y SQL Mail para enviar y recibir mensajes. Entonces creará un perfil para su cuenta de usuario administrativo, para enviar y recibir mensajes con Windows Messaging. Por último, utilizará el Administrador corporativo de SQL Server para configurar el Agente SQL Server para que utilice el perfil de correo que está configurado para la cuenta de usuario SQLService. Configurará SQL Mail en la Lección 2.

Ejercicio 1: Cómo configurar una oficina de correo de un grupo de trabajo y agregar buzones de correo

En este ejercicio configurará una oficina de correos de grupo de trabajo y agregará buzones a la oficina de correos recién creada.

▶ **Para configurar una oficina de correos de un grupo de trabajo y agregar buzones de correo a la oficina de correos**

1. Inicie una sesión en su ordenador como administrador.
2. Abra Panel de control. Si hay un icono para Microsoft Mail Postoffice, vaya al paso 7.
3. Abra Agregar o quitar programas en el Panel de control.
4. En la pestaña de configuración Windows NT, active Windows Messaging en la Lista de componentes.
5. Haga clic en Aceptar para cerrar el cuadro de diálogo Agregar o quitar. Siga las peticiones para instalar Windows Messaging.
6. Puede tener que cerrar y reabrir el Panel de control o seleccionar Actualizar del menú Ver antes de ver el icono de Microsoft Mail Postoffice.
7. Haga doble clic en Microsoft Mail Postoffice en el Panel de control.
8. Seleccione el botón Crear una nueva oficina de correo de grupo de trabajo y haga clic en Siguiente.
9. Escriba **C:** en Ubicación de la oficina de correo y haga clic en Siguiente. Haga clic en Siguiente otra vez para confirmar la nueva ubicación de la oficina de correos.
10. Escriba **Admin** en Nombre y buzón. Haga clic en Aceptar y después haga clic en Aceptar otra vez.
11. Haga doble clic en Microsoft Mail Postoffice en el Panel de control.
12. Seleccione la opción Administrar una oficina de correos existente de un grupo de trabajo y haga clic en Siguiente. Haga clic en Siguiente otra vez para aceptar la ubicación de la oficina de correos.
13. Escriba **Admin** en el campo buzón y **password** en el campo contraseña. Haga clic en Siguiente.
14. En el Administrador de oficina de correo, haga clic en Agregar usuario para agregar un nuevo usuario a la oficina de correos del grupo de trabajo.
15. Escriba **Agente SQL** en Nombre y buzón. Haga clic en Aceptar.
16. Haga clic en Agregar usuario para agregar otro usuario a la oficina de correos del grupo de trabajo.
17. Escriba **SQLMail** en Nombre y buzón. Haga clic en Aceptar.
18. Haga clic en Cerrar para cerrar el Administrador de oficina de correos.

Ejercicio 2: Cómo configurar perfiles para SQLService Account

En este ejercicio configurará perfiles para la cuenta de usuario SQLService.

▶ **Para configurar perfiles para SQLService account**

1. Inicie una sesión en su ordenador con el nombre de usuario **SQLService** y la contraseña **password** en el dominio STUDYSQL.

2. Haga doble clic en Bandeja de entrada en escritorio. Bajo Utilizar los siguientes servicios de información, activa Microsoft Mail. Asegúrese de que no hay otros servicios activados. Haga clic en Siguiente. Haga clic en Siguiente para confirmar la ruta de la oficina de correos de C:\Wgpo0000.

3. En la lista de nombres de buzones, seleccione Agente SQL. Haga clic en Siguiente.

4. Escriba **password** en contraseña y haga clic en Siguiente.

5. Haga clic en Siguiente para aceptar la ubicación de libreta personal de direcciones.

6. Haga clic en Siguiente para aceptar la ubicación de las carpetas personales.

7. Haga clic en Siguiente si se le pregunta, indique que la Bandeja de entrada no debería ser agregada al grupo de Inicio.

8. Haga clic en Finalizar para completar la creación del nuevo perfil y abrir la Bandeja de entrada.

9. Cierre la bandeja de entrada– aplicación Windows Messaging. (La aplicación puede ser denominada Bandeja de entrada – Microsoft Exchange.)

    Ahora ha agregado un perfil para que lo utilice el Agente SQL Server. A continuación cambiará el nombre predeterminado de este perfil y agregará un perfil para SQL Mail.

10. Haga doble clic en Correo en el Panel de control. (Este icono puede estar etiquetado Correo y Fax.)

11. Haga clic en Mostrar Perfiles. Se muestra un perfil denominado Configuración de Windows Messaging. Resalte Configuración de Windows Messaging y haga clic en Copiar. (Si no hay un perfil denominado Configuración de Windows Messaging, copie el perfil denominado Configuración de MS Exchange o el perfil actual activo.)

12. Escriba **Perfil de Agente SQL Server** en Nombre de nuevo perfil y haga clic en Aceptar.

13. Resalte perfil de Agente SQL Server y haga clic en Copiar.

14. Escriba **Perfil de Agente SQLMail** en Nuevo nombre de perfil y haga clic en Aceptar.

15. Resalte Perfil de Agente SQLMail y haga clic en Propiedades.

16. Resalte Microsoft Mail y haga clic en Propiedades.

17. En la pestaña Inicio de sesión, cambie el nombre en campo Introduzca el nombre de su buzón a **SQLMail**. Haga clic en Aceptar para cerrar el cuadro de diálogo Microsoft Mail y después haga clic en Aceptar el cuadro de diálogo de Propiedades del perfil SQLMail.

18. Haga clic en Cerrar para cerrar el cuadro de diálogo de Correo.

19. Cierre la sesión de Windows NT.

Ejercicio 3: Cómo configurar un perfil para la cuenta de administrador

En este ejercicio configurará un perfil para la cuenta de usuario de administrador.

▶ **Para configurar un perfil para la cuenta de administrador**

1. Inicie una sesión en su ordenador como administrador.

2. Haga doble clic en Bandeja de entrada en escritorio. Bajo Utilizar los siguientes servicios de información, activa Microsoft Mail. Asegúrese de que no hay otros servicios activados. Haga clic en Siguiente. Haga clic en Siguiente para confirmar la ruta de la oficina de correos de C:\Wgpo0000.

3. En la lista de nombres de buzón, seleccione Admin. Haga clic en Siguiente.

4. Escriba **password** en contraseña y haga clic en Siguiente.

5. Haga clic en Siguiente para aceptar la ubicación de la libreta personal de direcciones.

6. Haga clic en Siguiente para aceptar la ubicación de las carpetas personales.

7. Haga clic en Siguiente si se le pregunta, indique que la Bandeja de entrada no debería ser agregada al grupo de Inicio.

8. Haga clic en Finalizar para completar la creación del nuevo perfil y abrir la Bandeja de entrada.

9. En el menú Herramientas, haga clic en Servicios.

10. Resalte Microsoft Mail en la lista de servicios de información y después haga clic en Propiedades.

11. En la pestaña Entrega en el cuadro de diálogo Microsoft Mail, cambie la opción Comprobar si hay correo nuevo cada 1 minuto. Haga clic en Aceptar dos veces para cerrar los cuadros de diálogo.

12. Deje la Bandeja de entrada abierta, ya que recibirá mensajes en los siguientes ejercicios.

Ejercicio 4: Cómo configurar el Agente SQL Server para utilizar el perfil

En este ejercicio utilizará el Administrador corporativo de SQL Server para configurar el Agente SQL Server para que inicie una sesión de correo que utilice el perfil del perfil de Agente SQL Server.

► **Para configurar el Agente SQL Server para utilizar el perfil de correo**

1. En el Administrador corporativo de SQL Server, expanda su servidor y después expanda Administración.

2. En el árbol de consola, haga clic derecho en Agente SQL Server y después haga clic en Propiedades.

3. En la lista desplegable Perfil de Correo, seleccione Perfil de Agente SQL Server.

4. Haga clic en Probar.

    Aparecerá un mensaje indicando que la prueba ha tenido éxito. Haga clic en Aceptar para cerrar el mensaje.

5. Haga clic en Aceptar para cerrar el cuadro de diálogo Propiedades Agente SQL Server.

    Aparecerá un mensaje preguntándole si quiere reiniciar el Agente SQL Server para que los cambios que ha realizado tengan efecto. Haga clic en Sí. Haga clic en Aceptar cuando el servicio se haya reiniciado.

6. En el árbol de consola, haga clic derecho en Agente SQL Server y después haga clic en Mostrar registro de errores.

7. En la lista desplegable Tipos, seleccione Todos los tipos.
8. Compruebe que se inició una sesión de correo cuando se inició el Agente SQL Server.

Resumen de la lección

El automatizar la administración ahorra tiempo y reduce errores que tienen lugar cuando un administrador de base de datos se olvida de realizar una tarea o no está disponible. SQL Server utiliza el servicio de Agente SQL Server y el registro de aplicación de Windows NT para habilitar la administración automática. Si pretende hacer uso completo de la administración automatizada, debe asegurarse de que el servicio de Agente SQL Server se está ejecutando, configure una cuenta para el Agente SQL Server y configure un perfil de correo para el Agente SQL Server.

Lección 2: Cómo automatizar las tareas de mantenimiento rutinario

Cuando automatice tareas de mantenimiento rutinario, normalmente, utilizará el Administrador corporativo de SQL Server para crear operadores y trabajos. También puede utilizar el Asistente para creación de trabajos, ejecutar procedimientos almacenados de sistema o escribir su propia aplicación administrativa utilizando SQL-DMO. Esta lección describe cómo crear operadores, crear y programar trabajos y configurar SQL Mail para enviar y recibir mensajes de correo electrónico.

Después de esta lección podrá:

- Crear operadores para notificar cuándo se completa un trabajo o cuándo se dispara una alerta.
- Comprender los diferentes tipos de pasos de trabajo soportados por SQL Server.
- Crear y programar trabajos.
- Configurar SQL Mail para enviar y recibir mensajes de correo electrónico.

Tiempo estimado de la lección: 90 minutos

Cómo crear operadores para notificar

Cuando se completa un trabajo dispone de varias opciones de notificación. Puede escribir al registro de aplicación de Windows NT, eliminar el trabajo o notificárselo a un operador mediante localizador, correo electrónico o un comando envío de red.

Para definir nuevos operadores, puede utilizar el Administrador corporativo de SQL Server o ejecutar el procedimiento almacenado de sistema sp_add_operator. Las definiciones de operador están almacenadas en la tabla de sistema msdb..sysoperators. Cuando cree operadores, considere los siguientes hechos y directrices:

- Puede utilizar un alias de grupo de correo electrónico para notificar a más de un individuo a responder a problemas potenciales.
- Debería probar cada método de notificación utilizado para notificar al operador para asegurarse de que el operador puede recibir los mensajes.
- Debería especificar una programación en guardia para que cada operador sea notificado por localizador. Si un trabajo entra en conflicto con la programación en guardia del operador, la notificación no tiene éxito.
- Utilice un comando de envío de red Windows NT para enviar mensajes a operadores de red. (Esto no se admite en Windows 95 y Windows 98.)

Cómo solucionar problemas de las notificaciones de operador

Para cada operador, se registran la fecha y hora de los intentos más recientes de enviar cada tipo de notificación (correo electrónico, localizador y un comando de envío de red).

Si un operador no está recibiendo notificaciones, debería:

- Asegurarse de que el operador está disponible para recibir notificaciones.
- Revisar los intentos más recientes de notificación para determinar la fecha y hora de la última notificación.
- Probar métodos de notificación individuales fuera de SQL Server comprobando que puede enviar mensajes de correo electrónico, localizar a un operador o ejecutar con éxito un comando de envío de red.

Ejercicio: Cómo generar un operador

En este ejercicio creará un operador, enviará un mensaje y comprobará que se ha recibido el mensaje.

▶ **Para generar un operador**

1. En el árbol de consola, expanda Administración y después expanda Agente SQL Server.
2. Haga clic derecho en Operadores y después haga clic en Nuevo operador.
3. En la pestaña General, en Nombre, escriba el nombre **Admin**.
4. En Nombre de correo electrónico, escriba la dirección del buzón del operador, **Admin**. (O haga clic en el botón elipsis y agregue Admin desde la libreta de direcciones.)
5. En Dirección de envío de red, escriba el nombre de ordenador **SQLServer** (o el nombre de su ordenador si no es SQLServer).
6. Haga clic en Probar para correo electrónico y orden de envío de red. Haga clic en Aceptar para cerrar los cuadros de diálogo resultantes y, por último, haga clic en Aceptar para cerrar el cuadro de diálogo Propiedades del nuevo operador y agregar el nuevo operador.
7. Compruebe la bandeja de entrada para ver que el mensaje de prueba fue recibido desde el Agente SQL Server.

Sugerencia: Si el mensaje todavía no se ha recibido, haga clic en Entregar ahora en el menú de Herramientas para ver si hay nuevos mensajes. Haga esto inmediatamente para ver si hay nuevos mensajes cuando esté esperando un nuevo mensaje; de otra manera, el mensaje tardará un tiempo en llegar.

Cómo crear trabajos

Para definir un nuevo trabajo, puede utilizar el Administrador corporativo de SQL Server o ejecutar el procedimiento almacenado de sistema sp_add_job. También puede utilizar el Asistente para creación de trabajos. La definición del trabajo se almacena en la tabla del sistema msdb..sysjobs. Esta tabla se mantiene en la caché para mejorar el rendimiento. Cuando defina trabajos, debería:

- Asegurarse de que un trabajo está habilitado. Los trabajos están habilitados de manera predeterminada. Si un trabajo está deshabilitado, no se podrá ejecutar de acuerdo con su programación. No obstante, un trabajo deshabilitado puede ser ejecutado cuando se dispara una alerta o cuando un usuario inicia el trabajo en el Administrador corporativo de SQL Server.

■ Especifique el propietario que es responsable de la realización del trabajo. De manera predeterminada el propietario es una cuenta de inicio de sesión de usuario de Windows NT o de SQL Server que ha creado el trabajo.

■ Defina si el trabajo se ejecuta en un servidor local o en múltiples servidores remotos.

■ Cree categorías de trabajo para ayudarse a organizar, filtrar y administrar muchos trabajos. Por ejemplo, puede crear categorías de trabajos que correspondan a departamentos en su empresa. Las categorías son particularmente útiles cuando se automatizan trabajos en un entorno de multiservidor.

Ejercicio: Cómo definir un trabajo con el Asistente para creación de trabajos

En este ejercicio utilizará el Asistente para creación de trabajos para definir un trabajo que realice una copia de seguridad del registro de transacción de StudyNwind diariamente a las 5:00 p. m.

▶ **Para utilizar el Asistente para creación de trabajos**

1. En el árbol de consola, haga clic en su servidor.
2. En el menú de Herramientas del Administrador corporativo de SQL Server, haga clic en Asistentes.
3. Expanda Administración y después haga doble clic en Asistente para creación de trabajos.
4. Utilice la información en la siguiente tabla para crear un trabajo que esté programado para realizar una copia de seguridad del registro de transacción de la base de datos StudyNwind diariamente a las 5:00 p. m. Acepte los valores predeterminados para cualquier opción que no esté listada.

Opciones	Valor
Tipo de comando de trabajo	Comando Transact-SQL.
Nombre de base de datos	StudyNwind.
Instrucción Transact-SQL	BACKUP LOG StudyNwind TO DISK = 'C:\Mssql7\Backup\Nwindlog.bak'.
Programación	En una base regular: Diariamente, Cada 1 día, tenga lugar una vez a las 5:00 p.m.
Notificaciones	Admin. de correo electrónico y admin. de envío de red.
Nombre del trabajo	StudyNwind Log Backup.

Ejercicio: Cómo ejecutar el trabajo manualmente

En este ejercicio comprobará que su trabajo ha sido creado con éxito y que se han enviado notificaciones.

▶ **Para ejecutar el trabajo manualmente**

1. Compruebe que la opción de base de datos trunc. log on chkpt. de la base de datos StudyNwind es falsa.
2. En el Administrador corporativo de SQL Server, expanda Administración y después expanda Agente SQL Server.
3. En el árbol de consola, haga clic en el icono Trabajos par definir todos los trabajos definidos en el panel de detalles.
4. En el panel de detalles, haga clic derecho en Trabajo de copia de seguridad de registro StudyNwind y después haga clic en Iniciar trabajo. Esto ejecuta el trabajo manualmente.

   Fíjese que ha aparecido un mensaje en su pantalla de un comando de envío de red.

5. En el panel de detalles, haga clic derecho en Trabajo de copia de seguridad de registro StudyNwind y después haga clic en Ver historial de trabajo para comprobar que el trabajo se ha completado con éxito.

   ¿Qué información se muestra en el historial de trabajo cuando se selecciona Mostrar detalles del paso? ¿Qué información se muestra cuando esta opción se desactiva?

6. Cambie a la bandeja de entrada para comprobar que ha recibido un mensaje de correo electrónico.

Cómo definir pasos de trabajo

Cuando cree un trabajo debe definir los pasos individuales que componen ese trabajo. Puede utilizar el Administrador corporativo de SQL Server o ejecutar el procedimiento almacenado de sistema sp_add_jobstep para definir cada paso del trabajo. Las definiciones de pasos de trabajo se almacenan en la tabla de sistema msdb..sysjobsteps.

Los pasos de trabajo pueden ser instrucciones Transact-SQL, tareas de duplicación, comandos de sistema operativo o secuencias de comandos ActiveX. Cada paso de trabajo sólo puede ser de un tipo. Se pueden combinar distintos tipos de pasos de trabajo en el mismo trabajo.

Cómo utilizar instrucciones Transact-SQL

La mayoría de las veces los trabajos ejecutan instrucciones Transact-SQL. Por ejemplo, las instrucciones Transact-SQL pueden ser utilizadas para realizar una copia de seguridad de la base de datos y del registro de transacción, actualizar estadísticas de índice y comprobar la integridad de base de datos.

Cuando defina pasos de trabajo para ejecutar instrucciones Transact-SQL, procedimientos almacenados o procedimiento almacenado extendidos, considere los siguientes hechos y directrices:

- Debería incluir las variables y los parámetros requeridos en el paso de trabajo.
- Puede enviar el resultado de un paso de trabajo a un archivo de salida. Los archivos de salida son utilizados frecuentemente en la solución de errores para capturar cualquier

mensaje de error que pueda haber tenido lugar mientras se ejecutaba la instrucción. No puede utilizar un archivo de salida de un paso de trabajo como entrada para el paso siguiente.

Cómo especificar contexto de usuarios de base de datos para ejecutar pasos de trabajo

El Agente SQL Server ejecuta pasos de trabajo Transact-SQL si el propietario del trabajo o el usuario de base de datos definido para ejecutar el paso de trabajo tiene los permisos apropiados.

El Agente SQL Server invoca la instrucción SETUSER para establecer el contexto del propietario del trabajo de usuario de base de datos para los pasos de trabajo Transact-SQL, cuando:

- El trabajo es propiedad de una cuenta de inicio de sesión SQL Server que no es miembro de la función sysadmin.
- Un miembro de la función sysadmin es propietario del trabajo, pero el paso individual Transact-SQL ha sido definido para ser ejecutado bajo otro contexto de usuario de base de datos.
- El trabajo es propiedad de una cuenta de usuario Windows NT que no es miembro de la función sysadmin.

La instrucción SETUSER va al controlador de dominio principal (PDC) o al controlador de dominio de copia de seguridad (BDC) para determinar la pertenencia de grupo de la cuenta de paso o de paso de trabajo. Entonces SQL Server determina los permisos de base de datos asociados de SQL Server.

Cómo utilizar comandos de sistema operativo

Además de ejecutar instrucciones Transact-SQL puede definir pasos de trabajo para ejecutar una programación o comando de sistema operativo. Las extensiones .EXE, .BAT, .CMD, y .COM identifican estos programas. Cuando defina un paso de trabajo que es un comando de sistema operativo, debería:

- Identificar un procesado de código de salida para indicar que el comando ha tenido éxito.
- Indicar la ruta completa al programa ejecutable en el cuadro de texto Comando cuando inicie un comando de sistema operativo. La ruta se requiere para ayudar al Agente SQL Server a encontrar el origen de la programación.

Cómo utilizar lenguajes Active Scripting

Muchas compañías han desarrollado aplicaciones empresariales con lenguajes Active Scripting, como Microsoft Visual Basic, Scripting Edition (VBScript) o JavaScript. La creación de un trabajo par ejecutar estas secuencias de comandos proporciona a los desarrolladores el beneficio añadido de programar trabajos y notificar operadores.

Permisos requeridos para ejecutar pasos de trabajos del sistema operativo o Active Scripting

De manera predeterminada se les permite a todos los propietarios de trabajo el ejecutar pasos de trabajo que contengan comandos de sistema operativo o Active Scripting. Los trabajos que son propiedad de cuentas de inicio de sesión que son miembros de la función sysadmin ejecutan pasos de trabajo en el contexto de seguridad de la cuenta del servicio de Agente SQL Server. Los trabajos que son propiedad de cuentas de inicio de sesión que no son miembros de la función sysadmin se ejecutan en el contexto de seguridad de la cuenta de usuario SQLAgentCmdExec de Windows NT. Esta cuenta se crea como una cuenta de usuario local, sin privilegios administrativos, cuando se instala SQL Server. La cuenta se agrega como miembro de los grupos Usuarios y Usuarios del dominio.

Un usuario que no tenga privilegios de sistema operativo, pero que tenga permisos para agregar un trabajo, puede crear un trabajo que ejecute un comando de sistema operativo o Active Scripting, con los privilegios de sistema operativo de la cuenta SQLAgentCmdExec.

Puede especificar que sólo los miembros de la función sysadmin tengan la habilidad de ejecutar pasos de trabajo de sistema operativo y Active Scripting modificando las propiedades del Agente SQL Server. La Figura 13.3 muestra la pestaña del Sistema de trabajos del cuadro de diálogo Propiedades del Agente SQL Server con esta opción activada.

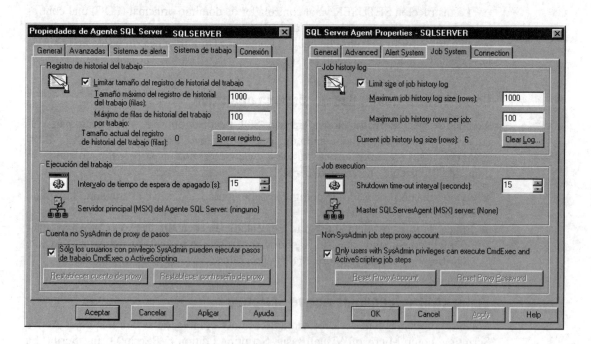

Figura 13.3.   Cómo definir privilegios de pasos de trabajo para la función sysadmin.

Cómo determinar flujo de lógica de acción para cada paso de trabajo

Cuando cree trabajos, puede especificar acciones que serán llevadas a cabo si ocurre un error durante la ejecución de un trabajo. Puede conseguir esto determinando la acción que deberá ser llevada a cabo al éxito o fracaso de cada paso de trabajo:

■ De manera predeterminada, SQL Server avanza al siguiente paso de trabajo al tener éxito o se detiene al fracasar un paso de trabajo. Sin embargo, los pasos de trabajo pueden ir a cualquier paso definido en el trabajo al tener éxito o fracasar.

■ Puede especificar el número de veces que SQL Server debería reintentar la ejecución de un paso de trabajo si éste fracasa. También puede especificar los intervalos de reintentos (en minutos).

Por ejemplo, si el paso de trabajo requiere una conexión a un servidor remoto, podría definir varios intentos de conexión en el caso de que la conexión fracase.

La Figura 13.4 muestra un ejemplo de flujo de lógica entre pasos de trabajo.

Cómo programar trabajos

Un trabajo es ejecutado por el Agente SQL Server basándose en uno o más programas predefinidos o por demanda de un usuario. Puede utilizar el Administrador corporativo de SQL Server o ejecutar el procedimiento almacenado del sistema sp_add_jobschedule para definir cada programación da trabajo. Los programas de trabajo son almacenados en la tabla de sistema msdb..sysjobschedules.

Un trabajo puede ser ejecutado por el Agente SQL Server como se había programado sólo si el trabajo y la programación están habilitados.

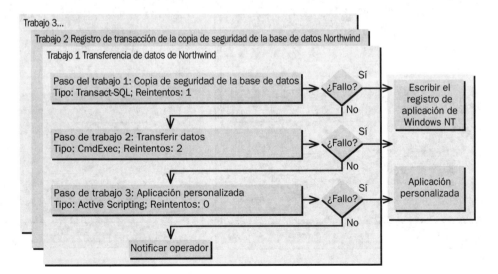

Figura 13.4. Ejemplo de flujo de lógica entre pasos de trabajo.

Los trabajos pueden ser programados para que tengan lugar:

- En un momento específico (sólo una vez).
- En base recurrente (diaria, semanal o mensualmente).

Los trabajos también se pueden programar para que se inicien automáticamente cuando:

- Se inicie el Agente SQL Server.
- Cuando el CPU este inactivo.

Puede definir y habilitar la condición de CPU inactivo desde su servidor en el cuadro de diálogo Propiedades del Agente SQL Server, como se muestra en la Figura 13.5. La condición predeterminada tiene lugar cuando la utilización media del CPU se mantiene por debajo del 10 por 100 durante 600 segundos.

Múltiples programas

Un trabajo puede tener múltiples programas. Por ejemplo, un trabajo que realice una copia de seguridad de registro de transacción de base de datos podría ser programado para ser ejecutado cada dos horas durante horas punta de negocios, de lunes a viernes y cada cuatro horas durante horas normales. La Figura 13.6 muestra un ejemplo de un trabajo con múltiples programas.

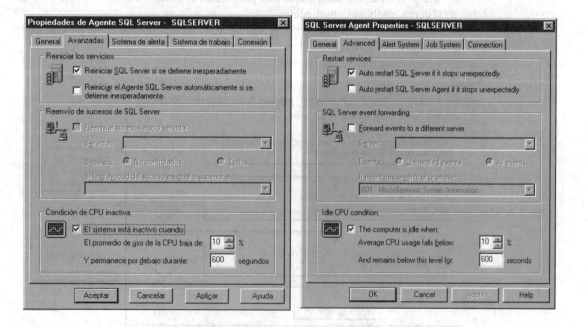

Figura 13.5.   La pestaña Avanzado del cuadro de diálogo de Propiedades del Agente de SQL Server mostrando las opciones de condición de CPU inactiva.

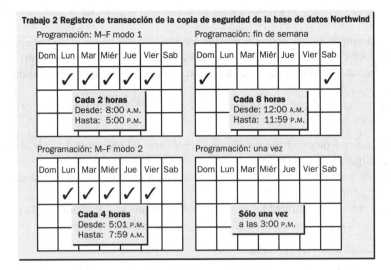

Figura 13.6.   Ejemplo de un trabajo con múltiples programas.

Cómo revisar y configurar el historial de trabajo

El Agente SQL Server captura estados de trabajo y de ejecución de paso de trabajo y almacena la información en la tabla del sistema msdb..sysjobhistory. Puede ver información de historial de trabajos individuales, así como configurar el tamaño de la tabla de historial de trabajo, con el Administrador corporativo de SQL Server.

Cómo revisar un historial de trabajo individual

Si un trabajo no se ejecuta correctamente, puede ver el historial del trabajo para obtener información acerca de cada paso de trabajo, la causa del error y soluciones para resolver el problema. Concretamente, el historial del trabajo registra:

- La fecha y hora en la que se ha llevado a cabo el paso de trabajo.
- Si el paso de trabajo ha tenido éxito o no.
- El operador que ha sido notificado y el método de notificación.
- La duración del paso de trabajo.
- Errores o mensajes.

Si SQL Server se cierra mientras se estaba ejecutando una instrucción Transact-SQL, el historial de trabajo contiene información acerca del paso de trabajo que estaba en progreso cuando tuvo lugar el cierre.

Cómo configurar el tamaño del registro de historial de trabajo

El historial de ejecuciones de trabajos del Agente SQL Server se almacena en la tabla de sistema sysjobhistory. En la pestaña Sistema de trabajo del cuadro de diálogo Propiedades del Agente SQL Server puede configurar el tamaño máximo del registro del historial de trabajos. El tamaño se especifica como el número de filas en la tabla de sistema sysjob-history.

Sin ningún límite definido para el crecimiento del historial de trabajos, la tabla sys-jobhistory crecerá. Dependiendo de la configuración de autocrecimiento para la base de datos msdb, la base de datos se llenará o crecerá para ocupar una cantidad creciente de espacio de disco.

Cuando configure el tamaño del registro del historial de trabajos, considere los siguientes hechos:

- De manera predeterminada, el tamaño máximo del registro del historial de trabajos está configurado en 1.000 filas.
- De manera predeterminada, el historial de trabajos máximo para trabajos individuales está configurado en 100 filas.
- Las filas serán eliminadas de la tabla del sistema sysjobhistory de la primera manera que entra, primera que sale (FIFO) cuando se alcance el límite.

Nota: Es importante el comprobar el historial de pasos de trabajos para trabajos que no se han ejecutado correctamente, ya que la descripción más exacta acerca de la razón del fracaso, normalmente, estará registrada aquí.

Ejercicio: Cómo crear un trabajo con pasos de trabajo múltiples

En este ejercicio creará un trabajo que transfiere un archivo de datos a la tabla the Products en la base de datos StudyNwind y después realiza una copia de seguridad de base de datos cuando la transferencia de datos se ha completado con éxito.

▶ **Para crear un trabajo con pasos de trabajo múltiples**

1. En el Administrador corporativo de SQL Server, expanda Administración y después expanda Agente SQL Server.
2. Haga clic derecho en Trabajos y después haga clic en Nuevo trabajo.
3. En el cuadro de diálogo de Propiedades de nuevo trabajo, en la pestaña General, escriba el nombre **StudyNwind Monthly Data Transfer** en Nombre. Deje las otras opciones de la pestaña General como están.
4. Utilice la información en las siguientes tablas para agregar dos nuevos pasos en la pestaña Pasos. Deje las opciones que no se encuentren listadas como están.

Opción	Pestaña	Valor
Nombre del paso	General	Copiar datos de nuevo producto.
Tipo	General	Comando de sistema operativo (CmdExec).
Comando	General	C:\Sqladmin\Exercise\ Ch13\Transfer.cmd.

(continúa)

Opción	**Pestaña**	**Valor**	*(continuación)*
En caso de éxito	Avanzado	Ir al paso Siguiente.	
Número de reintentos	Avanzado	1.	
Intervalo entre intentos (min)	Avanzado	1.	
En caso de error	Avanzado	Salir del trabajo e informar del error.	
Archivo de salida	Avanzado	C:\Temp\Prodcopy.txt.	
Opción de archivo de salida	Avanzado	Sobrescribir.	

Opción	**Pestaña**	**Valor**
Nombre del paso	General	Copia de seguridad StudyNwind DB
Tipo	General	Secuencia de comandos Transact-SQL (TSQL)
Base de datos	General	StudyNwind
Comando	General	BACKUP DATABASE StudyNwind TO DISK = 'C:\Mssql7\Backup\Nwind.bak' WITH INIT
En caso de éxito	Avanzado	Ir al paso siguiente.
Número de reintentos	Avanzado	1.
Intervalo entre intentos (min)	Avanzado	1.
En caso de error	Avanzado	Salir del trabajo e informar del error
Archivo de salida	Avanzado	C:\Temp\Prodcopy.txt.
Opción de archivo de salida	Avanzado	Adjuntar.

5. Utilice la información en la siguiente tabla para crear un nuevo programa en la pestaña Programaciones. Deje las opciones que no se encuentren listadas como están.

Opción	**Valor**
Nombre	Primer día del mes.
Tipo de programación	Recurrente, mensualmente, Día 1 de cada mes. Tiene lugar a la 1:00 a.m.

6. En la pestaña Notificaciones, active Operador de correo electrónico y envío de red y escriba **Admin** como la dirección para cada uno.
7. Haga clic en Aceptar para cerrar el cuadro de diálogo Propiedades de nuevo trabajo y agregar el nuevo trabajo.

Ejercicio: Cómo simular un fallo de paso de trabajo

En este ejercicio cambiará el nombre del archivo de transferencia de datos para simular un error que cause que el primer paso de trabajo produzca un error.

▶ **Para simular y comprobar que ha fallado un paso de trabajo**

1. Abra el explorador Windows NT.
2. Cambie el nombre al archivo C:\Sqladmin\Ejercicio\ch13\Prods.txt a C:\Sqladmin\Exercise\ Ch13\Prods.sav.
3. Cambie al Administrador corporativo de SQL Server.
4. Haga clic derecho en StudyNwind Trabajo de transferencia de datos mensual y después haga clic en Iniciar trabajo. El cuadro de diálogo de Iniciar trabajo le permite iniciar un trabajo en cualquier paso. Haga clic en Iniciar para que el trabajo inicie la ejecución con el primer paso.
5. Tendrá que esperar más o menos un minuto antes de que aparezca un mensaje en su pantalla de un comando de envío de red. Esto se debe a que el trabajo está configurado para reintentarse una vez más en caso de error. La notificación sólo se envía si el reintento también produce un error.
6. En el panel de detalles, haga clic derecho en StudyNwind Trabajo de transferencia de datos mensual y después haga clic en Ver historial de trabajo para comprobar que el trabajo no se ha completado con éxito. El trabajo aparecerá en el historial sólo después del reintento, pero el error inicial se verá inmediatamente si la opción Mostrar detalles del paso está activada.

   ¿En qué se fija en el historial?

   Corregirá el error y ejecutará el trabajo otra vez en la Lección 4 de este capítulo.

Nota: Si el mensaje de error en el paso 1 es "El sistema no puede encontrar la ruta especificada," el comando en el paso 1 es incorrecto. En este caso, modifique el paso y asegúrese que la ruta en el comando es correcta (debería ser C:\Sqladmin\Ejercicio\ Ch13\Transfer.cmd).

---

7. Abra el registro de aplicación Windows NT para confirmar que el error del trabajo se ha registrado.

   ¿Qué información se muestra en el registro?

8. Cambie a Bandeja de entrada para confirmar que ha recibido un mensaje de correo electrónico notificándole que el trabajo no se ha realizado con éxito.
9. Abra Block de notas y después abra C:\Temp\Prodcopy.txt.

   ¿Qué información se muestra en el archivo de salida?

Ejercicio práctico: Cómo configurar SQL Mail

En los siguientes ejercicios configurará el servicio SQL Mail para ver cómo puede hacer que SQL Server envíe mensajes de correo electrónico. Puede utilizar esta herramienta para enviar sus propias notificaciones de correo electrónico y resultados de secuencia de comandos Transact-SQL y procedimientos almacenados.

Ejercicio 1: Cómo iniciar una sesión SQL Mail

En este ejercicio comprobará que SQL Mail no se está ejecutando. Entonces especificará un nombre de perfil de correo para SQL Mail y lo iniciará.

▶ **Para iniciar una sesión SQL Mail**

1. Cambie al Administrador corporativo de SQL Server.
2. Expanda Servicios de compatibilidad. Fíjese que SQL Mail no se está ejecutando.
3. Haga clic derecho en SQL Mail y después haga clic en Iniciar.
   ¿Se ha iniciado la sesión de SQL Mail con éxito?
4. Revise los mensajes en el registro actual en Registros SQL Server en la carpeta Administración en el árbol de consola.
   ¿Cuál es el origen de los mensajes de error asociados con SQL Mail?
5. Vuelva a la carpeta Servicios de compatibilidad. Haga clic derecho en SQL Mail y después haga clic en Propiedades.
6. En nombre de perfil, seleccione Perfil SQLMail y haga clic en Probar. Un mensaje confirma que se ha hincado una sesión MAPI utilizando el perfil. Haga clic en Aceptar para cerrar el cuadro de diálogo.
   Ahora ha configurado SQL Mail y el Agente SQL Server para utilizar diferentes perfiles. Esto le permite utilizar buzones separados en su servicio de mensajería. Se pueden configurar para que ambos utilicen el mismo perfil si quiere que compartan el mismo buzón.
7. Haga clic derecho en SQL Mail y después haga clic en Iniciar.
   ¿Se ha iniciado con éxito la sesión SQL Mail?

Ejercicio 2: Cómo enviar un resultado de consulta utilizando SQL Mail

En este ejercicio ejecutará el procedimiento almacenado extendido xp_sendmail para enviar el conjunto de resultados de una consulta a usted mismo para comprobar que la sesión SQL Mail funciona como se esperaba.

▶ **Para enviar un resultado de consulta utilizando SQL Mail**

1. Abra el Analizador de consultas de SQL Server e inicie una sesión en el servidor (local) con autenticación de Microsoft Windows NT. Su cuenta de administrador es miembro del grupo de administradores de Windows NT, la cual se asigna automáticamente a la función sysadmin de SQL Server.
2. Abra C:\Sqladmin\Ejercicio\Ch13\Sqlmail.sql y revise su contenido.
3. Ejecute la secuencia de comandos. Debería ver un mensaje en el panel de resultados indicando que el mensaje ha sido enviado.

4.   Cambie a Bandeja de entrada y abra el nuevo mensaje.
     ¿Cuál ha sido el resultado de la consulta?

Resumen de la lección

Los trabajos le permiten automatizar tareas administrativas. Puede ejecutar trabajos a petición o de acuerdo con una programación y un trabajo puede generar un mensaje de correo electrónico, un mensaje emergente Windows NT o un mensaje de localizador cuando tenga éxito o produzca un error. Para utilizar las características de mensajería, necesita configurar operadores para que reciban uno de los tipos de mensaje. Los trabajos proporcionan capacidad completa de pasos múltiples y la habilidad de controlar el flujo de pasos de trabajo. SQL Server mantiene un historial de ejecuciones de trabajos, con mensajería que indica el éxito o el fracaso de cada paso de trabajo.

Lección 3: Cómo crear alertas

SQL Server le permite responder a problemas potenciales mediante la creación de alertas para responder a errores de SQL Server, errores definidos por el usuario o condiciones de rendimiento de SQL Server. También puede crear un operador a prueba de errores en el caso de que una notificación de localizador no tenga éxito al contactar con un operador. Esta lección describe cómo realizar esta tareas.

Después de esta lección podrá:

- Crear alertas para responder a errores de SQL Server 7.
- Utilizar las alertas de condición de rendimiento de SQL Server para notificar a un administrador de sistema o base de datos (también conocido como operador) de problemas potenciales antes de que ocurran.
- Configurar el reenvío de sucesos SQL Server.
- Asignar un operador a prueba de errores.

Tiempo estimado de la lección: 90 minutos

Cómo utilizar alertas para responder a problemas potenciales

Las alertas responden a errores de SQL Server o a errores definidos por el usuario (suceso) que han sido escritos en el registro de aplicación de Windows NT. Los errores SQL Server se producen en respuesta a problemas predefinidos, como permisos insuficientes de usuario para modificar una tabla o que se llene el registro de transacción. Para producir mensajes definidos por el usuario, la aplicación de base de datos (normalmente un procedimiento almacenado o un desencadenador) deben invocar la instrucción RAISERROR.

Ejercicio: Cómo crear una alerta con el Asistente para creación de alertas

En este ejercicio, utilizará el Asistente para creación de alertas para crear una alerta que esté definida para mandar notificaciones de correo electrónico y envío de red cuando tenga lugar un error con un nivel de gravedad 17.

▶ **Para generar una alerta utilizando el Asistente para creación de alertas**

1. Abra el Administrador corporativo de SQL Server y expanda su servidor.
2. En el menú Herramientas, haga clic en Asistentes.
3. Expanda Administración y después haga doble clic en Asistente para creación de alertas.
4. Cree una alerta utilizando la información en la siguiente tabla. Acepte los valores predeterminados para cualquier valor que no esté listado.

Opción	Valor
Si la gravedad es	017—Recursos insuficientes.
Nombre de base de datos	(Todas las bases de datos).
Qué trabajo ejecutar	(ningún trabajo).
Notificar a los operadores	Admin: Correo electrónico y envío de red.
Incluir el texto del mensaje de error en	Correo electrónico y envío de red.
Qué mensaje de notificación de alerta enviar al operador	Mi primera alerta.
Nombre de la alerta	Severity Level 17 Errors.

5. En el árbol de consola, expanda Administración, expanda Agente SQL Server y después haga clic en el icono Alertas.
6. En el panel de detalles, compruebe que la alerta denominada Severity Level 17 Errors ha sido creada.
7. Haga clic derecho en la alerta y después haga clic en Propiedades para revisar la definición de la alerta.

¿Qué respuestas adicionales a la alerta pueden ser definidas que no han sido incluidas como parte del asistente?

Cómo crear alertas para responder a errores de SQL Server

Puede crear alertas que se disparen como respuesta a errores especificados de SQL Server o que se disparen en respuesta a todos los errores de un nivel de gravedad específico.

Sugerencia: SQL Server tiene un número de alertas de demostración predefinidas. Ya que no hay operadores asignados a estas alertas, no hacen nada. Debería asignar operadores a estas alertas y darles nombres más significativos o reemplazarlas con sus propias alertas.

Cómo definir alertas basadas en números de error SQL Server

Puede utilizar el Administrador corporativo de SQL Server, el Asistente para creación de alertas o el procedimiento almacenado de sistema sp_add_alert para definir una nueva alerta. La definición de la alerta se almacena en la tabla del sistema msdb..sysalerts. Esta tabla se mantiene en la caché para mejorar el rendimiento. Cuando defina una alerta para un número de error de SQL Server, considere los siguiente hechos y directrices:

■ Las alertas se disparan sólo para errores que están escritos en el registro de aplicación de Windows NT.
■ Puede definir alertas basadas en números de errores de SQL Server o definidos por el usuario que estén almacenados en la tabla del sistema master..sysmessages.

- Puede definir más de una alerta para un número de error de SQL Server. Sin embargo, cada alerta debe estar limitada a una base de datos en particular o a todas las bases de datos.

  Por ejemplo, para responder al número de error 9002 en las bases de datos payroll y customer, podría crear dos alertas separadas. Como manera alternativa, podría crear una alerta que responda al error 9002 en todas las bases de datos.

- Cuando crea una alerta que se aplica a todas las bases de datos, asegúrese de que los mensajes de error proporcionen una explicación suficientemente detallada, normalmente proporcionando el nombre de la base de datos en el mensaje. Si el mensaje no proporciona una explicación detallada, cree alertas separadas para cada base de datos.

- Puede hacer que una alerta sea más concreta o selectiva, especificando texto que debe ser incluido en el mensaje de error para que se dispare la alerta.

  Por ejemplo, si crea una alerta para el error 18456, el mensaje de error incluye el nombre del usuario que no consigue iniciar una sesión. Podría especificar el texto "Error de inicio de sesión para el usuario 'sa'" para que la alerta tenga lugar sólo cuando alguien está intentando iniciar una sesión como sa.

Cómo definir alertas basadas en niveles de gravedad de error

La siguiente tabla proporciona un resumen de los niveles de gravedad de error de SQL Server.

Nivel de gravedad	Descripción	Puede ser corregido por	Escrito al registro de aplicación NT
0 – 10	Mensajes informativos; esto no son errores	N/A	Opcional.
11 – 16	Errores de usuario	Usuario	Opcional.
17	Errores de recursos insuficientes	Administrador, posiblemente propietario de base de datos	Opcional.
18	Error interno no fatal	Administrador	Opcional.
19	Error de recurso no configurable	Administrador	Sí.
20 – 25	Errores fatales	Administrador	Sí.

Cuando defina una alerta para una alerta de nivel de gravedad como condición, considere los siguientes hechos y directrices:

- Los errores de SQL Server con nivel de gravedad desde 19 a 25 se escriben automáticamente en el registro de aplicación de Windows NT.

- Los niveles de gravedad desde 20 a 25 son errores fatales, lo cual quiere decir que el código en el cual ocurre el error se termina y el usuario es desconectado. Debería definir siempre un operador al que notificar cuando ocurran estos errores de SQL Server.

- Puede crear una alerta que sea disparada cuando tenga lugar un error de un cierto nivel de gravedad en todas las bases de datos o en una base de datos en concreto.
- Puede hacer que la alerta sea más específica o selectiva especificando texto que debe ser contenido en el mensaje de error. Por ejemplo, puede crear una alerta para que le notifique cuando se produzca un error de gravedad 17 en cualquier base de datos que incluya la cadena "registro" en el mensaje de error.
- Para asegurarse de que las notificaciones de los errores de gravedad son recibidas, se recomienda que configure las alertas para errores de gravedad para que envíen notificaciones a grupos en lugar de a usuarios individuales.

Cómo crear alertas basadas en mensajes de error definidos por el usuario

Puede crear alertas basadas en mensajes de error definidos por el usuario (personalizados). Éstas pueden ser definidas para aplicaciones de base de datos individuales, permitiéndole definir soluciones sofisticadas para evitar problemas potenciales antes de que tengan lugar.

Por ejemplo, puede crear un mensaje de error definido por el usuario para que se produzca de un desencadenador de actualización en una tabla de inventario. Cuando una columna en la tabla inventory se actualice, indicando que los niveles de inventario han bajado por debajo de un 25 por 100 para un producto en concreto, el desencadenador producirá su error definido por el usuario. Entonces, podría definir una alerta para el mensaje de error que ejecute el trabajo de pedir nuevamente inventario y que envíe un mensaje de correo electrónico al agente de compra.

Antes de crear una alerta para un mensaje de error definido por el usuario debe crear el mensaje de error. El programador debe producir el error de la aplicación de base de datos, utilizando la instrucción RAISERROR; SQL Server no producirá el error.

Cómo crear un mensaje de error

Para crear mensajes de error definidos por el usuario, puede utilizar el Administrador corporativo de SQL Server o el procedimiento almacenado de sistema sp_addmessage. Cuando cree mensajes de error definidos por el usuario, considere los siguientes hechos:

- El número asignado para mensajes de error definidos por el usuario debe ser mayor que 50000. Los números de error menores que 50000 están reservados para errores predefinidos de SQL Server.
- Los mensajes de error pueden incluir parámetros para informar de detalles específicos como una base de datos o nombre de usuario.
- Los mensajes de error de SQL Server se muestran en el idioma que se selecciona durante la Instalación. Si administra un entorno SQL Server multilingüe, puede crear mensajes definidos por el usuario para otros idiomas.
- Debe escribir el mensaje de error en el registro de aplicación de Windows NT si tiene la intención de disparar una alerta cuando se produzca el mensaje.

Ejemplo de una alerta basada en un mensaje de error definido por el usuario

Un administrador de cuentas quiere ser notificado por correo electrónico cada vez que se elimine un cliente de la base de datos. También quiere saber el nombre del empleado que ha eliminado al cliente en el caso de que se requiera alguna acción posterior.

Los siguientes pasos proporcionan la secuencia de sucesos que tienen lugar en este escenario cuando se dispara la alerta. La Figura 13.7 ilustra el escenario.

1. Eva Corets, una representante del servicio al cliente, elimina al cliente van Dam de la tabla clientes. Se ejecuta el procedimiento almacenado removecustomer, el cual produce el error numero 50099.
2. El error (suceso) es escrito al registro de aplicación de Windows NT.
3. Se le notifica al Agente SQL Server que ha ocurrido un suceso y entonces lee el registro de aplicación de Windows NT.
4. El Agente SQL Server compara el error con las alertas definidas en la tabla del sistema msdb..sysalerts.
5. El Agente SQL Server procesa la alerta que ha sido encontrada en el error 50099. Las notificaciones definidas en la tabla del sistema msdb..sysnotifications se envían a los operadores basándose en detalles definidos en la tabla del sistema msdb..sysoperators.

Ejercicio: Cómo crear un mensaje de error definido por el usuario

En este ejercicio utilizará el Administrador corporativo de SQL Server para crear un mensaje de error definido por el usuario que se produzca cuando el número de unidades en stock de un producto en particular alcance el nivel en el cual haya que volver a realizar un pedido.

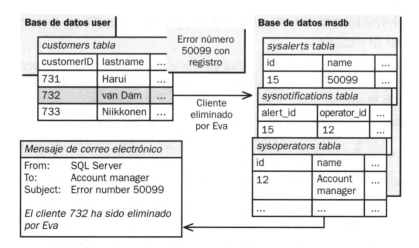

Figura 13.7.   Ejemplo de una alerta basada en un mensaje de error definido por el usuario.

▶ **Para crear un mensaje de error definido por el usuario**

1. Haga clic derecho en su servidor, haga clic en Todas las tareas y después haga clic en Administrar mensajes de SQL Server.
2. En el cuadro de diálogo Administrar mensajes de servidor, haga clic en la pestaña Mensajes.

Nota: La pestaña Mensajes del cuadro de diálogo Administrar mensajes de SQL Server siempre estará vacía cuando la muestre. Si quiere ver los mensajes, debe introducir primero un criterio de búsqueda en la pestaña Búsqueda y hacer clic en Buscar. Esto llenará la pestaña Mensajes con una lista de mensajes que coincidan con su criterio de búsqueda. Para este ejercicio, está usted agregando un mensaje, por lo que no es necesario introducir un criterio de búsqueda.

---

3. Haga clic en Nuevo.
4. Fíjese que el numero de error 50001 ha sido generado para su nuevo mensaje de error. No cambie este número, se requiere que sea 50001 en un ejercicio posterior.
5. En el cuadro de diálogo Nuevo mensaje de SQL Server, en la lista de Gravedad, haga clic en Nivel de gravedad 009 – Definido por el usuario.
6. En el cuadro de texto de Mensaje, escriba el siguiente mensaje de suceso: **The units in stock for %s has reached %d. Please reorder**.
7. Active la opción Escribir siempre en el registro de sucesos de Windows NT para escribir el mensaje de suceso en el registro de sucesos Windows NT.
8. Haga clic en Aceptar para cerrar el cuadro de diálogo y agregar su nuevo mensaje de error.
9. Haga clic en Aceptar para cerrar el cuadro de diálogo Administrar mensajes de SQL Server.

Ejercicio: Cómo crear una alerta para el mensaje de error definido por el usuario

En este ejercicio creará una alerta que envíe un mensaje de correo electrónico al administrador del almacén cuando se produzca su nuevo mensaje de error definido por el usuario.

▶ **Para crear una alerta para el mensaje de error definido por el usuario**

1. Expanda su servidor, expanda Administración, expanda Agente SQL Server, haga clic derecho en Alertas y después haga clic en Nueva alerta.
2. En el cuadro de diálogo de Propiedades de nueva alerta, En el cuadro de Nombre, escriba **Reorder Inventory**.
3. Haga clic en Número de error y escriba **50001** en el campo de número de error, el número de error de su mensaje de error definido por cl usuario.

    Fíjese que a medida que escribe, el mensaje al lado del mensaje del Número de error cambia desde (No es un número de error válido) al mensaje de error cuando el número de error se encuentra en la tabla sysmessages.

Puede buscar errores por el texto del mensaje, número de error o gravedad, haciendo clic en examinar (...) para abrir el cuadro de diálogo Administrar mensajes SQL Server.

4. En la lista de Nombre de base de datos, haga clic en StudyNwind para restringir la alerta a la base de datos específica.
5. Haga clic en la pestaña Respuesta.
6. Active Correo electrónico y Envío de red para el operador Admin.
7. Haga clic en Aceptar para cerrar el cuadro de diálogo y agregar la nueva alerta.
8. Comprobar que la alerta ha sido creada. La alerta Reorder Inventory debería aparecer en el panel de detalles.

Ejercicio: Cómo producir el mensaje de error definido por el usuario

En este ejercicio utilizará el Analizador de consultas de SQL Server para ejecutar un procedimiento almacenado en la base de datos StudyNwind que producirá el error 50001 para probar que la alerta Reorder Inventory funciona como esperaba.

▶ **Para producir un mensaje de error definido por el usuario**

1. Abra el Analizador de consultas de SQL Server e inicie una sesión en el servidor (local) con autenticación de Microsoft Windows NT. Su cuenta es miembro del grupo de administradores Windows NT, la cual es automáticamente asignada a la función de SQL Server sysadmin.
2. Ejecute el procedimiento almacenado reorder proporcionando cualquier ID de producto válido. Por ejemplo,

```
USE StudyNwind
EXEC reorder @prodid = 2
```

¿Ha recibido las notificaciones definidas en respuesta a la alerta?

Cómo configurar el reenvío de sucesos

Puede configurar al Agente SQL Server para reenviar mensajes de suceso sin tratar o todos los mensajes de suceso a otro SQL Server. Puede especificar que sólo los sucesos por encima de un cierto nivel de gravedad sean reenviados. El otro SQL Server trata los sucesos basándose en sus propias definiciones de alerta. El nombre del servidor en el cual ha ocurrido el error será proporcionado en la notificación de alerta.

En un entorno de multiservidor, esto significa que sólo debe definir alertas en un servidor. Puede querer reenviar los sucesos a un servidor que tenga menos tráfico que los otros servidores.

Por ejemplo, puede configurar que los errores con un nivel de gravedad 18 o superior sean enviados al servidor Accounting, como se muestra en la Figura 13.8. Si tiene lugar un error en su servidor con una gravedad de 19, el suceso se reenvía automáticamente al servidor Accounting para que se haga cargo del problema.

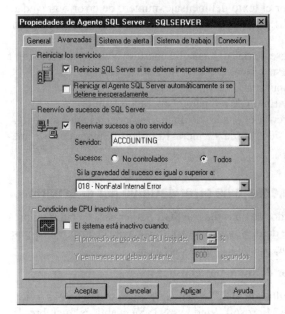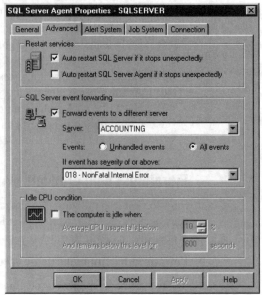

Figura 13.8. La pestaña Avanzado del cuadro de diálogo Propiedades del Agente SQL Server, mostrando las opciones del reenvío de sucesos de SQL Server.

Importante: El reenvío de sucesos sólo está disponible si SQL Server está instalado en Windows NT, no en Windows 95 o Windows 98.

Cómo responder a alertas de condición de rendimiento

Puede crear alertas para responder a condiciones de rendimiento de SQL Server definidas por los objetos y contadores utilizados en el monitor de rendimiento de Windows NT. Una alerta se dispara cuando el valor monitorizado excede, iguala o cae por debajo de un límite definido. Dichas alertas le permiten reconocer problemas con anterioridad y mantener su servidor y bases de datos funcionando sin dificultades.

Por ejemplo, puede crear una alerta de condición de rendimiento que sea disparada cuando el registro de transacción de la base de datos Northwind haya excedido el 75 por 100 de su capacidad. La Figura 13.9 ilustra dicha alerta.

Puede crear alertas de condiciones de rendimiento de SQL Server basándose en la mayoría de los objetos del monitor de rendimiento de SQL Server. Los ejemplos de las medidas en las que puede basar alertas.

- Los búferes de memoria utilizados por SQL Server, como la memoria libre y la base de la proporción de aciertos de la caché del búfer.

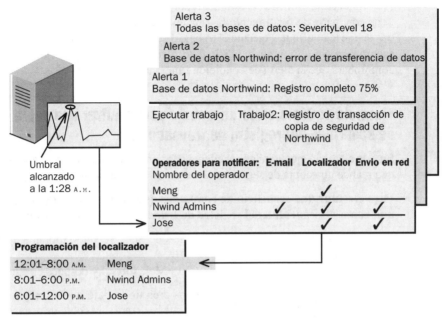

Figura 13.9. Ejemplo de una alerta basada en una condición de rendimiento.

- El número de búsquedas de índice o el número de páginas que son asignadas a los índices y datos.
- La cantidad de caché de SQL Server utilizada para almacenar objetos como procedimientos almacenados, desencadenadores y planes de consulta.
- La cantidad de espacio de registro libre o el número de transacciones activas en la base de datos.
- Tiempo de espera de bloqueos e interbloqueos.
- Procedimientos almacenados personalizados o cualquier instrucción Transact-SQL que devuelvan un valor que deba ser monitorizado.

El monitor de rendimiento de Windows NT no necesita estar ejecutándose en su SQL Server para que pueda utilizar alertas de condiciones de rendimiento.

Nota: Las versiones anteriores de SQL Server requerían que el monitor de rendimiento de Windows NT se estuviese ejecutando para poder utilizar alertas de rendimiento. Una herramienta denominada sqlalrtr debía ser ejecutada desde el monitor de rendimiento de Windows NT para informar acerca de alertas de rendimiento. Esto no es necesario en SQL Server 7.

Ejercicio práctico: Cómo crear una alerta de condición de rendimiento

En estos ejercicios ejecutará una secuencia de comandos que crean un trabajo de múltiples pasos para realizar una copia de seguridad del registro de transacción de StudyNwind.

A continuación, utilizará el Administrador corporativo de SQL Server para crear una alerta de condición de rendimiento basada en el contador del porcentaje utilizado del registro, que se le notifique y ejecute el trabajo de copia de seguridad cuando el registro de transacción de StudyNwind haya llegado al 60 por 100 de su capacidad. Por último, comprobará que la alerta de condición funciona como esperaba.

Ejercicio 1: Cómo crear un trabajo para realizar una copia de seguridad del registro de transacción

En este ejercicio ejecutará una secuencia de comandos que cree un trabajo de varios pasos que realice una copia de seguridad del registro de transacción de StudyNwind.

▶ **Para ejecutar una secuencia de comandos que crea un trabajo para realizar una copia de seguridad del registro de transacción de StudyNwind**

1. Cambie al Analizador de consultas de SQL Server y abra una nueva ventana de consulta.
2. Abra C:\Sqladmin\Ejercicio\Ch13\Makejob.sql y después ejecútelo.

   Esta secuencia de comandos crea un trabajo de varios pasos denominado Backup StudyNwind Log Alert que realizará una copia de seguridad del registro de transacción de StudyNwind. Los pasos de trabajo también incluyen imprevistos para truncar el registro de transacción y realizar una copia de seguridad de base de datos si la instrucción BACKUP LOG no tiene éxito.

   Nota: A medida que se ejecuta esta secuencia de comandos, recibirá mensajes de aviso diciendo que se hace referencia a pasos que no existen. Esto es un comportamiento normal. Cuando se crea cada trabajo, se especifican qué acciones tomar en caso de éxito o fracaso. Los primeros pasos del trabajo hacen referencia a pasos que no han sido creados todavía.

   ---

3. Cambie al Administrador corporativo de SQL Server, expanda su servidor y después expanda Administración. Haga clic derecho en Agente SQL Server y haga clic en Actualizar.
4. Expanda Agente SQL Server y después haga clic en Trabajos. El trabajo Backup StudyNwind Log Alert debería aparecer en el panel de detalles.
5. Haga doble clic en el trabajo Backup StudyNwind Log Alert para revisar las propiedades del mismo.

Ejercicio 2: Cómo crear una alerta de condición de rendimiento para el registro de transacción StudyNwind

En este ejercicio creará una alerta de condición de rendimiento que se dispara cuando el porcentaje utilizado del registro sobrepasa el 60 por 100 para la base de datos StudyNwind.

▶ **Para crear una alerta de condición de rendimiento**

1. Abra el Administrador corporativo de SQL Server.
2. Expanda Administración y después expanda Agente SQL Server. Haga clic derecho en Alertas y haga clic en Nueva alerta.
3. Escriba **StudyNwind Log 60% Full** en Nombre.
4. En Tipo, seleccione Alerta de condición de rendimiento de SQL Server.
5. Utilice los valores en la siguiente tabla para crear la definición de la alerta de condición de rendimiento.

Opción	Valor
Objeto	SQLServer:Bases de datos.
Contador	Porcentaje utilizado del registro.
Instancia	StudyNwind.
Alertar si contador	está por encima de.
Valor	60.

6. Haga clic en la pestaña Respuesta y defina la respuesta a la alerta con la información en la siguiente tabla. Acepte los valores predeterminados para cualquier elemento que no se encuentre en la lista.

Opción	Valor
Ejecutar trabajo	Backup StudyNwind Log Alert.
Operadores para notificar	Admin mediante correo electrónico y envío de red.
Retardo entre respuestas	0 minutos, 0 segundos.

7. Haga clic en Aceptar para cerrar el cuadro de diálogo y agregar la nueva alerta.

Ejercicio 3: Cómo probar una alerta de condición de rendimiento

En este ejercicio revisará y ejecutará una secuencia de comandos que genera actividad en la base de datos StudyNwind para llenar el registro de transacción. Entonces, comprobará que el Agente SQL Server produjo la alerta y ejecutó el trabajo como estaba definido.

▶ **Para probar la alerta de condición de rendimiento**

1. En el explorador de Windows NT, busque y haga doble clic en el archivo C:\Sqladmin\Ejercicio\Ch13\ Watchlog.pmc. Esto abre el monitor de rendimiento de Windows NT y muestra dos contadores. Los contadores muestran el tamaño del registro de transacción de StudyNwind (verde) y el porcentaje del registro de transacción actualmente en uso (rojo). La escala para el tamaño del registro de transacción es ×100 KB. El contador del porcentaje utilizado del registro siempre muestra la cantidad de espacio utilizado en el registro de transacción como un porcentaje del tamaño actual del registro de transacción, por lo que, el por-

centaje disminuirá si el registro crece. El porcentaje no está determinado por la configuración de tamaño del registro, como el tamaño máximo, sólo por el tamaño actual.

2. Cambie a el Analizador de consultas de SQL Server, abra C:\Sqladmin\Exercise \Ch13\ Fulltlog.sql, revise su contenido y después ejecútelo.

   Esta secuencia de comandos simplemente genera actividad en la base de datos StudyNwind que llena el registro de transacción.

3. Cambie a Monitor de rendimiento; verá el registro de transacción llenándose y posiblemente verá cómo crece el registro de transacción.

4. Cuando se produzca la alerta, recibirá un mensaje de enviado de red. Poco después del mensaje de alerta, recibirá otro mensaje de envío de red indicando que se ha realizado una copia de seguridad del registro de transacción; el porcentaje del registro de transacción en uso decaerá. Permita que la alerta se dispare dos o tres veces, y después termine la ejecución de la secuencia de comandos.

Importante: No permita que la secuencia de comandos se ejecute durante demasiado tiempo, o el archivo de copia de seguridad del registro de transacción crecerá a un tamaño muy grande.

---

5. Abra Bandeja de entrada para confirmar que ha recibido un mensaje de correo electrónico notificándole un error.

6. Cambie al Administrador corporativo de SQL Server.

7. Revise el historial de trabajos para el trabajo Backup StudyNwind Log Alert.

   El historial del trabajo debería mostrar la fecha y hora más recientes en las que se ha ejecutado el trabajo con éxito.

8. Revise el historial de alerta de StudyNwind Log 60% Full haciendo clic derecho en la alerta y seleccionando Propiedades. El historial puede ser encontrado en la parte inferior de la pestaña General. Debería mostrar la fecha y hora más reciente en la que se ha producido la alerta.

Cómo asignar un operador a prueba de errores

Puede asignar un operador a prueba de errores para responder a una alerta cuando las notificaciones mediante localizador a los operadores definidos no tengan éxito. Por ejemplo, si un operador no está en servicio cuando se dispara una alerta, se contactará al operador a prueba de errores:

Se notifica a un operador a prueba de errores cuando:

- El/Los operador(es) asignado(s) a la alerta no puede(n) ser localizado/s.
- El Agente SQL Server no puede acceder a las tablas de sistema en msdb.

Cuando asigne un operador a prueba de errores, considere los siguientes hechos:

- La información acerca del operador a prueba de errores se encuentra en la caché. Por tanto, aunque el Agente SQL Server se detenga inesperadamente, todavía se puede notificar al operador a prueba de errores.
- Sólo puede tener un operador a prueba de errores.

■ Por razones de seguridad, no puede eliminar un operador que ha sido designado como el operador a prueba de errores. Debe designar un nuevo operador a prueba de errores o eliminar la asignación de operador a prueba de errores y, entonces, eliminar el operador.

Resumen de la lección

Las alertas hacen que sea posible el crear respuestas automáticas a errores y otras condiciones en SQL Server. Las alertas pueden ser creadas basándose en números de error, niveles de gravedad de error, mensajes de error definidos por el usuario y condiciones de rendimiento. En un entorno amplio, múltiples SQL Server pueden enviar los sucesos para su procesado a un único servidor, centralizando la administración de las respuestas de alerta. Es importante que siempre se notifique a alguien cuando se produzcan ciertas alertas; puede definir un operador a prueba de errores que puede ser notificado, si no se puede notificar a los operadores normales.

Lección 4: Cómo solucionar problemas de administración automática de SQL Server

Si sus trabajos automatizados, alertas o notificaciones no están funcionando adecuadamente, utilice las directrices encontradas en esta lección para aislar y resolver los problemas.

Después de esta lección podrá:

- Solucionar problemas potenciales cuando los trabajos y alertas no se ejecuten como se había anticipado.

Tiempo estimado de la lección: 30 minutos

Lista de control de solución de problemas de administración automática

Cada uno de los siguientes elementos se argumenta por turnos en la siguiente sección.

- Compruebe que el Agente SQL Server ha sido iniciado.
- Compruebe que el trabajo, programación, alerta u operador está habilitado.
- Asegúrese de que la cuenta SQLAgentCmdExec está correctamente configurada.
- Revise los registros de errores.
- Revise el historial de trabajos.
- Compruebe que el cliente de correo esté funcionando apropiadamente.

Comprobar que se ha iniciado el Agente SQL Server

Si el Agente SQL Server se ha detenido por cualquier razón, no podrá ejecutar trabajos o disparar alertas.

Debería considerar que el servicio de Agente SQL Server se inicie automáticamente cada vez que se inicie el servidor Windows NT.

El monitor de Agente SQL Server proporciona autocomprobación para el Agente SQL Server. Si el servicio de Agente SQL Server se detiene inesperadamente, el monitor de Agente SQL Server puede intentar reiniciar el servicio. Habilite el monitor de Agente SQL Server a través del Administrador corporativo de SQL Server como se muestra en la Figura 13.10, o ejecutando el procedimiento almacenado extendido xp_sqlagent_monitor. Cuando el monitor del Agente SQL Server reinicia el servicio SQL Server, se escribe un error al registro de aplicación de Windows NT, haciendo que sea posible configurar una alerta que se dispare cuando el servicio sea reiniciado.

Comprobar que el trabajo, programación, alerta u operador está habilitado

Si los trabajos no se están ejecutando de acuerdo con la programación, las alertas no están

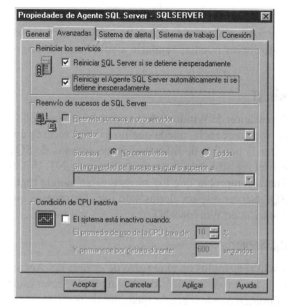 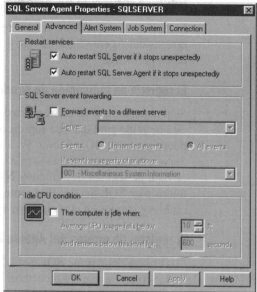

Figura 13.10.   La pestaña Avanzado del cuadro de diálogo Propiedades del Agente SQL Server mostrando las opciones Reiniciar los servicios.

siendo disparadas y los operadores no están recibiendo notificaciones, compruebe que están habilitados los trabajos, programaciones, alertas y operadores.

El hecho de que un trabajo, programación, alerta u operador esté deshabilitado no se registra en el registro de errores de Agente SQL Server ni en el historial de trabajos.

Asegurarse de que la cuenta SQLAgentCmdExec está configurada correctamente

Un trabajo de comando del sistema operativo o un paso de trabajo de secuencia de comandos ActiveX en un trabajo que es propiedad de un usuario que no es miembro de la función sysadmin no se puede ejecutar bajo las siguientes condiciones:

- Si la cuenta SQLAgentCmdExec no ha sido instalada apropiadamente.
- Si la cuenta SQLAgentCmdExec ha sido eliminada.
- Si se han realizado cambios a la contraseña de la cuenta SQLAgentCmdExec fuera del cuadro de diálogo Propiedades del Agente SQL Server.
- Si se ha configurado el Agente SQL Server para permitir que sólo miembros de la función sysadmin puedan ejecutar pasos de trabajo CmdExec y secuencia de comandos ActiveX.

Nota: Si un paso de trabajo no tiene éxito debido a esta razón, lo más probable es que no vea una entrada en el registro de errores del Agente SQL Server. El error será registrado en el historial de paso del trabajo.

Revisar registros de errores

El revisar mensajes de error en el registro de aplicación de Windows NT y los registros de errores del Agente SQL Server y SQL Server pueden ayudarle a solucionar el origen de un problema.

El registro de aplicación de Windows NT

Si el tamaño máximo del registro de aplicación de Windows NT es demasiado pequeño o está definido para que sea sobrescrito con frecuencia, puede que no existan sucesos que pueda procesar SQL Server. Para evitar la pérdida de información de sucesos de SQL Server, incremente el tamaño máximo del registro de aplicación de Windows NT. Utilice el visor de sucesos de Windows NT para comprobar que los sucesos están siendo registrados para SQL Server. El Agente SQL Server dispara alertas sólo para los sucesos que están registrados en el registro de aplicación de Windows NT.

El registro de errores del Agente SQL Server

Los errores del Agente SQL Server están registrados en el registro de errores del Agente SQL Server. De manera predeterminada, los errores y avisos del Agente SQL Server están registrados en el registro de errores. También puede registrar mensajes de traza de ejecución cuando esté solucionando problemas específicos; sin embargo, esto puede hacer que el registro se vuelva grande, por lo que debería estar habilitado durante el funcionamiento normal, fíjese en lo siguiente:

- Cada vez que el Agente SQL Server es detenido y reiniciado se genera un nuevo registro de errores.
- Puede ver el registro de errores actual con el Administrador corporativo de SQL Server o cualquier editor de texto. Hay hasta nueve versiones anteriores del registro de errores guardadas en el directorio C:\Mssql7\Log.
- Puede especificar un destinatario de mensajes emergentes de error para que se le envíe un comando de envío de red cuando se registren errores en el registro de errores del Agente SQL Server.

El registro de errores de SQL Server

También debería revisar el registro de errores de SQL Server. Comparando las fechas y horas de sucesos en el registro de errores de SQL Server, en el registro de errores del agente Server Agent y el registro de aplicación de Windows NT, puede reducir la lista de probables causas de un problema.

Revisar el historial de trabajos

Después de que haya revisado el registro de errores del Agente SQL Server puede querer revisar también la información del historial sobre una alerta, un operador o un trabajo. La fecha y hora de la acción única más reciente se registra para operadores y alertas. Se captura el historial completo de trabajo en la base de datos msdb.

El tamaño de la cantidad máxima de información de historial de trabajo puede ser cambiado. El tener una tabla de sistema sysjobhistory llena puede causar que no tengan éxito las alertas y trabajos. Si debe mantener cantidades grandes de historial de trabajos, debería expandir la bases de datos msdb a un tamaño suficiente para acomodar la crecida.

Sugerencia: Algunos errores de trabajo no son escritos en el registro de errores del Agente SQL Server, pero sí son escritos en el historial de trabajos, por tanto, debería comprobar el historial de trabajos aunque el registro de errores del Agente SQL Server no muestre errores.

Ejercicio: Cómo corregir un problema

En este ejercicio cambiará el nombre al archivo de transferencia de datos para corregir el error simulado en un ejercicio anterior.

▶ **Para corregir un problema y comprobar que funciona un trabajo**

1. Abra el explorador de Windows NT.
2. Cambie el nombre al archivo C:\Sqladmin\Ejercicio\Ch13\Prods.sav por C:\Sqladmin\Exercise\ Ch13\Prods.txt.
3. Cambie al Administrador corporativo de SQL Server.
4. Haga clic derecho en el trabajo StudyNwind Monthly Data Transfer y después haga clic en Iniciar trabajo. El cuadro de diálogo Iniciar trabajo le permite iniciar un trabajo en cualquier paso. Haga clic en Iniciar para que el trabajo se ejecute desde el primer paso.
5. En el panel de detalles, haga clic derecho en el trabajo StudyNwind Monthly Data Transfer y después haga clic en Ver historial de trabajo. Compruebe que el trabajo se ha completado con éxito.
6. Abra Bloc de notas y después abra C:\Temp\Prodcopy.txt.
    ¿Qué información se muestra en el archivo de salida?

Comprobar que el cliente de correo está funcionando apropiadamente

Si las notificaciones de correo electrónico o localizador no funcionan, compruebe que el cliente de correo funciona apropiadamente. Para hacerlo, inicie una sesión en el cliente de correo, utilizando la cuenta de usuario del dominio del Agente SQL Server, y envíe una notificación de correo electrónico o localizador a un operador.

Cómo solucionar problemas de alertas

Ya que el Agente SQL Server depende de y monitoriza los sucesos SQL Server, puede quedar atrapado en un bucle sin fin. Esto, normalmente, tiene lugar cuando a SQL Server se le agota un recurso global esencial y hay una alerta definida para este suceso.

Una condición de bucle tiene lugar cuando el Agente SQL Server dispara una alerta que intenta ejecutar un trabajo. El ejecutar el trabajo a su vez causa el mismo error que disparó la alerta. Esto causa que el trabajo se ejecute otra vez, etc.

Las señales de que se pueden estar produciendo alertas de bucle son que el registro de aplicación de Windows NT se llena rápidamente con el mismo error, la utilización de la CPU es inusualmente alto o el número de respuestas de alerta es alto.

Bajo estas condiciones, el retardo entre cuándo el suceso aparece en el registro de aplicación de Windows NT y el Agente SQL Server responde a este suceso aumenta. Esto causa el retraso de alertas.

Cómo resolver alertas de bucle

Cuando ocurra una alerta de bucle, solucione el error y limpie el retraso de alertas del registro de aplicación de Windows NT. Puede realizar esta acción de una de la siguientes maneras:

- Utilice el visor de sucesos de Windows NT para limpiar el registro de aplicación de Windows NT. Si hace esto, todos los sucesos, incluyendo aquellos no generados por SQL Server son limpiados. Debería intentar resolver el retraso de alertas con otros métodos, si no quiere perder el registro de aplicación de Windows NT actual.

- El Agente SQL Server procesa una alerta sólo una vez dentro de un período de tiempo definido. Este tiempo está predeterminado en un minuto, por tanto, el Agente SQL Server sólo procesará la misma alerta una vez cada minuto, sin tener en cuenta cuántas veces ha ocurrido el error en el que se basa la alerta. Utilice la opción Retardo entre respuestas para que cada alerta establezca este tiempo. Un retraso más amplio reduce el número de alertas que se dispararan debido a cualquier condición y disminuirá el número de alertas disparadas cuando ocurra un bucle de alertas.

Sugerencia: El retraso predeterminado entre respuestas agregadas con el Asistente para creación de alertas o el procedimiento almacenado del sistema sp_add_alert es de 0. En la mayoría de los casos, se recomienda que cambie esto a 1 minuto después de utilizar el Asistente para crear alertas.

- Para evitar que alertas recurrentes en números de errores específicos consuman todos sus recursos, los puede definir como no generadores de alerta.

Para crear un error que no sea generador de alerta, debe modificar el registro de Windows NT. El resultado de esta modificación es que el Agente SQL Server no disparará la alerta cuando tenga lugar el error.

Utilice esta solución sólo como el último recurso. Haga referencia a los Libros en pantalla de SQL Server para información acerca de cómo configurar errores que no generen alertas.

Resumen de la lección

La mayoría de los problemas de la administración automática son causados por cuentas o servicios que están configurados incorrectamente o por servicios que no se están ejecutando. Cuando tienen lugar errores, puede comprobar los registros de errores de SQL Server y del Agente SQL Server, así como los historiales de trabajos para determinar el origen del problema. El planear sus alertas cuidadosamente evitará que tengan lugar bucles de alertas.

Lección 5: Cómo establecer un entorno de multiservidor

Esta lección describe cómo establecer un entorno de multiservidor y cómo automatizar tareas administrativas dentro de este entorno. El modelo de administración de multiservidor se compone del servidor principal (MSX) y uno o más servidores de destino (TSX). Los servidores de destino no necesitan estar registrados en el Administrador corporativo de SQL Server para establecer un entorno de multiservidor, aunque la configuración será más fácil si sí lo están.

Después de esta lección podrá:

- Automatizar tareas administrativas dentro de un entorno de multiservidor.

Tiempo estimado de la lección: 20 minutos

Cómo agrupar múltiples servidores

El tener una configuración de entorno de multiservidor le permite:

- El agrupar múltiples servidores en unidades empresariales de funcionamiento lógico.
- Administrar múltiples servidores desde una ubicación.

Por ejemplo, si un subconjunto de su base de datos de clientes se mantiene en cada sucursal, puede crear un trabajo en la central corporativa para que realice una copia de seguridad de la base de datos de clientes en cada sucursal.

Importante: La administración de multiservidor requiere la versión 7 de SQL Server en todos los servidores. Sus servidores no pueden utilizar versiones antiguas de SQL Server.

Cómo definir un servidor principal

Un servidor principal administra todos los servidores que estén dados de alta en él. El servidor principal debería estar definido en un ordenador que ejecute Windows NT Server debido a la alta carga de conexión que requiere.

Utilice el Administrador corporativo de SQL Server o el Asistente para establecer servidor principal. Hay procedimientos almacenados del sistema para administrar un entorno multiservidor, pero se recomienda que utilice el Administrador corporativo de SQL Server. Para detalles acerca de la utilización de procedimientos almacenados del sistema, vea los Libros en pantalla de SQL Server.

Considere los siguientes hechos y directrices acerca de los servidores principales:

- Cuando define un servidor principal, también da de alta, por lo menos, un servidor de destino. Esto introduce una fila en la tabla de sistema systargetservers en el servidor principal. La existencia de filas en esta tabla designa el servidor principal.

- El Asistente crea un operador MSXOperator en el servidor principal y en cada servidor de destino.

- El servidor principal, normalmente, representa un servidor principal de departamento o unidad empresarial. En las organizaciones más pequeñas, un servidor principal puede dar servicio a toda la compañía.

- Debería designar el servidor principal como el servidor de reenvío de sucesos.

  Si el servidor principal no está realizando funciones de producción de base de datos, la carga de administrar los sucesos que son reenviados desde los servidores de destino no afectarán el rendimiento de la aplicación de base de datos.

Cómo definir servidores de destino

Puede utilizar el Administrador corporativo de SQL Server o ejecutar el procedimiento almacenado de sistema sp_msx_enlist para definir servidores de destino. También puede utilizar el Asistente para establecer servidor de destino. La definición de servidor de destino está almacenada en la tabla de sistema msdb..systargetservers. Un servidor de destino:

- Se asigna sólo a un servidor principal.
- Debe residir en el mismo dominio de Windows NT que el servidor principal o en un dominio de Windows NT fiable.
- No puede ser miembro de otro servidor principal hasta que se dé de baja del servidor principal actual.

Cómo automatizar trabajos en un entorno de multiservidor

Puede crear trabajos en el servidor principal para que sucedan en un servidor de destino. SQL Server realiza los siguientes pasos para procesar trabajos en un entorno multiservidor:

1. El servidor principal expone los trabajos para los servidores de destino en la tabla del sistema msdb..sysdownloadlist.
2. Los servidores de destino se conectan al servidor principal periódicamente para determinar si se han expuesto trabajos nuevos o actualizados para que el servidor de destino descargue. Si existe cualquier trabajo, el servidor de destino descarga la información acerca del trabajo.
3. El servidor de destino carga el estado resultante para cualquier trabajo de multiservidor que se haya completado desde la última descarga y se desconecta del servidor principal.

La Figura 13.11 ilustra este proceso.

Cómo modificar las definiciones de trabajos de multiservidor

El servidor principal almacena la copia principal de definiciones de trabajo y programación. Cuando realice cualquier cambio a trabajos en un entorno multiservidor, considere los siguientes hechos y directrices:

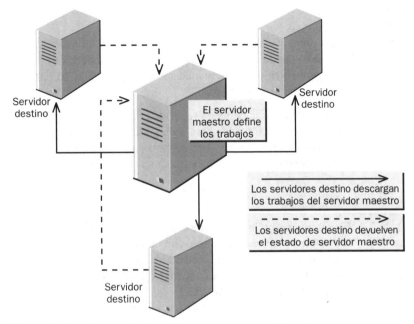

Figura 13.11. Procesado de trabajo en un entorno multiservidor.

- Las definiciones de trabajo no pueden ser modificadas en el servidor de destino.
- Cualquier cambio al trabajo debe ser realizado en el servidor principal.
- El Administrador corporativo de SQL Server expone automáticamente las instrucciones necesarias en la lista de descargas.

Cómo revisar el historial de trabajo

El servidor principal registra la información de realización de trabajo de los servidores de destino en la tabla del sistema msdb..sysjobservers. Esto es además de la información de historial de trabajos registrada en la tabla del sistema msdb..sysjobhistory de cada servidor de destino.

Resumen de la lección

La administración de multiservidor hace que sea posible el administrar centralmente muchos servidores SQL Server con un mínimo esfuerzo. Configure un servidor principal con servidores de destino y tendrá que crear trabajos sólo una vez par todos los servidores en su organización. Los historiales de trabajos de los trabajos creados en el servidor principal están disponibles en el servidor principal, haciendo que sea posible el administrar y monitorizar todos los trabajos centralizadamente.

Revisión

Las siguientes preguntas tienen la intención de reforzar información clave presentada en este capitulo. Si no puede contestar una pregunta, revise la lección apropiada e intente responder la pregunta otra vez. Las respuestas a las preguntas se pueden encontrar en el Apéndice A, "Preguntas y respuestas."

1. Quiere realizar una copia de seguridad del registro de transacción de su base de datos de producción cada hora durante las horas punta de negocios (8:00 a.m. a 6:00 p.m.) y cada tres horas en las horas normales (6:00 p.m. a 8:00 a.m.). ¿Cuál es el método más eficaz para automatizar estas tareas?

2. El administrador de cuentas de cliente ha pedido que se le notifique cada vez que se cambie el límite de crédito de un cliente (aumentado o disminuido). Además, quiere el nombre del representante del cliente que ha actualizado la cuenta del cliente, así como cualquier comentario acerca de por qué se ha realizado el cambio. ¿Cómo realizaría esta tarea?

3. Su nueva aplicación de base de datos está ahora en producción y quiere ejecutar pruebas para revisar su rendimiento. En concreto, quiere saber si el tiempo de espera de bloqueos está por encima de 20 segundos. ¿Cómo se le puede notificar automáticamente cuando tenga lugar este suceso?

Cómo monitorizar y mantener SQL Server

Acerca de este capítulo

En el Capítulo 13 "Cómo automatizar tareas administrativas" aprendió cómo configurar alertas que le notifiquen cuando ocurran problemas en SQL Server. Lo ideal es que esos problemas nunca tengan lugar. En este capítulo, aprenderá a monitorizar SQL Server para ver cuándo las cosas no están funcionando con normalidad y, por tanto, dar los pasos necesarios para rectificar el problema antes de que se dispare la alerta.

Este capítulo también introduce el Asistente para planes de mantenimiento de base de datos, el cual puede utilizar para crear automáticamente todos los trabajos y tareas que deberían formar parte de su plan de mantenimiento de base de datos.

Antes de empezar

Para completar las lecciones en este capítulo debe:

- Tener instalado la versión 7 de SQL Server. Véase el Capítulo 2, "Instalación," para las instrucciones de instalación.
- Poder iniciar una sesión en SQL Server como administrador.
- Haber instalado la base de datos StudyNwind. Véase la sección "Antes de empezar" en "Acerca de este libro" para las instrucciones de instalación de la base de datos StudyNwind.

- Haber instalado los archivos de Ejercicios del CD-ROM de materiales adicionales del curso a su unidad de disco duro. Véase la sección "Antes de empezar" en "Acerca de este libro" para las instrucciones de instalación.

Lección 1: ¿Por qué monitorizar SQL Server?

Debería monitorizar SQL Server para determinar si está funcionado normalmente, y si no lo está, para detectar los factores que están afectando adversamente a su rendimiento. Esta lección argumenta las razones para monitorizar el rendimiento de SQL Server, lista los factores que afectan al rendimiento y describe cómo establecer una línea base para que pueda detectar los cuellos de botella del sistema.

Después de esta lección podrá:

- Explicar por qué es importante el monitorizar Microsoft SQL Server 7.
- Describir los factores que afectan al rendimiento de SQL Server.

Tiempo estimado de la lección: 25 minutos

Razones para monitorizar SQL Server

La monitorización le permite determinar si un servidor está funcionando de manera óptima, y si no lo está, el aislar la causa. Las razones primarias para monitorizar el rendimiento del servidor y la actividad de base de datos son el determinar la causa del bajo rendimiento, examinar el rendimiento total del sistema y examinar la consistencia de datos en la base de datos.

Cómo determinar la causa de un bajo rendimiento

El rendimiento óptimo entrega un tiempo de respuesta mínimo y un rendimiento máximo general en SQL Server. El rendimiento varía de acuerdo con el entorno específico y depende de la configuración de hardware, configuración de software y cómo los individuos y aplicaciones utilizan SQL Server. La monitorización hace que sea posible determinar cuál de estos factores está causando una respuesta menos que óptima en el tiempo de respuesta o en el rendimiento general.

El tiempo de respuesta es la cantidad de tiempo que tarda SQL Server en devolver la primera fila de un conjunto de resultados. El tiempo de respuesta normalmente se conoce como el tiempo percibido, ya que así es como los usuarios reciben información visual de que una consulta se está procesando.

Cómo examinar el rendimiento de todos los procesos para todos los usuarios

El rendimiento mide el número de consultas que pueden ser manejadas por el servidor durante un período de tiempo determinado, junto con el número y el tamaño de las filas que son devueltas al cliente.

A medida que incrementa el número usuarios o el nivel de actividad de los mismos, procesos y consultas adicionales compiten por limitados recursos del sistema. Esta competición por recursos puede hacer que el tiempo de respuesta aumente y que el rendimiento general disminuya.

Cómo examinar la consistencia de datos

Las estructuras de bases de datos, como páginas de datos e índices, se pueden dañar al cabo de un tiempo. Puede utilizar las instrucciones de Database Consistency Checker (DBCC) para comprobar la consistencia lógica y física de una base de datos.

Qué factores afectan al rendimiento

Los factores que afectan el rendimiento se agrupan en seis categorías generales: hardware del servidor, sistema operativo, red, SQL Server, aplicación de base de datos y aplicación del cliente.

Nota: El administrador de sistema puede no tener control sobre todas estas áreas, pero cada área puede ser analizada para determinar dónde tiene lugar el mayor impacto de rendimiento. Entonces los factores sobre los que el administrador tiene control, pueden ser afinados.

Factores que involucran hardware del servidor

Los factores que pueden influir en el rendimiento del servidor incluyen:

- **Procesadores.** El número de procesadores, así como su velocidad, influencia el rendimiento.
- **Disco E/S.** El número de discos, así como su velocidad y el número y tipo de controladores, afecta al rendimiento.
- **Memoria.** Suficiente RAM es crucial para todos los procesos de servidor.

Factores que involucran el sistema operativo

Los factores que pueden afectar al rendimiento del sistema operativo incluyen:

- **Servicios y actividades simultáneas de Windows NT.** Los servicios o actividades simultáneas compiten por los mismos recursos que SQL Server.
- **Archivos de páginas.** El tamaño, número y ubicación de archivos de páginas pueden tener un impacto importante en el rendimiento del sistema. Para un mejor rendimiento, el servidor deberá tener suficiente RAM para asegurar que los archivos de páginas se utilizan con poca frecuencia.
- **Administración del disco.** Varios niveles de RAID pueden tener un impacto positivo o negativo en el rendimiento.

Factores que involucran a la red

La velocidad y actividad de la conexión de red —actividad de red simultánea, anchura de banda y la frecuencia de transferencia de datos— afectan al rendimiento.

Factores que involucran a SQL Server

Los factores de SQL Server que afectan al rendimiento incluyen:

- **Configuración.** Muchas configuraciones críticas son administradas dinámicamente por SQL Server, incluyendo la administración de memoria y las conexiones de usuarios. A menos que tenga una razón para cambiar estas configuraciones, debería permitir que SQL Server administrase estos recursos dinámicamente.
- **Bloqueos.** Las contenciones para recursos de base de datos pueden bloquear procesos y afectar negativamente al rendimiento de SQL Server.
- **Registrar.** El escribir una gran cantidad de información al registro de transacción puede afectar al rendimiento.
- **Actividades simultáneas de SQL Server.** Actividades de mantenimiento, como realizar copias de seguridad y restaurar base de datos, ejecutar operaciones DBCC y generar índices, utilizan recursos y pueden ralentizar el rendimiento general de SQL Server.

Factores que involucran la aplicación de base de datos

Los factores de aplicación de base de datos que afectan al rendimiento incluyen:

- **Diseño lógico y físico.** El nivel de normalización de la base de datos puede afectar al rendimiento.
- **Control de transacciones.** El nivel de control de transacciones que utiliza una aplicación puede determinar el número y duración de los bloqueos (las transacciones que se ejecutan durante más tiempo mantienen los bloqueos durante más tiempo), lo cual afecta el rendimiento general.
- **Conflictos.** Los conflictos repetidos (intentos de acceder a datos que están bloqueados por otra aplicación) pueden ralentizar una aplicación.
- **Consultas.** El cómo se escriben las consultas y si están comprendidas en procedimientos almacenados puede afectar a su tiempo de ejecución. Las consultas que están comprendidas en procedimientos almacenados, normalmente, se ejecutan mejor que las consultas *ad hoc*.

Factores que involucran aplicación de clientes

Los factores de aplicación de cliente que pueden afectar al rendimiento incluyen:

- **Requisitos de usuario.** El número de usuarios simultáneos y estrategias de conexión y desconexión afectan la manera en la que SQL Server utiliza la memoria.
- **Control de transacciones.** El minimizar los conflictos de bloqueos generalmente mejora el rendimiento.
- **Respuesta del cliente a conflictos de bloqueos.** El cómo trata un cliente con la repetición de las consultas y las instrucciones de modificación de datos cuando ocurre una colisión puede afectar al rendimiento.
- **Cursores.** El tipo de cursor, así como qué cantidad de datos son recuperados y dónde se almacena la caché de datos, afectan a la utilización y al tiempo de respuesta.

Cómo detectar cuellos de botella de rendimiento

Un *cuello de botella* es cualquier componente o actividad que limita el rendimiento. Todos estos sistemas tienen cuellos de botella, pero uno de los objetivos de monitorizar su servidor es localizar los cuellos de botella que reduzcan el rendimiento por debajo de las expectaciones.

Cómo decidir qué examinar

Fíjese primero en los temas a nivel de sistema para determinar el origen de un cuello de botella antes de examinar a los temas a nivel de clientes y de consultas. Por ejemplo, los cuellos de botella a nivel de sistema que son causados por la utilización de disco y memoria pueden afectar al rendimiento de toda la aplicación, incluyendo las consultas individuales. El resolver temas de sobrecarga del disco antes de examinar el rendimiento de una consulta en concreto es útil.

Cómo conocer el intervalo aceptable

Como con cualquier técnica de resolución de problemas, el conocer el intervalo de rendimiento aceptable ayuda a identificar las áreas problemáticas. Los números bajos pueden ser tan significativos como los números altos. Si un número es más bajo o más alto de lo esperado, puede indicar que existe un problema. A veces un problema en un área afecta negativamente o disfraza problemas en otras áreas. Por ejemplo:

- Un componente puede evitar que la carga alcance a otro componente.
- La congestión de red puede evitar que las peticiones de clientes alcancen al servidor.
- Los clientes pueden tener cuellos de botella que eviten que puedan acceder al servidor.

Descubra los límites actuales simulando una carga de trabajo en SQL Server mientras monitoriza el sistema utilizando las herramientas descritas en este capítulo.

Cómo establecer una línea base de rendimiento

Monitorice su sistema durante un tiempo para establecer una línea base de rendimiento. Registre medidas para determinar las horas punta de actividad de base de datos, tiempos de respuesta, consultas de producción o de comandos por lotes, y el tiempo requerido para realizar una copia de seguridad de base de datos y restaurarla. Después de haber establecido una línea base, puede comparar el rendimiento actual de su servidor con la línea base para determinar qué área requiere una investigación más profunda.

Cómo configurar un administrador de consultas

Es posible enviar consultas a SQL Server que consuman demasiados de los recursos disponibles del servidor y afecten negativamente al rendimiento. Esto se puede deber a:

- Consultas sin la cláusula WHERE.
- Consultas con pocas cláusulas de combinación, conocidas como productos cartesianos o combinaciones cartesianas.

- Consultas que accedan a bases de datos que no tengan integridad referencial.
- Consultas o procedimientos almacenados que intenten realizar demasiado trabajo de manera legítima.

Para poder evitar que una consulta de larga duración monopolice los recursos y amenace la salud y rendimiento general del servidor, los administradores del sistema pueden configurar un administrador de consultas.

SQL Server se niega a ejecutar cualquier consulta que tenga un valor estimado, en segundos, que exceda el valor especificado por el límite de coste del administrador de consultas. El especificar 0 para esta opción, permite que se ejecute cualquier consulta, independientemente de su duración estimada.

Si utiliza sp_configure o el Administrador corporativo de SQL Server para cambiar el valor de límite de coste del administrador de consultas, el cambio afecta a todo el servidor. La Figura 14.1 muestra la configuración del administrador de consultas en la pestaña de Configuración del servidor en el cuadro de diálogo Propiedades de SQL Server en el Administrador corporativo de SQL Server. Utilice la instrucción SET QUERY_GOVERNOR_COST_LIMIT para cambiar la configuración del administrador de consultas para conexiones individuales.

Resumen de la lección

El monitorizar SQL Server le permite determinar la causa de bajo rendimiento, examinar el rendimiento de procesado general para todos los usuarios y examinar la consistencia de

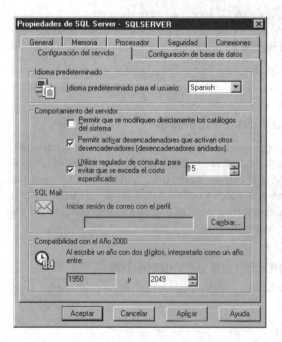
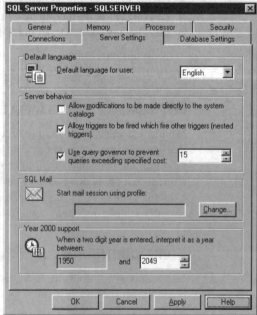

Figura 14.1.   La configuración del administrador de consultas en el cuadro de diálogo Propiedades de SQL Server.

datos en sus bases de datos. Muchos factores afectan al rendimiento de SQL Server, porque nunca debería considerar factores individuales aislados. El comprender y monitorizar los factores que afectan el rendimiento de SQL Server hace que sea posible el detectar cuellos de botella de rendimiento y optimizar su hardware y software para que los superen.

Lección 2: Herramientas para la monitorización de SQL Server

SQL Server incluye varias herramientas para monitorizar el rendimiento de su servidor. Esta lección presenta esas herramientas y muestra los diferentes tipos de monitorización posibles con SQL Server. Aprenderá a monitorizar su SQL Server utilizando el Monitor de rendimiento de SQL Server (Monitor de rendimiento de Windows NT), instrucciones Transact-SQL, Analizador de SQL Server, Analizador de consultas de SQL Server y Actividad actual en el Administrador corporativo de SQL Server.

Después de esta lección podrá:

- Describir lo que puede monitorizar en SQL Server.
- Monitorizar el rendimiento del hardware con el Monitor de rendimiento de Microsoft Windows NT.
- Utilizar herramientas Transact-SQL para monitorizar el rendimiento.
- Monitorizar la actividad de SQL Server con Analizador de SQL Server.
- Habilitar el historial de consultas para ver los últimos 100 sucesos de SQL Server en Analizador de SQL Server.
- Examinar rendimiento de consulta específico en el Analizador de consultas de SQL Server.
- Examinar procesado y bloquear información de Actividad actual en el Administrador corporativo de SQL Server.

Tiempo estimado de la lección: 90 minutos

Tareas de monitorización comunes

SQL Server proporciona varias herramientas que puede utilizar para examinar diferentes aspectos del rendimiento. Estas herramientas muestran grados variantes de detalle para ayudarle a aislar áreas problemáticas. Su objetivo debería ser determinar el factor que está teniendo el mayor impacto negativo en el rendimiento.

Este factor limitativo, también conocido como un cuello de botella, puede encontrarse fuera de la esfera de SQL Server —como un problema de hardware— o dentro de los archivos de datos de SQL Server, como si tablas requieren índices específicos para producir consultas más rápidamente. A menudo, el aislar el cuello de botella requiere varias reiteraciones de este proceso de monitorización.

Monitorización del sistema

A medida que evalúe su sistema, primero observe el nivel más alto para asegurarse de que tiene hardware suficiente para manejar los requisitos de las tareas que necesita realizar. Para este nivel de monitorización utilice:

- Visor de sucesos de Windows NT.
- Monitor de rendimiento de SQL Server.

Monitorización específica de SQL Server

A continuación, monitorice las áreas específicas de SQL Server. Observe la consistencia de datos y la actividad de SQL Server.

Actividad de SQL Server

Monitorice la cantidad de bloqueo y contención, conexiones de usuarios y utilización de tempdb. Para este nivel de monitorización utilice:

- Analizador de SQL Server.
- Actividad actual en el Administrador corporativo de SQL Server.
- Procedimientos almacenados del sistema.
- Instrucciones Transact-SQL.

Consistencia de datos

Para asegurarse de que las estructuras internas de datos son correctas, utilice instrucciones DBCC.

Rendimiento de consultas específicas

Por último, examine consultas específicas para evaluar su rendimiento. Los elementos a revisar incluyen la utilización de índices, tiempo CPU para una consulta y E/S actuales.

Para este nivel de monitorización detallado utilice:

- Analizador de SQL Server.
- Analizador de consultas SQL Server.
- El Asistente de consultas de índice.

Cómo utilizar el visor de sucesos de Windows NT

Puede utilizar el visor de sucesos de Windows NT para identificar sucesos que puedan estar causando cuellos de botella de rendimiento. Esta información le puede ayudar a determinar qué sucesos o áreas de rendimiento quiere examinar más a fondo.

El visor de sucesos de Windows NT le permite ver los registros de sucesos listados en la siguiente tabla. Los sucesos que interrumpen o estorban el rendimiento del sistema son escritos a estos registros. Algunos mensajes de registro que puede buscar son las notificaciones que indican que un archivo de registro está lleno, que un archivo está dañado o que ha tenido lugar un error de aplicación (producido como parte de un procedimiento almacenado).

El registro de aplicación de Windows NT también captura mensajes informativos acerca de sucesos, incluyendo inicio, recuperación, cierre y alertas. Para ayudarle a localizar información pertinente, puede filtrar los mensajes de error por tipo.

Todos los mensajes de SQL Server también son registrados en el registro de errores de SQL Server, el cual puede ver en el Administrador corporativo de SQL Server.

Tipo	Descripción
Registro de aplicación de Windows NT	Registra los sucesos registrados por aplicaciones, como SQL Server. Por ejemplo, una aplicación de base de datos puede registrar un error de archivo en el registro de aplicación.
Registro de sistema Windows NT	Registra sucesos que registran los componentes de sistema de Windows NT. Por ejemplo, el error de un controlador u otros componentes de sistema para cargar durante el inicio se registran en el registro del sistema.
Registro de seguridad de Windows NT	Registra sucesos de seguridad. Por ejemplo, los intentos de iniciar una sesión en el sistema son registrados aquí.

Cómo utilizar el Monitor de rendimiento de SQL Server

Cuando quiera seguir información de actividad y estadísticas de rendimiento de su servidor, utilice el Monitor de rendimiento de SQL Server. Puede utilizar el Monitor de rendimiento de SQL Server para registrar el rendimiento por un período de tiempo y para observar la activad del servidor mientras tiene lugar.

Los contadores específicos de SQL Server en el Monitor de rendimiento de Windows NT

El Monitor de rendimiento de SQL Server es realmente el Monitor de rendimiento de Windows NT. Se agregan en la instalación varios objetos y contadores del monitor de rendimiento para monitorizar las medidas específicas de SQL Server. El elemento de monitor de rendimiento en el grupo de programas de Microsoft SQL Server 7 simplemente inicia el Monitor de rendimiento de Windows NT, utilizando un conjunto predefinido de estos contadores que están guardados en el archivo Sqlctrs.pmc. Este conjunto de archivos es un pequeño subconjunto de los contadores disponibles. Hay 16 objetos y más de 100 contadores disponibles. Puede modificar los contadores y guardar el archivo Sqlctrs.pmc o crear sus propios archivos .PMC para iniciar el monitor de rendimiento con sus conjuntos de contadores predefinidos.

Como con todas las herramientas de monitorización de rendimiento, debería esperar algún exceso de rendimiento cuando monitorice SQL Server con el Monitor de rendimiento de SQL Server. El menor número de contadores que monitorice en cualquier momento, hará más bajo el exceso de la utilización del monitor de rendimiento.

Nota: El monitor de rendimiento no está disponible en SQL Server ejecutándose en Microsoft Windows 95 o Windows 98. Los clientes ejecutándose en Windows 95 o Windows 98 no pueden monitorizar contadores del monitor de rendimiento en un servidor SQL Server basado en Windows NT.

Seguridad apropiada

Si el servidor está utilizando autenticación de Windows NT, sólo un miembro de la función de administradores de sistema (sysadmin) puede utilizar el monitor de rendimiento de SQL Server.

Qué contadores monitorizar

Los contadores estándar de Windows NT y los contadores de SQL Server proporcionan información valiosa acerca del rendimiento de SQL Server.

Contadores predefinidos

Cuando inicia el Monitor de rendimiento de SQL Server, monitoriza un conjunto predefinido de contadores de SQL Server, definidos en el archivo Sqlctrs.pmc. Este archivo es cargado automáticamente cuando inicia el Monitor de rendimiento de SQL Server. Los contadores predefinidos y una breve descripción de cada uno de ellos se proporcionan en la siguiente tabla.

Objeto / contador	Descripción
SQLServer: Administrador de búfer/ Proporción de aciertos de caché del búfer	Porcentaje de páginas encontradas en la caché del búfer sin necesidad de incurrir en una lectura del disco.
SQLServer: estadísticas generales/ conexiones de usuario	Número de usuarios conectados al servidor.
SQLServer: administrador de memoria/ memoria total del Servidor (KB)	Cantidad total de memoria dinámica que el servidor está utilizando actualmente.
SQLServer: estadísticas SQL/ compilaciones SQL /seg.	Compilaciones totales de SQL (incluyendo recompilaciones) por segundo.
SQLServer: Administrador del búfer/ Lecturas de página /seg.	Número de lecturas de páginas físicas de base de de datos realizadas por segundo.
SQLServer: Administrador del búfer/ escrituras de página /seg.	Número de escrituras de páginas físicas de base de datos realizadas por segundo.

Contadores de SQL Server

La siguiente tabla contiene contadores adicionales de SQL Server que son útiles en la monitorización de su servidor.

Objeto / contador	Descripción
SQLServer: Administrador de búfer/ búferes libres	Número de búferes libres disponibles.
SQLServer: bases de datos/ transacciones activas	Número de transacciones activas para una base de datos dada.

(continúa)

Objeto / contador	Descripción	*(continuación)*
SQLServer: bases de datos/ Porcentaje utilizado del registro	Porcentaje de espacio de registro utilizado, para una base de datos dada.	
SQLServer: Métodos de acceso/ recorridos completos /seg.	Número de recorridos completos sin restricciones. por segundo. Éstos pueden ser recorridos de tabla base o de índice completo.	
SQLServer: métodos de acceso/ búsquedas en índice /seg.	Número de búsquedas en índice por segundo. Éstos son utilizados para iniciar recorridos de intervalo, recuperaciones de registros de índice único y para cambiar la posición de nodos en un índice.	
SQLServer: Bloqueos/ úmero de interbloqueos /seg.	Número de peticiones de bloqueos por segundo que han resultado en un interbloqueo.	

Contadores de Windows NT

La siguiente tabla describe algunos de los contadores de Windows NT más importantes a monitorizar.

Objeto / contador	Descripción
Memoria/ Páginas/seg	Número de páginas leídas desde el archivo de páginas o escritas al archivo de páginas, por segundo, para resolver referencias de memoria a páginas que no se encontraban en la memoria en el momento de la referencia. Un aumento en esta cifra puede indicar una falta de RAM.
Memoria/Errores de página/seg	Número de errores de página por segundo. Un aumento en esta cifra puede indicar una falta de RAM.
Proceso/Errores de página/seg (instancia sqlservr)	Número de errores de página creados por SQL Server por segundo. Un aumento de esta cifra indica que SQL Server no está obteniendo suficiente RAM.
Proceso/% Tiempo de procesado	Porcentaje de tiempo transcurrido en el cual la CPU ha estado ocupada (tiempo en actividad).
Proceso/% Tiempo de procesado (instancia sqlservr)	Porcentaje de tiempo transcurrido en el cual la CPU ha estado ocupada con trabajo de SQL Server.
Disco físico/% Tiempo de disco	Porcentaje de tiempo transcurrido en el que el disco ha estado ocupado con actividades de lectura o escritura.
Disco físico/ Promedio de longitud de cola	Número de peticiones de disco esperando por acceso de disco. No debería ser mas de 1,5 a 2 por disco físico.

Importante: Para poder utilizar los contadores del objeto PhysicalDisk, debe habilitarlos utilizando el comando diskperf de Windows NT. Estos contadores están deshabilitados de manera predeterminada, ya que el monitorizar la actividad de disco puede aumentar los tiempos de acceso al disco. Para más información vea la documentación de Windows NT.

Contadores definidos por el usuario

También puede crear hasta diez contadores definidos por el usuario. SQLServer: objeto establecido por el usuario proporciona el contador de consulta, el cual tiene 10 instancias: los contadores de usuario del 1 al 10. Puede proporcionar valores para estos contadores invocando a los procedimientos almacenados del sistema sp_user_counter1 al sp_user_counter10 y pasándoles el valor que desee monitorizar. Un contador puede monitorizar información que sea devuelta por una instrucción SQL o por cualquier operación que devuelva un valor, como la ejecución de un procedimiento almacenado.

Ejercicio práctico: Cómo monitorizar la actividad de SQL Server con el Monitor de rendimiento de SQL Server

En este ejercicio práctico, configurará su sistema para monitorizar actividad de SQL Server con el Monitor de rendimiento de SQL Server.

Ejercicio 1: Cómo establecer archivos de carga

▶ **En este ejercicio, establecerá archivos de carga. Para establecer los archivos de carga**

1. Cree una nueva carpeta denominada C:\Monitor.
2. Copie los archivos desde C:\Sqladmin\Ejercicio\Ch14\Monitor a la nueva carpeta.

Ejercicio 2: Cómo crear la base de datos nwcopy

En este ejercicio restaurará una copia de seguridad de la base de datos nwcopy para agregarla a su servidor.

▶ **Para crear la base de datos nwcopy**

1. Inicie una sesión en su ordenador como administrador u otra cuenta que sea miembro del grupo local de administradores.
2. Copie el archivo C:\Sqladmin\Ejercicio\Ch10\Nwc1.bak a C:\Mssql7\Backup en su disco duro local.
3. Abra el Analizador de consultas de SQL Server e inicie una sesión en el servidor (local) con autenticación de Microsoft Windows NT. Su cuenta es miembro del grupo de administradores de Windows NT, la cual es automáticamente asignada a la función SQL Server sysadmin.
4. Abra C:\Sqladmin\Ejercicio\Ch14\Setupnwc.sql, y después revíselo y ejecútelo.
   Esta secuencia de comandos restaura la base de datos nwcopy que se utiliza en los ejercicios a continuación.

Ejercicio 3: Cómo configurar el Monitor de rendimiento de Windows NT

En este ejercicio agregará contadores de monitor de rendimiento para monitorizar la actividad de SQL Server.

▶ **Para configurar el Monitor de rendimiento de Windows NT**

1. Inicie el Monitor de rendimiento de Windows NT.
2. Abra el archivo C:\Sqladmin\Ejercicio\Ch14\Monlab.pmc y sáltese el resto del ejercicio, o continúe en el paso tres para agregar los contadores usted mismo.
3. En la barra de herramientas, haga clic en Agregar contador (+). Aparecerá el cuadro de diálogo Agregar a gráfico.
4. Agregue contadores utilizando la información en la siguiente tabla. Haga clic en Agregar después de que cada contador esté configurado. Haga clic en Listo cuando haya agregado todos los contadores.

Objeto	Contador	Instancia
SQLServer:Administrador de búfer	Proporción de aciertos de caché búfer	
SQLServer:Estadísticas de SQL	Número de solicitudes de lotes/seg	
SQLServer:Métodos de acceso	Recorridos completos/seg	
SQLServer:Métodos de acceso	Búsquedas en índices/seg	
SQLServer:Base de datos	Porcentaje utilizado del registro	Nwcopy
SQLServer:Administrador de memoria	Bloqueos de cierre	

Ejercicio 4: Cómo simular actividad de servidor

En este ejercicio ejecutará un archivo por lotes para simular actividad del servidor. Este archivo por lotes crea varias sesiones de símbolo de sistema que interactúan con SQL Server.

▶ **Para simular actividad de servidor**

1. Detenga y reinicie SQL Server.
2. En el símbolo de sistema, cambie a la carpeta C:\Monitor y después ejecute el archivo por lotes Monitor.bat. Este archivo abre siete ventanas de símbolo del sistema.
3. Cambie a la ventana del Monitor de rendimiento de SQL Server.

   Vigile la ventana del gráfico mientras se ejecutan los archivos por lotes a monitorizar. ¿Qué tendencias le llaman la atención?

Ejercicio 5: Cómo agregar contadores al gráfico

En este ejercicio agregará contadores al gráfico para observar la respuesta de varios contadores.

▶ **Para agregar contadores al gráfico**

1. En la barra de herramientas, haga clic en Agregar contador (+). Aparecerá el cuadro de diálogo Agregar al gráfico.
2. Agregue contadores utilizando la información en la siguiente tabla. Haga clic en Agregar después de que cada contador esté configurado. Haga clic en Listo cuando haya agregado todos los contadores.

Objeto	Contador	Instancia
Memoria	Errores de página /seg	
Memoria	Páginas/seg	
Proceso	% Tiempo de procesador	sqlservr
Proceso	Errores de página/seg	sqlservr

3. Vigile la ventana del gráfico mientras los archivos por lotes a monitorizar se siguen ejecutando. (Presione Ctrl-H para resaltar el contador actualmente seleccionado.) ¿Qué tendencias le llaman la atención?
4. Cierre cada ventana de símbolo de sistema. El Monitor de rendimiento de Windows NT debería reflejar la falta de actividad en el servidor.
5. Salga del Monitor de rendimiento de Windows NT.

Cómo utilizar Transact-SQL para monitorizar SQL Server

Además de las herramientas gráficas, puede utilizar varias instrucciones Transact-SQL para monitorizar SQL Server.

Procedimientos almacenados del sistema

Utilice los procedimientos almacenados del sistema en la siguiente tabla para ver información o estadísticas en tiempo real acerca de su base de datos o servidor.

Procedimiento almacenamiento de sistema	Devuelve información acerca de
sp_who	Usuarios y procesos actuales de SQL Server.
sp_lock	Bloqueos activos.
sp_spaceused	La cantidad de espacio de disco utilizado por la tabla o por la base de datos completa.
sp_helpdb	Bases de datos y sus objetos.
sp_monitor	Estadísticas generales de SQL Server.
sp_helpindex	Índices en una tabla.

Funciones

La siguiente tabla lista algunas de las funciones que puede utilizar para obtener información o estadísticas específicas. Vea los libros en pantalla de SQL Server para muchas más funciones.

Nota: En versiones anteriores de SQL Server, las funciones que tenían nombres empezando con @@ se denominaban variables globales. Las variables globales en SQL Server 7 se refieren a variables que pueden ser referenciadas por múltiples tareas de servicios de transformación de datos.

Función	Propósito
@@CONNECTIONS	Devolver el número de conexiones o intentos de conexión desde que SQL Server se inició por última vez.
@@CPU_BUSY	Devolver el tiempo en milisegundos que la CPU ha pasado realizando trabajos desde que SQL Server se inició por última vez.
@@IO_BUSY	Devolver el tiempo en milisegundos que SQL Server ha estado realizando operaciones de entrada y salida desde que se inició por última vez.
@@IDLE	Devolver el tiempo en milisegundos que SQL Server ha estado inactivo desde que se inició por última vez.
@@TOTAL_ERRORS	Devolver el número de errores lectura/escritura encontrados por SQL Server desde que se inició por última vez.
@@PACKET_ERRORS	Devolver el número de errores de paquete de red que han tenido lugar en conexiones de SQL Server desde que se inició por última vez.

Instrucciones SET de Transact-SQL

El lenguaje de programación Transact-SQL proporciona varias instrucciones SET que alteran el manejo de la sesión actual a información específica. La siguiente tabla lista algunas de las instrucciones SET de Transact-SQL que puede utilizar para mostrar estadísticas o mostrar un plan de ejecución de consulta basado en texto.

Instrucción SET	Propósito
SET STATISTICS IO	Causa que SQL Server muestre información relacionada con la cantidad de actividad de disco generada por instrucciones Transact-SQL.
SET STATISTICS TIME	Causa que SQL Server muestre el número de milisegundos requeridos para analizar, compilar y ejecutar cada instrucción.
SET SHOWPLAN_TEXT	Causa que SQL Server no ejecute las instrucciones Transact-SQL. En su lugar, SQL Server devuelve información específica acerca de cómo se ejecutan las instrucciones.

Instrucciones DBCC

Puede utilizar instrucciones DBCC para comprobar rendimiento y actividad, así como la consistencia física y lógica de una base de datos.

Algunas instrucciones DBCC que puede utilizar para monitorizar rendimiento se listan en la siguiente tabla.

Instrucción	Devuelve información a cerca de
SQLPERF(LOGSPACE)	Utilización de espacio de registro de transacción en todas las bases de datos.
OPENTRAN	La transacción activa más antigua en una base de datos especificada.
SHOW_STATISTICS	La selectividad de un índice, lo cual proporciona la base para determinar si un índice es útil para el optimizado
SHOW_CONTIG	Fragmentación de datos e índices de una tabla.
CHECKDB	La asignación de integridad estructural de todos los objetos en una base de datos.
CHECKFILEGROUP	La asignación e integridad estructural de todas las tablas en un grupo de archivos.
CHECKALLOC	La asignación y utilización de todas las páginas en una base de datos.
CHECKTABLE	La integridad de las páginas de datos, índice, texto, ntext e imagen para una tabla.

Nota: En las versiones anteriores de SQL Server, las instrucciones DBCC MEMUSAGE, DBCC SQLPERF y DBCC PERFMON se utilizaban para mostrar varias estadísticas de rendimiento de SQL Server. Estas instrucciones DBCC todavía están disponibles, pero no están documentadas. En SQL Server 7, utilice el Monitor de rendimiento para monitorizar.

Indicadores de traza

Puede utilizar indicadores de traza para configurar características de servidor específicas, pero también las puede utilizar para diagnosticar temas de rendimiento y depurar consultas y procedimientos almacenados del sistema. Establece los indicadores de traza con la instrucción DBCC TRACEON y deshabilita las trazas con la instrucción DBCC TRACEOFF.

La siguiente tabla lista algunos de los indicadores de traza que puede utilizar para monitorizar su servidor.

Indicadores traza	Descripción
325	Imprime la información acerca del coste de la utilización de un índice sin agrupar o una ordenación para procesar una cláusula ORDER BY.
326	Imprime información acerca del coste estimado y actual de una ordenación.
330	Habilita la salida total cuando utiliza la opción SET SHOWPLAN, la cual proporciona información detallada acerca de combinaciones.
1204	Devuelve los tipos de bloqueos que están participando en un interbloqueo y la instrucción actual a la que están afectando.
1205	Devuelve información más detallada acerca de la instrucción ejecutada en el momento de un interbloqueo.
1704	Imprime información cuando una tabla temporal es creada o eliminada.
3604	Envía salida de traza a un cliente—se utiliza sólo cuando se establecen indicadores de traza con las instrucciones DBCC TRACEON y DBCC TRACEOFF.
3605	Envía salida de traza al registro de errores. Si inicia SQL Server desde el símbolo del sistema, la salida también aparece en pantalla.
8501	Realiza registros detallados que describen todos los cambios de contexto y estado relacionados con el Coordinador de transacciones distribuidas de Microsoft Transaction Coordinator (MS DTC): contexto relacionado y cambios de estado.

Nota: Para muchos de los indicadores de traza, la salida extra se ve sólo al iniciar SQL Server desde el símbolo del sistema o enviando la salida del indicador de traza al registro de errores activando el indicador de traza 3605.

Utilice los indicadores de traza con cuidado. Puede recibir resultados impredecibles si utiliza indicadores de traza sin documentar. La utilización de indicadores de traza normalmente no está soportado por Microsoft.

Cómo utilizar el Analizador de SQL Server

El Analizador de SQL Server le proporciona la habilidad de monitorizar la actividad de servidor y base de datos, incluyendo las actividades de inicio de sesión, usuario y aplicación. También puede capturar los datos a una tabla, archivo o secuencia de comandos SQL para un análisis posterior.

Nota: En las versiones anteriores de SQL Server, el Analizador era denominado SQL Trace. El Analizador de SQL Server puede leer archivos de traza guardados en SQL Trace.

Cómo monitorizar la actividad actual del servidor

Para utilizar el Analizador de SQL Server, primero decida qué es lo que quiere monitorizar, y después escoja el criterio para monitorizar. Las trazas pueden ser públicas —disponible a todos los usuarios del ordenador— o privadas, disponible sólo para el usuario que ha definido la traza.

Puede capturar información acerca de un amplio surtido de sucesos y después filtrar y agrupar la información significativamente para que sólo se capturen datos significativos. Algunos sucesos que puede querer monitorizar incluyen:

- Consultas de bajo rendimiento.
- Consultas que causan recorridos de tabla.
- Actividades de usuarios o aplicaciones individuales.
- Problemas de interbloqueos.
- Intentos de inicio de sesión, errores, conexiones y desconexiones.
- Lecturas de disco lógicas y escrituras físicas.
- Utilización de la CPU a nivel de instrucción.
- Niveles de gravedad de error.
- Tiempo de espera para todos los sucesos de posterior ejecución.

Cómo capturar resultados en tiempo real

Puede monitorizar los resultados de actividad de servidor y ver comandos siendo procesados en el servidor en tiempo real.

Cómo capturar datos a un archivo

El guardar información de traza le permite:

- Replicar la actividad con un servidor.
- Analizar y realizar filtrado adicional de la actividad.
- Proporcionar un archivo de carga para utilizar con el Asistente para optimización de índices.
- Ir paso a paso y ejecutar lotes y procedimientos almacenados de SQL para depurar una aplicación.

Cómo utilizar el Asistente para optimización de índices

El Asistente para optimización de índices le permite seleccionar y crear un conjunto optimo de índices y estadísticas para una base de datos de SQL Server sin requerir un entendimiento experto de la estructura de la base de datos, la carga de trabajo o el interior de SQL Server. Puede iniciar el Asistente para optimización de índices desde el Analizador de SQL Server o el Administrador corporativo de SQL Server.

Para generar una recomendación del conjunto óptimo de índices que deberían existir en la base de datos, el asistente requiere una carga de trabajo. Una carga de trabajo se compone de una secuencia de comandos SQL o una traza del Analizador de SQL Server.

Ejercicio: Cómo configurar el Analizador de SQL Server

Sospecha que los usuarios están enviando consultas que tardan un largo tiempo en ejecutarse y que usuarios no autorizados están intentando obtener acceso a su servidor SQL

Server. En este ejercicio, creará una traza para detectar consultas y sucesos que duran mucho tiempo, registrar la actividad de consultas y organizar la salida por duración.

▶ **Para configurar el Analizador de SQL Server**

1. Inicie el Analizador de SQL Server.
2. En el menú Archivo, seleccione Nuevo, entonces haga clic en Traza para crear una nueva traza. Utilice la información en la siguiente tabla para establecer opciones en la pestaña General del cuadro de diálogo Propiedades de traza.

Opción	Valor
Nombre de traza	LongQueries.
Tipo de traza	Privada.
SQL Server	SQLServer (o su nombre de servidor si es diferente).
Captura en archivo	Activado C:\Sqladmin\Exercise\Ch14\Monitor\LongQueries.trc.

3. En la pestaña Sucesos, defina la traza para monitorizar los sucesos en la siguiente tabla. (Para agregar un suceso a la lista Sucesos seleccionados, expanda la categoría de sucesos en las listas Sucesos disponibles, seleccione el suceso requerido y haga clic en Agregar >>.)

Categoría de suceso	Sucesos seleccionados
TSQL	RPC:Completed.
TSQL	SQL:BatchCompleted.
Sesiones	Conectar.
Sesiones	Desconectar.
Sesiones	Conexión existente.
Varios	Error de inicio de sesión.

4. Haga clic en la pestaña Columnas de datos.
5. Utilice los botones Agregar>> y <<Quitar para mover los nombres de columna entre las listas Datos no seleccionados y Datos seleccionados para que tenga los nombres de columnas de datos listados en la siguiente tabla en la lista Datos seleccionados.

   Utilice los botones Arriba y Abajo para ordenar las columnas de datos en la lista de Datos seleccionados. En concreto, asegúrese de que Duración es la única columna de datos en la categoría Grupo. Esto causará que la salida de traza sea agrupada por duración de suceso.

Columna de datos	Categoría
Duración	Grupos.
Clase de suceso	Columnas.
Texto	Columnas.
Nombre de la aplicación	Columnas.
Nombre de usuario NT	Columnas.
CPU	Columnas.
Lecturas	Columnas.
Escrituras	Columnas.
Datos integer	Columnas.

6. Haga clic en Aceptar para iniciar la traza.

Ejercicio: Cómo detectar intentos de inicio de sesión

En este ejercicio monitorizará un intento de inicio de sesión no autorizado. Para hacer esto, intentará iniciar una sesión con una cuenta no válida, entonces revisará el Analizador de SQL Server.

► **Para detectar intentos de inicio de sesión**

1. Inicie el Analizador de consultas de SQL Server.
2. Intente conectarse a SQL Server con autenticación de SQL Server, la cuenta de inicio de sesión María y sin contraseña.
3. Intente conectarse a SQL Server con autenticación de SQL Server, la cuenta de inicio de sesión sa y una contraseña incorrecta.
4. Cambie a la ventana del Analizador de SQL Server.
5. Expanda el nodo etiquetado Duración = 0.
    ¿Qué información es registrada?
6. Conéctese a SQL con la cuenta de inicio de sesión sa y una contraseña correcta.
7. Cambie a la ventana del Analizador de SQL Server y expanda todos los nodos en el árbol.
    ¿Qué información es registrada?

Ejercicio: Cómo modificar la traza actual

En este ejercicio modificará la traza actual estableciendo un filtro que muestre sólo sucesos más largos de 100 milisegundos.

► **Para modificar la traza actual**

1. Detenga la traza activa.
2. En el menú Editar, haga clic en Borrar la ventana de traza.
3. En la barra de herramientas de la ventana principal, haga clic en Modificar propiedades de traza.

4. En la pestaña Sucesos, elimine el suceso LoginFailed de la traza.
5. Haga clic en la pestaña Filtros.
6. En la lista Criterios para trazar sucesos, haga clic en Duración.
7. Escriba **100** en Mínimo. Esto filtra todos los sucesos que tienen una duración de menos de 100 milisegundos.
8. Inicie la traza.

Ejercicio: Cómo detectar consultas que se ejecutan durante mucho tiempo

En este ejercicio utilizará la traza actual para detectar las consultas que se ejecutan durante más tiempo en un lote de instrucciones SQL.

▶ **Para detectar consultas que se ejecutan durante mucho tiempo**

1. Abra una ventana de símbolo sistema.
2. Simule actividad de servidor ejecutando el archivo por lotes C:\Sqladmin\Exercise\Ch14\ Monitor\LongQry.bat. Esto ejecuta varias consultas en tablas en la base de datos nwcopy.
3. Cambie al Analizador de SQL Server.
4. Expanda Duración para cada suceso y examine los sucesos con tiempos de ejecución largos.
      ¿Qué sucesos están incluidos?
5. Localice la instrucción SELECT con la mayor duración.
6. Expanda SQL:BatchCompleted para ver el texto de la consulta.
      ¿Cuál es el texto de la consulta?
7. Detenga la traza y cierre el Analizador de SQL Server.

Cómo utilizar el historial de la cola

El historial de consultas es una traza de los últimos 100 sucesos en SQL Server, que utiliza los procedimientos almacenados extendidos del Analizador de SQL Server. Puede utilizar el historial de consultas para solucionar serios errores de SQL Server y cuando informe de errores a su proveedor de soporte principal.

El habilitar el historial de consultas tiene poco impacto en el rendimiento de SQL Server.

Cómo determinar la causa de un desastre

Los 100 sucesos más recientes son registrados automáticamente en el archivo de traza Blackbox.trc en la carpeta C:\Mssql7\Log si una excepción de gravedad 17 o mayor tiene lugar. Al utilizar la información en el archivo de traza de historial de consultas, puede recorrer sucesos paso a paso inmediatamente anteriores a un fallo general de servidor y examinar aquellos que acabaron en errores.

Cómo activar el historial de consultas con xp_trace_setqueryhistory

Para habilitar el historial de consultas, ejecute el procedimiento almacenado extendido xp_trace_setqueryhistory. La sintaxis de este procedimiento se describe a continuación:

```
EXECUTE xp_trace_setqueryhistory (0 | 1)
```

Este ejemplo habilita el historial de consultas.

```
EXECUTE xp_trace_setqueryhistory 1
```

Cómo escribir al disco con xp_trace_flushqueryhistory

Para escribir el contenido actual del historial de consultas a un archivo de traza, ejecute el procedimiento almacenado extendido xp_trace_flushqueryhistory. La sintaxis para este procedimiento se describe a continuación:

```
EXECUTE xp_trace_flushqueryhistory 'nombrearchivo'
```

Este ejemplo escribe el historial de consultas a un archivo denominado C:\Mssql7\Log\Qhist.trc.

```
EXECUTE xp_trace_flushqueryhistory 'c:\mssql7\log\qhist.trc'
```

Cómo ver el archivo con el Analizador de SQL Server

Puede utilizar el Analizador de SQL Server para abrir los archivos Blackbox.trc o de traza guardados con xp_trace_flushqueryhistory. El archivo de traza muestra información detallada de los últimos 100 sucesos que han tenido lugar inmediatamente antes de que se guardase el archivo incluyendo la clase de suceso, texto Transact-SQL que fue ejecutado, el cliente que es responsable por el suceso, el usuario y el nombre del servidor. También muestra cualquier mensaje de error relevante. SQL Server no tiene que estar ejecutándose para ver un archivo en el Analizador de SQL Server.

Ejercicio: Cómo iniciar el historial de consultas

En este ejercicio utilizará un procedimiento almacenado del sistema para iniciar el historial de consultas y capturar la actividad reciente de SQL Server.

▶ **Para iniciar el historial de consultas**

1. Abra el Analizador de consultas de SQL Server y conéctese con autenticación de Windows NT.
2. Asegúrese de que master está seleccionado en el cuadro de lista Base de datos. Si master no es la base de datos actual, el siguiente paso no tendrá éxito.
3. Escriba y ejecute la siguiente instrucción Transact-SQL:

```
EXEC xp_trace_setqueryhistory 1
```

Ejercicio: Cómo simular actividad de usuario y vaciar el historial de consultas

En este ejercicio ejecutará un archivo por lotes que simula actividad de usuario y luego cierra el servidor.

▶ **Para simular actividad de usuario y vaciar el historial de consultas**

1. En el Analizador de consultas de SQL Server, abra el archivo de secuencia de comandos C:\Sqladmin\eEjercicio\Ch14\ Activity.sql. Ejecute la secuencia de comandos para generar actividad en el servidor.

2. Escriba y ejecute la siguiente instrucción Transact-SQL para limpiar el historial de consultas a un archivo:

```
EXEC xp_trace_flushqueryhistory 'C:\Sqladmin\Exercise\Ch14\QryHist.trc'
```

3. Escriba y ejecute la siguiente instrucción Transact-SQL para detener el historial de consultas:

```
EXEC xp_trace_setqueryhistory 0
```

Ejercicio: Cómo ver el contenido del archivo de traza

En este ejercicio utilizará el Analizador de SQL Server para examinar el contenido del archivo de traza de historial de consultas.

▶ **Para ver el contenido del archivo QryHist.trc**

1. En el Analizador de SQL Server, en el menú Archivo, apunte a Abrir y haga clic en Archivo de traza. Desplácese hasta el archivo de traza C:\Sqladmin\Ejercicio \Ch14 \QryHist.trc y ábralo. Puede que el archivo tarde un rato en abrirse.

2. Examine la traza.

Cómo utilizar el Analizador de consultas de SQL Server

Puede utilizar el Analizador de consultas de SQL Server como una herramienta de monitorización para recopilar información acerca de una consulta específica.

Cómo mostrar un plan gráfico de ejecución

Cuando selecciona Mostrar plan de ejecución en el menú Consulta en el Analizador de consultas de SQL Server, el analizador muestra visualmente el plan de ejecución en la pestaña Plan de Ejecución del panel de resultados cuando ejecuta un comando por lotes, como se muestra en la Figura 14.2. También puede utilizar Mostrar el plan de ejecución estimado en el menú Consulta para ver una estimación del plan de consulta sin ejecutar realmente el comando por lotes. Cada icono en el proceso representa un paso en el proceso de consulta. El plan de ejecución proporciona información detallada que incluye:

- Qué índices son utilizados.
- Los tipos de métodos de acceso (como recorridos de tabla) que son realizados.
- Trabajo de E/S aproximado o actual.
- El tiempo estimado o actual de la CPU requerido para completar la consulta.

Cómo utilizar la herramienta de análisis de índices

El Analizador de consultas de SQL Server proporciona una herramienta para recomendar índices para una consulta en concreto. La Herramienta de análisis de índices sugiere índi-

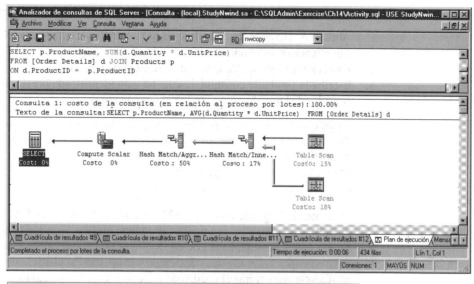

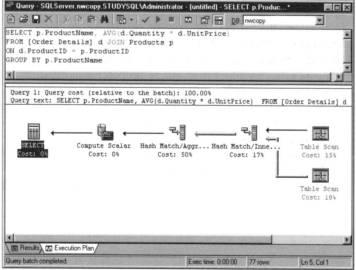

Figura 14.2.   El plan de ejecución gráfico en el Analizador de consultas de SQL Server.

ces que optimizarán una consulta y genera las instrucciones Transact-SQL requeridas para crear los índices. Seleccione Realizar análisis de índices del menú Consulta para ejecutar la herramienta de análisis de índices.

Ejercicio: Cómo generar estadísticas de rendimiento y un plan de ejecución

En este ejercicio utilizará el Analizador de consultas de SQL Server para generar estadísticas de rendimiento así como un plan de ejecución para una consulta de larga duración.

► **Para ejecutar una consulta y generar un plan de ejecución y estadísticas**

1. Abra el Analizador de consultas de SQL Server y conéctese a SQL Server con autenticación de Windows NT.

2. En el cuadro lista de Base de datos, haga clic en nwcopy.

3. Escriba la siguiente consulta, la cual ha sido identificada previamente como una consulta de larga duración, en la ventana de consulta:

```
SELECT e.lastname, p.productname, avg(d.quantity * d.unitprice)
FROM employees e JOIN orders o ON e.employeeID = o.employeeid
JOIN [order details] d ON o.orderid = d.orderid
JOIN products p ON d.productid = p.productid
GROUP BY e.lastname, p.productname
```

4. En el menú Consulta, haga clic en Mostrar plan de ejecución. Esto habilita la salida gráfica de consulta, que podrá ver cuando ejecute la consulta más adelante.

5. En el menú Consulta, haga clic en Opciones de la conexión actual.

6. Active la opción Estadísticas de tiempo y la opción Estadísticas de E/S. Haga clic en Aceptar para cerrar el cuadro de diálogo y guardar los cambios.

7. Ejecute la consulta.

8. Desplácese al final del conjunto de resultados de la consulta en la pestaña Resultados y registre la cuenta de lecturas lógicas de cada tabla.

9. Haga clic en la pestaña Plan de ejecución para mostrar el plan de ejecución gráfica para esta consulta. Fíjese que se proporcionan estadísticas acerca de cada paso si mueve el puntero del ratón sobre los iconos de paso. Los pasos de Recorrido de tabla pueden mostrar un mensaje que diga que faltan las estadísticas para la tabla. Esto es correcto, ya que las tablas en nwcopy no tienen estadísticas o índices creados.

   ¿Se han utilizado los recorridos de tabla para procesar esta consulta? ¿Qué se puede hacer para mejorar el rendimiento?

10. Abra otra ventana de consulta y asegúrese de que nwcopy está seleccionada en el cuadro de lista Base de datos.

11. Ejecute las siguientes consultas:

```
EXEC sp_helpindex Employees
EXEC sp_helpindex Orders
EXEC sp_helpindex [Order Details]
EXEC sp_helpindex Products
```

   ¿Qué índices existen en las tablas Employees, Orders, Order Details y Products?

Cómo utilizar la Actividad actual en el Administrador corporativo de SQL Server

La Actividad actual en el Administrador corporativo de SQL Server muestra:

■ Información acerca de conexiones y bloqueos de usuario actuales.

- El número del proceso, estado, bloqueos y último comando TSQL para usuarios activos.
- Información acerca de objetos que están bloqueados y los tipos de bloqueos presentes.

Procesos de SQL Server

La Actividad actual en el Administrador corporativo de SQL Server muestra información acerca de procesos actuales. Hay un número de procesos del sistema, así como un proceso para cada conexión de usuario. Muchos de los procesos estarán inactivos, esperando un comando. La información mostrada incluye:

- ID del proceso.
- Nombre del usuario.
- Base de datos actual.
- Nombre de aplicación cliente.
- Utilización de la CPU.
- Utilización física de E/S.
- Utilización de la memoria.
- Tiempo de inicio de sesión.
- Tiempo del último comando por lotes ejecutado.
- Biblioteca de red del cliente.
- Dirección de red del cliente.
- ID de proceso de cualquier proceso que bloquee este proceso.
- ID de proceso de cualquier proceso que esté bloqueado por este proceso.

Bloqueos

La Actividad actual en el Administrador corporativo de SQL Server también muestra información acerca de bloqueos adquiridos y mantenidos en objetos por procesos. Hay dos vistas de bloqueos disponibles:

- El ID de Bloqueos/Proceso lista los bloqueos por ID de proceso. Esta vista resalta los procesos que están siendo bloqueados o bloquean otros procesos.
- Bloqueos/Objeto lista los bloqueos por objeto.

Para evitar que transacciones simultáneas interfieran la una con la otra (control de concurrencia), SQL Server establece bloqueos en las tablas o páginas de datos relevantes. El tipo de bloqueo depende del tipo y tamaño de la operación que se está realizando.

Los bloqueos exclusivos se aplican a las operaciones de modificación de datos UPDATE, INSERT y DELETE. Los bloqueos exclusivos siempre son mantenidos hasta el final de la transacción, bloqueando a los usuarios adicionales la lectura o modificación de datos. Los bloqueos compartidos se aplican a las operaciones de lectura, permitiendo que otros usuarios lean, pero no modifiquen los datos. Los bloqueos compartidos normalmente se mantienen sólo durante la duración de la operación de lectura; sin embargo, la palabra clave HOLDLOCK mantiene el bloqueo compartido hasta el final de la transacción.

Bloqueo

Una transacción que está esperando un bloqueo en un objeto se dice que está bloqueada. Las transacciones SQL Server no exceden el tiempo de espera cuando son bloqueadas a menos que especifique un valor para la configuración LOCK_TIMEOUT. Los bloqueos son normales y necesarios para evitar que las transacciones se sobrescriban las unas a las otras. No confunda bloqueos con interbloqueos. El optimizar las aplicaciones y el diseño de la base de datos para minimizar el bloqueo es una de las maneras de asegurar un buen rendimiento general del sistema.

Interbloqueo

Un interbloqueo tiene lugar cuando dos usuarios (o sesiones) tienen bloqueos en objetos separados y cada usuario quiere un bloqueo en el objeto del otro usuario. Cada usuario espera a que el otro libere su bloqueo, pero como se están esperando mutuamente, esperarán indefinidamente. Mientras tanto, otros usuarios no pueden bloquear ninguno de los objetos involucrados en el interbloqueo, y el rendimiento del sistema disminuye.

La Figura 14.3 muestra dos transacciones involucradas en un interbloqueo. La Transacción 1 tiene un bloqueo en la Tabla A y está esperando obtener un bloqueo en la Tabla B. La Transacción 2 tiene un bloqueo en la Tabla B y está esperando obtener un bloqueo en la Tabla A.

SQL Server detecta los interbloqueos y selecciona a una de las transacciones como el sujeto. Deshace la transacción del sujeto interbloqueado, se lo notifica a la aplicación del usuario (devolviendo el mensaje de error número 1205), cancela la petición actual del usuario y entonces permite que la otra transacción continúe.

Cómo administrar procesos y bloqueos

Además de ver información acerca de procesos seleccionados, puede utilizar la Actividad actual en el Administrador corporativo de SQL Server para enviar un mensaje a un usuario seleccionado o para detener un proceso seleccionado.

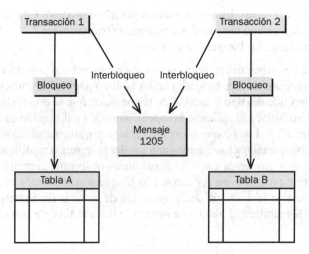

Figura 14.3.   Dos transacciones interbloqueadas.

Ejercicio práctico: Cómo administrar bloqueos

En estos ejercicios abrirá tres ventanas de consulta en el Analizador de consultas de SQL Server, denominadas conexión 1, 2 y 3. Utilizará las instrucciones BEGIN TRANSACTION y ROLLBACK TRANSACTION para controlar cómo se procesa una instrucción UPDATE en la tabla member. Utilizará procedimientos almacenados del sistema y la Actividad actual en el Administrador corporativo de SQL Server para monitorizar las conexiones.

Ejercicio 1: Cómo ver información acerca de bloqueos

En este ejercicio utilizará la Actividad actual para ver información acerca de bloqueos.

▶ **Para ver información acerca de bloqueos**

1. Abra el Analizador de consultas de SQL Server (conexión 1) y seleccione nwcopy en el cuadro de lista Base de datos.
2. Ejecute los siguientes procedimientos almacenados del sistema, utilizando la conexión 1, y revise la salida:

```
EXEC sp_who
EXEC sp_lock
```

3. No cierre la ventana de consulta de la conexión 1 en el Analizador de consultas de SQL Server; seguirá utilizándola en el siguiente ejercicio.
4. Inicie el Administrador corporativo de SQL Server. Expanda su servidor, expanda Administración y después expanda Actividad actual.
5. Examine la información de Actividad actual haciendo clic en Información del proceso, expandiendo ID de Bloqueos/Proceso y haciendo clic en unos cuantos procesos y después expandiendo Bloqueos/Objeto y haciendo clic en unos cuantos objetos.

Nota: La información bajo Actividad actual no es actualizada dinámicamente. Para ver información actualizada, debe hacer clic derecho periódicamente en Actividad actual y después hacer clic en Actualizar.

Ejercicio 2: Cómo mantener bloqueos en recursos de servidor

En este ejercicio ejecutará instrucciones SQL que obtienen y mantienen bloqueos en recursos del sistema. Utilizará procedimientos almacenados del sistema, así como el Administrador corporativo de SQL Server, para examinar información acerca de los bloqueos. Seguirá utilizando la ventana de consulta conexión 1 del ejercicio anterior y abrirá una segunda ventana de consulta denominada conexión 2.

► **Para mantener bloqueos en el servidor**

1. Abra una nueva ventana de consulta utilizando el Analizador de consultas de SQL Server (conexión 2) y asegúrese de que nwcopy está seleccionada en la lista Base de datos.

2. Abra C:\Sqladmin\Ejercicio\Ch14\Lock.sql, utilizando la conexión 2 y revise su contenido.

   Fíjese que se inicia una transacción con la instrucción BEGIN TRAN, pero no existen instrucciones correspondientes COMMIT TRAN o ROLLBACK TRAN para completar la transacción. La ausencia de estas instrucciones mantiene las transacciones abiertas y los bloqueos asociados activos para que pueda ver la información acerca de los bloqueos.

3. Ejecute C:\Sqladmin\Ejercicio\Ch14\Lock.sql, utilizando la conexión 2, y revise el resultado.

   Registre el ID de proceso de servidor (spid) para esta conexión.

4. Cambie a la conexión 1, ejecute el procedimiento almacenado de sistema sp_lock y revise la información del bloqueo.

   Utilizando el spid registrado en el paso 3, identifique qué bloqueos han sido concedidos a la transacción emitida por la conexión 2.

5. Cambie a el Administrador corporativo de SQL Server, actualice Actividad actual y revise la información acerca del bloqueo.

Ejercicio 3: Cómo detectar un bloqueo de bloqueo

En este ejercicio creará y observará una situación de bloqueo en la que una consulta debe esperar mientras otra consulta utiliza un recurso. Seguirá utilizando las ventanas de consulta de la conexión 1 y 2 del ejercicio anterior y abrirá una tercera ventana de consulta denominada conexión 3.

► **Para detectar un bloqueo de bloqueo**

1. Abra una nueva ventana de consulta utilizando el Analizador de consultas de SQL Server (conexión 3) y asegúrese que nwcopy está seleccionada en la lista Base de datos.

2. Abra y ejecute C:\Sqladmin\Ejercicio\Ch14\Lock.sql, utilizando la conexión 3.
   ¿Se completa la consulta?

3. Cambie a la conexión 1 y ejecute el procedimiento almacenado de sistema sp_lock.
   ¿Está esperando el spid para la conexión 3 por algún recurso? (Busque WAIT en la columna Status.)

4. Cambie al Administrador corporativo de SQL Server, actualice Actividad actual y revise la información acerca de bloqueos. En concreto, fíjese en la información bajo ID Bloqueos/proceso.
   ¿Por qué no puede completar la consulta la conexión 3?

5. Cambie a la conexión 2 en el Analizador de consultas.

6. Escriba **ROLLBACK TRAN** en una nueva línea en el panel de consulta y resáltela. Ahora ejecute la instrucción. (Sólo se ejecuta la instrucción resaltada ROLLBACK TRAN.)

7. Cambie a la conexión 1 y ejecute el procedimiento almacenado de sistema sp_lock.

    Verá que los bloqueos obtenidos por la transacción en la conexión 2 han sido liberados y que la conexión 3 ya no está esperando.
8. Cambie a la conexión 3 y complete la transacción ejecutando una instrucción ROLLBACK TRAN.
9. Cambie al Administrador corporativo de SQL Server, actualice Actividad actual, y revise la información acerca de bloqueos. Confirme que los bloqueos exclusivos de intento han sido liberados.
10. Cierre todas las conexiones del Analizador de consultas de SQL Server.

Resumen de la lección

SQL Server incluye varias herramientas para monitorizar el rendimiento de su servidor. Las herramientas le permiten monitorizar el ordenador SQL Server, el rendimiento general de SQL Server, y consultas y objetos de base de datos individuales. Las herramientas principales son el Monitor de rendimiento de SQL Server (Monitor de rendimiento de Windows NT), instrucciones Transact-SQL, Analizador de SQL Server, analizador de consultas de SQL Server y la Actividad actual en el Administrador corporativo de SQL Server.

Lección 3: Cómo mantener SQL Server

Para mantener su base de datos debe realizar varias tareas, ya sea manual o automáticamente. Estas tareas forman las acciones principales de un plan de mantenimiento de base de datos. Incluyen:

- Actualizar información acerca de optimización de datos.
- Comprobar la integridad de datos.
- Realizar copias de seguridad.
- Crear informes y un historial de mantenimiento de la base de datos.

Si decide que estas tareas se realicen automáticamente, puede configurar y programar su plan de mantenimiento de base de datos con el Asistente para planes de mantenimiento de bases de datos.

Esta lección proporciona detalles acerca de cada tarea que debería considerar para su plan de mantenimiento de base de datos y le guía a través del proceso de automatizar su plan.

Después de esta lección podrá:

- Desarrollar un plan de mantenimiento de base de datos.

- Utilizar el Asistente para planes de mantenimiento de bases de datos para implementar un plan de mantenimiento de base de datos.

Tiempo estimado de la lección: 40 minutos

Cómo desarrollar un plan de mantenimiento de base de datos

Hay varias tareas que le pueden ayudar a mantener su base de datos. Las tareas más importantes, las cuales deberían ser realizadas para todas las bases de datos de SQL Server son la actualización de la optimización de datos, comprobar la integridad de datos, realizar copias de seguridad y mantener un historial de las actividades de mantenimiento. Estas tareas deberían ser realizadas regularmente. La frecuencia con la que realiza estas tareas depende del nivel de actividad y tamaño de su base de datos. Véase el Capítulo 13, "Cómo automatizar tareas administrativas," para más información acerca de crear trabajos de SQL Server programados para realizar estas tareas automáticamente.

Cómo actualizar información acerca de la optimización de datos

A medida que se llenan las páginas de datos y de índice, la actualización requiere más tiempo y las páginas se pueden fragmentar. El reorganizar sus páginas de datos e índices puede mejorar el rendimiento.

Cómo mantener índices utilizando la opción fillfactor

Puede especificar el porcentaje de espacio libre disponible (fillfactor) en sus páginas de índice y de datos. Esto mejora el rendimiento: si hay espacio disponible en las páginas existentes cuando realice introducciones y actualizaciones, SQL Server no tiene que dividir páginas y asignar nuevas páginas. El porcentaje de fillfactor se utiliza cuando el índice se crea por primera vez y cuando se regenera el índice. Puede especificar un porcentaje o permitir a SQL Server seleccionar el valor óptimo automáticamente.

Cómo actualizar estadísticas que son utilizadas por el Optimizador de consultas

Debería ejecutar UPDATE STATISTICS en tablas que están siendo modificadas. Esto actualiza la información acerca de la distribución de valores clave para uno o más índices en una tabla, para lo cual el Optimizador de consultas se utiliza para generar planes de consulta óptimos.

Cómo eliminar espacio sin utilizar de los archivos de base de datos

Puede ejecutar DBCC SHRINKDATABASE para recuperar cualquier espacio de disco sin utilizar en las tablas de la base de datos. También puede habilitar la opción de autorreducción en bases de datos.

Comprobar la integridad de datos

Las pruebas de integridad de datos detectan inconsistencias en la base de datos causadas por errores de hardware o software.

Cómo realizar pruebas de integridad de datos internas

Ejecute DBCC CHECKALLOC para comprobar la asignación de páginas de datos e índices para cada tabla dentro de la estructura de la base de datos.

Cómo realizar pruebas de integridad de base de datos

Ejecute DBCC CHECKDB para comprobar la asignación e integridad estructural de los objetos de la base de datos. Ejecute DBCC CHECKTABLE para comprobar la integridad de datos, índice, texto y páginas de índice para una tabla. Si DBCC encuentra un error puede especificar que repare el error automáticamente.

DBCC CHECKDB realiza todas las comprobaciones realizadas por DBCC CHECKALLOC y DBCC CHECKTABLE en cada tabla en la base de datos. Si ejecuta DBCC CHECKDB regularmente, no es necesario ejecutar DBCC CHECKALLOC y DBCC CHECKTABLE también. Si el tiempo es limitado puede utilizar DBCC CHECKALLOC y DBCC CHECKTABLE para realizar comprobaciones más pequeñas en momentos distintos, en lugar de ejecutar DBCC CHECKDB completamente una vez. Si DBCC CHECKDB sólo informa de errores de asignación, puede utilizar DBCC CHECKALLOC para reparar los errores. La opción más segura es ejecutar DBCC CHECKDB con la opción reparar; esto repara todos los errores, incluyendo los errores de asignación. Mientras se está ejecutando DBCC CHECKDB no es posible crear, modificar o eliminar tablas.

Nota: Las versiones anteriores de SQL Server tenían una instrucción DBCC NEWALLOC. Esto se soporta en SQL Server 7 sólo para compatibilidad con las versiones anteriores; debería utilizar DBCC CHECKALLOC en su lugar.

Cuándo realizar copias de seguridad

Realice copias de seguridad regularmente para protegerse de la pérdida de datos. Debería realizar una copia de seguridad del registro de transacción para capturar cambios entre copias de seguridad de base de datos completas.

Cómo mantener un historial de mantenimiento

Mantenga un historial de tareas de mantenimiento. Este historial debería incluir qué acciones han sido realizadas, así como el resultado de cualquier acción correctiva.

Cómo automatizar las tareas del plan de mantenimiento de base de datos

Puede utilizar el Asistente para planes de mantenimiento de bases de datos o la herramienta sqlmaint para automatizar su plan de mantenimiento de base de datos para que se ejecute regularmente de manera programada.

El Asistente para planes de mantenimiento de bases de datos

El Asistente para planes de mantenimiento de bases de datos le ayuda a establecer las tareas principales de mantenimiento que son necesarias para asegurarse de que su base de datos tiene un buen rendimiento, se realiza una copia de seguridad regularmente en caso de un error de sistema y se comprueba en busca de inconsistencias. Cuando ejecute el asistente, especificará lo siguiente:

Bases de datos que mantiene el plan

Puede definir un único plan de mantenimiento para todas las bases de datos o planes para una o más bases de datos.

Información de optimización de datos

Puede hacer que el asistente reorganice las páginas de datos e índices, actualice las estadísticas de los índices para asegurarse de que el Optimizador de consultas tiene información actual en relación a la diseminación de datos en las tablas y comprimir archivos de datos eliminando páginas de base de datos vacías.

Pruebas de comprobación de datos

Puede hacer que el asistente realice comprobaciones internas de consistencia de datos y páginas de datos dentro de la base de datos para asegurarse de que un error del sistema o un error extraño de software no ha dañado los datos. Puede especificar si los índices deberían ser incluidos en estas comprobaciones y si el asistente debería intentar reparar los problemas menores que encuentre.

Frecuencia y destino de las copias de seguridad

Puede programar copias de seguridad de base de datos y de registro de transacción y mantener los archivos de copia de seguridad durante un tiempo especificado.

Ubicación de los archivos de historial

Los resultados que generen las tareas de mantenimiento pueden ser escritos como un informe a un archivo de texto, guardados en tablas de historial o enviados en un mensaje de correo electrónico a un operador.

La herramienta sqlmaint

Utilice la herramienta sqlmaint para ejecutar instrucciones DBCC, volcar una base de datos y registros de transacción, actualizar estadísticas y regenerar índices. La herramienta sqlmaint es una herramienta de símbolo de sistema que realiza funciones parecidas a aquéllas tratadas por el Asistente para planes de mantenimiento de bases de datos.

Ejercicio: Cómo utilizar el Asistente para planes de mantenimiento de base de datos para crear un plan de mantenimiento de base de datos

En este ejercicio creará un plan de mantenimiento utilizando el Asistente para planes de mantenimiento de bases de datos.

▶ **Para crear un plan de mantenimiento de base de datos compuesto por múltiples trabajos utilizando el Asistente para planes de mantenimiento de bases de datos**

1. Cambie al Administrador corporativo de SQL Server.
2. En el menú Herramientas, haga clic en Asistentes.
3. Expanda Administración, haga clic en Asistente para planes de mantenimiento de bases de datos y después haga clic en Aceptar para ejecutar el asistente. Haga clic en Siguiente en la primera pantalla del asistente.
4. Haga clic en Las bases de datos y después active sólo StudyNwind en la lista Bases de datos. Haga clic en Siguiente.
5. Active la opción Actualizar estadísticas para el Optimizador de consultas. Establezca el valor de la opción Muestra a 10 por 100 de la base de datos.
6. Active la opción Quitar el espacio no utilizado de los archivos de la base de datos. Establezca el valor de la opción al incrementarse por encima de 5 MB. Establezca el valor de la opción Espacio libre tras la reducción a 15 por 100 del espacio libre.
7. Haga clic en el cuadro de diálogo Cambiar a modificar la programación periódica del trabajo. En Sucede, haga clic en Mensualmente. En Mensualmente, establezca el valor a Día 1 de cada 3 mes(es).
8. Haga clic en Aceptar para cerrar el cuadro de diálogo Modificar la programación periódica del trabajo. Haga clic en Siguiente.
9. Active la opción Comprobar la integridad de la base de datos.
10. Haga clic en el cuadro de diálogo Cambiar a modificar la programación periódica del trabajo. En Sucede, haga clic en Mensualmente. En Mensualmente, establezca el valor a: El primer sábado de cada 1 mes (es).

11. Haga clic en Aceptar para cerrar el cuadro de diálogo Modificar la programación periódica del trabajo. Haga clic en Siguiente.

12. Active la opción Realizar copia de seguridad como parte del plan de base de datos.

13. Haga clic en el cuadro de diálogo Cambiar a modificar la programación periódica del trabajo. En Sucede, haga clic en Semanalmente. En Semanalmente, establezca el valor a Cada 1 Semana (s) el Domingo. En Frecuencia Diaria, establezca el valor a Sucede una vez a las 11:00 p.m.

14. Haga clic en Aceptar para cerrar el cuadro de diálogo Modificar la programación periódica del trabajo. Haga clic en Siguiente.

15. Active y establezca la opción Quitar archivos anteriores a 2 semana(s).

16. Haga clic en Siguiente.

17. Active la opción Realizar copia de seguridad como parte del plan de mantenimiento.

18. Haga clic en el cuadro de diálogo Cambiar a modificar la programación periódica del trabajo. En Sucede, haga clic en Semanalmente. En Semanalmente, establezca el valor a Cada 1 semana (s) el lunes, miércoles y viernes. En Frecuencia diaria, establezca el valor a Sucede una vez a las 11:00 p.m.

19. Haga clic en Aceptar para cerrar Modificar la programación periódica del trabajo. Haga clic en Siguiente.

20. Active y establezca la opción Quitar archivos anteriores a 1 semana (s).

21. Haga clic en Siguiente.

22. Active la opción Escribir informe en un archivo de texto en.

23. Haga clic en Siguiente.

24. Active Escribir historial en la tabla msdb.dbo.sysdbmaintplan_history en el servidor local.

25. Active la opción Limitar las filas en la tabla a. Establezca el valor en 1000 filas para este plan.

26. Haga clic en Siguiente.

27. En Nombre del plan, escriba **StudyNwind Maintenance Plan**.

28. Haga clic en Finalizar para crear el nuevo plan. Haga clic en Aceptar para cerrar la confirmación de que se ha creado su plan de mantenimiento.

29. En el árbol de consola, expanda Administración y después haga clic en el icono Planes de mantenimiento de la base de datos.

30. En el panel de detalles, haga clic derecho en StudyNwind Maintenance Plan y después haga clic en Propiedades. Revise su nuevo plan, fíjese que el asistente ha creado un plan con todas las configuraciones que usted ha seleccionado.

31. Haga clic en Cancelar para cerrar el cuadro de diálogo Plan de mantenimiento de la base de datos. Si le pregunta si desea guardar lo cambios, haga clic en No.

32. En el árbol de consola, expanda Agente SQL Server y después haga clic en el icono Trabajos. Compruebe que cuatro trabajos se han creado con éxito para StudyNwind Maintenance Plan.

33. En el panel de detalles, haga clic derecho en Trabajo de prueba de integridad para el plan de mantenimiento de base de datos 'StudyNwind Maintenance Plan' y haga clic en Inicio para iniciar manualmente el trabajo de prueba de integridad.

34. Revise el historial de trabajos para comprobar que el trabajo ha sido ejecutado con éxito.

Resumen de la lección

Es importante realizar regularmente varias tareas de mantenimiento en sus bases de datos. El mantenimiento regular incluye el mantener las estadísticas de tablas e índices actualizadas, realizar pruebas de consistencia de base de datos, realizar copias de seguridad y organizar la asignación de espacio en la base de datos. Puede automatizar el mantenimiento creando sus propios trabajos o creando un plan de mantenimiento de base de datos utilizando el Asistente para planes de mantenimiento de bases de datos.

Revisión

Las siguientes preguntas tienen la intención de reforzar información clave presentada en este capítulo. Si no puede contestar una pregunta, revise la lección apropiada e intente responder la pregunta otra vez. Las respuestas a las preguntas se pueden encontrar en el Apéndice A, "Preguntas y respuestas."

1. Los usuarios se quejan de que el servidor se ralentiza todos los días a las 2:00 p.m. ¿Cómo puede descubrir que está causando esta ralentización?

2. Quiere encontrar los bloqueos que están siendo mantenidos en una tabla específica de SQL Server. ¿Qué herramientas utilizaría?

3. Quiere ver un plan de consulta y las estadísticas para una consulta específica en el Analizador de consultas de SQL Server. ¿Qué pasos debe realizar?

Introducción a la duplicación

Acerca de este capitulo

Este es el primer capítulo de tres que tratan sobre la duplicación en SQL Server. En este capítulo aprenderá acerca de los conceptos y terminología asociados con la replicación. En el Capítulo 16, "Cómo planear y configurar la duplicación," aprenderá a planear e implementar la duplicación; y en el Capítulo 17, "Cómo administrar la duplicación," aprenderá a mantener la duplicación y datos duplicados con bases de datos que no son de SQL Server.

Antes de empezar

No hay requisitos para este capitulo.

Lección 1: Introducción a datos distribuidos

Esta lección empieza con la descripción de un entorno de datos distribuidos y se habla de los factores que afectan a la decisión de cómo distribuir los datos. Después resume los distintos métodos de distribución de datos.

Después de esta lección podrá:

- Listar los varios métodos para la distribución de datos.
- Describe las características de duplicación de la versión 7 de Microsoft SQL Server.

Tiempo estimado de la lección: 20 minutos

La necesidad de datos distribuidos

Un *entorno de datos distribuidos* es aquel que puede incluir múltiples copias de la misma información en varios servidores. Por ejemplo, en una empresa internacional que utiliza una aplicación de seguimiento de ventas, los datos se originan en un país y se distribuyen a servidores en otros países para que las consultas sean más eficaces.

Si un entorno de datos distribuidos evoluciona, en lugar de ser creado intencionalmente, puede que se vuelva necesario el implementar una solución que haga que sea administrable. Por ejemplo, durante el desarrollo inicial de una empresa, las diferentes divisiones, normalmente, tienen sus servidores independientes, los cuales pueden ejecutar distintos sistemas de administración de base de datos. El desafío es hacer los datos más accesibles a toda la empresa.

Cuando crea un entorno de datos distribuidos, diseña una solución que:

- Acerca los datos al usuario.
- Permite que los sitios operen independientemente (autónomamente).
- Separa el proceso de las transacciones en línea (OLTP) de las aplicaciones de lectura, como los data mart y almacenes de datos.
- Puede reducir los conflictos.
- Por que los datos pueden ser distribuidos a través de la red, la información está disponible para muchos usuarios y los conflictos se reducen durante las peticiones de usuarios.

Consideraciones para la distribución de datos

Existen dos estrategias principales para la implementación de datos distribuidos: transacciones distribuidas y duplicación. Con ambas estrategias es posible mantener múltiples copias de datos actualizadas. También es posible el diseñar un ambiente distribuido que incluya aspectos de cada estrategia. La Figura 15.1 compara las diferencias más notables entre duplicación y transacciones distribuidas; estas diferencias están descritas en las secciones que vienen a continuación.

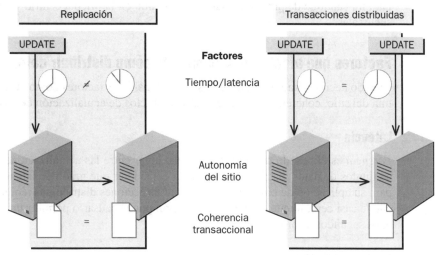

Figura 15.1. Compara la duplicación con transacciones distribuidas.

Transacciones distribuidas

Las transacciones distribuidas garantizan que todas las copias de sus datos son consistentes en todo momento. Esto está normalmente basado en el protocolo de confirmación de dos fases. Cada servidor que esté incluido en la transacción distribuida debe encontrarse en línea y poder completar su aporte de la transacción. El método de transacciones distribuidas es menos escalable que la duplicación, ya que el error de una transacción en un sitio significa error en todos los sitios. Debe utilizar esta aproximación sólo cuando los datos deban estar sincronizados en todo momento.

Las transacciones distribuidas normalmente se utilizan para, pero no están limitadas a, aplicaciones que realizan actualizaciones simultáneas a datos en más de una base de datos. Por ejemplo, las transacciones distribuidas pueden ser utilizadas en una aplicación de facturación que agrega una factura a la base de datos de facturas de una sucursal y actualiza una base de datos de stock central, la cual almacena niveles de stock en un almacén utilizado por todas las sucursales.

Duplicación

Con la duplicación, las copias recientes de datos son duplicadas y distribuidas de una base de datos de origen a una base de datos de destino, normalmente en un servidor separado. Los sitios autónomos son soportados, permitiendo más escalabilidad ya que los sitios pueden estar en línea intermitentemente. Las bases de datos que participan en la duplicación pueden estar ubicadas en un gran servidor que da servicio a cientos de usuarios, pero también pueden estar ubicadas en un ordenador de usuario único, haciendo que la duplicación sea útil para una amplia variedad de aplicaciones.

La duplicación normalmente es utilizada para, pero no esta limitada a, datos que son duplicados de una base de datos a otra. Por ejemplo, la duplicación puede ser utilizada para un catálogo de productos que es mantenido en la oficina central y duplicado en las sucursales.

Factores que afectan la decisión de cómo distribuir datos

Cuando decida cómo distribuir datos, debe considerar factores como la latencia, autonomía del sitio, coherencia transaccional y conflictos de actualización de bases de datos.

Latencia

Latencia es el retardo de tiempo que tiene lugar entre las actualizaciones de dos o más conjuntos de datos distribuidos. Necesita considerar qué grado de latencia es aceptable para su aplicación de bases de datos. Las transacciones distribuidas requieren una latencia de casi cero, mientras que la duplicación puede causar o permitir una latencia desde unos segundos a varios días.

Autonomía del sitio

Autonomía del sitio se refiere al grado en el cual los sitios pueden operar independientemente. Las transacciones distribuidas requieren que los sitios estén permanentemente conectados, mientras que algunas formas de duplicación pueden permitir que los sitios estén completamente desconectados durante largos períodos.

Coherencia transaccional

Una *transacción* es una serie de modificaciones de datos que debe ser completada enteramente o en absoluto. Las transacciones distribuidas aplican una coherencia transaccional completa e inmediata. Algunas formas de duplicación mantienen coherencia transaccional, aunque haya un retraso desde la actualización inicial; otras formas de duplicación no garantizan la coherencia transaccional.

Conflictos de actualización de bases de datos

Si hay datos que se están actualizando en diferentes sitios, pueden ocurrir conflictos. Las transacciones distribuidas proporcionan el mismo grado de coherencia de multiusuario para múltiples sitios que un único servidor. Algunas formas de duplicación evitan conflictos permitiendo que los datos sean actualizados en un único sitio. De manera alternativa, puede diseñar su aplicación para que cada sitio que participe trabaje con datos estrictamente segregados o partidos de otros sitios. Por ejemplo, puede diseñar su sistema de entrada de pedidos para que un representante de ventas dado tenga un código territorial único, evitando que los pedidos entren en conflicto con aquellos de otros representantes de ventas.

Nota: El término *coherencia inmediata garantizada* reemplaza al término *coherencia ajustada* utilizado en SQL Server 6.*x*. El término *coherencia latente garantizada* reemplaza al término *coherencia suelta* utilizado en SQL Server 6.*x*.

Métodos de distribución de datos con SQL Server

Como se ilustra en la Figura 15.2, los distintos métodos de distribución de datos proporcionarán grados variables de latencia transaccional y autonomía. Es importante seleccionar el método que mejor se adapte a sus necesidades y entorno empresarial.

Transacciones distribuidas

La utilización de transacciones distribuidas garantiza que todos los sitios tengan los mismos datos en el mismo momento. El Coordinador de transacciones distribuidas de Microsoft (MS DTC) facilita las transacciones distribuidas en SQL Server utilizando un protocolo conocido como confirmación de dos fases para garantizar que una transacción se completa en todos los sitios que participan a la vez.

Duplicación

Existen varios tipos de duplicación para distribuir datos en SQL Server. Están resumidos aquí y presentados más en detalle en la Lección 3.

- **Duplicación transaccional.** Sólo los datos modificados son distribuidos. La secuencia de transacciones se mantiene. Los conflictos no se producen, ya que sólo hay una ubicación donde los datos son modificados.
- **Duplicación de instantáneas.** Una copia de los datos completos actuales (modificados y sin modificar) en un servidor de destino reemplaza datos en el servidor de destino periódicamente o por petición.
- **Duplicación de mezcla.** Múltiples sitios realizan cambios a datos independientemente los unos de los otros. Los cambios son combinados periódicamente en el servidor de origen. Los conflictos pueden tener lugar (y ser resueltos), por lo que este tipo no garantiza la coherencia transaccional.

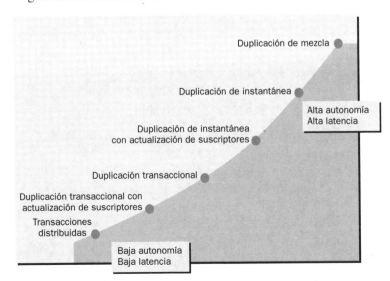

Figura 15.2.   Comparación de métodos para la distribución de datos.

Resumen de la lección

Los datos son normalmente distribuidos en una organización. SQL Server proporciona soporte para transacciones distribuidas y duplicación para estas necesidades de distribución de datos. Las transacciones distribuidas son implementadas utilizando un protocolo conocido como confirmación de dos fases, que garantiza que una transacción se completa en todos los sitios que participan a la vez. La duplicación copia y distribuye copias recientes de datos de una base de datos de origen a una base de datos de destino. Con la duplicación, la distribución de datos modificados puede ser retrasada.

Lección 2: Introducción a la duplicación de SQL Server

Esta lección describe la metáfora editor–suscriptor, la cual es el modelo de SQL Server para definir el origen y el destino de los datos duplicados y los conjuntos de datos que serán duplicados. También argumenta distintos tipos de filtración de datos.

Antes de continuar con la lección, ejecute la demostración de vídeo Rep.htm ubicada en la carpeta \Media en el CD-ROM de materiales suplementarios del curso que acompaña a este libro. Esta demostración proporciona una visión general del proceso de duplicación de SQL Server.

Después de esta lección podrá:

- Explicar la metáfora editor-suscriptor, incluyendo artículos, publicaciones y suscripciones.

- Explicar el proceso de filtrado de datos para la duplicación.

Tiempo estimado de la lección: 30 minutos

La metáfora editor-suscriptor

La duplicación utiliza una metáfora editor–suscriptor para distribuir datos. En un entorno de duplicación, un editor envía datos y un suscriptor recibe los datos.

Un único SQL Server puede actuar como un editor, un distribuidor, un suscriptor o cualquier combinación de los tres para una o más bases de datos a la vez. La Figura 15.3 ilustra la relación Editor–Distribuidor–Suscriptor.

Editor

Un editor es un SQL Server que mantiene una base de datos de origen, hace que los datos publicados de esa base de datos estén disponibles para duplicación y envía los cambios a los datos publicados al distribuidor.

Suscriptor

Un suscriptor es un SQL Server que contiene una copia de los datos duplicados y recibe actualizaciones para estos datos. Es posible el permitir que los datos en un suscriptor sean modificados y un suscriptor puede, a su vez, ser un editor para otros suscriptores.

Distribuidor

El distribuidor recibe una copia de todos los cambios realizados a los datos publicados, almacena los cambios, y después hace que estén disponibles a los suscriptores apropiados. Una base de datos del sistema especial denominada *base de datos de distribución* y

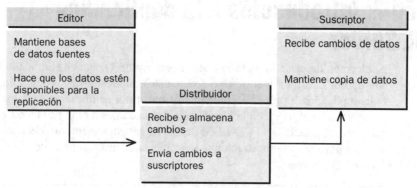

Figura 15.3.   La relación Editor-Distribuidor-Suscriptor.

una carpeta denominada *carpeta de trabajo de distribución* se crean en el distribuidor para almacenar estos datos e información de configuración de duplicación. De manera predeterminada la carpeta de distribución es C:\Mssql7\ Repldata, pero esto puede ser modificado y se pueden crear otras carpetas. El almacenar los datos duplicados de esta manera hace que sea posible el enviar datos a suscriptores en intervalos cortos o largos, y permite que haya suscriptores que no están siempre conectados. El distribuidor puede enviar cambios a los suscriptores, o los suscriptores pueden obtener datos del distribuidor.

Aunque el editor y el distribuidor pueden estar en el mismo ordenador, es más normal que en sitios más grandes o más activos el distribuidor esté ubicado en su propio servidor. Si el distribuidor está ubicado en otro ordenador, se necesita una instalación completa de SQL Server y una licencia separada en ese ordenador. También es posible que un servidor de distribución soporte varios servidores de publicación.

Nota: El concepto más importante de la duplicación es que *cada elemento de datos duplicado sólo tiene un editor*. Ninguna de las opciones de duplicación de SQL Server utiliza un modelo denominado *múltiples servidores principales*. Esto no significa que los datos puedan ser modificados en un único servidor. Aprenderá cómo permitir que se modifiquen datos suscritos, e incluso publicados, pero al hacer esto, ningún elemento de datos tendrá más de un editor.

Publicaciones y artículos

Manteniéndonos con la metáfora de editor–suscriptor, los términos *publicación* y *artículo* se utilizan para referirse a datos que están publicados.

Publicaciones

Una *publicación* es una colección de artículos. Los siguientes hechos se aplican a una publicación:

- Una publicación es la base de una suscripción. Una suscripción a una publicación incluye todos los artículos en la publicación y los suscritores se suscriben a las publicaciones, no a los artículos. Una publicación normalmente incluirá todos los datos necesarios para soportar una aplicación u operación concreta, por lo que un suscriptor no tendrá que suscribirse a muchas publicaciones para poder soportar la aplicación u operación.
- Se pueden crear una o más publicaciones en una base de datos.
- Una publicación no puede abarcar bases de datos. Todos los datos de una publicación deben provenir de la misma base de datos.

Artículos

Un *artículo* es una unidad básica de duplicación y representa un único elemento de datos que es duplicado. Los suscriptores se suscriben a publicaciones, no a artículos. Un artículo puede ser:

- Una tabla entera. Cuando se utiliza la duplicación de instantáneas se puede duplicar el esquema de tabla, incluyendo los desencadenadores, además de los datos.
- Ciertas columnas de una tabla, utilizando un filtro vertical.
- Ciertas filas de una tabla, utilizando un filtro horizontal.
- Ciertas filas y columnas de una tabla, utilizando un filtro vertical y otro horizontal.
- Una definición de procedimiento almacenado. Cuando se utiliza la duplicación de instantáneas se duplica el procedimiento almacenado completo.
- La ejecución de un procedimiento almacenado. Cuando se utiliza la duplicación transaccional se puede duplicar el registro del procedimiento almacenado, en lugar de las modificaciones de datos resultantes de la ejecución del procedimiento almacenado. Esto puede reducir drásticamente la cantidad de datos que debe ser enviada al/a los suscriptor(es).

Importante: En las versiones anteriores de SQL Server se podría suscribir a artículos además de a publicaciones. Para compatibilidad con las versiones anteriores, SQL Server 7 soporta la suscripción a artículos, pero no puede crearlos en el Administrador corporativo y se recomienda que las reemplace con suscripciones a publicaciones.

Cómo filtrar datos

Es posible publicar un subconjunto de uno como un artículo. Esto se conoce como filtrado de datos. El filtrado de datos ayuda a evitar conflictos de duplicación cuando se permite que múltiples sitios actualicen datos. Puede filtrar tablas verticalmente, horizontalmente o vertical y horizontalmente. Cada instancia de una tabla filtrada es un artículo separado. La Figura 15.4 muestra ejemplos de filtrado vertical y horizontal.

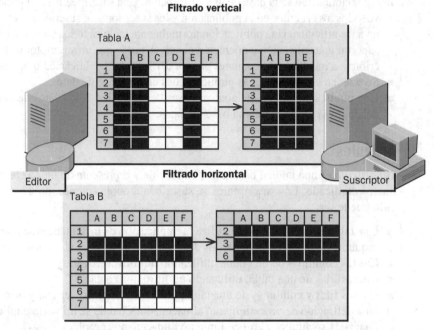

Figura 15.4. Filtrado vertical y horizontal.

Filtrado vertical

Como se muestra en la mitad superior de la Figura 15.4, un filtro vertical contiene un subconjunto de columnas de una tabla. El suscriptor sólo recibe las columnas duplicadas. Por ejemplo, puede utilizar un filtro vertical para publicar todas las columnas de la tabla Employee, excepto la columna Salary. El filtrado vertical es parecido a especificar sólo ciertas columnas de una tabla en una instrucción SELECT.

La duplicación de mezcla (descrita en la Lección 3) no soporta el filtrado vertical.

Filtrado horizontal

Como se muestra en la mitad inferior de la Figura 15.4, un filtro horizontal contiene un subconjunto de filas de una tabla. El suscriptor sólo recibe el subconjunto de filas. Por ejemplo, puede publicar registros de pedidos por región, para cada región. El filtrado horizontal es parecido a especificar una cláusula WHERE en una instrucción SELECT.

Métodos adicionales para crear subconjuntos de datos

Una alternativa al filtrado es crear tablas separadas. Esto puede ser más eficaz que filtrar, evitar conflictos y simplificar la vista lógica de los datos. Por ejemplo, en lugar de almacenar los datos de ventas de varias sucursales en una única tabla en la central, puede crear una tabla separada para cada sucursal. Las desventajas de crear tablas separadas es que las aplicaciones deben tratar con las tablas separadas y que la administración puede ser más compleja ya que, si la estructura de las tablas cambia, se pueden tener que alterar tablas en distintos servidores.

El crear tablas separadas que utilizan el mismo esquema, pero contienen filas diferentes, normalmente se denomina *partición*. El crear tablas separadas que contengan columnas distintas es menos común.

Partición de filas

La partición de filas (partición horizontal) involucra el definir físicamente un subconjunto de datos horizontal como una tabla separada. Por ejemplo, puede realizar una partición de una tabla de clientes en tablas separadas para cada región.

Partición de columnas

La partición de columnas (partición vertical) involucra el definir físicamente un subconjunto de datos vertical como una tabla separada. Por ejemplo, puede realizar una partición vertical de la tabla employee situando las columnas name, title y office number en una tabla y otra información confidencial como las columnas birth date y salary information, en otra tabla.

Suscripciones

La configuración que define cómo recibirá la publicación de un editor una base de datos en un suscriptor se conoce como *suscripción*.

Existen dos tipos de suscripciones posibles. El tipo de suscripción determina cómo se crean y administran las suscripciones y cómo se duplican los datos. Puede haber muchas suscripciones de ambos tipos para una única publicación, como se muestra en la Figura 15.5.

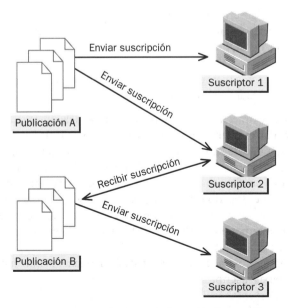

Figura 15.5. Suscripciones de inserción frente a Extracción.

Nota: En las versiones anteriores de SQL Server, los tipos de suscripción sólo afectaban a cómo se administraban las suscripciones.

Suscripciones de inserción

Puede establecer suscripciones mientras crea o administra publicaciones en el editor. Esto se conoce como *suscripción de inserción*. Las suscripciones de inserción centralizan la administración de suscripción de las siguientes maneras:

- Una suscripción de inserción se define en el editor.
- Se pueden establecer muchos suscriptores a la vez para cada publicación.

Con una suscripción de inserción, el distribuidor propaga los cambios al suscriptor sin una petición del suscriptor para que esta acción se realice. Normalmente, las suscripciones de inserción se utilizan en aplicaciones que deben enviar cambios a los suscriptores en cuanto estos cambios tengan lugar. Las suscripciones de inserción son mejores para aplicaciones que requieren una seguridad más alta y actualizaciones de tiempo casi real, y donde el exceso del procesador más alto en el distribuidor no afecta al rendimiento.

Para las suscripciones de inserción, los agentes de duplicación que duplican datos al suscriptor se ejecutan en el distribuidor o en el editor.

Suscripciones de extracción

También puede establecer una suscripción mientras administra un suscriptor. Esto se conoce como *suscripción de extracción*. Las siguientes son características distintivas de una suscripción de extracción:

- El suscriptor inicia una suscripción de extracción.
- La publicación debe estar habilitada para permitir suscripciones de extracción.
- Sólo los suscriptores de SQL Server soportan completamente las suscripciones de extracción.
- El administrador de sistema o propietario de la base de datos del suscriptor decide qué publicaciones recibir y cuándo recibirlas.

Las suscripciones de extracción son mejores para las aplicaciones que necesitan una seguridad menor, necesitan más autonomía del suscriptor (como usuarios móviles) y necesitan soportar un alto número de suscriptores (como suscriptores que utilizan Internet).

Hay dos tipos de suscripciones de extracción disponibles. Las suscripciones de extracción estándar se registran en el editor. Las suscripciones de extracción anónimas se establecen completamente en el suscriptor; no se almacena ninguna información acerca del suscriptor en el editor. Las suscripciones anónimas son ideales para los suscriptores que se conectan a través de Internet. Los suscriptores basados en Internet pueden conectarse utilizando protocolos FTP.

Para las suscripciones de extracción, los agentes de duplicación que duplican datos al suscriptor se ejecutan en el suscriptor.

Sugerencia: Esta argumentación de suscripciones expone que la creación y administración de suscripciones se realiza en el editor para las suscripciones de inserción y en el suscriptor para suscripciones de extracción. Esto no significa que estas tareas tengan que ser desarrolladas físicamente en esos servidores. Puede registrar un editor y un suscriptor en el Administrador corporativo de SQL Server que se esté ejecutando en un ordenador cliente, y después, administrar las suscripciones de inserción y extracción simplemente seleccionando el servidor relevante.

Resumen de la lección

La duplicación de SQL Server utiliza una metáfora de editor–suscriptor. Los datos identificados para la duplicación se distribuyen desde un servidor de editor a través de un servidor de distribución hasta un servidor de suscriptor. Los datos marcados para duplicación, denominados publicaciones, pueden ser filtrados horizontal y verticalmente. Una suscripción configura un suscriptor para recibir datos de un editor. Las suscripciones pueden ser configuradas desde el editor (una suscripción de inserción) o desde el suscriptor (una suscripción de extracción).

Lección 3: Tipos de duplicación de SQL Server

Esta lección describe los tres tipos de duplicación proporcionados por SQL Server: duplicación de instantáneas, transaccional y de mezcla. Las diferentes características de los tres tipos están acopladas a necesidades diferentes de aplicación y de distribución de datos. Mientras que el proceso de duplicación está basado en la metáfora editor–suscriptor para cada tipo, cada uno utiliza los agentes de duplicación y los recursos del servidor de manera distinta.

Un tipo de duplicación se aplica a una única publicación. Es posible utilizar varios tipos de duplicación dentro de la misma base de datos. Los procesos que implementan los tipos de duplicación se denominan agentes; éstos se argumentan al final de esta lección.

Después de esta lección podrá:

- Explicar los tipos de duplicación de SQL Server.
- Describir los agentes de duplicación de SQL Server.

Tiempo estimado de la lección: 35 minutos

Duplicación de instantáneas

La *duplicación de instantánea* es la transferencia periódica masiva de una publicación entera a los suscriptores. Es el tipo de duplicación más fácil de configurar y mantener. La Figura 15.6 ilustra la duplicación de instantáneas.

- Tiene un alto grado de latencia, ya que los datos se actualizan sólo periódicamente.
- Tiene un alto grado de autonomía de sitio.
- Las tablas duplicadas no requieren claves principales.
- No es indicado para las publicaciones muy grandes.
- Tiene un exceso del procesador bajo, ya que no hay monitorización continuada.

El proceso de duplicación de instantáneas

En la duplicación de instantáneas, el Agente de instantáneas lee la base de datos de publicación y crea archivos de instantáneas en la carpeta de trabajo de distribución (carpeta de instantáneas) en el distribuidor. SQL Server almacena información de estado en la base de datos de distribución, pero no almacena los datos.

El Agente de distribución, ejecutándose en el distribuidor para suscripciones de inserción y en el suscriptor para suscripciones de extracción, aplica instantáneas de datos de la carpeta de trabajo de distribución al suscriptor.

Duplicación transaccional

En la *duplicación transaccional*, los cambios incrementales en el editor son duplicados al suscriptor. Las características de la duplicación transaccional incluyen las siguientes:

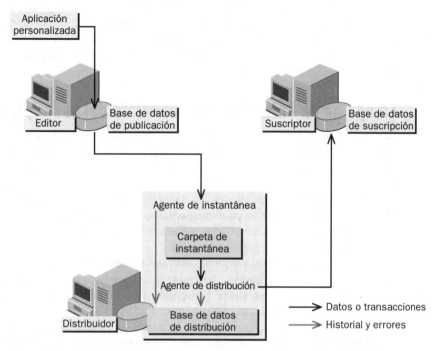

Figura 15.6.   Duplicación de instantáneas.

Las características de la duplicación de instantáneas son las siguientes:

- La duplicación normalmente tiene lugar con una latencia mínima (segundos).
- Tiene un nivel más bajo de autonomía de sitio, especialmente si se requiere una baja latencia.
- Las tablas duplicadas requieren claves principales.
- Es conveniente para publicaciones de cualquier tamaño.
- Involucra una monitorización de transacciones continua (introducciones, actualizaciones y eliminaciones) en las tablas marcadas para duplicación.
- Sólo las transacciones confirmadas son duplicadas a los suscriptores y se garantiza que serán aplicadas en el mismo orden que tuvieron lugar en el editor.

Nota: No puede crear publicaciones transaccionales en Desktop Edition de SQL Server. Puede suscribirse a publicaciones transaccionales desde otro servidor, y puede crear y suscribirse a publicaciones de instantáneas y de mezcla utilizando la Desktop Edition.

El proceso de duplicación transaccional

La Figura 15.7 ilustra el proceso de duplicación transaccional. Este proceso se inicia con una duplicación de instantáneas. El Agente de distribución utiliza los archivos que son copiados por el Agente de instantáneas para establecer la duplicación transaccional en el suscriptor.

La duplicación transaccional utiliza el Agente de lector de registro para leer el registro de transacción en el editor periódicamente y almacenar la información en la base de datos del distribuidor. El Agente de distribución, que se ejecuta en el distribuidor para las suscripciones de inserción y en el suscriptor para las suscripciones de extracción, aplica los cambios a los suscriptores.

La opción de Actualización inmediata del suscriptor

La duplicación de instantáneas y transaccional requieren que los datos duplicados no sean modificados en los suscriptores. Esto es porque lo datos fluyen en una dirección, desde el editor a los suscriptores. Las modificaciones realizadas en un suscriptor nunca serán reflejadas en el editor o en otros suscriptores.

En entornos que requieren que los datos sean actualizados en muchos sitios, puede realizar particiones de tablas para que particiones distintas de la misma tabla puedan ser publicadas en diferentes sitios. Cada sitio es entonces el editor para parte de la tabla duplicada y suscriptor de otras partes de la tabla.

SQL Server 7 también introduce una nueva manera de permitir que los datos sean actualizados en los suscriptores, denominada la opción de Actualización inmediata del suscriptor. Esta opción combina la duplicación transaccional y de instantáneas con el protocolo de confirmación de dos fases administrado por MS DTC. Los datos pueden ser modificados en los suscriptores siempre y cuando las modificaciones puedan ser aplicadas al editor al mismo tiempo, utilizando el protocolo de confirmación de dos fases.

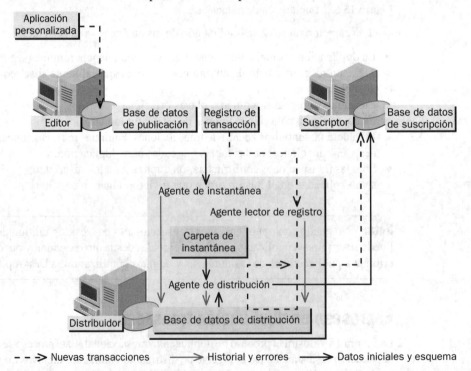

Figura 15.7. Duplicación transaccional.

La Figura 15.8 muestra cómo los cambios realizados en el suscriptor son aplicados simultáneamente al editor utilizando MS DTC. El resto del proceso de duplicación es igual que la duplicación de instantáneas o transaccional.

Fíjese que esta acción habilita que una actualización en el suscriptor se actualice inmediatamente sólo en el editor. Los otros suscriptores reciben la actualización mediante una duplicación normal. Una actualización realizada en el editor no se aplica inmediatamente a un suscriptor, ya que eso ya no seria duplicación; en su lugar, sería una transacción distribuida.

Para utilizar esta opción se requiere una red fiable y bien conectada entre el editor y el suscriptor.

Ya que la modificación se realiza en el editor y en el suscriptor:

- El usuario que se encuentra conectado al suscriptor puede seguir trabajando sin interrupciones, ya que el cambio no necesita ser duplicado desde el editor.
- Se garantiza que el cambio sea duplicado a todos los otros suscriptores.

Si utiliza esta opción con la duplicación de instantáneas, necesitará realizar una partición de los datos publicados. Esto se debe a que un suscriptor de Actualización inmediata no puede modificar filas que han sido modificadas en el editor hasta que esas filas

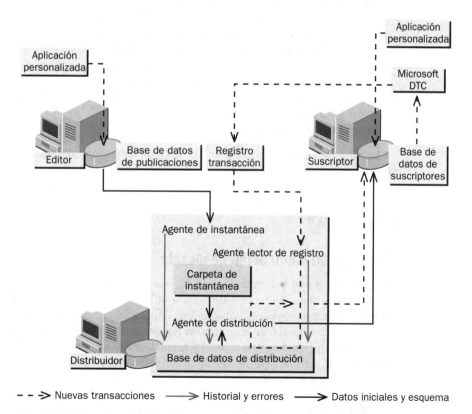

Figura 15.8.   Duplicación bajo la opción de Actualización inmediata del suscriptor.

hayan sido duplicadas al suscriptor. La actualización en el suscriptor produce un error si la fila que está siendo modificada es diferente en el editor que en el suscriptor. Esto ocurrirá si los datos han sido modificados directamente en el editor o si otro suscriptor de Actualización inmediata ha modificado la fila. Hay menos posibilidades de que esto ocurra si está utilizando duplicación transaccional, ya que los cambios son duplicados casi inmediatamente. Con la duplicación de instantáneas, los cambios no son duplicados con frecuencia, por lo que tendría que realizar una partición de los datos para asegurarse de que dos suscriptores o un suscriptor y el editor no actualizan los mismos datos.

Duplicación de mezcla

La *duplicación de mezcla* permite a los sitios realizar cambios autónomos a los datos duplicados. Más adelante, los cambios de todos los sitios son mezclados, ya sea de forma periódica o por petición. Se utiliza un mecanismo automático personalizable para resolver conflictos que tienen lugar cuando se mezclan los datos.

Las características de la duplicación de mezcla incluyen las siguientes:

- Su latencia puede ser alta o baja.
- Tiene un alto grado de autonomía de sitio.
- Las tablas duplicadas tienen una columna de identificador único que se agrega para garantizar la unicidad de filas a través de todas las copias.
- Es adecuado para publicaciones de cualquier tamaño.
- Los desencadenadores en las tablas publicadas para la duplicación de mezcla marcan la filas que son modificadas para que puedan ser duplicadas.
- No garantiza coherencia transaccional, pero sí garantiza que todos los sitios convergen en el mismo conjunto de resultados.
- No soporta el filtrado vertical.

La duplicación de mezcla puede ser útil para datos que están filtrados o partidos de acuerdo con sus prácticas empresariales, como los datos que están estructurados para que los representantes de ventas puedan actualizar sólo los registros de clientes en su propio territorio. Se ajusta especialmente a aplicaciones de "autopartición" donde no se espera que haya conflictos.

El proceso de duplicación de mezcla

Como se muestra en la Figura 15.9, la duplicación de mezcla se inicia con una duplicación de instantáneas. El Agente de mezcla utiliza los archivos que son copiados por el Agente de instantáneas para establecer una duplicación de mezcla en el suscriptor.

Para una suscripción de inserción, el Agente de mezcla se ejecuta en el distribuidor. Para una suscripción de extracción, el Agente de mezcla se ejecuta en el suscriptor. En la duplicación de mezcla, SQL Server almacena la información de estado en la base de datos de distribución, pero no almacena los datos.

El Agente de mezcla recoge los cambios del editor y los aplica a los suscriptores. Después recoge los cambios de todos los suscriptores, los aplica al editor y soluciona cualquier conflicto de actualización.

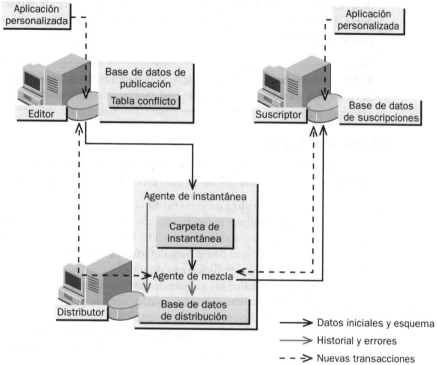

Figura 15.9. Duplicación de mezcla.

Consideraciones para la utilización de la duplicación de mezcla

La duplicación de mezcla realiza cambios al esquema para evitar y solucionar conflictos.

Cambios al esquema

Para que la duplicación de mezcla funcione, SQL Server realiza tres cambios importantes al esquema de la base de datos publicada:

■ Identifica una columna única para cada fila en la tabla que está siendo duplicada. Esta columna debe utilizar el tipo de datos uniqueidentifier y tener la propiedad ROW-GUIDCOL. Si no existe dicha columna, se agregará una. Esto permite que la fila sea identificada de manera única a través de varias copias de la tabla.

■ Agrega varias tablas de sistema para soportar el seguimiento de datos, una sincronización eficaz y una detección, solución e información de conflictos.

■ Crea desencadenadores en tablas en el editor y en el suscriptor que siguen los cambios a los datos en cada fila o, de manera opcional, en cada columna. Estos desencadenadores capturan los cambios que son realizados a la tabla y registran estos cambios en tablas de sistema de mezcla.

Ya que SQL Server soporta múltiples desencadenadores del mismo tipo en una tabla base, los desencadenadores de duplicación de la mezcla no interfieren con los desencadenadores definidos por la aplicación; esto quiere decir, que los desencadenadores definidos por la aplicación y los desencadenadores de duplicación de mezcla pueden coexistir.

Nota: El soporte para múltiples desencadenadores del mismo tipo es nuevo en SQL Server 7; las versiones anteriores de SQL Server no soportaban esta característica.

Solución de conflictos

Ya que la duplicación de mezcla permite actualizaciones independientes, pueden ocurrir conflictos. Estos son tratados utilizando una resolución de conflictos basada en prioridades:

- El Agente de mezcla realiza un seguimiento de cada actualización a una fila.

    El historial de cambios a una fila se conoce como el linaje de la fila. Cuando el Agente de mezcla está mezclando cambios y se encuentra una fila que puede tener varios cambios, examina el linaje para determinar si existe un conflicto. La detección de un conflicto puede ser en filas o en columnas.
- El Agente de mezcal evalúa los valores de datos que llegan y los valores de datos existentes, y cualquier conflicto entre los valores nuevos y antiguos es automáticamente solucionado basándose en prioridades asignadas.
- Al final todos los sitios tienen los mismos valores de datos, pero no necesariamente a los que se habría llegado si se hubiesen realizado todas las actualizaciones en un sitio.

Nota: SQL Server soporta solucionadores de conflictos basados en procedimientos almacenados o en COM.

Agentes de duplicación de SQL Server

SQL Server tiene varios agentes que implementan los varios tipos de duplicación. Cada agente es un proceso separado que, normalmente, es ejecutado por el Agente SQL Server. Las publicaciones y las suscripciones tienen agentes asociados a ellas. Un agente con nombre es en realidad un trabajo del Agente SQL que configura uno de los agentes de duplicación para procesar los datos para una publicación o suscripción específica. Los trabajos de agente de duplicación tienen una categoría de REPL-<*nombreagente*>.

El Agente de instantáneas

Los datos de publicación y suscripción deben estar sincronizados antes de que la duplicación sea posible. El Agente de instantáneas se utiliza para la sincronización inicial de todos los tipos de publicaciones y para la duplicación continuada de publicaciones de instantáneas. Este agente prepara el esquema y los datos de las publicaciones y almacena estos enarchivos en el distribuidor.

El Agente de instantáneas se ejecuta en el distribuidor y mueve datos desde el editor al distribuidor.

El Agente de distribución

El Agente de distribución aplica duplicación de instantáneas y transaccional desde el distribuidor a los suscriptores para publicaciones de instantáneas y transaccionales. Para suscripciones de inserción se ejecuta en el distribuidor, para suscripciones de extracción se ejecuta en los suscriptores. Al Agente de distribución no se utiliza en la duplicación de mezcla.

El Agente de lector del registro

El Agente de lector del registro copia las transacciones que están marcadas para duplicación desde el registro de transacción del editor a la base de datos de distribución.

El Agente de lector del registro se ejecuta en el distribuidor y mueve datos desde el editor al distribuidor.

El Agente de mezcla

El Agente de mezcla, mezcla cambios de datos de múltiples sitios que han tenido lugar desde que se creó la instantánea inicial. Mueve los datos en ambas direcciones entre los editores y los suscriptores. El Agente de mezcla se ejecuta en el distribuidor para las suscripciones de inserción y en el suscriptor para las suscripciones de extracción. No se utiliza para duplicación de instantáneas o transaccional.

Nota: Las aplicaciones personalizadas del suscriptor se pueden desarrollar basándose en el Agente de distribución o en el Agente de mezcla, utilizando el Control de distribución de SQL y el Control de mezcla de SQL. Éstos son controles ActiveX proporcionados con SQL Server 7.

Resumen de la lección

SQL Server proporciona tres tipos de duplicación: de instantáneas, transaccional y de mezcla. SQL Server utiliza cuatro programas denominados Agentes para implementar la duplicación: el Agente de instantáneas, el Agente de distribución, el Agente del lector del registro y el Agente de mezcla. El proceso de duplicación se basa en la metáfora editor – suscriptor, pero cada tipo utiliza los Agentes de duplicación y los recursos del servidor de manera diferentes.

La duplicación de instantáneas se adapta a datos que no cambian regularmente. La duplicación de instantáneas ocurre con poca frecuencia y se duplica una gran cantidad de datos cuando la duplicación tiene lugar. Los datos sólo pueden ser modificados en el editor.

La duplicación transaccional se adapta a los datos que cambian regularmente. Este tipo de duplicación puede tener lugar frecuentemente y una cantidad de datos relativamente pequeña se duplica cada vez que tiene lugar la duplicación. A menos que la duplicación transaccional se utilice junto con las transacciones distribuidas, los datos sólo pueden ser modificados en el editor.

La duplicación de mezcla se adapta a datos que cambian regularmente. La duplicación de mezcla puede tener lugar frecuentemente, una cantidad de datos relativamente pequeña se duplica cada vez que tiene lugar la duplicación. Los datos pueden ser modificados en el editor o en los suscriptores. Un mecanismo de resolución de conflictos soluciona los cambios conflictivos realizados en más de un servidor.

Lección 4: Modelos de duplicación

Esta lección presenta los modelos de duplicación utilizados en SQL Server, dibujando una conexión entre los tipos de duplicación (de instantáneas, transaccional y de mezcla) y los modelos de duplicación. La lección concluye con ejemplos de cada uno de estos modelos.

Después de esta lección podrá:

■ Describir los modelos de duplicación utilizadas en SQL Server.

Tiempo estimado de la lección: 25 minutos

Visión general de los modelos de duplicación

Los modelos de duplicación básicos mostrados en la Figura 15.10 ilustran cómo las funciones de duplicación de servidor se pueden implementar en la duplicación. Cada uno de estos modelos se argumentan en esta lección.

El modelo de editor central/distribuidor

En el modelo editor central/distribuidor (el predeterminado de SQL Server) se definen uno o dos servidores como editor/distribuidor. El editor/distribuidor publica y distribuye datos a cualquier número de servidores que estén dados de alta como suscriptores.

El editor y el distribuidor pueden estar en el mismo servidor o en servidores separados. En cualquier caso, el servidor de publicación es el propietario principal u origen principal de todos los datos duplicados. Normalmente, el servidor de distribución almacena datos antes de que éstos sean duplicados a los servidores suscritos. Se pretende que los datos que se reciben en los sitios de suscripción sean de sólo lectura. Los administradores se deben asegurar que sólo el permiso SELECT se permite en las tablas de suscriptor.

Si el editor y el distribuidor están en servidores separados, este modelo descarga mucha parte del trabajo de duplicación desde el editor al distribuidor.

El modelo de suscriptor central/editores múltiples

En el modelo suscriptor central/editores múltiples, múltiples editores duplican datos a un único suscriptor. Este modelo soluciona la necesidad de consolidar datos en un sitio centralizado y proporcionar a los sitios locales sólo datos locales. Ya que hay múltiples editores escribiendo a la misma tabla de suscriptor es importante asegurarse de que todos los datos tienen un propietario local único para que otro editor no los sobrescriba. Puede conseguir esto filtrando los datos horizontalmente.

El modelo de editores múltiples/suscriptores múltiples

En el modelo editores múltiples/suscriptores múltiples, múltiples servidores de publicación y múltiples servidores de suscripción cada uno juega potencialmente una función doble. Este modelo es la implementación más cercana al procesado completo de datos dis-

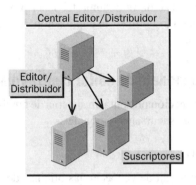

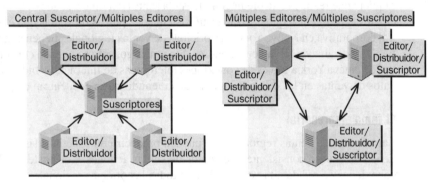

Figura 15.10. Modelos de duplicación.

tribuidos. Debe tener cuidado cuando diseñe los tipos de esquema y de actualización para asegurarse de que existe un nivel adecuado de consistencia de datos en todos los sitios. Se necesitarán filtrado o partición horizontal para conseguir esto.

Cómo combinar modelos y tipos de duplicación

Para cada publicación, puede utilizar cualquiera de los modelos de duplicación con cualquiera de los tipos de duplicación. Las siguientes afirmaciones son hechas acerca de la interacción entre el modelo de duplicación y el tipo de duplicación:

- El modelo de duplicación es la implementación física de su diseño de duplicación. Pasará la mayor parte de su tiempo de desarrollo diseñando su modelo de duplicación.
- El tipo de duplicación (de instantáneas, transaccional o de mezcla) proporciona la funcionalidad que detalla cómo mantener los datos duplicados. Esto será determinado por los requisitos de latencia, consistencia y autonomía del sitio de su entorno.
- Cualquiera de los modelos de duplicación puede utilizar cualquiera de los tipos de duplicación. Normalmente selecciona el modelo y el tipo a la vez; uno no determina el otro.
  Una única base de datos puede tener muchas publicaciones con distintos tipos de duplicación. Por ejemplo, en la base de datos de su empresa, puede tener una publicación para información de inventario que utiliza la duplicación transaccional con la

opción de Actualización inmediata del suscriptor. Otra aplicación que contiene una lista de clientes podría utilizar la duplicación de mezcla para que todos los sitios puedan actualizarla.

Un ejemplo del modelo de editor central/distribuidor remoto

El ejemplo en esta sección presenta un sistema de análisis de ventas utilizado por una central corporativa y sus sucursales regionales.

El proceso actual

Actualmente, al personal de ventas en las oficinas de ventas regionales de Europa se les requiere que realicen una predicción de ventas antes del final de cada mes. Una de las principales herramientas que utilizan es un sistema de análisis de ventas que existe en la central corporativa en Nueva York. Las oficinas de ventas regionales tienen conexiones de red fiables y de alta velocidad con Londres. Sin embargo, sólo se pueden conectar con la central de Nueva York a través de conexiones telefónicas de Internet. Debido a esta razón, los datos de ventas en las oficinas regionales a menudo no se encuentran disponibles.

El tema empresarial

Las oficinas de ventas regionales no pueden predecir con exactitud las ventas porque no tienen un acceso consistente a los datos de ventas actuales. Los costes prohíben instalar conexiones de red de alta velocidad entre todas las oficinas regionales y Nueva York.

El modelo de duplicación propuesto

El implementar un modelo de editor central con duplicación de instantáneas puede hacer que la información de ventas esté disponible para los suscriptores en cada región. Se pueden crear publicaciones que filtren horizontalmente los datos para que cada región reciba únicamente los datos de ventas de sus clientes. Esto reduce la cantidad de datos que recibe cada suscriptor.

Un distribuidor remoto se puede aprovechar de una conexión de red de alta velocidad entre Nueva York y Londres. El distribuidor entonces envía suscripciones filtradas a los suscriptores regionales en las sucursales de Roma, Paris y Dublín. Las conexiones de red entre Nueva York y las ubicaciones de los suscriptores son innecesarias. Londres también sería un suscriptor para sus propios datos. La Figura 15.11 ilustra esta solución.

Con esta solución, los usuarios en cada región pueden consultar sus SQL Server regionales para obtener datos de ventas en lugar de utilizar SQL Server de la central corporativa. Los datos suscritos no pueden ser, y no necesitan ser, actualizados. Se pueden programar las instantáneas para que tengan lugar diariamente, semanalmente o en otro intervalo de tiempo apropiado.

Una variación de esta solución sería el configurar Londres como un suscriptor editor. Se suscribiría a los datos de Nueva York y después publicaría los datos a las otras sucursales europeas. Esta sería una buena aproximación si todas las oficinas regionales estuviesen recibiendo todos los datos y no sólo sus propios datos filtrados.

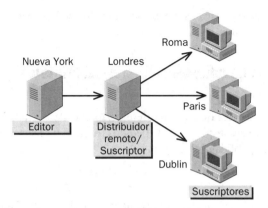

Figura 15.11.   Ejemplo de editor central/distribuidor remoto.

Un ejemplo del modelo de suscriptor central/múltiples editores

El ejemplo en esta sección presenta un fabricante de piezas de automóviles con cuatro almacenes regionales por todo el país.

El proceso actual

Actualmente los niveles de inventario caen por debajo del nivel en el que se tendría que realizar un nuevo pedido, y esto no se observa hasta que el almacén no puede realizar el pedido de un cliente por completo. Cada almacén administra su propio inventario. Cuando la cantidad de una pieza cae por debajo del punto de inventorio de realizar un nuevo pedido, el administrador de control de inventario del almacén realiza un pedido a la fábrica. Este procedimiento requiere monitorización y realización de pedidos manual por parte de cada almacén.

El tema empresarial

No existe ningún tipo de monitorización de inventario centralizado en la fábrica.

El modelo de duplicación propuesto

El implementar un modelo de suscriptor central/múltiples editores que utilice la duplicación transaccional para reunir la información de inventario de todos los sitios regionales en una base de datos principal de inventario ubicada en la fábrica central puede resolver este problema. El inventario se puede pedir automáticamente cuando se alcancen los puntos de realización de un pedido nuevo para las piezas individuales en cada almacén.

Ya que el número de ID para las piezas es igual en todas las regiones, el agregar una columna separada de código de región (reg_code) identifica de manera única los datos de las regiones cuando se reúnen los datos en el sitio central. La columna de código de región se utiliza como parte de una clave principal compuesta (reg_code y las columnas de id) para identificar de manera única las piezas de cada región. La Figura 15.12 ilustra esta solución.

Con esta solución, los datos no necesitan ser actualizados en la fábrica; cada almacén actualiza sólo las filas que publica.

Un ejemplo del modelo de editores múltiples/suscriptores múltiples

Una empresa de pasteles tiene tres tiendas en diferentes partes de la ciudad. Cada tienda tiene un servidor que publica su propia tabla de pedidos (orders) y se suscribe a las tablas orders que las otras tiendas publican.

El proceso actual

Actualmente, cada tienda se queda sin ciertos ingredientes regularmente. Cuando una tienda se queda sin un ingrediente necesario, debe contactar con una o las dos tiendas para saber si el ingrediente se encuentra en stock y después organizarlo para realizar un pedido por separado.

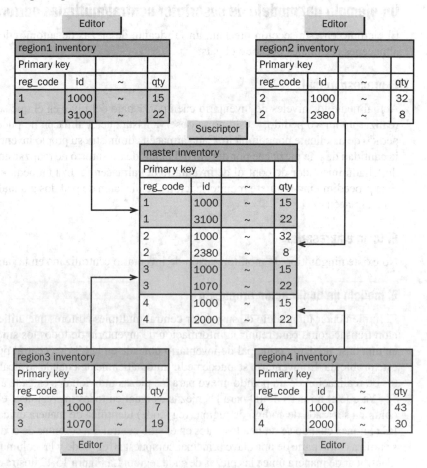

Figura 15.12.   Ejemplo de un suscriptor central con múltiples editores.

El tema empresarial

Ya que es imposible conocer el inventario de las otras tiendas hasta el último minuto, se producen situaciones en las que todas las tiendas se quedan sin el mismo ingrediente a la vez.

El modelo de duplicación propuesto

El implementar un modelo editores múltiples/suscriptores múltiples que utilice duplicación transaccional permite a cada tienda saber inmediatamente si el inventario de las otras tiendas puede solucionar un problema dado. Las faltas de ingredientes pueden ser anticipadas para que cada tienda pueda realizar sus pedidos.

Como se muestra en la Figura 15.13, las tiendas A, B y C tienen cada una copia de la tabla pedidos. Cada tienda es un editor y un suscriptor, el servidor de cada tienda publica algunas filas de la tabla pedidos a las otras dos tiendas y se suscribe a las filas de la tabla pedidos publicadas por las otras dos tiendas.

Cada tienda es responsable por sólo una parte de los datos. La tabla pedidos se filtra horizontalmente por área. Por ejemplo, la tienda A es responsable de actualizar los datos en el Área 1. Para que este escenario funcione utilizando duplicación transaccional, cada tienda sólo puede actualizar los datos de su área.

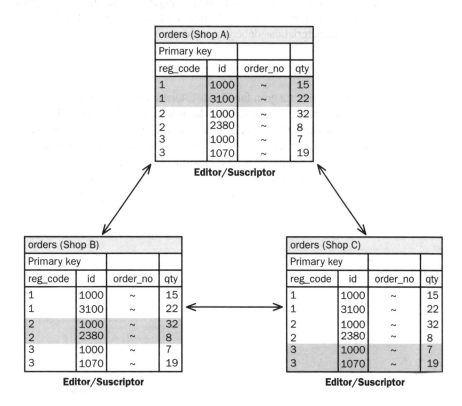

Figura 15.13.   Ejemplo de múltiples editores con múltiples suscriptores.

Resumen de la lección

Puede utilizar muchos modelos distintos cuando implemente la duplicación. Los modelos principales son el modelo de editor central/distribuidor, el modelo de suscriptor central/editores múltiples y el modelo de editores múltiples/suscriptores múltiples. Estos modelos pueden ser mezclados o combinados. Cuando implemente la duplicación, también puede escoger si ubicar el editor y el distribuidor en el mismo ordenador o en ordenadores diferentes.

Revisión

Las siguientes preguntas tienen la intención de reforzar la información clave presentada en este capitulo. Si no puede contestar una pregunta, revise la lección apropiada e intente responder la pregunta otra vez. Las respuestas a las preguntas se pueden encontrar en el Apéndice A, "Preguntas y respuestas."

1. Su compañía ha estado experimentando problemas de contención. Esto ocurre cuando los departamentos de ventas y marketing ejecutan sus informes diarios mientras el departamento de procesado de pedidos está procesando pedidos. Su compañía ha decidido implementar alguna forma de duplicación de datos. Para escoger el método apropiado para realizar copias de los datos de la compañía, ¿qué características debería considerar?

2. Su compañía, un gran fabricante internacional con muchos vendedores en todo el mundo, ha decidido distribuir datos utilizando la duplicación. En este momento usted se encuentra en la fase de planificación y diseño de su estrategia de duplicación. Su objetivo es recibir toda la información de ventas de los vendedores en las oficinas centrales de la compañía diariamente. Ya que la mayoría de los proveedores son remotos, le preocupan los altos costes de larga distancia. ¿Qué modelo o modelos de duplicación implementaría? ¿Por qué?

CAPÍTULO 16

Cómo planear y establecer la duplicación

Acerca de este capítulo

En este capítulo aprenderá acerca del planeamiento de una implementación de duplicación, así como la realización de una serie de tareas de duplicación, incluyendo la configuración de servidores, la generación de publicaciones y la configuración de suscripciones.

Antes de empezar

Para completar las lecciones en este capítulo debe haber:

- Completado y comprendido el material del Capítulo 15 "Introducción a la duplicación".
- Tener instalada la versión 7 de SQL Server. Véase el Capítulo 2, "Instalación," para las instrucciones de instalación.
- Haber instalado la base de datos StudyNwind. Véase la sección "Antes de empezar" en "Acerca de este libro" para las instrucciones de instalación de la base de datos StudyNwind.
- Poder iniciar una sesión en SQL Server como administrador.
- Haber instalado los archivos de Ejercicios del CD-ROM de materiales suplementarios del curso a su unidad de disco duro. Véase la sección "Antes de empezar" en "Acerca de este libro" para las instrucciones de instalación.

Lección 1: Cómo planear la duplicación

Un buen planeamiento es la clave para una implementación de duplicación con éxito. El configurar un escenario de duplicación puede ser complicado. Las herramientas gráficas hacen que la implementación sea más fácil, pero el diseño del escenario requiere el mismo nivel de atención que el diseño del esquema original de su base de datos. Debe tener un modelo que funciona antes de poder implementar la duplicación con éxito

Esta lección se inicia con una consideración conceptual de los temas empresariales. Después se dirige a los detalles de la implementación física y a la solución de la duplicación. La lección concluye con una argumentación de temas de definición de datos en la duplicación.

Después de esta lección podrá:

- Dirigirse a temas relacionados con el planeamiento de un escenario de duplicación de Microsoft SQL Server versión 7.

Tiempo estimado de la lección: 30 minutos

Consideraciones de diseño

El diseño de la implementación de duplicación es parecido al diseño de una base de datos: debe planear el diseño lógico antes de intentar la implementación física. Esta sección considera los temas a los que debería dirigirse.

¿Qué datos va a publicar?

Cuando se distribuyen datos, sus servidores de suscripción a veces requieren sólo un subconjunto de datos de una base de datos. Es importante el duplicar sólo los datos necesarios para reducir la utilización del espacio del disco, el tiempo de procesado y la entrada o salida de red (E/S).

Piense en cómo debería agrupar los artículos. ¿Va a publicar subconjuntos de datos por grupo, sitio o por región? Si tiene un escenario de suscriptor central/múltiples editores, a lo mejor cada sitio debería publicar todas sus tablas, y la ubicación central se debería suscribir a cada publicación.

Si disemina datos, debe realizar uno de los siguientes:

- Cree una publicación para datos globales a la que se suscriban todos los sitios y una publicación para datos partidos para cada suscriptor.
- Cree una publicación para cada suscriptor que contenga los datos globales y los datos partidos.

¿Quién va a recibir los datos?

¿Qué servidores se van a suscribir a los datos? ¿Qué características tienen los servidores de destino? ¿Son conocidos o se encuentran fuera de línea? Si los sitios deben tener capacidades de actualización, debe dirigirse a la resolución de conflictos o tener conexiones de alta calidad a esos sitios para hacer que sea posible la opción de Actualización inmediata del suscriptor.

Importante: Puede realizar modificaciones a publicaciones, como la agregación de nuevos artículos, pero debe eliminar toda las suscripciones a la publicación antes de realizar esta acción. Debe recrear las suscripciones después de realizar las modificaciones. Esta es una de las razones por las que debe planear cuidadosamente antes de agregar todas sus suscripciones y publicaciones.

¿Con qué frecuencia deben ser duplicados los datos?

¿Cómo se realizará la duplicación: de manera programada o a petición?

Si sus requisitos de aplicación permiten la latencia, puede programar actualizaciones poco frecuentes. Por ejemplo, si un sitio utiliza datos para la generación de informes de resúmenes acerca de la actividad de ventas para el año actual, no se necesita que los datos sean actuales al 100 por 100. Un departamento de marketing (ayuda de toma de decisiones) es un buen ejemplo de un sitio que no requiere la información más actualizada; una vez a la semana o una vez al mes puede ser adecuado.

¿Cuáles son las características de la red?

Utilice las siguientes consideraciones de red para que le ayuden a escoger el tipo de duplicación que se adapta mejor a su red:

- ¿Están todos los nodos de la red disponibles en todo momento, o están sólo disponibles en intervalos periódicos?

  Si no están siempre disponibles, considere la utilización de un tipo de duplicación que soporte una latencia más alta.

- ¿Es rápida la red?

  Si no lo es, puede querer utilizar el filtrado para minimizar la cantidad de datos que se envía a través de la red. Asegúrese de fijarse si existen vínculos lentos que puedan ser evitados teniendo un servidor de distribución remoto.

- ¿Cuál es la capacidad de la red?

  Si la capacidad es baja, considere la utilización de distribuidores remotos. Determine la hora del día que tenga el mayor nivel de actividad. Esto es importante si los suscriptores que no están en línea se conectan durante los períodos de las horas punta. Realice una programación de acuerdo con lo anterior.

- ¿Cómo de fiable es su red?

  Si los errores son comunes, no se recomienda el utilizar un plan de duplicación que incluya transacciones distribuidas, ya que éstas no pueden ser completadas cuando los servidores involucrados en transacciones distribuidas no están conectados.

Cómo determinar una solución de duplicación

La planificación preliminar de la implementación física del diseño lógico incluye el dirigirse a las cuestiones en esta sección.

¿Cuál es su topología de duplicación?

¿Qué topología de duplicación va a implementar? El establecimiento de las funciones de servidor establece la infraestructura necesaria para la implementación de la duplicación. Las decisiones que deben ser tomadas son la siguientes:

- Seleccione el modo de duplicación.
- Determine si el distribuidor será local o remoto.
- Determine si la base de datos de distribución será compartida. Si tiene múltiples editores que comparten un distribuidor, utilizará cada uno su propia base de datos de distribución, ¿o compartirán todos una base de datos de distribución en el distribuidor?

¿Qué tipo de duplicación utilizará?

Puede seleccionar duplicación de instantáneas, transaccional o de mezcla.. Para obtener más información acerca de estos tipos de duplicación, véase el Capítulo 15, "Introducción a la duplicación."

¿Quién inicia las actividades de duplicación?

Las suscripciones de inserción utilizan los recursos del distribuidor y las suscripciones de extracción utilizan los recursos del suscriptor.

¿Cuántos suscriptores va a haber?

El estimar el número de suscriptores le ayudará a determinar la carga del servidor de distribución.

¿Cuáles son sus requisitos de espacio?

Los siguientes factores afectan al tamaño del registro de transacción para todas las bases de datos involucradas en la duplicación, así como al tamaño de la base de datos de distribución y la carpeta de trabajo en el distribuidor:

- La cantidad de actividad en las bases de datos publicadas.
- El número de publicaciones y artículos.
- Frecuencia de duplicación.
- Latencia de la duplicación.
- Tipo de duplicación.

Temas de definición de datos

Los datos de duplicación deben ser definidos con características específicas ya que algunas características no pueden ser duplicadas o son alteradas cuando la duplicación tiene lugar. Esta sección trata los temas involucrados en la definición de datos.

Cómo utilizar tipos de datos

La siguiente tabla lista los tipos de datos que afectan a la duplicación.

Tipo de datos	Impacto
Marca de hora	Indica la secuencia de actividad de SQL Server en una fila. A pesar del nombre, las marcas de hora no están relacionadas con la fecha u hora; son números únicos en toda una base de datos cuyo único propósito es el de indicar si una fila ha sido modificada. Normalmente, los valores no tienen ninguna relevancia en el suscriptor, por lo que la columna de marca de hora puede ser filtrada. Si se duplica, la columna de marca de hora es replicada al suscriptor como un tipo de datos binarios (8). Si está utilizando la opción de Actualización inmediata del suscriptor, se requiere una columna de marca de hora; se agregará una a la tabla si esta no existe. Las columnas de marca de hora deben ser eliminadas de las publicaciones de mezcla ya que no es posible que los valores de las columnas de marca de hora sean convergentes en todos los sitios.
Uniqueidentificators	Un identificador único global (GUID) creado al establecer el valor predeterminado de la columna a la función NEWID(). En las tablas publicadas para duplicación de mezcla se requiere una columna de Uniqueidentificator; se agregará uno a la tabla si éste no existe.
Definido por el usuario	No puede ser duplicado a menos que el tipo de datos definido por el usuario exista de antemano en la base de datos del suscriptor.

Sugerencia: Para obtener resultados de consulta consistentes en datos que están duplicados entre servidores se recomienda que cada servidor que participe en la duplicación utilice el mismo juego de caracteres y la misma ordenación. Esto no se requiere, pero esta práctica asegura que el comportamiento de procesado de consultas sea consistente en todos los servidores.

Cómo utilizar una propiedad IDENTITY

Durante la duplicación, se duplica el valor de una columna con la propiedad IDENTITY, pero no se duplica la propiedad en sí. En las instantáneas iniciales, las columnas de identidad no se crean con la propiedad IDENTITY. Esto significa que los valores en el suscriptor siempre coincidirán con aquellos del editor.

Para realizar particiones de datos en cada sitio, puede establecer otra vez una columna de identidad en el suscriptor. Asegúrese de que:

- Utiliza los valores iniciales apropiados y las restricciones CHECK para evitar conflictos.
- Combina la columna de identidad con otra columna que identifique de manera única los datos que son modificados en el suscriptor.

Cómo utilizar la opción NOT FOR REPLICATION

La opción NOT FOR REPLICATION le permite deshabilitar ciertas características como, por ejemplo, la propiedad IDENTITY, las restricciones CHECK y los desencadenadores: para los datos duplicados a el suscriptor. Cuando los usuarios modifican datos en el suscriptor, estas características funcionan normalmente.

Un buen uso de esta opción se realiza con el modelo múltiples editores/múltiples suscriptores. Por ejemplo, usted puede tener una restricción CHECK que compruebe que una ubicación se encuentra dentro de una región de ventas concreta, asegurándose de que los representantes de ventas no puedan introducir pedidos de clientes que no se encuentren dentro de sus regiones. El agregar la opción NOT FOR REPLICATION a la restricción CHECK permite que se dupliquen los datos de otras regiones incluso conteniendo ubicaciones no válidas.

Establezca esta opción cuando defina una columna con una propiedad IDENTITY o con una restricción CHECK, o cuando cree desencadenadores.

Cómo configurar un acceso de red seguro

Antes de empezar a implementar un escenario de duplicación, debe asegurarse de que ha cumplido ciertos requisitos básicos. Esta sección describe las tareas que debe realizar.

Cómo establecer relaciones fiables entre dominios

Si los servidores que participan en la duplicación residen en dominios de Microsoft Windows NT Server distintos, debe establecer relaciones de confianza entre esos dominios. Para obtener más información acerca del establecimiento de relaciones de confianza, consulte la Ayuda de Windows NT Server.

Compruebe la cuenta de usuario del dominio de Windows NT para el Agente SQL Server

De manera predeterminada, la duplicación utiliza la cuenta de usuario del dominio de Windows NT que utiliza el Agente SQL Server. Se recomienda que utilice la misma cuenta de usuario del dominio del Agente SQL Server para todos los servidores que estén participando en la duplicación.

Compruebe que tiene una cuenta de usuario del dominio con privilegios administrativos en Windows NT para el Agente SQL Server. La cuenta debería ser miembro del grupo local de administradores de Windows NT.

Nota: La cuenta de Windows NT que utilice para el Agente SQL Server no puede ser la cuenta de sistema local o la cuenta de usuario local, ya que ninguna de las dos permite un acceso a la red. Puede utilizar una cuenta de inicio de sesión de SQL Server en lugar de una cuenta de Windows NT.

Resumen de la lección

Antes de implementar la duplicación, debe tener en cuenta todos los tipos y modelos de duplicación y diseñar una solución de duplicación que coincida con su entorno. Ciertos tipos de datos y atributos de tablas requieren una especial atención cuando diseñe su solución de duplicación. El primer paso en la implementación de una solución de duplicación es asegurarse que ha configurado su seguridad de acceso de red de SQL Server.

Lección 2: Cómo preparar los servidores

El configurar la duplicación involucra varios pasos. Esta lección describe cada una de las distintas partes del proceso de configuración.

Primero debe establecer un distribuidor y un editor; ambos se establecen en el mismo proceso. Después de que estén establecidos, puede definir las publicaciones y suscripciones.

Cuando utilice el Administrador corporativo de SQL Server para configurar la duplicación, a veces, estará configurando más de una parte a la vez. Por ejemplo, es posible crear una publicación utilizando el Asistente para creación de publicaciones antes de haber configurado el servidor como un editor. Esto no significa que no tenga que configurar el editor; sino, que el asistente configura por usted el servidor como un editor.

Después de esta lección podrá:

- Identificar las tareas que deben ser realizadas para configurar SQL Server para la duplicación.
- Establecer y configurar un servidor de distribución.
- Establecer servidores de publicación y de suscripción.

Tiempo estimado de la lección: 115 minutos

Cómo establecer un distribuidor

Debe establecer el distribuidor antes de crear editores dependientes. Se necesitan permisos del administrador del sistema para crear un distribuidor.

Prepare los servidores utilizando el Asistente para configurar publicación y distribución en el Administrador corporativo de SQL Server. Todos los servidores que participen en el escenario de duplicación deben estar registrados en el Administrador corporativo de SQL Server.

Los siguientes temas proporcionan más información acerca de algunas de las opciones que especificará cuando habilite el distribuidor.

Cómo configurar la base de datos de distribución

La base de datos de distribución, una base de datos de almacenaje y remisión que mantiene todas las transacciones que están esperando a ser distribuidas a los suscriptores, se instala automáticamente cuando establece el distribuidor.

También tiene opciones para:

- Especificar un servidor de distribución remoto o crear una nueva base de datos de distribución en un servidor que ha sido configurado como distribuidor.
- Definir una o más bases de datos de distribución y que cada una de ellas pueda soportar una o más publicaciones.
- Especificar la localización de los datos y archivos de registro de la base de datos de distribución.

Asegura la disponibilidad de la carpeta de trabajo de distribución

Durante varias fases de los distintos procesos de duplicación, el Agente de instantáneas crea archivos que son utilizados por el Agente de distribución o por el Agente de mezcla. Estos archivos se crean en la carpeta de trabajo de distribución. Debe asegurarse de que la carpeta de trabajo de distribución se encuentre disponible para estos Agentes de duplicación cuando sea necesario.

De manera predeterminada, la carpeta de trabajo de distribución se crea en C:\Mssql7\Repldata y es accedida por otros servidores en la administración de partición de Windows NT predeterminada (C$) como \\*nombre_ordenador*\C$\Mssql7\Repldata. Puede crear su propia partición personalizada si prefiere no utilizar la administración de partición predefinida y actualizar la configuración para poder utilizarla. La comparición debe ser accesible para la cuenta de servicio del Agente SQL Server o para la cuenta de los Agentes de duplicación si configura otra cuenta para ellos.

Importante: En los ordenadores Windows 95 y Windows 98 configurados como distribuidores, necesitará crear una partición, ya que la partición C$ no se crea de manera predeterminada, como en Windows NT. Si desea utilizar la configuración predeterminada del editor, cree una partición denominada C$ en la raíz de la unidad C: y haga que sea accesible a la cuenta de servicio del Agente SQL Server o a la cuenta de los Agentes de duplicación.

Asegúrese de tener memoria suficiente

También debe asegurarse de que tiene la memoria adecuada para el servidor de distribución, especialmente si el distribuidor y el editor están ubicados en el mismo ordenador. Base los requisitos de memoria en la cantidad de datos anticipada y en el número de suscriptores; es una buena idea el asignar una cantidad de recursos generosa en el distribuidor.

Cómo configurar un distribuidor

Después de haber habilitado el distribuidor, puede abrir el cuadro de diálogo de Propiedades del editor y del distribuidor para configurar el distribuidor.

Nota: Para abrir el cuadro de diálogo de Propiedades del editor y del distribuidor, ejecute el Asistente para configurar publicación y distribución o seleccione herramientas/duplicación/configuración de editores, suscriptores y distribución. Esta selección de menú se encuentra en gris si no ha seleccionado un servidor y se denomina herramientas/duplicación/configuración de editores y suscriptores si no ha habilitado el distribuidor.

En el cuadro de diálogo de Propiedades del editor y del distribuidor, puede realizar las siguientes tareas relacionadas con la distribución:

- Crear y configurar bases de datos de distribución. Para cada base de datos de distribución, puede especificar las especificaciones de nombre y de archivo y establecer las propiedades de retención para el historial y los registros de transacción.
- Establecer la contraseña que deberá ser utilizada cuando se conecten los editores.
- Configurar los perfiles de Agentes para los Agentes asociados con el distribuidor.
- Especificar los editores a los que se les permitirá utilizar este servidor como su servidor de distribución (remoto). Cuando agrega un editor, especifica qué base de datos de distribución (si hay más de una) debe utilizar el editor. El cambiar la base de datos de distribución que utiliza un editor involucra en deshabilitar al editor, el eliminar todas las publicaciones y suscripciones, y después habilitando al servidor de publicación como un editor nuevo con una base de datos de distribución distinta.

Otras opciones en el cuadro de diálogo de Propiedades del editor y del distribuidor le permiten configurar el editor.

Cómo asegurar espacio suficiente

Asegúrese de que tiene un espacio de almacenamiento suficiente para la carpeta de trabajo de distribución en la base de datos de distribución:

- Para las duplicaciones de instantáneas y de mezcla, los datos son almacenados en la carpeta de trabajo de distribución; la base de datos de distribución, realiza únicamente un seguimiento de estado.
- Para la duplicación transaccional, la base de datos de distribución debe poder almacenar información de duplicación para todos los servidores de publicación y de suscripción. Ya que la base de datos de distribución contiene todas las transacciones que están esperando a ser distribuidas, la base de datos puede crecer mucho.

Independientemente del tipo de duplicación que utilice, debería tener en cuenta los siguientes factores para determinar el tamaño de la base de datos de distribución:

- El número total de tablas que son publicadas.
- El número de columnas y de los tipos de datos de texto e imagen en un artículo.
- La longitud de los artículos.
- El tiempo máximo de retención para las transacciones y el historial.
  La información de transacción se retiene en el distribuidor hasta que se aplica a todos los suscriptores. Si algunos de los suscriptores no están en línea, la base de datos puede crecer mucho hasta que los suscriptores puedan conectarse y recuperar sus transacciones.

Para la duplicación transaccional, considere los siguientes factores tradicionales:

- El número de las instrucciones INSERT y UPDATE, ya que cada una de ellas contiene datos.
- La tasa de transacción estimada.
- El tamaño medio de una transacción.

Cómo eliminar una base de datos de distribución

Es posible eliminar una base de datos de distribución sin deshabilitar el distribuidor, deshabilitando antes todos los editores que utilizan esa base de datos de distribución.

Sea precavido a la hora de desinstalar un distribuidor

Puede desinstalar un distribuidor utilizando el Asistente para deshabilitar publicación y distribución. Esto elimina completamente los componentes de duplicación del servidor. Si realiza esta acción y más adelante quiere utilizar la duplicación, deberá reconfigurar la duplicación desde el principio. Los efectos de la desinstalación de un distribuidor son los siguientes:

- Se eliminan todas las bases de datos de distribución de ese servidor.
- Todos los editores que utilizan ese distribuidor son deshabilitados. Todas las publicaciones en esos servidores son eliminadas.
- Todas las suscripciones a las publicaciones son eliminadas (aunque los datos suscritos en los suscriptores no son eliminados).

Cómo configurar un editor

A menudo, un servidor se configura como editor y distribuidor. Utilizará el mismo cuadro de diálogo para administrar las propiedades del editor y del distribuidor. Si está administrando más de un servidor en el Administrador corporativo de SQL Server, asegúrese de tener seleccionado el servidor correcto antes de abrir el cuadro de diálogo de Propiedades del editor y del distribuidor. Después de configurar el distribuidor, puede establecer las siguientes opciones para el editor, con el cuadro de diálogo de Propiedades del editor y del distribuidor:

- Especificar las bases de datos que publicarán datos utilizando duplicación transaccional o de mezcla.
- Habilitar suscriptores y establecer las opciones de seguridad de programación predeterminada del suscriptor.
- Administre la lista de acceso de la publicación de inicios de sesión que pueden acceder al editor para así establecer suscripciones de extracción y de actualización inmediata. Publicaciones individuales pueden tener su propia lista personalizada de cuentas.

  Aprenderá a crear publicaciones en la Lección 3 de este capítulo.

Nota: Si utiliza un distribuidor remoto, asegúrese de que el Agente de instantáneas que se ejecuta en el distribuidor tiene acceso al editor, así como a la carpeta de trabajo de distribución para la duplicación. Es más fácil el utilizar la misma cuenta de usuario del dominio del Agente SQL Server en el editor y en el suscriptor.

Cómo configurar un suscriptor

Existen dos tipos de suscriptores: *suscriptores registrados* y *suscriptores anónimos*. Para los suscriptores registrados, la información de cada suscriptor se almacena en el editor y la información de rendimiento de cada suscriptor se guarda en el distribuidor. El editor y el distribuidor no almacenan información detallada acerca del suscriptor anónimo.

Si va a tener un gran número de suscriptores, o no quiere el exceso de mantener información extra, puede permitir suscriptores anónimos a una publicación. Esto puede resultar útil si quiere permitir que los suscriptores se conecten utilizando Internet.

El establecer un suscriptor registrado involucra el habilitar el suscriptor en el cditor y crear una suscripción de inserción o extracción. Los suscriptores anónimos no tienen que ser habilitados en el editor, y las suscripciones anónimas sólo pueden ser extraídas del suscriptor.

Cómo habilitar y configurar un suscriptor

El habilitar un suscriptor en el editor involucra:

- Agregar el suscriptor a la lista de suscriptores en el cuadro de diálogo Propiedades del editor y del distribuidor.

- Configurar las opciones de seguridad y programas de Agentes predeterminados para el suscriptor.

- Comprobar que tiene una cuenta válida para acceder al distribuidor y a la carpeta de trabajo de distribución.

  Si extrae suscripciones desde un distribuidor remoto, debe asegurase de que el Agente de distribución o de mezcla que se ejecuta en el suscriptor puede acceder a la carpeta de trabajo de distribución.

  Aprenderá a crear suscripciones en la Lección 4 de este capítulo.

Cómo deshabilitar un suscriptor

Puede deshabilitar a un suscriptor en el editor. Cuando realiza esta acción, las suscripciones a todas las publicaciones se eliminan automáticamente. Sin embargo, el administrador del suscriptor tiene la responsabilidad de eliminar la base de datos de suscripción y cualquiera de sus objetos.

Nota: La única vez que necesita hacer algo en el suscriptor es cuando extrae suscripciones. No necesita establecer el suscriptor antes de extraer suscripciones.

Perfiles de agentes

Hay varias opciones que puede configurar para cada Agente de duplicación como, por ejemplo, tamaño de lotes, tiempos de espera e intervalos de sondeo. Ya que cada publicación y suscripción tiene uno o más Agentes asociados, puede haber un gran número de agentes que configurar.

Diferentes suscripciones pueden requerir configuraciones distintas; por ejemplo, una suscripción que se realiza a través de un vínculo lento puede necesitar un tiempo de espera mayor y un intervalo de sondeo menos frecuente que una suscripción a través de un vínculo de red rápido.

Para hacer que la administración sea más simple, las configuraciones de agentes se almacenan en perfiles. Puede configurar los agentes para que utilicen un perfil predeterminado o crear perfiles personalizados para agentes individuales.

Ejercicio práctico: Ejercicios de duplicación

En los ejercicios de duplicación su servidor será el editor, distribuidor y suscriptor. Creará publicaciones en la base de datos StudyNwind (que representa al editor) y suscripciones en otras bases de datos o tablas (que representan a los suscriptores).

Aprenderá más acerca de la publicación y la suscripción en las Lecciones 3 y 4. Estos ejercicios le dan la oportunidad de habilitar la duplicación en su servidor y de ver cómo funciona la duplicación por primera vez. La duplicación utiliza muchos cuadros de diálogo y procesos, así que no espere verlos o comprenderlos todos de inmediato. Puede que le sea útil el volver a leer el texto de la lección a medida que realiza los ejercicios.

Ejercicio 1: Habilitar la publicación y distribución y generar una publicación

En este ejercicio creará una nueva publicación de la tabla Products en la base de datos StudyNwind. Al hacer esto, habilitará automáticamente la publicación y la distribución.

▶ **Para habilitar la publicación y distribución y generar una publicación**

1. En el árbol de consola del Administrador corporativo de SQL Server, haga clic en su servidor.
2. En el menú Herramientas, apunte a Duplicación y después haga clic en Crear y administrar publicaciones.
3. En el cuadro de diálogo Crear y administrar publicaciones, haga clic en StudyNwind y después haga clic en Crear publicación.
4. Utilice el Asistente para creación de publicaciones y la información en la siguiente tabla para crear su publicación. Acepte los valores predeterminados para las opciones que no se encuentren especificadas.

Opción	Valor
Distribuidor	Su servidor.
Tipo de publicación	Publicación transaccional.
Permitir suscripciones de actualización inmediata	No.
Tipos de suscriptor	Todos los suscriptores serán servidores SQL Server.

(continúa)

Opción	Valor	*(continuación)*
Artículos para la publicación	Seleccionar dbo.Products, haga clic en la elipsis para establecer el nombre del artículo y de la tabla de destino	
Nombre del artículo	R.eplProducts_Article	
Nombre de la tabla de destino	ReplProducts Haga clic en Aceptar para volver al asistente	
Nombre de la publicación	StudyNwind_Products_Publication	
No, crear una publicación sin filtros de datos y con las siguientes propiedades	Seleccionado	

5. Si se le pregunta si quiere que el Agente SQL Server se inicie automáticamente, haga clic en Sí. Verá un cuadro de diálogo que le informa de que el Monitor de duplicación ha sido agregado al árbol de consola. Haga clic en Cerrar. Aprenderá más acerca del Monitor de duplicación en el Capítulo 17 "Cómo administrar la duplicación."

6. Después de que se haya creado la publicación, haga clic en Cerrar para cerrar el cuadro de diálogo Crear y administrar publicaciones.

7. En el menú Herramientas, apunte a Duplicación y después haga clic en Configurar editores, suscriptores y distribución.

8. En el cuadro de diálogo Propiedades del editor y del distribuidor, en la pestaña de Distribución, seleccione Distribución en bases de datos y después haga clic en Propiedades.

9. En Almacenar las transacciones, la opción Al menos, escriba **24** para que el distribuidor almacene las transacciones por lo menos 24 horas.

10. Haga clic en Aceptar dos veces para cerrar los cuadros de diálogo Propiedades de distribución y Propiedades del editor y distribuidor.

11. En el árbol de consola, expanda su servidor y después expanda Monitor de duplicación.

12. Si se le pregunta, haga clic en Sí para activar el sondeo. Haga clic en Aceptar para guardar las opciones de actualización y tasa.

13. Expanda Editores, expanda su servidor y después haga clic en StudyNwind_ Products_ Publication:StudyNwind. El estado de los agentes de instantáneas y lector de registro para su nueva publicación se muestra en el panel de detalles.

Ejercicio 2: Cómo crear una nueva base de datos

En este ejercicio creará una base de datos nueva que se utilizará para crear una suscripción de extracción en el próximo ejercicio.

▶ **Para crear una nueva base de datos**

1. En el árbol de consola, haga clic derecho en Bases de datos y después haga clic en Nueva base de datos.

2. En Nombre, escriba **PullSubs** y después haga clic en Aceptar para cerrar el cuadro de diálogo Propiedades de la base de datos y crear la nueva base de datos.

Ejercicio 3: Cómo crear una suscripción

En este ejercicio creará una suscripción para extraer la publicación que ha publicado en el ejercicio anterior.

▶ **Para crear una suscripción**

1. Haga clic en su servidor. En el menú Herramientas, apunte a Duplicación y después haga clic en Crear suscripción de extracción a 'SQLSERVER' (o su nombre de servidor si es distinto).
2. Seleccione PullSubs y después haga clic en Nueva suscripción de extracción.
3. Utilice el Asistente para suscripciones de extracción en la siguiente tabla para extraer StudyNwind_Products_Publication del editor.

Opción	Valor
Elegir publicación	Expanda su servidor, después seleccione StudyNwind_ Products_Publication: StudyNwind
Base de datos de destino	PullSubs
Inicializar suscripción	Inicializar el esquema y los datos en el suscriptor.
Programación del Agente de distribución	Continuamente.
Iniciar los servicios requeridos	Agente SQLServer (en SQLSERVER).

4. Cuando haya completado todos los pasos en el asistente, cierre el cuadro de diálogo Suscripción de extracción.
5. Después de que la suscripción ha sido creada, en el árbol de consola, expanda su servidor, expanda Administración, expanda Agente SQL Server y después haga clic en Trabajos.

   El trabajo denominado SQLSERVER-StudyNwind StudyNwind_Products_ Pub-SQLSERVER-PullSubs- 0, con una categoría de REPL-Distribución, es el trabajo que inicia el Agente de distribución para su nueva suscripción.

   ¿Qué recursos de sistema de servidor consumirá este trabajo? ¿Cambia los recursos a ser utilizados una suscripción de inserción?
6. En el árbol de consola, expanda Monitor de duplicación, expanda Agentes y después haga clic en Agentes de distribución. El Agente listado en el panel de detalles es el Agente de distribución para su nueva suscripción que está monitorizada por el Monitor de duplicación. Fíjese que la Última Acción para el Agente dice, "La instantánea inicial para el artículo 'ReplProducts_Article' todavía no esta disponible." Esto se debe a que el Agente de instantáneas todavía no se ha ejecutado. Está programado para que se ejecute, sólo de manera predeterminada, a las 11:30 p.m. cada día. En el siguiente ejercicio, iniciará el Agente de instantáneas manualmente.

Ejercicio 4: Cómo ejecutar el Agente de instantáneas

En este ejercicio iniciará el Agente de instantáneas para crear una instantánea de los datos y esquema de la publicación. Una vez se haya creado la instantánea, el Agente de distribución la utilizará para crear la tabla ReplProducts y llenarla en la base de datos PullSubs.

▶ **Para ejecutar el Agente de instantáneas**

1. En el árbol de consola, expanda Monitor de duplicación, expanda Editores, expanda su servidor y después haga clic en StudyNwind_Products_ Publication:StudyNwind.

2. En el panel de detalles, haga clic derecho en Instantánea y después haga clic en Iniciar.

3. Espere a que la columna de estado diga, "Correcto," que indica que el agente de instantáneas ha generado una instantánea con éxito.

4. Haga clic derecho en Instantánea y después haga clic en Historial del agente. En la lista de historiales, habrá una única entrada indicando el éxito de la generación de una instantánea de 1 artículo.

5. Haga clic en Detalles de sesión. Revise la lista de acciones que fueron realizadas cuando se generó la instantánea. Haga clic en Cerrar dos veces para cerrar los cuadros de diálogo de Instantánea y de Historial del agente.

6. Utilice el explorador de Windows para revisar las carpetas y archivos que han sido creados bajo C:\Mssql7\Repldata\Unc. Fíjese en los archivos ReplProducts_ Article.bcp, ReplProducts_ Article.idx y ReplProducts_Article.sch que ha creado el Agente de instantáneas y a los que se ha hecho referencia en los detalles de la sesión que ha revisado en el paso anterior.

7. Con Bloc de notas, abra el archivo ReplProducts_Article.sch y revise la secuencia de comandos que ha sido generada. Esta secuencia de comandos contiene las instrucciones de creación del esquema de la tabla.

8. Con Bloc de notas, abra el archivo ReplProducts_Article.idx y revise la secuencia de comandos que ha sido generada. Esta secuencia de comandos contiene las instrucciones de creación de índice.

9. Cambie al Administrador corporativo de SQL Server. En el árbol de consola, expanda Monitor de duplicación, expanda Agentes y después haga clic en Agentes de distribución.

    Vea el Historial del agente y los mensajes de acción haciendo clic derecho en el Agente en el panel de detalles y seleccionado Historial del agente. La distribución dirá que no hay transacciones duplicadas disponibles, ya que no se han realizado nuevas transacciones desde que se duplicó la instantánea.

10. Abra el Analizador de consultas de SQL Server. Compruebe que el artículo ha sido publicado a la tabla ReplProducts ejecutando la siguiente instrucción:

```
USE PullSubs
SELECT * FROM ReplProducts
```

Ejercicio 5: Cómo examinar los cambios debidos a la duplicación

En este ejercicio utilizará el Administrador corporativo de SQL Server para ver algunos de los cambios que se realizan en un servidor cuando se habilita la duplicación.

▶ **Para examinar algunos de los cambios después de que la duplicación sea habilitada**

1. Haga clic derecho en su servidor en el árbol de consola y haga clic en Desconectar. Muchos de los pasos en este ejercicio requieren una actualización de datos en el Administrador corporativo de SQL Server; al desconectarse antes de empezar, hace que toda la información sea actualizada.

2. En el árbol de consola, expanda su servidor y después expanda Bases de datos. Fíjese que la base de datos de distribución se ha agregado a la lista de bases de datos.

   Si distribución (y otras bases de datos del sistema como master) no está en la lista, haga clic derecho en su servidor y haga clic en Modificar las propiedades de registro del SQL Server. En la hoja de propiedad, asegúrese de que la opción Mostrar bases de datos y objetos del sistema está activada.

   No debe eliminar la base de datos de distribución ni agregar o eliminar objetos de la misma. Se utiliza para almacenar información de duplicación y datos de duplicación desde el editor que van a ser enviados o recuperados por el editor.

3. Fíjese en que el icono de la base de datos StudyNwind tiene una mano debajo, la cual indica que ha sido publicado. Expanda la base de datos StudyNwind. Se ha agregado un nodo denominado Publicaciones.

4. Expanda Publicaciones y después haga clic en StudyNwind_Products_ Publication. En el panel de detalles se listan todas las suscripciones a la publicación seleccionada.

5. Expanda la base de datos PullSubs. Fíjese que se ha agregado un nodo denominado Suscripciones de extracción.

6. Haga clic en Suscripciones de extracción. En el panel de detalles se lista la suscripción a StudyNwind_ Products_Publication.

7. En el panel de detalles, haga clic derecho en la suscripción y después haga clic en Propiedades. Revise las propiedades de su suscripción de extracción.

8. Haga clic en Cancelar para cerrar el cuadro de diálogo de Propiedades de suscripción de extracción.

Ejercicio 6: Cómo actualizar el artículo publicado

En este ejercicio actualizará la tabla Products (en el editor) y comprobará que la información actualizada es duplicada al suscriptor.

▶ **Para actualizar el artículo publicado**

1. En el Analizador de consultas de SQL Server escriba y ejecute lo siguiente:

```
USE StudyNwind
SELECT * FROM Products WHERE ProductID = 1
```

2. Revise el conjunto de resultados. Anote ReorderLevel para el producto (debería ser 10).

3. Cambie al Administrador corporativo de SQL Server y después expanda Monitor de duplicación. Expanda Agentes y después haga clic en Agentes de lector del registro. Debe cambiar ahora al Analizador de consultas de SQL Server y escribir y ejecutar la siguiente secuencia de comandos. Justo después de ejecutar la secuencia de comandos, cambie otra vez al Administrador corporativo de SQL Server y fíjese en el Estado del Agente de lector del registro.

```
USE StudyNwind
UPDATE Products SET ReorderLevel = 20 WHERE ProductID = 1
SELECT * FROM Products
```

Al cabo de un momento, el Estado del Agente de lector del registro debería cambiar a Ejecutándose y la Última acción debería indicar que ha sido entregada 1 transacción con 1 comando.

4. En el árbol de consola, haga clic en Agentes de distribución. Al cabo de un momento, el Estado de la entrada del Agente de distribución debería cambiar a Ejecutándose y la Última acción debería indicar que ha sido entregada 1 transacción con 1 comando.

5. En el árbol de consola, haga clic en Agentes de lector del registro. Haga clic derecho en SQLSERVER (o en su nombre de servidor, si es distinto) y después haga clic en Historial del agente. Haga clic en Detalles de la sesión para ver los detalles de la sesión actual. Puede que todavía vea la acción que indique que se ha entregado 1 transacción con 1 comando; si no, la acción indicará que no hay transacciones de duplicación disponibles. Los detalles encima de los mensajes de acción incluyen varias estadísticas para la sesión actual del Agente de lector del registro.

6. En el árbol de consola, haga clic en Agentes de distribución. Haga clic derecho en la publicación en el panel de detalles y después haga clic en Historial del agente. Haga clic en Detalles de la sesión para ver los detalles de la sesión actual. Puede que todavía vea la acción que indique que se ha entregado 1 transacción con 1 comando; si no, la acción indicará que no hay transacciones de duplicación disponibles. Los detalles encima de los mensajes de acción incluyen varias estadísticas para la sesión actual para el Agente de distribución.

7. Si desea ver a los Agentes ejecutándose otra vez, ejecute la consulta desde el paso 3 con un nivel de nuevo pedido distinto. Debe utilizar un nivel de nuevo pedido distinto o el Agente de distribución no se ejecutará, ya que el lector del registro detectará que no ha habido cambios en los datos.

8. Cambie al Analizador de consultas de SQL Server. Ejecute la siguiente instrucción para ver el nivel de nuevo pedido en la tabla ReplProducts en la base de datos PullSubs y comprobar que los datos han sido duplicados:

```
USE PullSubs
SELECT * FROM Products WHERE ProductID = 1
```

Resumen de la lección

Cuando implemente la duplicación, por lo menos un SQL Server se convierte en un servidor de distribución y la base de datos de distribución se crea en este servidor. Son necesarias algunas consideraciones especiales para el servidor de distribución como, por ejemplo, configurar la base de datos de distribución, haciendo que la partición de distribución sea disponible a otros SQL Server y, probablemente, agregando memoria extra. Los agentes de duplicación son habilitados en los servidores relevantes a medida que crea publicaciones y suscripciones. Para simplificar la configuración de estos agentes, puede utilizar perfiles de configuración de agentes comunes.

Lección 3: Cómo publicar

Esta lección argumenta acerca de las tareas de publicación, así como los aspectos de publicación que son específicos a cada tipo de duplicación. La sincronización inicial es necesaria siempre que un nuevo suscriptor se suscriba a una publicación.

Después de esta lección podrá:

- Crear publicaciones.
- Configurar la sincronización inicial.

Tiempo estimado de la lección: 50 minutos

Cómo crear publicaciones

Después de haber configurado sus servidores, usted puede crear publicaciones. Utilizará el Asistente para creación de publicaciones para crear nuevas publicaciones. El Administrador corporativo de SQL Server proporciona varias maneras de iniciar el asistente: con el menú Herramientas/Asistentes, con el menú herramientas/duplicación/crear y administrar publicaciones, desde el árbol de consola o desde el bloc de tareas Datos duplicados. Puede crear una o más publicaciones de cada base de datos de usuario en un editor.

Cómo definir una publicación

Una publicación comprende uno o más artículos. Cuando cree una publicación puede especificar.

- Si la publicación es de instantáneas, transaccional o de mezcla.
- Si todos los suscriptores serán servidores SQL Server.
- Requisitos de instantáneas como, por ejemplo, cuándo programar el Agente de instantáneas o si mantener una instantánea de una publicación en el distribuidor.
- Las tablas o procedimientos almacenados que serán los artículos en la publicación. También puede establecer opciones como, por ejemplo, los filtros de estos artículos.
- Si permitir suscriptores anónimos o de actualización o suscripciones de extracción.
- Publicaciones que comparten un Agente. El valor predeterminado es que cada publicación tenga su propio Agente.

Nota: No puede crear publicaciones transaccionales en la Desktop Edition de SQL Server. Cuando utilice la Desktop Edition, puede suscribirse a publicaciones transaccionales en otro servidor y puede crear y suscribirse a publicaciones de instantáneas y de mezcla.

Importante: Para mantener la integridad referencial entre tablas publicadas, incluya todas las tablas que estén involucradas en la relación dentro de una publicación. Esto garantiza que las transacciones sean aplicadas a la vez y que la integridad sea mantenida.

Importante: Puede agregar nuevos artículos y cambiar varias otras propiedades de publicación después de crear la publicación, pero debe eliminar a todos los suscriptores antes de realizar los cambios. Por esta razón, debería planear sus publicaciones cuidadosamente antes de agregar suscriptores.

Cómo especificar artículos

Cómo se muestra en la Figura 16.1, la pantalla Especificar artículos del Asistente para creación de publicaciones lista las tablas, y para las publicaciones de instantáneas y tran-

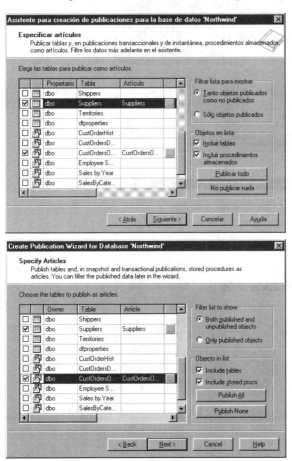

Figura 16.1. La pantalla Especificar artículos en el Asistente para creación de publicaciones.

saccionales, los procedimientos almacenados en la base de datos. Para publicar una tabla o procedimiento almacenado, selecciónelo en la lista. Para cambiar las propiedades de un artículo, haga clic en el botón elipsis (…) junto al artículo.

Las tablas publicadas como artículos en las publicaciones de mezcla no pueden tener una columna de marca de hora. Si una tabla tiene una columna de marca de hora, tendrá un icono de reloj en el lugar de la casilla de verificación en la lista de tablas en el Asistente para creación de publicaciones, como se muestra en la Figura 16.2. Si necesita publicar la tabla utilizando publicación de mezcla, elimine la columna de marca de hora, utilizando la instrucción ALTER TABLE, antes de crear la publicación.

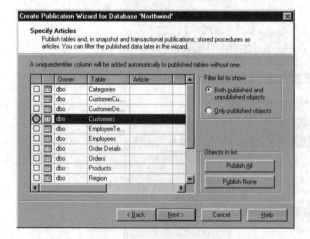

Figura 16.2. La pantalla Especificar artículos, mostrando una tabla con una columna de marca de hora.

Cómo crear filtros

Puede definir un artículo que sea un subconjunto de una tabla creando filtros o secuencias de comandos que especifiquen las columnas o filas que deban ser incluidas. Puede definir un subconjunto de datos vertical, horizontalmente o como una combinación de ambos:

- Para crear un filtro vertical, seleccione sólo las columnas que quiere duplicar. La duplicación de mezcla no permite los filtros verticales. Las columnas duplicadas deben contener la clave primaria, a menos que esté utilizando duplicación de instantáneas.
- Para crear un filtro horizontal, utilice una cláusula WHERE para restringir el conjunto de filas a ser duplicado.

La duplicación de mezcla soporta los filtros dinámicos que permiten que cada suscriptor reciba distintos datos duplicados de la misma publicación.

Cómo utilizar la opción de actualización inmediata del suscriptor

El establecer la opción de actualización inmediata del suscriptor cuando crea una publicación permite que un suscriptor actualice una copia de los datos locales, siempre y cuando los cambios puedan ser automáticamente reflejados en el editor utilizando una transacción distribuida. El editor envía los cambios a todos los otros suscriptores. Esta opción no se encuentra disponible para la duplicación de mezcla.

Debe incluir una columna de marca de hora en las tablas que serán actualizadas. Cuando un usuario intenta actualizar una fila en el suscriptor, SQL Server utiliza la columna de marca de hora para determinar si se han llevado a cabo actualizaciones en el editor. Si no existe una columna de marca de hora en la tabla, el Asistente para la creación de publicaciones agregara una.

Consideraciones de la publicación

Esta sección describe varias consideraciones y restricciones de publicación en SQL Server 7.

Restricciones de la publicación

Existen ciertas restricciones en la publicación de duplicación en SQL Server:

- Las publicaciones no pueden alcanzar varias bases de datos; cada publicación sólo puede contener datos de una única base de datos.
- No es posible duplicar las bases de datos model, tempdb, msdb, master o distribución, ya que está son bases de datos de sistema.
- Una tabla debería tener un clave principal para identificar una fila y asegurar la integridad de entidad, excepto en la duplicación de instantáneas.

Soporte limitado para operaciones sin registrar

Existe un soporte limitado para las operaciones sin registrar en tipos de datos text, ntext e image, como indican la siguiente tabla. Los cambios realizados a columnas con estos tipos de datos no se registran si los cambios son realizados utilizando las operaciones WRI-TETEXT o UPDATETEXT. No utilice estas operaciones si quiere que los cambios sean duplicados en cualquier caso.

Tipo de duplicación	Soporte por modificaciones sin registrar
instantáneas	Los cambios son detectados y duplicados.
Transaccional	El Agente lector del registro no detecta los cambios.
Mezcla	Los desencadenadores no detectan los cambios.

Debido al tamaño potencialmente grande de estos datos, la opción de configuración del servidor de tamaño máximo de duplicación de texto especifica el tamaño máximo de los tipos de datos de texto e imagen que pueden ser duplicados. El valor predeterminado es 64 KB.

Asegúrese de que las identidades son únicas en la duplicación de mezcla

Es esencial el identificar de manera única las filas en la duplicación de mezcla. Una tabla publicada para duplicación de mezcla debe tener una columna que utilice un tipo de datos de identificador único y la propiedad ROWGUIDCOL. Los valores únicos globales pueden ser generados para la columna, estableciendo su valor predeterminado a la función NEWID. Cuando SQL Server encuentra una columna con esta propiedad, utiliza automáticamente la columna como identificador de fila para la tabla duplicada.

Si no hay ninguna columna con la propiedad ROWGUIDCOL, SQL Server agrega una a la tabla base.

Las columnas con el tipo de datos de identificador único mantienen un identificador único global de 128 bit (GUID) que es generado por la función NEWID. Estos valores tienen la garantía de ser únicos globalmente, por lo que dos filas nunca tendrán el mismo GUID. He aquí un ejemplo de un GUID:

```
6F9619FF-8B86-D011-B42D-00C04FC964FF
```

Sincronización inicial

Antes de que un nuevo suscriptor pueda recibir una publicación, las tablas de origen y destino deberían contener los mismos datos y esquema. El proceso de sincronización que consigue esto se denomina instantánea inicial y el editor inicia el proceso.

Los artículos de una publicación son sincronizados inicialmente como una única unidad lógica. Esto ayuda a que se mantenga la integridad relacional que se origina desde las tablas subyacentes.

El Agente de instantáneas crea secuencias de comandos dependiendo en el tipo de duplicación. Las secuencias de comandos se almacenan en la carpeta de trabajo de distribución y el estado de los trabajos de sincronización se almacenan en la base de datos de distribución. Las distintas secuencias de comandos contienen:

- Definiciones de esquema.
- El archivo de salida del programa de copia masiva (bcp) de los datos a ser duplicados.
- Definiciones de índices.
- Archivos de secuencia de comandos adicionales para la duplicación de mezcla.

El proceso de sincronización utiliza la herramienta bcp en formato nativo o de carácter (SQL Server). El formato nativo es más pequeño y más rápido, pero no puede ser utilizado por suscriptores que no sean SQL Server. Cuando cree una publicación, puede especificar si todos los suscriptores serán Servidores SQL Server. Esto determina qué formato de bcp utilizar. Puede modificar el formato más adelante modificando las propiedades de publicación.

Cómo configurar la frecuencia de la sincronización

Sólo para los nuevos suscriptores puede especificar cuándo se crean los archivos de sincronización originales. Después de la sincronización inicial, un suscriptor no tiene que ser reinicializado a menos que tenga lugar un problema.

Tiene la opción de no realizar la sincronización inicial. Esta opción resulta útil cuando ha empleado otros medios de realización de la sincronización inicial o cuando quiere tener un esquema ligeramente distinto en su editor que el de su suscriptor. Por ejemplo, si está publicando una base de datos de 20 GB, puede realizar la sincronización manualmente utilizando una copia de seguridad de cinta y una restauración, lo cual significa que los 20 GB de datos no tendrán que ser transferidos a través de la red entre el editor al suscriptor. Sin embargo, si elige no realizar la sincronización inicial, debe completar el paso manualmente. Dependiendo del tipo de duplicación que esté utilizando, esto puede incluir tareas como el agregar columnas de marca de hora y de identificador único.

Cómo modificar las propiedades de publicación

Para modificar las propiedades de publicación seleccione herramientas/duplicación/crear y administrar publicaciones, desplácese hasta la publicación y haga clic en Propiedades & suscripciones. Alternativamente, desplácese a la publicación en el árbol de consola en el nodo Publicaciones bajo la base de datos publicada, haga clic derecho en la publicación y seleccione Propiedades. Esto abre el cuadro de diálogo de Propiedades de la publicación, el cual le permite definir lo siguiente:

- Artículos y filtros.
- Propiedades de suscripción.
- Opciones de suscripción:
    - Si permitir suscripciones de extracción y anónimas.
    - Si permitir descarga de instantáneas utilizando FTP.
    - Si informar de conflictos de mezcla en el editor (informe de conflictos centralizado) o en los suscriptores (informe de conflictos descentralizado).
- La lista de acceso de publicación.
- Estado de servicios y de agentes.
- Secuencias de comandos que son utilizadas para crear y eliminar la publicación.

Importante: Antes de realizar cambios a las propiedades de una publicación es necesario el eliminar todas las suscripciones a dicha publicación. Realice esta acción desde la pestaña de Suscripciones del cuadro de diálogo de Propiedades de la publicación. Después de eliminar a todos los suscriptores, debe cerrar el cuadro de diálogo de Propiedades de la suscripción y reabrirlo (como se le pregunta) o actualizar la vista del árbol de consola (haga clic derecho en su servidor y haga clic en Actualizar) y, después, reabra el cuadro de diálogo de Propiedades de la publicación para realizar sus cambios.

Agentes creados para una publicación

Cuando crea una publicación se crean uno o más Agentes para soportarla, como se muestra en la siguiente tabla. Puede ver información acerca de estos agentes en el Monitor de duplicación después de crear una publicación.

Tipo de duplicación	Agentes creados
instantáneas	Agente de instantáneas para la sincronización inicial y la duplicación continuada.
Transaccional	Agente de instantáneas para la sincronización inicial y Agente de lectura de registros para la duplicación continuada.
Mezcla	Agente de instantáneas para la sincronización inicial.

Ejercicio: Cómo crear una publicación de mezcla

En este ejercicio creará una publicación de mezcla.

▶ **Para crear una publicación de mezcla en el editor**

1. En el árbol de consola, haga clic en su servidor.
2. En el menú Herramientas, apunte a Duplicación y después haga clic en Crear y administrar publicaciones.
3. Compruebe que StudyNwind esté seleccionada y después haga clic en Crear publicación.

    Fíjese, que esta vez, el Asistente para creación de publicaciones no le pide la información necesaria para habilitar la publicación y distribución; sino que empieza a definir la publicación de manera inmediata.
4. Utilice la información en la siguiente tabla para crear una nueva publicación.

Opción	Valor
No, definiré artículos y propiedades	Seleccionado.
Tipo de publicación	Publicación de mezcla.
Todos los suscriptores serán servidores SQL Server	Seleccionado.

(continúa)

Opción	Valor	*(continuación)*
Especificar artículos	Comprobar dbo.Customers, dbo. Employees, dbo.Order Details, dbo.Orders, dbo.Products and dbo.Shippers	
Cuando se le pida que agregue una columna indizada uniqueidentifier	Haga clic en Aceptar.	
Nombre de la publicación	StudyNwind_Merge_Publication	
No, crear una publicación sin filtros de datos y con las siguientes propiedades	Seleccionado.	

Fíjese que se le avisa de que los datos publicados hacen referencia a datos no publicados. Este aviso es intencionado para este ejercicio. Cuando publique datos activos, debe tener cuidado para incluir todos los datos que serán necesarios en los suscriptores. El Asistente para creación de publicaciones hace que esta tarea sea más fácil emitiendo este tipo de avisos.

5. Expanda el Monitor de duplicación, expanda Editores y expanda su servidor. Si StudyNwind_Merge_Publication no se encuentra en la lista, haga clic derecho en el nombre de su servidor y después haga clic en Actualizar.
6. Haga clic en StudyNwind_Merge_Publication.
7. En el panel de detalles, haga clic derecho en el Agente de instantáneas y haga clic en Iniciar. El Agente se ejecutará durante algunos minutos, generando la instantánea inicial de la nueva publicación. Espere hasta que la columna Última acción en el panel de detalles muestre el siguiente mensaje: "Se ha generado una instantánea de 6 artículos."

Ejercicio: Cómo revisar el historial de trabajo del Agente de instantáneas

En este ejercicio abrirá el Monitor de duplicación y revisará el historial de la creación de los archivos de instantáneas.

▶ **Para revisar el historial de trabajo del Agente de instantáneas**

1. Cuando se haya completado la instantánea, en el panel de detalles, haga clic derecho en Instantánea y después haga clic en Historial del Agente.
2. Haga clic en Detalles de la sesión.
   Revise los detalles de la sesión asociados con la instantánea.
3. Abra el explorador de Windows y revise los archivos y directorios que han sido creados bajo la carpeta C:\Mssql7\Repldata\Unc.
   Fíjese que estos son los mismos archivos que el Historial del Agente indica que se han creado.

Resumen de la lección

Todos los datos que van a ser duplicados deben ser definidos como parte de una publicación en el editor. Cada tabla o procedimiento almacenado que va a ser duplicado se define como un artículo en una publicación. Los suscriptores se suscriben a una publicación completa. Cuando crea una nueva publicación, se crea una instantánea para esa publicación. Esta instantánea se utiliza para realizar una sincronización inicial cuando los suscriptores se suscriben a la publicación. Puede especificar varias propiedades para las publicaciones como, por ejemplo, si los suscriptores podrán crear suscripciones anónimas y si FTP puede ser utilizado para descargar la instantánea inicial.

Lección 4: Cómo realizar suscripciones

Esta lección describe cómo crear una suscripción, cómo especificar características de suscripción y cómo especificar la frecuencia con la que se deben actualizar datos en el suscriptor con datos del editor.

Después de esta lección podrá:
- Configurar suscripciones.

Tiempo estimado de la lección: 50 minutos

Cómo configurar suscripciones de extracción e inserción

Las características de una suscripción son determinadas por el tipo de publicación a la que se suscribe y si es una suscripción de inserción o de extracción. Cada tipo de publicación soporta una suscripción de inserción o de extracción. Utilice el Asistente para suscripciones de inserción y el Asistente para suscripciones de extracción para crear suscripciones.

Dependiendo de los tipos de publicación y suscripción, para crear una suscripción, puede necesitar realizar las siguientes acciones:

- Especificar las credenciales de inicio de sesión para el Agente de suscripción si utiliza una suscripción de extracción.
- Seleccionar la publicación.
- Seleccionar una base de datos de suscripción existente o crear una nueva en el suscriptor.
- Seleccionar uno de los métodos de sincronización inicial.
- Especificar una programación para la duplicación continuada.
- Para que las suscripciones mezclen publicaciones, especifique una prioridad de suscripciones para que sea utilizada a la hora de resolver conflictos durante la duplicación.
- Para las suscripciones a publicaciones que están habilitadas para las suscripciones anónimas, especifique si la suscripción debe ser anónima.

Suscripciones de inserción

Usted define una suscripción de inserción de manera centralizada en el editor. Las suscripciones de inserción son útiles con la administración centralizada y se establecen en el suscriptor.

El tipo de suscripción controla la ejecución de los Agentes utilizados en la duplicación. Para la duplicación de instantáneas y transaccional, el Agente de distribución se ejecuta en el distribuidor; para la duplicación de mezcla, el Agente de mezcla se ejecuta en el distribuidor.

Suscripciones de extracción

La suscripción de extracción se define en cada suscriptor. Con las suscripciones de extracción, los suscriptores deciden a qué suscribirse y cuándo suscribirse, lo cual elimina una carga de administración y de procesado del editor y del distribuidor. Las suscripciones anónimas eliminan una carga aún mayor que las suscripciones de extracción regulares y son particularmente apropiadas para las suscripciones de Internet.

Para la duplicación de instantáneas y transaccional, el Agente de distribución se ejecuta en el suscriptor; para la duplicación de mezcla, el Agente de mezcla se ejecuta en el suscriptor. Para las suscripciones de extracción, puede configurar la sincronización inicial para que utilice FTP para transferir datos.

Cómo utilizar la opción de actualización inmediata de suscriptor

Para cada suscripción a una publicación que tiene la opción habilitada, puede escoger el utilizar la opción de actualización inmediata del suscriptor. Si esta opción se utiliza, el editor y el suscriptor deben estar ejecutando Coordinador de transacciones distribuidas de Microsoft (MS DTC).

Los desencadenadores se crean en la(s) tabla(s) en el Agente de actualización inmediata del suscriptor para realizar la confirmación de dos fases en el editor.

Las dos siguientes secciones argumentan algunas restricciones en la utilización de esta opción.

Restricciones de actualización de tipo de datos

Cuando esté utilizando la opción de suscriptor de actualización inmediata, el suscriptor:

■ No puede actualizar los valores de tipos de datos de marca de hora, identidad, texto o imagen.
■ No puede introducir a una tabla que tiene una columna de marca de hora o de identidad a menos que la tabla tenga un índice único.

Restricciones de actualización de identidad de filas

Cuando esté utilizando la opción de actualización inmediata del suscriptor, los suscriptores no pueden actualizar el índice único o la clave principal, ya que se utilizan para identificar la fila.

Nota: Si elimina una suscripción y quiere continuar la modificación de datos en el sitio de suscripción, debe eliminar los desencadenadores en la tabla duplicada en el suscriptor de forma manual.

Cómo modificar las propiedades de suscripción

Para ver las propiedades de una suscripción de inserción en el editor, abra el cuadro de diálogo de Propiedades de la publicación. En la pestaña Suscripciones, seleccione la suscripción y haga clic en Propiedades. No hay propiedades modificables para una suscripción de inserción.

Para modificar las propiedades de una suscripción de extracción en el suscriptor, seleccione herramientas/duplicacion/suscripción de extracción a '*nombreservidor*', desplácese hasta la suscripción y haga clic en Propiedades. Alternativamente, desplácese a la suscripción en el árbol de consola en el nodo de Suscripciones de extracción bajo la base de datos de suscripción, haga clic derecho en suscripción y seleccione Propiedades. Esto abre el cuadro de diálogo Propiedades de suscripción, el cual le permite:

- Establecer las propiedades del Agente de distribución.
- Habilitar el Agente de sincronización de Windows para la suscripción.
- Configurar las opciones de seguridad para que el suscriptor acceda al editor.
- Habilitar y configurar la suscripción para que utilice la FTP para descargar la instantánea inicial.

Agentes creados para una suscripción

Cuando crea una publicación se crean uno o más agentes para soportarla, como se muestra en la siguiente tabla. Puede ver información acerca de estos agentes en el Monitor de duplicación después de crear una suscripción

Tipo de duplicación	Tipo de suscripción	Agentes creados
instantáneas	Inserción	Agente de distribución en el distribuidor.
	Extracción	Agente de distribución en el suscriptor.
Transaccional	Inserción	Agente de distribución en el distribuidor.
	Extracción	Agente de distribución en el suscriptor.
Mezcla	Inserción	Agente de mezcla en el distribuidor.
	Extracción	Agente de mezcla en el suscriptor.

Las publicaciones de una base de datos que no están establecidas para una sincronización inmediata utilizan el mismo Agente de distribución para todas las suscripciones del mismo tipo, de inserción o de extracción en una única base de datos en un suscriptor. Cuando se utiliza el mismo Agente de distribución para varias publicaciones, éste se denomina Agente de distribución compartido. En el Monitor de duplicación, bajo Agentes de distribución, los Agentes de distribución compartidos se encuentran listados como <Múltiples Publicaciones> en la columna de Publicación.

Ejercicio: Cómo crear una suscripción de inserción

En este ejercicio insertará los artículos (al suscriptor) que han sido publicados (en el editor) en la Lección 3 de este capítulo.

▶ **Para crear una suscripción de inserción para una publicación**

1. En el Administrador corporativo de SQL Server, haga clic en su servidor.
2. En el menú de Herramientas, apunte a Duplicación y después haga clic en Suscripciones de inserción a otros.

3. Expanda StudyNwind, haga clic en StudyNwind_Merge_Publication y después haga clic en Nueva suscripción de inserción.

4. Utilice la información en la siguiente tabla para crear la suscripción de inserción.

Opción	Valor
Elegir suscriptores	Seleccione su servidor.
Base(s) de datos de suscripción	nwrepl
	Haga clic en Examinar bases de datos. Haga clic en Crear Nueva, escriba nwrepl en Nombre y haga clic en Aceptar para crear la base de datos nueva.
¿Cuándo debe actualizar la suscripción el Agente de mezcla?	Utilizar la siguiente programación: haga clic en Cambiar y establezca la programación en Diaria, Cada 1 día, sucede cada 2 minutos.
Inicializar el esquema y los datos en el suscriptor	Seleccionado.
Iniciar el Agente de mezcla para inicializar inmediatamente la suscripción	Activado.
Utilizar la prioridad siguiente para resolver el conflicto	25.00

5. Después de haber creado la suscripción, en el árbol de consola del Administrador corporativo de SQL Server, expanda su servidor, expanda Monitor de duplicación, expanda Agentes y después haga clic en Agentes de mezcla.

   El Agente de mezcla tardará unos cuantos minutos en completar la inicialización de la nueva suscripción.

6. En el panel de detalles, *después* de que la columna de Estado indique que el Agente de mezcla ha tenido éxito, haga clic derecho en StudyNwind_Merge_ Publication y después haga clic en Historial del Agente. El la lista del historial, seleccione la entrada más antigua (esta es la entrada para la inicialización de la suscripción y debería tener más o menos 38 acciones). Si existen otras entradas, representan al Agente de mezcla ejecutándose cada dos minutos de acuerdo con la programación que ha creado para la suscripción. Haga clic en Detalles de la sesión. Revise el historial del Agente de mezcla.

   ¿De quiénes son los recursos del sistema que consume este Agente de mezcla? ¿Cambiaría una suscripción de extracción los recursos que son utilizados?

Ejercicio: Cómo actualizar la tabla de origen en el editor

En este ejercicio actualizará la tabla Customers (en el editor) y comprobará que la información actualizada se duplica al suscriptor.

▶ **Para actualizar la tabla de origen en el editor**

1. Cambie al Analizador de consultas de SQL Server.

2. Escriba y ejecute la siguiente secuencia de comandos:

```
USE StudyNwind
SELECT * FROM Customers
```

3. Revise el conjunto de resultados. Fíjese en la primera fila, con el valor Maria Anders en la columna ContactName.
4. Escriba y ejecute la siguiente secuencia de comandos:

```
USE StudyNwind
UPDATE Customers
SET ContactName = 'Maria Anders-Smith'
WHERE CustomerID = 'ALFKI'
SELECT * FROM Customers
```

¿Cuánto tiempo tardará esta actualización en ser duplicada?

5. Escriba y ejecute la siguiente secuencia de comandos para comprobar que la actualización ha sido duplicada a la base de datos nwrepl:

```
USE nwrepl
SELECT * FROM Customers
```

6. En el Administrador corporativo de SQL Server, expanda Monitor de duplicación, expanda Agentes y después haga clic en Agentes de mezcla.
7. En el panel de detalles, haga clic derecho en StudyNwind_Merge_Publication y después haga clic en Historial del agente.
8. Haga clic en la sesión que indica que los cambios de datos han sido mezclados y después haga clic en Detalles de la sesión.

Revise las acciones que se llevaron a cabo durante la sesión.

Ejercicio: Cómo actualizar simultáneamente desde un editor y un suscriptor

En este ejercicio actualizará la tabla Customers en el editor y en el suscriptor con información conflictiva y después revisará el resultado.

▶ **Para actualizar simultáneamente en un editor y en un suscriptor**

1. Cambie al Analizador de consultas de SQL Server. Abra dos ventanas de consulta.
2. Escriba la siguiente secuencia de comandos en la primera ventana de consulta, pero no ejecute la secuencia de comandos:

```
USE StudyNwind
UPDATE Customers
SET ContactName = 'Maria Anders-Smyth'
WHERE CustomerID = 'ALFKI'
SELECT * FROM Customers
```

3. Escriba la siguiente secuencia de comandos en la segunda ventana de consulta, pero no ejecute la secuencia de comandos:

```
USE nwrepl
UPDATE Customers
SET ContactName = 'Maria Anders-Smythe'
WHERE CustomerID = 'ALFKI'
SELECT * FROM Customers
```

4. Ejecute las instrucciones en las dos ventanas de consulta una detrás de la otra, lo más seguidamente posible.
5. Cambie al Administrador corporativo de SQL Server.
6. En el panel de detalles del Agente de mezcla, compruebe que la actualización ha sido duplicada y que ha habido un conflicto. Esto tardará más o menos dos minutos.
7. Cambie al Analizador de consultas de SQL Server y ejecute la siguiente consulta en cada una de las ventanas de consulta:

```
SELECT * FROM Customers
```

¿Qué actualización ha sido aplicada? ¿Fue la actualización realizada en el servidor de publicación (en la base de datos StudyNwind) o en el servidor de suscripción (en la base de datos nwrepl)?

Ejercicio: Cómo solucionar el conflicto

En este ejercicio solucionará el conflicto utilizando el Visor de conflictos de duplicación de Microsoft.

► **Para solucionar el conflicto**

1. En el árbol de consola, expanda Bases de datos, después haga clic derecho en la base de datos StudyNwind, apunte a Todas las tareas y haga clic en Ver conflictos de duplicación.

    El Visor de conflictos de duplicación de Microsoft aparece indicando un conflicto en la tabla Customers en la base de datos StudyNwind.
2. Haga clic en Ver.
3. Haga clic en Sobrescribir con los datos revisados.
4. En el cuadro ContactName, escriba **Maria Anders** y después haga clic en Resolver.
5. Haga clic en Cerrar.
6. Cambie al Analizador de consultas de SQL Server y ejecute la siguiente consulta en ambas ventanas de consulta:

```
SELECT * FROM Customers
```

¿Han sido aplicados los datos revisados a ambos servidores?

Importante: Para realizar la resolución de conflictos en los suscriptores, tiene que habilitar la opción de informe de conflicto descentralizado para la publicación antes de agregar suscriptores a la publicación. Si realiza esta acción tiene que solucionar cada conflicto en el servidor que ha perdido, por lo que puede que no siempre consiga realizar la resolución de conflictos en el mismo servidor.

Resumen de la lección

Después de crear publicaciones en el editor puede crear dos tipos de suscripciones a estas publicaciones. Las suscripciones de inserción se crean y administran en el editor. Las suscripciones de extracción se crean y administran en los suscriptores. El Agente de distribución para las suscripciones de inserción se ejecuta en el distribuidor y el Agente de distribución para las suscripciones de inserción se ejecuta en el suscriptor.

SQL Server 7 introduce la actualización inmediata del suscriptor, lo que permite que las actualizaciones se lleven a cabo a los datos de suscriptores en el suscriptor. Las actualizaciones realizadas en el suscriptor se aplican inmediatamente al editor, utilizando una transacción distribuida administrada por MS DTC.

Revisión

Las siguientes preguntas tienen la intención de reforzar información clave presentada en este capitulo. Si no puede contestar una pregunta, revise la lección apropiada e intente responder la pregunta otra vez. Las respuestas a las preguntas se pueden encontrar en el Apéndice A, "Preguntas y respuestas."

1. Está intentando configurar la duplicación entre dos servidores. Ambos servidores parecen estar funcionando correctamente, pero la duplicación no funciona. ¿Cuál cree que es el problema? ¿Qué debería hacer para arreglarlo?

2. Cuando configura un servidor de distribución, ¿qué debería considerar a la hora de estimar el tamaño apropiado de la base de datos de distribución?

3. Su compañía ha decidido utilizar la duplicación de SQL Server. El servidor de publicación ejecuta una aplicación intensiva y no tiene la capacidad de administrar ningún exceso de duplicación. Tendrá un gran número de suscriptores. Algunos de los suscriptores puede que no se encuentren en línea periódicamente y todos los suscriptores deben tener la habilidad de actualizar datos. ¿Qué modelo y método de duplicación trataría estos requisitos mejor? ¿Por qué?

Cómo administrar la duplicación

Acerca de este capítulo

En este capítulo final acerca de la duplicación, aprenderá a monitorizar los Agentes de duplicación y a utilizar varias herramientas en Microsoft SQL Server para solucionar problemas de duplicación. También aprenderá a publicar datos a suscriptores que no sean SQL Server, a duplicar datos de bases de datos que no sean SQL Server y a hacer que una publicación se encuentre disponible para su suscripción en Internet.

Antes de empezar

Para completar las lecciones en este capítulo debe haber:

- Instalado la versión 7 de SQL Server. Véase el Capítulo 2, "Instalación," para las instrucciones de instalación.

- Podido iniciar una sesión en SQL Server como administrador.

- Completado los ejercicios en el Capítulo 16 "Cómo planear y establecer la duplicación."

- Instalado la base de datos StudyNwind. Véase la sección "Antes de empezar" en "Acerca de este libro" para las instrucciones de instalación de la base de datos StudyNwind.

■ Instalado los archivos de Ejercicios del CD-ROM de materiales suplementarios del curso a su unidad de disco duro. Véase la sección "Antes de empezar" en "Acerca de este libro" para las instrucciones de instalación.

■ Cambiado el modo de licencia del software de evaluación de SQL Server versión 7.0 al realizar los pasos del siguiente procedimiento:

1. Abra el Administrador de licencia del grupo de programas Herramientas administrativas.
2. Seleccione la pestaña Vistas del producto y haga doble clic en MS SQL Server 7.0.
3. Seleccione la pestaña Examinar servidor, elija SQLSERVER y haga clic en Modificar.
4. Seleccione MS SQL Server 7.0 y haga clic en Modificar.
5. Seleccione el modo Por puesto, haga clic en Sí para realizar el cambio y haga clic en Aceptar.
6. Acepte el contrato de licencia y haga clic en Aceptar dos veces para volver al cuadro de diálogo principal Administrador de licencia.
7. Cierre el Administrador de licencia.

Lección 1: Cómo monitorizar y solucionar problemas de duplicación

Es importante monitorizar todos los aspectos del proceso de duplicación, desde supervisar los cambios que son realizados a una publicación hasta comprobar los cambios duplicados en el suscriptor. Las herramientas de SQL Server que están diseñadas para este propósito son los métodos más eficaces de monitorizar la duplicación, pero también se pueden utilizar procedimientos almacenados del sistema y recuperar información de las tablas de sistema.

Después de esta lección podrá:

- Monitorizar y solucionar problemas de la duplicación de SQL Server 7 utilizando herramientas, procedimientos almacenados de sistema y tablas del sistema.
- Generar una secuencia de comandos de duplicación.

Tiempo estimado de la lección: 60 minutos

Cómo utilizar el Monitor de duplicación de SQL Server

El Monitor de duplicación de SQL Server es un componente del Administrador corporativo de SQL Server que se agrega al árbol de la consola del distribuidor cuando el distribuidor se habilita. Está diseñado para ver el estado de los Agentes de duplicación y para la solución de problemas de duplicación potenciales.

Puede utilizar el Monitor de duplicación de SQL Server para:

- Ver una lista de editores, publicaciones y suscripciones a las publicaciones soportadas por el distribuidor.
- Ver el estado en tiempo real de los Agentes de duplicación programados.
- Mostrar datos de ejecución actuales de un Agente de duplicación para obtener un total de las transacciones, instrucciones, inserciones y actualizaciones que han sido procesadas.
- Configurar los perfiles y las propiedades de los Agentes de duplicación.
- Establecer y monitorizar alertas que están relacionadas con sucesos de duplicación.
- Ver los historiales de los Agentes de duplicación.

Nota: Aunque los Agentes de distribución y de mezcla se ejecutan en el suscriptor para las suscripciones de extracción, el Monitor de duplicación no se encuentra disponible en el suscriptor. El estado de los Agentes que se ejecutan en el suscriptor se monitoriza en el Monitor de duplicación que se está ejecutando en el distribuidor, al cual los Agentes de suscripción están conectados.

Cómo mantener la duplicación

Cuando administre la duplicación, deberá examinar ciertos temas de mantenimiento, incluyendo la administración de espacio y las estrategias de copia de seguridad.

Administración de espacio

La administración de espacio requiere que:

- Monitorice el tamaño de la base de datos de distribución para asegurarse de que existe suficiente espacio para almacenar los trabajos de duplicación. Esta acción involucra lo siguiente:
  - Determinar el período de retención para el historial de duplicación y las transacciones duplicadas.
  - Establecer las propiedades del distribuidor para controlar el período de retención
- Monitorizar Agentes varios.

    Las tablas de los historiales y las transacciones duplicadas consumen espacio de almacenaje de la base de datos. Varios Agentes de duplicación limpian estas tablas de manera periódica. Asegúrese de que los Agentes listados en la siguiente tabla se están ejecutando.

Agentes varios	Descripción
Limpieza del historial del Agente: distribución	Elimina los registros del historial de aplicación de la base de datos de distribución.
Limpieza de distribución: distribución	Elimina transacciones duplicadas de la base de datos de distribución.
Limpieza de suscripción caducada	Detecta y elimina suscripciones inactivas de bases de datos publicadas.
Reinicializar suscripciones con errores de validación de datos	Reinicializa (realiza otra sincronización inicial de) todas las suscripciones que no se han realizado debido a un error de validación de datos.
Comprobación de Agentes de duplicación	Detecta los Agentes de duplicación que no estén registrando el historial de manera activa.

Estrategias de copia de seguridad

Es importante el realizar copias de seguridad de la base de datos de distribución, ya que si se pierde deberá regenerar todas las suscripciones y publicaciones. La opción trunc. log en chkpt. está habilitada de manera predeterminada cuando se crea la base de datos de distribución. Si decide realizar copias de seguridad de registros de transacción en la base de datos de distribución, primero debe deshabilitar esta opción. Planifique e implemente estrategias de copia de seguridad mediante:

- La monitorización de cualquier tema en la base de datos de distribución que afecte al editor. Por ejemplo, si la base de datos de distribución se queda sin espacio, las transacciones que están esperando a ser publicadas no pueden ser eliminadas del registro de transacción en el editor.

■ La preparación de planes de recuperación y resincronización en el caso de que suceda un error en el editor, distribuidor o suscriptor.

Debido al gran número de las distintas posibilidades de configuración de duplicación, las estrategias de copia de seguridad y restauración detalladas no se encuentran presentes en este libro. Los libros electrónicos de SQL Server tienen moldes que presentan estrategias para cada configuración posible.

Cómo utilizar secuencias de comandos de duplicación

Una secuencia de comandos de duplicación proporciona varios beneficios, incluyendo los siguientes:

■ Puede resultar un ahorro de tiempo si varios servidores deben ser configurados de manera idéntica. Puede ejecutar la secuencia de comandos en lugar de realizar pasos de instalación repetidamente en el Administrador corporativo de SQL Server.

■ Proporciona un mecanismo de recuperación. Por ejemplo, si se produce un error en un editor o en un distribuidor, puede ejecutar la secuencia de comandos para reinstalar la duplicación después de que se haya reemplazado el hardware del servidor.

■ Le permite seguir distintas versiones de su entorno de duplicación creando y almacenando secuencias de comandos periódicamente en un sistema de control de origen de códigos.

■ Le permite personalizar un entorno de duplicación existente.

Cómo crear y ejecutar secuencias de comandos de duplicación

Para crear secuencias de comandos de duplicación, seleccione herramientas/duplicación/ Generar secuencias de comandos de duplicación en el Administrador corporativo de SQL Server. La Figura 17.1 muestra el cuadro de diálogo resultante. Una secuencia de comandos adquiere automáticamente el nombre del servidor que fue utilizado cuando se definió la duplicación. Para ejecutar una secuencia de comandos en otro servidor, cambie los nombres de servidor en la secuencia de comandos.

Ejercicio: Cómo generar una secuencia de comandos de duplicación

En este ejercicio, generará una secuencia de comandos, observará su vista preliminar y después la guardará en el disco.

▶ **Para generar una secuencia de comandos**

1. En el árbol de consola del Administrador corporativo de SQL Server, haga clic en su servidor.
2. En el menú Herramientas, apunte a Duplicación y después haga clic Generar secuencias de comandos de duplicación.
3. Revise las opciones disponibles.
4. Haga clic en Vista preliminar.

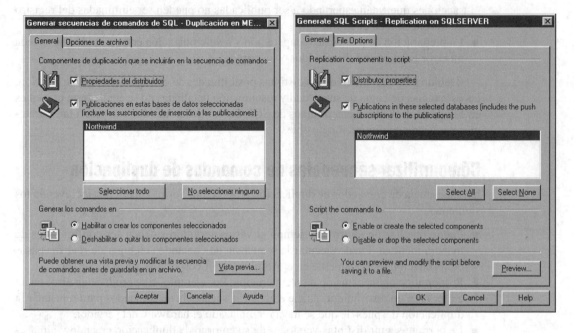

Figura 17.1.   Cuadro de diálogo de duplicación: para generar secuencias de comandos SQL.

5. Revise la secuencia de comandos que ha sido generada.
6. Haga clic en Guardar como. Guarde la secuencia de comandos en C:\Sqladmin\ Exercise\Ch17\Replication.sql.
7. Haga clic en Aceptar para aceptar que la secuencia de comandos ha sido guardada.
8. Haga clic en Cerrar y Cancelar para cerrar los cuadros de diálogo de Generar secuencias de comandos de duplicación.

Cómo monitorizar el rendimiento de duplicación de SQL Server

Puede utilizar el Monitor de duplicación en el Administrador corporativo de SQL Server, el monitor de rendimiento de Microsoft Windows NT y los procedimientos almacenados del sistema para monitorizar el rendimiento de la duplicación. Puede obtener información acerca de las transacciones entregadas, las transacciones sin entregar, tasas de entrega y latencia.

Cómo utilizar el monitor de rendimiento de Windows NT

Los contadores de duplicación que muestran gráficamente los detalles de la duplicación son útiles a la hora de recuperar información acerca de la duplicación. Puede utilizar los contadores descritos en esta sección en el monitor de rendimiento de Windows NT.

SQL Server: Agentes de duplicación

Los contadores para el objeto SQL Server: Agentes de duplicación tiene una instancia para cada Agente de duplicación.

Contador	Descripción
Ejecutándose	El número de Agentes de duplicación, del tipo especificado, que se están ejecutando actualmente.

SQL Server: Distribución de duplicación

El objeto SQL Server: distribución de duplicación tiene contadores para la monitorización de instancias del Agente de distribución.

Contador	Descripción
Dist:Latencia de entrega	El tiempo actual, en milisegundos, que pasa entre que las transacciones se entregan al distribuidor y se aplican al suscriptor.
Dist:Comandos entregados / seg	El número de comandos por segundo entregados al suscriptor.
Dist:Transacciones entregadas / seg	El número de transacciones por segundo entregadas al suscriptor.

SQL Server: Lector del registro de duplicación

El objeto SQL Server: Lector del registro de duplicación tiene contadores para monitorizar instancias en Agente de lector del registro.

Contador	Descripción
Lector del registro: Latencia de entrega	El tiempo actual, en milisegundos, que pasa entre que las transacciones se aplican al editor y se entregan al distribuidor.
Lector del registro: Comandos entregados / seg.	El número de comandos por segundo entregados al distribuidor.
Lector del registro: Transacciones entregadas / seg.	El número de transacciones por segundo entregadas al distribuidor.

SQL Server: Mezcla de duplicación

El objeto SQL Server: Mezcla de duplicación tiene contadores para monitorizar instancias en el Agente de mezcla.

Contador	Descripción
Cambios cargados/seg.	El número de filas por segundo mezcladas desde el suscriptor al editor.
Cambios descargados/seg	El número de filas por segundo mezcladas desde el editor al suscriptor.
Conflictos/seg	El número de conflictos por segundo que tienen lugar en el proceso de mezcla.

SQL Server: Instantánea de duplicación

El objeto SQL Server: Instantánea de duplicación tiene contadores para monitorizar instancias del Agente de instantáneas.

Contador	Descripción
Instantánea: comandos entregados/seg	El número de comandos por segundo entregados al distribuidor.
Instantánea: transacciones entregadas/seg	El número de transacciones por segundo entregadas al distribuidor.

Cómo utilizar procedimientos almacenados del sistema

Puede recuperar información acerca de la duplicación utilizando procedimientos almacenados del sistema. Este método le permite hacer referencia a información de duplicación que puede ser utilizada en desencadenadores, procedimientos almacenados definidos por el usuario o secuencias de comandos. Algunos de estos procedimientos almacenados del sistema se encuentran en la siguiente tabla.

Para recuperar información acerca de	Utilice
Servidores	sp_helpserver sp_helpremotelogin
Bases de datos	sp_helpdb sp_helpdistributor sp_helppublication sp_helpsubscription sp_helpsubscriberinfo
Actividad de duplicación	sp_replcmds sp_repltrans sp_replcounters

Cómo ver los historiales de los Agentes de duplicación

Las tablas de historial contienen información acerca de todos los Agentes de duplicación. Debería observar de manera regular los historiales de duplicación para identificar cualquier tarea que no se haya realizado y la razón de ello. El mensaje de detalles proporciona un indicador de los temas, por ejemplo, problemas de conectividad, permisos y restricciones y errores de registros llenos.

Cómo ver los historiales de los Agentes de duplicación seleccionados

Con el historial del Agente en el Monitor de duplicación de SQL Server puede ver información de duplicación de las tablas de historial de una o más sesiones de un Agente seleccionado. Los historiales de Agentes le permiten filtrar las listas de sesiones para que muestren:

- Todas las sesiones.
- Sesiones en un intervalo de tiempo especificado como, por ejemplo, las últimas 24 horas, los últimos dos días o los últimos siete días.
- Sesiones con errores.

Cómo utilizar tablas del sistema

Las tablas de historial en la base de datos de distribución siguen la actividad de los trabajos de duplicación para todos los Agentes de duplicación. En lugar de ver el historial del Agente en el Monitor de duplicación, puede realizar consultas a las tablas en la base de datos de distribución. Estas tablas (una para cada Agente) de historial son:

- MSsnapshot_history.
- MSlogreader_history.
- MSdistribution_history.
- MSmerge_history.

Cómo solucionar problemas de la duplicación

Muchas de las dificultades en el proceso de duplicación involucran la conectividad y la seguridad. Antes de poder examinar éstas, debe identificar qué servidores se encuentran involucrados en el problema de duplicación observando el orden de procesado en los Agentes de duplicación. La solución de problemas debería centrarse en el acceso a cada uno de los servidores y en las bases de datos que están involucradas en el escenario de duplicación.

Cómo comprobar los errores de registro

Hay varios registros de errores que le pueden ayudar en la solución de problemas de duplicación: Registro de errores de SQL Server, Registro de errores del Agente de SQL Server, el Visor de sucesos de Windows NT. También puede utilizar el Analizador de SQL Server para solucionar problemas de duplicación.

Cómo configurar y monitorizar alertas de duplicación

Las alertas de duplicación son alertas estándar de SQL Server, configuradas para responder a condiciones ocasionadas por el proceso de duplicación. En el Administrador corporativo de SQL Server, puede configurar todas las alertas de duplicación bajo

Alertas en el Agente SQL Server o bajo Alertas de duplicación en el Monitor de duplicación. Debe agregar nuevas alertas de duplicación bajo Alertas de duplicación en el Monitor de duplicación, si no, sólo se mostrarán en el Agente SQL Server. Si utiliza el procedimiento almacenado del sistema sp_add_alert para agregar una alerta de duplicación, debe especificar la categoría 'duplicación' con el argumento @category_name si quiere que la nueva alerta sea listada bajo Alertas de duplicación en el Monitor de duplicación.

Se crean varias alertas de duplicación predefinidas cuando habilita la publicación y la distribución. Para poder utilizar cualquiera de estas alertas, debe habilitarlas y agregar uno o más operadores a los que notificar cuando se disparen. Para las alertas estándar del Agente SQL Server, puede especificar que se realice un trabajo cuando la alerta se dispara. Las siguientes alertas de duplicación predefinidas se crean para usted:

- Duplicación: cierre personalizado del agente.
- Duplicación: error del agente.
- Duplicación: reintento del agente.
- Duplicación: éxito del agente.
- Duplicación: se quitó la suscripción caducada.
- Duplicación: el suscriptor no superó la validación de datos.
- Duplicación: el suscriptor superó la validación de datos.
- Duplicación: el suscriptor reinicializado después de un error de validación.

Cómo comprobar los servicios de SQL Server

Los Agentes de duplicación se ejecutan bajo el contexto del servicio de Agente SQL Server. Si tiene dificultades con el servicio MSSQL Server o con el servicio de Agente SQL Server, compruebe que:

- Los servicios MSSQL Server y Agente SQL Server se están ejecutando.
- La cuenta y contraseña de servicio están adecuadamente configuradas para el servicio Agente SQL Server. Se recomienda que todos los participantes en el proceso de duplicación utilicen la misma cuenta de dominio de Windows NT para el servicio Agente SQL Server.
- Los entornos de multidominios tienen cuentas de servicios que son fiables a través de los dominios.

Cómo probar la conectividad

De manera predeterminada, la duplicación de SQL Server utiliza la misma cuenta de usuario del dominio de Windows NT que el Agente SQL Server. Si experimenta problemas con la conectividad, pruebe dicha conectividad de la manera siguiente:

- Para una suscripción de inserción:
    - Inicie una sesión en el distribuidor con la misma cuenta de Windows NT que el servicio de Agente SQL Server utiliza en el distribuidor.
    - Desde el distribuidor, utilice el Analizador de consultas de SQL Server, elija el modo de autenticación de Windows NT y conéctese al suscriptor.

- Para una suscripción de extracción:
    - Inicie una sesión en el suscriptor con la misma cuenta de Windows NT que utiliza el Agente SQL Server en el suscriptor.
    - Desde el suscriptor, utilice el Analizador de consultas de SQL Server, elija el modo de autenticación de Windows NT y conéctese al distribuidor.

Si no se puede conectar utilizando uno de estos dos métodos, el problema es con la seguridad en vez de con la duplicación.

La conectividad de servidores de Microsoft Windows 95 y Windows 98

En los servidores de SQL Server basados en Windows NT que necesitan duplicar datos de un SQL Server de Windows 95 o Windows 98, utilice la herramienta de cliente de red de SQL Server para definir un alias para los servidores de Windows 95 o Windows 98 que utilice TCP/IP o la biblioteca de red multiprotocolo. Esto es necesario, ya que los servidores SQL Server basados en Windows NT utilizan la biblioteca de canalizaciones con nombre de manera predeterminada, y los servidores SQL Server basados en Windows 95 y Windows 98 no soportan las conexiones entrantes de canalizaciones con nombre.

Cómo comprobar las programaciones de los Agentes de duplicación

Si la duplicación no se está desarrollando como esperaba, puede que simplemente tenga que esperar a que los Agentes se ejecuten de acuerdo con su programación, o puede iniciar los Agentes manualmente para que inicien el proceso de duplicación.

Considere el siguiente escenario de duplicación transaccional. Después de crear una publicación y una suscripción, las tablas correspondientes a los artículos de publicación no se están creando ni están siendo llenadas en el suscriptor. Ha comprobado la seguridad y la conectividad entre el editor, el distribuidor y el suscriptor y funcionan correctamente.

La causa más probable para que la duplicación no esté teniendo lugar en este caso, es que la sincronización inicial no ha tenido lugar. Esto se debe probablemente a que el Agente de instantáneas no se ha ejecutado para generar la instantánea inicial que necesita el Agente de distribución para realizar la sincronización inicial. Dependiendo de cómo se ha programado la instantánea inicial cuando se creó la publicación, la instantánea inicial puede ser creada más adelante o a petición. Bien puede esperar a que se cree la instantánea inicial o puede iniciar el Agente de instantáneas para la publicación manualmente antes de que tenga lugar la sincronización inicial. Después de que la sincronización inicial esté completa, se iniciará la duplicación transaccional normal.

Ejercicio: Cómo modificar las propiedades del mantenimiento de historial en el distribuidor

En este ejercicio modificará la cantidad de tiempo que mantiene retenidos los registros de transacciones el distribuidor en la base de datos de distribución. También modificará la cantidad de tiempo que el distribuidor retiene el historial de rendimiento de la duplicación.

► **Para modificar las propiedades de mantenimiento del historial del distribuidor**

1. En el árbol de consola del Administrador corporativo de SQL Server, haga clic en su servidor. En el menú Herramientas, apunte a Duplicación y después haga clic en Configurar publicación, suscriptores y distribución.
2. Haga clic en Propiedades para modificar las propiedades en la base de datos de distribución.
3. Aumente la cantidad de tiempo máximo que el distribuidor almacena los registros de transacción a 96 horas.
4. Aumente la cantidad de tiempo que el distribuidor almacena los historiales de rendimiento de duplicación a 72 horas.
5. Haga clic en Aceptar para cerrar el cuadro de diálogo de Propiedades de distribución.
6. Haga clic en Aceptar para cerrar el cuadro de diálogo Propiedades de publicación y distribución.

Ejercicio: Cómo revisar las propiedades de Agentes varios

En este ejercicio revisará las propiedades de Agentes varios.

► **Para revisar las propiedades de Agentes varios**

1. En el árbol de consola, expanda Monitor de duplicación, expanda Agentes y después haga clic en Agentes varios.
2. Para cada Agente en el panel de detalles, realice los pasos 3, 4 y 5 para ver algunas de las propiedades de cada Agente.
3. Haga clic derecho en el Agente y después haga clic Propiedades del agente.
   ¿Cuál es la función de este Agente y con qué frecuencia se ejecuta?
4. En la pestaña Pasos, haga clic en Modificar y después revise el cuadro de Comandos.
5. Haga clic en Cancelar y después haga clic en Cancelar otra vez para cerrar los cuadros de diálogo del Agente.

Resumen de la lección

Es importante realizar copias de seguridad de la base de datos de distribución si está utilizando duplicación, ya que la mayoría de la información de duplicación está almacenada en la base de datos de distribución. SQL Server proporciona muchas herramientas para monitorizar y comprobar la duplicación. Puede utilizar el Monitor de duplicación del Administrador corporativo de SQL Server, el monitor de rendimiento de Windows NT, procedimientos almacenados del sistema, historiales de Agentes y las alertas de duplicación para monitorizar el estado y el rendimiento de la duplicación en sus servidores. La mayoría de los problemas de duplicación están ocasionados por problemas de conectividad o seguridad entre servidores.

Lección 2: La duplicación en entornos heterogéneos

Con SQL Server es posible duplicar datos *a* suscriptores heterogéneos utilizando Conectividad abierta de bases de datos (ODBC) y OLE DB. También es posible duplicar datos *desde* orígenes que no sea SQL Server. En esta lección aprenderá a configurar la duplicación en estos entornos heterogéneos y también aprenderá a hacer que las publicaciones se encuentren disponibles para suscripciones en Internet.

Después de esta lección podrá:

- Describir cómo duplicar a y desde bases de datos heterogéneas.
- Publicar a suscriptores de Internet.

Tiempo estimado de la lección: 45 minutos

Cómo duplicar datos con ODBC

SQL Server soporta la duplicación a bases de datos heterogéneas (bases de datos que no se ejecutan en SQL Server) en Windows NT, Windows 95 y Windows 98. También puede duplicar a otras plataformas, siempre y cuando tenga el controlador ODBC u OLE DB apropiado y el software de comunicación necesario.

Orígenes de datos que no son SQL Server

Las bases de datos heterogéneas que están soportadas por la duplicación de SQL Server incluyen:

- Bases de datos de Microsoft Access.
- Bases de datos Oracle.
- IBM DB2/MVS e IBM DB2/AS400.
- Otras bases de datos que cumplen los requisitos de suscripción de SQL Server ODBC.

Cómo duplicar desde un servidor SQL Server 6.5 Editor/distribuidor a un suscriptor SQL Server 7

Para realizar la duplicación desde SQL Server 6.5 Editor/distribuidor a un suscriptor SQL Server 7, debe realizar una de estas acciones para asegurarse de que SQL Server 7 se comporta de manera compatible con las versiones anteriores:

- Agregar al inicio de sesión de autenticación de SQL Server, repl_publisher, sin contraseña en el suscriptor SQL Server 7.
- Ejecutar el suscriptor de SQL Server 7 utilizando el indicador de seguimiento T3685.

Requisitos del controlador ODBC

SQL Server viene con el controlador Microsoft ODBC para Oracle, Access y el protocolo de datos de la arquitectura distribuida de bases de datos relacionales (DRDA). Los controladores para otros tipos de suscriptores ODBC deben estar de acuerdo con los requisitos de duplicación de SQL Server para suscriptores ODBC genéricos. El controlador ODBC debe:

- Permitir actualizaciones.
- Cumplir el nivel 1 de ODBC.
- Soportar transacciones.
- Soportar el lenguaje de definición de las instrucciones de datos de Transact-SQL (DLL).
- Ser de 32 bits y estar libre de subprocesos.

Cómo publicar datos a suscriptores heterogéneos

Puede publicar datos a suscriptores heterogéneos utilizando asistentes de duplicación en el Administrador corporativo de SQL Server.

Cómo crear una suscripción

Puede crear una suscripción de inserción desde el editor a los suscriptores heterogéneos utilizando el Asistente para suscripciones de inserción. El crear una suscripción de inserción heterogénea es posible programando el control de duplicación ActiveX.

Restricciones que involucran tipos de suscriptores heterogéneos

La siguiente tabla lista las restricciones que se aplican a la duplicación con tipo de suscriptores heterogéneos que utilizan ODBC.

Restricción	Explicación
Tipos de datos	Los tipos de datos de SQL Server son asignados al tipo de datos más próximo en la base de datos de destino.
Instantáneas	Las instantáneas deben ser el formato de caracteres bcp, no el formato nativo de SQL Server.
Utilizar la opción de publicación para truncar la tabla de destino antes de la sincronización	No se soportan las suscripciones heterogéneas a publicaciones que tienen esta opción seleccionada.
Instrucciones por lotes	Las instrucciones por lotes no se soportan en los suscriptores ODBC.
Temas de configuración ODBC	El nombre de datos de origen ODBC (DSN) debe cumplir las convenciones de nombres de SQL Server. Se utiliza la opción de identificador entre comillas en el servidor de destino, como informa el controlador ODBC.

Cómo utilizar procedimientos almacenados del sistema

La siguiente tabla lista los procedimientos almacenados del sistema que soportan la duplicación a los suscriptores ODBC.

Procedimiento almacenado del sistema	Descripción
sp_enumdsn	Devuelve una lista de orígenes de datos ODBC y OLE DB disponibles para SQL Server.
sp_dsninfo	Recupera información de origen de ODBC u OLE DB del distribuidor asociado con el servidor actual, incluyendo si el origen de datos puede ser un suscriptor.

La duplicación desde bases de datos heterogéneas

SQL Server permite que productos de duplicación de terceras partes se conviertan en editores con la estructura de duplicación de SQL Server. Esto permite que estas aplicaciones se apliquen en un conjunto completo de las características de duplicación proporcionadas por SQL Server 7. La Figura 17.2 muestra cómo un producto de una tercera parte puede ser utilizado en una estructura de duplicación de SQL Server. El editor SQL Server y el editor de la tercera parte utilizan el mismo distribuidor remoto, y el suscriptor se ha suscrito a publicaciones en ambos editores.

Para integrar orígenes de datos heterogéneos con la duplicación de SQL Server, un desarrollador puede crear un programa SQL-DMO escrito en Microsoft Visual Basic, C o C++ que defina una publicación y sus artículos y suscripciones. Se debe escribir un segundo programa utilizando la Interfaz del distribuidor de duplicación en C o C++; este programa almacena las transacciones de duplicación en el distribuidor. Después de que se haya creado la publicación, los artículos y las suscripciones las transacciones se almacenan en el distribuidor, las transacciones son reenviadas por el Agente

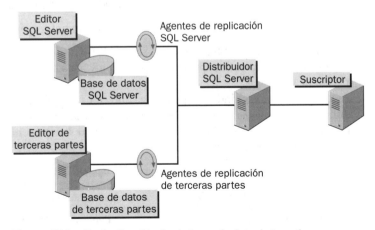

Figura 17.2. La duplicación desde bases de datos heterogéneas.

de distribución de SQL Server y pueden ser monitorizadas utilizando el Monitor de duplicación del Administrador corporativo de SQL Server.

Ejercicio: Cómo habilitar a un suscriptor de Microsoft Access Jet 4

En este ejercicio habilitará un nuevo suscriptor de Microsoft Access Jet 4. Especificará una base de datos Jet que no existe; se creará automáticamente cuando se inicialice una suscripción en uno de los siguientes ejercicios.

▶ **Para habilitar a un suscriptor de Microsoft Access Jet 4**

1. En el árbol de consola, haga clic en su servidor.
2. En el menú Herramientas, apunte a Duplicación y después haga clic en Configurar publicación, suscriptores y distribución.
3. En la pestaña Suscriptores, haga clic en Nuevo suscriptor.
4. Seleccione Base de datos de Microsoft Jet 4.0 (Microsoft Access). Haga clic en Aceptar.
5. Haga clic en Agregar para registrar una base de datos Jet como un nuevo servidor vinculado.
6. En Nombre de servidor vinculado, escriba **REPLICATION**.
7. En Nombre de archivo y ruta de base de datos, escriba **C:\Sqladmin\Ejercicio \Ch17\Repl.mdb**. Haga clic en Aceptar.
8. En la lista de servidores vinculados, seleccione la entrada REPLICATION.
9. En Nombre de inicio de sesión, escriba **Admin** y después haga clic en Aceptar.
10. Haga clic en Aceptar para cerrar el cuadro de diálogo Propiedades de editor y distribuidor.

Ejercicio: Cómo crear una publicación y una suscripción de inserción heterogénea

En este ejercicio creará una publicación y una suscripción de inserción heterogénea.

▶ **Para crear una publicación y una suscripción de inserción heterogénea**

1. En el árbol de consola, haga clic en su servidor.
2. En el menú Herramientas, apunte a Duplicación y haga clic en Crear y administrar publicaciones.
3. Haga clic en StudyNwind y después haga clic en Crear publicación.
4. Utilice el Asistente para creación de publicaciones y la información en la siguiente tabla para crear su publicación. Acepte los valores predeterminados para las opciones que no estén especificadas.

Opción	Valor
No, definiré artículos y propiedades	Seleccionado.
Tipo de publicación	Publicación de instantáneas.
No permitir suscripciones de actualización inmediata	Seleccionado.

(continúa)

Opción	Valor	_(continuación)_
Uno o más suscriptores no serán servidores que ejecuten SQL Server	Seleccionado.	
Especificar artículos	Compruebe dbo.Customers.	
Si se le pregunta si agregar una columna de identificador único	Haga clic en Aceptar.	
Nombre de la publicación	StudyNwind_Access_Publication.	
No, crear una publicación sin filtros de datos y con las siguientes propiedades	Seleccionado.	

5. Cuando el asistente haya creado la nueva publicación, en el cuadro de diálogo Crear y administrar publicaciones, seleccione StudyNwind_Access_Publication bajo la base de datos StudyNwind y haga clic en Nueva suscripción de inserción.

6. Utilice la información en la siguiente tabla para crear la suscripción de inserción.

Opción	Valor
Elegir suscriptores	Seleccionar REPLICATION (Microsoft Jet 4.0).
¿Cuándo debe actualizar la suscripción el Agente de distribución?	Utilizar la siguiente programación: sucede cada 1 día (s), cada 1 hora (s) entre las 12:00:00 a.m. y las 11:59:00 p.m.
Inicializar el esquema y los datos en el suscriptor	Seleccionado.
Iniciar el Agente de instantánea para comenzar inmediatamente el proceso de inicialización	Activado.

7. Cierre los cuadros de diálogo para volver al Administrador corporativo de SQL Server.

Ejercicio: Cómo ejecutar el Agente de distribución para la nueva suscripción

En este ejercicio ejecutará manualmente el Agente de distribución para la nueva suscripción heterogénea y comprobará que la base de datos Jet ha sido creada.

▶ **Para ejecutar el Agente de distribución para la nueva suscripción**

1. En el árbol de consola, expanda Monitor de duplicación y después expanda Agentes y haga clic en Agentes de distribución.

2. En el panel de detalles, haga clic derecho en la entrada que tenga un valor de REPLICATION:DSN en la columna de suscripción y después haga clic en Iniciar.

3. Espera a que las columnas Estado y Última acción indiquen que el Agente ha aplicado con éxito la instantánea al suscriptor.

4. En el explorador de Windows, desplácese a la carpeta C:\Sqladmin\Ejercicio \Ch17. Fíjese que ahora se encuentra presente un archivo de base de datos Jet database denominado Repl.mdb en la carpeta. El archivo es una nueva base de datos Jet 4, la cual no puede abrir en Microsoft Access 97. Si introduce una suscripción a una base de datos Jet existente, creada en Microsoft Access 97, podrá utilizar el archivo en Microsoft Access 97 como lo haría normalmente.

5. Cambie al Analizador de consultas de SQL Server y ejecute la siguiente consulta para confirmar que los datos de la tabla Customers han sido duplicados a la base de datos Jet 4:

```
SELECT * FROM [ REPLICATION] ...Customers
```

Cómo hacer que una publicación esté disponible en Internet

Puede utilizar la biblioteca de red TCP/IP para conectar servidores en Internet. Para las suscripciones de extracción y anónimas, puede utilizar FTP para transferir instantáneas desde el distribuidor al suscriptor.

Considere los siguientes requisitos cuando quiera que sus publicaciones estén disponibles en Internet:

- Las suscripciones de inserción no pueden utilizar FTP para transferir instantáneas.
- Sólo utilice FTP cuando aplique una instantánea a un suscriptor; todos los intercambios de datos deben llevarse a cabo utilizando una conexión de biblioteca de red.
- Si está utilizando un tabique, asegúrese de que el editor y el distribuidor se encuentran en el mismo lado del tabique.
- Asegúrese de que el editor y el distribuidor tienen una conexión de red directa el uno con el otro y que no están sólo conectados a través de Internet.
- Habilite el protocolo TCP/IP en cada suscriptor donde se ejecuten los Agentes de distribución y de mezcla y en los ordenadores a los que se conecten estos agentes.
- Asegúrese de que el distribuidor está instalado en el mismo servidor que Microsoft Internet Information Server (IIS).
- Establezca el directorio raíz FTP en IIS a la carpeta de trabajo de distribución. La predeterminada es *nombre_ordenador*\C$\Mssql7\Repldata.
- Asegúrese de que esta carpeta de trabajo se encuentra disponible para todos los suscriptores.
- Configure las direcciones y detalles de inicio de sesión FTP utilizando el cuadro de diálogo Propiedades de suscripción de extracción.

Resumen de la lección

SQL Server soporta la duplicación con bases de datos que no sean de SQL Server. Un editor de SQL Server puede publicar datos a cualquier suscriptor ODBC u OLE DB. Los vendedores de terceras partes, pueden crear Agentes que permitan que sus bases de datos sean editores y que publiquen datos en un entorno de duplicación de SQL Server. Puede controlar la duplicación utilizando el control de duplicación ActiveX desde dentro de las aplicaciones que escriba. Puede permitir que los suscriptores reciban instantáneas en Internet habilitando una publicación para que utilice FTP.

Revisión

Las siguientes preguntas tienen la intención de reforzar información clave presentada en este capitulo. Si no puede contestar una pregunta, revise la lección apropiada e intente responder la pregunta otra vez. Las respuestas a las preguntas se pueden encontrar en el Apéndice A, "Preguntas y respuestas."

1. ¿Cómo puede determinar el número de transacciones que están marcadas para su duplicación en el registro de transacción y que están a la espera de ser leídas por el Agente de distribución?

2. ¿Qué es lo primero que comprobaría si todas sus publicaciones dejasen de funcionar en un servidor?

3. Ha terminado de configurar la duplicación. Realiza cambios a datos en una publicación, pero los cambios no están siendo duplicados en el suscriptor. ¿Cómo determinaría qué Agente de duplicación está fallando?

Preguntas y respuestas

Capítulo 1
Visión general de SQL Server

Revisión

1. Tiene una aplicación existente que utiliza ordenadores clientes SQL Server y de Windows 95 y de Windows NT Workstation. Otro departamento que utiliza la red Novell quiere acceder a la base de datos. ¿Es posible?

Sí. Instalaría la biblioteca-red apropiada para Novell IPX/SPX en SQL Server y en los ordenadores cliente de la red Novell.

2. Quiere desarrollar una aplicación SQL Server utilizando ADO o BD OLE. ¿Cuáles son algunos de los factores a tener en cuenta?

ADO es más fácil de implementar y, normalmente, es más apropiado para el desarrollo de aplicaciones empresariales. La BD OLE proporciona más control sobre el comportamiento de la aplicación y mejor rendimiento, pero es más difícil de implementar.

Capítulo 2
Instalación

Revisión

1. Está usted instalando varios servidores SQL Server. Quiere que sus servicios de SQL Server se conecten a los recursos de la red a través de una conexión fiable. ¿En qué contexto de seguridad deberían ser ejecutados los servicios SQL Server? ¿Por qué?

Los servicios de SQL Server deben ser ejecutados en el contexto de una cuenta de dominio de usuario de Windows NT para poder utilizar una conexión fiable. Una cuenta local de sistema no puede establecer conexiones fiables con ningún recurso en un ordenador remoto.

2. Está usted instalando SQL Server en un entorno que tiene clientes de Windows y de Novell. Quiere utilizar la identificación de Windows NT. ¿Qué bibliotecas de red debe instalar?

NWLink IPX/SPX y Multiprotocolo.

3. Ha instalado usted SQL Server con la configuración predeterminada. Más adelante, decide agregar una base de datos que requiere caracteres que no forman parte del juego de caracteres predeterminado. ¿Qué debe hacer para soportar el nuevo juego de caracteres?

Su primera opción es instalar SQL Server separado para soportar este nuevo juego de caracteres. El juego de caracteres que está instalado en SQL Server se utiliza en todas las bases de datos del servidor existente. No puede tener juegos de caracteres diferentes para bases de datos diferentes.

Otra opción es utilizar tipos de datos Unicode para esta nueva base de datos en el servidor existente para soportar los caracteres que no forman parte del juego de caracteres predeterminado.

Página 55
Capítulo 3
Cómo actualizar a SQLServer 7.0
Revisión

Página 75
1. Usted tiene una base de datos de SQL Server 6.5 ejecutándose en Windows NT Server. SQL Server y Windows NT Server tienen Service Pack 2 instalado. El tamaño de la base de datos tempdb en SQL Server 6.5 es de 8 MB. Después de instalar SQL Server 7.0 en el mismo ordenador hay 100 MB de espacio libres en el disco. El tamaño de la base de datos de SQL Server 6.5 que quiere actualizar es de 90 MB. ¿Qué debe hacer para actualizar está base de datos?

Primero, instale SQL Server 6.5 Service Pack 3 o posterior. Establezca el tamaño de la base de datos de SQL Server 6.5 tempdb a un mínimo de 10 MB. Ya que hay espacio limitado de disco, debería utilizar el proceso de actualización mediante una cinta, para transferir datos desde SQL Server 6.5 a SQL Server 7.0 y eliminar los dispositivos de SQL Server 6.5 cuando utilice el asistente de actualización SQL Server. Ya que todos los dispositivos originales serán eliminados durante la actualización, debería realizar copias de seguridad de todas las bases de datos de SQL Server 6.5 antes de iniciar el proceso de actualización.

2. Durante el proceso de actualización, el asistente de actualización SQL Server no puede almacenar procedimientos almacenados en las bases de datos de usuarios de SQL Server 6.5. ¿Qué puede causar este fallo?

Es posible que el procedimiento almacenado modifique directamente una tabla de sistema o haga referencia a una tabla de sistema o una columna en una tabla de sistema que no existe en SQL Server 7.0. También es posible que el propietario del objeto no esté listado como usuario de la base de datos que quiere actualizar. SQL Server no puede recrear el procedimiento almacenado si el inicio de sesión para el propietario del objeto no existe.

3. Acaba de actualizar una base de datos de tarjetas de crédito a SQL Server 7.0 y tiene una aplicación de cliente que contiene la siguiente consulta:

```
SELECT t.title AS cross
FROM titles t
```

Quiere utilizar los comandos BACKUP y RESTORE como parte de los trabajos de mantenimiento que quiere crear. Para permitir estos comandos, establece el nivel de compatibilidad de la base de datos en 70. ¿Qué impacto tiene esta configuración en su aplicación?

Puede emitir instrucciones BACKUP y RESTORE ya que SQL Server 7.0 soporta estos comandos. De todas maneras, la consulta en su aplicación ya no se ejecuta correctamente ya que utiliza la palabra cross como un alias de columna. La palabra cross es una palabra reservada para SQL Server 7.0. Debe rescribir la consulta antes de establecer un nivel de compatibilidad de 70.

Página 77 ## Capítulo 4
Configuración y arquitectura del sistema

Página 79 ▶ **Para verificar y editar su registro de SQL Server en el Administrador corporativo de SQL Server**

3. Haga clic con el botón derecho del ratón en su servidor y, a continuación, haga clic en editar propiedades de registro de SQL Server.

¿Qué tipo de identificación se utiliza de manera predeterminada para conectarse a su SQL Server?

Autenticación Windows NT.

5. En el árbol de la consola, expanda su servidor para verificar que se puede conectar a su SQL Server.

¿Cómo puede decir si su SQL Server está iniciado y si está conectado a su SQL Server?

La punta de flecha verde en el icono de SQL Server indica que su SQL Server está iniciado. La línea vertical roja zigzageante indica que está conectado a su SQL Server.

Página 81 ▶ **Para crear información compartida de registro**

3. Expanda SQL Server Group.

¿Hay algún servidor registrado? ¿Por qué o por qué no?

No hay servidores registrados. Cuando se desactiva la casilla de verificación Almacenar usuario independiente se muestra la información de registro. Hasta que no cree información de registro compartida, no hay información compartida.

Página 84 ▶ **Para ver el registro de errores de SQL Server**

3. Desplácese a través del registro de errores.

¿Qué ha causado todas las entradas en este archivo?

Iniciar SQL Server ha causado todas las entradas en este archivo. Hay entradas por el inicio del servidor y por cada una de las bases de datos siendo abierta e iniciada.

Página 84 ▶ **Para ver los registros de susesos del sistema y de aplicación de Windows NT**

1. En la barra de tareas, haga clic en el botón Inicio, señale a Programas, señale a Herramientas administrativas, después haga clic en Visor de eventos.

   ¿Contiene el registro del sistema cualquier entrada que haya sido generada por la instalación o inicio de SQL Server?

   Si la instalación de SQL Server se realizó con éxito, entonces el registro de sistema de Windows NT no contiene ninguna entrada para SQL Server.

2. En el menú registro, haga clic en Aplicación.

   ¿Contiene el registro de eventos de aplicación de Windows NT cualquier entrada que haya sido generada por la instalación o inicio de SQL Server?

   El registro de eventos de aplicación de Windows NT contiene numerosas entradas que están asociadas con el inicio de SQL Server y el agente de SQL Server. Estas entradas están relacionadas con las entradas del registro de errores de SQL Server y del agente de SQL Server.

Revisión

Página 105

1. Usted quiere ver metadatos acerca de objetos en una base de datos de SQL Server. ¿Qué métodos utilizaría?

   Podría consultar las vistas de esquema de información, ejecutar procedimientos almacenados del sistema o utilizar funciones del sistema. También podría consultar las tablas del sistema directamente, pero no es aconsejable ya que pueden cambiar en versiones posteriores del producto.

2. ¿Qué herramienta puede utilizar para registrar servidores SQL Server en el administrador corporativo?

   El asistente de registro de SQL Server.

3. ¿Es posible tener dos tablas denominadas "Authors" en una base de datos?

   Sí; de todas maneras, una tabla es la combinación del nombre del propietario, del nombre de la base de datos y del nombre de la tabla. Mientras las tablas sean propiedad de dos propietarios distintos, serán consideradas únicas. Por ejemplo, pubs.dbo.Authors y pubs.carl.Authors son dos tablas distintas. El nombre objeto de cada tabla es Authors, pero el nombre completo de cada tabla es distinto. Aunque este escenario es viable, no se recomienda el utilizarlo, ya que no puede referenciar ninguna de las dos tablas por el nombre Authors. Sino que siempre tendría que utilizar como poco el nombre del objeto y el nombre del propietario, por lo que las tablas tendrían que ser referenciadas como dbo.Authors y carl.Authors en todas las consultas que las utilicen.

4. ¿Qué procedimiento almacenado de sistema puede ser utilizado para recuperar información acerca de una base de datos concreta?

   Sp_helpdb *<database_name>*.

5. ¿Qué tabla del sistema contiene una fila para cada objeto de base de datos?

   La tabla sysobjects.

Página 107 **Capítulo 5
Archivos de bases de datos**

Revisión

Página 141 1. Está creando una base de datos que espera tener una gran actividad de INSERT, UPDATE y DELETE. ¿Debería aceptar el tamaño de registro de transacción predeterminado del 25 por 100 del tamaño total de la base de datos? ¿Qué factores debe considerar, si la base de datos se va a utilizar principalmente para realizar consultas?

Para una base de datos altamente actualizada, debería aumentar el tamaño del registro de transacción manualmente o asignar suficiente espacio de disco para que el registro crezca automáticamente. Las bases de datos que se utilizan principalmente para realizar consultas no requieren un registro de transacción muy grande. Puede querer reducir el tamaño del registro al 10 por 100 del tamaño total de la base de datos.

2. Está creando una base de datos en múltiples discos que será consultada de manera intensa por los usuarios. ¿Cuáles son algunos de los pasos que puede realizar para mejorar el rendimiento y evitar conflictos de disco?

Podría utilizar RAID, para mejorar el rendimiento.

Una segunda estrategia sería la utilización de grupos de archivos para mejorar el rendimiento. Concretamente, ubique los archivos de registro de transacción en un disco separado de los archivos de datos para evitar el conflicto de discos a medida que SQL Server consulta la base de datos y registra acciones en el registro. Además, los grupos de archivos podrían ser utilizados para separar una parte de los archivos de datos que requieran copias de seguridad frecuentes a causa de que son modificados constantemente.

3. Durante una monitorización rutinaria de los archivos de datos y del registro de transacción, se da cuenta de que el registro de transacción está casi lleno. ¿Qué ocurriría si se llenase el registro? ¿Qué medidas puede tomar para evitar quedarse sin espacio en el registro de transacción?

Si el registro de transacción se llena, será incapaz de modificar los datos en su base de datos hasta que el registro sea archivado o aumentado. Para evitar que se llene el registro de transacción, monitorice el espacio del registro regularmente, expanda el registro cuando sea necesario, configure el registro para que crezca automáticamente y establezca una alarma que le informe cuando el espacio del registro caiga por debajo de un nivel especificado. El programar y realizar volcados de registro frecuentes es la mejor manera de recuperar el espacio disponible en el registro de transacción.

Página 143 **Capítulo 6**

Cómo transferir datos

Página 148 ▶ **Para importar datos con la herramienta bcp**

3. Desde un símbolo del sistema, ejecute el archivo c:\Sqladmin\Ejercicio\ch06\Runbcp. cmd. Se le pedirá una contraseña, escriba la contraseña para sa y presione INTRO-DUCIR o, simplemente, presione INTRODUCIR si su contraseña sa está en blanco.

¿Cuántas filas han sido copiadas?

1341.

4. En el bloc de notas revise la salida del archivo de error c:\Sqladmin\Ejercicio\ch06\ Newprods.err.

¿Ha ocurrido algún error?

Sí. Se han introducido dos errores intencionados en las filas 26 y 27 del archivo newprods.txt.

Revisión

Página 175

1. Quiere crear un paquete DTS utilizando una consulta básica. ¿Qué herramienta es la más apropiada?

Utilice los asistentes de importación y exportación DTS para crear transforma-ciones simples.

2. Quiere asegurarse de que el paquete DTS está seguro para que nadie pueda copiarlo o ver información sensible. ¿Qué puede hacer para asegurar este paquete DTS?

Puede asignar una contraseña de propietario al paquete cuando sea creado para que nadie pueda verlo o editarlo. Alguien podrá ejecutar el paquete de todas for-mas. Si quiere requerir una contraseña cuando el paquete sea ejecutado agregue una contraseña de operador.

3. Tiene planeado actualizar el hardware que actualmente ejecuta su SQL Server 7.0. El nuevo hardware será más rápido. ¿Qué herramienta seleccionaría para transferir la base de datos y todos sus objetos al nuevo hardware?

Podría seleccionar el asistente de importación DTS, BACKUP y RESTORE o copiar y adjuntar los archivos de base de datos. Cada uno de estos métodos le permiten transferir todos los datos y objetos al nuevo hardware. El asistente de importación DTS le permite realizar la transferencia en una única operación.

4. Le piden que recomiende una solución para una organización que tiene una base de datos actual Oracle y una base de datos nueva SQL Server. Las aplicaciones utilizan-do la base de datos SQL Server necesitan acceso a una tabla en el servidor Oracle. Considere cuál de los siguientes proporcionaría la mejor solución y por qué :

A. Establezca la duplicación de SQL Server para duplicar la tabla de Oracle a SQL Server.

B. Cree un paquete DTS y prográmelo para que transfiera los contenidos de la tabla desde Oracle al servidor SQL Server una vez cada hora.

C. Agregue la base de datos Oracle como un servidor vinculado en SQL Server.

D. Instale el software de servidor de Oracle y de SQL Server en cada ordenador de usuario y acceda a la tabla de Oracle directamente de la aplicación.

La opción C, agregar un servidor vinculado, funcionaría bien en este escenario. Los usuarios no necesitan tener el software de cliente de Oracle instalado en su ordenador, pero las aplicaciones pueden acceder a la tabla en la base de datos Oracle directamente a través del servidor vinculado utilizando Transact-SQL.

Página 177   **Capítulo 7**
Publicación en Web e indexación de texto

Página 184 ▶ **Para ver la secuencia de comandos Transact-SQL generada**

2. Abra el archivo **c:\temp\instock.sql** y revise los contenidos.

Fíjese que el Asistente ayudante de web de SQL Server genera una única llamada al procedimiento almacenado de sistema sp_makewebtask proporcionando valores de parámetros de acuerdo con sus elecciones en las pantallas del asistente.

¿Cuál es el significado del parámetro @whentype = 1?

Este parámetro especifica que la página Web se crea cuando se completa el asistente y que no se guarda el trabajo del Ayudante de web para su ejecución más adelante. De hecho, se crea un trabajo y se elimina inmediatamente. Esto corresponde a la elección en el asistente: "Sólo una vez cuando complete este asistente".

Página 189 ▶ **Para ver la secuencia de comandos Transact-SQL generada**

2. Abra el archivo c:\Temp\Invtrig.sql y revise su contenido.

¿Cuál es el significado de los parámetros @whentype = 10 y @datachg = N'TABLE = Products COLUMN = UnitsInStock'?

Estos parámetros especifican que el trabajo del Ayudante de web y los desencadenadores necesarios deberían ser creados para actualizar la página Web cuando se cambien los datos en la columna Products.UnitsInStock.

Página 189 ▶ **Para ver el desencadenador**

3. Examine todos los desencadenadores de la tabla Products seleccionando los desencadenadores varios de la lista desplegable Nombre.

¿Qué desencadenadores existen?

Hay tres desencadenadores denominados Web_Trigger_*x*, uno para cada INSERT, UPDATE y DELETE. Estos desencadenadores ejecutan el trabajo del Ayudante de web, denominado Web_Trigger, utilizando el procedimiento almacenado del sistema sp_runwebtask, para actualizar la página Web cuando los datos en la columna Products.UnitsInStock cambien.

Revisión

1. Cuando cambia la temporada, el proveedor establece precios diferentes en ciertos elementos. ¿Cómo puede utilizar el asistente Ayudante de web para republicar la lista de precios para que refleje estos cambios?

   Cree una tarea de red para generar una página Web utilizando un desencadenador que determine cuándo se han cambiado las tablas subyacentes.

2. ¿Crea el Asistente para publicación en web paginas de Web dinámicas para las que los usuarios puedan especificar valores de parámetros variables y ver datos en tiempo real?

   No. Para crear aplicaciones de Web dinámicas, debe crear paginas Web que ejecuten códigos en el servidor para consultar la base de datos. Puede hacer esto con paginas de servidores activas o conectores de base de datos de Internet ejecutándose bajo el servidor de información de Internet de Microsoft.

3. Ha creado un trabajo de Asistente de web y lo ha programado para que actualice sus paginas de Web HTML semanalmente. Si recibe una nueva lista de precios del departamento de marketing y actualiza la base de datos con la nueva información, ¿tiene que esperar a que el trabajo del Asistente de web se ejecute de acuerdo con la programación?, o ¿puede ejecutar el trabajo inmediatamente para actualizar las paginas de Web?

   Puede actualizar las paginas de Web inmediatamente utilizando el administrador corporativo de SQL Server o ejecutando el procedimiento almacenado de sistema sp_runwebtask.

4. El departamento de marketing de su firma ha estado introduciendo una gran cantidad de texto libre acerca de los clientes en la base de datos de clientes durante muchos meses. El director del departamento de marketing dice que están teniendo que esforzarse mucho para crear informes basados en perfiles de clientes. ¿Puede usted sugerir un método para que sea posible realizar consultas más eficaces a esta información?

   Cree índices de texto en los datos de texto libres en la base de datos de clientes. Esto permitirá que se realicen consultas de texto de palabras, frases y palabras derivadas en todos los datos de clientes.

5. Cuando está intentando crear un índice de texto en una tabla utilizando el administrador corporativo de SQL Server, se encuentra con que todos los menús de la indexación de texto están en gris (no disponibles). ¿Cuál puede ser la causa de esto?

   El servicio Microsoft Search no ha sido iniciado. Inicie el servicio y entonces los menús estarán disponibles.

Página 203 **Capítulo 8**
Visión general y estrategia sobre la realización de copias de seguridad y la restauración

Página 220 **Revisión**

1. Su base de datos consiste en 5 gigabytes (GB) de datos y está almacenada en un archivo de base de datos. Esta base de datos se utiliza como un sistema de recepción de pedidos para una compañía de pedidos por catálogo. Los operadores reciben pedidos 24 horas al día. La compañía, normalmente, recibe unos 2.000 pedidos cada día. Describa un plan apropiado de copia de seguridad para esta base de datos.

   Las copias de seguridad de SQL Server pueden llevarse a cabo cuando la base de datos esté en línea. De todas maneras, evite el programar copias de seguridad durante una actividad alta de la base de datos.

   Ya que la base de datos existe en un único archivo, no puede realizar copias de seguridad de partes individuales de la base de datos. Debe realizar la copia de seguridad de la base de datos completa como una única unidad.

   Considere un plan de copia de seguridad que incluya copias de seguridad de base de datos y registro de transacción. Puede querer agregar copias de seguridad diferenciales. Estas copias de seguridad diferenciales acortan el tiempo de copia de seguridad y restauración.

2. Su base de datos contiene datos de imagen que se reúnen desde un satélite meteorológico y que son continuamente actualizados. La base de datos es de 700 GB. Cada tabla existe en un grupo de archivos separado en la base de datos. Si fuese a realizar una copia de seguridad de la base de datos, el proceso tardaría unas 20 horas. ¿Cómo podría minimizar la cantidad de tiempo que se utiliza realizando copias de seguridad cada día y asegurar una buena recuperabilidad de datos en caso de un fallo del sistema?

   Utilice un plan de copia de seguridad que empiece con una copia de seguridad de base de datos. Una copia de seguridad de la base de datos se realizará con poca frecuencia. Realice una copia de seguridad de un archivo de base de datos cada día en una base rotativa. Realice copias de seguridad diferenciales además de las copias de seguridad de registro de transacción para minimizar el tiempo de recuperación.

Página 221 **Capítulo 9**
Cómo realizar copias de seguridad de bases de datos

Página 247 **Revisión**

1. Tiene una base de datos para la que, normalmente, realiza sólo copias de seguridad de base de datos. El registro de transacción existe en un disco físico separado de los archivos de datos secundarios. Se le permite acumular cambios, pero se libera periódicamente. El disco que contiene los archivos de datos secundarios queda dañado. Después de sustituir el disco, ¿qué puede hacer para minimizar la pérdida de datos?

Intente realizar una copia de seguridad del registro de transacción sin dañar, utilizando la instrucción NO_TRUNCATE. Esto captura parte de la actividad desde la última copia de seguridad de base de datos. Después de restaurar la base de datos, aplique la copia de seguridad del registro de transacción y recupere la base de datos.

2.   ¿Cuáles son las ventajas y desventajas de utilizar copias de seguridad diferenciales como parte de su estrategia de copia de seguridad?

Las copias de seguridad diferenciales ahorran tiempo en el proceso de restauración. Puede recuperar una base de datos únicamente restaurando la copia de seguridad de base de datos y la última copia de seguridad diferencial. No es necesario aplicar todos los registros de transacción o copia de seguridad diferenciales anteriores para hacer que la base de datos tenga un estado consistente.

La desventaja de las copias de seguridad diferenciales es que como las copias de seguridad diferenciales no capturan cambios intermedios a la base de datos, no las pueden utilizar para recuperar datos de un momento en concreto. Debe utilizar copias de seguridad de registro de transacción para realizar recuperaciones de un momento específico.

Página 249   # Capítulo 10
Cómo restaurar bases de datos

Página 270 ▶ **Para simular daño a la base de datos**

9.   Abra el visor de sucesos de Windows NT y examine el contenido del registro de aplicación.

Debería encontrar un mensaje de información diciendo que ha habido un 'Error de activación de dispositivo' para el archivo c:\Mssql7\Data\Nwcopy_data2.ndf.

¿Qué debería hacer para restaurar y recuperar la base de datos nwcopy?

Si es posible, realice una copia de seguridad del registro de transacción de la base de datos dañada utilizando la opción NO TRUNCATE para capturar la última actividad del registro. Determine qué copias de seguridad están disponibles y se pueden utilizar. Restaura la copia de seguridad de base de datos completa. Restaure la última copia de seguridad diferencial. (Esto incluirá los cambios en la primera copia de seguridad del registro de transacción.) Restaure el último conjunto de copias de seguridad de registros de transacción y recupere la base de datos.

Página 271 ▶ **Para examinar las copias de seguridad disponibles**

4.   Haga clic en Ver contenido para examinar el contenido del dispositivo nwc3. Fíjese en el tipo, descripción, fecha y hora del conjunto de copia de seguridad del dispositivo.

¿Qué contiene el dispositivo nwc3?

El dispositivo nwc3 contiene una copia de seguridad de base de datos completa. La fecha y hora reflejan el hecho de que fue creada antes de las copias de seguridad en el dispositivo nwchange.

6. Repita los pasos 3, 4 y 5 para examinar el contenido del dispositivo nwchange. Fíjese en el tipo, descripción, fecha y hora de cada conjunto de copia de seguridad en el dispositivo.

¿Qué contiene el dispositivo nwchange?

El dispositivo nwchange contiene dos copias de seguridad de registro de transacción, así como una copia de seguridad diferencial. La marca de hora muestra que se creó primero una copia de seguridad de registro de transacción, seguido de una copia diferencial y después otra copia de seguridad de registro de transacción.

Página 272 ▶ **Para revisar la estrategia de restauración sugerida**

2. Aparece el cuadro de diálogo Restaurar base de datos. Verifique que la base de datos nwcopy está seleccionada en Restaurar como base de datos.

Fíjese que hay listados cuatro conjuntos de copia de seguridad. SQL Server selecciona automáticamente la copia de seguridad de base de datos completa más reciente y los correspondientes conjuntos de copias de seguridad diferenciales y/o de registro de transacción que deberían ser restaurados para devolver la base de datos a un estado consistente. Hay tres de cuatro copias de seguridad seleccionadas (base de datos completa, diferencial y un registro de transacción).

¿Está usted de acuerdo con que se deberían restaurar las copias de seguridad seleccionadas?

Sí.

¿Por qué no se ha seleccionado la primera copia de seguridad de registro de transacción?

Los cambios que están registrados en esta copia de seguridad de registro de transacción están reflejados en la copia de seguridad diferencial y, por tanto, no necesitan ser restaurados desde la copia de seguridad de registro de transacción.

Página 273 ▶ **Para examinar el contenido de una base de datos**

1. Abra una ventana de consulta, abra Exercise\Ch10\Listcust.sql, revise su contenido y después ejecútelo.

La secuencia de comandos determina si los tres clientes nuevos habían sido agregados previamente a la tabla Customers recuperada.

¿Han sido recuperados los tres clientes?

No, sólo las filas de Health Food Store y Volcano Coffee Company están en la base de datos. Ambas filas estaban registradas en la copia de seguridad diferencial. La fila The Wine Cellar estaba registrada en la copia de seguridad de registro de transacción, realizada después del fallo de la base de datos. Este conjunto de copia de seguridad no ha sido restaurado.

Revisión

Página 282

1. ¿Qué es el proceso de recuperación automático y cuándo se inicia?

   La recuperación automática ocurre cuando se inicia SQL Server. Confirma o deshace transacciones para mantener la integridad de base de datos después de una fallo del sistema.

2. ¿Qué pasos de deben tomar antes de que restaure una base de datos?

   Establezca la base de datos en sólo para el uso del DBO. Son los archivos de registro de transacción y los archivos de datos principales los que están disponibles, realice una copia de seguridad de registro de transacción para que pueda ser aplicada al cumplir la operación de restauración.

3. Tiene una copia de seguridad de base de datos completa y varias copias de seguridad de registro de transacción. Su base de datos está distribuida entre cuatro archivos. El disco en el cual reside el tercer archivo falla. ¿Qué debería hacer para restaurar y recuperar la base de datos?

   Establezca la base de datos en sólo para el uso del DBO. Si es posible, realice una copia de seguridad de registro de transacción para que pueda ser aplicada al cumplir la operación de restauración. Reemplace o arregle el disco de medio. Restaure el tercer archivo de copia de seguridad con la copia de seguridad completa como origen. Restaure todas las copias de seguridad de registro de transacción y especifique la opción NORECOVERY. Restaure la última copia de seguridad de registro de transacción y especifique la opción RECOVERY.

4. Tiene una copia de seguridad de base de datos completa y varias copias de seguridad de registro de transacción. Una actualización maliciosa a la base de datos ocurre a las 9:21 a.m. La hora actual es las 9:30 a.m. ¿Qué debe hacer para restaurar y recuperar la base de datos a un estado consistente?

   Establezca la base de datos en sólo para el uso del DBO. Realice una copia de seguridad de registro de transacción. Restaure la base de datos especificando las opciones REPLACE y NORECOVERY. Aplique todos menos el último registro de transacción con la opción NORECOVERY. Aplique el último registro de transacción, especificando RECOVERY, STOPAT = 'mes, xx, año, hora' donde la hora es las 9:20 a.m.

5. En el escenario que se presenta en la pregunta 4, ¿se perderán cambios debido al proceso de restauración?

   Si ha ocurrido alguna actividad entre las 9:20 y las 9:21 a.m. estos cambios se han perdido.

6. Tiene instalado SQL Server en espera, que funciona como un servidor de sólo lectura. ¿Qué debe hacer para reemplazar el servidor de producción por SQL Server en espera?

   Si es posible, realice una copia de seguridad de registro de transacción del servidor de producción sin truncarlo. Quite el servidor de producción de línea y cam-

bie el nombre de SQL Server en espera al del servidor de producción. Restaure todos los registros de transacción disponibles a SQL Server en espera y recupere la base de datos.

Página 283 # Capítulo 11
Inicios de sesión, cuentas y funciones de usuario

Página 307 ▶ **Para probar inicios de sesión, usuarios y funciones que ha generado y asignado**

1. Inicie el analizador de consultas de SQL Server y utilizando la autenticación SQL Server, conecte a Carl con la contraseña **password**.

   ¿A qué base de datos está conectado, y por qué?

   Está conectado a la base de datos StudyNwind ya que estaba especificada como la base de datos predeterminada cuando creó la cuenta.

2. Ejecute una consulta para recuperar datos de la tabla Products. Por ejemplo,

   ```
   SELECT productname FROM Products
   ```

   ¿Ha recibido algún resultado? ¿Por qué o por qué no?

   Sí ha recibido los resultados. Carl es miembro de la función de base de datos db_datareader. A todos los miembros de esta función se les permite consultar datos en todas las tablas de la base de datos.

3. Ejecute una consulta para cambiar datos en la tabla Products. Por ejemplo:

   ```
   UPDATE Products
     SET productname = 'Tofu, unsalted'
     WHERE productname = 'Tofu'
   ```

   ¿Ha tenido éxito la actualización? ¿Por qué o por qué no?

   La actualización no ha tenido éxito. Carl no es miembro de la función que tiene permiso para actualizar los datos en StudyNwind.

4. Seleccione conectar del menú Archivo y abra una nueva conexión iniciando la sesión como Cathy. ¿Qué ocurre si realiza los pasos 2 y 3 habiendo iniciado la sesión como Cathy?

   Ya que Cathy es miembro de las funciones de base de datos db_datareader y db_datawriter, puede consultar y actualizar los datos. Todos los miembros de estas funciones pueden consultar y modificar los datos de la base de datos StudyNwind.

6. Inicie el analizador de consultas de SQL Server y conéctese con autenticación Windows NT.

   Fíjese que no puede proporcionar un nombre de inicio de sesión o contraseña cuando se conecta a SQL Server con autenticación Windows NT y que su nombre de usuario se muestra en la barra de título en la ventana de consulta.

   ¿Cómo se ha conectado Carl a la base de datos cuando su inicio de sesión Windows NT no estaba autorizado para utilizar SQL Server?

Carl es miembro del grupo STUDYSQL\Customer_mgmt en Windows NT, el cual ha sido autorizado para utilizar SQL Server.

8. Inicie el analizador de consultas de SQL Server y conéctese con autenticación Windows NT.

¿Qué ha pasado y por qué?

A Max se le deniega el acceso a SQL Server. Es un usuario válido de Windows NT, pero no ha sido autorizado para utilizar SQL Server y no pertenece a ningún grupo de Windows NT al que se le haya autorizado el acceso a SQL Server.

Página 308   ## Revisión

1. ¿Qué pueden hacer los usuarios después de que han sido autenticados si sus inicios de sesión no tienen permiso en ninguna base de datos?

Pueden conectarse al servidor y consultar algunas tablas de datos, pero no pueden obtener acceso a ninguna base de datos de usuario.

2. ¿Qué tipo de modo de autenticación implementaría en un entorno que contenga usuarios que se conectan desde UNIX y Windows NT? ¿Por qué?

Modo mixto, ya que las conexiones UNIX no son fiables.

Página 309   # Capítulo 12
Permisos y plan de seguridad

Página 321 ▶ **Para probar los permisos de instrucción**

2. Ejecute la siguiente instrucción SQL para crear una vista:

```
USE StudyNwind
GO
CREATE VIEW test_view as
SELECT firstname, lastname
FROM Employees
```

¿Ha podido crear la vista?

Sí, ya que se le han concedido permisos a Cathy para crear estas vistas.

3. Ejecute la instrucción CREATE TABLE:

```
USE StudyNwind
CREATE TABLE testtable
(column1 INT NOT NULL,
column2 CHAR(10) NOT NULL)
```

¿Se ha ejecutado la instrucción con éxito? ¿Por qué o por qué no?

La instrucción CREATE TABLE no ha tenido éxito porque Cathy no tiene permisos de instrucción que le permitan ejecutarla.

Página 322 ▶ **Para probar los permisos de objeto**

3. Ejecute cada una de las siguientes instrucciones Transact-SQL para probar los permisos de Carl:

```
USE StudyNwind
SELECT * FROM Customers
SELECT * FROM Categories
SELECT * FROM Products
SELECT * FROM Orders
```

¿Qué tablas puede consultar Carl? ¿Qué tablas no puede consultar? ¿Por qué?

Puede consultar todas las tablas, ya que es un miembro de la función fija de base de datos db_datareader.

5. Ejecute cada una de las siguientes instrucciones Transact-SQL para probar los permisos para Umberto:

```
USE StudyNwind
SELECT * FROM Customers
SELECT * FROM Categories
SELECT * FROM Products
SELECT * FROM Orders
```

¿Qué tablas puede consultar Umberto? ¿Qué tablas no puede consultar? ¿Por qué?

Puede consultar sólo las tablas Categories y Products. Puede realizar consultas de estas tablas porque se le han concedido estos permisos a la función pública. No puede consultar otras tablas, ya que no se han concedido permisos a la función pública, a su propia cuenta, a cualquier función o grupo a los que pertenece (están revocados).

Página 327 ▶ **Para probar los permisos de objeto**

3. Ejecute cada una de las siguientes instrucciones Transact-SQL para probar los permisos para Carl:

```
USE StudyNwind
SELECT * FROM Customers
SELECT * FROM Categories
SELECT * FROM Products
SELECT * FROM Orders
```

¿Qué tablas puede consultar Carl? ¿Qué tablas no puede consultar? ¿Por qué?

Ya no puede consultar la tabla Customers porque es miembro de la función Cust_Mgmt, a la cual se le han denegado los permisos, suplantando los permisos de db_datareader. Ya no puede consultar la tabla Categories ya que se le han denegado los permisos a la función pública, suplantando los permisos de db_datareader. Todavía puede consultar las tablas Products y Orders ya que es miembro de la función fija de base de datos db_datareader.

5. Ejecute cada una de las siguientes instrucciones Transact-SQL para probar los permisos para Umberto:

```
USE StudyNwind
SELECT * FROM Customers
SELECT * FROM Categories
SELECT * FROM Products
SELECT * FROM Orders
```

¿Qué tablas puede consultar Umberto? ¿Qué tablas no puede consultar? ¿Por qué?

Ya no puede consultar la tabla Categories porque se han denegado los permisos a la función pública. No puede consultar las tablas Customers u Orders porque no se han concedido esos permisos a la función pública, a su propia cuenta o a cualquier función o grupo al que pertenezca (están revocados). Puede consultar la tabla Products porque se han concedido esos permisos a la función pública.

Página 332 ► **Para probar los permisos de objeto**

3. Ejecute cada una de las siguientes instrucciones Transact-SQL para probar los permisos para Carl:

```
USE StudyNwind
SELECT * FROM Customers
SELECT * FROM Categories
SELECT * FROM Products
SELECT * FROM Orders
```

¿Qué tablas puede consultar Carl? ¿Qué tablas no puede consultar? ¿Por qué?

Puede consultar otra vez la tabla Customers porque la denegación a la función Cust_Mgmt ha sido revocada, permitiéndole tener permisos db_datareader. Puede consultar otra vez la tabla Categories porque la denegación a la función pública ha sido revocada, permitiéndole tener permisos db_datareader. Todavía puede consultar las tablas Products y Orders ya que es miembro de la función fija de base de datos db_datareader.

5. Ejecute cada una de las siguientes instrucciones Transact-SQL para probar los permisos para Umberto:

```
USE StudyNwind
SELECT * FROM Customers
SELECT * FROM Categories
SELECT * FROM Products
SELECT * FROM Orders
```

¿Qué tablas puede consultar Umberto? ¿Qué tablas no puede consultar? ¿Por qué?

Ya no puede consultar la tabla Products porque se han revocado los permisos de la función pública y no se han concedido permisos a la función pública, a su propia cuenta o a cualquier función o grupo al que pertenezca (están revocados). Todavía no puede consultar la tabla Categories. Aunque los permisos ya no están denegados para la función pública, no se han concedido permisos a la función pública, a su propia cuenta o a cualquier función o grupo al que pertenezca (están revocados). Todavía no puede consultar las tablas Customers u Orders ya

que no se han concedido permisos a la función pública, a su propia cuenta o a cualquier función o grupo al que pertenezca (están revocados).

Página 340 ▶ **Para probar permisos en una vista y procedimiento almacenado**

3. Ejecute la siguiente instrucción para consultar la vista Employee_View:

```
SELECT * FROM Employee_View
```

¿Ha podido consultar la vista? ¿Por qué o por qué no?

Sí, puede consultar la vista, aunque Umberto no tenga permisos en la tabla subyacente. Esto se debe a que la tabla y la vista tienen el mismo propietario.

4. Ejecute el procedimiento almacenado Employee_Proc:

```
EXEC Employee_Proc
```

¿Ha podido ejecutar el procedimiento almacenado? ¿Por qué o por qué no?

Sí, puede ejecutar el procedimiento almacenado, aunque Umberto no tenga permisos en la tabla subyacente. Esto se debe a que la tabla y el procedimiento almacenado tienen el mismo propietario.

5. Ejecute la siguiente instrucción para consultar la tabla Employees:

```
SELECT * FROM Employees
```

¿Ha podido consultar la tabla? ¿Por qué o por qué no?

No. Umberto tiene permisos que le permiten únicamente utilizar la vista Employee_ View y el procedimiento almacenado Employee_Proc porque esos permisos han sido concedidos a la función pública. No se han concedido privilegios SELECT a la función pública para Employees.

Página 345 ▶ **Para activar una función de aplicación**

3. Ejecute las instrucciones SELECT para consultar las tabla Employees y Customers.

```
SELECT * FROM Employees
SELECT * FROM Customers
```

¿Qué permisos tiene Carl después de que se ha activado la función de aplicación Order_Entry?

Carl sólo tiene los permisos que están asociados con la función Order_Entry. Una función de aplicación es exclusiva; cualquier otro permiso que Carl tenga directamente o en las funciones de las que es miembro será ignorado (excepto las funciones fijas de servidor). Por ejemplo, Carl puede consultar la tabla Employees a través de su pertenencia a la función db_datareader, pero estos permisos son ignorados después de que se ha activado una función de aplicación.

¿Cuánto tiempo estará activada la función Order_Entry activada para Carl?

La función de aplicación Order_Entry permanece activada hasta que la sesión (conexión) se cierra o hasta que el usuario cambia a otra base de datos.

Página 346   **Revisión**

1. ¿Cuándo debería asignar permisos a una cuenta de inicio de sesión directamente?

    Cuando la cuenta de inicio de sesión se asigne a un grupo de Windows NT que requiera permisos comunes.

2. ¿Cuándo debería evitar el utilizar el inicio de sesión sa?

    Siempre. Utilice el inicio de sesión sa sólo para la instalación de SQL Server y para recuperación en el caso de que los miembros de la función sysadmin sean eliminados accidentalmente.

3. Si se conceden permisos para actualizar una tabla a un usuario, pero los permisos han sido denegados a una función de la que es miembro el usuario, ¿mantiene la cuenta de seguridad permisos para actualizar la tabla?

    No. La denegación de permisos a una función actúa sobre la concesión de permisos a una cuenta de seguridad.

Página 347   # Capítulo 13
Cómo automatizar tareas administrativas

Página 362 ▶ **Para ejecutar el trabajo manualmente**

5. En el panel de detalles, haga clic derecho en Trabajo de copia de seguridad de registro StudyNwind y después haga clic en Ver historial de trabajos para comprobar que el trabajo se ha completado con éxito.

    ¿Qué información se muestra en el historial de trabajos cuando se selecciona Mostrar detalles del paso? ¿Qué información se muestra cuando esta opción se desactiva?

    Mostrar detalles de pasos proporciona información (mensajes y notificaciones de error) acerca de cada paso de trabajo y de su resultado. Cuando esta opción no esta activada, sólo se muestra el resultado.

Página 370 ▶ **Para simular y comprobar que ha fallado un paso de trabajo**

6. En el panel de detalles, haga clic derecho en StudyNwind Trabajo de transferencia de datos mensual y después haga clic en Ver historial de trabajo para comprobar que el trabajo no se ha completado con éxito. El trabajo aparecerá en el historial sólo después del reintento, pero el error inicial se verá inmediatamente si la opción Mostrar detalles del paso está activada.

    ¿En qué se fija en el historial?

    Después de que el primer paso no tuviese éxito, se ejecuto otra vez de acuerdo con el intervalo de reintento. El mensaje de error para el paso 1 es "Imposible abrir el archivo anfitrión de datos BCP".

7. Abra el registro de aplicación Windows NT para confirmar que el error del trabajo se ha registrado.

    ¿Qué información se muestra en el registro?

El agente de SQL Server es el origen del suceso. La categoría del suceso es Motor de trabajos. La descripción incluye el nombre del trabajo, quién ha invocado el trabajo, el mensaje de error del trabajo y el número de paso del último paso a ser ejecutado.

9. Abra Bloc de notas y después abra C:\Temp\Prodcopy.txt.

   ¿Qué información se muestra en el archivo de salida?

   El símbolo del sistema del resultado, incluyendo el número de error SQLState, el número de error nativo y el mensaje de error "Imposible abrir el archivo anfitrión de datos BCP".

Página 371 ▶ **Para iniciar una sesión SQL Mail**

3. Haga clic derecho en SQL Mail y después haga clic en Iniciar.

   ¿Se ha iniciado la sesión de SQL Mail con éxito?

   No. Se ha recibido un mensaje de error indicando que el inicio no ha tenido éxito.

4. Revise los mensajes en el registro actual en Registros SQL Server en la carpeta Administración en el árbol de consola.

   ¿Cuál es el origen de los mensajes de error asociados con SQL Mail?

   ODS informó de un error de inicio de sesión MAPI.

7. Haga clic derecho en SQL Mail y después haga clic en Iniciar.

   ¿Se ha iniciado con éxito la sesión SQL Mail?

   Sí.

Página 372 ▶ **Para enviar un resultado de consulta utilizando SQL Mail**

4. Cambie a Bandeja de entrada y abra el nuevo mensaje.

   ¿Cuál ha sido el resultado de la consulta?

   Un total de producto de 77.

Página 373 ▶ **Para generar una alerta utilizando el Asistente para creación de alertas**

7. Haga clic derecho en la alerta y después haga clic en Propiedades para revisar la definición de la alerta.

   ¿Qué respuestas adicionales a la alerta pueden ser definidas que no han sido incluidas como parte del asistente?

   Ejecutar un trabajo, notificar a operadores adicionales, especificar un mensaje de notificación adicional para enviar al operador y el retraso entre respuestas.

Página 378 ▶ **Para crear un mensaje de error definido por el usuario**

2. Ejecute el procedimiento almacenado reorder proporcionando cualquier ID de producto válido. Por ejemplo,

```
USE StudyNwind
EXEC reorder @prodid = 2
```

¿Ha recibido las notificaciones definidas en respuesta a la alerta?

Sí. Se han recibido un mensaje de comando de envío de red y un mensaje de correo electrónico.

Página 389 ► **Para corregir un problema y comprobar que funciona un trabajo**

6. Abra el Bloc de notas y después abra C:\Temp\Prodcopy.txt.

¿Qué información se muestra en el archivo de salida?

El símbolo de sistema de resultado para el BCP que ha tenido éxito, indicando que se han copiado cinco filas.

Revisión

Página 394

1. Quiere realizar una copia de seguridad del registro de transacción de su base de datos de producción cada hora durante las horas punta de negocios (8:00 a.m. a 6:00 p.m.) y cada tres horas en las horas normales (6:00 p.m. a 8:00 a.m.). ¿Cuál es el método más eficaz para automatizar estas tareas?

   Cree un trabajo para realizar una copia de seguridad de registro de transacción y especifique dos programaciones.

2. El administrador de cuenta de cliente ha pedido que se le notifique cada vez que se cambie el límite de crédito de un cliente (aumentado o disminuido). Además, quiere el nombre del representante de cliente que ha actualizado la cuenta de éste, así como cualquier comentario acerca de por qué se ha realizado el cambio. ¿Cómo realizaría esta tarea?

   El primer paso es crear un mensaje de error personalizado que especifique el número de cuenta de cliente, límite de crédito, comentarios (asumiendo que la columna exista en la base de datos) y el nombre del representante del cliente que ha realizado la actualización.

   El siguiente paso es modificar el procedimiento almacenado o desencadenador que cambia el límite de crédito del cliente para producir el mensaje de error con una instrucción RAISERROR.

   Entonces crearía el administrador de la cuenta de cliente como un operador.

   Por último, creará una alerta en el mensaje de error personalizado que envíe un mensaje de correo electrónico al administrador de la cuenta de cliente cuando se dispara la alerta.

3. Su nueva aplicación de base de datos está ahora en producción y quiere ejecutar pruebas para revisar su rendimiento. En concreto, quiere saber si el tiempo de espera de bloqueos está por encima de 20 segundos. ¿Cómo se le puede notificar automáticamente cuando tenga lugar este suceso?

   Cree una alerta de condición de rendimiento en el contador Tiempo de espera de bloqueos (ms) de SQLServer:objeto de bloqueo.

Página 395 # Capítulo 14
Cómo monitorizar y mantener SQL Server

Página 408 ▶ **Para simular actividad de servidor**

> 3.   Cambie a la ventana del monitor de rendimiento de SQL Server.
>
> Vigile la ventana del gráfico mientras se ejecuta el archivo por lotes monitorizado. ¿Qué tendencias le llaman la atención?
>
> **Las observaciones variarán. La proporción de aciertos de la caché pueden elevarse casi de inmediato y permanecer elevadas. Se están realizando búsquedas de índice y recorridos completos. El número de pedidos de lotes se elevará y después se estabilizará. Los contadores Porcentaje utilizados del registro y Transacciones totales se elevarán.**

Página 409 ▶ **Para agregar contadores al gráfico**

> 3.   Vigile la ventana del gráfico mientras el archivo por lotes monitorizado se sigue ejecutando. (Presione Ctrl-H para resaltar el contador actualmente seleccionado.)
>
> ¿Qué tendencias le llaman la atención?
>
> **Las observaciones variarán. El contador Memoria/Página defecto/seg permanece elevado, mientras que el contador Memoria/Página/seg permanece bajo. Windows NT está asignando, pero muchos de los datos ya están en la memoria principal (en una lista de espera) y no necesitan ser traídos del disco. El contador Proceso/Página defecto/seg/SQL Server está bajo, indicando que SQL Server está realizando algunas asignaciones. El contador Proceso/%Tiempo de procesador /SQL Server indica que SQL Server sólo está utilizando una parte del total del tiempo de procesador.**

Página 415 ▶ **Para detectar intentos de inicio de sesión**

> 5.   Expanda el nodo etiquetado Duración = 0.
>
> ¿Qué información está registrada?
>
> **Debería ver los intentos de inicio de sesión fallidos para María y sa.**
>
> 7.   Cambie a la ventana de SQL Server Profiler y expanda todos los nodos en el árbol.
>
> ¿Qué información es registrada?
>
> **Debería ver todos los sucesos asociados con la realización de una conexión desde el analizador de consultas de SQL Server. Fíjese que el analizador de consultas de SQL Server realiza varias consultas como parte del proceso de inicio. Utiliza la información que pide para establecer la sesión y llenar la interfaz del usuario. Por ejemplo, la consulta "select name from master..sysdatabases order by name" se utiliza para llenar el cuadro de lista desplegable DB en el analizador de consultas de SQL Server.**

Página 416 ▶ **Para detectar consultas que se ejecutan durante mucho tiempo**

4. Expanda Duración para cada suceso y examine los sucesos con tiempos de ejecución largos.

¿Qué sucesos están incluidos?

Debería ver los sucesos de desconexión así como la ejecución de varias consultas. Las consultas incluyen procedimientos almacenados de sistema (sp_help), así como algunas consultas complejas que utilizan tablas de la base de datos nwcopy.

6. Expanda SQL:BatchCompleted para ver el texto de la consulta.

¿Cuál es el texto de la consulta?

Las respuestas pueden variar; de todas maneras, la siguiente consulta se encontrará entre los peores rendimientos:

```
SELECT e.lastname, p.productname, avg(d.quantity * d.unitprice)
FROM employees e JOIN orders o ON e.employeeID = o.employeeid
JOIN [order details] d ON o.orderid = d.orderid
JOIN products p ON d.productid = p.productid
GROUP BY e.lastname, p.productname
```

Página 420 ▶ **Para ejecutar una consulta y generar un plan de ejecución y estadísticas**

9. Haga clic en la pestaña Plan de ejecución para mostrar el plan de ejecución gráficamente para esta consulta. Fíjese que se proporcionan estadísticas acerca de cada paso si mueve el puntero del ratón sobre los iconos de paso. Los pasos de Recorrido de tabla pueden mostrar un mensaje que diga que faltan las estadísticas para la tabla. Esto es correcto, ya que las tablas en nwcopy no tienen estadísticas o índices creados.

¿Se han utilizado los recorridos de tabla para procesar esta consulta? ¿Qué se puede hacer para mejorar el rendimiento?

Esta consulta requiere varios recorridos de tabla para combinar las tablas Products, Order Details, Employees y Orders tables. La creación de índices apropiados mejorará el rendimiento de esta consulta.

11. Ejecute las siguientes consultas:

```
EXEC sp_helpindex Employees
EXEC sp_helpindex Orders
EXEC sp_helpindex [Order Details]
EXEC sp_helpindex Products
```

¿Qué índices existen en las tablas Employees, Orders, Order Details y Products?

Ninguno; la base de datos nwcopy no tiene índices.

Página 424 ▶ **Para mantener bloqueos en el servidor**

4. Cambie a la conexión 1, ejecute el procedimiento almacenado de sistema sp_lock y revise la información del bloqueo.

Utilizando el spid registrado en el paso 3, identifique qué bloqueos han sido concedidos a la transacción emitida por la conexión 2.

Los bloqueos que son mantenidos deberían incluir los siguientes: un bloqueo de base de datos compartido (Tipo– DB, Modo – S), un bloqueo de intención de pagina (Tipo - PAG, Modo - IX) y un bloqueo de fila exclusivo (Tipo - RID, Modo - X).

Página 424 ▶ **Para detectar un bloqueo de cierre**

2. Abra y ejecute C:\Sqladmin\Ejercicio\Ch14\Lock.sql, utilizando la conexión 3.

    ¿Se completa la consulta?

    No, la consulta está en espera.

3. Cambie a la conexión 1 y ejecute el procedimiento almacenado del sistema sp_lock.

    ¿Está esperando el spid para la conexión 3 por algún recurso? (Busque WAIT en la columna Status.)

    Sí, está esperando que se le conceda un bloqueo en la fila que va a ser actualizada.

4. Cambie al administrador corporativo de SQL Server, actualice Actividad actual y revise la información acerca del bloqueo. En concreto, fíjese en la información bajo ID Bloqueos / procesos.

    ¿Por qué no puede completar la consulta la conexión 3?

    La fila a ser actualizada está bloqueada de manera exclusiva por la conexión 2. Las ventanas del procedimiento sp_lock y Actividad actual muestran que la spid para la conexión 3 está esperando a que se libere el bloqueo de fila.

Revisión

Página 431

1. Los usuarios se quejan de que el servidor se ralentiza todos los días a las 2:00 p.m. ¿Cómo puede descubrir qué está causando esta ralentización?

    Primero, determine si el problema de debe a una carga del sistema en general o sólo a SQL Server. Para realizar esta acción, utilice el monitor de rendimiento de SQL Server para comparar la utilización de recursos de Windows NT con la de SQL Server.

    Si el problema se debe a actividad de SQL Server, cree un seguimiento utilizando SQL Server Profiler para registrar la actividad que tiene lugar todos los días a las 2:00 p.m. Este seguimiento se debería fijar en los sucesos que puedan incrementar la carga en el servidor como, por ejemplo, conexiones de usuario, instrucciones Transact-SQL, procedimientos almacenados o la utilización de la base de datos tempdb. Considere la posibilidad de agrupar esta información por duración y por aplicación o usuario.

    Con esta información puede determinar qué sucesos están situando la mayor carga en el servidor.

2. Quiere encontrar los bloqueos que están siendo mantenidos en una tabla específica de SQL Server. ¿Qué herramientas utilizaría?

    A nivel de tabla puede utilizar SQL Server Profiler, los procedimientos almacenados de sistema sp_lock y sp_who y Actividad actual en el administrador corporativo de SQL Server.

3. Quiere ver un plan de consulta y las estadísticas para una consulta específica en el Analizador de consultas de SQL Server. ¿Qué pasos debe realizar?

Primero, genere el plan de ejecución estimado para la consulta. Esto no ejecuta la consulta. No se puede generar información estadística a menos que se genere la consulta. Entonces debe ejecutar la consulta con las estadísticas activadas. Puede mostrar el plan de ejecución cuando ejecute la consulta para ver el plan de ejecución actual.

Página 433 # Capítulo 15
Introducción a la duplicación

Revisión

Página 460
1. Su compañía ha estado experimentando problemas de contención. Esto ocurre cuando los departamentos de ventas y marketing ejecutan sus informes diarios mientras el departamento de procesado de pedidos está procesando pedidos. Su compañía ha decidido implementar alguna forma de duplicación de datos. Para escoger el método apropiado para realizar copias de los datos de la compañía, ¿qué características debería considerar?

Como mínimo debería considerar la consistencia transaccional, la latencia, la autonomía del sitio, la seguridad, los orígenes de datos existentes, la frecuencia de actualización de datos, el rendimiento, la administración y si permitir o no suscriptores actualizados.

2. Su compañía, un gran fabricante internacional con muchos vendedores en todo el mundo, ha decidido distribuir datos utilizando la duplicación. En este momento usted se encuentra en la fase de planificación y diseño de su estrategia de duplicación. Su objetivo es recibir toda la información de ventas de los vendedores en las oficinas centrales de la compañía diariamente. Ya que la mayoría de los proveedores son remotos, le preocupan los altos costes de larga distancia. ¿Qué modelo o modelos de duplicación implementaría? ¿Por qué?

La mejor manera de dirigirse a estos requisitos sería el combinar dos modelos de duplicación. Podría tener un suscriptor central en cada región que recopilase toda la información de ventas diarias de su región. Los suscriptores regionales centrales, podrían entonces publicar los datos a la central durante la noche. Al utilizar un único suscriptor/editor central en cada region, minimiza los costes de comunicaciones a larga distancia.

Página 461 | # Capítulo 16
Cómo planear y establecer la duplicación

Página 475 ▶ **Para crear una suscripción**

5. Después de que la suscripción ha sido creada, en el árbol de consola, expanda su servidor, expanda Administración, expanda Agente de SQL Server y después haga clic en Trabajos.

El trabajo denominado SQLSERVER-StudyNwind-StudyNwind_Products_Pub-SQLSERVER-PullSubs- 0, con una categoría de REPL-Distribución es el trabajo que inicia el Agente de distribución para su nueva suscripción.

¿Qué recursos de servidor consumirá este trabajo? ¿Cambian los recursos al ser utilizada una suscripción de inserción?

Este trabajo consumirá los recursos de sistema del suscriptor. Si se utilizase una suscripción de inserción se utilizarían los recursos de sistema del Distribuidor. Para este ejercicio, el suscriptor y el distribuidor se encuentran en el mismo ordenador, pero normalmente estarían en ordenadores separados.

Página 491 ▶ **Para crear una suscripción de inserción para una publicación**

6. En el panel de detalles, *después* de que la columna de Estado indique que el agente de mezcla ha tenido éxito, haga clic derecho en StudyNwind_Merge_Publication y después haga clic en Historial del agente. El la lista del historial, seleccione la entrada más antigua (esta es la entrada para la inicialización de la suscripción y debería tener más o menos 38 acciones). Si existen otras entradas, representan al agente de mezcla ejecutándose cada dos minutos de acuerdo con la programación que ha creado para la suscripción. Haga clic en Detalles de la sesión. Revise el historial del agente de mezcla.

¿De quién son los recursos del sistema que consume este agente de mezcla? ¿Cambiaría una suscripción de extracción los recursos que son utilizados?

Este agente de mezcla consume los recursos de sistema del distribuidor. Una suscripción de extracción utilizaría los recursos del sistema del suscriptor. Para este ejercicio, el suscriptor y el distribuidor se encuentran en el mismo ordenador, pero, normalmente, estarían en ordenadores diferentes.

Página 492 ▶ **Para actualizar la tabla de origen en el editor**

4. Escriba y ejecute la siguiente secuencia de comandos:

```
USE StudyNwind
UPDATE Customers
SET ContactName = 'Maria Anders-Smith'
WHERE CustomerID = 'ALFKI'
SELECT * FROM Customers
```

¿Cuánto tiempo tardará esta actualización en ser duplicada?

> **Estas actualizaciones tardarán hasta dos minutos en ser duplicadas, basándose en la programación establecida en el ejercicio anterior.**

Página 493 ► **Para actualizar simultáneamente en un editor y en un suscriptor**

7. Cambie al analizador de consultas de SQL Server y ejecute la siguiente consulta en cada una de las ventanas de consulta:

```
SELECT * FROM Customers
```

¿Qué actualización ha sido aplicada? ¿Fue la actualización realizada en el servidor de publicación (en la base de datos StudyNwind) o en el servidor de suscripción (en la base de datos nwrepl)?

> **Se ha aplicado la actualización realizada en el servidor de publicación. Las actualizaciones realizadas en el editor siempre "ganan" en relación a las actualizaciones conflictivas realizadas en los suscriptores. Qué suscriptor ganará cuando las actualizaciones conflictivas se realicen en suscriptores, depende en las prioridades de los suscriptores o en los solucionadores personalizados.**

Página 494 ► **Para solucionar el conflicto**

6. Cambie al analizador de consultas de SQL Server y ejecute la siguiente consulta en ambas ventanas de consulta:

```
SELECT * FROM Customers
```

¿Han sido aplicados los datos revisados a ambos servidores?

> **Sí.**

Página 495 # Revisión

1. Está intentando configurar la duplicación entre dos servidores. Ambos servidores parecen estar funcionando correctamente, pero la duplicación no funciona. ¿Cuál cree que es el problema? ¿Qué debería hacer para arreglarlo?

> **Primero asegúrese de que la red entre los dos servidores funciona. Después compruebe la cuenta que SQL Server está utilizando para la duplicación (la predeterminada es el agente de SQL Server). Asegúrese de que esta cuenta tiene acceso al otro servidor. Por último, compruebe que la programación para los distintos agentes es correcta y si es posible inicie la sincronización inicial manualmente.**

2. Cuando configura un servidor de distribución, ¿qué debería considerar a la hora de estimar el tamaño apropiado de la base de datos de distribución?

> **El número de editores, publicaciones y suscriptores; la cantidad de datos que serán modificados; la frecuencia de la modificación de los datos; el tipo de duplicación utilizado; la latencia; y si los suscriptores son anónimos.**

3. Su compañía ha decidido utilizar la duplicación de SQL Server. El servidor de publicación ejecuta una aplicación intensiva y no tiene la capacidad de administrar ningún

exceso de duplicación. Tendrá un gran número de suscriptores. Algunos de los suscriptores puede que no se encuentren en línea periódicamente, y todos los suscriptores deben tener la habilidad de actualizar datos. ¿Qué modelo y método de duplicación trataría estos requisitos mejor? ¿Por qué?

El mejor modelo y método sería un único editor utilizando un distribuidor remoto (en un ordenador separado) que permite suscriptores de sólo lectura y suscriptores con la opción de actualización inmediata. Para los suscriptores sin conexión, debería permitir los suscriptores de sólo lectura o la duplicación de mezcla. Para los suscriptores en línea, habilitaría la opción de actualización de suscriptor inmediata. De todas, maneras, la utilización de esta opción agregará algún procesado extra al editor.

Página 497
Capítulo 17
Cómo administrar la duplicación

Página 508 ▶ **Para revisar las propiedades de Agentes varios**

3.   Haga clic derecho en el agente y después haga clic en Propiedades del agente.

¿Cuál es la función de este agente y cómo se ejecuta?

Agente	Función	Programación
Limpieza del historial del agente de distribución	**Elimina los registros del historial de aplicación de la base de datos de distribución**	**Cada 10 minutos**
Limpieza de distribución: distribución	**Elimina transacciones duplicadas de la base de datos de de distribución**	**Cada 10 minutos**
Limpieza de suscripción caducada	**Detecta y elimina suscripciones inactivas de bases de datos publicadas**	**Diariamente a la 1:00 a.m.**
Reinicializar suscripciones con errores de validación de datos	**Reinicializa todas las suscripciones que tienen errores de validación de datos**	**A petición, o como respuesta a una alerta**
Comprobación de agentes de duplicación	**Detecta los agentes de duplicación que no estén registrando el historial de manera activa**	**Cada 10 minutos**

Página 515
Revisión

1.   ¿Cómo puede determinar el número de transacciones que están marcadas para su duplicación en el registro de transacción y que están a la espera de ser leídas por el Agente de distribución?

Utilice el monitor de duplicación de SQL Server para ver el contador Repl. Pending Xacts en el objeto SQLServer:bases de datos.

2. ¿Qué es lo primero que comprobaría si todas sus publicaciones en un servidor dejasen de funcionar?

Compruebe el servicio Agente SQLServer para asegurarse de que se está ejecutando y de que está adecuadamente configurado. También compruebe la base de datos de distribución y los registros del agente de SQL Server.

3. Ha terminado de configurar la duplicación. Realiza cambios a datos en una publicación, pero los cambios no están siendo duplicados en el suscriptor. ¿Cómo determinaría qué agente de duplicación está fallando?

Vea los historiales de los agentes y compruebe cada agente para determinar si ha tenido éxito.

APÉNDICE B

Esquemas de base de datos

Los esquemas proporcionados en este apéndice representan las bases de datos principales a las que se hace referencia en este curso de formación.

El esquema de la base de datos Northwind y de la base de datos StudyNwind

La Figura B.1 es un diagrama de esquema para la base de datos Northwind y para la base de datos StudyNwind. (La base de datos StudyNwind es una duplicación parcial de la base de datos Northwind.) El diagrama ha sido generado en el administrador corporativo de SQL Server. Este esquema muestra las tablas en las bases de datos Northwind y StudyNwind. Se muestran las columnas en cada tabla y las relaciones entre las tablas.

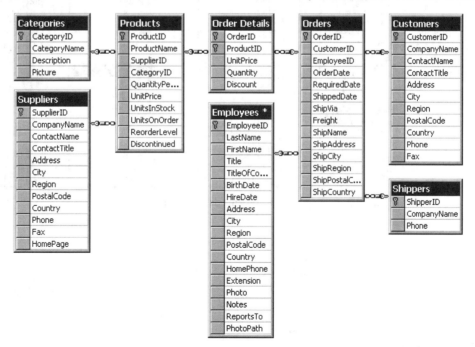

Figura B.1. Diagrama de esquema de las bases de datos Northwind y StudyNwind.

Utilice el diagrama del esquema para comprender la estructura de las bases de datos cuando esté trabajando con ellas en los ejemplos y ejercicios en este curso de formación o cuando utilice estas bases de datos de muestra.

El esquema de la base de datos pubs

La Figura B.2 es un diagrama de esquema para la base de datos pubs. El diagrama ha sido generado en el administrador corporativo de SQL Server. El esquema muestra las tablas en la base de datos pubs. Se muestran las columnas en cada tabla y las relaciones entre ellas. Utilice el diagrama del esquema para comprender la estructura de la base de datos cuando esté trabajando con ella en los ejemplos y ejercicios en este curso de formación o cuando utilice esta base de datos de muestra.

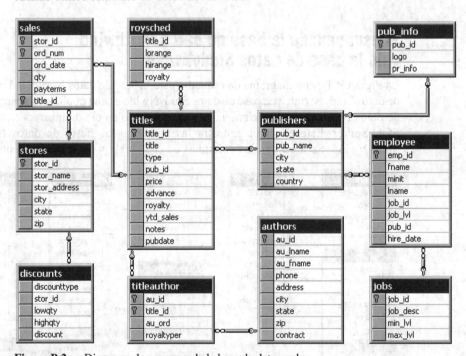

Figure B.2 .   Diagrama de esquema de la base de datos pubs.

Glosario

A

Acceso simultáneo   Se produce cuando más de un usuario tiene acceso a los mismos datos y los actualiza al mismo tiempo.

Aceptación de null   Capacidad que determina si una columna puede permitir valores NULL en sus datos.

Actualiza por posición   Actualización, inserción o eliminación que se realiza en una fila en la posición actual del cursor. La modificación real se realiza en las filas de las tablas base utilizadas para generar la fila actual en el cursor. Los lotes de Transact-SQL, procedimientos almacenados y desencadenadores utilizan la cláusula WHERE CURRENT OF para realizar actualizaciones por posición. Las aplicaciones utilizan funciones de la interfaz de programación de aplicaciones (API), como la función SQLSetPos de ODBC, para realizar actualizaciones por posición.

Actualización   Adición, eliminación o modificación de datos.

Actualización de estadísticas   Intervalo, en minutos y segundos, para actualizar la información de estadísticas de SQL Server. El valor predeterminado es 30 segundos.

Actualización de tabla programada   *Consulte* duplicación de instantáneas.

Actualización en cascada   Operación de actualización que actualiza todas las filas o columnas relacionadas de una base de datos. Las actualizaciones en cascada, normalmente se implementan utilizando desencadenadores o procedimientos almacenados.

Actualización incremental   Conjunto de operaciones que agregan nuevos miembros a un cubo o dimensión existente, o que agregan nuevos datos a una partición. Una de las tres opciones de proceso de un cubo o partición. Una de las dos opciones de proceso de una dimensión. Consulte también proceso, actualizar datos.

Actualización perdida   Actualización en la que dos transacciones leen y actualizan el mismo elemento de datos.

Actualizar datos   Serie de operaciones que vacían los datos de un cubo, cargan el cubo con nuevos datos del almacén de datos y calculan agregados. La actualización de datos se utiliza cuando los datos subyacentes de un cubo en el almacén de datos cambian, pero la definición de la estructura y agregados del cubo permanecen iguales. Una de las tres opciones de proceso de un cubo. Consulte también proceso y actualización incremental.

Adaptador de red   Tarjeta de expansión u otro dispositivo físico utilizado para conectar un equipo a una red de área local (LAN); también conocido como NIC (Tarjeta de interfaz de red).

Administrador corporativo de SQL Server   Aplicación gráfica MMC que permite realizar de forma sencilla en toda la compañía la configuración y administración de SQL Server y los objetos de SQL Server. También puede utilizar el Administrador corporativo de SQL Server para administrar inicios de sesión, permisos, usuarios, crear secuencias de comandos, administrar servicios y bases de datos, realizar copias de seguridad de bases de datos y registros de transacciones y administrar tablas, vistas, procedimientos almacenados, desencadenadores, índices, reglas, predeterminados y tipos de datos definidos por el usuario.

Administrador de servicios de SQL Server   Programa de SQL Server que proporciona una forma gráfica de iniciar, pausar y detener los servicios MSDTC, MSSQL Server y SQLServerAgent. SQL Server se integra con la administración de control de servicios de Windows NT, por lo que puede iniciar, pausar y detener SQL Server, MS DTC y el Agente SQL Server desde la aplicación Servicios del Panel de control o desde la aplicación Administrador de servidores.

Administrador de transferencia de SQL *Consulte* servicios de transformación de datos (DTS)

Administrador del sistema Persona responsable de la administración general de un equipo SQL Server. El inicio de sesión de sa es el único inicio de sesión autorizado para llevar a cabo todas las funciones de SQL Server. Determinadas funciones administrativas importantes sólo las puede realizar el inicio de sesión de sa. Los miembros de la función fija del servidor sysadmin funcionan fuera del sistema de protección (SQL Server no realiza comprobaciones de permisos de estos miembros). También se trata a los miembros como propietarios de cualquier base de datos que utilicen.

Administrador OLAP Complemento de Microsoft Management Console (MMC) que proporciona una interfaz de usuario para administrar el servidor de OLAP y para diseñar y crear bases de datos, cubos y dimensiones multidimensionales. Consulte también Microsoft Management Console y complemento.

ADO MD *Consulte* Microsoft ActiveX Data Objects (Multidimensional) (ADO MD).

Agente de distribución Componente de duplicación que mueve las transacciones e instantáneas que contienen las tablas de bases de datos de distribución a los suscriptores.

Agente de instantáneas Componente de duplicación que prepara archivos de instantáneas de tablas publicadas y procedimientos almacenados, almacena los archivos en el distribuidor y registra la información acerca del estado de sincronización en la base de datos de distribución.

Agente de mezcla En la duplicación de mezcla, componente que aplica los trabajos de instantánea iniciales que contienen las tablas de la base de datos de publicación a los suscriptores. También combina modificaciones incrementales de datos que se han producido desde la creación de la instantánea inicial.

Agente de SQL Server El Agente SQL Server se utiliza para crear y administrar trabajos, alertas y operadores locales o de varios servidores. La programación de los trabajos se define en el cuadro de diálogo Propiedades del trabajo. El Agente SQL Server se comunica con SQL Server para ejecutar el trabajo de acuerdo con el programa del trabajo.

Agente lector del registro El componente de la duplicación transaccional que mueve las transacciones marcadas para duplicación del registro de transacción del editor a la base de datos de distribución.

Agregado de filas Función (SUM, AVG, MAX, MIN o COUNT) utilizada en un grupo o agregado de datos.

Agregado escalar Función aplicada a todas las filas de una tabla (se produce un valor único por función). Una función de agregado en la lista de selección sin cláusula GROUP BY se aplica a la tabla completa y es un ejemplo de un escalar.

agregado Una tabla o estructura que contiene datos precalculados de un cubo. Los agregados permiten consultar rápida y eficazmente una base de datos multidimensional. Consulte también precalcular.

Agrupación Uso de varios ordenadores para proporcionar una alta fiabilidad, capacidad y capacidades de administración.

alerta Una respuesta definida por el usuario a un suceso de SQL Server. Las alertas pueden ejecutar una tarea definida o enviar un mensaje de correo electrónico o de localizador (*pager* a un operador especificado.

alias En lenguaje de consulta estructurado, un nombre alternativo de una tabla o una columna en expresiones que se utiliza para acortar el nombre de las referencias siguientes en el código, evitar posibles referencias ambiguas o proporcionar un nombre más descriptivo en el resultado de una consulta. En SQL Server 6.5 un nombre de usuario de base de datos compartido por varios Id. de inicio de sesión. En SQL Server los alias han sido sustituidos por las funciones.

Almacén de datos Base de datos estructurada específicamente para consultas y análisis. Normalmente, un almacén de datos contiene datos que representan el historial empresarial de una organización. Los datos en un almacén de datos suelen ser menos detallados que los datos de un sistema OLTP. Por ejemplo, un almacén de datos puede almacenar sumas totales de pedidos diarios por clientes de los últimos 5 años, mientras que un sistema OLTP almacenaría los procesos de todos los días, pero sólo mantendría esos registros durante unos meses.

American National Standards Institute (ANSI) Organización de los grupos industriales y comerciales de Estados Unidos que desarrolla normas comerciales y de comunicaciones para este país. A través de su pertenencia a la Organización internacional de estandarización (ISO) y a la Comisión electrotécnica internacional (IEC), ANSI coordina las normas de Estados Unidos con las correspondientes normas internacionales. ANSI publicó el estándar ANSI SQL-92 junto con el estándar ISO/IEC SQL-92.

Análisis relacional extendido Diseño sistemático de bases de datos. La base de datos se diseña modificando entidades a tablas, relaciones a columnas o tablas y atributos a columnas.

Analizador de consultas de SQL Server Programa de SQL Server que permite escribir instrucciones de Transact-SQL y procedimientos almacenados en una interfaz gráfica de usuario. El Analizador de consultas de SQL Server también proporciona la capacidad de analizar consultas gráficamente.

Analizador de SQL Server Una herramienta de SQL Server que captura un registro continuado de actividad de servidor en tiempo real. El analizador de SQL Server puede monitorizar sucesos de servidor y categorías de sucesos diferentes, filtrar esos sucesos con criterios especificados por el usuario y emitir una traza a la pantalla, archivo u otro SQL Server.

ANSI a OEM conversión Opción del sistema operativo, AutoANSItoOEM, que controla el comportamiento predeterminado de la conversión al conectarse a un servidor. Si está activada (ON), que es su valor predeterminado, la conversión se produce en los casos siguientes:

- De clientes ANSI a servidores del fabricante de equipos originales (OEM) (Microsoft Windows y Microsoft Windows NT).

- De clientes OEM a servidores ANSI (Windows NT).

La opción Conversión automática de ANSI a OEM de bibliotecas de bases de datos convierte caracteres de OEM a ANSI cuando se comunica con SQL Server y de ANSI a OEM cuando se comunica de SQL Server al cliente. Puede establecer Conversión automática de ANSI a OEM si utiliza la Herramienta de red de cliente de SQL Server.

ANSI SQL-92 *Consulte* SQL-92.

ANSI *Consulte* American National Standards Institute (ANSI).

antecesor Miembro de un nivel superior en una jerarquía de dimensiones que está relacionado a través del linaje al miembro actual dentro de la jerarquía de dimensiones. Por ejemplo, en una dimensión Tiempo que contenga los niveles Trimestre, Mes y Día, Trim1 es un ascendiente del 1 de enero. Consulte también secundario, descendiente, primario y codescendiente.

API Consulte interfaz de programación de aplicaciones (API).

Aplicación de cliente En los servicios OLAP, una aplicación que obtiene datos de un servidor de OLAP y realiza el análisis y presentación local de datos de bases de datos relacionales o multidimensionales. Las aplicaciones de cliente se conectan al servidor OLAP a través del componente de servicio PivotTable. Consulte también servicio PivotTable. En sistema cliente/servidor. *Consulte* cliente.

Aplicación multiproceso de servidor Aplicación que crea varios procesos dentro de un proceso único para dar servicio a múltiples peticiones de usuario al mismo tiempo.

Aplicación para el usuario Software que utiliza un usuario para tener acceso a una base de datos o capturar datos de entrada.

Árbol B Árbol nivelado. Este término describe las estructuras de índices de SQL Server.

Árbol de consola En Microsoft Management Console, el panel de la mano izquierda se conoce como el árbol de consola. El resaltar objetos en el árbol de consola determinará qué detalles se van a mostrar en el panel de detalles, el cual es el panel a mano derecha. Consulte panel de detalles.

Archivo Archivo en el que se guarda una base de datos. Una base de datos se puede almacenar en varios archivos. SQL Server utiliza tres tipos de archivos: archivos de datos (que almacenan datos), archivos de registro (que almacenan registros de transacciones) y archivos de copia de seguridad (que almacenan copias de seguridad de una base de datos).

Archivo de almacenamiento con estructura COM Archivo compuesto del modelo de objetos componentes (COM) que consta de un objeto de almacenamiento raíz que contiene, al menos, un objeto de secuencia que representa sus datos nativos, junto con uno o más objetos de almacenamiento que corresponden a sus objetos vinculados o incrustados. El objeto raíz de almacenamiento se asigna a un nombre de archivo en cualquier sistema de archivos en que resida.

Archivo de almacenamiento estructurado *Consulte* archivo de almacenamiento con estructura COM.

Archivo de base de datos Archivo en el que se almacenan las bases de datos. Una base de datos se puede almacenar en varios archivos.

Archivo de control *Consulte* master, base de datos.

Archivo de copia de seguridad Archivo que almacena la copia de seguridad parcial o completa de una base de datos, un registro de transacciones, un archivo o un grupo de archivos.

Archivo de cubo *Consulte* cubo local.

Archivo de datos de tabla Archivo que contiene una instantánea de los datos de una tabla publicada utilizados durante la sincronización como origen de los datos insertados en la tabla de destino. La extensión del nombre de archivo de una instantánea de datos es .bcp. El archivo se almacena en la carpeta de trabajo de la base de datos de distribución, en una subcarpeta de \Mssql7\Repldata de forma predeterminada. *Consulte* secuencia de comandos de esquema de tabla.

Archivo de datos Archivo que contiene datos, como tablas, filas y procedimientos almacenados. Las bases de datos pueden contener varios archivos de datos. *Consulte también* archivo de registro.

Archivo de exportación *Consulte* bcp, archivos.

Archivo de exportación *Consulte* programa de copia masiva (bcp).

Archivo de inicialización de la instalación Archivo de texto que utiliza el formato de archivo .ini de Windows, que almacena información de configuración que permite instalar SQL Server sin que tenga que haber un usuario presente para responder a las peticiones del programa de instalación.

Archivo de registro de ODS Archivo de texto utilizado para almacenar los mensajes de error de los servicios abiertos de datos (ODS). El archivo de registro predeterminado de ODS es Srv.log.

Archivo de registro de rehacer Consulte archivo de copia de seguridad.

Archivo de registro virtual Parte de un archivo de registro de transacción. Cada archivo de registro de transacción se divide en archivos de registro virtuales. Los archivos de registro virtual son la unidad de truncado para los registros de transacción. Cuando un archivo virtual ya no contiene registros de registro para transacciones activas se puede truncar y el espacio se queda disponible para registrar nuevas transacciones.

Archivo de registro Archivo o conjunto de archivos que contienen un registro de las transacciones de una base de datos.

Archivo de traza Archivo que utiliza el Analizador de SQL Server para registrar los sucesos supervisados.

Archivo de volcado *Consulte* archivo de copia de seguridad.

Archivo secuencial Archivo cuyos registros están organizados en el orden en que se colocaron en el archivo.

Archivos bcp Archivos que han sido exportados de SQL Server a través de bcp. Los archivos nativos de bcp normalmente tienen una extensión .BCP aunque no se requiera, y los archivos de caracteres bcp normalmente tienen una extensión .TXT. Durante la sincronización de la duplicación, los archivos .SCH y .BCP son un conjunto de sincronización que representan una instantánea en tiempo de artículo.

Argumento Un conmutador que acepta una función y que permite especificar un comportamiento particular. A veces se denomina opción o un parámetro.

Arquitectura de aplicaciones distribuidas de red e Internet de Windows (DNA) Arquitectura que abarca todo tipo de aplicaciones que utiliza Microsoft Corporation.

Artículo La unidad básica de duplicación. Los artículos contienen datos originados a partir de una tabla o procedimiento almacenado marcado para duplicación. Una publicación contiene uno o más artículos

Asistente Serie de páginas mostradas en una ventana secundaria que automatiza tareas. Los asistentes se utilizan generalmente como ayuda para realizar tareas complejas o que no son frecuentes.

Atributo El calificador de una entidad o relación que describe su cantidad, calidad, grado o extensión de caracteres. En el diseño de una base de datos las tablas representan entidades y las columnas representan atributos de esas entidades. Por ejemplo, la columna title representa un atributo de los títulos de la entidad.

Aumentar y reducir el nivel de detalle   Técnica utilizada para explorar los niveles de intervalos de datos desde el más resumido (superior) al más detallado (inferior). Por ejemplo, para ver los detalles de las ventas anuales, el usuario puede aumentar el nivel para mostrar las ventas por trimestre y aumentarlo más para mostrar los datos mensuales.

Autenticación   La operación que identifica al usuario y comprueba los permisos para conectar con SQL Server.

Autenticación de SQL Server   Permite a los usuarios conectar a SQL Server mediante inicios de sesión de SQL Server. El propio SQL Server realiza la autenticación.

Autenticación de Windows NT   Un modo de seguridad de inicio de sesión que permite a los usuarios conectarse a SQL Server a través de una cuenta de usuario de Windows NT.

Autocombinación   Combinación que compara filas de la misma tabla. En los diagramas de base de datos, la autocombinación recibe el nombre de relación reflexiva.

Autorización   La operación que comprueba los permisos y derechos de acceso otorgados a un usuario.

Ayuda a la toma de decisiones   Aplicaciones de base de datos optimizadas para rendimiento en consultas de datos que no modifican datos. La ayuda a la toma de decisiones normalmente requiere acceso de sólo lectura a los datos.

B

Base de datos   Colección de información, tablas y otros objetos organizados y presentados para un propósito específico como, por ejemplo, facilitar la búsqueda, clasificación y nueva combinación de datos. Las bases de datos se almacenan en archivos.

Base de datos de almacenaje y reenvío   *Consulte* base de datos de distribución.

Base de datos de destino   *Consulte* base de datos de suscripción.

Base de datos de distribución   Base de datos de almacenamiento y reenvío que contiene todas las transacciones que esperan ser distribuidas a los suscriptores. La base de datos de distribución recibe las transacciones

que le envía desde el editor el agente de lector del registro y las mantiene hasta que el agente de distribución las mueve a los suscriptores.

Base de datos de origen   *Consulte* base de datos de publicación

Base de datos de publicación   Origen de base de datos de datos duplicados. Base de datos que contiene tablas de duplicación.

Base de datos de suscripción   Base de datos que recibe tablas y datos duplicados de una base de datos de publicación.

Base de datos distribuida   Base de datos implementada sobre una red en la que las particiones de componentes están distribuidas sobre diversos nodos de la red. En función del tráfico específico de actualizaciones y recuperaciones, distribuir la base de datos puede mejorar significativamente el rendimiento general.

Base de datos predeterminada   Base de datos a la que se conecta automáticamente el usuario tras iniciar una sesión en SQL Server.

Base de datos relacional   Colección de información organizada en tablas, cada tabla modela una clase de objetos de interés para la organización (por ejemplo, clientes, piezas, proveedores). Cada columna de una tabla modela un atributo del objeto que modela la tabla (por ejemplo, apellido, precio, color). Cada fila de una tabla representa una entidad en la clase de objetos que modela la tabla (por ejemplo, el nombre de cliente John Smith o el número de pieza 1.346). Las consultas pueden utilizar datos de una tabla para buscar datos relacionados en otras tablas.

Bases de datos de usuario   Base de datos que crea un usuario. Cada base de datos de usuario se crea con un subconjunto de tablas del sistema de la base de datos master. La base de datos master y sus tablas del sistema se crean al instalar SQL Server. Las tablas del sistema de una base de datos de usuario se crean automáticamente al crear la base de datos.

Bases de datos del sistema   En un servidor SQL Server instalado recientemente se proporcionan cuatro bases de datos:

- La base de datos master, que controla las bases de datos de usuario y el funcionamiento de SQL Server.

- La base de datos tempdb, utilizada para tablas temporales.

- La base de datos model, utilizada como plantilla para crear bases de datos de usuario.

- La base de datos msdb, que utiliza el Agente de SQL Server para administrar los trabajos y alertas

Además, también puede instalar las bases de datos de ejemplo, pubs y Northwind, que se proporcionan como herramientas de aprendizaje y son la base de la mayor parte de los ejemplos de la documentación de SQL Server. Aunque se hayan instalado durante el programa de instalación, las bases de datos pubs y Northwind no son bases de datos de sistema, ya que SQL Server no las necesita para funcionar.

Bcp, programa   *Consulte* programa de copia masiva (bcp).

Biblioteca   En los Servicios OLAP, carpeta que contiene objetos compartidos, como las dimensiones compartidas que pueden utilizar varios objetos de una base de datos.

Biblioteca de cursores   Parte de las interfaces de programación de aplicaciones (API) de ODBC y de las Bibliotecas de bases de datos que implementan los cursores de cliente. Normalmente, no se utilizan bibliotecas de cursores en los sistemas actuales, en su lugar se utilizan cursores de servidor.

Biblioteca de red   SQL Server utiliza bibliotecas de red dinámicas para comunicarse a través de un protocolo de red en particular. Deben encontrarse activas el mismo par de bibliotecas de red en los ordenadores del cliente y del servidor para soportar el protocolo de red deseado.

Biblioteca de vínculos dinámicos (DLL, Dynamic Link Library)   Rutina ejecutable que contiene un conjunto específico de funciones almacenadas en un archivo .dll y cargadas a petición cuando las necesita el programa que las llama.

Biblioteca ODS   Conjunto de funciones de C que convierten una aplicación en servidor. Las llamadas a la biblioteca ODS responden a peticiones de un cliente en una red cliente-servidor. También administra la comunicación y datos entre el cliente y el servidor. La biblioteca ODS sigue el protocolo de secuencia de datos tabulares (TDS).

Bibliotecas de bases de datos   Serie de bibliotecas de lenguajes de alto nivel (incluido C) que proporcionan la interfaz de programación de aplicaciones (API) del cliente en un sistema cliente-servidor. Bibliotecas de bases de datos envía peticiones del cliente al servidor. Bibliotecas de bases de datos permite al programador incorporar instrucciones de Transact-SQL en una aplicación para recuperar y actualizar datos en una base de datos de SQL Server.

BLOB (Objeto Binario Grande; Binary Large Object)   Tipo de columna de datos que contiene datos binarios como, por ejemplo, gráficos, sonido o código compilado. Es un término general para los tipos de datos text e image. Los BLOB no son almacenados en las propias tablas, sino en pagians distintas referenciadas por un puntero en la fila.

Bloque de datos   *Consulte* página.

Bloqueo a nivel de fila   *Consulte* bloqueo de fila.

Bloqueo compartido   Bloqueo que crean las operaciones que no actualizan (lectura). Otros usuarios pueden leer los datos simultáneamente, pero ninguna transacción puede adquirir un bloqueo exclusivo sobre los datos hasta que se hayan liberado todos los bloqueos compartidos.

Bloqueo de actualización   Bloqueo de recursos (fila, página, tabla) que se puede actualizar. Los bloqueos de actualización se utilizan para impedir una forma habitual de interbloqueo que se produce cuando varias sesiones bloquean recursos y, potencialmente, los actualizan después.

Bloqueo de extensión   Bloqueo mantenido en un grupo de ocho páginas de base de datos mientras están siendo asignadas o liberadas. Los bloqueos de extensión se establecen mientras se está ejecutando una instrucción CREATE o DROP, o mientras se está ejecutando una instrucción INSERT o UPDATE que requiere nuevos datos o páginas de índice.

Bloqueo de fila   Bloqueo de una sola fila de una tabla.

Bloqueo de intervalo de claves   Bloqueo utilizado para bloquear intervalos entre registros de una tabla para impedir las inserciones o eliminaciones fantasma en un conjunto de registros. Asegura las transacciones serializables.

Bloqueo de página   Bloqueo en 8 KB de RAM (una página) que está asignada como una única unidad.

Bloqueo de tabla   Bloqueo en una tabla que incluye todos los datos e índices.

Bloqueo dinámico   Proceso que utiliza SQL Server para determinar automáticamente los bloqueos más rentables que utilizar en cualquier momento.

Bloqueo exclusivo   Bloqueo que impide que cualquier otra transacción adquiera un bloqueo sobre un recursos hasta que se libere el bloqueo original sobre el recurso al final de la transacción. Un bloqueo exclusivo siempre se aplica durante una operación de actualización (INSERT, UPDATE o DELETE).

Bloqueo intent   Un bloqueo de intención indica que SQL Server desea adquirir un bloqueo compartido o exclusivo sobre un recurso más específico. Un bloqueo de intención impide que otra transacción adquiera un bloqueo exclusivo sobre el recurso que contiene la página o fila.

Bloqueo optimista   Un método de bloqueo en el que los datos son bloqueados cuando se actualizan en lugar de cuando se accede a ellos. El bloqueo optimista permite un mayor nivel de simultaneidad que los bloqueos pesimistas, en los cuales los datos se bloquean cuando son accedidos.

Bloqueo   Restricción de acceso a un recurso en un entorno multiusuario. SQL Server bloquea automáticamente a los usuarios fuera de un registro, campo o archivo específico para mantener la seguridad o evitar problemas al tratar simultáneamente los datos.

Bloques   Series de instrucciones delimitadas mediante BEGIN y END. Los bloques definen qué conjunto de instrucciones serán afectados por el control de flujo de lenguaje como IF o WHILE. Puede anidar bloques BEGIN...END dentro de otros bloques BEGIN...END.

Bombeador de datos   Proveedor de servicios de OLE DB que proporciona la infraestructura para importar, exportar y transformar datos entre almacenes de datos heterogéneos mediante los servicios de transformación de datos (DTS).

BULK INSERT   Comando Transact-SQL para importar datos externos a tablas de SQL Server.

Búsqueda de prefijo   Consulta de texto que busca aquellas columnas en las que la frase, palabra o texto basado en caracteres especificado es el prefijo. Cuando se utiliza una frase, cada palabra de la frase se considera un prefijo. Por ejemplo, la búsqueda de un prefijo que especifique la frase "pesca depor*" coincide con "pesca deportiva", "pescador deportivo", etcétera.

Búsqueda de proximidad   Consulta de texto que busca aquellas columnas en las que las palabras buscadas están cerca unas de otras.

C

Caché   Búfer utilizado para contener datos durante las transferencias de entrada y salida (E/S) entre el disco y la memoria de acceso aleatorio (RAM). *Consulte* caché del búfer.

Caché de biblioteca   *Consulte* caché de procedimientos.

Caché de datos   *Consulte* caché del búfer

Caché de procedimiento   Ubicación de almacenamiento temporal para la versión actual, en ejecución de un procedimiento almacenado específico.

Caché del búfer   Conjunto de páginas de **búfer** en las que se leen las páginas de datos.

Cadena de propiedad   Cuando los objetos tienen dependencias, sus propiedades son referidas como una cadena de propiedad. Si los objetos dependientes no tienen el mismo propietario, se denominan cadenas de propiedad interrumpidas. Este tipo de cadenas complican los permisos, ya que todos los propietarios deben conceder permisos a todos los usuarios de los objetos dependientes.

Cadenas de propiedad interrumpidas   *Consulte* cadenas de propiedad.

Campo   Único elemento de información contenido en una columna. Un campo recibe habitualmente el nombre de columna en una base de datos de SQL.

Canalización con nombre   Mecanismo de comunicación entre procesos (IPC) que SQL Server y los servicios abiertos de datos utilizan para proporcionar la comunicación entre clientes y servidores. Las canalizaciones con nombre permiten tener acceso a recursos compartidos de la red.

Captura   Proceso de registro y almacenamiento de información durante el proceso de monitorización.

Carácter   *Consulte* tipo de datos char(*n*).

Carácter de escape   Carácter utilizado para indicar que otro carácter de una expresión se utiliza literalmente y no como operador.

Caracteres comodín   Caracteres que incluyen el subrayado (_), porcentaje (%) y corchetes ([ ]), utilizados con la palabra clave LIKE para hacer coincidir patrones.

Caracteres de prefijo   Número de caracteres de prefijo que preceden a cada campo que no sea de caracteres en un archivo de datos nativo de copia masiva para indicar la longitud del campo.

Cargar   *Consulte* restaurar.

Catálogo (base de datos)   *Consulte* catálogo de la base de datos.

Catálogo (sistema)   *Consulte* catálogo del sistema.

Catálogo (texto)   Almacena el índice de texto de una base de datos. Cada base de datos puede utilizar uno o más catálogos de texto. Los catálogos e índices de texto no se almacenan en la base de datos a la que pertenecen. Los catálogos e índices son administrados separadamente por el servicio Microsoft Search.

Catálogo de base de datos   Tablas del sistema de una base de datos. *Consulte también* catálogo del sistema.

Catálogo de texto   Almacena el índice de texto de una base de datos.

Catálogo del sistema   Colección de tablas del sistema que sólo se encuentran en la base de datos master. Estas tablas describen información del sistema como, por ejemplo, inicios de sesión y opciones de configuración.

Celda   En una base de datos relacional, atributo de dirección de una fila y columna. En un cubo, conjunto de propiedades que contienen un valor, especificadas mediante la intersección que se produce al seleccionar un miembro de cada dimensión. *Consulte también* coordenada.

Cifrado   Método para mantener la información sensible como confidencial mediante la modificación de los datos a un formato ilegible.

Clave candidata   Identificador exclusivo de una fila dentro de una tabla de base de datos. Una clave candidata, o sustituta, puede estar compuesta de una o más columnas. En una base de datos normalizada, todas las tablas deben tener al menos una clave candidata, en cuyo caso se convierte automáticamente en la clave principal de una tabla. Sin embargo, es posible que una tabla tenga más de una clave candidata, en cuyo caso se debe designar a una de ellas como clave principal. Toda clave candidata que no sea la clave principal recibe el nombre de clave alternativa.

Clave candidata   Identificador exclusivo de una fila dentro de una tabla de base de datos. Una clave candida-

ta, o sustituta, puede estar compuesta de una o más columnas. Por definición, todas las tablas deben tener al menos una clave candidata, en cuyo caso se convierte automáticamente en la clave principal de una tabla. Sin embargo, es posible que una tabla tenga más de una clave candidata, en cuyo caso se debe designar a una de ellas como clave principal. Toda clave candidata que no sea la clave principal recibe el nombre de clave alternativa.

Clave compuesta   Clave compuesta de dos o más columnas. El inconveniente de las claves compuestas consiste en que requieren combinaciones más complejas cuando se combinan dos o más tablas.

Clave común   Clave creada para crear una relación lógica explícita entre dos tablas de una base de datos. *Consulte* clave principal y clave externa.

Clave externa (FK, Foreing Key)   Columna o combinación de columnas cuyos valores coinciden con la clave principal (PK) o clave única de la misma tabla u otra. Una clave externa (FK) no tiene por qué ser exclusiva. Una clave externa está a menudo en relación varios a uno con una clave principal. Los valores de claves externas deben ser copias de los valores principales de clave; no debe existir un valor en la clave externa excepto NULL, a menos que el mismo valor exista en la clave principal. Una clave externa puede ser NULL; si cualquier parte de una clave externa compuesta es NULL, toda la clave externa debe ser NULL.

Clave principal (PK)   Columna o combinación de columnas que identifican exclusivamente a una fila de cualquier otra fila de una tabla. La clave principal (PK) no debe ser NULL y debe tener un índice exclusivo. Se utiliza normalmente una clave principal para combinaciones con claves externas (claves no principales coincidentes) de otras tablas.

clave   Columna o grupo de columnas que identifican únicamente a una fila (PRIMARY KEY), definen la relación entre dos tablas (FOREIGN KEY) o que se utiliza para generar un índice.

CLI   *Consulte* interfaz de nivel de llamadas (CLI Call-Level Interface).

Cliente   Aplicación para el usuario que utiliza los servicios que proporciona un servidor. El ordenador que hospeda la aplicación recibe el nombre de ordenador cliente. El software cliente de SQL Server permite que los equipos se conecten a un equipo en el que se ejecuta SQL Server a través de una red

Cliente OLAP *Consulte* aplicación de cliente.

Codescendiente Miembro de una jerarquía de dimensiones que es elemento secundario del mismo elemento primario que un miembro especificado. Por ejemplo, en una dimensión Tiempo con los niveles Año y Mes, los miembros enero de 1997 y febrero de 1997 son codescendientes. *Consulte también* antecesor, secundario, descendiente y primario.

Código de estado Entero de 4 bytes que indica el estado de un conjunto de resultados devuelto al cliente. El código de estado se envía al cliente mediante srv_senddone.

Coherencia ajustada Un modelo de duplicación que garantiza que todas las copias serán idénticas al original. Normalmente se implementa utilizando una confirmación de dos fases y requiere LAN de alta velocidad. También reduce la disponibilidad de base de datos y es menos escalable que la consistencia suelta.

Coherencia de transacción latente Nivel de coherencia de transacción en el que a todos los sitios participantes se les garantizan los mismos valores de los datos al mismo tiempo y los datos se encuentran en un estado que se podía haber logrado si todo el trabajo se hubiera realizado en un único sitio. De todas maneras, puede haber un retraso en el tiempo que tardan los datos en ser reflejados en los sitios dados de alta, por lo que en un momento determinado, no se asegura que los sitios tengan los mismos valores de datos.

Coherencia inmediata Modelo de duplicación que garantiza que todas las copias son idénticas al original. Se implementa mediante la utilización del Coordinador de transacciones distribuidas de Microsoft (MS DTC) y necesita una red de área local (LAN) de alta velocidad y buena conexión. Reduce la disponibilidad de la base de datos y es menos escalable en su implementación que la coherencia latente.

Coherencia latente Modelo de duplicación que permite un intervalo de tiempo entre el momento en el que se modifican los datos originales y se actualizan las copias duplicadas. Una ventaja de la coherencia latente consiste en que admite redes de área local (LAN), redes de área extensa (WAN), vínculos de comunicaciones rápidos y lentos, y bases de datos conectadas intermitentemente. La duplicación de SQL Server se basa en el modelo de coherencia latente. Consulte también coherencia inmediata.

Coherencia no garantizada Nivel de coherencia de transacción en el que todos los sitios participantes pueden tener los mismos valores de datos, pero no necesariamente los mismos valores de datos que se podrían haber logrado si todo el trabajo se hubiera realizado en un único sitio. El acto de duplicar datos crea la posibilidad de que se produzcan variaciones en los valores de los datos en uno o más sitios. Consulte también coherencia transaccional latente y coherencia transaccional inmediata.

Coherencia transaccional inmediata Nivel de coherencia de transacción en el que a todos los sitios participantes se les garantizan los mismos valores de los datos al mismo tiempo y los datos se encuentran en un estado que se podía haber logrado si todo el trabajo se hubiera realizado en un único sitio. Consulte también coherencia transaccional latente y coherencia no garantizada.

Cola La cola del Analizador de SQL Server proporciona un lugar de almacenamiento temporal para los sucesos del servidor a capturar.

Colección (COM) Grupo de objetos del mismo tipo contenidos en un objeto primario. Por ejemplo, en SQL-DMO, el objeto Base de datos expone una colección de tablas. *Consulte* SQL-DMF.

Columna de clave Columna cuyo contenido identifica de forma exclusiva a cada fila de una tabla.

Columna de identidad Columna de una tabla que utiliza la propiedad de identidad para un número generado por el sistema que aumenta de forma monótona.

Columna En una tabla de SQL, el área, a veces llamada campo, de cada fila que almacena los datos acerca de un atributo del objeto modelado por la tabla (por ejemplo, la columna **ContactName** de la tabla **Customers** en la base de datos **Northwind**). Las columnas individuales se caracterizan por su longitud máxima y el tipo de datos que se puede colocar en ellas. Una columna individual contiene un elemento de datos individual en una fila.

COM *Consulte* modelo de objetos componentes (COM).

Combinación de equivalencia Combinación en la que se compara la igualdad de los valores de las columnas que se combinan y en la que se incluye todas las columnas en el resultado.

Combinación en estrella Combinación entre una tabla de hechos (normalmente una tabla de hechos grande) y, al menos, dos tablas de dimensiones. La tabla de hechos se combina con cada tabla de dimensiones sobre una clave de dimensión. SQL Server tiene en consideración estrategias especiales de tratamiento de índices en estas consultas para minimizar el acceso a la tabla de hechos.

Un ejemplo de un esquema que participa en una consulta de combinación en estrella podría ser una tabla ventas, la tabla de hechos (con millones de filas), una tabla productos, con la descripción de varios cientos de productos y una tabla almacén con varias docenas de nombres de almacén. En este ejemplo, las tablas productos y almacén son tablas de dimensiones. El candidato ideal para la optimización de una consulta en estrella sería una consulta que seleccionara datos de ventas de un pequeño conjunto de almacenes y un subconjunto de productos restringido mediante atributos no presentes en la base de datos de ventas.

Combinación externa completa   Tipo de combinación externa en la que se incluyen todas las filas de todas las tablas combinadas, coincidan o no.

Combinación externa derecha   Tipo de combinación externa en la que se incluyen todas las filas de la segunda tabla con nombre (la tabla derecha, que aparece más a la derecha en la cláusula JOIN). No se incluyen las filas que no coinciden de la tabla de la izquierda.

Combinación externa izquierda   Tipo de combinación externa en la que están incluidas todas las filas de la primera tabla nombrada (la tabla izquierda, que aparece más a la izquierda en la cláusula JOIN). Las filas que no coinciden de la tabla derecha no aparecen.

Combinación externa   Combinación que incluye todas las filas de las tablas combinadas independientemente de si hay una fila coincidente entre las tablas combinadas.

Combinación hash   Algoritmo de combinación sofisticado que construye una estructura ínterin para derivar conjuntos de resultados. *Consulte* combinaciones de bucle anidadas.

Combinación interna   Combinación en la que se combinan los registros de dos tablas y se agregan a los resultados de una consulta solamente si los valores de los campos combinados cumplen un criterio especificado determinado.

Combinación por comparación   Combinación basada en una comparación de valores escalares (=, > , >= , < , <= , < >, !<, !>).

Combinaciones de bucle anidadas   Las combinaciones de bucle anidadas, también llamadas reiteraciones anidadas, utilizan una entrada de combinación como la tabla de entrada exterior (mostrada como la entrada principal en el plan de ejecución gráfico) y una como la tabla de entrada interna. El bucle exterior consume la tabla de entrada exterior fila por fila. El bucle interno, que se ejecuta desde cada fila externa, busca filas coincidentes en la tabla de entrada interna.

Combinar   Como verbo, combinar el contenido de dos o más tablas y producir un conjunto de resultados que incorpora filas y columnas de cada tabla. Normalmente, se combinan las tablas mediante la utilización de los datos que tienen en común. Como nombre, proceso o resultado de combinar tablas, como en el término "combinación interna" para indicar un método concreto de combinar tablas.

Comisión electrónica internacional (IEC)   Uno de los dos cuerpos de normalización internacional responsable del desarrollo de normas de comunicaciones de datos. La Comisión electrotécnica internacional (IEC) trabaja conjuntamente con la Organización internacional de estandarización (ISO) para definir normas para el sector informático. Han publicado conjuntamente la norma estándar ISO/IEC SQL-92 para SQL.

Compartir datos   Habilidad de compartir partes de datos individuales de manera transparente de una base de datos a través de distintas aplicaciones.

Complemento   Programa que se ejecuta en Microsoft Management Console (MMC) y proporciona una funcionalidad adicional específica. El Administrador OLAP es un complemento. *Consulte también* Administrador OLAP y Microsoft Management Console.

complemento   Una extensión personalizada, escrita en un lenguaje compatible con el modelo de objetos componentes (COM, *Component Object Model*), normalmente Microsoft Visual Basic, que interactúa con el Administrador OLAP y proporciona una funcionalidad específica. Los complementos se registran con el Administrador de complementos de Proceso analítico en línea. El Administrador de complementos de OLAP los llama como respuesta a acciones del usuario en la interfaz de usuario.

Comprobador de coherencia de bases de datos (DBCC Database Consistency Checker)   Instrucción utilizada para comprobar la coherencia lógica y física de una base de datos, comprobar la utilización de memoria, reducir el tamaño de la base de datos, comprobar las estadísticas de rendimiento, etc. El comprobador de coherencia de base de datos (DBCC) ayuda a asegurar la coherencia física y lógica de una base de datos, pero no es correctivo.

Comunicación entre procesos (IPC)   Sistema mediante el cual los subprocesos y procesos pueden transferirse datos y mensajes entre sí. La comunicación entre procesos (IPC) se utiliza para ofrecer y recibir servicios de otros programas.

Concatenación   Combinación de dos o más cadenas o expresiones de caracteres en una sola cadena o expresión de caracteres, o la combinación de dos o más cadenas o expresiones binarias en una sola cadena o expresión binaria.

Conceder   Aplicar un permiso a una cuenta de usuario para permitir que en la cuenta se realice una actividad o trabajo con los datos.

Concentración de bloqueos   Proceso de convertir muchos bloqueos concretos en un número menor de bloqueos más generales, para reducir la sobrecarga del sistema.

Condición de búsqueda   En una cláusula WHERE o HAVING, condiciones a cumplir para que se produzca la acción especificada en los datos especificados.

Condición de combinación   Cláusula de comparación que especifica cómo se relacionan las tablas mediante sus campos de combinación. La condición más común de combinación es la equivalencia (combinación de equivalencia) en la que el valor de los campos combinados debe ser el mismo.

Conectividad abierta de bases de datos (ODBC)   *Consulte* ODBC.

Conectividad abierta de bases de datos (ODBC, Open Database Connectivity)   Interfaz de programación de aplicaciones (API) de bases de datos acorde con las normas de la interfaz de nivel de llamadas (CLI) de bases de datos del American National Standards Institute (ANSI) y la Organización internacional de estandarización (ISO). ODBC acepta el acceso a cualquier base de datos para la que haya disponible un controlador ODBC..

conectividad   Capacidad de diferentes clases de equipos de comunicarse entre sí.

Conexión de confianza   Conexiones autenticadas entre clientes y servidores. Se las conoce como conexiones fiables. El modo de autenticación de Windows NT requiere protocolos de red que admitan conexiones de confianza.

Conexión   Inicio de sesión correcto en un equipo que ejecuta SQL Server. Una conexión tiene lugar a través de un mecanismo de ínter procesado de comunicación como, por ejemplo, las canalizaciones con nombre entre la aplicación de cliente y SQL Server.

Configuración de sesión   Configuración que se aplica a la conexión actual. Las configuraciones se pueden aplicar al servidor entero, a la base de datos o a la conexión de usuario individual.

Configuración regional   Conjunto de información que corresponde a un idioma y país específico. La configuración regional indica las configuraciones específicas como los separadores decimales, formatos de fecha y hora y el orden de los caracteres.

Confirmación en dos fases   Proceso que asegura que las transacciones que se aplican en más de un servidor finalizan en todos los servidores o en ninguno.

Confirmar   Instrucción COMMIT que completa una transacción con una instrucción BEGIN TRAN y garantiza que todas las modificaciones de la transacción o ninguna de ellas se convierten en parte permanente de la base de datos. La instrucción COMMIT también libera recursos que utiliza la transacción como, por ejemplo, los bloqueos. *Consulte también* deshacer.

Confirmar   Para recuperarse de desastres, como, por ejemplo, errores de medio, leyendo el registro de transacción y aplicando de nuevo todas las transacciones legibles y completas. *Consulte* deshacer.

Conjunto de copia de seguridad   Salida de una operación de copia de seguridad.

Conjunto de datos   En general, colección de información relacionada compuesta de elementos independientes que se pueden tratar como una unidad. En OLE DB para OLAP, el conjunto de datos multidimensional es el resultado de la ejecución de una instrucción de expresiones multidimensionales (MDX). Para obtener más información acerca de los conjuntos de datos, consulte la documentación de OLE DB.

Conjunto de entrada   Conjunto de datos proporcionados a una expresión de valor de una expresión multidimensional (MDX) en la que opera la expresión. Para obtener más información acerca de las expresiones de valor de conjuntos, consulte la documentación de OLE DB.

Conjunto de filas   Objeto de OLE DB utilizado para contener un conjunto de resultados. También exhibe el comportamiento de un cursor dependiendo de las propiedades del conjunto de filas que establece una aplicación.

Conjunto de medios   Todos los medios implicados en una operación de copia de seguridad.

Conjunto de registros   Objeto ADO utilizado para contener un conjunto de resultados. También exhibe el comportamiento de un cursor dependiendo de las propiedades del conjunto de registros que establece una aplicación. Los conjuntos de registros de ADO se asignan a conjuntos de filas de OLE DB.

Conjunto de resultados predeterminado   Modo predeterminado que SQL Server utiliza para devolver un conjunto de resultados a un cliente. Se envían las filas al cliente en el orden en que están colocadas en el conjunto de resultados y la aplicación debe procesar las filas en este orden. Tras ejecutar una instrucción SQL en una conexión, la aplicación no puede hacer nada en la conexión aparte de recuperar las filas del conjunto de resultados hasta que se hayan encontrado todas las filas. La única acción que puede realizar también una aplicación antes de finalizar el conjunto de resultados consiste en cancelar el resto del conjunto de resultados. Es el método más rápido que se puede utilizar para pasar filas de SQL Server al cliente.

Conjunto de resultados   Conjunto de filas devueltos de una instrucción SELECT. El formato de las filas del conjunto de resultados se define mediante la lista de columnas de la instrucción SELECT.

Conjunto ordenado   Conjunto de miembros devueltos en un orden específico. La función ORDER de una consulta de expresiones multidimensionales (MDX) devuelve un conjunto ordenado. Para obtener más información acerca de la función ORDER, consulte la documentación de OLE DB.

Consistencia suelta   Un modelo de duplicación que permite un intervalo de tiempo entre el momento en el que se alteran los datos originales y el momento que se actualizan las copias de esos datos duplicados. No garantiza que todas las copias sean constantemente idénticas con el original. La ventaja de la consistencia suelta es que soporta LAN, WAN, vínculos de comunicaciones rápidas y lentas, y bases de datos intermitentemente conectadas. También permite una mejor disponibilidad de base de datos. El modelo de duplicación de SQL Server se basa en un modelo de coherencia suelta.

Constante   Constante o cadena literal, función integrada o expresión matemática. El valor no puede contener nombres de columnas u otros objetos de base de datos.

Consulta   Petición específica de recuperación, modificación o eliminación de datos.

Consulta anidada   Instrucción SELECT que contiene una o más subconsultas.

Consulta de actualización   Consulta que modifica valores en columnas de una o más filas de una tabla.

consulta de agregado   Consulta que resume información de varias filas mediante la inclusión de funciones de agregado como SUM o AVG. Las consultas de agregado que utilicen la cláusula GROUP BY también pueden mostrar información de subtotales mediante la creación de grupos de filas que tienen datos comunes.

Consulta de base de datos   *Consulte* consulta.

Consulta de definición de datos   Consulta específica de SQL que contiene instrucciones del lenguaje de definición de datos (DDL). Son instrucciones que permiten crear o modificar objetos (como tablas, índices, vistas, etcétera) en la base de datos.

Consulta de eliminación   Consulta que elimina filas de una o más tablas.

Consulta de inserción   Consulta que copia columnas y filas específicas de una tabla en otra tabla o en la misma.

Consulta de intervalo   Consulta que especifica un intervalo de valores como parte del criterio de búsqueda como, por ejemplo, todas las columnas entre los valores 10 y 100.

Consulta de paso a través   Consulta pasada sin interpretar a un servidor externo para que la evalúe. Se puede utilizar el conjunto de resultados que devuelve una consulta de paso a través en la cláusula FROM de una consulta como una tabla base ordinaria.

Consulta de selección   Consulta que devuelve filas en un conjunto de resultados a partir de una o más tablas. Una consulta de selección puede contener especificaciones de las columnas a devolver, las filas a seleccionar, el orden en que se colocarán las filas y cómo agrupar (resumir) la información.

Consulta de texto   Como una instrucción SELECT, consulta que busca palabras, frases o varias formas de una palabra o frase en columnas basadas en caracteres (de tipos de datos char, varchar, text, ntext, nchar o nvar-char). La instrucción SELECT devuelve aquellas filas que cumplen el criterio de búsqueda.

Consulta de unión   Consulta que combina dos tablas realizando la operación equivalente a anexar una tabla en la otra.

Consulta distribuida   Consulta única que tiene acceso a datos de orígenes de datos heterogéneos.

Consumidor de OLE DB   Software de aplicaciones que llama y utiliza la interfaz de programación de aplicaciones (API) de OLE DB.

Contraseña del medio   Contraseña del conjunto completo de medios. SQL Server no acepta contraseñas de medios.

Control de automatización OLE   Entorno de programación (por ejemplo, Visual Basic) que puede controlar objetos de automatización.

Control de simultaneidad   Controla el acceso simultáneo. SQL Server utiliza bloqueos para permitir a varios usuarios el acceso y la modificación de datos compartidos sin tener conflictos entre sí.

controlador de reserva BDC (Backup Domain Controller)   En un dominio de Windows NT, un controlador de reserva (BDC) es un servidor que recibe una copia de la base de datos de seguridad del dominio del controlador principal de dominio (PDC) y comparte la carga de autenticación del inicio de sesión del usuario

Controlador ODBC   Un DLL que una aplicación habilitada ODBC, como Microsoft Excel, puede utilizar para acceder a un origen de datos ODBC. Cada controlador ODBC es específico para un sistema de administración de base de datos (DBMS), como SQL Server, Access, etcétera.

Controlador principal del dominio (PDC)   Servidor de un dominio de Windows NT que mantiene la base de seguridad del domino y autentica las contraseñas de inicio de sesión de los usuarios. También proporciona una copia de la base de datos de seguridad del dominio a los controladores de reserva (BDC), que comparten la carga de autenticación del inicio de sesión de los usuarios.

Convención de nomenclatura universal (UNC)   Convención de nomenclatura que consta del formato siguiente:

\\servername\sharename\path\file_name

Coordenada   Elemento (miembro o tupla) de un eje. La intersección de un conjunto de coordenadas determina una celda. *Consulte también* celda.

Copia de seguridad diferencial de base de datos Copia de seguridad de base de datos que registra sólo aquellas modificaciones realizadas en la base de datos desde la última copia completa de la base de datos. Una copia de seguridad diferencial es más pequeña y se realiza más rápidamente que restaurar una copia de seguridad completa, y tiene menos impacto en el rendimiento.

Copia de seguridad dinámica   Copia de seguridad realizada cuando la base de datos aún está activa.

Copia de seguridad en cinta   Operación de copia de seguridad en cualquier dispositivo de cinta que acepte Windows NT. Si va a crear un archivo de copia de seguridad en cinta, primero debe instalar el dispositivo de cinta con Windows NT. El dispositivo de cinta debe estar conectado físicamente al equipo SQL Server del que está realizando la copia de seguridad.

Copia de seguridad   Para crear una copia de una base de datos, registro de transacciones, archivo o grupo de archivos de una base de datos. La copia de seguridad se realiza en cinta, canalización con nombre o disco duro. Las copias de seguridad se realizan mediante el Administrador corporativo de SQL Server o la instrucción BACKUP.

Copia de seguridad programada   Copia de seguridad automática que realiza el Agente SQL Server cuando se define y programa como un trabajo.

Crear particiones verticales   Segmentar una tabla en varias tablas basándose en columnas seleccionadas. Cada una de las tablas tiene las mismas filas, pero menos columnas. *Consulte también* crear particiones horizontales y filtro vertical.

Crear particiones   Dividir una tabla en subconjuntos lógicos basados en características de los datos. Las particiones se utilizan para aumentar el rendimiento de la aplicación o reducir la posibilidad de que se produzcan conflictos en la duplicación de actualizaciones de varios sitios. *Consulte también* partición horizontal, partición vertical y filtrado.

Cuadro de tareas   Manera gráfica de representar acciones que pueden ser realizadas en un elemento seleccionado en un panel de intervalo. En MMC, un cuadro de tareas está implementado como una vista en el elemento seleccionado en el panel de intervalo, y esta vista está representada como una página DHTML en el panel de resultados.

Cubo   Subconjunto de datos, normalmente construido a partir de un almacén de datos, organizado y resumido en una estructura multidimensional definida mediante un conjunto de dimensiones y medidas. Los datos de un cubo se almacenan en una o más particiones.

Cubo local   Cubo creado y almacenado con la extensión .cub en un equipo local mediante el servicio PivotTable. *Consulte también* servicio PivotTable.

Cubo virtual   Cubo lógico compuesto de dimensiones y medidas de uno o más cubos físicos; los cubos virtuales son similares a las vistas en una base de datos relacional. Los cubos virtuales combinan datos de los cubos físicos subyacentes y no necesitan espacio de almacenamiento para datos adicional.

Cursor controlado por conjunto de claves   Cursor que muestra los efectos de las actualizaciones que realizan en sus filas miembros otros usuarios mientras el cursor está abierto, pero que no muestra los efectos de las inserciones o eliminaciones.

Cursor de cliente   Cursor implementado en el cliente. Primero se transfiere el conjunto de resultados completo al cliente y el software de la interfaz de programación de aplicaciones (API) cliente implementa la funcionalidad del cursor desde este conjunto de resultados de la memoria caché. Normalmente, los cursores de cliente no aceptan todos los tipos de cursores, sólo los cursores estáticos y los de desplazamiento sólo adelante

Cursor de desplazamiento sólo adelante   Cursor que no se puede desplazar; sólo se puede leer las filas en secuencia desde la primera fila a la última.

Cursor de instantáneas   Consulte cursor estático.

Cursor de servidor API   Un cursor de servidor creado para admitir las funciones de cursor de una interfaz de programación de aplicaciones (API), como ODBC, OLE DB, ADO y las Bibliotecas de bases de datos. Normalmente, las aplicaciones no piden un cursor de servidor directamente, sino que llaman a las funciones de cursor de API. La interfaz de SQL Server para dicha API implementa un cursor de servidor si se trata de la mejor forma de aceptar la funcionalidad del cursor pedido

Cursor de servidor   Cursor implementado en el servidor. El propio cursor se genera en el servidor y se lo envía al cliente las filas que recopila una aplicación.

Cursor de Transact-SQL   Cursor de servidor definido mediante la utilización de la sintaxis de Transact-SQL DECLARE CURSOR. Los cursores de Transact-SQL se han diseñado para utilizarlos en lotes de Transact-SQL, procedimientos almacenados y desencadenadores.

Cursor dinámico   Cursor que refleja las modificaciones de datos realizadas en los datos subyacentes mientras el cursor está abierto. Las actualizaciones, eliminaciones e inserciones que realizan los usuarios se reflejan en el cursor dinámico.

Cursor estático   Cursor que muestra el conjunto de resultados exactamente como estaría en el momento en que se abrió el cursor. Los cursores estáticos no reflejan las actualizaciones, eliminaciones ni inserciones que se realizan en los datos subyacentes mientras el cursor está abierto. A veces reciben el nombre de cursores de instantáneas.

Cursor que no distingue   Cursor que no refleja las modificaciones de datos que realizan en los datos subyacentes otros usuarios mientras el cursor está abierto. Los cursores que no distinguen los utilizan normalmente los lotes de Transact-SQL, procedimientos almacenados y desencadenadores mediante la utilización de la palabra clave INSENSITIVE en la instrucción DECLARE CURSOR.

Cursor sensible   Cursor que puede reflejar las modificaciones de datos que otros usuarios realizan a los datos subyacentes mientras el cursor está abierto. Las actualizaciones, eliminaciones e inserciones que realizan otros usuarios se reflejan en el cursor sensible. Los cursores sensibles se utilizan normalmente en lotes de Transact-SQL, procedimientos almacenados y desencadenadores al omitir la palabra clave INSENSITIVE en la instrucción DECLARE CURSOR.

Cursor   Objeto de base de datos con el que las aplicaciones tratan los datos por filas en vez de hacerlo por conjuntos. Mediante la utilización de cursores es posible realizar varias operaciones fila por fila en un conjunto de resultados con retorno o sin retorno a la tabla original. En otras palabras, los cursores, conceptualmente, devuelven un conjunto de resultados basado en tablas de las bases de datos. Por ejemplo, se puede generar un cursor para que contenga una lista de todos los nombres de tabla generados por el usuario de una base de datos. Una vez abierto el cursor, el movimiento (recuperación) a través del conjunto de resultados puede contener varias operaciones en cada tabla al pasar cada nombre de tabla como una variable. Los cursores son eficaces cuando se combinan con procedimientos almacenados y la instrucción EXECUTE (para generar cadenas dinámicamente). Los cursores son un componente eficaz de las interfaces de programación de aplicaciones (API) SQL Server.

Cursores de extinción   Término obsoleto para conjunto de resultados predeterminado. *Consulte* conjunto predeterminado de resultados.

D

data mart   Subconjunto del contenido de un almacén de datos, almacenados dentro de su base de datos. Un data mart suele contener datos centrados en el nivel departamental, o en un área de la empresa específica. Se utiliza normalmente para administrar el volumen y el intervalo de datos. *Consulte* almacén de datos.

Datetime, tipo de datos   Tipo de datos del sistema de SQL Server. El tamaño de almacenamiento es 8 bytes de dos enteros de 4 bytes: 4 para número de días antes o después de la fecha 1 de enero de 1900 y 4 bytes para el número de milisegundos transcurridos desde la media noche.

Datos de muestra   Datos generados artificialmente y presentados en lugar de los datos reales al consultar un cubo y antes de procesarlo. Los datos de ejemplo le permiten ver los efectos de los cambios de la estructura mientras se modifica un cubo.

Datos heterogéneos data   Cualquier dato que no sea de SQL Server. Se puede acceder a los datos heterogéneos a través de OLE DB, servidores vinculados, ODBC y comandos OPENROWSET y OPENQUERY. Los datos heterogéneos pueden ser importados a través de los servicios de transformación de datos (DTS), bcp y comandos BULK INSERT, entre otros.

Datos homogéneos   Datos que provienen de una o más bases de datos de SQL Server.

Datos remotos   Datos almacenados en un equipo distinto al equipo actual que ejecuta SQL Server y al que se tiene acceso al establecer un servidor vinculado o mediante la utilización del nombre de conector *ad hoc*.

Datos   Representación codificada de la información que se utiliza en un equipo. Los datos tienen atributos como el tipo y la longitud.

DBCC   *Consulte* comprobador de coherencia de bases de datos.

DBCS (juego de caracteres de doble byte)   Juego de caracteres que utiliza uno o dos bytes para representar un carácter para permitir representar más de 256 caracteres. Normalmente se utilizan juegos de caracteres de doble byte (DBCS) en entornos que utilizan sistemas de escritura con ideogramas como, por ejemplo, el japonés, coreano y chino. *Consulte* Unicode.

DBMS   *Consulte* sistema de administración de bases de datos.

DBO   *Consulte* propietario de base de datos.

DCL   *Consulte* lenguaje de control de datos (DCL).

DDL   *Consulte* lenguaje de definición de datos (DDL).

Definición de datos   Proceso de configuración de bases de datos y creación de objetos de base de datos, como tablas, índices, restricciones, valores predeterminados, reglas, procedimientos, desencadenadores y vistas.

Delimitador   Carácter utilizado para separar elementos en una lista.

Denegación   Quita un permiso de una cuenta de usuario e impide que la cuenta obtenga permiso a través de su pertenencia a grupos o funciones del permiso.

Densidad   Porcentaje relativo de las celdas de una estructura multidimensional que contiene datos. Los Servicios OLAP almacenan sólo celdas que contienen datos. Un cubo denso necesita más almacenamiento que un cubo disperso que tenga un diseño de estructura idéntico. *Consulte también* explosión de datos, dispersión.

Dependencias de objeto   Vistas y procedimientos que dependen de una tabla o vista, y las tablas o vistas que dependen de una vista o procedimiento.

Dependencias   Vistas y procedimientos que dependen de la tabla o vista especificada.

Depósito   Contenedor de almacenamiento de los metadatos que administran los Servicios OLAP. Los metadatos se almacenan en tablas en una base de datos relacional y se utilizan para definir los parámetros y propiedades de los objetos del servidor de OLAP. *Consulte también* metadatos y Microsoft Repository.

Descendiente   Miembro de la jerarquía de una dimensión que está relacionado con un miembro de un nivel superior dentro de la misma dimensión. Por ejemplo, en una dimensión Tiempo que contenga los niveles Año, Trimestre, Mes y Día, enero es descendiente de 1997. *Consulte también* antecesor, secundario, primario, condescendiente.

Descripción de medios   Texto descriptivo que describe el conjunto de medios.

Desencadenador cifrado   Desencadenador creado con un parámetro opcional de cifrado que cifra el texto de definición y que no se puede descifrar. El cifrado convierte la información en indescifrable para protegerla de la visualización o uso no autorizado.

Desencadenador   Procedimiento almacenado que se ejecuta cuando se modifican los datos de una tabla especificada. A menudo se crean desencadenadores para exigir la integridad referencial o la coherencia entre los datos relacionados lógicamente en diferentes tablas.

Deshacer   Capacidad de quitar transacciones parcialmente finalizadas después de producirse un error en la base de datos o un error del sistema. *Consulte también* confirmar.

Deshacer transacción   Deshacer una transacción especificada por el usuario al último punto guardado de la transacción o al principio de la transacción.

Desnormalización   *Consulte* desnormalizar.

Desnormalizar   Introducir redundancia en una tabla para incorporar datos de una tabla relacionada. A continuación se puede eliminar la tabla relacionada. La desnormalización puede mejorar la eficacia y el rendimiento al reducir la complejidad del esquema de un almacén de datos. *Consulte también* esquema de estrella. Las desnormalización también se utiliza con frecuencia en bases de datos OLTP para optimizar ciertas operaciones.

Desplazar   Capacidad de moverse en un cursor en direcciones distintas a sólo adelante. Los usuarios pueden subir y bajar por el cursor a voluntad.

Diagrama de base de datos   Representación gráfica de una parte del esquema de una base de datos. Un esquema es una descripción de una base de datos en el sistema de administración de la base de datos (DBMS), generado con el lenguaje de definición de datos (DDL) que proporciona el DBMS. El diagrama de una base de datos puede ser una imagen completa o parcial de la estructura de una base de datos e incluye los objetos de las tablas, las columnas que contienen y las relaciones entre las mismas.

Diccionario de datos   Tablas del sistema que contienen descripciones de objetos de la base de datos y la forma en que están estructurados.

Dimensión   Atributo de estructura de un cubo, compuesto de una jerarquía organizada de categorías (niveles) que describe los datos de una tabla de hechos. Normalmente, estas categorías describen un conjunto similar de miembros en los que el usuario desea basar un análisis. Por ejemplo, una dimensión geográfica podría contener niveles para País, Región, Estado o Provincia, y Ciudad. *Consulte también* nivel, medida.

Dimensión compartida   Dimensión creada en una base de datos y que puede ser utilizada por cualquier cubo de la base de datos. *Consulte* dimensión privada.

Dimensión privada   Dimensión creada para un cubo específico y utilizada por éste. A diferencia de las dimensiones compartidas, las dimensiones privadas sólo están disponibles en el cubo en que se crearon. *Consulte también* dimensión compartida.

Dimensión temporal   Dimensión que divide el tiempo en niveles como Año, Trimestre, Mes y Día. En los Servicios OLAP, tipo especial de dimensión creado a partir de una columna de fecha y hora.

Dimensión virtual   Dimensión lógica basada en las propiedades de los miembros de una dimensión física. Los miembros de una dimensión virtual se derivan de los valores de una de las propiedades de un miembro de la dimensión física. Por ejemplo, se podría derivar una dimensión virtual Color de una dimensión de producto que contuviera las propiedades de miembro Color, Tamaño y Estilo; podría contener los miembros Azul, Rojo y Verde, que son valores de la propiedad Color. *Consulte también* dimensión, miembro y propiedad del miembro.

Directorio raíz   *Consulte* ruta de instalación.

Diseño lógico   Un diseño de implementación independiente que da formato a las entidades, relaciones y atributos de una base de datos.

Dispersión   Porcentaje relativo de celdas de una estructura multidimensional que no contienen datos. Los Servicios OLAP almacenan sólo celdas que contienen datos. Un cubo disperso necesita menos espacio de almacenamiento que un cubo denso con un diseño de estructura idéntico. *Consulte también* explosión de datos y densidad.

Dispositivo de copia de seguridad Cinta, archivo de disco o canalización con nombre utilizado en la operación de copia de seguridad o restauración.

Dispositivo En la informática general, un componente de hardware, por ejemplo, una unidad de disco duro o una unidad de cinta. En SQL Server 6.5, los dispositivos son archivos de sistema operativo que contienen bases de datos. En SQL Server 7, los dispositivos no se utilizan para almacenar bases de datos. Las copias de seguridad son almacenadas en dispositivos. *Consulte* archivo.

Distribuidor local Servidor configurado como editor que también actúa como su propio distribuidor. En esta configuración, las bases de datos de publicación y de distribución residen en el mismo equipo. *Consulte también* distribuidor remoto.

Distribuidor remoto Servidor configurado como distribuidor, pero en un equipo independiente del editor. En esta configuración, las bases de datos de publicación y de distribución residen en equipos independientes. Comparar con distribuidor local.

Distribuidor Servidor que contiene la base de datos de distribución. El distribuidor recibe todas las modificaciones realizadas en los datos publicados, almacena las modificaciones en su base de datos de distribución y las transmite a los suscriptores. El distribuidor puede ser o no el mismo equipo que el editor. *Consulte también* distribuidor local y distribuidor remoto.

Distribuir Mover transacciones o instantáneas de datos del editor a los suscriptores, donde se aplican a las tablas de destino de las bases de datos de suscripciones.

División de página Proceso de mover la mitad de las filas de una página de índice a una página nueva para crear espacio para una entrada de índice.

DLL *Consulte* biblioteca de vínculos dinámicos.

DML *Consulte* lenguaje de base de datos (DML).

DMO *Consulte* objetos de administración distribuida (DMO).

dominio En seguridad de Windows NT, colección de equipos agrupados para propósitos de visualización y administración que comparten una base de datos de seguridad común.

DRI *Consulte* integridad referencial declarativa (DRI).

DSO *Consulte* objetos de ayuda para la toma de decisiones (DSO).

DTS *Consulte* servicios de transformación de datos (DTS).

Duplicación Duplicación del esquema de una tabla y las definiciones de datos o procedimientos almacenados y llamadas desde una base de datos de origen a una base de datos de destino, normalmente en servidores independientes.

Duplicación de actualización Cualquier tecnología de duplicación que permite actualizar datos duplicados. *Consulte también* duplicación de mezcla y transacción sincrónica.

Duplicación de instantáneas Tipo de duplicación que toma una instantánea de los datos actuales de una publicación en el editor y reemplaza la duplicación completa en el suscriptor sobre una base periódica, en contraste con la publicación de las modificaciones cuando se producen. *Consulte también* duplicación transaccional y duplicación de mezcla.

Duplicación de mezcla Tipo de duplicación que permite a los sitios realizar modificaciones autónomas en los datos duplicados y, posteriormente, combinar las modificaciones realizadas en todos los sitios. La duplicación de mezcla no garantiza la coherencia transaccional. *Consulte también* duplicación de instantáneas y duplicación transaccional.

Duplicación de sólo lectura Publicación que el suscriptor no puede actualizar o modificar.

Duplicación transaccional Tipo de duplicación que marca las transacciones seleccionadas en el registro de transacciones de base de datos del editor para duplicación y que, a continuación, las distribuye asincrónicamente a los suscriptores como cambios incrementales, a la vez que mantiene la coherencia transaccional. *Consulte también* duplicación de mezcla y duplicación de instantáneas.

Duplicado Copia de objetos de una publicación recibida cuando el servidor se suscribe a una publicación.

E

Editor Servidor que hace que los datos estén disponibles para duplicar. El editor mantiene las bases de datos y envía copias de todas las modificaciones de los datos publicados al distribuidor.

Editor de cubos   Herramienta del Administrador OLAP que puede utilizar para crear nuevos cubos o modificar los existentes.

Editor de dimensiones   Herramienta del Administrador OLAP que puede utilizar para crear, examinar y modificar una dimensión y sus niveles. Ofrece dos vistas: Esquema, que examina y modifica la estructura de la tabla de dimensiones, y Examinar, que comprueba los datos de la dimensión.

Eje   Un conjunto de tuplas. Cada tupla es un vector de miembros. Un conjunto de ejes define las coordenadas de un conjunto de datos multidimensional. Para obtener más información acerca de los ejes, consulte la documentación de OLE DB. *Consulte también* tupla, rebanada.

Ejecución de consulta paralela   Ejecución de una única consulta a través de múltiples procesadores.

Elemento   Ubicación de una fila y columna en una tabla. Elemento es sinónimo de campo.

Eliminación en cascada   Operación de eliminación que elimina todas las filas o columnas relacionadas de una base de datos. Las eliminaciones en cascada, normalmente, se implementan utilizando desencadenadores o procedimientos almacenados.

Encabezado de medio   Información acerca de los medios de copia de seguridad.

Enlazar   En las interfaces de programación de aplicaciones (API) de SQL, asociación de una columna de un conjunto de resultados con una variable de programa de forma que los datos se mueven automáticamente a la variable o desde la variable de un programa cuando se recupera o actualiza una fila. En Transact-SQL se asocian reglas o valores predeterminados con columnas de tablas mediante sp_bindrule o sp_bindefault.

Entidad   Objeto real, al cual se hacer referencia con un nombre (persona, lugar, cosa o idea), por ejemplo, títulos, autores y editores.

Error fatal   Mensaje de error con nivel 19 de gravedad o superior. Póngase en contacto con el proveedor de soporte principal cuando se produzcan estos errores.

Errores de paquete   Número de errores de red que SQL Server detecta al leer y escribir paquetes de datos a través de la red.

Escalabilidad   Característica de un sistema que proporciona una mejora de rendimiento con la agregación de recursos. SQL Server es escalable. Por ejemplo, puede utilizar memoria o procesadores adicionales para acomodar más conexiones de usuarios.

Espacio privado de datos   Estructura pasada a los identificadores de sucesos de los servicios abiertos de datos que contiene información para crear y utilizar una conexión a un sistema remoto de administración de bases de datos.

Esquema de estrella   Estructura de base de datos relacional en la que los datos se mantienen en una sola tabla de hechos en el centro del esquema y que guarda los datos adicionales de dimensiones en tablas de dimensiones. Cada tabla de dimensiones se relaciona directamente con la tabla de hechos mediante una columna de claves. *Consulte* esquema radial ramificado.

Esquema   Descripción de una base de datos generada por el lenguaje de definición de datos (DDL) del sistema de administración de bases de datos (DBMS). En los Servicios OLAP, un esquema es una descripción de objetos multidimensionales como cubos, dimensiones, etc.

Esquema radial ramificado   Extensión de un esquema de estrella donde una o más dimensiones están definidas mediante varias tablas. En un esquema radial ramificado, sólo las tablas de la dimensión principal se combinan con la tabla de hechos. Se combinan tablas de dimensiones adicionales con las tablas de dimensiones principales. *Consulte también* esquema de estrella.

Estadísticas de actualización   Proceso que vuelve a calcular la información acerca de la distribución de valores de las claves de los índices especificados. Estas estadísticas las utiliza el optimizador de consultas para determinar la forma más eficaz de ejecutar una consulta.

Estándar federal de proceso de información (FIPS, Federal Information Processing Standard)   Estándares aplicados a los sistemas de equipos que adquiere el gobierno de Estados Unidos. Cada estándar FIPS es definido por el Instituto nacional de estándares y tecnología (NIST). El estándar actual de los productos de SQL es FIPS 127-2, que se basa en el estándar ANSI SQL-92. ANSI SQL-92 está alineado con ISO/IEC SQL-92.

Estructura multidimensional   Paradigma de base de datos que no trata los datos como tablas y columnas relacionales, sino como cubos de información que contienen datos de dimensiones y de resumen en celdas, cuya dirección se determina mediante un conjunto de coordenadas que especifican una posición en las dimensiones de la estructura. Por ejemplo, la celda con coordenadas

{VENTAS, 1997, WASHINGTON, SOFTWARE} podría contener el resumen de ventas de software en Washington en 1997. *Consulte también* cubo.

Explosión de datos   Crecimiento exponencial del tamaño de una estructura multidimensional como, por ejemplo, un cubo, debido al almacenamiento de datos precalculados.

Expresión booleana   Expresión que devuelve un valor verdadero o falso. Por ejemplo, la comparación del valor de 1 con el valor de 5 devuelve falso (1=5), las cláusulas WHERE son expresiones booleanas.

Expresión constante   Una expresión que sólo contiene valores constantes (no incluye los nombres de columnas u otros objetos de base de datos). Puede utilizar cualquier constante, función integrada, expresión matemática o variable global. El valor predeterminado debe ser compatible con el tipo de datos de la columna.

Expresión de valor   Expresión multidimensional (MDX) que devuelve un valor. Las expresiones de valor pueden operar en conjuntos, tuplas, miembros, niveles, números o cadenas. Por ejemplo, configure las expresiones de valor para que funcionen en miembros y tuplas y configure los elementos para producir otros conjuntos. Para obtener más información acerca de las expresiones MDX, consulte la documentación de OLE DB.

Expresión   Nombre de columna, función, variable, subconsulta o una combinación de nombres de columna, constantes y funciones conectadas mediante operadores en una subconsulta.

Expresiones multidimensionales (MDX, multidimensional expressions)   Sintaxis utilizada para consultar datos multidimensionales. Para obtener más información acerca de las expresiones multidimensionales (MDX), consulte la documentación de OLE DB.

Extensión   Espacio asignado para crear un objeto de SQL Server como, por ejemplo, una tabla o índice. En SQL Server, una extensión consta de ocho páginas contiguas.

Extrabloqueo   Petición de un bloqueo exclusivo que se deniega repetidamente debido a que una serie de bloqueos compartidos solapados impiden la interferencia. SQL Server detecta la situación después de cuatro denegaciones y rechaza más bloqueos compartidos. También se produce un extrabloqueo cuando las transacciones de lectura monopolizan una tabla o página, obligando a que una transacción de escritura espere indefinidamente. *Consulte también* interbloqueo.

F

Factor de llenado   Una opción utilizada en la creación de un índice para reservar espacio libre en cada página del índice. Esta opción asegura las expansiones futuras de datos de tabla y reduce las divisiones de página potenciales. El valor del factor de llenado es un porcentaje de 0 a 100 que especifica cuánto llenar las páginas de datos después de que se ha creado un índice.

Familia de medios   Todos los medios de un conjunto en los que escribe un único dispositivo. Por ejemplo, un medio inicial y todos los medios de continuación, si los hubiera.

Fantasma   El comportamiento fantasma se produce cuando una transacción intenta seleccionar una fila que no existe y una segunda transacción inserta la fila antes de que finalice la primera transacción. Si se inserta la fila, ésta aparece como un fantasma ante la primera transacción, al aparecer y desaparecer de forma incoherente.

FAT, sistema de archivos   Método de administración del almacenamiento en disco. Un sistema operativo utiliza el sistema de archivos FAT (tabla de asignación de archivos) para realizar el seguimiento del estado de los diversos segmentos de espacio de disco utilizados para almacenar archivos. *Consulte* sistema de archivos de Windows NT.

Fila   Estructura de datos que componen una colección de elementos (columnas), cada una con su propio nombre y tipo. Se puede tener acceso a una fila como una unidad colectiva de elementos o se puede tener acceso a cada elemento individualmente. Una fila es equivalente a un registro. *Consulte también* columna.

Filtrado horizontal   Crear un artículo que duplica sólo filas seleccionadas de la tabla base. Los suscriptores reciben solamente el subconjunto de datos filtrados horizontalmente. Puede utilizar el filtrado horizontal para crear particiones horizontales en la tabla base. *Consulte también* filtrado vertical y partición horizontal.

Filtrado   Designar sólo las filas o columnas seleccionadas de una tabla para su duplicación como un artículo. *Consulte también* filtro horizontal, filtro vertical y crear particiones.

Filtro vertical Crear un artículo que duplica solamente las columnas seleccionadas de la tabla base. Los suscriptores sólo reciben el subconjunto de datos filtrados verticalmente. Las columnas de la clave principal de la tabla no se pueden eliminar por filtro de un artículo de una publicación transaccional. Puede utilizar el filtrado vertical para crear particiones verticales de la tabla base. *Consulte también* filtro horizontal y crear particiones verticales.

Filtro Conjunto de criterios aplicado a lo registros para mostrar un subconjunto de los registros o para ordenar los registros.

FIPS *Consulte* estándar federal de proceso de información (FIPS).

FK *Consulte* clave externa (FK).

Flota, tipo de datos Tipo de datos que contiene números de punto flotante positivos o negativos. float, doble precisión y float(*n*) son tipos de datos flota de SQL Server.

Formato de carácter Datos almacenados en un archivo de datos de copia masiva mediante caracteres de texto.

Formato nativo Datos almacenados en un archivo de datos de copia masiva mediante los tipos de datos nativos de SQL Server.

Formato Unicode Datos almacenados en un archivo de datos de copia masiva mediante la utilización de caracteres Unicode.

Fragmentación Se produce cuando se realiza modificaciones en los datos. Puede reducir la fragmentación y aumentar el rendimiento de la lectura previa si quita y vuelve a crear un índice agrupado. DBCC DBREINDEX es una instrucción que se utiliza frecuentemente y que puede regenerar todos los índices de una tabla en una instrucción.

Función Conjunto de instrucciones que funcionan como una única unidad lógica, se las puede llamar por nombre, aceptan parámetros de entrada y devuelven información. En lenguajes de programación como C, una función es una subrutina con nombre de un programa que contiene determinada lógica. Se puede llamar a la función por nombre, con parámetros para pasar datos a la función y recuperar los datos que produce la función. En Transact-SQL, una función es una unidad de sintaxis

que contiene una palabra clave y, normalmente, un conjunto de parámetros. hay varias categorías de funciones de Transact-SQL: hay funciones de cadena, matemáticas, de sistema, niládicas, de texto e imagen, de fecha, de agregado y de conversión.

Función de agregado de filas Función que genera valores de resumen que aparecen como filas adicionales en los resultados de la consulta (a diferencia de los resultados de funciones de agregado, que aparecen como columnas nuevas). Permite ver filas de detalle y de resumen en un conjunto de resultados. Las funciones de agregado de filas (SUM, AVG, MIN, MAX y COUNT) se utilizan en una instrucción SELECT con la cláusula COMPUTE.

Función de aplicación Una función de SQL Server creada para aceptar las necesidades de seguridad de una aplicación. Se activa mediante una contraseña y mediante la utilización del procedimiento almacenado de sistema sp_setapprole.

Función de conversión *Consulte* función de conversión de tipos de datos.

Función de conversión de tipos Función que transforma expresiones de un tipo de datos a otro.

Función de SQL Server Conjunto con nombre de cuentas de seguridad. Una función de SQL Server puede contener usuarios de Windows NT, grupos de Windows NT, usuarios de SQL Server u otras funciones de SQL Server de la misma base de datos.

Función escalar Función que opera en un único valor y que devuelve un único valor. Las funciones escalares pueden ser utilizadas siempre y cuando la expresión sea válida.

Función fija de base de datos Funciones predefinidas en el nivel de base de datos que existen en cada base de datos.

Función fija de servidor Funciones predefinidas en el nivel de servidor que existen fuera de las bases de datos individuales.

Función Unidad administrativa de SQL Server que contiene inicios de sesión de SQL Server, inicios de sesión de Windows NT, grupos u otras funciones. *Consulte también* grupo.

funciones de agregado Funciones que calculan valores de resumen, como promedios y totales, a partir de los valores de una columna determinada y devuelven un valor único para cada conjunto de filas a los que se aplica la función. Las funciones de agregado son: AVG, COUNT, COUNT(*), MAX, MIN, SUM, STDEV, STDEVP, VAR y VARP. Las funciones agregadas pueden será aplicadas a todas las filas de una tabla, a un subconjunto de filas de tabla especificadas por la cláusula WHERE, o a uno o más grupos de filas de tabla especificados por la cláusula GROUP BY.

Funciones de cadena   Funciones que realizan operaciones sobre datos binarios, cadenas de caracteres o expresiones. Las funciones de cadena integradas devuelven valores que se necesitan comúnmente para realizar operaciones con datos de caracteres.

Funciones de conversión de tipo de datos   Funciones que transforman expresiones de un tipo de datos en otro. Las funciones CAST y CONVERT proporcionan esta capacidad.

Funciones de fecha y hora   Funciones utilizadas para mostrar información acerca de fechas y horas. Tratan los valores datetime y smalldatetime e incluyen los aritméticos.

Funciones del sistema   Funciones que devuelven información específica de la instalación de SQL Server. Las funciones del sistema permiten tener acceso a información de bases de datos o de un servidor desde una expresión, como la cláusula WHERE o la instrucción SELECT.

Funciones integradas   Grupo de funciones que proporciona SQL Server y que están agrupadas como se muestra a continuación:

- Funciones del sistema, la mayoría de las cuales devuelven información de tablas del sistema.

- Funciones de cadena, para manipular valores, como char, varchar, binary y varbinary.

- Funciones de texto e imagen para el tratamiento de valores text e image.

- Funciones matemáticas, para trigonometría, geometría y otros controles numéricos.

- Funciones de fecha y hora, para el tratamiento de valores datetime y smalldatetime.

- Dos funciones de conversión, CONVERT y CAST, para convertir expresiones de un tipo de datos a otro; así como para dar formato a fechas con diversos estilos.

Funciones niládicas   Las funciones niládicas permiten que se inserte un valor proporcionado por el sistema en una tabla cuando no se ha especificado ninguno. Las funciones niládicas de ANSI estándar se utilizan en las restricciones DEFAULT.

G

Generación de palabras   Proceso que consiste en determinar otras formas de las palabras especificadas. El servicio Microsoft Search actualmente implementa la generación de palabras conjugadas. Por ejemplo, si se especifica la palabra nadar, SQL Server también busca nada, nadando y nadó.

Generador de informes   Componente de software que produce salidas con formato desde una base de datos.

Generados de miembros calculados   Cuadro de diálogo del Administrador OLAP utilizado para crear miembros calculados. Puede seleccionar miembros y miembros primarios de una lista. Además, puede construir expresiones de valor calculado con los datos de un cubo y las funciones analíticas que se proporcionan. *Consulte también* miembro calculado.

Granularidad   Grado de especificación de la información que contiene un elemento de datos. Una tabla de hechos de granularidad fina contiene muchos hechos discretos como, por ejemplo, transacciones de ventas individuales. Una tabla de granularidad gruesa almacena hechos que resumen elementos individuales como, por ejemplo, las ventas totales por día.

Grupo   Unidad administrativa de Windows NT que contiene usuarios u otros grupos de Windows NT.

Grupo de archivos   Colección con nombre de uno o más archivos que forman una unidad simple de asignación y administración. Los grupos de archivos habilitan la creación de objetos en lugares específicos, por ejemplo, el ubicar una tabla a la que se accede intensivamente en una unidad rápida. También proporcionan la habilidad para realizar copias de seguridad de objetos específicos.

Grupo global   Grupo de Windows NT que contiene cuentas de usuario del dominio de Windows NT Server en el que se creó. Los grupos globales no pueden contener otros grupos o usuarios de otros dominios, y no se pueden crear en equipos que ejecuten Windows NT Workstation.

Grupo local   Grupo de Windows NT que contiene cuentas de usuarios y grupos globales del grupo de dominio en el que está creado y cualquier dominio de confianza. Los grupos locales no pueden contener otros grupos locales.

H

Habilitada para Internet   Configuración de publicaciones que permite la duplicación a suscriptores de Internet.

Habilitar   Proceso que permite realizar consultas de texto en la base de datos actual. Ejecute sp_fulltext_database con *acción* establecida a enable.

Hecho   Fila de una tabla de hechos de un almacén de datos. Un hecho contiene uno o más valores numéricos que miden un suceso de datos como, por ejemplo, una transacción de ventas.

Herramienta de red de cliente de SQL Server   Una herramienta cuyo propósito básico es cambiar la biblioteca de red de cliente predeterminada. La herramienta de red de cliente de SQL Server también se utiliza para administrar la configuración de cliente de la biblioteca de base de datos, las bibliotecas de red y las conexiones de red personalizadas.

Herramienta   Aplicación de SQL Server con una interfaz gráfica de usuario utilizada para realizar tareas comunes.

HOLAP (OLAP híbrido)   Modo de almacenamiento que utiliza una combinación de estructuras de datos multidimensionales y tablas de bases de datos relacionales para almacenar datos multidimensionales. Los Servicios de OLAP almacenan agregados de una partición de OLAP híbrido (HOLAP) en un estructura multidimensional y hechos en una base de datos relacional. *Consulte también* MOLAP (multidimensional), ROLAP (OLAP relacional).

I

Id. De proceso de servidor   Un integer único asignado a cada proceso de servidor incluyendo las conexiones de usuario.

Identificación de inicio de sesión   El identificador (Id.) que debe utilizar un usuario para iniciar una sesión en SQL Server. Un Id. de inicio de sesión puede tener hasta 128 caracteres y debe ser único para dicho servidor. Los caracteres pueden ser alfanuméricos, pero el primer carácter debe ser una letra, el signo de número (#) o el carácter de subrayado (_). Con el Modo de autenticación de Windows NT, no necesita mantener un identificador de inicio de sesión independiente para SQL Server; utilice simplemente la cuenta de Windows NT.

Identificador de inicio de sesión local   El identificador (Id.) que un usuario debe utilizar para iniciar sesión en un servidor local. Un Id. de inicio de sesión puede tener hasta 128 caracteres. Los caracteres pueden ser alfanuméricos, pero el primer carácter debe ser una letra (por ejemplo, CHRIS o TELLER8).

Identificador de inicio de sesión remoto   Identificador de inicio de sesión (Id. de inicio de sesión) asignado a un usuario para obtener acceso a procedimientos remotos de un servidor remoto. Este Id. de inicio de sesión puede ser el mismo que el Id. de inicio de sesión local del usuario. Un Id. de inicio de sesión remoto puede tener hasta 128 caracteres. Los caracteres pueden ser alfanuméricos, pero el primer carácter debe ser una letra (por ejemplo, CHRIS o TELLER8).

Identificador de seguridad (SID, security identifier)   Valor exclusivo que identifica a un usuario conectado en el sistema de seguridad. Los identificadores de seguridad (SID) pueden identificar a un usuario o a un grupo de usuarios.

Identificador   Nombre de un objeto de base de datos. Un identificador puede tener desde 1 a 128 caracteres. El primer carácter debe ser una letra, el carácter de subrayado (_), el signo arroba (@) o el signo de número (#). Un identificador que empieza con # indica una tabla temporal. Un identificador que comience con @ denota una variable. No se permiten espacios incrustados.

Idioma predeterminado   Idioma (por ejemplo, francés, alemán o inglés) utilizado para comunicar con el servidor. Una vez establecido el idioma predeterminado, el usuario inicia la sesión automáticamente con dicho idioma.

IEC   *Consulte* comisión electrónica internacional (IEC).

Image, tipo de datos   Tipo de datos del sistema de SQL Server de longitud variable que puede contener desde 0 a 2.147.483.647 bytes de datos binarios. No se puede utilizar el tipo de datos image en variables. Las conversiones y cálculos de números hexadecimales almacenados como binarios puede no ser fiables.

Índice agrupado   Índice en el que el orden lógico o indexado de los valores de la clave es el mismo que el orden físico almacenado de las correspondientes filas existentes en la tabla.

Índice compuesto   Índice que utiliza más de una columna en una tabla para indexar datos.

Índice de recuperación   Un índice sin agrupar que contiene todas las columnas requeridas para satisfacer una consulta en la lista de selección y en la cláusula WHERE.

Índice de texto   Parte de un catálogo de texto que almacena todas las palabras de texto y sus ubicaciones para una tabla dada.

Índice   En una base de datos relacional, objeto de base de datos que proporciona acceso rápido a los datos de las filas de una tabla, en función de valores de claves. Los índices proporcionan acceso rápido a los datos y pueden exigir la unicidad de las filas de una tabla. SQL Server acepta índices agrupados y no agrupados.

Índice sin agrupar   Índice en el que el orden lógico del índice no coincide con el orden físico o almacenado de las filas en el disco. Los nodos de hoja de un índice sin agrupar contienen filas de índice. Cada fila de índice contiene el valor clave sin agrupar y uno o más localizadores de filas que apuntan a la fila de datos (o filas, si el índice no es único) que tiene el valor clave nonrepeatable read.

Cuando una transacción lee la misma fila más de una vez, y entre las dos lecturas (o más), una transacción separada modifica la fila. Ya que la fila ha sido modificada entre lecturas dentro de la misma transacción, cada lectura produce valores diferentes, lo cual introduce la incoherencia.

Índice único   Índice en el que no se permite que dos filas tengan el mismo valor de índice, para así prohibir los índices o valores de clave duplicados. El sistema comprueba si hay valores de claves duplicados cuando se crea el índice y realiza la comprobación cada vez que se agregan datos con una instrucción INSERT o UPDATE.

Informe de interrupción de control   Informe cuyos valores de resumen están controlados mediante agrupamientos o rupturas definidas por el usuario.

Inicio de sesión (cuenta)   La identidad con la que un usuario establece una conexión a SQL Server.

Inicio de sesión de SQL Server   Cuenta almacenada en SQL Server que permite a los usuarios conectar a SQL Server.

INSERT   Instrucción de Transact-SQL utilizada para agregar nuevas filas a una tabla.

Instalación desatendida   Proceso que le permite instalar SQL Server 7 sin tener que responder a preguntas de petición de información del programa de instalación. Sino que puede crear un archivo de inicialización, guardar el archivo de inicialización en un dispositivo de almacenamiento accesible al ordenador en el que va a realizar la instalación e iniciar la instalación utilizando algunas opciones requeridas. Durante la instalación, los parámetros de configuración se leen del archivo de inicialización.

Instalación desatendida   Instalación de SQL Server en un ordenador que no está conectada a una red. Una instalación independiente se puede utilizar para instalar SQL Server en un ordenador que estará, pero todavía no está conectado a una red (por ejemplo, uno que todavía no tenga una tarjeta de red instalada). Una instalación desatendida también puede ser realizada en un ordenador cuyo objetivo sea ser un sistema de desarrollo que no tienen necesidad de conexiones de red.

Instantánea de sólo lectura   *Consulte* duplicación de sólo lectura.

Instantánea inicial   Proceso que asegura que las tablas de publicación y destino contienen el mismo esquema y datos antes de que un suscriptor reciba las transacciones duplicadas de un editor. Este proceso lo realiza el agente de instantáneas y el agente de distribución. *Consulte también* sincronización.

Instrucción activa   Instrucción SQL que se ha ejecutado, pero cuyo conjunto de resultados aún no se ha cancelado o procesado totalmente. Cuando se utilizan los conjuntos de resultados predeterminados, Microsoft SQL Server sólo admite una instrucción activa a la vez en una conexión. Las aplicaciones basadas en ODBC y OLE DB admiten varias instrucciones activas en una conexión de SQL Server cuando se utilizan cursores de servidor de la interfaz de programación de aplicaciones (API).

Instrucción de bloque   *Consulte* bloques.

Instrucción de paso a través   Instrucción SELECT que se pasa directamente a la base de datos de origen sin modificación o retardo. En el servicio PivotTable, la opción PASSTHROUGH (paso a través) forma parte de la instrucción INSERT INTO. *Consulte también* servicio PivotTable.

Instrucción SQL   Instrucción SQL o de Transact-SQL como, por ejemplo, SELECT o DELETE, que realiza una acción sobre los datos.

Instrucciones SQL dinámicas   En SQL incrustado para C, instrucción SQL generada y ejecutada en tiempo de ejecución.

Instrucciones SQL estáticas   En SQL incrustado para C, instrucción SQL que se generó en el momento en que se compiló la aplicación. Se crea como un procedimiento almacenado al compilar la aplicación y el procedimiento almacenado se ejecuta cuando se ejecuta la aplicación.

int (integer), tipo de datos   Tipo de datos del sistema de SQL Server que contiene números enteros desde 2,147,483,647 a –2,147,483,648, inclusive. No puede escribir –2.147.483.648 en una columna con tipos de datos integer, pero puede escribir –2.147.483.647 – 1. Puede almacenar este número o puede ser el resultado de un cálculo. El tamaño de almacenamiento es 4 bytes.

Integración de monitor de sistema de SQL Server   Integración del Monitor de sistema de Windows NT con SQL Server, que proporciona estadísticas de actividad y rendimiento actualizadas al minuto.

Integridad de datos   Precisión y fiabilidad de los datos. La integridad de los datos es importante en los entornos de un solo usuario y de varios usuarios. En entornos multiusuario, en los que se comparten los datos, tanto el potencial como el costo de daños en los datos es elevado. En entornos de sistemas de administración de bases de datos relacionales (RDBMS) a gran escala, la integridad de los datos es un aspecto muy importante.

integridad de dominio   Integridad que exige entradas válidas para una columna dada. La integridad de dominio se exige mediante la restricción del tipo (a través de tipos de datos), el formato (a través de restricciones CHECK y reglas) o la modificación de los valores posibles (a través de las restricciones REFERENCE y CHECK, así como de reglas).

Integridad de entidad   Define una fila como entidad única para una tabla en particular y se asegura de que la columna no puede contener datos duplicados. Normalmente exige la clave primaria de una tabla (a través de índices, restricciones UNIQUE o restricciones PRIMARY KEY).

Integridad referencial (RI)   Mecanismo de integridad que asegura los datos vitales de una base de datos como, por ejemplo, el identificador único de una porción de datos dada, que mantiene la precisión y es utilizable a medida que la base de datos cambia. La integridad referencial implica la administración de los valores de datos correspondientes entre tablas cuando la clave externa de una tabla contiene los mismos valores que la clave principal de otra tabla.

Integridad referencial declarativa (DRI, Declarative Referential Integriti)   Capacidad integrada de SQL Server que comprueba la integridad de los datos de una tabla específica. Se implementa utilizando restricciones PRIMARY, UNIQUE y FOREIGN KEY (REFERENCES).

Interbloqueo   Situación que se produce cuando dos usuarios, cada uno con un bloqueo sobre una porción de datos, intentan adquirir un bloqueo en la porción del otro. Cada usuario espera a que el otro libere el bloqueo. SQL Server detecta los interbloqueos y elimina el proceso de un usuario. *Consulte* extrabloqueo.

Intercalación Unicode   Actúa como orden de los datos de Unicode. Es un conjunto de reglas que determina la forma en que SQL Server compara, intercala y presenta los datos de Unicode como respuesta a consultas de bases de datos.

Interfaz de nivel de llamadas (CLI, Call-Level Interface)   Interfaz que admite ODBC para que la utilice una aplicación.

Interfaz de programación de aplicaciones (API)   Un conjunto de rutinas disponibles en una aplicación, como bibliotecas de bases de datos, que utilizan los programadores de software para diseñar la interfaz de una aplicación.

Interfaz de programación de aplicaciones de correo electrónico (MAPI, Messaging Application Programming Interface).   Interfaz de programación de aplicaciones de correo electrónico (API)). SQL Mail y SQLAgentMail utilizan MAPI.

Intersección de índice   Técnica que permite al procesador de consultas evaluar varios índices de una tabla, constructo, tabla hash de esos índices y utiliza la tabla hash para reducir la E/S. La tabla hash resultante se convierte básicamente en un índice de cobertura y proporciona los mismos beneficios de rendimiento de E/S que los índices de cobertura.

Intervalo de recuperación   Intervalo que determina la frecuencia de los puntos de comprobación mediante la especificación de la cantidad de tiempo que debe emplear el sistema en recuperarse.

Intervalo de sondeo   La opción que establece lo a menudo que se comprueba el estado del servicio (SQL Server o Agente SQL Server).

Invitado   Cuenta especial de usuario de cada base de datos para realizar inicios de sesión sin una cuenta de usuario de base de datos. Se puede quitar la cuenta de invitado de una base de datos.

IPC   *Consulte* comunicación entre procesos (IPC).

ISO   *Consulte* organización internacional de estandarización (ISO).

ISQL   *Consulte* lenguaje de consulta estructurado interactivo (ISQL).

J

Jerarquía de dimensión   Una de las jerarquías de una dimensión. *Consulte también* jerarquía.

Jerarquía de niveles   *Consulte* jerarquía de dimensiones y jerarquía.

Jerarquía   Organización de los miembros de una dimensión en niveles basados en las relaciones entre elementos primarios y secundarios como, por ejemplo, Año, Semestre, Mes, Día, País, Región, Estado, Provincia o Ciudad. Los miembros de una jerarquía se organizan desde los más generales a los más específicos.

Juego de caracteres   Los juegos de caracteres determinan el tipo de caracteres que SQL Server reconoce en los tipos de datos char, varchar y text. Un juego de caracteres es un conjunto de 256 letras, dígitos y símbolos específicos de un país o idioma. Los caracteres imprimibles de los primeros 128 valores son los mismos para todos los juegos de caracteres. Los últimos 128 caracteres, a veces llamados caracteres extendidos, son únicos en cada juego de caracteres. Un juego de caracteres está relacionado con los caracteres Unicode, pero es independiente de los mismos.

L

Latencia   Cantidad de tiempo que transcurre entre la finalización de una modificación en el editor y el momento en que aparece en la base de datos de destino en el suscriptor.

Lectura no confirmada   Lecturas que contienen datos no confirmados. Por ejemplo, la transacción1 modifica una fila. La transacción2 lee los datos modificados antes de que la transacción1 confirme la modificación. Si la transacción1 deshace la modificación, la transacción2 lee una fila que se considera que nunca ha existido.

Lecturas físicas   Lecturas y escrituras de los datos que realiza la página de la base de datos.

Lenguaje de base de datos   Lenguaje utilizado para tener acceso, consultar, actualizar y administrar datos en sistemas de bases de datos relacionales. SQL es un lenguaje de base de datos ampliamente utilizado. Con SQL, puede recuperar datos de una base de datos, crear bases de datos y objetos de base de datos, agregar datos, modificar datos existentes y realizar otras funciones complejas. Muchas de estas capacidades se implementan mediante la utilización de tres tipos de instrucciones SQL: lenguaje de definición de datos (DDL), lenguaje de tratamiento de datos (DML) y lenguaje de control de datos (DCL). La implementación de Microsoft SQL Server de SQL recibe el nombre de Transact-SQL.

Lenguaje de consulta estructurado interactivo (ISQL)   Programa del símbolo del sistema suministrado con SQL Server que permite a los usuarios ejecutar instrucciones o lotes de Transact-SQL desde un servidor o estación de trabajo y ver los resultados devueltos.

Lenguaje de consultas estructurado (SQL, Structured Query Language)   Lenguaje de consultas y programación de bases de datos que desarrolló originalmente IBM para grandes sistemas. Se utiliza ampliamente para tener acceso a datos, consultar, actualizar y administrar sistemas de bases de datos relacionales. En la actualidad hay una definición de SQL de estándar ANSI para todos los sistemas.

Lenguaje de control de datos (DCL, Data Control Languaje)   Subconjunto de instrucciones SQL utilizado para controlar los permisos en objetos de base de datos. Los permisos se controlan con las instrucciones GRANT y REVOKE. Consulte lenguaje de definición de datos (DDL) y lenguaje de tratamiento de datos (DML).

Lenguaje de control de flujo   Claves de Transact-SQL que controlan el flujo de ejecución de instrucciones SQL, bloques de instrucciones y procedimientos almacenados. IF y WHILE son ejemplos de lenguaje de control de flujo.

Lenguaje de definición de datos (DDL, Data Definition Language)   Subconjunto de instrucciones SQL utilizado para modelar la estructura (en lugar del contenido) de una base de datos o un cubo. DDL proporciona la capacidad de crear, modificar y eliminar bases de datos y objetos de base de datos.

Lenguaje de tratamiento de datos (DML, Data Manipulation Language)   Subconjunto de instrucciones SQL utilizado para recuperar y tratar datos, por ejemplo, SELECT, INSERT, UPDATE y DELETE.

Libros en pantalla de SQL Server   Conjunto de documentación en pantalla de SQL Server. Libros en pantalla de SQL Server es una opción de instalación que presenta el programa de instalación. Si selecciona esta opción se copian los archivos en el disco duro y se agrega el icono Libros en pantalla de SQL Server al grupo de programas Microsoft SQL Server 7.0.

Libros en pantalla   *Consulte* Libros en pantalla de SQL Server.

Linaje de datos   Mecanismo de registro de la información para determinar el origen de cualquier parte de los datos y las transformaciones aplicadas a esos datos con los Servicios de transformación de datos (DTS). Se puede realizar el seguimiento del linaje de los datos en el nivel de paquete y de fila de una tabla y proporciona un completo seguimiento de auditoria de la información almacenada en un almacén de datos. El linaje de datos sólo está disponible para los paquetes almacenados en Repository.

Lista de acceso publicación   Lista de inicios de sesión que tienen acceso a una publicación. La lista de acceso de publicación predeterminada de un servidor controla el acceso a todas las publicaciones del servidor que no tienen una lista de acceso de publicación personalizada.

Lista de selección   Información (columnas, expresiones, etc.) a devolver desde las tablas específicas en una consulta.

Llamada a procedimiento remoto (RPC)   En términos de red, una llamada utiliza mecanismos IPC como, por ejemplo, canalizaciones con nombre, para establecer una comunicación entre el cliente y el servidor. En término de SQL Server, llamar a un procedimiento almacenado en un servidor remoto desde un procedimiento de un servidor.

Llenar   *Consulte* proceso.

Longitud de campo   Número máximo de caracteres necesario para representar datos en un archivo de datos con formato de carácter de copia masiva.

Longitud de prefijo   Número de caracteres de prefijo que preceden a cada campo de archivo de datos de formato nativo bcp.

Lote   Conjunto de instrucciones SQL enviadas juntas y que se ejecutan como un grupo. Una secuencia de comandos a menudo está compuesta por una serie de lotes enviados uno detrás del otro. Un lote se compila como un todo sólo una vez y finaliza mediante una señal de final de lote (como la instrucción GO de los programas de SQL Server).

M

Mapa de asignación global (GAM, Global Allocation Map)   Páginas que registran qué extensiones han sido asignadas. Cada GAM cubre 64.000 extensiones, o casi 4 GB de datos. GAM tiene un bit para cada extensión en el intervalo que cubre. Si el bit es 1, la extensión está libre; si el bit es 0, la extensión está asignada.

Mapa de asignación global compartido (SGAM)   Páginas que registran qué extensiones están en uso actualmente como extensiones mixtas y tienen por lo menos una página sin utilizar. Cada página SGAM trata 64.000 extensiones o casi 4 GB de datos. La SGAM tiene un bit por cada extensión del intervalo cubierto por ella. Si el bit es 1, la extensión está siendo utilizada como una extensión mixta y tiene páginas libres; si el bit es 0, la extensión no está siendo utilizada como una extensión mixta, o es una extensión mixta cuyas páginas están siendo utilizadas completamente.

Marcador reutilizable   Marcador que puede consumir un conjunto de filas de una tabla dada y se puede utilizar en diferentes conjuntos de filas de la misma tabla para situarse sobre una fila correspondiente.

Master, archivo   El archivo de base de datos que contiene la base de datos master.

Master, base de datos   Base de datos que controla las bases de datos del usuario y el funcionamiento de SQL Server como un todo. Se instala automáticamente con SQL Server y realiza un seguimiento de las cuentas de usuarios, cuentas de usuarios remotos y servidores remotos con los que puede interactuar este servidor. También realiza el seguimiento de los procesos entrantes, variables configurables del entorno, mensajes de error del sistema, bases de datos de SQL Server, espacio de almacenamiento asignado a cada base de datos, cintas y discos disponibles en el sistema y bloqueos activos.

Master, dispositivo   Archivo instalado con versiones anteriores de SQL Server que se utilizaba para almacenar las bases de datos master, model y tempdb y los registros de transacciones, así como la base de datos de ejemplo pubs y el registro de transacciones. Estas bases de datos ahora residen por cuenta propia en sus propios archivos individuales. *Consulte* master, archivo.

MDX   *Consulte* expresiones multidimensionales (MDX).

Medida   Columna cuantitativa y numérica de una tabla de hechos. Normalmente, las medidas representan los valores que se analizan. *Consulte también* dimensión.

Medio de continuación   Medio que se inserta cuando el medio inicial está lleno, para permitir la continuación de la operación de copia de seguridad.

Medio de copia de seguridad   Disco, cinta o canalización con nombre utilizados para guardar el conjunto de copia de seguridad.

Medio de copia de seguridad   Una opción que evita que las copias de seguridad sean sobrescritas hasta que haya pasado el número de días especificado.

Medio inicial   El primer medio de cada familia de medios.

MemberKeyColumn   Propiedad que especifica los identificadores de los miembros de una dimensión. La propiedad MemberKeyColumn especifica una columna de una tabla o una expresión que, al evaluarla, da como resultado un conjunto de identificadores de miembros. Por ejemplo, la columna MonthNumber (número de mes) de una dimensión temporal podría contener números entre 1 y 12, que corresponden a los meses del año. Consulte también MemberNameColumn y variable de miembro.

MemberNameColumn   Propiedad que asocia nombres con identificadores de los miembros de una dimensión especificada mediante la propiedad MemberKeyColumn. Por ejemplo, la columna MonthName (nombre de mes) de una dimensión temporal podría contener los nombres Ene, Feb, Mar, etc., que se corresponderían con

los números 1 al 12 de la columna MonthNumber (número de mes) en la misma tabla. Estos nombres se devuelven al cliente cuando se evalúan las consultas y se pueden utilizar para que los datos presentados sean más legibles. *Consulte también* MemberKeyColumn y variable de miembro.

Memo   Tipo de columna que contiene largas cadenas de texto (normalmente más de 255 caracteres). Es el equivalente de Access de un tipo de datos de texto de SQL Server.

Mensaje de resultados enviados   Mensaje enviado a un cliente con srv_senddone para indicar que se ha enviado un conjunto de resultados al cliente.

Metadatos   Datos acerca de los datos. Información acerca de las propiedades de los datos, como el tipo de datos de una columna (numérico, texto, etc.) o la longitud de una columna. Información acerca de la estructura de los datos. Información que especifica el diseño de objetos como cubos o dimensiones. Los metadatos son un aspecto importante de SQL Server, de los servicios de transformación de datos y de los servicios OLAP.

Método   Función que realiza una acción mediante la utilización de un objeto del modelo de objetos componentes (COM), como en SQL-DMO, OLE DB y ADO.

Mezcla   En SQL Server y servicios OLAP, la operación que combina dos particiones en una sola partición.

Microsoft ActiveX Data Objects (ADO)   Interfaz de programación de aplicaciones (API) que engloba OLE DB, fácil de utilizar en lenguajes como Microsoft Visual Basic, Visual Basic para Aplicaciones, páginas Active Server y Microsoft Internet Explorer Visual Basic Scripting.

Microsoft ActiveX Data Objects (Multidimensional) (ADO MD)   Conjunto de interfaces de acceso a datos basadas en objetos de alto nivel e independientes del lenguaje utilizado, optimizadas para aplicaciones de datos multidimensionales. Visual Basic y otros lenguajes de automatización utilizan ActiveX Data Objects (multidimensional) (ADO MD) como interfaz de acceso a datos para el almacenamiento de datos multidimensionales. ADO MD forma parte de ADO 2.0 y versiones posteriores.

Microsoft Management Console (MMC)   Microsoft Management Console (MMC) es un marco de trabajo de consola común y extensible para aplicaciones de administración. Los Servicios OLAP utilizan MMC para contener su interfaz de usuario, el Administrador OLAP.

Microsoft ODBC *Consulte* ODBC.

Microsoft Repository Conjunto de interfaces Microsoft ActiveX y modelos de información que se utilizan para definir esquemas de bases de datos y transformaciones de datos como se especifica en Microsoft Data Warehousing Framework. DTS soporta la información Repository almacenada en la base de datos de SQL Server msdb. Repository es el método más común de almacenar paquetes DTS en un escenario de almacenamiento de datos, ya que es el único método que proporciona el linaje de datos para los paquetes.

Miembro calculado Miembro de una dimensión cuyo valor se calcula en tiempo de ejecución mediante una expresión. Los valores de los miembros calculados pueden derivarse de los valores de otros miembros. Un miembro calculado es cualquiera que no sea un miembro no calculado. Por ejemplo, se puede determinar el miembro Beneficio al restar el valor del miembro Costos del valor del miembro Ventas. Consulte también generador de miembros calculados, miembro no calculado.

Miembro no calculado Miembro cuyo valor se carga directamente desde el almacén de datos en lugar de calcularse a partir de otros datos. *Consulte* miembro calculado.

Miembro Elemento de una dimensión que representa una o más apariciones de datos. Un miembro puede ser exclusivo o no exclusivo. Por ejemplo, 1997 y 1998 representan a miembros exclusivos del nivel Año de la dimensión Tiempo, donde enero representa a los miembros no exclusivos del nivel Mes debido a que puede haber mas de un enero en la dimensión Tiempo si contiene datos de más de un año.

Migración de datos Proceso de extracción de datos de sistemas operativos a almacenes de datos con un impacto mínimo en los sistemas de origen y la transformación de los datos de origen en un formato coherente con el diseño y requisitos del almacén de datos. *Consulte también* transformación de datos y almacén de datos.

MMC *Consulte* (MMC).

Model, base de datos Base de datos instalada con SQL Server que proporciona la plantilla para nuevas bases de datos de usuario. Cada vez que se crea una base de datos, SQL Server crea una copia de model y, a continuación, la extiende al tamaño pedido. Una base de datos nueva no puede ser menor que model. La base de datos model contiene las tablas del sistema requeridas para cada base de datos de usuario. Puede modificar model para agregar los objetos que desee en una base de datos recién creada.

Modelo de datos relacional Método de organización de datos en tablas de dos dimensiones compuestas de filas y columnas. El modelo se basa en la teoría matemática de las relaciones, una parte de la teoría de conjuntos.

Modelo de datos *Consulte* modelo de datos relacional.

Modelo de objetos componentes (COM) Modelo de programación en el que se basan diversas interfaces de programación de aplicaciones (API) de SQL Server y de bases de datos como SQL-DMO, OLE DB y ADO.

Modificación de datos Agregar, eliminar o cambiar la información de una base de datos mediante instrucciones INSERT, DELETE y UPDATE de Transact-SQL.

Modo de exploración Función que permite examinar filas de la base de datos y actualizar los valores de una en una. Varias funciones del modo de exploración devuelven información que una aplicación puede utilizar para examinar la estructura de una consulta *ad hoc* complicada.

Modo de respuesta directa Modo predeterminado en el que se recopilan las estadísticas de SQL Server independientemente de la pantalla de estadísticas de SQL Server. Los datos están disponibles de forma inmediata para el Monitor de rendimiento de SQL Server; sin embargo, las estadísticas mostradas están un período por detrás de las estadísticas recuperadas.

Modo de seguridad de inicio de sesión Modo de seguridad que determina la forma que en un equipo SQL Server valida una petición de inicio de sesión. Hay dos tipos de seguridad de inicio de sesión: modo de autenticación de Windows NT y modo mixto.

Modo de usuario único Modo inicial que restringe las conexiones. Sólo un único usuario puede conectar y el mecanismo CHECKPOINT (que garantiza que las transacciones finalizadas se escriben regularmente de la caché del disco en el dispositivo de base de datos) no se inicia.

Modo mixto Combina la autenticación de Windows NT y la autenticación de SQL Server. Permite a los usuarios conectar a SQL Server, a través de una cuenta de usuario de Windows NT o un inicio de sesión en SQL Server.

Módulo Operador aritmético que proporciona el resto entero tras realizar una división que implica a dos enteros.

MOLAP (OLAP multidimensional)   Modo de almacenamiento que utiliza una estructura propietaria multidimensional para almacenar hechos y agregados de una partición. Los datos de una partición están completamente contenidos en la estructura multidimensional. *Consulte* HOLAP (OLAP híbrido), ROLAP (OLAP relacional).

Money, tipo de datos   Tipo de datos del sistema de SQL Server que almacena valores monetarios desde +922.337.203.685.477,5807 a –922.337.203.685.477,5808 con precisión de diez mil unidades de la moneda. El tamaño de almacenamiento es de 8 bytes.

Monitor de duplicación   Herramienta gráfica del Administrador corporativo de SQL Server utilizada para simplificar la supervisión de duplicación y la solución de problemas.

Monitor de rendimiento de Windows NT   Programa de Windows NT que proporciona a los administradores del sistema una forma de supervisar el rendimiento de SQL Server. Las estadísticas de SQL Server contienen rendimiento de bloqueos, tamaño actual de los registros de transacciones, conexiones de usuarios y rendimiento del servidor. Incluso puede establecer alertas para iniciar una acción especificada cuando se alcanza un umbral especificado.

Monitor de rendimiento   *Consulte* monitor de rendimiento de Windows NT.

Multiprocesado simétrico   Un ordenador con más de un procesador, en el cual cada procesador tiene acceso a la memoria, maneja las interrupciones y accede a los datos E/S como cualquier otro procesador en el ordenador.

Multiusuario   Capacidad de un equipo de admitir muchos usuarios trabajando al mismo tiempo, mientras proporciona el intervalo completo de capacidades del sistema a cada usuario.

N

Nchar, tipo de datos   Tipo de datos de longitud fija con un máximo de 4.000 caracteres de Unicode. Los caracteres Unicode utilizan 2 bytes por carácter y son compatibles con todos los caracteres internacionales.

Nivel de aislamiento   Opción que permite personalizar el bloqueo de una sesión de SQL Server completa. Cuando establece el nivel de aislamiento, especifica el comportamiento predeterminado de los bloqueos de todas las instrucciones SELECT de la sesión de SQL Server.

Nivel hoja   Nivel inferior de un índice agrupado o no agrupado. En un índice agrupado, el nivel hoja contiene las páginas de datos reales de la tabla. En un índice no agrupado, el nivel hoja señala a páginas de datos o al índice agrupado (si existe uno), en lugar de contener los datos en sí.

Nivel Todos   El nivel opcional más alto de una dimensión, denominado "Todos" de forma predeterminada. El nivel Todos contiene un solo miembro que es el resumen de todos los miembros del nivel inmediatamente subordinado

Nivel   Elemento de una jerarquía de dimensiones. Los niveles describen el orden de una dimensión desde el nivel de datos más alto (más resumido) al más bajo (más detallado). Por ejemplo, los posibles niveles de la dimensión Geografía son: País, Región, Estado, Provincia o Ciudad. *Consulte* dimensión y jerarquía.

Nombre de base de datos   El nombre dado a una base de datos. Los nombres de bases de datos deben ser únicos para su servidor y estar de acuerdo con las reglas de identificadores. Pueden tener hasta 128 caracteres.

nombre de conector "ad hoc"   Un nombre de conector utilizado para consultas poco frecuentes en orígenes de datos OLE DB que no están definidos como servidores vinculados. La Función OpenRowset de la cláusula FROM de una consulta que permite emitir toda la información de las conexiones de un servidor externo y un origen de datos cada vez que se debe tener acceso a los datos. La función OpenRowset proporciona las propiedades y parámetros necesarios para tener acceso a datos específicos.

Nombre de origen de datos (DSN, Data Source Name)   Nombre asignado a un origen de datos de ODBC. Las aplicaciones pueden utilizar nombres de origen de datos (DSN) para pedir una conexión a un origen de datos de ODBC del sistema, que especifica el nombre del equipo y (opcionalmente) de la base de datos asignada al DSN. Un DSN también puede hacer referencia a una conexión OLE DB.

Nombre de servidor   Nombre que utiliza un cliente para identificar a un servidor que ejecuta SQL Server. Los nombres de servidor en un cliente se administran mediante la Herramienta de red de cliente. Asimismo, el nombre que utiliza un equipo SQL Server cuando realiza una llamada a un procedimiento almacenado remoto de otro servidor SQL Server.

Nombre de usuario   Nombre conocido para una base de datos y asignado a un Id. de inicio de sesión con el propósito de permitir a un usuario tener acceso a dicha base de datos. Las capacidades que tiene un usuario dentro de una base de datos dependen de los permisos otorgados al nombre de usuario y a los permisos otorgados a los grupos de los que es miembro el usuario. Un nombre de usuario puede tener hasta 128 caracteres y debe ser único dentro de la base de datos. Los caracteres pueden ser alfanuméricos, pero el primer carácter debe ser una letra o los símbolos # o _ (por ejemplo, CRIS o USUARIO8).

Nombre del medio   Nombre descriptivo del conjunto completo de medios de copia de seguridad.

Nombre físico   La ruta donde se ha ubicado un archivo de copia de seguridad o de base de datos.

Nombre lógico   Nombre que utiliza SQL Server para identificar un archivo. El nombre lógico de un archivo debe cumplir las reglas de identificadores y puede tener hasta 30 caracteres.

Normalización de datos   Proceso de hacer que los datos sean coherentes manual o automáticamente mediante la utilización de programas. Por ejemplo, una base de datos con datos incoherentes puede contener direcciones de clientes que tengan la columna State establecida como "WA" para un cliente y como "Washington" para otro. La normalización de datos se realiza antes o durante la transferencia de información a un almacén de datos. *Consulte también* transformación de datos.

Northwind, base de datos   Base de datos suministrada con SQL Server. Si la base de datos Northwind no ha sido instalada con SQL Server, puede instalarla utilizando la secuencia de comandos Instnwnd.sql.

Ntext, tipo de datos   Tipo de datos de longitud variable que puede contener un máximo de $2^{30} -1$ (1.073.741.823) caracteres o $2^{31} -1$ bytes (2.147.483.647). Las columnas ntext almacenan un puntero de 16 bytes en la fila de datos y éstos se almacenan independientemente.

NTFS   *Consulte* sistema de archivos de Windows NT (NTFS).

Núcleo   Componente principal esencial del servidor que controla varias funciones como, por ejemplo, la programación de tareas, caché de disco, bloqueos y ejecución de consultas compiladas.

NULL   Entrada que no tiene un valor asignado explícitamente. NULL no es equivalente a cero o blanco. El valor NULL no se considera mayor que, menor que o equivalente a otro valor, incluido otro valor NULL.

Número de estado de error   Proporciona información acerca del contexto de un error. Los números de estado de error válidos están entre 1 y 127. Un número de estado de error identifica el origen del error (si se puede emitir el error desde más de un origen).

Número de mensaje   Número que identifica de forma exclusiva a un mensaje de error.

Número de nivel de gravedad   Nivel de gravedad de un error. Los niveles válidos son de 1 a 25. Sólo el administrador del sistema puede agregar un mensaje con un nivel de gravedad de 19 a 25.

Nvarchar, tipo de datos   Tipo de datos de longitud variable con un máximo de 4.000 caracteres Unicode. Los caracteres Unicode utilizan 2 bytes por carácter y son compatibles con todos los caracteres internacionales.

O

Objeto base   *Consulte* objeto subyacente.

Objeto de base de datos   Uno de los componentes de la base de datos: una tabla, índice, desencadenador, vista, clave, restricción, valor predeterminado, regla, tipo de datos definido por el usuario o procedimiento almacenado.

Objeto subyacente   Objeto (tabla u otra vista) del que se deriva una vista. Una vista puede tener uno o más objetos subyacentes.

Objeto   Uno de los componentes de la base de datos: una tabla, índice, desencadenador, vista, clave, restricción, valor predeterminado, regla, tipo de datos definido por el usuario o procedimiento almacenado. También llamado objeto de base de datos. En la programación COM un objeto tiene propiedades y métodos y expone interfaces; por ejemplo, SQL-DMO es una jerarquía de objetos COM.

Objetos de administración distribuida (DMO, Distributed Management Objects)   Los objetos de administración distribuida de SQL (SQL-DMO) son modelos de objetos componentes (COM) de 32 bits de los sistemas operativos Microsoft Windows 95/98 y Microsoft Windows NT. Los objetos de SQL-DMO son compatibles con la automatización OLE El modelo de objetos de SQL-DMO contiene los objetos, propiedades, métodos y colecciones utilizados para escribir programas para administrar varios equipos SQL Server distribuidos a través de una red. Los programas de SQL-DMO pueden variar desde simples secuencias de comandos de Visual Basic a aplicaciones complejas de Visual C++.

Objetos de automatización OLE   Objeto del modelo de objetos componentes (COM) que proporciona interfaces compatibles con Automatización.

Objetos de ayuda a la toma de decisiones (DSO, Decision Support Objects)   Modelo de objetos de servidor de los Servicios OLAP de Microsoft SQL Server. Los Objetos de ayuda a la toma de decisiones (DSO) se utilizan para crear aplicaciones que definen y administran cubos u otros objetos. También se puede utilizar DSO para ampliar la funcionalidad del Administrador OLAP o para automatizar el mantenimiento actual del sistema.

Ocupación de CPU   Estadística de SQL Server que informa del tiempo, en milisegundos, que emplea la unidad central de procesamiento (CPU) en el trabajo de SQL Server.

Ocupación de E/S   El tiempo, en milisegundos, que SQL Server ocupa en realizar operaciones de entrada y salida.

ODBC   *Consulte* conectividad abierta de bases ded atos (ODBC).

ODS   *Consulte* servicios abiertos de datos (ODS).

OLAP híbrido   *Consulte* HOLAP (OLAP híbrido).

OLAP relacional   Consulte ROLAP (OLAP relacional).

OLAP   *Consulte* proceso analítico en línea (OLAP).

OLAP multidimensional   *Consulte* MOLAP (OLAP multidimensional).

OLE DB para OLAP   Sección de OLE DB 2.0 y versiones posteriores destinada a estructuras multidimensionales y OLAP. *Consulte* OLE DB, ADO MD, Microsoft ActiveX Data Objects (Multidimensional).

OLE DB   Interfaz de programación de aplicaciones (API) basada en COM para tener acceso a datos. OLE DB acepta el acceso a cualquier formato de almacenamiento de datos (bases de datos, hojas de cálculo, archivos de texto, etc.) para los que haya un proveedor de OLE DB disponible.

OLE   *Consulte* vinculación e incrustación de objetos (OLE).

OLTP   *Consulte* proceso de transacciones en línea. (OLTP).

Opciones de autoiniciado   El programa de instalación configura los servicios de SQLServer y del agente SQL para que se ejecuten como un servicio hincado automáticamente. La opción se denomina autoiniciado para cada servicio.

Operador de combinación   Operador de comparación de una condición de combinación que determina cómo se evalúan las dos partes de la condición y los registros que se devuelven.

Operador   Símbolo utilizado para realizar cálculos matemáticos y comparaciones entre columnas o variables. En la administración de SQL Server, un operador es una persona designada para recibir un mensaje de correo electrónico o una notificación de localizador de las disposiciones de alertas y trabajos.

Operadores lógicos   Los operadores AND, OR y NOT. Se utilizan para conectar condiciones de búsqueda en cláusulas WHERE.

Optimizado de consultas   Componente de SQL Server responsable de generar el plan de ejecución óptimo de una consulta.

Optimizado   *Consulte* optimizado de consultas.

OR, operación de índices   Estrategia de ejecución que consiste en buscar filas de una tabla mediante la utilización de varios índices, seguido de la producción del resultado (al combinar los resultados parciales). Normalmente corresponde a OR en WHERE <condiciones_de_búsqueda>. Por ejemplo, WHERE R.a = 6 OR R.b = 7 con índices en las columnas R.a y R.b.

Orden   Conjunto de reglas que determinan la forma en que SQL Server compara, intercala y presenta los datos de caracteres como respuesta a consultas de bases de datos. El orden es una configuración de servidor global que afecta a cómo se comparan las cadenas.

Organización internacional de estandarización (ISO) Uno de los dos cuerpos de normalización internacional responsable del desarrollo de normas de comunicaciones de datos. La Organización internacional de estandarización (ISO) trabaja conjuntamente con la Comisión electrotécnica internacional (IEC) para definir estándares para el sector informático. Han publicado conjuntamente la norma estándar ISO/IEC SQL-92 para SQL.

Origen de datos   Origen de los datos de un objeto como, por ejemplo, un cubo o una dimensión. Asimismo, especificación de la información necesaria para obtener acceso a los datos de origen. A veces hace referencia a un objeto DataSource. *Consulte también* nombre de origen de datos.

Origen de entrada   Cualquier tabla, vista o esquema que se utiliza como origen de información de una consulta.

P

página de asignación   *Consulte* Mapa de Asignación Global (GAM).

Página de códigos   *Consulte* juego de caracteres.

Página de índice   Página de base de datos que contiene filtros de índices.

Página   En un sistema de almacenamiento virtual, bloque de longitud fija de direcciones virtuales contiguas copiadas como una unidad desde la memoria al disco, y viceversa, durante las operaciones de páginación. SQL Server asigna el espacio de base de datos en páginas. En SQL Server, una página tiene un tamaño de 8K.

Páginas desfasadas   Páginas de la memoria caché que se han modificado desde el último punto de comprobación.

Páginas en caché   Páginas que se mantienen en la caché. Una página ocupa 8 KB de datos.

Palabra clave   Palabra reservada de SQL Server que realiza una función específica, como definir, tratar y tener acceso a objetos de base de datos.

Palabra vacía   Palabras que no participan en la búsqueda de una consulta de texto. Por ejemplo, un, y, el, etc.

Panel de detalles   En el administrador corporativo de SQL Server que se abre con Microsoft Management Console, el panel de la mano izquierda se conoce como el árbol de consola. El resaltar objetos en el árbol de consola determinara que detalles sc van a mostrar en el panel de detalles, el cual es el panel a mano derecha. *Consulte* árbol de consola.

Paquete   Objeto de los servicios de transformación de datos (DTS) que define una o más tareas que se ejecuta-

rán en una secuencia coordinada para importar, exportar o transformar datos.

Paquetes enviados   Número de paquetes de salida que SQL Server ha escrito.

Paquetes recibidos   Número de paquetes de entrada que SQL ha leído.

Parámetro   Marcador de posición en una consulta o procedimiento almacenado que se puede rellenar cuando se ejecuta la consulta o procedimiento almacenado. Los parámetros permiten utilizar la misma consulta o procedimiento almacenado muchas veces, cada vez con diferentes valores. Se puede utilizar parámetros para cualquier valor literal y, en algunas bases de datos, también para referencias de columnas.

Parámetros devueltos   Parámetros de salida que devuelve una función de la biblioteca ODS al cliente.

Partición   En términos generales, el valor formateado de una unidad de disco duro. En los servicios OLAP uno de los contenedores de almacenamiento de los datos y agregados de un cubo. Cada cubo contiene una o más particiones. En un cubo con varias particiones se puede almacenar cada partición independientemente en una ubicación física diferente. Cada partición se puede basar en un origen de datos diferente. Las particiones no están visibles para los usuarios; el cubo aparece como un objeto único.

Partición horizontal   Segmentar una tabla única en varias tablas basándose en las filas seleccionadas. Cada una de las diversas tablas tiene las mismas columnas, pero menos filas. *Consulte también* partición vertical y filtrado horizontal.

Permiso de instrucción   Controla la ejecución de instrucciones de Transact-SQL que crea objetos de base de datos o realiza determinadas tareas administrativas. No se puede otorgar, revocar ni denegar.

Permiso de objeto   Basado en una tabla o vista; controla la capacidad de ejecutar instrucciones SELECT, INSERT, UPDATE y DELETE contra la tabla o vista.

Permiso implícito   Permiso para realizar una actividad específica a una función. Los permisos implícitos no se pueden conceder, revocar o denegar.

Permisos   Autorización para exigir la seguridad de la base de datos. Los permisos de SQL Server especifican las instrucciones de Transact-SQL, vistas y procedimientos almacenados que cada usuario está autorizado a utilizar. La capacidad de asignar permisos se determina mediante el estado de cada usuario. Hay dos tipos de permisos: permisos de objeto y permisos de instrucción.

Persistencia   Almacenamiento permanente o persistencia de objetos y estructuras de datos que implica la conversión de estructuras de datos complejas en un formato adecuado para el almacenamiento de archivos.

Pivotar   Rotar filas en columnas y columnas en filas, en un explorador de datos de tablas cruzadas. También hace referencia a la selección de dimensiones en el conjunto de dimensiones disponibles en una estructura de datos multidimensionales para mostrarlos en las filas y columnas de una estructura de tablas cruzadas.

Plan de presentación gráfico   Opción del Analizador de consultas de SQL Server y del Administrador corporativo de SQL Server que muestra el plan de ejecución de una consulta. *Consulte* plan de presentación.

Plan de presentación   Informe que muestra el plan de ejecución de una instrucción SQL. SET SHOWPLAN_TEXT y SET SHOWPLAN_ALL crean salidas de planes de presentación textuales. El Analizador de consultas de SQL Server y el Administrador corporativo de SQL Server pueden mostrar la información del plan de presentación como un árbol gráfico.

Posición   Ubicación actual del proceso en un cursor. Por ejemplo, después de que una aplicación recopile las 10 primeras filas de un cursor se coloca en la décima fila de éste. Las interfaces de programación de aplicaciones (API) de base de datos también tienen funciones, como la función SQLSetPos de ODBC, que permiten a una aplicación moverse directamente a una posición específica de un cursor sin realizar una recopilación.

precalcular   Calcular combinaciones de datos mientras se procesa un cubo. Los datos se precalculan antes de las consultas *ad hoc* para minimizar los cálculos y el acceso a disco cuando se envía una consulta. Por ejemplo, la cantidad total vendida se puede precalcular a partir de las transacciones de ventas individuales durante el proceso del cubo. *Consulte* agregado.

Precisión   Número máximo total de dígitos decimales que se puede almacenar a la izquierda y a la derecha de la coma decimal.

Predicado   Expresión que devuelve un valor de TRUE, FALSE o UNKNOWN. Los predicados se utilizan en las condiciones de búsqueda de las cláusulas WHERE y HAVING de las instrucciones Transact-SQL como SELECT y UPDATE, y en la condición de instrucciones de programa lógicas como IF y WHILE.

Preescritura   Facilidad que permite a los usuarios aplicar cambios a los datos de un cubo. Los cambios iniciados por el usuario a los datos de un cubo se registran en una tabla de una partición independiente asociada con el cubo y se aplican, automáticamente, a medida que se ven los datos del cubo. Ante el usuario parece como si los datos del cubo hubieran cambiado.

prefijo de agregado   Una cadena que se combina con un ID definido por el sistema para crear el nombre exclusivo de la tabla de agregado de una partición. Se genera una cadena predeterminada basada en el nombre de la partición y el nombre de su cubo primario, pero se puede definir una cadena definida por el usuario con una longitud de hasta 21 caracteres para reemplazar la cadena generada automáticamente.

Primario   Miembro del siguiente nivel superior de una jerarquía que está directamente relacionado con el miembro actual. El valor primario es normalmente una consolidación de todos sus valores secundarios. Por ejemplo, en una dimensión Tiempo que contiene los niveles Trimestre, Mes y Día. Trimestre es el valor primario de enero. En la integridad referencial primario se utiliza a veces para describir a "la" tabla en una relación primario/secundario o uno a varios. *Consulte también* antecesor, secundario, descendiente y miembro.

Principal de seguridad   Entidad (por ejemplo, un usuario, grupo o equipo) a la que se ha asignado un ID. por motivos de seguridad.

Procedimiento almacenado   Colección precompilada de instrucciones de Transact-SQL almacenadas bajo un nombre y procesadas como una unidad. Los procedimientos almacenados se almacenan dentro de la base de datos, pueden ser ejecutados con una llamada de una aplicación y permiten variables declaradas por el usuario, ejecución condicional y otras potentes características de programación. Los procedimientos almacenados proporcionados por SQL Server reciben el nombre de procedimientos almacenados del sistema.

Procedimiento almacenado extendido   Procedimiento que proporciona SQL Server que carga dinámicamente y ejecuta una función de una biblioteca de vínculos dinámicos (DLL) de forma similar a un procedimiento almacenado. Se puede desencadenar fácilmente las acciones externas a SQL Server y devolver la información externa a SQL Server. También se aceptan códigos de estado de devolución y parámetros de salida (idénticos a sus opuestos de los procedimientos almacenados normales).

Procedimiento almacenado remoto   Colección de instrucciones SQL e instrucciones opcionales de control de flujo almacenadas bajo un nombre en un servidor remoto. Los clientes o SQL Server pueden llamar a procedimientos almacenados remotos.

Procedimiento almacenado temporal   Procedimiento ubicado en la base de datos temporal, tempdb y eliminado al final de la sesión. Se crea un procedimiento almacenado temporal al colocar delante del nombre del procedimiento (en la instrucción CREATE) con un signo numérico, por ejemplo,

```
CREATE    PROCEDURE  #author_sel  AS
SELECT * FROM authors
```

Los 13 primeros caracteres del nombre de un procedimiento almacenado temporal (sin incluir el signo numérico) deben ser únicos en tempdb. Debido a que todos los objetos temporales pertenecen a la base de datos tempdb, puede crear un procedimiento almacenado temporal con el mismo nombre que un procedimiento que ya exista en otra base de datos.

Procedimiento   Colección de instrucciones de Transact-SQL almacenadas que se puede llamar desde una o más ubicaciones del código de un programa.

Procedimientos almacenados de sistema   Una colección de instrucciones precompiladas de Transact-SQL que proporciona SQL Server. Se proporcionan procedimientos almacenados como accesos directos para recuperar información de tablas del sistema o mecanismos para realizar la administración de la base de datos y otras tareas que implican la actualización de tablas del sistema. Los nombres de todos los procedimientos almacenados del sistema comienzan con sp_. Los procedimientos almacenados del sistema están ubicados en la base de datos master y pertenecen al administrador del sistema, pero muchos de ellos se pueden ejecutar desde cualquier base de datos. Si se ejecuta un procedimiento almacenado del sistema en una base de datos distinta a master, funciona sobre las tablas del sistema de la base de datos en que se ejecuta. Puede escribir procedimientos almacenados (llamados procedimientos definidos por el usuario), que se pueden ejecutar desde cualquier base de datos.

Procesamiento distribuido   Procesamiento de datos en que parte o todas las funciones de procesamiento, almacenamiento y control, además de las funciones de entrada y salida se sitúan en diferentes lugares y se conectan mediante herramientas de conexión. El acceso transparente a aplicaciones y datos por parte de programas y usuarios finales es un importante objetivo de los sistemas de procesamiento distribuido.

Proceso analítico en línea (OLAP)   Tecnología que utiliza estructuras multidimensionales para proporcionar un acceso rápido a los datos con el fin de analizarlos. Los datos de origen de OLAP se almacenan habitualmente en almacenes de datos en una base de datos relacional. *Consulte* HOLAP (OLAP híbrido), MOLAP (OLAP multidimensional), ROLAP (OLAP relacional).

Proceso de distribución   En duplicación, el proceso que mueve las transacciones desde las tablas de la base de datos de distribución a los servidores de suscripción, donde estén aplicados a las tablas de destino en las bases de datos de destino.

Proceso de transacciones en línea (OLTP, Online Transaction Processing)   Sistema de administración de bases de datos que representa el estado de una función de una compañía en un punto específico en el tiempo. Una base de datos de proceso de transacciones en línea (OLTP) se caracteriza por tener un gran número de usuarios simultáneos que agregan y modifican datos.

Proceso de transacciones   Método de procesamiento en el que las transacciones se ejecutan inmediatamente después de que el sistema las reciba.

Proceso   En un cubo, serie de operaciones que vuelven a generar la estructura del cubo, cargan datos en una estructura con varias dimensiones, calculan resúmenes y guardan los agregados precalculados. Como verbo, llenar un cubo con datos y agregados. Una de las tres opciones de proceso de un cubo. En una dimensión, operación que carga datos de una tabla de dimensiones en un almacén de datos en los niveles definidos para una dimensión y vuelve a generar la estructura de la dimensión. Una de las dos opciones de proceso de una dimensión. *Consulte también* actualización incremental y actualizar datos.

Producto cartesiano   Todas las combinaciones posibles de las filas de cada una de las tablas implicadas en una operación de combinación. Por ejemplo, el número de filas en un producto cartesiano de dos tablas es igual al número de filas de la primera tabla multiplicado por el número de filas de la segunda tabla. Los productos cartesianos casi nunca proporcionan información útil. Los productos cartesianos son creados utilizando cláusulas CROSS JOIN o ejecutando consultas sin suficientes cláusulas JOIN.

Productor Colecciona sucesos de una categoría específica de sucesos y envía los datos a la cola del Analizador de SQL Server.

Programa de comprobación de base de datos *Consulte* Comprobador de coherencia de base de datos.

Programa de copia masiva (bcp) Programa de símbolo de sistema que copia datos de SQL Server a un sistema operativo o desde un sistema operativo en un formato especificado por el usuario.

Propiedad de identidad Propiedad que habilita las columnas para que contengan valores generados por el sistema que identifica únicamente a cada fila de una tabla. Al insertar valores en una tabla que tiene una columna de identidad, SQL Server genera automáticamente el siguiente identificador basándose en el último valor de identidad utilizado (incrementado al agregar filas) y el valor de incremento especificado durante el proceso de creación de la columna.

Propiedad de miembro Información acerca de los miembros de un nivel de dimensión además del contenido de la dimensión. Por ejemplo, el color de un producto o el número de teléfono de un representante de ventas. Para obtener más información acerca de las propiedades de miembros, consulte la documentación de OLE DB.

Propietario de base de datos Miembro de la función de administrador de base de datos de una base de datos. Sólo hay un propietario de la base de datos aunque se pueden asignar varias personas a la función db_owner. El propietario es, normalmente, el creador de la base de datos y tiene permiso total y determina el acceso y capacidad que se proporciona a los demás usuarios.

Propietario de objeto de base de datos Usuario que crea un objeto de base de datos (tabla, índice, vista, desencadenador o procedimiento almacenado) y al cual se le conceden automáticamente todos los permisos para el mismo. Cuando se utilizan nombres completamente calificados, la sección central del nombre identifica a los propietarios del objeto de la base de datos. Por ejemplo, northwind.dbo.customers.

Propietario de objeto Cuenta de seguridad con permisos especiales para un objeto, normalmente, el creador del objeto. También llamado propietario de objeto de base de datos.

Protocolo Conjunto de reglas o estándares diseñados para habilitar a los equipos la conexión con otro e intercambiar información.

Protocolos de acceso controlado Protocolos que controlan el acceso que los suscriptores pueden tener a una publicación al restringir o dejar de restringir una publicación.

Protocolos de acceso controlado restringida Publicación visible sólo para aquellos suscriptores con autorización para tener acceso. Los servidores sin autorización de acceso no pueden suscribirse a la publicación e, incluso, no pueden verla. Como resultado, los usuarios que configuran suscripciones en servidores sin autorización de acceso no conocerán ni siquiera una publicación restringida. En estos servidores, no aparecerá en ninguna lista.

Protocolos de acceso controlado no restringido Publicación visible para un suscriptor conocido para el editor y a la que aquél puede suscribirse.

Proveedor OLE DB Componente de software que expone una interfaz de OLE DB. Cada proveedor de OLE DB es específico de un mecanismo de almacenamiento determinado (por ejemplo, bases de datos de SQL Server, bases de datos de Microsoft Access u hojas de cálculo de Microsoft Excel).

Proveedor Proveedor de OLE DB. Biblioteca de vínculos dinámicos (DLL) en proceso que proporciona acceso a una base de datos.

Proximidad Valor que indica el grado de coincidencia (0 es un grado de coincidencia muy bajo y 1.000 es el mayor grado de coincidencia) de cada valor que se busca en una consulta de texto.

Proyección Proceso de extracción de datos de menos columnas que las disponibles de una tabla o conjunto de tablas.

Publicación Grupo de artículos disponibles para duplicar como una unidad. Una publicación puede contener una o más tablas publicadas o artículos de procedimientos almacenados de una base de datos de usuario. Cada base de datos de usuario puede tener una o más publicaciones.

Publicación no restringida En duplicación, un estado de seguridad. Una publicación marcada como No restringida (el valor predeterminado) a la que puede suscribirse cualquier suscriptor registrado. *Consulte también* publicación restringida.

Publicación restringida   En duplicación, un estado de seguridad. A una publicación marcada como Restringida no se puede suscribir ningún suscriptor registrado. *Consulte también* publicación no restringida.

Publicar   Hacer que los datos estén disponibles para duplicar.

Pubs, base de datos   Base de datos de ejemplo suministrada con SQL Server. Si pubs no ha sido instalada con SQL Server, la puede instalar utilizando la secuencia de comandos Instpubs.sql.

Puerta de enlace o gateway   Producto de software de red que permite que los equipos o redes que ejecutan protocolos distintos se comuniquen, lo que proporciona acceso transparente a diversos sistemas de administración de bases de datos (DBMS) externos. Una puerta de enlace mueve el proceso de conectividad y conversión de bases de datos específicas desde equipos cliente individuales a un único equipo servidor. Se habilita la comunicación al convertir la pila de un protocolo y dejar el otro. Las puertas de enlace normalmente funcionan en la capa de la sesión.

Punto de comprobación   Punto en el que se escriben en disco todas las páginas de datos modificadas en la caché.

Punto guardado   Marcador que el usuario incluye en una transacción definida por el usuario. Cuando se deshace las transacciones, sólo se deshacen en el punto guardado.

R

RAID (dispositivos de matriz redundante de discos independientes)   A veces denominados dispositivos de matriz redundante de discos económicos, un sistema que utiliza varias unidades de disco (matriz) para proporcionar rendimiento y fiabilidad. Hay seis niveles que describen las matrices RAID, 0 a 5. Cada nivel utiliza un algoritmo distinto para implementar la tolerancia.

RDBMS   *Consulte* sistema de administración de bases de datos relacionales (RDBMS).

Real, tipo de datos   Tipo de datos del sistema de SQL Server que tiene una precisión de 7 dígitos. El intervalo de valores es aproximadamente 3,4E - 38 a 3,4E + 38. El tamaño de almacenamiento es de 4 bytes.

Rebanada   Subconjunto de los datos de un cubo, especificado al limitar los miembros de la dimensión una o más

dimensiones. Por ejemplo, los hechos de un año determinado constituyen una rebanada de datos de varios años.

Recorrido de tabla   El medio por el cual SQL Server busca en una tabla de manera consecutiva sin utilizar un índice, comienza al principio de la tabla y lee cada fila de la tabla para encontrar las filas que cumplen el criterio de búsqueda de la consulta.

Recuperación automática   Recuperación que se produce cada vez que se reinicia SQL Server. La recuperación automática protege las bases de datos en caso de producirse un error del sistema. En cada base de datos, el mecanismo de recuperación automática comprueba el registro de transacciones. Si el registro ha confirmado transacciones que no se han escrito en la base de datos, realiza dichas transacciones de nuevo. Esta acción se conoce como rehacer. Si el registro contiene transacciones sin confirmar que no han sido escritas a la base de datos, elimina dichas transacciones del registro. Esta acción se conoce como deshacer.

Recuperación dinámica   Proceso que detecta e intenta corregir errores de software o pérdidas de integridad de los datos en un sistema de administración de bases de datos relacionales (RDBMS).

Recuperación   *Consulte* recuperación automática.

Recuperar   Operación que recupera una fila o bloque de filas de un cursor. Los cursores de desplazamiento sólo hacia adelante únicamente aceptan la instrucción FETCH NEXT. Los cursores de desplazamiento aceptan FETCH NEXT así como FETCH FIRST, FETCH LAST, FETCH PRIOR, FETCH RELATIVE(n) y FETCH ABSOLUTE(n). FETCH RELATIVE(n) recupera la fila que está a n filas de la posición actual en el cursor. FETCH ABSOLUTE(n) recupera la *enésima* fila del cursor. Los lotes de Transact-SQL, procedimientos almacenados y desencadenadores utilizan la instrucción FETCH para recuperar datos de cursores de Transact-SQL. Las aplicaciones utilizan funciones de la interfaz de programación de aplicaciones (API), como las funciones SQLFetch y SQLFetchScroll de ODBC.

Reflejado   En NT, la duplicación continua de información de un volumen a otro. Las capacidades de reflejo las proporciona el hardware o el sistema operativo de Windows NT. El reflejo puede proporcionar una recuperación constante en el caso de un error de medios.

Reflejo de disco   Proceso que protege contra un error de los medios mediante el mantenimiento de una copia completamente redundante de una partición en otro disco. Se recomienda que utilice una matriz redundante de discos independientes (RAID) para el reflejo de disco.

Registro de aplicación Un archivo de Windows NT que registra sucesos. Sólo se puede ver si se utiliza el visor de sucesos de Windows NT. Cuando se configura SQL Server para utilizar el registro de aplicación de Windows NT, cada sesión de SQL Server escribe sucesos nuevos en dicho registro. (A diferencia del registro de errores de SQL Server, no se crea un nuevo registro de aplicación cada vez que se inicia SQL Server.)

Registro de errores Registro de errores que registra información de SQL Server. Puede ver el registro de errores si utiliza el Administrador corporativo de SQL Server o un editor de textos. Cada vez que se inicia SQL Server, retiene los últimos registros y crea un nuevo registro.

Registro de escritura previa Método de registro de transacciones en el que el registro siempre se escribe antes que los datos.

Registro de rehacer en línea *Consulte* registro de transacciones.

Registro de sucesos Archivo que contiene mensajes de error de SQL Server así como mensajes de todas las actividades del equipo.

Registro de transacción Archivo de base de datos en el que se registran todas las modificaciones realizadas en la base de datos. Lo utiliza SQL Server durante la recuperación automática.

Registro Depósito de base de datos que contiene información acerca de la configuración de un equipo. Está organizado jerárquicamente y compuesto de subárboles y sus entradas de claves, secciones y valores.

registro Grupo de campos relacionados (columnas) de información tratados como una unidad. Un registro recibe, más habitualmente, el nombre de fila en una base de datos de SQL.

Regla de integridad *Consulte* restricción.

Regla Objeto de base de datos enlazado a una columna o tipo de datos definido por el usuario que especifica los datos que se pueden escribir en dicha columna. Cada vez que un usuario escribe o modifica un valor (con una instrucción INSERT o UPDATE), SQL Server lo comprueba contra la regla más reciente enlazada a la columna

especificada, por ejemplo, para comprobar los límites o listas. Los datos escritos antes de la creación y enlace de una regla no se comprueban. Las reglas se admiten principalmente para compatibilidad con versiones anteriores.

Reglas de empresa Procedimiento operativo estándar de las organizaciones que requiere que se sigan determinadas directrices para asegurar que una empresa funciona correctamente. Las reglas de empresa aseguran que la base de datos mantiene la precisión en relación con las directrices de la empresa. SQL Server utiliza valores predeterminados, reglas, desencadenadores y procedimientos almacenados para asegurarse de que los datos cumplen las reglas de empresa.

Reglas de normalización La teoría relacional comúnmente aceptada está gobernada mediante reglas de normalización que identifican determinados atributos que deben estar presentes (o ausentes) en una base de datos bien diseñada.

Reiniciado automático de servidor Si el agente de SQL detecta que el servicio de SQL Server se ha detenido inesperadamente, intentará automáticamente reiniciar SQL Server. Este comportamiento de reiniciado automático puede ser ajustado modificando las propiedades en la página Propiedades del agente de SQL Server.

Relación compleja Relación entre dos o más entidades, subconjuntos, dependencias o relaciones.

Relación no exigida Vínculo entre tablas en el que la clave principal de una tabla hace referencia a una clave externa de otra tabla y que no comprueba la integridad referencial durante las transacciones INSERT y UPDATE. Una relación no exigida se representa en un diagrama de base de datos mediante una línea con guiones.

Relación reflexiva Relación de una columna o combinación de columnas en una tabla con otras columnas de la misma tabla. Las relaciones reflexivas se utilizan para comparar filas dentro de la misma tabla. En consultas, recibe el nombre de autocombinación.

Relación uno a uno Relación entre dos tablas en la que una fila de la primera tabla sólo se puede relacionar con una fila de la segunda tabla y una fila de la segunda tabla sólo se puede relacionar con una fila de la primera tabla. Este tipo de relación no es habitual.

Relación uno a varios Relación entre dos tablas en la que se puede relacionar una única fila de la primera tabla con una o más filas de la segunda tabla, pero una fila de la segunda tabla puede estar relacionada sólo con una fila de la primera tabla. Una relación típica uno a varios se produce entre la tabla publishers y la tabla titles de la base de datos de ejemplo pubs, en la que cada editor puede estar relacionado con varios títulos, pero cada título sólo puede estar relacionado con un editor.

Relación varios a varios   Relación entre dos tablas en las que las filas de cada tabla tienen varias filas coincidentes en la tabla relacionada. Las relaciones varios a varios se mantienen mediante la utilización de una tercera tabla llamada tabla intermedia.

Relación   Vínculo entre tablas que hace referencia a la clave principal de una tabla en una clave externa de otra tabla. La línea de la relación se representa en un diagrama de base de datos mediante una línea sólida si se exige la integridad referencial entre las tablas o una línea con guiones si no se exige la integridad referencial para las transacciones INSERT y UPDATE. Los puntos finales de una línea de relación muestran un símbolo de clave principal para indicar una relación de clave principal a clave externa, o un símbolo de infinito para indicar el lado de la clave externa en una relación de uno a varios.

Restaurar   Restaurar una base de datos completa y sus registros de transacción, archivos de base de datos, o un registro de transacción desde una copia de seguridad.

Restricción de integridad   *Consulte* regla.

Restricción en el nivel de columna   Restricción utilizada para exigir la integridad de los datos en una columna. SQL Server proporciona estos tipos de restricciones: CHECK, DEFAULT, FOREIGN KEY REFERENCE, PRIMARY KEY y UNIQUE. *Consulte* restricción en el nivel de tabla.

Restricción en el nivel de tabla   Restricciones que permiten definir varias formas de integridad de datos en una columna (restricción en el nivel de columna) o varias columnas (restricciones en el nivel de tabla) cuando la tabla se define o modifica. Las restricciones aceptan integridad de domino, integridad de entidad e integridad referencial, así como integridad definida por el usuario.

Restricción FOREIGN KEY   Cuando se sitúa una restricción FOREIGN KEY en una columna, cada dato introducido debe igualar al valor de la restricción referenciada PRIMARY KEY o UNIQUE. Las restricciones FOREIGN KEY fuerzan la integridad referencial de datos evitando la eliminación de filas primarias que tienen filas realcionadas en la tabla descendiente y la introducción de filas descendentes que no tienen ningún

registro relacionado en la tabla principal. *Consulte* descendiente, primaria.

Restricción   Propiedad que se puede aplicar a una columna o conjunto de columnas de una tabla. SQL Server proporciona estas restricciones: CHECK, DEFAULT, FOREIGN KEY, REFERENCE, PRIMARY KEY y UNIQUE.

Restricciones de comprobación CHECK   Valores de datos aceptables en una columna. Puede aplicar restricciones CHECK a varias columnas y puede aplicar varias restricciones CHECK a una única columna. Cuando se elimina una tabla, también se eliminan las restricciones CHECK.

Restricciones de no duplicados UNIQUE   Restricciones que exigen la integridad de entidad en una clave no principal. Las restricciones UNIQUE aseguran que no se escriben valores duplicados y que se crea un índice para mejorar el rendimiento.

Retención   Período de tiempo en que se mantiene una transacción en la base de datos de distribución. En medio de copia de seguridad, un período de tiempo especificado en el cual no se pueden sobrescribir las copias de seguridad.

Revocar   Quita un permiso previamente otorgado o denegado de una cuenta de usuario de la base datos actual. La cuenta de usuario puede tener o no el permiso a través de su pertenencia a grupos o funciones.

RI   *Consulte* integridad referencial (RI).

ROLAP (OLAP relacional)   Modo de almacenamiento que utiliza tablas de una base de datos relacional para almacenar estructuras multidimensionales. *Consulte* HOLAP (OLAP híbrido), MOLAP (OLAP multidimensional).

Rotar   *Consulte* pivotar.

Ruta de instalación   Unidad y directorio en el cual se copiarán los archivos de SQL Server. La ruta predeterminada es C:\Mssql7, aunque esta ruta se puede configurar en el momento de la instalación. Después de la instalación se conoce como directorio raíz de SQL Server.

S

Sa   *Consulte* administrador del sistema.

Secuencia   *Consulte* columna de identidad.

Secuencia de comando de creación   Secuencia de comandos que contiene instrucciones CREATE. En el administrador corporativo de SQL y duplicación, una opción que agrega instrucciones de creación de objetos a una secuencia de comandos.

Secuencia de comandos   Colección de instrucciones de Transact-SQL utilizadas para realizar una operación. Las secuencias de comandos de Transact-SQL se almacenan como archivos, normalmente con la extensión .sql.

Secuencia de comandos de base de datos   Colección de instrucciones utilizada para crear objetos de base de datos. Las secuencias de comandos de Transact-SQL se guardan como archivos que normalmente terminan con .SQL.

Secuencia de comandos de cambio   Archivo de texto que contiene instrucciones SQL de todas las modificaciones realizadas en una base de datos, en el orden que se realizaron, durante una sesión de modificación. Cada secuencia de comandos de cambio se guarda en un archivo de texto independiente con la extensión .sql. Se puede aplicar de nuevo las secuencias de comandos de cambio en la base datos posteriormente mediante una herramienta como isql.

Secuencia de comandos de creación de tabla   *Consulte* secuencia de comandos de esquema de tabla.

Secuencia de comandos de esquema de tabla   Secuencia de comandos que contiene el esquema de una tabla publicada utilizada durante la sincronización para crear la tabla de destino. La extensión del nombre de archivo de una secuencia de comandos de esquema es .sch. El archivo está almacenado en la carpeta de trabajo de la base de datos de distribución, en una subcarpeta de \Mssql7\Repldata de forma predeterminada. *Consulte también* archivo de datos de tabla.

Secuencia de comandos de esquema   *Consulte* secuencia de comandos de esquema de tabla.

Secuencia de comandos de SQL   *Consulte* secuencia de comandos.

Secuencia de datos tabulares (TDS, Tabular Data Stream)   Protocolo de transferencia de datos cliente-servidor interno de SQL Server. La secuencia de datos tabulares (TDS) permite a los productos de cliente y servidor comunicarse sin tener en cuenta la plataforma de sistema operativo, versión del servidor o transporte de red.

Secundario   En los servicios OLAP, miembro del siguiente nivel inferior de una jerarquía que está directamente relacionada con el miembro actual. Por ejemplo, en una dimensión Tiempo que contiene los niveles Trimestre, Mes y Día, enero es secundario de Trim1. En la integridad referencial, "secundario" se utiliza a veces para describir la tabla "muchos" en relaciones primario/secundario o una a varias. *Consulte también* antecesor, descendiente, primario, codescendiente.

Segmento   En SQL 7, los segmentos son reemplazados por grupos de archivos. *Consulte* grupo de archivos.

Seguridad estándar   SQL Server 7 ya no utiliza la seguridad estándar, aunque pueda autenticar a usuarios bajo el modo mixto.

Seguridad integrada   *Consulte* autenticación de Windows NT.

Seguridad mixta   *Consulte* modo mixto.

Selección   Extracción de datos de un subconjunto de todas las filas de una tabla o conjunto de tablas.

SELECT   Instrucción Transact-SQL utilizada para realizar una petición de selección, proyección, combinación, consulta, etc., de una base de datos de SQL Server.

Sep, objeto   Objeto de Servicios de transformación de datos (DTS) que coordina el flujo de control y ejecución de tareas en un paquete de DTS. Una tarea que no tiene un objeto de paso asociado nunca se ejecuta. *Consulte también* transformación de datos y task, objeto.

Serializable   Nivel de aislamiento de transacciones. Asegura que una base de datos cambia de un estado predecible a otro. Si se pueden ejecutar varias transacciones simultáneas en serie y los resultados son los mismos, las transacciones se consideran como serializables.

Servicio de texto   Componente de SQL Server que realiza la consulta de texto.

Servicio PivotTable   Servidor de OLAP de escritorio en proceso que se comunica con el servidor de OLAP y proporciona interfaces que utilizan las aplicaciones cliente para tener acceso a los datos OLAP del servidor. El servicio PivotTable es un proveedor de OLE DB para OLAP. Permite realizar análisis de datos con conexión y sin conexión.

Servicio   Proceso que realiza una función específica del sistema y que a menudo proporciona una interfaz de programación de aplicaciones (API) para que otros procesos la llamen. Se ejecuta independientemente en un equipo en el que se ejecuta Windows NT, a diferencia de un programa que requiere que un usuario que ha iniciado una sesión inicie o detenga el programa.

Servicios abiertos de datos   *Consulte* ODS

Servicios de datos abiertos (ODS, Open Data Services)
Interfaz de programación de aplicaciones (API) de la parte de servidor de un sistema cliente-servidor que hace que los orígenes de datos o servicios de datos aparezcan ante el cliente como un equipo SQL Server. Los servicios abiertos de datos (ODS) proporcionan una interfaz de red que controla los procesos del protocolo de red y un conjunto de rutinas de servidor que proporciona la interfaz de programación de aplicaciones.

Servicios de fondo   Término aplicado en el nivel del servidor de base de datos en el que se produce el procesamiento, el almacenamiento de datos y la recuperación de datos.

Servicios de transformación de datos (DTS, Data Transformation Services)   Componente de SQL Server utilizado para importar, exportar y transformar datos de diferentes orígenes de datos.

Servidor de automatización OLE   Componente personalizado de OLE que proporciona objetos programables de Automatización.

Servidor de destino   *Consulte* suscriptor.

Servidor de puerta de enlace   Servidor de red en el que reside una aplicación de puerta de enlace.

Servidor de reenvío de sucesos de SQL Server
Consulte servidor de reenvio.

Servidor de reenvío de sucesos desatendido   *Consulte* Servidor de reenvió.

Servidor de reenvío   Servidor que ejecuta SQL Server y que recibe sucesos designados.

Servidor local   Servidor en el que ha iniciado sesión el usuario. Si los servidores remotos están configurados para el servidor local, los usuarios pueden tener acceso a los servidores remotos desde el servidor local.

Servidor OLAP   Componente de servidor de los Servicios OLAP diseñado específicamente para crear y mantener estructuras de datos multidimensionales y proporcionar datos multidimensionales en respuesta a consultas del cliente. *Consulte también* servicio PivotTable.

Servidor remoto   Servidor de SQL de la red al que se puede tener acceso a través de un servidor local del usua-

rio. El programa de instalación de SQL Server puede instalar, actualizar o configurar servidores remotos.

Servidor   Un equipo de una red de área local (LAN) que controla el acceso a los recursos como, por ejemplo, archivos, impresoras y dispositivos de comunicaciones. *Consulte también* servidor de OLAP.

Servidor vinculado   Abstracción de un origen de datos de OLE DB que aparece como otro servidor al equipo SQL Server local. Un servidor vinculado tiene un proveedor de OLE DB asociado que administra el origen de datos.

Simultaneidad   Proceso que permite que varios usuarios tengan acceso a los mismos datos al mismo tiempo. SQL Server utiliza bloqueos para permitir a varios usuarios el acceso y la modificación de datos compartidos sin tener conflictos entre sí.

Sin instantánea inicial   Opción de duplicación utilizada cuando un servidor se suscribe a una publicación. Esta opción permite que los cambios realizados a los datos duplicados se distribuyan inmediatamente a los suscriptores, sin retardo para la sincronización. La instantánea inicial no la realiza SQL Server; es responsabilidad del usuario configurar la duplicación para asegurar que el esquema de la tabla y los datos son idénticos para el artículo publicado y la tabla de destino. *Consulte también* sincronización automática.

Sincronización automática   Sincronización que realiza automáticamente SQL Server cuando un servidor se suscribe inicialmente a una publicación. Se escribe una instantánea de los datos y esquema de la tabla en archivos para transferirlos al suscriptor. El agente de distribución transfiere el esquema de la tabla y los datos. No se requiere la intervención del operador.

Sincronización de datos   *Consulte* sincronización.

Sincronización inicial   *Consulte* sincronización.

Sincronización manual   Sincronización realizada por el usuario. Al igual que con la sincronización automática, el servidor de publicación produce archivos que contienen el esquema y la instantánea de los datos de la tabla publicada, pero con la sincronización manual se aplica al suscriptor manualmente, utilizando una cinta u otro medio.

Sincronización   Proceso que consiste en mantener el mismo esquema y datos en una publicación del editor y en la duplicación de una publicación en el suscriptor. *Consulte también* instantánea inicial.

Sistema cliente/servidor   Sistema en el que dos o más equipos comparten procesos a través de una red. El equipo servidor administra un recurso compartido como, por ejemplo, una base de datos y responde a las peticiones que realizan los clientes para utilizar el recurso. El equipo cliente interactúa con un usuario y realiza peticiones de uso de un recurso compartido. El sistema cliente-servidor separa las funciones de una aplicación en dos partes: un componente de "aplicación para el usuario" y un componente de "servicios de fondo". La aplicación cliente presenta y trata los datos en la estación de trabajo; el servidor almacena y protege los datos

Sistema de administración de bases de datos (DBMS, Database Management System)   Depósito de la colección de archivos de datos que permite a los usuarios realizar diversas operaciones sobre dichos archivos como, por ejemplo, recuperar, anexar, modificar, actualizar y generar informes.

Sistema de administración de bases de datos relacionales (RDBMS)   Sistema que organiza los datos en filas y columnas relacionadas. SQL Server es un sistema de administración de bases de datos relacionales (RDBMS, *Relational Database Management System*).

Sistema de archivos de Windows NT (NTFS)   Avanzado sistema de archivos diseñado para utilizarlo específicamente en el sistema operativo Windows NT. Admite la recuperación del sistema de archivos, medios de almacenamiento extremadamente grandes, nombres largos de archivos y diversas características del subsistema de la interfaz de sistema operativo portátil para Unix (POSIX). También acepta aplicaciones orientadas a objetos al tratar todos los archivos como objetos con atributos definidos por el usuario y definidos por el sistema.

Sistema de archivos   Porción de un sistema operativo que convierte peticiones de operaciones con archivos de una aplicación en tareas de bajo nivel orientadas a sectores que pueden comprender los controladores que controlan las unidades de disco.

Sitio de definición principal   *Consulte* editor.

Sitio principal   *Consulte* Distribuidor.

Smalldatetime, tipo de datos   Un tipo de datos de sistema de SQL Server que mantiene fechas y horas de días de una manera menos precisa que datetime. El tamaño de almacenaje es de 4 bytes, que consiste en un intervalo pequeño para el número de días después del 1 de enero, de 1900, y un intervalo pequeño para el número

de minutos pasados de la media noche. Las fechas tienen un intervalo de entre el 1 de enero de 1900, hasta el 6 de junio de 2079, con precisión al minuto.

Smallint, tipo de datos   Tipo de datos del sistema de SQL Server que contiene números enteros desde 32.767 a −32.768, inclusive. El tamaño de almacenamiento es 2 bytes.

Smallmoney, tipo de datos   Tipo de datos del sistema de SQL Server que almacena valores monetarios desde +214.748,3647 a −214.748,3648 con precisión de diez mil unidades de moneda. El tamaño de almacenamiento es 4 bytes. Cuando se muestran valores smallmoney, se redondean hasta dos posiciones.

SMP   *Consulte* multiprocesado simétrico.

Sondeo de estado de servidor   Intervalo de sondeo utilizado para configurar la frecuencia con que se comprueba el estado del servicio.

SPID   *Consulte* ID. de proceso de servidor.

SQL   *Consulte* lenguaje de consultas estructurado (SQL).

SQL-92   La versión más actualizada del estándar de SQL, publicado en 1992. El estándar internacional es ISO/IEC 9075:1992 Database Language SQL. El American National Standards Institute (ANSI) también publicó el estándar correspondiente (Data Language SQL X3.135-1192), por lo que, a veces, se hace referencia a SQL-92 como ANSI SQL en Estados Unidos.

SQL-DMF   Marco de trabajo para administración distribuida de SQL. Marco de trabajo integrado de objetos, servicios y componentes utilizados para administrar SQL Server. SQL-DMF reduce la necesidad de realizar tareas de mantenimiento atendidas por el usuario como la copia de seguridad de bases de datos y notificaciones de alerta, al proporcionar servicios que interactúan directamente con SQL Server. En el nivel más básico, SQL-DMF proporciona acceso directo al motor y servicios de SQL Server desde el símbolo del sistema a través de Transact-SQL. El segundo nivel del marco de trabajo es un conjunto de objetos de administración distribuida (DMO) que proporcionan una interfaz de objeto al motor y los servicios de SQL Server. El nivel superior del marco de trabajo es una herramienta de administración gráfica, el Administrador corporativo de SQL Server, que proporciona una forma sencilla de administrar un entorno multiusuario. El marco de trabajo también proporciona servicios para la duplicación, programación y alertas.

SQL Executive   *Consulte* Agente de SQL Server.

SQL Mail   Componente de SQL Server que incluye procedimientos extendidos y permite a SQL Server enviar y recibir mensajes de correo a través de la interfaz de programación de aplicaciones de correo integrada de Windows NT (MAPI). Un mensaje de correo puede estar compuesto de cortas cadenas de texto, la salida de una consulta o un archivo adjunto.

SQL Server se instala normalmente en unidades de disco con formato del sistema de archivos de Windows NT (NTFS) o sistemas de archivos FAT (tabla de asignación de archivos). Se puede instalar en un volumen NTFS comprimido, pero con un costo de rendimiento.

Subconsulta correlacionada   Subconsulta repetitiva. Se pueden evaluar muchas consultas mediante la ejecución de la subconsulta una vez y la sustitución del valor o valores resultantes en la cláusula WHERE de la consulta externa. En consultas que contienen una subconsulta correlacionada, la subconsulta depende de la consulta exterior para obtener los valores. Esto significa que la subconsulta se ejecuta repetidamente, una vez por cada fila que selecciona la consulta externa.

Subconsulta escalar   Una instrucción SELECT que se evalúa a un único valor para cada fila del conjunto de resultados. Las subconsultas escalares pueden ser utilizadas en lugar de las expresiones si devuelven un único valor.

Subconsulta   Instrucción SELECT anidada dentro de otra instrucción SELECT, INSERT, UPDATE o DELETE o dentro de otra subconsulta.

Subproceso   Mecanismo que permite una o más rutas de ejecución a través de la misma instancia de una aplicación. Cada dispositivo requiere un subproceso y cada sitio remoto requiere dos subprocesos. SQL Server utiliza los servicios de subprocesos nativos de Windows NT. Hay distintos subprocesos para cada red, un subproceso distinto para puntos de comprobación de bases de datos y un sondeo de subprocesos para todos los usuarios.

Suceso de procedimiento almacenado remoto   Suceso de servicios abiertos de datos que se produce cuando un cliente o un servidor llama a un procedimiento almacenado remoto.

Suceso definido por el usuario   Proceso de servidor que crean internamente los Servicios abiertos de datos y no como resultado de una acción del cliente. La función srv_define_event crea un suceso definido por el usuario.

Suscribir   Aceptar recibir una publicación. Una base de datos destino de un suscriptor se suscribe a los datos duplicados de una base de datos de publicación de un editor.

Suscripción anónima   Una suscripción de extracción que permite a un servidor que conoce el editor recibir una suscripción a una publicación solamente durante la duración de la conexión. Las suscripciones anónimas requieren menos sobrecarga que las suscripciones de extracción estándar debido a que no se guarda información acerca de las mismas en el editor o distribuidor

Suscripción de extracción   Tipo de suscripción en el que el movimiento inicial de los datos se realiza en el suscriptor. El suscriptor mantiene una suscripción mediante la petición, o extracción, de los cambios de los datos a un editor. El agente de distribución se mantiene en el suscriptor, para reducir así la sobrecarga del distribuidor. *Consulte también* suscripción de inserción.

Suscripción de inserción   Suscripción en la que el movimiento inicial de los datos se realiza en el editor. El editor mantiene una suscripción mediante el envío, o inserción, de los cambios apropiados de los datos a uno o más suscriptores. El agente de distribución se mantiene en el distribuidor. *Consulte también* suscripción de extracción.

Suscriptor   Servidor que recibe copias de los datos publicados.

Sysname, tipo de datos   Un tipo de datos proporcionado por el sistema, definido por el usuario el cual es un sinónimo de nvarchar(128) y se utiliza para hacer referencia a los nombres de objetos de base de datos.

T

Tabla base   Tabla de la que se deriva una vista. También se denomina tabla subyacente. Una vista puede tener una o más tablas base o vistas base.

Tabla de destino   Tabla de suscripción creada como duplicado de una tabla publicada. La tabla de destino de una base de datos de destino está sincronizada con la tabla publicada y contiene datos derivados de la misma en una base de datos de publicación.

Tabla de dimensiones principal   Tabla de dimensiones de un esquema radial ramificado de un almacén de datos directamente relacionado con la tabla de hechos. Las tablas adicionales que completan la definición de la dimensión se combinan con la tabla de dimensiones principal en lugar de hacerlo con la tabla de hechos. *Consulte también* esquema radial ramificado y tabla de dimensiones.

Tabla de dimensiones   Tabla de un almacén de datos cuyas entradas describen los datos de una tabla de hechos. Las tablas de dimensiones presentan entidades de empresa.

Tabla de hechos   Tabla central de un almacén de datos que contiene medidas numéricas y claves que relacionan hechos con una tabla de dimensión. Las tablas de hechos contienen datos que describen un suceso específico del negocio, como una transacción bancaria o la venta de un producto. *Consulte también* almacén de datos, tabla de dimensiones, combinación de estrella, esquema de estrella.

Tabla de vinculación   *Consulte* tabla que vincula.

Tabla intermedia   Tabla que tiene asociaciones con otras dos tablas y se utiliza indirectamente como asociación entre esas dos tablas. También llamada tabla que enlaza. Las tablas intermedias se utilizan con frecuencia para expresar relaciones de varios a varios, la cual tiene un formato de relaciones uno a varios.

Tabla   Objeto de una base de datos que almacena datos como una colección de filas y columnas.

Tabla remota   Tabla externa al origen de datos de SQL Server local.

Tabla subyacente   Tabla de la que se deriva una vista. Vista que puede tener una o más tablas subyacentes o vistas subyacentes. También llamada tabla base.

Tabla temporal   Una tabla ubicada en la base de datos temporal, tempdb y eliminada al final de la sesión. Tabla temporal es creada mediante la colocación de un signo numérico delante del nombre de la tabla (en la instrucción CREATE), por ejemplo,

```
CREATE TABLE #authors (au_id Exchar
(11))
```

Los 13 primeros caracteres de un nombre de tabla temporal (sin incluir el signo numérico) deben ser únicos en tempdb. Debido a que todos los objetos temporales pertenecen a la base de datos tempdb, puede crear una tabla temporal con el mismo nombre que una tabla existente en otra base de datos

Tablas del sistema   Las tablas del sistema almacenan la información de configuración de SQL Server así como definiciones de todos los objetos, usuarios y permisos de las bases de datos de SQL Server. La información de configuración en el nivel de servidor se almacena en tablas del sistema que sólo se encuentran en la base de datos master. Todas las bases de datos contienen tablas del sistema que definen los usuarios, objetos y permisos que contiene la base de datos.

La base de datos master y sus tablas del sistema se crean durante el proceso de instalación de SQL Server. Las tablas del sistema de una base de datos de usuario se crean automáticamente al crear la base de datos.

SQL Server contiene procedimientos almacenados del sistema para informar y administrar la información en tablas del sistema. Los usuarios deben utilizar estos procedimientos almacenados del sistema en lugar de tener acceso a las tablas del sistema directamente. Los usuarios no deben actualizar directamente ninguna tabla del sistema.

Tarea   *Consulte* trabajo.

Task, objeto   Objeto de los Servicios de transformación de datos (DTS) que define porciones de trabajo a realizar como parte del proceso de transformación de los datos. Por ejemplo, una tarea puede ejecutar una instrucción SQL o mover y transformar datos heterogéneos de un origen de OLE DB a un destino de OLE DB mediante el bombeo de datos de DTS. *Consulte también* transformación de datos y step, objeto.

TDS   *Consulte* secuencia de datos tabulares (TDS).

Tempdb, base de datos   Base de datos que proporciona un área de almacenamiento para tablas temporales, procedimientos almacenados temporales y otras necesidades de almacenamiento del trabajo temporal. No se requieren permisos especiales para utilizar tempdb (esto es, para crear tablas temporales o para ejecutar comandos que pueden requerir espacio de almacenamiento en la base de datos tempdb). Todas las tablas temporales se almacenan en tempdb, sin importar la base de datos que utiliza el usuario que las creó.

Terminador de campo   Uno o más caracteres marcan el final de un campo o fila y separan un campo o fila en el archivo de datos del siguiente.

Text, tipo de datos   Tipo de datos del sistema de SQL Server que especifica columnas de longitud variable que pueden contener 2.147.483.647 caracteres. El tipo de datos text no se puede utilizar para variables en parámetros de procedimientos almacenados.

Tiempo inactivo El tiempo, en milisegundos, que SQL Server ha estado inactivo.

Timestamp, tipo de datos Tipo de datos del sistema de SQL Server que es un contador que aumenta de forma monótona cuyos valores siempre son únicos en una base de datos. Timestamp es la fecha y la hora en que se modificaron los datos por última vez.

Tinyint, tipo de datos Tipo de datos del sistema de SQL Server que contiene números enteros desde 0 a 255, inclusive. El tamaño de almacenamiento es 1 byte.

Tipo de almacenamiento en archivo Describe cómo se almacenan los datos en un archivo de datos de copia masiva.

Tipo de datos base Cualquier tipo de datos suministrado por el sistema, por ejemplo, char, varchar, binary y varbinary, a partir de los que se crean los tipos de datos definidos por el usuario.

Tipo de datos binary Tipo de datos que almacena números hexadecimales. El tipo de datos binary puede contener 0 bytes, pero cuando se especifica n, debe ser un valor entre 1 y 8.000. El tamaño de almacenamiento es n sin tener en cuenta la longitud real de la entrada

Tipo de datos bit Tipo de datos que contiene el valor 1 o 0. Se aceptan valores enteros distintos a 1 o 0, pero siempre se interpretan como 1. El tamaño de almacenamiento es de 1 byte. Se pueden reunir varios tipos de datos bit de una tabla en bytes. Bit se utiliza para datos del tipo verdadero o falso y sí o no.

Tipo de datos char(n) Tipo de datos de carácter que contiene un máximo de 8.000 caracteres. El tamaño de almacenamiento es n sin tener en cuenta la longitud real de la entrada. El sinónimo SQL-92 para char es carácter.

Tipo de datos definido por el usuario Tipo de datos, basado en un tipo de datos de SQL Server, que crea el usuario para almacenamiento de datos personalizado. Reglas y valores predeterminados que se pueden enlazar a tipos de datos definidos por el usuario (pero no a tipos de datos del sistema). *Consulte también* tipo de datos base.

Tipo de datos Atributo que especifica el tipo de información que se puede almacenar en una columna o variable. SQL Server proporciona tipos de datos del sistema; también se pueden crear tipos de datos definidos por el usuario. *Consulte también* tipo de datos base.

Total de errores Número de errores que SQL Server detectó durante la lectura y escritura.

Total de escrituras Número de escrituras en disco que realiza SQL Server.

Total de lecturas Número de lecturas en disco que realiza SQL Server.

Trabajo Implementación de una acción administrativa que contiene uno o más pasos. Reemplaza al término tarea de SQL Server 6.5.

Transacción explícita Grupo de instrucciones SQL delimitadas por los delimitadores de transacción BEGIN TRANSACTION y COMMIT TRANSACTION y, opcionalmente, una de las siguientes instrucciones:

- BEGIN DISTRIBUTED TRANSACTION.
- BEGIN TRANSACTION.
- COMMIT TRANSACTION.
- COMMIT WORK.
- ROLLBACK TRANSACTION.
- ROLLBACK WORK.
- SAVE TRANSACTION.

Transacción Grupo de operaciones de base de datos combinadas en una unidad lógica de trabajo que se confirma o se deshace completamente. Una transacción es atómica, coherente, aislada y duradera.

Transacción implícita Transacción en la que cada instrucción de SQL se considera una unidad atómica.

Transacción sincrónica Característica de la duplicación que permite a un suscriptor modificar los datos duplicados y enviarlos al editor mediante la confirmación en dos fases. Se pueden realizar transacciones sincrónicas mediante la utilización de la duplicación transaccional o la duplicación de instantáneas.

Transact-SQL Lenguaje estándar de comunicación entre aplicaciones y SQL Server. El lenguaje Transact-SQL es una mejora del lenguaje de consultas estructurado (SQL), el lenguaje de bases de datos relaciones estándar de ANSI. Proporciona un extenso lenguaje para definir tablas, insertar, actualizar o eliminar información almacenada en tablas y para controlar el acceso a los datos de dichas tablas. Extensiones como los procedimientos almacenados convierten a Transact-SQL en un lenguaje de programación completo.

Transferencia de datos Proceso de copiar datos a un equipo que ejecuta SQL Server o desde el mismo.

Transformación *Consulte* transformación de datos.

Transformación de datos Conjunto de operaciones aplicadas a un origen de datos antes de que se almacenen en el destino mediante la utilización de los servicios de transformación de datos (DTS). Por ejemplo, DTS permite calcular nuevos valores de una o más columnas de origen o descomponer una única columna en varios valores que se almacenarán en columnas de destino independientes. La transformación de datos se realiza durante el proceso de copia de datos a un almacén de datos.

T-SQL *Consulte* Transact-SQL.

Tupla Colección ordenada de miembros de diferentes dimensiones. Por ejemplo (Boston, [1995]) es una tupla formada por miembros de dos dimensiones: Geografía y Tiempo. Un miembro único es un caso degenerado de tupla y se puede utilizar como una expresión sin los paréntesis. Consulte eje. Para obtener más información acerca de las tuplas, consulte la documentación de OLE DB.

U

UNC *Consulte* convención de nomenclatura universal (UNC).

Unicode Unicode define un conjunto de letras, números y símbolos que SQL Server reconoce en los tipos de datos nchar, nvarchar y ntext. Está relacionado con los juegos de caracteres, pero es independiente de los mismos. Unicode tiene más de 65.000 valores posibles comparados con los 256 de un juego de caracteres y ocupa el doble de espacio de almacenamiento. Unicode contiene caracteres para la mayoría de los idiomas.

Unidad de asignación *Consulte* Mapa de asignación global (GAM).

Unidad de disco asignada Un recurso compartido al cual se puede hacer referencia como a una unidad local. A las unidades locales se les asigna una letra del alfabeto. Por ejemplo, el servidor compartido \\Server1\ Quarterly Sales\ podría ser asignado a la unidad Q:. En ese caso un archivo que se encuentre en ese recurso compartido podría ser referenciado como \\Server1\ Quarterly Sales\Q1-1998.xls o Q:\Q1-1998.xls.

Uniqueidentifier, tipo de datos Tipo de datos que contiene un número de identificación único almacenado como cadena binaria de 16 bytes para almacenar un identificador exclusivo global (GUID).

Usuario (cuenta) Controla los permisos de las actividades realizadas en una base de datos. Las cuentas de usuario son creadas en una base de datos y asignadas a un ID de inicio de sesión para permitir que un usuario acceda a esa base de datos. Las habilidades que un usuario tiene en una base de datos dependen de los permisos concedidos a la cuenta del usuario y en los permisos concedidos a cualquier función de la que forme parte la cuenta del usuario. Un nombre de cuenta de usuario puede tener hasta 128 caracteres y debe ser único dentro de la base de datos. Los caracteres pueden ser alfanuméricos, pero el primer carácter debe ser una letra, el símbolo de número (#) o un guión bajo (_). (Por ejemplo, #CRIS o USUARIO8.) Una cuenta de usuario también se conoce como un nombre de usuario o un ID de usuario.

Usuario de SQL Server Cuenta de seguridad asignada a un inicio de sesión de SQL Server que controla los permisos de las actividades realizadas en una base de datos.

Usuario de Windows NT Cuenta de seguridad asignada a un inicio de sesión de Windows NT que controla los permisos de las actividades realizadas en una base de datos.

Utilidad de consola La utilidad de símbolo de sistema de consola muestra mensajes de copia de seguridad y restauración cuando realiza copias de seguridad a o restaura desde dispositivos de volcado de cinta, y lo utiliza la persona responsable de la realización de copias de seguridad y de restauración de bases de datos.

Utilidad Una aplicación de SQL Server ejecutada desde un símbolo del sistema para realizar tareas comunes.

V

Validación de permisos Controla las actividades que el usuario está autorizado a realizar en la base de datos de SQL Server.

Valor constante *Consulte* constante.

Valor predeterminado Valor insertado automáticamente en una columna si el usuario no escribe uno explícitamente. En un sistema de administración de bases de datos relacionales, cada elemento de datos (una columna determinada en una fila determinada) debe contener un valor, aunque dicho valor sea NULL. Dado que algunas columnas no aceptan valores NULL, el usuario o

SQL Server deben escribir otro valor. Asimismo, el comportamiento que muestra una instrucción o componente a menos que el usuario lo omita.

Varbinary, tipo de datos Tipo de datos del sistema de SQL Server que contiene hasta 8.000 bytes de datos binarios de longitud variable.

Varchar, tipo de datos Tipo de datos del sistema de SQL Server que contiene cualquier combinación de hasta 8.000 letras, símbolos y números.

Variable de miembro Valor que utilizan internamente los Servicios OLAP para identificar a un miembro de una dimensión. MemberKeyColumn especifica las variables de los miembros de una dimensión. Por ejemplo, un número entre 1 y 12 podría ser la variable de miembro que corresponde a un mes del año. *Consulte también* MemberKeyColumn y MemberNameColumn.

Variable global En SQL Server 7.0, variable a la que pueden hacer referencia varias tareas de los Servicios de transformación de datos (DTS). En versiones anteriores de SQL Server, término con se hacía referencia a funciones del sistema de Transact-SQL cuyos nombres comenzaban con dos arrobas (**@@**).

Variable local Variable definida por el usuario que tiene un valor asignado. Una variable local se define con una instrucción DECLARE, se le asigna un valor inicial con una instrucción SELECT o SET y se utiliza en el lote de instrucciones o procedimientos en el que se declaró.

Variables Entidades definidas a las que se asignan valores. Una variable local se define con la instrucción DECLARE@*variablelocal* y se le asigna un valor inicial dentro del lote de instrucciones en que se declaró con la instrucción SELECT o SET@*variablelocal*.

Vector agregado Función aplicada a todas las filas que tienen el mismo valor en una columna o expresión especificada utilizando las cláusula GROUP BY, de manera opcional, la cláusula HAVING (produciendo un valor para cada grupo por función).

Vinculación e incrustación de objetos (OLE, Object Linking and Embedding) Interfaz de programación de aplicaciones (API) para compartir objetos entre aplicaciones. OLE está construido sobre modelos de objetos componentes (COM).

Visor de sucesos de Windows NT Aplicación de Windows NT que permite ver sucesos, filtrar determinados sucesos y mantener registros de sucesos del sistema.

Vista de diccionario de datos *Consulte* tablas del sistema.

Vista Una forma alternativa de ver los datos de una o más tablas de la base de datos. Una vista es una tabla virtual, normalmente creada como un subconjunto de las columnas de una o más tablas, la cual se expresa como una instrucción SELECT. Dependiendo de la definición, los datos de las tablas base se pueden modificar a través de las vistas.

Volcar *Consulte* copia de seguridad.

Índice

McGraw-Hill/Interamericana de España, S. A. U.
División Profesional
C/ Basauri, 17 - 28023 Aravaca. Madrid
Avda. Josep Tarradellas, 27-29 - 08029 Barcelona
España

☐ **Por favor, envíenme el catálogo de productos de McGraw-Hill**

☐ Informática   ☐ Economía/Empresa   ☐ Ciencia/Tecnología
              ☐ Español   ☐ Inglés

Nombre y apellidos _____

c/ _____ n.º _____ C.P. _____

Población _____ Provincia _____ País _____

CIF/NIF _____ Teléfono _____

Empresa _____ Departamento _____

Nombre y apellidos _____

c/ _____ n.º _____ C.P. _____

Población _____ Provincia _____ País _____

Correo electrónico _____ Teléfono _____ Fax _____

McGraw-Hill quiere conocer su opinión

5 FORMAS RÁPIDAS Y FÁCILES DE SOLICITAR SU CATÁLOGO

EN LIBRERÍAS ESPECIALIZADAS

FAX
(91) 372 85 13
(93) 430 34 09

TELÉFONOS
(91) 372 81 93
(93) 439 39 05

E-MAIL
profesional@mcgraw-hill.es

WWW
www.mcgraw-hill.es

¿Por qué elegí este libro?

☐ Renombre del autor

☐ Renombre McGraw-Hill

☐ Reseña de prensa

☐ Catálogo McGraw-Hill

☐ Página Web de McGraw-Hill

☐ Otros sitios Web

☐ Buscando en librería

☐ Requerido como texto

☐ Precio

☐ Otros

Temas que quisiera ver tratados en futuros libros de McGraw-Hill:

_____
_____
_____
_____
_____
_____
_____
_____
_____
_____

Este libro me ha parecido: **SQLS7SATK**

☐ Excelente   ☐ Muy bueno   ☐ Bueno   ☐ Regular   ☐ Malo

Comentarios: _____

CONÉCTESE A **www.mcgraw-hill.es**

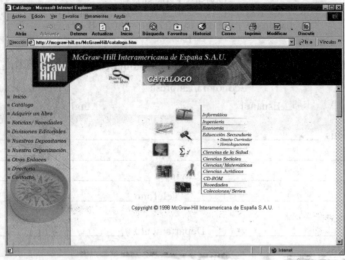

Para otras web de McGraw-Hill, consulte:
www.pbg.mcgraw-hill.com/international.htm

OFICINAS IBEROAMERICANAS

ARGENTINA
McGraw-Hill/Interamericana, Ltda.
Suipacha 745 - 8.º
(1008) Buenos Aires
Tel.: (541) 322 05 70. Fax: (541) 322 15 38

BRASIL
McGraw-Hill do BRASIL
Rua da Assembléia, 10/2319
20011-000 Río de Janeiro
Tel. y Fax: (5521) 531 23 18

CARIBE
McGraw-Hill/Interamericana del Caribe
Avenida Muñoz Rivera, 1121
Río Piedras
Puerto Rico 00928
Tels.: (809) 751 34 51 - 751 24 51. Fax: (809) 764 18 90

CHILE, PARAGUAY Y URUGUAY
McGraw-Hill/Interamericana de Chile, Ltda.
Seminario, 541 Providencia
Santiago (Chile)
Tel.: (562) 635 17 14. Fax: (562) 635 44 67

COLOMBIA, ECUADOR, BOLIVIA Y PERÚ
McGraw-Hill/Interamericana, S. A.
Apartado 81078
Avenida de las Américas, 46-41
Santafé de Bogotá, D. C. (Colombia)
Tels.: (571) 368 27 00 - 337 78 00. Fax: (571) 368 74 84
E-mail: Divprofe@openway.com.co

ESPAÑA
McGraw-Hill/Interamericana de España, S. A. U.
Edificio Valrealty, Planta 1.ª
Basauri, 17
28023 Aravaca (Madrid)
Tel.: (341) 372 81 93. Fax: (341) 372 85 13
E-mail: profesional@mcgraw-hill.es

GUATEMALA
McGraw-Hill/Interamericana Editores, S. A.
11 Calle 0-65, Zona 10
Edificio Vizcaya, 3er. nivel

Guatemala, Guatemala
Tels.: (502) 332 80 79 al 332 80 84. Fax: (502) 332 81 14
Internet: mcgraw-h@guate.net

MÉXICO Y CENTROAMÉRICA
McGraw-Hill/Interamericana Editores, S. A. de C. V.
Atlacomulco 499-501
Fracc. Ind. San Andrés Atoto
53500 Naucalpan de Juárez
Edo. de México
Tels.: (525) 628 53 53. Fax: (525) 628 53 02
Cedro, 512 - Col. Atlampa
06460 México D. F.
Tels.: (525) 171 15 15. Fax: (525) 117 15 89
Centro Telemarketing
Tels.: (525) 628 53 52 / 628 53 27. Fax: (525) 628 83 60
Lada. sin costo 91 8834 540

PANAMÁ
McGraw-Hill/Interamericana de Panamá, S. A.
Edificio Banco de Boston, 6.º piso. Oficina 602,
Calle Elvira Méndez
Panamá, Rep. de Panamá
Tel.: (507) 269 01 11. Fax: (507) 269 20 57

PORTUGAL
Editora McGraw-Hill de Portugal, Ltda.
Estrada de Alfragide, lote 107,
bloco A-1 Alfragide
2720 Amadora (Portugal)
Tel.: (3511) 472 85 00. Fax: (3511) 471 89 81

USA
McGraw-Hill Inc.
28th. floor 1221 Avenue of the Americas
New York, N.Y. 10020
Tel.: (1212) 512 26 91. Fax: (1212) 512 21 86

VENEZUELA
McGraw-Hill/Interamericana de Venezuela, S. A.
Apartado Postal 50785
Caracas 1050
Final calle Vargas. Edificio Centro Berimer. P. B. Ofic. P1-A1
Boleíta Norte, Caracas 1070
Tels.: (582) 238 24 97 - 238 34 94 - 238 59 72. Fax: (582) 238 23 74